高等政法院校规划教材

金融法学

JIN RONG FA XUE

（第五版）

司法部法学教材编辑部　编审

主　　编：汪 鑫
副主编：潘斯华
撰 稿 人：（以姓氏笔画为序）
　　　　　王婷婷　李　婕　李尚桦
　　　　　汪　鑫　陈　云　陈思妤
　　　　　洪治纲　梁胜敏　潘斯华

中国政法大学出版社
2021·北京

图书在版编目（ＣＩＰ）数据

金融法学 / 汪鑫主编. —5版. —北京：中国政法大学出版社，2021.1
ISBN 978-7-5620-9809-6

Ⅰ.①金…　Ⅱ.①汪…　Ⅲ.①金融法—法学—中国—教材　Ⅳ.①D922.280.1

中国版本图书馆CIP数据核字(2021)第002447号

出 版 者　中国政法大学出版社

地　　址　北京市海淀区西土城路 25 号

邮　　箱　fadapress@163.com

网　　址　http://www.cuplpress.com (网络实名：中国政法大学出版社)

电　　话　010-58908435(第一编辑部) 58908334(邮购部)

承　　印　固安华明印业有限公司

开　　本　720mm×960mm　1/16

印　　张　28.5

字　　数　543 千字

版　　次　2021 年 1 月第 5 版

印　　次　2021 年 1 月第 1 次印刷

印　　数　1～5000 册

定　　价　69.00 元

作者简介

汪　鑫　法学博士、教授，现任职于广西财经学院法学院。中国法学会经济法学研究会理事、中国法学会银行法学研究会常务理事、广西经济法学研究会副会长。主要论著有《反洗钱立法刍议》《银行法的效率目标与银行竞争规制》《论金融服务中的利益冲突及其法律规制》《论基本银行服务排斥及其治理》等。研究方向为经济法。

潘斯华　法学硕士、副教授，现任职于广西财经学院法学院。主要论著有《民营银行"生前遗嘱"制度研究》《互联网金融消费者权益的法律保护》《普惠金融视角下我国社区银行的发展及其法律监管》等。研究方向为经济法。

王婷婷　法学博士、副教授，现任职于西南政法大学经济法学院。中国法学会财税法学研究会理事、西南政法大学中国金融法治研究中心和中国财税法治研究院研究员。主要论著有《课税禁区法律问题研究》《财政责任视野下的地方政府债务治理研究》《论负责任贷款制度的构建：域外经验与中国路径》《金融消费纠纷投诉处理机制研究》等。研究方向为经济法。

李尚桦　法学博士、讲师，现任职于广西财经学院法学院。主要论著有《双层股权结构之法律评析——兼论其在我国之适用性》《论股权众筹的法律规则——以美国 JOBS 法案为借鉴》等。研究方向为经济法、民商法。

李　婕　法学硕士、讲师，现任职于广西财经学院法学院。主要论著有《法经济分析视野下的刑事审前程序研究》《对广西推进金融双语教学问题的探讨》等。研究方向为经济法。

陈　云　法学博士、高级经济师，现任职于中国工商银行总行法律事务部。主要论著有《支付系统法研究》《WTO 对中国金融监管的影响及其法律应对》《QFII 进入我国证券市场的风险与法律监管》等。研究方向为经济法、民商法。

陈思妤　法学硕士、讲师，现任职于广西财经学院法学院。主要论著有《经济新常态下地方金融风险及法律监管对策》《大数据时代个人信息的私法保护研究》《浅析我国影子银行的潜在风险及法律监管》等。研究方向为经济法。

洪治纲　法学博士、副教授，现任职于上海对外经贸大学法学院。富答法律咨询网（www.fudafalvzixun.com）举办人；上海浦瑞律师事务所创始合伙人。主要论著有《论金融互换交易法律制度及其建构》《论宏观调控法的概念与特征》《金融互换的法学概念界定》《论美国破产法中金融合约安全港规则》《中国经济法学研究的现状与反思》等。研究方向为经济法。

梁胜敏　法律硕士、讲师，现任职于广西财经学院法学院。主要论著有《应收账款质押独立性的再思考》《从城市房屋征收角度看公益拆迁的法律规制之嬗变——对〈国有土地上房屋征收与补偿条例〉的思考》《从私有财产权的流转看城市房屋非公益拆迁的法律规制》等。研究方向为经济法、民商法。

　　长期以来，在司法部的领导下，法学教材编辑部认真履行为法学教育服务的职能，为满足我国不同层次法学教育发展的需要，在全国高等院校和科研院所的大力支持下，动员了包括中国社会科学院法学研究所、北京大学、清华大学、中国人民大学、浙江大学、厦门大学、中山大学、南京大学、武汉大学、吉林大学、山东大学、四川大学、苏州大学、烟台大学、上海大学、中国政法大学、西南政法大学、中南财经政法大学、华东政法学院、西北政法学院、国家行政学院、国家法官学院、中国人民公安大学、中央司法警官学院、广东商学院、山东政法管理干部学院、河南政法管理干部学院等单位的教学、科研骨干力量，组织编写了《高等政法院校法学主干课程教材》、《高等政法院校法学规划教材》等多层次、多品种的法学教材。

　　这些教材的出版均经过了严格的策划、研讨、甄选、撰稿、统稿、修订等程序，由一流的教授、专家、学术带头人担纲，严把质量关，由教学科研骨干合力共著，每一本教材都系统准确地阐述了本学科的基本原理和基本理论，做到了知识性、科学性、系统性的统一，可谓"集大家之智慧，成经典之通说"。这些教材的出版对中国法学教育的发展，起了非常重要的推动作用，受到广大读者的欢迎和法学界、法律界的高度评价。

　　教材是一定时期学术发展和教学、科研成果的系统反映，所以，科研的不断进步，教学实践的不断发展，必然导致教科书的不断修订。国际上许多经典的教科书，都是隔几年修订一次，一版、五版、二十版，使其与时俱进，不断成熟，日臻完善，成为经典，广为流传，这已成为教科书编写的一种规律。

　　《高等政法院校规划教材》出版至今已有十余年的时间，本套系列教材已修订多次，其中不少种教材多次荣获国家教育部、国家司法部等有关部门的各类优秀教材奖。由于其历史长久，积淀雄厚，已经形成自己独具特色的科学、系统、稳定的教材体系，在法学教育中，既保持了学术发展的连续性、传承性，又及时吸纳新的科研成果，推动了学科的发展与普及。它已成为国内目前最有影响力的一套法学本科教材。

进入 21 世纪，依法治国，建设社会主义法治国家是我国的基本方略。为了更好地适应新世纪法学教育的发展，为了迎接新时代的挑战，尤其是我国加入 WTO 带来的各种新的法律问题，我们结合近年来法治建设的新发展，吸收国内外法学研究和法学教育的新成果、新经验，对这套教材再次进行了全面修订。我们相信重修之规划教材定能对广大师生提供更有效的帮助。

司法部法学教材编辑部

第五版说明

　　自 2011 年本教材修订以来，我国金融业、金融立法发生了很大变化。为了反映这些变化，我们组织了这次修订。为了使本教材内容更加完整，体系更加严谨，本次修订时新增了"投资基金法律制度"和"互联网金融法律制度"两章。本次修订由汪鑫同志全面负责，具体分工如下：汪鑫（第一章、第三章、第六章）；李婕（第二章）；陈云（第四章）；陈思妤（第五章）；李尚桦（第七章、第十章）；王婷婷（第八章、第十三章）；潘斯华（第九章）；洪治纲（第十一章）；梁胜敏（第十二章）。

编　者

2020 年 11 月

第四版说明

　　本教材 2007 年修订以来，国际国内金融形势发生了深刻变化。2008 年的美国次贷危机，引发了 20 世纪 30 年代大危机之后最为深重的全球金融危机。在应对和反思危机的过程中，众多国家对金融法制进行了调整和更新；法学界对危机成因以及危机预防从制度层面进行了广泛和深入的讨论。在我国，金融体系不仅经受了全球金融危机的严峻考验，而且继续保持了良好的发展势头。中国农业银行股份有限公司 2009 年的成功上市，标志着四大国有商业银行的股份制改造和股票上市全面、顺利完成；2009 年 7 月 6 日跨境贸易人民币结算试点工作的正式启动，见证了人民币国际地位的提升，表明中国企业已经拥有选择跨境贸易结算币种的自主权；中国创业板 2009 年 10 月 30 日在深圳证券交易所的开市，宣告我国多层次证券市场已初步建成。这一时期，我国金融领域的改革开放进一步深化，国家开发银行由政策性银行改制成为股份制商业银行，出现了消费金融公司等新型金融机构，金融法制建设也取得了显著成就。其间，全国人大常委会对《保险法》、国务院对《外汇管理条例》作了重要修订，中国人民银行以及中国银监会、中国证监会、中国保监会发布、修订、重新制定了大量的部门规章，金融立法的总体水平明显提高，某些领域长期无法可依的局面得以结束。

　　为了及时反映我国金融立法的新发展、金融法研究的新成果以及金融法理念在危机后的新变化，我们组织了这次修订。这次修订，除根据立法变化全面更新相关内容和修正以前版本存在的错漏外，还对总体结构作了适当调整，如：合并原来的第四章和第五章，形成现在的第四章即"银行法律制度"；增加"金融衍生产品法律制度"作为第八章。此外，我们还对第十章"支付法律制度"进行了全面改写。

　　此次修订由汪鑫同志全面负责，具体分工如下：汪鑫（第一、二、三、六章）、陈云（第四章）、陈风（第五章）、杨洁（第七章）、洪治纲（第八章）、庞红（第九章）、李晖（第十章）、张再芝（第十一章）。

编　者

2011 年 1 月

第三版说明

　　自本教材上一次修订以来，我国金融立法出现了许多重大变化。2001 年 12 月 11 日，我国正式加入世界贸易组织；2003 年 4 月，中国银行业监督管理委员会成立，承接原由中国人民银行履行的银行业金融机构监管职责。为了切实履行入世承诺，及时反映金融监管体制的调整，充分适应金融市场发展的新形势和加强金融监管的现实需要，全国人民代表大会常务委员会先后审议通过了《中华人民共和国证券投资基金法》和《中华人民共和国银行业监督管理法》，并对《中华人民共和国保险法》、《中华人民共和国中国人民银行法》、《中华人民共和国商业银行法》、《中华人民共和国证券法》进行了重要修订；国务院发布了《中华人民共和国外资保险公司管理条例》和重新制定的《中华人民共和国外资金融机构管理条例》；中国人民银行以及国务院各金融监管机构也制定或修订了大量重要的金融规章。与此同时，我国金融法学研究取得新的进展，出现了一批优秀的理论研究成果。

　　为了及时反映金融立法的发展变化，吸纳最新的金融法学研究成果，我们组织了这次修订。此次修订由汪鑫同志全面负责，具体分工如下：汪鑫（第一、三章）、刘颖（第九章）、陈云（第四、十章）、洪治纲（第八章）、罗欢平（第五章）、李娟（第二、七章）、杜晓强（第十一章）、陈风（第六章）。

编　者
2007 年 1 月

第二版说明

　　为了及时反映本教材出版以来我国金融立法的发展变化，我们组织了这次修订。此次修订由汪鑫同志全面负责，具体分工如下：汪鑫（第一、三、四、五、六、十章）、罗欢平（第二章）、陈文成（第七章）、洪治纲（第八章）、陈云（第九章）。

编　者

2001 年 7 月

　　为了适应我国社会主义现代化建设和实施依法治国方略对法律人才的需求，全面提高法律人才的素质，我们根据法律院校新制定的教学方案，对原来教材分别作了审定和重新修订。

　　这批教材的突出特点是应用性强。着眼于培养应用型的法律人才，注重培养学生的实际工作能力，以中国现行法律为主，结合司法实践中的问题，本着理论联系实际的原则，力求系统、准确地介绍法学各门学科的基本理论、基本知识，适合于法律院校的教学特点。

　　《金融法学》是本规划教材中的一种，可供法律院校本科教学使用，也可供电大、函授及大专教学参考。本教材不足之处，欢迎读者批评指正。

　　本书由武汉大学法学院汪鑫副教授主编，具体编写分工如下：

第一章	绪论		汪　鑫
第二章	中央银行法	张庆麟	汪　鑫
第三章	商业银行法		汪　鑫
第四章	政策性银行法		汪　鑫
第五章	非银行金融机构管理法		汪　鑫
第六章	跨国金融机构管理法	张庆麟	汪　鑫
第七章	信贷法		汪　鑫
第八章	票据法与结算制度		刘　颖
第九章	证券法		刘应明
第十章	外汇与外债管理法		刘　颖
第十一章	保险法		刘　颖
第十二章	金融刑法		刘应明　汪　鑫

本书由汪鑫、刘颖负责全书统稿、定稿，并请刘丰名教授审稿。

司法部法学教材编辑部

1998 年 11 月

第一章 绪 论

■ 学习目的和要求

　　准确理解金融一词的含义，深刻领会金融的产生原因、功能以及金融体系的构成要素，为学习金融法储备必要的金融知识；识记金融法的定义，正确认识金融法的性质和地位，了解我国金融体制改革和金融法治建设的基本脉络，树立正确的金融法理念。

　　金融是商品社会信用交易的主要形式，是货币资金再分配的基本渠道，因而在一定意义上，也是影响国民经济发展的关键因素。金融法的中心任务在于提供严密、科学的规范体系，维护金融体系的高效、有序和安全运行，促进国民经济的发展。

第一节 金 融

一、金融的含义

　　金融是资金融通的简称，是各种社会经济成分之间以货币为对象进行的信用交易活动。把握金融的含义，需要注意以下三个要点：

　　1. 金融是信用交易。信用交易是与即时清结交易（一手交钱一手交货）相对的一种商品交易形式。构成信用交易必须满足三个条件：①根据约定，交易的一方向对方先行移转商品的所有权或者所有权的一项或多项权能；②一方的先行移转与对方的相对给付之间存在一定的时间差，这种时间差体现信用交易的特有价值；③一方之所以愿意实施先行移转行为，表明他在一定程度上信任对方在将来作相对给付的诚意和能力，但客观上他必须承担对方届时不能或不愿作相对给付的风险。

　　在现实生活中，信用交易十分普遍，如资金存贷、证券投资、设备租赁以及商品的赊销、赊购等，都是典型的信用交易。

　　2. 金融是以货币为对象的信用交易。信用交易的对象既可以是实物也可以是货币，只有货币信用才属于金融的范畴。早在人类开始使用货币以前，实物信用就已经存在了。但由于实物信用受标的物特定使用价值的限制，而货币却是一般等价物和抽象的价值形态，因此货币产生以后，很快就成为信用交易的主要对象。今天，鉴于实物信用在信用交易总量中所占的比重已经微乎其微，人们在许多场合将"金融"与"信用"视为同义词，彼此替代使用。

这里有两个问题需要澄清：①所谓"以货币为对象的信用交易"，仅指交易各方以货币为种类物、以让渡货币购买力为目的的交易。如果将货币作为特定物进行买卖，例如为了收藏的目的，则即使采取了信用交易的方式，也只是实物信用而非金融交易。②金融租赁虽然并非直接以货币为交易对象，但通说认为，它表面上为融物，实际上是融资，是出租人帮助承租人解决购置租赁物存在的资金困难，因而被作为特例划入到金融的范畴。

3. 在法律允许的范围内，金融交易可以发生在各种社会经济成分之间。这里所说的社会经济成分，可以是个人、企业、事业单位、社会团体，也可以是国家、特定的国家机关乃至国际组织。但任何社会经济成分参与金融交易都必须以不违反法律为前提。鉴于金融的特殊性，法律通常会对各种金融交易在交易主体、交易方式、交易条件上作出具体限定。

上面对金融亦即资金融通的含义作了界定。应当注意的是，在实际使用上，金融一词往往在其基本含义之外被添加了其他内容，如货币的发行与回笼，黄金、白银等货币贵金属的买卖，外汇交易以及国际国内结算等。当然，这种添加都是基于一定的联结因素，并非没有根据，它们要么与货币有关，要么与资金融通有关，要么与金融机构有关。我们在理解金融的含义时，除了把握其基本含义外，还应当考虑特定的语境。

金融的最基本分类，是根据是否有金融机构作为信用中介参与，分为直接金融与间接金融。资金的供求双方直接交易的，为直接金融，典型的如证券市场上的股票、债券融资以及民间借贷。金融机构以吸收存款和发行金融债券等方式筹集社会闲散资金，转而对需要资金的社会经济成分发放贷款或进行投资的，则为间接金融。当然，在直接金融中并非一定没有金融机构的参与，但它们在其中不是起信用中介的作用，而只是提供相关的辅助服务。

直接金融与间接金融在融资结构中所占的比重，国与国之间有所不同。一般来说，发达国家较发展中国家有更为发达的直接金融市场。东南亚金融危机之后，许多国家和国际组织意识到，金融体系中间接金融的比重过大，企业的外部融资过于依赖银行，会导致金融风险向少量金融中介集中，加剧金融体系的脆弱性，因而极力推行或倡导发展资本市场、扩大直接金融比重的战略。2004 年 1 月 31 日，我国国务院发布《关于推进资本市场改革开放和稳定发展的若干意见》，明确指出：大力发展资本市场"是一项重要的战略任务"；它"有利于提高直接融资比例，完善金融市场结构，提高金融市场效率，维护金融安全"。

二、金融与国民经济发展

(一) 金融产生的根据

金融是人类进入商品经济并且有了货币以后才产生的。金融的产生与发展，根源于商品经济条件下货币资金运动的内在矛盾——收支失衡。在商品经济的运行过程中，在任何一个时点上，各个社会经济成分的货币收支，无不呈现为以下三种状态之一：①收大于支，为盈余经济单位；②收等于支，为收支平衡经济单位；③收小于支，为赤字经济单位。其中，收支平衡是暂时的和相对的，而收支失衡则是经常的和绝对的。以企业为例。企业在生产经营过程中，可能因种种原因出现部分资金的暂时闲置。企业固定资产的价值，是随着再生产过程逐渐转移到产品中去的，并随着产品的销售以提取折旧基金的方式积累起来，以便将来更新固定资产；在更新固定资产前已提取的折旧基金，即处于闲置状态。流动资金在再生产过程中，也可能出现暂时闲置，比如商品的销售收入，在未购买原材料、燃料和辅助材料以及支付工资以前，即处于闲置状态。企业的积累，在不足以作为追加投资以前，在未付股息和纳税以前，也表现为闲置。另一方面，企业在生产经营过程中，也可能出现自有资金不足需要由外部借入资金的情况，比如：企业需要更新固定资产，而所提折旧基金尚未达到足够数量；由于季节性、临时性原因，企业往往需要集中购进原材料、燃料和辅助材料，但自有资金不足或者资金循环尚未到位；企业需要扩大生产经营规模，而自身的资金积累有限。同样地，个人、家庭、政府财政等也必然会存在收支不平衡的问题，只不过各自的成因和表现形式不同而已。

那么，如果任由上述收支失衡的问题存在下去，会是一种什么结果呢？小而言之，盈余经济单位会因资金闲置而丧失实现收益的机会，赤字经济单位会因为无法筹措到必要的资金而使个人和家庭生活、企业生产、政府公共职能的行使受到严重的不利影响；大而言之，则会降低整个社会的资源利用效率，制约国民经济的平滑运行，抑制社会扩大再生产的规模，妨碍国民财富的创造与增长。

为了化解货币收支失衡的矛盾，作为沟通资金供需、调剂资金余缺的桥梁，金融便应运而生了。不过，我们也要认识到，虽然调剂资金余缺、解决收支失衡是产生金融的最原始和最基本的动机，但社会经济成分并非只在资金闲置或短缺时才被动地参与金融交易，否则，我们就无从理解和解释现实中的许多金融现象。在金融体系高度发达的现代社会，资金已成为各种社会经济成分刻意运作的对象；他们不仅为了调剂资金余缺而从事金融交易，也往往为了规避风险、投机牟利、降低成本、促销商品、方便结算而进入金融市场。对此，我们应该有一个清晰的认识。

（二）金融的功能

金融在国民经济的运行过程中发挥着极其丰富又极其重要的功能，已被公认为是现代经济的核心。

1. 货币供应功能。货币作为交换媒介，其适量供应对于商品的正常流转显然是一个关键因素。非但如此，在现代经济条件下，货币供应量在很大程度上还能够影响甚至左右物价、消费、投资、就业、汇率、外贸等的基本走势以及经济发展的结构、规模和速度，无疑已是国民经济运行中最能动、最重要的变量之一。

货币包括通货（钞票、铸币）和存款货币。通货由中央银行垄断发行，构成中央银行的负债。存款货币是商业银行账户中可由存户以支票或电子指令直接进行支付的存款余额，构成商业银行的负债，由原始存款和商业银行在原始存款基础上创造的派生存款构成；而商业银行创造派生存款的能力，由中央银行运用货币政策工具进行调控。

2. 资本形成功能。无论是微观经济实体还是整个国民经济，都离不开有效率的资本形成机制。在前资本主义时期，资本的形成是封闭的，主要源于业主自身的积累，偶尔辅之以周边亲朋的有限投资或融资。这种状况一方面适应了当时的生产力水平，另一方面也制约了生产力的发展。进入资本主义阶段以后，资本的形成机制逐步开放，社会化程度不断提高。到今天，凭借高度发达的金融市场，即使是筹集国际资本也不再是天方夜谭。

作为资本形成的平台，金融市场有许多特性能够促进储蓄（消费资金）向投资（生产建设资金）转化，如丰富的交易工具、准确的信息传递等。特别重要的一点是，金融市场存在一种特殊机制，能够有效地解决资金供需双方因金额、期限错位而不能达成交易的问题。一般来说，资金供应以小额、短期或不定期者居多，而资金需求一方往往需要稳定甚至永久性的大额资本。在间接金融中，银行等金融中介机构以负债业务吸纳金额不等、期限不一的各种资金，形成"资金池"；在正常情况下，由于存取相抵，资金池一般能够始终保持相对稳定的余额，借此，银行便可以转而向资金的需求方发放大额的、长期的贷款或进行投资。在直接金融中，则通过划小交易单位、向多个投资者发行以及二级市场交易，来化解资金供需之间的矛盾。

金融市场在推动储蓄向投资转化、积小成大、聚少成多的同时，在经济规律的作用下，还能够对资金的分布进行优化整合，引导资金流向效率最高、竞争力最强的项目、企业、部门、行业、地区或国家。

3. 支付服务功能。时下，商品和劳务交换的资金结算，绝大部分是通过非现金支付方式实现的。除了面对面的零星交易以外，非现金支付较之于现金支付，无疑更方便、更快捷、更安全、成本更低。在交易规模、市场半径急剧扩大和交易频率不断提高的情况下，没有金融体系提供的高效率支付服务，是无法想象的。随着计算机技术和网络技术在金融领域得到广泛运用，支付领域已经出现革命性的变化。在小额支付领域，继银行卡、自动柜员机（Automated Teller Machine，ATM）、销售点终端（Point of Sale，POS）之后，出现了基于硬件、网络、软件的电子货币和其他电子支付工具，极大地改变了人们的消费方式；在银行间大额支付领域，电子资金划拨（Electronic Fund Transfer，EFT）也在逐步取代传统的手工操作。不过，支付的电子化在提高支付效率的同时，也加大了操作风险。

4. 风险转移功能。金融市场充斥着各种风险。从某种意义上讲，金融市场实际上是一个交易风险的市场，几乎所有的金融交易都会导致风险在当事人之间的重新分配，而有些金融交易甚至直接以转移风险为目的，如期货交易、期权交易、信用衍生工具交易。单就风险而言，当然无人愿意承受，但高风险往往意味着可能的高收益，加之不同的市场参与者具有不同的抗风险能力和风险偏好，这就决定了风险具有可交易性。将风险以适当的代价转移出去，让抗风险能力更强、控制风险技术更高的人来承受，或者让多人来分担，可以使金融市场更加安全，使经济运行更为平稳。当然，对于金融市场上的风险转移必须严格规制和密切监控，否则可能出现不良的风险联动，引发系统性危机。

5. 市场约束功能。所谓市场约束，是指金融市场能够对筹资者和金融机构起到强有力的约束和规范作用。事实上，并非所有的金融市场筹资者都能够如愿以偿；在市场机制完善的情况下，相对优质的筹资者无疑有相对更大的筹资成功机会。进而言之，即使同为成功的筹资者，他们在资信上存在的差异也会在筹资成本上得到直接反映。通常，资信相对较低的筹资者需要承担更高的筹资成本，因为他加于投资者的风险更大，所以需要为此向投资者提供额外的风险补偿（Risk Premium）。例如，20世纪80年代中期日本陷入金融危机后，国际金融市场曾出现一专有名词"日本溢价"（Japan Premium），就是用来特指资信下降以后日本政府和日本企业在国际金融市场筹资需要在正常利率之上多付的成本。同样，只有经营良好、审慎管理、服务优质的金融机构，才拥有以更低经营成本赢得更多客户青睐的竞争优势。显然，在激烈的市场竞争中，筹资者和金融机构要想为市场所选择，就必须变外在的市场压力为内在的自我约束动力，规范其行为，强化其管理，控制其风险，改善其业绩。

6. 资源配置功能。在各种生产要素中，货币资金是唯一抽象的价值形态，它代表着所有者（持有者）对各种具体生产要素的获取权和获取能力。因此在很大程度上，资金配置实际上决定着资源配置，资源配置格局不过是资金配置格局的一种映射。由于金融是国民经济最重要的资金再分配形式，它必然对资源配置，进而对国家的生产力布局以及产业、产品结构产生深刻影响，甚至成为决定性因素。一个企业、一个部门、一个行业、一个地区、一个国家，如果能够得到充分的融资，就可能发展、繁荣；反之，则可能萎缩、衰退。

7. 宏观调控功能。虽然市场经济以市场为基础配置资源，但市场也有缺陷，也会失灵，这就要求政府对宏观经济进行适当的调控。在计划经济体制下，政府主要通过实物分配来管理经济；而在市场经济体制下，政府则主要通过价值调控来干预经济。金融市场上有许多重要的经济变量，如利率、汇率、货币供应量等，政府以及特定的政府部门通过各种政策工具来影响这些变量，即能控制资源分配，调整经济发展的速度、规模和结构，促使国民经济持续、健康、稳定与协调发展。

以上从七个方面概括了金融的功能。尽管这种概括远非全面，但已足以帮助我们认识金融在现代经济中的核心地位：金融作为社会资金再分配的基本形式，全面而深刻地影响着国家的经济生活，在某种意义上甚至能够左右国民经济的发展态势。但是，任何事物都有两面性，金融也不例外。高效、有序、稳定的金融市场，固然给经济发展以积极的推动，而它的低效、混乱、动荡与危机，也必将严重妨碍经济的进步，甚至导致经济崩溃的极端后果。关于这一点，中外金融史已经提供了充分的证明。

三、金融体系

金融体系是国民经济体系内围绕资金融通、由相关要素有机构成的子系统。关于金融体系的基本要素，国内外经济学者多认为仅包括金融工具、金融机构和金融市场三部分。然而，任何金融体系都只能在一定的制度框架中运行，相对完备的制度是一切金融体系高效有序运行的基石。金融工具的形式、内容及其流转，金融机构的设立、营运与监控，金融市场的组织、管理与交易等，须臾离不开金融制度的规范与制约。事实证明，任何发达的金融体系，都必定内含一整套完善的金融制度。因此，金融体系的基本要素，除金融工具、金融机构和金融市场外，还必须包括金融制度。

（一）金融工具

金融工具又称信用工具，通常指依一定格式作成、用以证明或创设金融交易各方权利义务的书面凭证。存折（存单）、借款合同、股票、债券、商业票据等，均为常见的金融工具。20世纪70年代以来，为了适应社会对金融商品多元化的需求，提高市场竞争能力，有效规避风险，世界各国特别是发达国家的金融机构，有意识地运用金融工程技术，在传统金融工具之外或者在传统金融工具的基础上，创造了众多的新型金融工具。所谓"金融衍生产品"，如期货合约、期权合约、货币互换合约、利率互换合约、信用衍生工具等，即是金融工具创新的产物。

金融工具一般具有以下共性：

1. 偿还性。即凭借金融工具筹资的一方，有义务按照约定向购买金融工具融出资金的对方或其受让人偿还融资。不过，部分投资性金融工具在这一点上有它的特性，如股票的投资者除在发行公司终止时参与剩余财产的分配外，在公司存续期间不能从发行公司收回投资，而只能将所持股票转让变现。有人据此认为股票这种投资性金融工具不具有偿还性。

2. 收益性。金融工具可能给持有人带来定期或不定期的收益，包括约定的各种利息，如存贷款利息、债券利息、股息等，也包括持有人以高于买进价格转让金融工具所得差价。作为特例，有些金融工具，如国际金融组织、外国政府、政策性银行发放无息贷款而与借款人签订的合同，则不具有收益性。

3. 可转让性。绝大多数金融工具可以在金融市场依法转让。但是，各类金融工具的转让能力因各自特性、相关市场条件以及法律规定的不同，彼此有很大差异。一般而论，证券以及证券化的金融工具，比非证券化的金融工具转让能力强；有集中交易市场的金融工具比无集中交易市场的金融工具转让能力强；资信好的筹资者发行的金融工具比资信差的筹资者发行的金融工具转让能力强。根据国家法律的规定，有些金融工具可以自由转让，有些限制转让，有些则禁止转让。

4. 风险性。在金融交易中，购买金融工具融出资金的一方可能因种种原因遭受损失。一方面，筹资者可能于金融工具到期时不愿或无力履行偿付义务，此为信用风险；另一方面，金融工具可能因市场变化出现价格的下跌，此为市场风险。

按照金融交易的期限，金融工具可分为货币市场金融工具和资本市场金融工具。前者一般指偿还期在 1 年以内的短期金融工具，主要有商业票据、短期政府债券、可转让大额定期存单等，它们期限短，风险小，流动性强；后者则是偿还期在 1 年以上的中长期金融工具，包括股票、公司债券和中长期政府债券等，由于期限长，这类金融工具除政府债券外一般风险较大，流动性较弱。

按照发行目的，金融工具可分为间接金融工具与直接金融工具。金融机构为筹集信贷资金发行的金融工具，如可转让大额定期存单、金融债券等，为间接金融工具；发行人为自身融资目的发行的金融工具，如政府债券、公司债券、股票等，则为直接金融工具。

此外，按照持有人所享权利的性质，金融工具可分为债权金融工具和所有权金融工具。除股票为所有权金融工具外，其余均为债权金融工具。

（二）金融机构

凡依法设立、专门经营各种金融业务的组织，均为金融机构。金融机构的职能，概而言之，就是组织社会资金的运动，建立或疏通资金融通的渠道。具体表现在：

1. 在间接金融中充当信用中介。现实生活中，资金供需双方的直接融资，可能因种种原因，比如在金额、期限、利率上不相吻合而难以实现。金融机构以负债业务筹集资金，转而以资产业务运用资金，则能够有效扩大信用活动的规模、范围和领域。

2. 为直接金融提供服务。资金供求双方的直接融资，往往离不开金融机构的专业性服务，比如证券市场筹资，其发行方案的设计、证券的承销及兑付、二级市场的交易代理，都必须借助于特定的金融机构。

3. 为社会提供有效率的支付机制。因商品交易产生的货币收支，通过金融机构在交易各方的账户间进行划拨清算，安全、方便、迅速，能够减少资金的在途时间，加速商品的流转。

当然，各类金融机构在业务范围、职能分工上是有所不同的。对金融机构可以根据多种标准进行分类。最常见的是分为银行和非银行金融机构。银行又包括中央银行、商业银行、股份合作制银行、政策性银行；非银行金融机构种类十分繁多，主要有信托公司、金融租赁公司、财务公司、信用合作社、证券公司、保险公司、资产管理公司、信用担保公司等。根据金融机构的性质和目的，金融机构可以分为中央银行、政策性金融机构、商业性金融机构、合作性金融机构。按金融机构的组织形式，可分为有限责任金融机构（含国有独资金融机构）、股份有限责任金融机构、股份合作制金融机构、合作制金融机构。按投资来源，可分为中资金融机构、中外合资金融机构、外资独资金融机构。按金融机构的业务范围，可分为综合性金融机构和专业性金融机构。按金融机构的经营区域，可分为跨国金融机构、全国性金融机构、地方性金融机构、社区性金融机构。

结构合理的金融机构体系，对国家金融事业以及经济的发展是至关重要的。对市场经济国家而言，至少应有三个大类的金融机构：第一类是中央银行，它作为国家机关，负责制定和执行国家的货币信用政策，依法实施金融监督与管理，在金融机构体系中处于核心和主导地位；第二类是商业性金融机构，包括商业银行和商业性非银行金融机构，它们是金融机构体系的主体，受市场规律的引导与制约，以营利为目的从事金融业务；第三类是政策性金融机构，包括政策性银行和政策性非银行金融机构，它们由政府设立，以实现政府经济和社会政策为目标，开展信用活动，对商业性金融进行必要的补充。

金融机构的业务，按是否在资产负债表上得到反映，分为表内业务与表外业务。表内业务又可分为筹集资金的负债业务和运用资金的资产业务。表外业务是指那些不会引起资产负债表项目的变化、可以为金融机构带来手续费收入或佣金收入的业务，包括或有负债和中间业务。

（三）金融市场

金融市场是资金融通及相关服务的交易场所或空间，它是经济生活中与商品市场、劳务市场和技术市场并列的一种市场。通过金融市场，资金的供求双方，直接或借助于信用中介进行资金的融通，并基于资金供求的对比，形成相应的市场"价格"，即利率。

金融市场是一个大系统，包罗许多具体的、相互独立但又有紧密关联的市场，可以用不同的划分标准进行分类。最常见的是把金融市场划分为货币市场和资本市场。货币市场是交易期限在1年以内的短期金融交易市场，包括短期存贷市场、同业拆借市场、票据贴现市场、短期债券市场以及大额存单等短期融资工具市场，其功能在于满足交易者的资金流动性需求。资本市场是交易期限在1年以上的中长期金融交易市场，主要满足工商企业的中长期投资需求和政府弥补财政赤字的资金需要，包括长期存贷市场和证券市场。按金融交易的交割期限可以把金融市场划分为现货市场与期货市场。现货市场上，一般在成交后立即付款交割或在成交日后的1~3日内付款交割；而期货市场上，交割则是在成交日后合约约定的日期（如几周、几月）之后进行。较多采用期货交易形式的，主要是证券、外汇、黄金等市场。按交易主体和市场范围，金融市场可划分为国内金融市场和国际金融市场。国内金融市场是一国领土内本国居民从事金融交易的市场，而国际金融市场则是跨国界的不同国家居民间的金融交易市场。此外，金融市场可以是由金融机构营业场所构成的有形市场，也可以是由现代通讯网络构成的无形市场。

（四）金融制度

金融制度是有关金融交易、金融调控和金融监管的相对稳定的运行框架和办事规程。在我国，金融制度主要以金融立法、我国参加的相关国际条约、相关司法解释为基础。

在理解金融制度的构建特别是金融立法的时候，对国家基本金融政策的地位应当予以高度重视，否则将难以了解金融立法的背景，把握金融立法的精神。国家基本金融政策本身虽然不是金融立法，但它们通常是政府对金融体制及其改革作出部署的核心文件，表明政府在金融领域的长远政策取向，对金融立法起着直接的导向作用。国务院1983年《关于中国人民银行专门行使中央银行职能的决定》、1993年《关于金融体制改革的决定》、1996年《关于农村金融体制改革的决定》、2003年《深化农村信用社改革试点方案》、2004年《关于推进资本市场改革开放和稳定发展的若干意见》、2006 年《关于保险业改革发展的若干意见》、2014 年《关于加快发展现代保险服务业的若干意见》、2014 年《关于进一步促进资本市场健康发展的若干意见》等，都属于国家基本金融政策的范畴。不过，政府以及特定政府部门针对特定、具体的金融形势所采取的临时性政策，如紧缩或者放松银根等，则不属于基本金融政策。

第二节　金　融　法

一、金融法的定义与地位

目前在国内，关于金融法的定义有不同的表述。我们认为，金融法是调整金融关系的各种法律规范的集合。所谓金融关系，是指金融领域内有关主体之间发生的社会关系。金融关系极为错综复杂，大致说来，可分为以下三类：

1. 金融交易关系。即社会经济成分之间因存款、贷款、同业拆借、票据贴现、银行结算、证券买卖、金融信托、金融租赁、外汇买卖、保险等而发生的关系。在市场金融体制下，此类关系具有平等、自愿、等价有偿的基本性质。

2. 金融监管关系。即国家以及有关的国家机关对金融市场、金融市场主体以及金融市场主体之间的交易活动实施监督管理而产生的关系。这种关系的特点，是监管主体与被监管主体之间地位不平等，前者对后者实行强制，后者对前者必须服从。在任何金融体制包括市场金融体制下，有效的金融监管都是绝对必要的。

3. 金融调控关系。即国家以及有关的国家机关，以稳定金融市场、引导资金流向、控制信用规模为目的，对有关的金融变量实行调节和控制而产生的关系。金融调控有直接控制与间接调控之分。直接控制表现为调控主体下达指令，如信贷计划，硬性要求有关方面严格遵守，故因此而产生的关系在性质上与金融监管关系一致；间接调控则表现为调控主体以调控金融为目的，参与金融交易活动，对有关的金融变量施加影响，故因此而产生的关系具有与前述金融交易关系同一的性质。日本著名经济法学家金泽良雄认为：中央银行操纵金融市场，即使应按照一国的金融政策来实施，但就金融市场操纵的本身而言，它是以金融市场自由为前提进行的。

必须指出，在现实的金融生活中，上述三种关系是互相渗透、交织在一起的。

综上所述，金融法是以金融关系，即金融交易关系、金融监管关系和金融调控关系为调整对象的各种法律规范的集合。调整对象的非单一性，决定了调整方法的多样性，也决定了这个集合中元素的复杂性——既有民法规范、经济法规范，也有行政法规范、刑法规范，甚至还有其他性质的法律规范。我国颁布的绝大多数单行金融法律、法规，都同时包含了多种性质的法律规范，注重从多种角度、用多种方法来对金融关系进行调整，亦足以证明这一点。客观地讲，如果忽视各种性质法律规范的综合调整作用，金融秩序将难以建立。其中的道理，显而易见。

根据划分法律部门的一般原理（即是否有单一的调整对象和调整方法），金融法不是独立的法律部门，不具有单一的经济法性质。一些金融法学者将金融法归于经济法下，认为它是经济法下的一个独立的次级分支，这是值得商榷的。他们似乎并不否认金融交易关系主体之间的平等，之所以认为应由经济法来调整此种平等的法律关系，大约是考虑到金融活动对于国民经济具有非同寻常的影响力，是国家必须重点调控和管理的对象。然而，市场经济体制的实质是以市场为基础配置资源，如果作为资源配置先导的货币资金的配置都不能按市场原则进行，市场经济只能是有名无实。管理也罢，调控也罢，只能用于纠正市场的偏差、维护市场的秩序，而不能取而代之。因此，应当承认金融交易关系是平等主体之间的民事法律关系，并重视民法规范在金融法中的地位。

金融法作为调整金融关系的法律规范的集合，虽然不是独立的法律部门，但也不应当是有关法律规范的无序堆积。所谓完善金融立法体系，其要义之一，就是要注重各种规范之间的协调、配合，避免相互之间的冲突与矛盾，使金融立法成为一个内部有机联系的整体。

二、金融法的渊源

所谓金融法的渊源，是指金融法律规范借以表现的形式。金融法的渊源，主要有如下几个方面：

1. 宪法。宪法是由全国人民代表大会制定的国家根本大法，具有最高的法律效力。宪法关于社会主义经济制度的规定，是对金融关系进行法律调整的基本依据。

2. 法律。全国人民代表大会及其常务委员会制定的调整金融关系的法律是金融法的主要渊源。如：全国人民代表大会制定的《中华人民共和国中国人民银行法》；全国人民代表大会常务委员会制定的《中华人民共和国商业银行法》《中华人民共和国保险法》《中华人民共和国票据法》《中华人民共和国证券法》《中华人民共和国信托法》《中华人民共和国证券投资基金法》《中华人民共和国银行业监督管理法》。作为金融法渊源的，并不以上述的专门法律为限，如《中华人民共和国刑法》关于金融犯罪及其刑事处罚的规定，当然也是金融法的渊源。

3. 行政法规。国务院为了执行法律或者履行宪法赋予的行政管理职能，或者根据全国人民代表大会及其常务委员会的授权，制定和发布的行政法规，是金融法的重要渊源。如《储蓄管理条例》《企业债券管理条例》《中华人民共和国外汇管理条例》《非法金融机构和非法金融业务活动取缔办法》《金融违法行为处罚办法》《中华人民共和国人民币管理条例》《国有重点金融机构监事会暂行条例》《个人存款账户实名制规定》《金融资产管理公司条例》《金融机构撤销条例》《中华人民共和国外资保险公司管理条例》《中华人民共和国外资银行管理条例》《期货交易管理条例》《证券公司风险处置条例》《证券公司监督管理条例》等。同样，除专门调整金融关系的行政法规外，其他行政法规中调整金融关系的法律规范，也是金融法的渊源。

4. 部门规章。部门规章是指国务院各金融监管机构（原来的中国银行业监督管理委员会、中国保险监督管理委员会或现在的中国银行保险监督管理委员会、中国证券监督管理委员会）、中国人民银行、国家外汇管理局以及其他相关政府部门，根据法律和国务院的行政法规、决定、命令，在本部门的权限范围内制定和发布的金融规章。其主要功能是细化法律、行政法规的内容，保证法律、行政法规的贯彻落实。目前在我国，金融方面的部门规章数量十分庞大。

5. 地方性法规和地方政府规章。地方性法规是指省、自治区、直辖市以及较大的市的人民代表大会及其常务委员会根据本行政区域或者本市的具体情况和实际需要，制定的地方性金融法规。地方政府规章是指省、自治区、直辖市以及较大的市的人民政府制定的地方政府金融规章。地方性法规和地方政府规章仅在制定机关所辖区域内有效。

6. 司法解释。司法解释是最高人民法院和最高人民检察院分别就法院审判工作、检察院检察工作具体应用法律法规的问题所作的法律解释。相对而言，最高人民法院涉及金融问题的司法解释较多；其中，大部分是以批复或者通知的形式解释具体的法律适用问题，但也有一些是对某类金融案件的审理进行系统性解释和规定，如《关于审理民间借贷案件适用法律若干问题的规定》《关于审理融资租赁合同纠纷案件适用法律问题的解释》《关于审理存单纠纷案件的若干规定》《关于审理票据纠纷案件若干问题的规定》《关于审理证券市场因虚假陈述引发的民事赔偿案件的若干规定》《关于审理期货纠纷案件若干问题的规定》《关于审理信用证纠纷案件若干问题的规定》《关于审理海上保险纠纷案件若干问题的规定》。

7. 国际条约。我国缔结或者参加的与金融有关的国际条约，除我国声明保留的条款外，构成我国金融法的重要渊源。我国缔结或者参加的国际条约与我国法律有不同规定的，适用该国际条约的规定，即国际条约具有优先于国内法的效力。

三、我国金融体制改革与金融立法

从 1949 年中华人民共和国成立，到 1978 年党的十一届三中全会召开，前后 30 年，中国实行的是高度集中的计划经济体制。其间，中国金融体制的状况，可以概括为两点：

1. 国家对经济、金融实行严格的统制政策。国民经济的运行处于政府直接的、计划的、实物的管理之下。政府对企业下达指令性实物生产计划，企业对计划负责，银行则配合实物生产计划，进行资金的纵向分配。银行既无自身独立的经济利益，亦无经营上的自主权。因此，银行只是货币的发行单位和政府的会计与出纳，而不是真正意义上的金融市场主体，货币也只是简单的分配手段、交换手段和经济核算尺度，而不是严格意义上的特殊商品。

2. 只存在单一的、垄断的银行信用。除了银行信用外，其他信用形式遭到否定。在一个相当长的时期内，事实上仅有一家中国人民银行，既作为管理金融的国家机关，又经办普通银行业务；其他为数不多的几家专业银行，或被撤销，或被并入中国人民银行，作为其专业信贷部门。

1978 年 12 月，中国共产党召开十一届三中全会，决定将党和政府的工作重心转移到经济建设上来，推行改革开放的经济战略，发展经济，解放生产力。此后的 40 余年间，从工作重心的转移，到建设有计划的商品经济，继而到建设社会主义市场经济，中国经历了举世瞩目的改革历程。其间，我国政府立足于本国国情，充分尊重客观经济规律，大胆破除传统的金融体制，逐步建立了与新经济体制相适应的金融体制，既顺应了总体经济体制改革的需要，又推进了总体经济体制改革的进一步深化。

我国改革金融体制的基调，是承认货币的商品属性，尊重货币和信用的运行规律，培育、规范金融市场，加大金融间接调控的比重，逐步建立以市场为基础配置资源的机制，建立统一、有序、公平竞争的社会主义金融体系。对我国金融体制改革的成果，可以简要概括如下：

1. 建立了由中国人民银行进行宏观调控，以商业性金融机构为主体，以政策性金融机构为补充，多种金融机构并存、分工协作、适度竞争的社会主义金融机构体系。

2. 不断改革和完善中央银行制度，强化了中国人民银行的职能，建立了相对健全的中央银行宏观调控机制和金融宏观审慎监管制度。

3. 以股份制、市场化为基础，建立了相对完整的现代化商业银行体系。其中，既有国家控股的商业银行，又有新型股份制商业银行（包括城市商业银行和农村商业银行），还有外资银行营业性机构。它们作为吸收公众存款、发放贷款、办理结算的企业法人，按照市场原则从事营运，是我国金融机构体系的主体。

4. 发展了多种形式的非银行金融机构，它们或针对特定的对象，或在特定的领域，或以特殊的信用形式，为社会提供了多元化的金融服务。非银行金融机构的发展，强化了金融市场的竞争，丰富了金融商品，繁荣了金融市场。

5. 设立了四家政策性金融机构，即国家开发银行、中国农业发展银行、中国进出口银行和中国出口信用保险公司，实现了商业性金融与政策性金融的分离。它们依据政府的产业政策和区域经济发展战略，借助信用形式，对特定的领域或者对象实行倾斜，弥补了市场配置资金的偏差和不足，促进了国民经济的协调发展。

6. 形成了分工明确、高效配合的金融监管体制。在国务院金融稳定发展委员会的总体协调下，中国人民银行负责宏观金融稳定，中国银保监会依法对银行业、保险业实施日常性监管，中国证监会依法对证券业、证券市场实施日常性监管。目前，根据金融发展的新形势和新变化，正在探索建立央地两级金融监管体制。在金融监管的内容上，不仅有合规监管，更有风险监管；不仅注重市场准入控制，而且注重持续性监管、危机管理和市场退出管理，真正体现了全程监管的精神。对金融创新采取审慎包容的监管政策，促进了互联网金融等新兴业态的健康、有序发展。总体上，金融监管的法治化程度不断提高，金融监管绩效显著改善。

7. 金融监管的有效性和金融体系的稳健程度不断提升。特别是 2007 年国际金融危机以后，我国加强了金融宏观审慎监管，着力防控系统性风险，适时进行了逆周期调节。根据《巴塞尔资本协议Ⅲ》的要求，我国完善、强化了对商业银行的资本充足性管理；加强了对影子银行的监测和管理；于 2015 年出台了存款保险制度。

8. 开放或发展了国家信用、股份信用、保险信用、商业信用、消费信用、信托信用等多种信用形式，打破了银行信用的垄断格局，拓宽了资金融通渠道，提高了全社会的资金配置和利用效率。与此相适应，培育和发展了结构多元、层次清晰、运作日益规范的金融市场体系。

9. 多层次资本市场的建设取得显著成效。除主板市场外，继中小企业板、创业板后，我国又于 2019 年推出了科创板并试行证券发行的注册制改革；2020年，注册制改革试点进一步扩大到创业板。全国中小企业股份转让系统（"新三板"）和各区域性股权交易中心（"新四板"）正常运转。我国证券市场与境外市场的互联互通也在不断推进，目前已实现"沪港通"、"深港通"和"沪伦通"。

10. 通过改革，逐步实现了利率的市场化，提高了利率对资金供求关系的敏感度，强化了利率在金融资源配置中的作用。

11. 按照票据化、电子化、国际化的原则，对支付结算制度进行了改革，提高了支付系统的效率，保障了商品交易的安全，促进了商品的流转。

12. 适应对外经济关系发展的需要，不断改革和完善外汇管理体制，确立了人民币以市场供求为基础的、有管理的浮动汇率制度，人民币在经常项目下实现了可自由兑换，资本项目下的自由兑换也有所突破；建立了统一的银行间外汇市场。人民币的国际化程度显著提高，跨境人民币结算的规模持续增长。

13. 扩大了对外金融交往与合作，金融市场国际化的程度不断提高。目前，我国已是许多重要国际金融组织的成员，积极参与了双边和多边的国际金融合作，包括金融监管领域的合作。改革开放以来，特别是加入世界贸易组织以后，我国政府严格履行对外资开放银行业、证券业和保险业市场的各项承诺，金融市场对外资开放的程度得到显著提高；最近几年，我国进一步实施金融业对外开放政策，出现了高水平全面开放的新格局。与此同时，中资金融机构的境外拓展也取得了实质性进展。国际金融组织贷款、外国政府贷款、国际商业贷款以及境外发行债券和股票等，已成为我国利用外资的重要形式和有效途径。

应该看到，我国金融体制的改革，虽然取得了丰硕成果，但并不是一帆风顺的，经历了许多曲折和反复。同时也应当看到，现有的金融体制还存在许多突出的矛盾与弊端，制约了我国金融体系的良性发展，需要通过深化改革加以解决。

金融立法在金融体制的改革中，占据着特殊的重要地位。没有金融体制改革，也就没有今天金融法治日益完备的局面；如果不是重视了金融法治建设，我国的金融体制改革也不可能取得现有的成果。重视金融法治建设，强调依法管理和调控金融，本身就是金融体制改革的基本内容，而一切金融体制改革的举措，无不是通过金融立法转化为具有强制力的、可操作的行为规范和金融法律关系准则。

新时期我国金融立法的发展，大体上可以划分为初创、成长、升级、充实、完善五个阶段：

第一阶段从中共十一届三中全会召开到 1983 年底，为金融立法的初创时期。其间，为了适应政府工作重心向经济建设的转移和对外开放的需要，我国开始重视金融立法工作，出台了一些金融行政法规。

第二阶段从 1984 年中国人民银行专门行使中央银行职能到 1992 年，为金融立法的成长时期。其间，以建立有计划的商品经济体制为指导思想，我国开始了金融体制的全面改革。为了适应金融体制改革的需要，国务院以及中国人民银行等政府金融管理部门制定和公布了大量的金融行政法规和金融部门规章，内容涉及金融领域的各个方面。

第三阶段从 1992 年邓小平同志南巡讲话、党的十四大召开至 1995 年，为金融立法的升级时期。其间，按照建立社会主义市场经济体制的要求，我国的金融体制改革进一步深化，金融法治建设步入一个全新的历史时期。一些暂行条例为正式条例所取代，一些低层次行政法规为高层次法律所取代，以反映金融体制改革的最新成果。1995 年，由全国人民代表大会制定的《中华人民共和国中国人民银行法》，由全国人民代表大会常务委员会制定的《中华人民共和国商业银行法》《中华人民共和国票据法》和《中华人民共和国保险法》先后出台。它们作为主干立法，成为构建我国金融立法体系的基础。

第四阶段从 1996 年至 2001 年，为金融立法的充实时期。1999 年 3 月，第九届全国人民代表大会第二次会议通过了《中华人民共和国合同法》，这对于规范金融交易关系具有突出意义。1998 年 12 月，第九届全国人民代表大会常务委员会第六次会议通过了《中华人民共和国证券法》；2001 年 4 月，第九届全国人民代表大会常务委员会第二十一次会议通过了《中华人民共和国信托法》。这两部重要的金融法律，起草工作历经多年，它们的问世，是我国金融立法的重大突破。这一时期，国务院根据外汇体制改革的需要，制定了《中华人民共和国外汇管理条例》，并进行了修正；国务院各金融监管机构，包括中国人民银行、中国证监会、中国保监会、国家外汇管理局，都发布了一系列重要的金融规章。

第五阶段从 2001 年 12 月 11 日我国正式加入世界贸易组织至今，为金融立法的完善时期。2003 年 4 月，中国银监会成立，承接原由中国人民银行行使的银行业金融机构监管职能；2017 年 11 月，国务院金融稳定发展委员会成立；2018 年 4 月，中国银行保险监督管理委员会正式成立，承接了原中国银监会、原中国保监会的监管职责，最终形成了我国现行的金融监管体制。在金融立法方面，全国人民代表大会常务委员会通过并修订了《中华人民共和国证券投资基金法》和《中华人民共和国银行业监督管理法》，对《中华人民共和国保险法》《中华人民共和国中国人民银行法》《中华人民共和国商业银行法》《中华人民共和国证券法》进行了重大修订；国务院分别发布并多次修订了《中华人民共和国外资保险公司管理条例》和《中华人民共和国外资银行管理条例》，对《中华人民共和国外汇管理条例》进行了两次修订。这些重大的金融立法活动，落实了我国的入世承诺和金融开放战略，反映了我国金融监管体制所发生的深刻变化，适应了进一步强化和规范金融监管的现实需要。

第三节   金融法的重要理念

金融法理念是人们对金融法基本取向和重大核心问题的理性认知和倾向性观念。金融法理念属于主观范畴，存在个体差异，处于不断变化之中，对人们从事各种形式的金融活动在很大程度上起支配作用。我们学习金融法，应当努力树立正确的金融法理念。

一、维持货币稳定的理念

货币稳定指货币币值稳定，包括货币对内价值（物价）的稳定和对外价值（汇率）的稳定。货币稳定只能理解为基本稳定，而不能理解为货币币值一成不变；相反，货币币值应当保持适当的弹性，适时反映市场条件的变化。但是，如果一个国家在相对较长的时期内存在严重的通货膨胀或者通货紧缩，即可认定其货币丧失了基本稳定。

在现代经济条件和货币制度下，政府可以对货币供应量进行人为控制。然而，为了刺激经济增长，政府常有不适当增发货币的倾向。国内外大量实证研究表明，牺牲货币稳定，贪图经济在短期内的快速增长，欲速不达，不仅破坏经济良性发展的机制，而且损害公众利益。在这里，有必要对经济增长和经济发展两个概念进行区分：经济增长侧重于经济运行在速度和规模等数量上的提升，而经济发展则更关注经济运行的质量，即可持续性与协调性；虽然经济发展离不开经济增长，但病态的经济过快增长非但不会促进反而会抑制经济的发展。总之，只有在货币稳定的前提下，经济才可能实现持续、健康、协调的发展。

为了应对 2007 年爆发的国际金融危机，防止经济衰退，几乎所有国家都采取了放松银根的货币政策。这表明，在极端情况下，经权衡利弊，对货币稳定的追求可能不得不暂时让位于其他更为重要的目标；但是，各国为此不同程度经受严重的通货膨胀压力，也用事实从另一个侧面彰显了货币稳定的极端重要性。

货币稳定离不开法律的支撑。由于中央银行是一国货币供应的闸门，维护货币稳定必须有健全的中央银行法律制度：一要明确货币稳定为中央银行的法定目标；二要确保中央银行在制定和实施货币政策上享有充分的独立性并承担严格的问责义务；三要为中央银行运用货币政策工具、调控货币供应提供坚实的法律基础。对于开放经济而言，维护货币稳定还必须加强对外汇、外资、外债的管理，特别是对国际游资的监测和管控。

二、兼顾三大目标的理念

尽管不同金融立法对立法宗旨的表述会有所不同和侧重，但归纳起来，金融法的目标无非是维护金融安全、提高金融效率和保护金融消费者（包括存款人、投资者）利益。要维护金融安全，金融机构的法人治理和内部控制必须健全，市场约束必须足够充分，政府的微观审慎监管和宏观审慎监管必须切实有效；要提升金融效率，必须适当加大金融市场的竞争力度，规范市场参与者的竞争行为，营造良好、有序的金融市场竞争秩序；而保护金融消费者利益，则关键在于完善信息披露制度，规范金融机构的经营行为，为金融消费者提供公正并且易于获得的权利救济。

金融法三大目标的关系错综复杂，既统一又对立。就金融安全与金融效率的关系而言，一方面，安全的金融体系为金融效率的提升创造了条件，金融效率的提升则有助于增强单个金融机构乃至整个金融体系的抵御风险能力；另一方面，用以维护金融安全的诸多法律限制和监管措施，如市场准入控制、利率管理、业务范围管理等，不可避免会抑制或扭曲竞争，而为追求金融效率不适当、不适时地放松监管，则可能使金融市场严重失控，陷入危机和混乱。就金融安全与金融消费者保护的关系而言，一方面，金融安全本身即从根本上为金融消费者提供了利益保障，广大金融消费者也只有在切身利益得到充分保护的情况下才会对金融体系抱有信心；另一方面，用以维护金融安全的诸多措施，于抑制或扭曲竞争的同时，势必会减少金融服务的有效供给，令金融消费者难以从更低价格、更优质量、更多选择中得到实惠，而倘若对金融消费者保护过度，不仅于金融安全无益，反而会助长其道德风险倾向，使金融安全受到威胁。就金融效率与金融消费者保护的关系而言，一方面，金融竞争能显著增进金融消费者的福利，对金融消费者的保护措施亦有激励竞争和规范竞争之功效；另一方面，激烈的市场竞争可能迫使金融机构回避甚至拒绝为低收入阶层等社会弱势群体提供服务，从而降低金融体系的普惠性，加剧社会的贫困与分化，而对金融消费者的过度保护，则有可能束缚金融机构的创新能力。

在特定背景下，一国可以甚至应当在金融法三大目标中有所偏重，但总体来讲，对它们不能取舍，只能统筹兼顾。从更深层次上理解，有所偏重正是对目标的一度失衡进行矫正。在这方面，我们很容易受"钟摆式"思维惯性的左右，一旦爆发危机即不惜代价强化监管，监管致金融体系活力尽失之后再推行自由化，步入另一个极端，如此反复。可以说，自20世纪30年代大危机以来，世界各国的金融法和金融监管政策就是循着这样的轨迹在发生变化。假如在强调监管的同时对竞争和效率多一些顾及，在自由化进程中仍坚持必要的监管甚至强化某些方面的监管，金融体系的运行无疑就会健康得多。

三、控制制度成本的理念

金融立法在实现其预期目的亦即预期收益的同时，难免产生相应的制度成本。微观上，不仅立法和监管行为要消耗相应的人力、物力，规制对象亦须承受相应的守法成本。比如，为了遵守反洗钱法，金融机构需要完善内部控制，培训员工，核实客户真实身份和其他相关信息，报告可疑交易和大额交易，从而加大其经营成本；再如，法律限制金融机构经营业务的范围和条件，对它们而言即构成机会成本。不仅如此，在宏观上，金融立法还可能对特定市场、特定人群、特定产品产生负面影响，可能抑制或扭曲市场竞争，可能滋长市场参与者的监管套利行为和道德风险倾向。

显然，金融立法及其实施过程不能一味追求预期收益而不计较制度成本；相反，应当遵循收益最大化、成本最小化的原则。一项制度，如果收益不能覆盖成本，或者说成本无法从收益中得到合理性的支撑，那么它的出台和继续存在本身就值得怀疑。实际上，特定金融立法要实现其特定的预期收益，往往有多种实施方案可供选择，在这种情况下，完全应当通过充分论证，选择其中成本最小的方案。必要时，甚至不妨适当降低对收益的预期，以求得成本与收益之间的平衡。比如存款保险，目前国际上的主流做法是限额保险。仅就保护存款人利益、维护公众信心和系统性稳定的目标而言，限额保险肯定不如无限额保险。但问题在于，无限额保险让存款人在更大程度上丧失了审慎选择银行和监督银行的动机，形成了过高的制度成本。

近些年来，应用经济学的成本—收益分析方法被越来越多的国家所用，借以分析金融立法的制度收益与制度成本及其相互关系，进而达到优化立法、控制成本的目的。在有的国家，这种方法甚至已经被固化为一种制度、一道规则制定的必经程序、一项规则制定者的法定义务。在我国，金融立法一直不太重视对制度成本的控制，这首先是一个理念问题。不容否认，要对金融立法进行制度收益和制度成本的量化测算，还存在技术性困难，但这种做法、这种取向、这种理念，绝对是值得肯定的。

四、注重正向激励的理念

法律只能约束人们的外部行为，而不能对其内在心理提出要求。但是，法律的作用对象归根结底是活生生的、有思想的人，他们必然对法律作出相应的反应，有些反应是正向的，与立法目的相兼容；有些反应则是负向的，与立法目的相背离。因此，立法者必须关注立法对作用对象动机的可能影响，极力激励有益的动机，遏制不良动机；否则，立法将难以实现其初衷，甚至出现南辕北辙的局面。

立法产生负向激励的典型表现是道德风险（Moral Hazard）。按照正常的市场规则，任何追求收益的行为都必须承受相当的损失风险；但是，如果制度安排或合同安排使行为人不用承受或者不用全部承受相关的损失风险，他便会产生无限追求自身收益的动机。这就是道德风险。所以在经济学上，道德风险被表述为"从事经济活动的人在最大限度增进自身效用时做出不利于他人的行为""当事人一方因确信不必承担自己行为的全部或部分不良后果而承受更大风险的倾向"。在很多情况下，对道德风险不能进行道德判断，它实际上是理性的人对不合理的制度安排或合同安排的理性反应。

道德风险问题在金融领域非常突出。比如，财产保险的被保险人因为有了保险保障而怠于防止保险事故的发生和损失的扩大；存款人因为有了存款保险而一味关注利率高低，不去选择优质银行，也不对存款银行进行必要的审慎监督；具有系统性影响的大型金融机构，因为对中央银行的最后贷款人支持和政府利用公共资金进行的紧急援救抱有预期，可能疏于对风险的管理，甚至为了高额收益而不惜承受更大的风险；由于金融机构具有高负债经营的特点，获利时股东为最大受益者，亏损时却是债权人为最大受害者，股东便可能鼓动金融机构采取高风险高收益的经营战略。抓住了道德风险问题的实质，我们就可以更加深刻地理解保险法的某些内容，就会明白为什么存款保险只能采取限额保险，甚至要实行共保制，就可以洞悉一些国家放弃"太大不宜倒"政策的真实背景，也就可以对加强金融机构资本管理的重要性有更为全面的把握。

近40年，世界处于金融危机的高发期。在探究成因的过程中，众多分析家注意到了市场参与者的不良动机因素。如何强化制度的正向激励作用，确实是制度设计者必须着重考虑的关键问题。

五、促进社会和谐的理念

金融既然是现代经济的核心，在促进社会和谐方面它就不可能不占据重要地位。就人与环境的和谐而言，金融运行应当有利于环境保护和对环境污染的治理；环境治理应当得到充分的金融支持；资金融通应当向低能耗、低污染产业倾斜；金融机构应当有效控制环境风险，投融资决策应当注重环境评价；对严重有害环境的投融资行为，金融机构应当依法承担责任。近年，"绿色金融"的理念在我国日渐深入人心，对政府金融监管和业内经营起到越来越重要的导向作用。2007年以来，中国人民银行、中国银监会、中国证监会、国家环境保护局、国家发展与改革委员会分别或联合发布了一系列有关金融与环境关系的重要政策性文件或部门规章，如：《关于改进和加强节能环保领域金融服务工作的指导意见》《关于落实环保政策法规防范信贷风险的意见》《节能减排授信工作指导意见》《关于加强上市公司环境保护监督管理工作的指导意见》《关于金融促进节约集约用地的通知》《关于支持循环经济发展的投融资政策措施意见的通知》《关于进一步做好支持节能减排和淘汰落后产能金融服务工作的意见》《能效信贷指引》《绿色信贷指引》《关于支持绿色债券发展的指导意见》《绿色债券评估认证行为指引（暂行）》。

就人与人之间的和谐而言，一方面，金融体系应当积极支持中小企业的发展，它们在保证经济稳定运行和解决社会就业问题上能够发挥极其重要的作用。另一方面，金融体系应当具有普惠性，应当让所有人都有平等享用基本金融服务的机会。发展经济学认为，经济发展和社会进步的目标，只有在包容的条件下才可能真正实现，也就是说必须走包容性发展的道路。然而事实上，在世界各国特别是发展中国家，还有相当比例的成年人口没有银行账户，负担不起接受金融服务的费用，不能方便地存款、取款和转账，难以获得必要的生活和生产融资。这表明，在社会整体日益"金融化"的同时，边远、贫困的农村地区，低收入人口及其他社会弱势群体，却在很大程度上为正规金融体系所排斥，面临着"金融沙漠化"的困境。贫困人口不能或者不能充分享用基本金融服务，不仅影响其正常的生产、生活，制约其利用金融服务合理安排生计、预防居家风险、把握经济机遇、改善社会地位的能力，而且阻碍社会减贫进程，加剧贫困、贫富悬殊和社会分化，增加社会不和谐因素。为此，近数十年来，特别是 20 世纪 90 年代以来，很多国家加强了对金融排斥的治理，致力于提高金融体系的普惠性。作为发展中大国，面对非常突出的金融排斥问题，我国也以满足农村、农业、农民的金融需求为重心，采取了一系列实际举措，比如：强调涉农金融机构服务"三农"的功能定位；增设村镇银行、贷款公司、小额贷款公司、农村资金互助社等新型农村金融机构；对村镇银行主发起人在发达和贫困地区设立分支机构实行准入挂钩政策；推行农村小额保险以及农户小额信用贷款和联保贷款；试点农民工特色银行卡服务；部署消除乡镇金融服务空白；探索农村金融产品和服务方式的创新。2015 年年底，我国国务院发布了《推进普惠金融发展规划（2016—2020年）》。

■ 思考题

1. 简述金融的含义及其要点。
2. 简述金融的资本形成功能和风险转移功能。
3. 你认为在金融体系的构成要素中应否包括金融制度？
4. 搜集金融法的各种定义和关于其性质的各种学说，并进行比较分析。
5. 你认为金融法应当如何处理金融安全与金融效率的关系？

■ 推荐书目

1. 高晋康、谈李荣主编：《开放条件下的中国金融法制建设》，西南财经大学出版社 2006 年版。
2. 刘俊、金震华：《2008 年次贷萧条应对与中国金融法制变革》，法律出版社 2009 年版。
3. 彭兴韵：《金融学原理》，格致出版社、上海三联书店、上海人民出版社 2019 年版。

第二章　中央银行法律制度

■ 学习目的和要求

　　了解中央银行的各项职能；正确认识中央银行的法律地位，深刻领会确立中央银行独立性和问责制的意义及通常做法；理解中央银行运用货币政策工具调控货币供应的基本原理；掌握《中国人民银行法》的主要内容。

中央银行法是用以确立中央银行的法律地位、组织结构、职责与权限，调整其在履行职能过程中所发生的各种社会关系的法律规范的总称。它对于保证国家货币政策的正确制定和执行，建立和完善中央银行宏观调控体系，防范和化解系统性金融风险，维护金融稳定和金融体系的高效、有序运行，起着关键的作用。

第一节　中央银行概述

一、中央银行的概念

中央银行（Central Bank）是在一国金融体系中居于主导地位，负责制定和执行国家货币政策，调节和控制全国的货币流通和信用活动，依法实施金融监管的特殊金融机构。由于各国中央银行制度存在差异，关于中央银行的这一表述，仅仅概括了大多数国家中央银行的一般特征。在有些国家，中央银行只有货币政策的执行权，并无决策权；在有的国家，金融监管不由或主要不是由中央银行负责。关于中央银行的法律性质，各国规定也不尽一致，有的将其定性为公法人，有的将其定性为国家机关，有的却将其定性为股份公司。

从世界范围看，各国中央银行的名称极不统一。有的直接定名为中央银行，如爱尔兰、智利、菲律宾、刚果等国；有的是在"银行"前面冠以国名或地名，如日本、意大利、法国等国；有的称为国家银行（State Bank or National Bank），如丹麦、瑞士等国；有的叫做储备银行（Reserve Bank），如美国、印度、新西兰等国；有的称作人民银行，如我国和朝鲜人民民主共和国。

二、中央银行制度的形成与发展

中央银行制度的普遍存在有着深刻的经济和政治根源，它是商品经济条件下货币和信用发展的产物，是经济、金融领域矛盾运动的必然结果。

早期的中央银行是在大商业银行的基础上逐步演化而来的。究其原因，主要有四个：

1. 货币发行问题。在资本主义银行发展的初期，由于发行银行券利润可观，许多商业银行都发行银行券。但是，由于它们在信用、实力、经营区域等方面存在局限，致使货币流通缺乏统一性，币值难以稳定，不能适应商品经济发展的内在要求。有鉴于此，一些国家以法令的形式，逐步将货币发行特权赋予一家信用卓著、资力雄厚、经营审慎的大商业银行。此即商业银行向中央银行演化的起点。

2. 政府融资问题。国家机器的强化、自然灾害的破坏以及内外战争的频频爆发，加剧了政府财政收支不平衡的矛盾。政府在授权商业银行垄断货币发行的同时，作为交换条件，往往要求它向政府融资或者代为筹资，并提供经理国库等金融服务。

3. 票据交换和最后贷款人问题。随着商品经济的发展和银行业务的扩大，银行每天收受票据的数量不断增加，彼此间的债权债务关系日趋复杂；同时，银行在经营中会不时出现资金头寸的临时短缺，尤其在金融危机时，更易因存款人挤提而陷入严重的流动性困难。为了维护支付系统的正常运转和金融业的稳定，就需要有这么一个机构，主持全国金融机构之间的清算事宜，并承担最后贷款人的责任。而此项使命历史性地落在了中央银行的身上。

4. 金融调控与金融监管问题。在资本主义发展到垄断阶段以后，由于政府改变放任政策，对国民经济积极施加干预；由于金本位制瓦解并为管理纸币制度所取代，货币供应更为灵活、更富有弹性，并因而能更为深刻地影响经济；由于金融事业迅速发展而经济和金融危机却日益深重，金融调控和金融监管的重要性变得异常突出。要实现政府的经济目标，维护金融业的安全与稳健，就必须强化中央银行在宏观调控和金融监管上的职责与权限。

中央银行的形成和发展大体经历了三个时期：①初创时期。1656年由私人创办的瑞典国家银行以及1694年成立的股份制的英格兰银行，被认为是历史上最早的中央银行原型。从1656年瑞典国家银行成立到1913年美国建立联邦储备系统，前后257年，为中央银行的创始时期。据不完全统计，这一时期成立的中央银行有29家。②发展时期。第一次世界大战爆发到第二次世界大战结束，为中央银行的发展时期。1920年在比利时首都布鲁塞尔召开的国际金融会议，要求凡未设中央银行的国家应尽快建立中央银行，这为中央银行的迅速推广起到了重要的推动作用。据统计，在 1921 年至 1942 年期间，世界各国改组或设立的中央银行有 43 家。③普及和加强时期。二战结束以后，各社会主义国家和新独立国家纷纷建立了中央银行。从 1945 年起至 1971 年止，改组、重建和新建的中央银行共计 50 余家。同一时期，各国政府还加强了对中央银行的控制与利用，如法国和英国先后于 1945 年和 1946 年将中央银行收归国有，中央银行的职能作用倍受重视，在国内和国际经济领域的地位日趋提高。

分析中央银行的形成与发展历史，可以发现以下规律：

1. 早期的中央银行，是随着资本主义商品及货币信用经济的发展，在大私人商业银行的基础上逐步蜕变而来；而后期的中央银行，则多半是借鉴别国经验，立足本国实际，经立法人工创设。

2. 中央银行制度的形成与发展，是其职能不断充实与完备的过程。最初是垄断货币发行，服务政府财政；后来发展到主持全国清算系统，承担金融机构的最后贷款人责任；最后则直接代表国家调控货币供应，管理金融事业，成为政府干预经济的工具。

3. 中央银行制度形成与发展的过程中，存在以所有权私有为主向以所有权国家公有为主转化的明显趋势。早期的中央银行是在私人商业银行的基础上发展起来的，后来一些国家陆续对中央银行实行了国有化改造；后期建立的中央银行，则多由政府直接投资。目前，绝大多数国家中央银行的资本全部或部分为国家所有。

4. 中央银行制度的形成与发展过程，是一个不断放弃自身营利目的、与国家政权结合的过程。在这个过程中，中央银行的法律地位也发生着相应的变化，由最初的特权商业银行发展到准国家机关，最终成为国家机关。

三、中央银行的职能

关于中央银行的职能，主要有两种归纳方法。一种是在传统归纳方法的基础上，将中央银行的职能归纳为五个方面：发行的银行、政府的银行、银行的银行、金融调控的银行、金融监管的银行。另一种归纳方法是将中央银行的职能归纳为调控、管理、服务三大职能。以下按照第一种归纳方法简要介绍中央银行的职能。

（一）发行的银行

所谓发行的银行，是指中央银行垄断通货的发行权，是国家唯一的通货发行机构。中央银行垄断通货发行权，有利于稳定币值，建立良好的通货发行与流通秩序，保证通货的投入量与商品流转的需求相适应。世界各国几乎都以立法明确授予中央银行发行通货的垄断权，只有美国、日本等少数国家，由中央银行发行钞票，由财政部发行铸币。

（二）政府的银行

中央银行被称为政府的银行，并非指它由政府投资设立，而是指中央银行与本国政府有密切关系，服务于政府，代表政府处理有关的金融事务。即使是资本部分甚至全部为私人所有的中央银行，也仍然是政府的银行。中央银行的这一职能具体表现在：①受托经理国库，担任国库出纳；②以法律允许的条件、额度和方式对政府提供信用；③代理政府公债的发行和还本付息事宜；④代表政府参与有关的国际金融活动；⑤代理政府买卖黄金、外汇，管理国家的黄金、外汇储备；⑥担任政府的金融事务顾问。

（三）银行的银行

中央银行作为银行的银行主要体现在三个方面：①依法集中保管金融机构交存的存款准备金。由此，不仅使金融机构的兑付能力有所保证，而且使中央银行能够通过调整存款准备金率，对货币与信用进行调节和控制。此外，存款准备金还是中央银行重要的信贷资金来源。②对全国金融机构承担最后贷款人责任。当金融机构出现临时资金头寸短缺或遭遇流动性困难时，中央银行为了维护金融业的稳定，可以结合货币政策的考虑，通过再贴现和再贷款提供短期融资。③主持全国金融机构之间的清算事宜。各金融机构可通过设在中央银行的存款账户，办理划拨清算，以结清彼此之间的债权债务。

（四）金融调控的银行

中央银行的金融调控职能，就是通过制定和执行货币信用政策，影响商业银行创造货币的基础和能力，实现货币供应总量的调节与控制，并引导资金的流向，促进产业和产品结构的合理化，为国民经济的持续、健康、稳定、协调发展创造条件。

（五）金融监管的银行

在一些国家，中央银行单独或者与其他政府机构一道，履行日常性的金融微观审慎监管职能。它通过依法制定金融业务规章，审批金融机构的设立、变更、终止及其业务范围，检查和稽核金融机构的业务活动，查处金融违法违规行为，来保证金融机构的合法、稳健经营，维护金融体系的高效、有序运行。

在国际层面，关于中央银行的金融监管职能，有两个值得关注的现象：其一，20世纪90年代初以来，一些国家剥离了中央银行日常性的金融微观审慎监管职能，以避免监管职能对货币职能的冲击，使之能够更加专注、更好地履行货币职能。其二，国际社会在反思2007年爆发的国际金融危机的基础上，开始注重金融宏观审慎监管；而中央银行是各国实施金融宏观审慎监管的唯一或主导机构。

四、中央银行的体制和资本结构

（一）中央银行的体制

目前世界各国的中央银行体制，大致可分为四种类型：

1. 单一中央银行制。即国家设立中央银行，专司中央银行职能。其中又可分为一元中央银行制和二元中央银行制。一元中央银行制是全国只设立独家中央银行，其下设立众多的分支机构作为总行的派出机构。这种体制主要为单一制国家采用，具有权力集中、政令通畅等优点，目前80%以上国家的中央银行属于这种体制。二元中央银行制则是在中央和地方设立两级中央银行机构，其中中央级机构为中央银行体系的最高管理机关，地方级机构则具有相对独立的职责和权限。这种体制为部分联邦制国家采用，美国和德国是采用二元中央银行制的典型代表。

2. 复合中央银行制。即国家未单独设立中央银行，由一家国有银行履行中央银行职能并经营商业银行业务。根据在该银行之外是否设立其他专业银行或商业性金融机构，这种体制又可以细分为混合式中央银行制和一体式中央银行制。这种体制是集中的计划经济的产物，表现出国家对信用的高度垄断，现在采用的国家日益减少，苏联以及前东欧社会主义国家都曾采用这种体制。

3. 区域性国际中央银行制。区域性国际中央银行制总是与一定的货币联盟相联系，是指货币联盟内的所有主权国家共同建立一家中央银行，统一执行中央银行的职能。采用区域性国际中央银行制的，主要是一些疆域相邻、文化与民俗相近、国力相当的发展中国家，它们往往在贸易上与某一发达国家有密切关系，希望其货币与该发达国家的货币保持固定平价，以促进经济发展，防止通货膨胀，简化组织机构。区域性国际中央银行的主要职能是发行统一货币，制定和执行统一的货币政策与外汇政策，监管各加盟国的金融机构和金融市场，为加盟国提供金融服务。区域性国际中央银行，主要有西非货币联盟的西非国家中央银行、中非货币联盟的中非国家中央银行、东加勒比海货币管理局、欧洲中央银行体系。

4. 准中央银行制。指未设立职能全面的专业化中央银行，而是由若干政府机构或商业银行分别履行有限的中央银行职能。这种体制目前只有新加坡、利比里亚等少数国家采用。

（二）中央银行的资本结构

如前所述，中央银行是政府的银行，但这并非指其资本为国家所有。事实上，许多国家中央银行的资本都含有非国有成分。中央银行的资本结构，大体有以下六种类型：

1. 纯国家资本。即中央银行的全部资本归国家所有。新建的中央银行，特别是二战后独立的发展中国家与社会主义国家的中央银行，多属此类。一些历史悠久的中央银行，如英格兰银行、法兰西银行等，原为私人股份银行，后由国家收买私人股份，实行国有化改造，也成为纯国家资本的中央银行。

2. 国家与私人资本合营。即中央银行的资本，部分由国家提供，部分由私人股东提供。通常，国家资本占中央银行资本的50%以上，如日本银行。

3. 集体资本。即中央银行的资本由金融机构集体提供。如美国联邦储备系统中，各联邦储备银行的股本全部由储备区的会员银行提供，亦即由储备区的会员银行集体所有。

4. 纯私人资本。即中央银行的资本全部为私人股东持有，而由法律授权其执行中央银行职能，如意大利银行。

5. 多国资本。即区域性国际中央银行的资本非一国所独有，而是由各成员方共有。

6. 无资本金。即中央银行建立时根本就没有资本，中央银行立法没有关于资本金的规定，或者规定建立中央银行无需固定资本金，如韩国银行。

应当注意的是，无论中央银行的资本结构属于上述何种类型，其作为中央银行的性质均不受影响。即使是纯私人资本的中央银行，也同样是国家干预经济的工具，其负责人由国家任命，业务活动受国家的指导、监督和控制，其股东除按规定取得股息外，不享有参与经营管理的权利。

第二节　中央银行的法律地位

中央银行的法律地位，是中央银行赖以正常履行职能的法律基础，它受国家经济状况、政治体制的制约，并非可以由人们主观任意设定。

一、中央银行的法律性质

各国对中央银行法律性质的规定不尽一致。但深入研究各国的中央银行立法，具体剖析各国中央银行的实际运作，我们可以将中央银行的法律性质，概括为以下三个方面：①中央银行是法人；②中央银行是机关法人；③中央银行是特殊的金融机构。

（一）中央银行是法人

在现代经济条件下，无论是社会主义国家还是资本主义国家，其中央银行都是法人。对中央银行的法人资格，几乎所有国家都作了明确规定。

（二）中央银行是机关法人

关于中央银行的国家机关性质，只有少数国家作了明确规定。瑞典宪法第九章第12条第2项规定，瑞典国家银行是直属国会的官方机构。大多数国家仅规定中央银行为法人，至于为何种法人，却未进一步明确。甚至有部分国家，直接规定中央银行为股份公司。如《奥地利国家银行法》第2条第1项规定，奥地利国家银行是股份有限公司。

研究中央银行的法律性质，不应受制于表象，而应深入事物的本质，全面考察相关的法律制度，考察中央银行的实际运作。我们认为，无论各国对中央银行如何定性，其中央银行实质上都是机关法人。首先，一切中央银行都是站在"公"的立场履行职能，都是国家管理金融和调控信用的工具，股份公司形式的中央银行也不例外。其次，各国中央银行都经营业务，这表面看来与国家机关的性质格格不入，但中央银行经营业务与商业银行不同，并不具有自身的营利目的，而纯粹是出于职能的需要。因此，经营业务与其国家机关的性质并不矛盾，完全能够融为一体，并构成中央银行的一大特色。最后，所有中央银行都依法拥有相应的金融行政管理权，这是它们作为国家机关的重要标志。在大多数国家，中央银行都或多或少负有金融监管职责，而金融行政管理权无疑是金融监管的基础。有些中央银行虽然不直接参与金融监管，但在发行货币和调控信用上，也不能完全排除行政性强制措施的使用。

（三）中央银行是特殊的金融机构

中央银行为了履行职能，必须经营特定的银行业务。这是中央银行作为机关法人，与其他国家机关的重要区别。

中央银行的特殊金融机构性质，是其历史发展的逻辑延续，更是其所负职责的内在要求。作为发行的银行，投放和回笼通货；作为政府的银行，经理国库，管理和经营国家的黄金、外汇储备，代理发行政府债券；作为银行的银行，承担最后贷款人的责任和主持金融机构之间的清算；作为金融调控的银行，借助市场运作调节和控制商业银行的超额准备，都必须通过中央银行的业务来完成，或者直接表现为中央银行的业务。难以设想，如果中央银行不开展业务，不进入市场，而是像一般国家机关一样拘泥于单纯的行政管理，如何能够全面、有效地履行其职能？

中央银行虽然经营业务，但与普通金融机构有根本的不同。首先，在为绝大多数国家所采用的单一中央银行制下，中央银行只对普通金融机构和政府经办业务，不直接对工商企业和个人经办业务，不与普通金融机构竞争。其次，中央银行经营业务，以信用调控、服务政府和普通金融机构为宗旨，不以营利为目的。最后，中央银行经营业务，不是根据普通银行法，而是根据宪法或中央银行法。由上述三点看来，中央银行并不因经营业务而具有企业法人的性质，认为中央银行既是国家机关又是经济实体的观点，是完全错误的。

二、中央银行的独立性与问责制

在 20 世纪的大部分时间内，世界范围内中央银行制度发展的基本走向，是提升和保障中央银行对于政府的相对独立性。但近 20 年来，一些国家在尊重中央银行独立性的同时，日益重视赋予中央银行严格的问责义务，致力于构建完善的中央银行问责制度。无疑，由片面强调独立性，到独立性与问责制并举，是中央银行制度的一次升华，标志着中央银行制度进一步走向成熟。

（一）中央银行的独立性

确立并维护中央银行对于政府的相对独立性，是 20 世纪初特别是第二次世界大战结束以来，世界各国中央银行制度发展的一大主流。中央银行在向国家机关演变的同时，却又朝着相对独立于政府的方向发展，表面看似矛盾，其实意味深长。

国民经济的持续、健康、稳定和协调发展，必须以货币的稳定为前提，这是由世界各国经济建设的成功经验与失败教训得出的一条基本规律。要保持货币的稳定，是否必须使中央银行相对独立于政府？或者反过来说，如果中央银行完全听命或者严重受制于政府，货币的稳定是否就会受到威胁？回答是肯定的。其原因在于：①货币的稳定，要求中央银行制定和执行货币信用政策，严格根据客观经济规律和国民经济的长远利益。但是，政府在行政过程中，却很可能出现一种有害倾向，即注重短期经济成就，忽视长远利益，注重发展速度与规模，忽视货币的稳定。这里，既有对经济规律认识不足的因素，也不乏体制上的原因。比如，与中央银行专司货币发行和信用调控职责不同，政府肩负着多重经济目标，而有些经济目标的实现，要以牺牲货币的稳定为代价；在西方的政治体制下，政府要赢得选民的支持，必须于任期内取得不凡的经济业绩。显然，如果中央银行绝对受控于政府，非但不能抵御来自政府的通货膨胀压力，甚至会沦为政府推行通货膨胀政策的工具，导致货币的非经济发行。②货币有其特殊的运动规律，客观经济形势也在不断变化。因此，从技术上讲，中央银行对货币供应量的调控，要做到准确、及时、细致并富有弹性，就必须深入金融市场。无疑，如果使中央银行制定和执行货币信用政策严重受制于政府和繁琐的行政程序，中央银行将难以精确了解市场动态，也将难以对市场变化做出快速反应，灵活有效地运用各种调控工具。

综观世界各国立法，对中央银行独立性的保护，主要落实在以下几个方面：①明确中央银行不隶属于政府或财政部。美国、德国、瑞典、瑞士等国的中央银行即属此类。另外有一些国家，中央银行虽然名义上隶属于政府或财政部，但独立决策权颇受政府或财政部的尊重，因而事实上也具有较高的独立性。②限制或排除政府对中央银行决策的干扰和影响。《瑞典国家银行法》第 32 条规定："银行董事只接受来自国会，不接受其他人有关国家银行经营管理的指示。"《德意志联邦银行法》第12条也规定，联邦银行"在执行本法授予的权力时，不受政府指示的干涉"。许多国家的中央银行法规定，政府官员特别是财政部官员，在中央银行的最高决策机构中没有席位，或者虽有席位但无表决权。有些国家的中央银行法还明确规定中央银行与政府或政府部门意见分歧时解决问题的程序和方法，限制政府将自己的意志强加于中央银行。在德国，政府与中央银行意见不一致时，只能请求中央银行将其决定延缓两周执行。③限制政府向中央银行借款。作为政府的银行，中央银行有支持财政的义务，但是，财政向中央银行透支，等于是财政性地发行货币，这不仅有害于中央银行货币政策的正常运行，而且是导致通货膨胀的主要原因。因此，许多国家的中央银行法都明文限制政府与中央银行之间的借贷，如：禁止中央银行直接购买政府债券；规定中央银行只能在经立法程序确定的额度内，对政府财政季节性的资金匮乏提供短期信贷。此外，一些国家的中央银行法还注重从中央银行高层官员的任免和任期制度、独立的预算管理制度等方面，对中央银行的独立性进行保护。

应当指出，中央银行对于政府的独立性只能是相对的。即使那些与政府或政府部门没有隶属关系的中央银行，也要承担与政府总体经济政策保持一致的义务。比如《德意志联邦银行法》规定：在其职责的执行不受侵犯的条件下，德意志联邦银行必须支持联邦政府的一般经济政策。

（二）中央银行的问责制

问责在英文中的对应单词是 accountability。2000年7月，国际货币基金组织在对《货币与金融政策透明度良好做法守则》进行解释时，对问责制作了如下界定：问责制是指中央银行和金融监管机构用以说明其行为和报告其活动的方式、方法和程序。推而广之，问责制乃是一种制度安排，在这种制度安排之下，拥有权力的个人或机构有义务向法定的对象解释其决策和行为，并论证其合理性。问责制不仅注重事后的责任追究，而且更加注重事前和事中对权力行使的制约。问责制的实质，是在权力行使的全过程嵌入制约因素，降低权力拥有者不作为或不当作为的可能，确保决策的科学性。

金融是现代经济的核心，而中央银行负责一国货币政策的制定与实施，承担着维护货币稳定、调控宏观经济、防范系统性金融风险的重大使命，可谓核心中之核心。仅此一点，就足以说明对中央银行的权力行使进行制约的极端重要性。基于货币稳定的要求，中央银行却又只能在相对独立的基础上履行职责。那么如何既制约其权力行使又保全其独立地位呢？完善问责制无疑是最优的制度选择。问责制非但不会损害中央银行的独立性，反而有助于其独立性的提升，因为它能够减轻甚至打消人们对中央银行权力膨胀和权力滥用的担忧。

中央银行履行问责义务的对象主要是特定的公共机构和社会公众。在某些国家，也包括受中央银行管理或者受中央银行决策和行为影响的机构和个人。

作为中央银行履行问责义务对象的公共机构，可以是国家立法机关，也可以是行政机关和司法机关。从一些国家的立法和实践来看，中央银行履行问责义务的对象不必受隶属关系的局限：隶属于立法机关者，除向立法机关履行问责义务外，可被要求向行政机关履行问责义务；反之，隶属于行政机关者，除向行政机关履行问责义务外，可被要求向立法机关履行问责义务。在有些国家，应利害相关人的申请，司法机关也可以对中央银行的决策和行为进行审查。中央银行向立法机关和行政机关履行问责义务，主要采取定期或不定期呈交书面报告以及接受质询的方式。而司法审查只有在利害相关人请求时才能发动，且只对决策和行为是否合法以及是否对利害相关人构成侵害进行判断，因而它长于合法性的监督，短于科学性的把握。

中央银行对社会公众履行问责义务，核心在于提高其政策的透明度和交互性。根据国际货币基金组织 1999 年 9 月发布的《货币与金融政策透明度良好做法守则》，透明度是指"在通俗易懂、容易获取和及时的基础上，让公众了解政策目标以及政策的法律、机构和经济框架，政策的制定及其原理，与货币和金融政策有关的数据和信息，以及机构的责任范围"。国际货币基金组织认为，提高透明度可以增强货币与金融政策的有效性，可以强化问责性，有助于在享有高度自主权的货币金融当局实现良政管理。为了提高政策透明度，近些年来，各国中央银行越来越重视依法或在法律允许的范围内提供公共信息服务。如公开发行定期或不定期出版物；利用网络平台、记者招待会、新闻发布会、演讲及其他形式，更广泛、更经常地向公众解释其政策和政策理由。如果说透明度旨在让社会公众知悉有关信息，而交互性则旨在为社会公众参与中央银行的决策提供机会。在很多国家，中央银行作出重大决策或制定规则，向公众征求意见已是一个法定程序。在有些国家，法律虽然没有类似的硬性规定，但征求公众意见也已成为中央银行的工作传统。

第三节　中央银行的货币政策

一、货币的构成

货币是充当一般等价物的特殊商品，具有价值尺度、交换媒介、支付手段、价值贮藏四大功能。其中，交换媒介是货币的基本功能，也是划定货币范围的主要依据。

货币的产生，是商品交换过程矛盾发展的必然结果。在原始社会末期，人类出现了商品交换。在最初的物物交换中，只有双方在需求上存在"双重偶合"，才有可能成交。随着生产力的进步和交换商品的增多，物物交换的局限性日益突出，于是人们先将自己的商品换成一种市场上最常见也最为大家乐意接受的商品，然后再用它去交换自己所需要的商品。这样，市场上就逐渐出现了用于衡量一切商品的价值并起交换媒介作用的特殊商品。这种一般等价物，就是货币。

历史上，在世界各地曾有许多商品充当过货币，但最终几乎都集中到了天然适合充当货币的金属（特别是黄金和白银）的身上。金属货币经历了由块状流通到铸币流通、由自由铸造到国家统一铸造的发展过程。金属货币有本位货币和辅币之分。本位货币又称主币，是足值货币，其作为货币的价值与作为商品的价值相等。根据本位货币币材的不同，历史上出现过多种货币本位制度，如银本位制、金银复本位制、金本位制等。辅币是"辅助货币"的简称，是以贱金属铸造的、本位货币单位以下的、专供日常零星交易和找零之用的小额货币，其币材价值常低于面额价值，为不足值货币。正因为本位货币为足值货币，而辅币为不足值货币，本位货币一般被赋予无限法偿能力，以之清偿债务不受金额限制，债权人必须接受，而辅币只被赋有限法偿能力，以之清偿债务超过一定的数量，债权人有权拒收。不过也有例外，比如在我国，人民币无论主币还是辅币，都被法律赋予了无限法偿能力。

随着资本主义银行业的发展，具体地说是在17世纪，银行券在欧洲出现，并替代金属货币在市场流通，持有人既可以用以购买商品，也可以向发行银行兑现金属货币。起初，很多银行都发行自己的银行券，但最终为中央银行所垄断。20世纪30年代前后，由于货币贵金属有限的开采量不能满足对币材的需求，西方国家先后改行管理纸币制度或称纸币本位制度。在这种制度下，银行券（纸币）由中央银行依照法律的规定，根据经济运行的要求，进行发行、控制和管理，它们不再是金属货币的价值符号，也不能用于兑换金属货币。纸币虽然仍称为本位货币，不过仅仅表明其为标准的、基本的通货而已，本身并无价值，完全凭借法律的强制行使货币职能。

但是，通货即纸币和铸币，只是货币构成中的一部分甚至是一小部分。在此之外，还有存款货币。存款货币是指银行账户中存户能够以支票或者电子方式"直接"进行支付的存款余额。现实中商品和劳务交易的90%以上是以存款货币而非通货为媒介实现的。通货与存款货币虽然都是货币，但彼此有许多不同：①通货为法偿货币，而存款货币不是法偿货币；②通货具备货币的各项职能，而存款货币只拥有货币的部分职能；③通货是中央银行的负债，而存款货币是商业银行的负债；④通货是有形货币，而存款货币是无形货币；⑤通货可以直接使用，而存款货币的使用必须借助支票或银行卡以及银行支付系统。

应当注意的是，从控制货币供应的角度看，货币与非货币的界限并不是绝对的。比如定期存款，因为不能直接用于支付，本身不是严格意义上的货币，但通过存户的提现或者转入可直接支付的存款账户，它们可以迅速地转化为现实的货币。因此，各国也都将某些不构成货币的特定金融资产划入到相应的货币供应层次，来进行管理和控制。

随着计算机技术特别是网络技术在金融领域的应用，在小额支付领域已出现电子货币。就目前而言，电子货币还不是独立的货币形态，仅是代替通货行使支付职能。

二、中央银行的货币政策目标

货币供应对于国民经济具有举足轻重的意义。作为货币供应的枢纽，中央银行制定和执行货币政策应当追求怎样的最终目的，立法应当适当地予以界定。然而，各国中央银行法关于本国中央银行货币政策目标的规定却不尽相同，或采用多重目标制，或采用双重目标制，或采用单一目标制。多重目标制包含了货币稳定、经济增长、充分就业、国际收支平衡等多个目标；双重目标制要求中央银行同时兼顾货币稳定和经济增长两个方面；单一目标制则突出货币的稳定。

目前看来，有越来越多的国家采用或者改行单一目标制，即以货币稳定为中央银行的货币政策目标。其理由是：货币稳定、经济增长、充分就业、国际收支平衡等，虽然都是国民经济持续、健康、稳定、协调发展的要件和表现，但在许多情形下它们的实现并不具有同步性和同向性，反而相互冲突；从中央银行的特殊使命和特有职能来看，它应当追求的核心目标和最能胜任的工作就是保持货币稳定，如果硬性要求中央银行兼顾两个以上的目标，货币的稳定就有可能受到来自其他目标的冲击。我们认为，对单一目标制中的"单一"应当作正确的理解。它实际上是强调货币稳定的绝对优先地位和不可侵犯性，并不意味着中央银行在制定和执行货币政策的过程中，可以不顾及货币稳定以外的其他方面。从立法技术的角度分析，单一目标制显然是脱离实际的，它不过是立法者为了确保货币稳定而采取的一种次优选择。

考察一些国家的中央银行立法，关于单一货币政策目标的表述主要有两种方式。一种是将中央银行的货币政策目标简单表述为"保持货币稳定"或"保持物价稳定"。《阿根廷中央银行法》《捷克国家银行法》《拉脱维亚银行法》《新西兰储备银行法》《肯尼亚中央银行法》《罗马尼亚国家银行法》《秘鲁中央储备银行法》《斯洛伐克国家银行法》《乌克兰国家银行法》《阿尔巴尼亚银行法》等属于这种类型。另一种是《菲律宾中央银行法》《南非储备银行法》等采取的方式。《南非储备银行法》第3条规定："南非储备银行的基本目标应是维护共和国货币的价值，以此促进共和国经济的均衡和可持续发展。"我国也是采取这种表述方式。《中国人民银行法》第 3 条规定，中国人民银行的"货币政策目标是保持货币币值的稳定，并以此促进经济增长"。这种表述不是将货币稳定与经济增长并列，而是将货币稳定表述为经济增长的前提和条件，将保持货币稳定界定为中央银行促进经济增长的必要手段，因而它仍然是单一目标，而非双重目标。

三、中央银行的货币政策工具

如前所述，在货币的构成中不仅包括通货，而且包括存款货币。因此，中央银行的货币政策既涉及通货的发行与流通管理，也涉及存款货币的调节与控制。但就货币供应总量而言，调控存款货币的意义相对更为重大。关于存款货币，存在一个极其关键的事实，即存款货币并非仅仅形成于货币由其他存在形式的等量转换，接受存款的金融机构（主要是商业银行）凭借其信用，能够在原始存款的基础上创造若干倍于原始存款的派生存款。中央银行调控存款货币的供应，实质上是运用货币政策工具，调控商业银行创造派生存款的能力，包括其创造派生存款的基础（超额准备）和倍数（货币创造乘数）。

中央银行用以调控商业银行创造派生存款的手段，亦即货币政策工具，大致可以分为一般性货币政策工具（包括存款准备金制度、再贴现政策和公开市场业务）、选择性货币政策工具（包括贷款额度限制、利率管制、消费信用控制等）以及其他货币政策工具。以下仅介绍被誉为"三大法宝"的三种一般性货币政策工具。

（一）存款准备金制度

法律规定金融机构有义务从自己吸收的存款中，依照中央银行根据法律授权所确定的比例，提取一定金额的款项存入中央银行。此种款项称为"存款准备金"，而中央银行所确定的提取和交存存款准备金的比例，称为"存款准备金率"。存款准备金制度具有多种功能，如保证金融机构资产的流动性和兑付存款的能力，扩大中央银行的信贷资金来源，但其最主要的功能是调控货币的供应量。

存款准备金制度之所以能够调控货币的供应量，关键在于存款准备金率的变动。中央银行提高存款准备金率，则商业银行的超额准备金减少，货币创造乘数变小，其创造派生存款的能力降低，银根得到紧缩；反之，中央银行降低存款准备金率，则商业银行的超额准备金增多，货币创造乘数变大，其创造派生存款的能力提高，银根得到放松。由于派生存款的创造是按乘数放大原理进行的，存款准备金率的微量调整，就足以使货币供应量发生巨额变化，因此，中央银行对存款准备金率的调整一般都非常慎重。

中央银行依法享有决定、变更和终止存款准备金率的权力，是存款准备金制度的核心所在。许多国家在授予中央银行此项权力的同时，对其行使也作了必要的限制，如规定中央银行只能在法定幅度内调整存款准备金率，必须渐进并事先通知。关于存款准备金制度适用的负债范围，一般限于金融机构吸收的存款，但也有国家将其扩展适用于存款以外的其他负债。至于可充当存款准备金的资产形式，一般为在中央银行存款，但也有国家允许存款准备金的一部分以库存现金存在。在存款准备金率的适用上也有不同的做法，一种是对不同性质的金融机构、不同性质的存款适用差别存款准备金率，另一种则是无差别地适用统一的存款准备金率。

2004 年 3 月 24 日，中国人民银行发布《关于实行差别存款准备金率制度的通知》，决定自 2004 年 4 月 25 日起实行差别存款准备金率制度，即将金融机构适用的存款准备金率与其资本充足率、资产质量状况等指标挂钩。金融机构资本充足率越低、不良贷款比率越高，适用的存款准备金率就越高；反之，金融机构资本充足率越高、不良贷款比率越低，适用的存款准备金率就越低。适用差别存款准备金率，不仅制约了资本充足率不足且资产质量不高的金融机构的贷款扩张，而且发挥了促使金融机构不断改善经营管理的正向激励作用。

此后，中国人民银行频繁、灵活地使用差别存款准备金率，用于支持"三农"和小微企业、发展普惠金融、支持灾区灾后重建、支持重大水利工程建设、扩大消费等政策倾斜目标和经济结构调节目标。如中国人民银行曾决定，自 2015 年 2 月 5 日起，在下调金融机构人民币存款准备金率 0.5 个百分点的情况下，为进一步增强金融机构支持结构调整的能力，加大对小微企业、"三农"以及重大水利工程建设的支持力度，对小微企业贷款占比达到定向降准标准的城市商业银行、非县域农村商业银行额外降低人民币存款准备金率 0.5 个百分点，对中国农业发展银行额外降低人民币存款准备金率 4 个百分点。

2011 年初，中国人民银行根据宏观经济金融形势，将逆周期宏观审慎管理与控制信贷投放总量结合起来，创造性地引入了差别准备金动态调整工具。其实质是以资本充足率为核心指标，基于银行信贷投放与社会经济发展目标的偏离程度及具体金融机构对整体偏离的影响，并考虑具体金融机构的系统重要性，以差别调整存款准备金率为手段，引导金融机构积极执行货币信贷政策，合理、适度、平稳地进行信贷投放，优化信贷结构。差别准备金动态调整具有逆周期的双向调节功能，既可在经济增长偏快时抑制信贷过快增长，也可在经济速度放慢时通过反向调节有关参数等方式，促进信贷保持合理投放，保持金融体系的稳健和经济平衡运行。

（二）再贴现政策

再贴现政策是中央银行以再贷款和再贴现业务为基础，以调节货币供应量为目的而进行的一系列政策性操作。再贷款是中央银行对普通金融机构提供的短期信贷，从各国中央银行的实践看，它通常以借款人提供合格的抵押或质押为条件，并且适用惩罚性利率。再贴现则是普通金融机构将所持有的未到期票据背书让与中央银行以兑取现款，中央银行于票面金额中扣除自兑取日至到期日之间的利息和贴现费用后，将其余额支付给该普通金融机构，简言之，就是中央银行以折扣购买普通金融机构所持有的未到期票据。尽管再贷款和再贴现的法律性质不同，一为借贷，一为票据买卖，但实质上都是中央银行对普通金融机构放款。在我国，将再贴现视为再贷款的一种特殊形式。

再贴现政策的主要作用机制，是中央银行调整再贷款利率和再贴现率，影响商业银行在中央银行借款或贴现票据的成本，调控其超额准备金头寸，并间接带动市场利率的升降，进而实现对货币供应量的调控。当中央银行认为货币供应量过多而实行货币紧缩政策时，便可提高再贷款利率和再贴现率，增加商业银行向中央银行借款的成本。这时，商业银行一方面会减少借款数量，另一方面则会相应提高对客户的贷款利率和贴现率，加大客户的借款成本，抑制其对于信贷资金的需求，使信用规模得以收缩。反之，如果中央银行降低再贷款利率和再贴现率，则可以收到扩张信用、增加货币供应量的效果。

为了保证再贴现政策的有效运用，各国中央银行法都规定中央银行有灵活调整再贷款利率和再贴现率的权力。如《德意志联邦银行法》第15节规定："为了影响货币流通和信贷，德意志联邦银行在业务中可随时调整利率和贴现率……"

（三）公开市场业务

公开市场是指价格完全由供求关系决定的市场，公开市场业务则是指中央银行在金融市场买卖有价证券或者其他金融资产，以此影响货币供应量和市场利率的行为。它是中央银行经常使用的、十分灵活的货币政策工具。

中央银行的公开市场业务主要以商业银行等金融机构为交易对手。中央银行向商业银行出售有价证券或者其他金融资产，实际上是回笼货币，减少商业银行用以创造派生存款的超额准备金头寸；反之，如果中央银行自商业银行购入有价证券或者其他金融资产，则是投放货币，增加商业银行用以创造派生存款的超额准备金头寸。从其他国家中央银行的公开市场业务来看，交易品种主要为期限短、价格稳定、品质良好的政府债券和银行承兑汇票。《中国人民银行法》第23条第5项规定，中国人民银行为执行货币政策，可在公开市场上买卖国债、其他政府债券和金融债券及外汇。之所以将外汇列为中国人民银行公开市场买卖的对象，一是因为外汇的吞吐可以起调节本币供应量的作用，二是因为中央银行可以借此干预外汇市场上本币和外汇之间的供求关系，达到稳定人民币汇率的目的。从1998年起，中国人民银行开始建立公开市场业务一级交易商制度，选择了一批能够承担大额债券交易的金融机构作为公开市场业务的交易对象，包括商业银行、证券公司、保险公司、农村信用联社等。中国人民银行 2019 年公布的公开市场业务一级交易商共 49 家，这些交易商可以把国债、政策性金融债券等作为交易工具与中国人民银行开展公开市场业务。

此外，2013 年以来，中国人民银行还陆续创新了公开市场短期流动性调节工具（SLO）、常备借贷便利（SLF）、中期借贷便利（MLF）、抵押补充贷款工具（PSL）等货币政策调控工具。

第四节　中国人民银行法

一、我国的中央银行和中央银行立法

中国人民银行是我国的中央银行，总行设在北京。它成立于 1948 年 12 月 1 日，由当时的华北银行、北海银行和西北农民银行合并组成。在 1953 年至 1979 年间的大部分年份中，中国人民银行是全国唯一的国家银行，并承担中央银行和商业银行的双重职能。1979 年到 1983 年，随着金融体制改革的逐步展开和深化，中国人民银行的部分金融业务被陆续恢复的中国农业银行、中国银行、中国人民建设银行（后改称中国建设银行）、中国人民保险公司等专业银行或非银行金融机构所分担，但仍兼办工商信贷和城镇储蓄。1983 年 9 月，为了强化中央银行的职能，加强金融宏观控制，适应经济和金融体制改革的需要，国务院发布了《关于中国人民银行专门行使中央银行职能的决定》，决定中国人民银行自 1984 年 1 月 1 日起专司中央银行的职能，不再对工商企业和个人办理信贷业务，集中力量研究和做好全国金融宏观决策工作；另成立中国工商银行办理工商信贷和城镇储蓄业务。1986 年 1 月 7 日，国务院颁布《中华人民共和国银行管理暂行条例》，明确中国人民银行是国务院领导和管理全国金融事业的国家机关，是国家的中央银行，从而确立了我国真正意义上的中央银行制度。

1995 年 3 月 18 日，第八届全国人民代表大会第三次会议通过了《中华人民共和国中国人民银行法》。这是我国第一部单行的中央银行立法，也是由国家最高权力机关制定的我国第一部金融基本法律。1998 年底，经国务院批准，中国人民银行进行机构改革，将原来按行政区划设置的分支机构，改为按经济区划设置，在全国设立九大分行。

2003 年 12 月，为了适应中国银监会设立后中国人民银行职责调整的需要，第十届全国人民代表大会常务委员会第六次会议通过了《关于修改〈中华人民共和国中国人民银行法〉的决定》，对原《中国人民银行法》修改了 19 条，删除了 2 条，增加了 4 条。本次修改，强化了中国人民银行与制定和执行货币政策有关的职责，剥离了其日常性金融机构监管职能，突出了它的维护宏观金融稳定

职能，增加了反洗钱等重要职能。2005 年 8 月 10 日，为了完善中央银行决策与操作体系，更好地发挥中央银行的宏观调控职能，推进上海国际金融中心建设，经国务院批准，中国人民银行成立了上海总部。2010 年以来，根据《国民经济和社会发展第十二个五年规划纲要》的要求和中央的工作部署，中国人民银行积极探索建立宏观审慎管理制度，致力于履行金融宏观审慎监管的职责，并根据中共中央、国务院的决定，于 2019 年在内部增设了宏观审慎管理局。

二、中国人民银行的法律地位

中国人民银行是中华人民共和国的中央银行，直属国务院领导；其全部资本由国家出资，属国家所有。

《中国人民银行法》根据我国国情，从有利于中国人民银行执行职能的立场出发，对其相对独立性作了明确规定：

1. 中国人民银行的货币政策目标是"保持货币币值的稳定，并以此促进经济增长"。这一规定，科学地界定了货币稳定与经济增长的关系，深刻揭示了确立中国人民银行独立地位的必要性。

2. 中国人民银行在国务院领导下依法独立执行货币政策，履行职责，开展业务，不受地方政府、各级政府部门、社会团体和个人的干涉。这一规定，既提出了独立性原则，针对我国国情扩大了它的内涵，又体现了对于政府"相对"独立的精神。

3. 中国人民银行就年度货币供应量、利率、汇率和国务院规定的其他重要事项作出的决定，报国务院批准后执行；中国人民银行就其他有关货币政策事项作出决定后，即予执行，并报国务院备案。这样规定，既保证了中央银行货币政策与政府总体经济政策的统一协调，又赋予了中国人民银行比较大的独立决策权。

4. 中国人民银行根据履行职责的需要设立分支机构，作为中国人民银行的派出机构；中国人民银行对分支机构实行统一领导和管理。这样规定，从组织体制上割断了中国人民银行分支机构与各级地方政府之间的关系，有利于避免地方政府的行政干预，保证了中央银行货币政策在全国范围内的统一实施。

5. 中国人民银行不得对政府财政透支，不得直接认购、包销国债和其他政府债券，不得向地方政府、各级政府部门提供贷款。这样规定，有助于抑制货币的非经济发行，避免通货膨胀。

《中国人民银行法》在确立中国人民银行相对独立性的同时，也规定了它的问责义务，即"中国人民银行应当向全国人民代表大会常务委员会提出有关货币政策情况和金融业运行情况的工作报告"。近几年来，中国人民银行在向社会公众履行问责义务方面也有很大改进。如：定期编制和发布多种重要出版物；高层官员注重利用各种场合阐释其货币政策；设立网站供网民自由登录浏览；借助网络平台征求社会公众对法规或规章草案的意见。目前，中国人民银行定期出版并通过网站发布的出版物，主要有《中国人民银行文告》《中国人民银行年报》《中国货币政策执行报告》《中国金融稳定报告》《中国金融市场发展报告》《中国支付体系发展报告》《中国反洗钱报告》等。

三、中国人民银行的治理结构

《中国人民银行法》就中国人民银行的领导机构、咨询机构、分支机构作了原则性规定：

1. 领导机构。中国人民银行实行行长负责制，设行长 1 人，设副行长若干人协助行长工作。行长由国务院总理提名，报全国人民代表大会或其常务委员会决定，由国家主席任免；副行长由国务院总理任免。

2. 咨询机构。中国人民银行制定货币政策的咨询议事机构是货币政策委员会。货币政策委员会的职责、组成和工作程序由国务院规定，报全国人民代表大会常务委员会备案。根据 1997 年 4 月 15 日国务院发布的《中国人民银行货币政策委员会条例》，货币政策委员会的职责是在综合分析宏观经济形势的基础上，依据国家的宏观经济调控目标，讨论货币政策的制定、调整；一定时期内的货币政策控制目标；货币政策工具的运用；有关货币政策的重要措施；货币政策与其他宏观经济政策的协调事项，并提出建议。货币政策委员会组成单位的调整由国务院决定。货币政策委员会通过会议履行职责，实行例会制度；经主席或 1/3 以上委员提议，也可召开临时会议。中国人民银行将有关货币政策的决定报请国务院批准或者备案时，应一并报送货币政策委员会的建议书或者会议纪要。修订后的《中国人民银行法》在第 12 条增加了第 2 款内容，即"中国人民银行货币政策委员会应当在国家宏观调控、货币政策制定和调整中，发挥重要作用"。可见，货币政策委员会虽然在性质上属咨询议事机构，但立法对其地位和作用给予了高度重视。

3. 分支机构。《中国人民银行法》规定，中国人民银行根据履行职责的需要设立分支机构；分支机构是中国人民银行的派出机构，接受总行的统一领导和管理，根据中国人民银行的授权，维护本辖区的金融稳定，承办有关业务。1998 年年底，经国务院同意，中国人民银行对其管理体制进行了重大改革：撤销中国人民银行原来的省级分行，在全国 9 个中心城市设立 9 个跨省、自治区和直辖市分行；在北京、重庆设立中国人民银行营业管理部，承担原北京分行、重庆分行的管理职能；对其下级分支机构作相应调整。至此，中国人民银行的分支机构设置，实现了由按行政区域到按经济区域的转变。

四、中国人民银行的职能

(一) 发行的银行

发行人民币，管理人民币流通，是《中国人民银行法》赋予中国人民银行的重要职责。《中国人民银行法》对人民币的发行和管理作了专章规定，主要内容包括：①中华人民共和国的法定货币是人民币。以人民币支付中华人民共和国境内的一切公共的和私人的债务，任何单位和个人不得拒收。人民币的单位为元，人民币辅币单位为角、分。②人民币由中国人民银行统一印制、发行，任何单位和个人不得印制、发售代币票券，以代替人民币在市场流通。③中国人民银行设立人民币发行库，在其分支机构设立分支库。分支库调拨人民币发行基金，应当按照上级库的命令办理。任何单位和个人不得违反规定，动用发行基金。④残缺、污损的人民币，按照中国人民银行的规定兑换，并由中国人民银行负责收回、销毁。⑤禁止伪造、变造人民币；禁止出售、购买伪造、变造的人民币；禁止运输、持有、使用伪造、变造的人民币；禁止故意毁损人民币；禁止在宣传品、出版物或者其他商品上非法使用人民币图样。

值得关注的是，中国人民银行 2014 年即着手研究"数字人民币"（我国的官方数字货币或法定数字货币）发行、流通方案，目前已在部分地区开展试点。一旦中国人民银行正式发行数字人民币，人民币作为我国的法定通货，就不仅具有实体形式，还将具有数字形式。不过，关于数字人民币的法律性质、法偿能力、流通范围等重大问题，仍有待相关立法予以明确。

(二) 政府的银行

中国人民银行作为"政府的银行"，依法履行以下职责：①持有、管理、经营国家外汇储备、黄金储备；②经理国库；③作为国家的中央银行，从事有关的国际金融活动；④代理国务院财政部门向各金融机构组织发行、兑付国债和其他政府债券。

但中国人民银行不得直接认购、包销国债和其他政府债券，不得对政府财政透支，不得向地方政府、各级政府部门提供贷款。

(三) 银行的银行

中国人民银行作为"银行的银行"履行以下职能：①要求银行业金融机构按照规定的比例交存存款准备金；②向商业银行提供贷款，为在中国人民银行开立账户的银行业金融机构办理再贴现；③维护支付、清算系统的正常运行，会同国务院银行业监督管理机构制定支付结算规则，组织或者协助组织银行业金融机构相互之间的清算系统，协调银行业金融机构相互之间的清算事项，提供清算服务。

但是，中国人民银行对商业银行贷款的期限不得超过 1 年；不得对银行业金融机构的账户透支；不得向任何单位和个人提供担保。

（四）金融调控的银行

"依法制定和执行货币政策"是中国人民银行的核心职能。《中国人民银行法》不仅在第 3 条科学地界定了中国人民银行的货币政策目标，而且在第 23 条对其可以运用的货币政策工具作了明确列举。按照规定，中国人民银行为执行货币政策，可以运用下列货币政策工具：①要求银行业金融机构按照规定的比例交存存款准备金；②确定中央银行基准利率；③为在中国人民银行开立账户的银行业金融机构办理再贴现；④向商业银行提供贷款；⑤在公开市场上买卖国债、其他政府债券和金融债券及外汇；⑥国务院确定的其他货币政策工具。中国人民银行在运用上述货币政策工具时，可以规定具体的条件和程序。《中国人民银行法》第 31 条还规定："中国人民银行依法监测金融市场的运行情况，对金融市场实施宏观调控，促进其协调发展。"

这里有必要对利率政策作特别说明。利率政策是我国货币政策的重要组成部分，也是货币政策实施的主要手段之一。适时地运用利率工具，对利率水平和利率结构进行调整，能够影响社会资金供求状况，实现货币政策的既定目标。近些年来，中国人民银行根据实施货币政策的需要，加强了对利率工具的运用，利率调整逐年频繁。目前，中国人民银行采用的利率工具实际上包括两个部分：一部分是调整中央银行基准利率，这是《中国人民银行法》第 23 条明确列举的货币政策工具之一。中央银行基准利率具体包括：①再贷款利率，即中国人民银行向金融机构发放再贷款所采用的利率；②再贴现利率，即中国人民银行买入金融机构所持未到期票据所采用的利率；③存款准备金利率，即中国人民银行对金融机构交存的法定存款准备金支付的利率；④超额存款准备金利率，即中国人民银行对金融机构交存的存款准备金中超过法定存款准备金水平的部分支付的利率。另一部分是规定金融机构的存贷款基准利率及其浮动幅度，这应当属于"国务院确定的其他货币政策工具"的范畴。不过，随着我国利率市场化进程的不断推进和基本完成，金融机构目前已经可以自主决定存贷款利率。中国人民银行虽在一段时间内仍会公布供市场参考的金融机构存贷款基准利率，但最终会逐步为市场定价机制所取代。今后，中国人民银行的利率政策，将以调整中央银行基准利率为主。

《中国人民银行法》虽然只明确列举了几种主要的货币政策工具，但基于"国务院确定的其他货币政策工具"这样的兜底性规定，中国人民银行可运用的货币政策工具实际上非常丰富。比如为了抑制房价过快上涨，中国人民银行经国务院授权或批准，可以采取限制金融机构房贷规模和房贷对象、实行差别化房贷政策、规定贷款价值比、调整首付款比例等一系列措施。

（五）金融监管的银行

关于中国人民银行的金融监管职能，应当从以下四个方面理解：

1. 中国人民银行不再承担对金融机构的日常性微观审慎监管职责。改革开放以后，我国一度对金融业实行混业监管，即由中国人民银行统一监管银行业、证券业和保险业。其后，中国人民银行的证券监管和保险监管职责被先后剥离，分别划归中国证券监督管理委员会和中国保险监督管理委员会行使。2003 年 4 月，中国银行业监督管理委员会成立，履行原由中国人民银行履行的对银行、金融资产管理公司、信托投资公司及其他存款类金融机构的监管职责。2018 年 4 月，中国银行保险监督管理委员会成立，原由中国银行业监督管理委员会行使的对银行业金融机构的日常性微观审慎监管职责，由新成立的中国银行保险监督管理委员会承接。

2. 中国人民银行保留甚至新增了其他金融监管职责。中国人民银行对银行业金融机构的日常性微观审慎监管职责被剥离以后，并非完全不再承担金融监管职责。因此之故，2003 年 12 月修订后的《中国人民银行法》保留了"金融监督管理"一章。不过需要注意，中国人民银行保留甚至新增的金融监管职责，不是对金融机构的日常性微观审慎监管，而是以强化宏观调控、防范和化解金融风险、维护宏观金融稳定为目的的、以市场为主要对象的功能性监管。具体如下：

（1）监督管理银行间同业拆借市场和银行间债券市场。银行间同业拆借市场是银行、非银行金融机构之间相互融通短期资金的场所，是以 1 年以下短期资金为主的批发市场，主要解决市场参与者的短期资金流动性需要，具有低风险性和高流动性的特点。银行间债券市场是银行、非银行金融机构作为机构投资者进行债券交易的场所，也主要用于解决市场参与者的短期资金流动性需要。该市场的交易工具包括政府债券、金融债券和其他债券，交易方式有现券买卖、债券回购和远期合约。中国人民银行监督管理银行间同业拆借市场和银行间债券市场的方式主要包括：制定与两个市场管理有关的规章制度；确定可以交易的市场工具；审核交易主体资格；确定市场的交易方式；审查交易工具的发行方式和利率水平；监测市场的日常变化，负责市场信息的统计和公布；检查监督市场参与者的行为并对违反规定者给予行政处罚。

（2）实施外汇管理，监督管理银行间外汇市场。国家外汇管理局是中国人民银行管理的具有相对独立地位的机构，中国人民银行通过国家外汇管理局及其分支机构具体实施外汇管理。外汇管理的主要内容包括：经常项目外汇管理、资本项目外汇管理、国际收支申报与统计、人民币汇率管理等。银行间外汇市场是获准经营外汇业务的境内金融机构在人民币与外汇之间进行买卖交易的市场，即中国外汇交易中心。目前，国家外汇管理局主要通过中国外汇交易中心对银行间外汇市场实施管理。对银行间外汇市场管理的主要内容为：制定交易规则；审批外汇市场的准入规则；监管外汇市场的交易价格；监管交易工具。

（3）监督管理黄金市场。即监督管理黄金交易所市场和黄金进出口业务。目前依法获准设立的黄金交易所为上海黄金交易所。上海黄金交易所是不以营利为目的、实行会员制和自律管理的法人。目前在上海黄金交易所交易的品种有黄金、白银、铂等贵金属，交易方式仅限于现货交易。

（4）负责金融机构反洗钱工作。洗钱是指将毒品犯罪、黑社会性质的组织犯罪、恐怖活动犯罪、走私犯罪或者其他犯罪的违法所得及其产生的收益，通过金融机构以各种手段掩饰、隐瞒其来源和性质，使其在形式上合法化的行为。由于洗钱犯罪活动主要通过金融机构完成，修改后的《中国人民银行法》规定，中国人民银行指导、部署金融业反洗钱工作、负责反洗钱的资金监测。中国人民银行反洗钱的具体职责有：负责承办、组织国家反洗钱工作；研究和拟定金融机构反洗钱规划和政策；承办反洗钱的国际合作与交流工作；汇总和跟踪分析各部门提供的人民币、外币等可疑支付交易信息；协助司法部门调查涉嫌洗钱犯罪案件。2003年10月，中国人民银行组建反洗钱局，全面履行反洗钱职责。

（5）管理信贷征信业。《中国人民银行法》没有直接规定由中国人民银行管理信贷征信业，但授予了国务院为中国人民银行规定其他职责的权力。国务院相关文件规定：中国人民银行负责"管理信贷征信业，推动建立社会信用体系"。据此，中国人民银行成立了征信管理局，具体承办信贷征信管理工作，包括拟订信贷征信业发展规划、管理办法和有关风险评价准则，宣传和普及相关金融知识等。2013年11月15日，中国人民银行发布了《征信机构管理办法》。

3. 中国人民银行是我国金融宏观审慎监管的牵头机构。由中国人民银行承担金融宏观审慎监管的主要职责，决定于它作为中央银行的特殊地位和特殊职能。2000年前后，根据中央的工作部署以及《国民经济和社会发展第十二个五年规划纲要》的安排，中国人民银行即着手探索建立金融宏观审慎监管制度框架，目前已取得相应工作成效。中共中央办公厅、国务院办公厅2019年发布的《中国人民银行职能配置、内设机构和人员编制规定》，已明确由中国人民银行"牵头建立宏观审慎管理框架，……制定审慎监管基本制度，……负责宏观审慎管理"。不过，《中国人民银行法》迄今还没有作相应修订，以适时反映中国人民银行承担金融宏观审慎监管职责的事实。

4. 为了便于中国人民银行履行金融监管职责，《中国人民银行法》赋予了它相应的权力。包括：发布与履行其职责有关的命令和规章；要求银行业金融机构报送必要信息；依法对金融机构及其他单位和个人的有关行为进行检查监督；对违法行为依法进行处罚。值得关注的是，根据2018年3月17日十三届全国人大一次会议表决通过的国务院机构改革方案，中国银行保险监督管理委员会成立以后，原由中国银行业监督管理委员会和中国保险监督管理委员会承担的拟订银行业、保险业重要法律法规草案和审慎监管基本制度的职责，被划入到中国人民银行。

五、中国人民银行与金融监管协调

在目前的金融分业监管体制下，加强我国各金融监管机构之间的协调十分重要。为此，修改后的《中国人民银行法》明确规定：国务院建立金融监督管理协调机制，具体办法由国务院规定；中国人民银行根据执行货币政策和维护金融稳定的需要，可以建议国务院银行业监督管理机构对银行业金融机构进行检查监督，国务院银行业监督管理机构应当自收到建议之日起 30 日内予以回复；中国人民银行应当和国务院银行业监督管理机构、国务院其他金融监督管理机构建立监督管理信息共享机制。

■ 思考题

1. 简述中央银行的概念和职能。
2. 简述中央银行的发展历程与演进规律。
3. 试述中央银行的法律地位以及独立性与问责制的关系。
4. 试述中央银行的货币政策工具及其调控原理。
5. 试述中国人民银行的金融监管职能。

■ 推荐书目

1. 陈晓：《中央银行法律制度研究》，法律出版社 1997 年版。
2. 吴志攀：《中央银行法制》，中国金融出版社 2005 年版。
3. 郭庆平主编：《中央银行法的理论与实践》，中国金融出版社 2016 年版。

第三章　金融监管法律制度

■ 学习目的和要求

　　深刻领会金融监管的必要性以及金融监管的各项基本原则；熟悉金融微观审慎监管和金融宏观审慎监管的核心内容；了解改革开放以来我国金融监管体制的沿革与现状。在学习本章的过程中，学生应当特别注重对金融监管理念的把握。

　　金融监管是金融监督管理的简称。根据监管目的和监管内容的不同，金融监管可分为审慎监管和行为监管。前者注重从风险防控的角度进行监管，以维护金融机构的稳健经营和金融体系的健康运行为目的；后者侧重对金融机构的市场活动和交易行为进行监管，目的是维护金融市场的竞争秩序，保护其客户特别是金融消费者的合法权益。根据监管角度的不同，审慎监管又可进一步划分为微观审慎监管和宏观审慎监管。前者是将金融机构作为个体进行的监管；后者是将整个金融业视为一个有机整体进行的监管。本章拟侧重讲述金融微观审慎监管，即政府金融监管当局以安全稳健为目标依法对金融机构从外部进行的规制与约束，并简略介绍金融宏观审慎监管的核心内容。鉴于本书后面的相关章节会对各类金融机构的监管作详细介绍，这里仅讲解金融监管的基本理论和一般框架。

第一节　金融监管的基本理论

一、金融监管的必要性

　　长期以来，关于是否有必要对金融业实施特殊监管，国内外一直争论不休。但事实上，在几乎所有国家，金融业都是受到最严格监管的部门之一。理解金融监管的必要性，可以从以下方面着手：

　　（一）金融业的战略地位

　　金融是现代经济的核心。金融业担负着货币供应、资金融通、资本形成、风险管理、支付服务等一系列特殊职能，其业务和影响已然全面渗透到国民经济的各个领域，是国民经济的支柱产业。没有审慎、稳健、高效、富有竞争力的金融业，绝对不可能有繁荣的国民经济。因此，对金融机构实施较普通企业更为严格的监管，决定于金融业举足轻重的战略地位。

（二）金融市场的信息不对称

信息不对称是一种普遍存在的经济现象，是指交易各方占有的与交易有关的信息在数量和质量上不相均衡，有的处于信息优势地位，有的处于信息劣势地位。金融本身为信用交易，因此金融市场的信息不对称问题通常更为突出。比如，在存款交易中，接受存款的金融机构享有相对的信息优势，存款人却处于相对的信息劣势地位；在贷款交易中，借款人享有相对的信息优势，发放贷款的金融机构却处于相对的信息劣势地位。

信息不对称的负面影响主要有二：一个发生在交易之前，称作"逆向选择"，即根据真实信息最不可能被选择的潜在交易对手反而得到交易机会；另一个发生在交易之后，称作"道德风险"，即信息优势者牺牲信息劣势者为自己谋取利益，而后者却对前者失控。就金融市场而言，信息不对称不仅于信息劣势者不利，而且有降低资金融通效率、扰乱市场选择、扭曲资源配置、加剧金融风险的严重不良后果。事实证明，金融市场本身并不具有充分解决信息不对称问题的能力，要矫正金融市场的信息不对称并抑制其不良效应，必须有法律制度和政府监管的介入。而实际上，直接针对信息不对称而设计的信息披露制度，是所有国家金融监管不可或缺的、也是最重要的内容之一，在某些国家甚至构成其整个金融立法和金融监管的基调和主线。

（三）金融危机的负外部性

在很大程度上，古今中外的金融发展史就是一部金融危机史。为什么金融业容易出现危机？金融危机具有怎样的特性？金融危机的破坏力究竟有多大？

1. 脆弱性理论。脆弱性理论告诉我们，金融业之所以容易出现危机，根源于它"内在的"脆弱性。主要表现为：①金融机构具有高杠杆经营的特点，即自有资本相对于其资产规模以及资产中所含风险的比例很小。它们仅以少量自有资本作为信心保证和损失缓冲垫，主要依靠负债来营运资产。这说明，金融机构以自有资本支撑资产风险、吸收资产损失的能力，是非常有限的。②金融机构特别是商业银行，在促进储蓄向投资转化的过程中，借短贷长，扮演着流动性转换的角色。流动性转换虽然便利了资金融通和资本形成，却使金融机构不可避免地经常性处于资产负债流动性失衡的状态。倘若金融机构管理流动性风险失当，宏观经济出现波动，市场信心产生动摇，它就极易陷入流动性危机，轻则蒙受损失，重则酿成倒闭悲剧。③金融业本质上是风险经营业。风险所在，亦即金融机构商机之所在。一方面在市场中捕捉并承受风险，另一方面利用信息、技术和人才优势化解风险，其实就是金融业的经营法则。成功的风险管理，固然可以实现可观的风险收益，而失败的风险管理，则必然造成相应的风险损失。④投资者（存款人）抱有信心是金融机构得以持续经营的先决条件。然而实际情况却是，在多种因素的支配下，投资者（存款人）的信心远非牢固，有时一个谣言就可能摧毁他们对某个金融机构甚至整个金融体系的信心。

2. 系统性风险理论。根据国际货币基金组织、金融稳定理事会和国际清算银行的界定，系统性风险是指由于金融体系整体或局部受到破坏导致金融服务中断、对实体经济具有潜在负面影响的风险。系统性风险主要产生于两个方面：①跨行业方面。即金融机构之间、金融机构与市场和基础设施之间的相互关联性导致金融体系的脆弱性。在金融机构具有共同风险暴露的情况下，如它们的行为发生同向变动，即使单个金融机构都符合微观审慎监管标准，但具有"羊群效应"特征的集体行为也可能给整个金融体系带来风险。另外，具有系统重要性影响的金融机构的风险事故，极易向外传递和蔓延，进而酿成大范围甚至全局性的金融灾难。②跨时间方面。即由于金融体系存在顺周期性，在经济周期的更迭过程中，金融风险通过金融体系内部以及金融体系与宏观经济的相互作用被催生甚至放大。例如，金融机构在经济衰退时抛售资产、紧缩信贷，在经济繁荣时购买资产、扩张信贷，会对经济衰退或经济过热起到推波助澜的作用，加剧经济的周期性波动，反过来又影响金融体系的自身稳健性。系统性风险理论告诉我们，微观金融稳定虽然是宏观金融稳定的基础，但并不必然意味着宏观金融稳定；因此，金融微观审慎监管固然重要，但仅有金融微观审慎监管仍然不够，还必须实施有效的金融宏观审慎监管，进行必要的逆周期调节，以遏制金融风险的跨时间积累和跨机构、跨行业、跨市场传播。

3. 社会成本理论。不由行为人或状态制造者承担，而是由其他个人或组织乃至整个社会为某种行为或状态承担的成本，称为社会成本。社会成本理论告诉我们，金融危机特别是系统性金融危机，具有严重的负外部性，会形成高昂的社会成本。主要表现为：①倒闭金融机构的往来客户和同业，无论债权人或债务人，都难免遭受损失。债权人会丧失部分债权本息，债务人则需要新辟融资渠道。②一定区域内的其他金融机构，特别是同类型金融机构，信用评价可能受到不良影响，进而筹资成本上升，经营困难加大。③在出现系统性金融危机的情况下，金融体系机能受损，资源配置效率下降，国民经济势必遭受破产性影响；而与危机相伴而生的信用短缺现象，则会延长经济持续低迷的时间，阻碍经济的复苏。④如政府处理危机不当，不能有效保护广大投资者（存款人）的利益，可能引发社会动荡，甚至威胁政局的稳定。⑤为挽救问题金融机构或者进行金融危机的善后处理，政府通常不得不负担巨额的财政支出，并因此引发一系列的经济和社会问题。

　　显然没有国家甘于接受金融危机高昂的社会成本。无疑，惟有保持金融机构的经营活动处于相对安全的限度之内，惟有切实牵制和化解金融风险的积累、恶化与蔓延，我们才能远离金融危机，才能不受或者少受金融危机严重负外部性的困扰。要实现这一点，不能单靠金融机构的内部控制，也不能单靠市场的约束，而必须有政府严格、科学与有效的金融监管。

二、金融监管的主体

（一）金融微观审慎监管的主体及其金融监管权

1. 金融微观审慎监管的主体。金融微观审慎监管的主体是有权依法对金融机构及其经营活动实施规制和约束的专门机构。金融微观审慎监管的主体通常都是政府机构，但也有民间组织根据法律授权履行金融微观审慎监管职责的情况。如英国曾经存在的金融服务局（Financial Service Authority，FSA），就是根据该国《2000 年金融服务与市场法》履行金融微观审慎监管职责的非官方组织。

　　各国的金融微观审慎监管在组织体制方面差别很大。有的实行分业监管，即银行类金融机构、证券类金融机构、保险类金融机构分别由不同的监管主体负责监管；有的实行混业监管，也称一体式监管，即由单一的监管主体负责监管所有类型的金融机构；还有的介乎二者之间，实行半混业监管，即虽未实行完全的混业监管，但存在两类以上的金融机构由一个监管主体监管的情况。

　　有些国家的金融微观审慎监管组织体制较为特殊。如美国采行两级多头体制，联邦和各州都有权对金融机构发照注册并进行监管，在联邦一级就有财政部货币监理局、联邦储备系统、联邦存款保险公司、证券交易委员会等 8 个监管机构，而 50 个州则分别有自己的金融立法、监管机构和官员。所以美国不仅是分业监管，而且是联邦与各州分权监管。另外还有一种特殊情况，就是一个监管主体对若干个国家的金融机构实施跨国监管。如西非国家中央银行，即在西非货币联盟范围内执行统一的银行条例和统一的准备率，同时在各加盟国设立代表机构，具体负责其金融机构和金融市场的监管。

　　关于分业监管和混业监管孰优孰劣，虽然在理论上一直存在争议，但在实践上，自 20 世纪 90 年代以来，已有越来越多的国家放弃分业监管体制，改采混业监管体制，其中包括挪威、丹麦、芬兰、英国、日本、韩国、德国等国家。这些国家认为，相较于分业监管体制，混业监管体制能够节约监管资源，提高监管效能，防止监管制度套利，避免不公平竞争，而且能更好地适应金融市场混业经营的格局。据悉，除上述国家外，还有不少国家正在酝酿金融监管组织体制的转型。即使是打算坚持分业监管体制的国家，近些年来，也都刻意地加强了各个监管主体之间的协调。

　　一项研究对 77 个国家（地区）截至 2002 年年底的金融监管组织体制进行了

统计，结果显示：①22 个国家实行混业监管，约占总数的 29%。②24 个国家实行半混业监管，约占总数的 31%。其中，6 个国家对银行和证券公司实行混业监管；11 个国家对银行和保险公司实行混业监管；7 个国家对证券公司和保险公司实行混业监管。③30 个国家加上中国香港特别行政区实行分业监管，约占总数的 40%。

2. 金融微观审慎监管主体的金融监管权。金融监管权是最重要的金融监管资源之一，为监管主体配置必要的金融监管权，是实现有效监管的基本前提。各国法律赋予其金融微观审慎监管主体的监管权虽不完全一致，但一般包括以下几项：

（1）金融规章和业务命令的发布权。监管主体在法律允许的范围内，可以根据金融监管的需要，发布金融规章和业务命令。金融规章可适用于金融机构的全部或一部分；而业务命令不仅可以针对金融机构的全部或部分，也可以针对特定的某一家金融机构。

（2）金融机构设立、变更、终止及其业务范围的审批权。此项审批权，是监管主体控制金融机构的质量、调节市场竞争水平、维护金融秩序的重要保证。未经批准，不得擅自设立金融机构；已设金融机构未经批准不得擅自变更和终止；金融机构不得超越批准的业务范围从事经营活动。

（3）金融机构董事、高级管理人员任职资格的认定权。金融机构的经营状况和管理水平，与其董事、高级管理人员的素质密切相关。只有经监管主体依法认定，其资历、学识、能力、品行足以胜任金融机构董事、高级管理职务的人士，才能由金融机构依内部程序予以遴选和任命。

（4）信息获取权。及时、全面、准确地获得监管对象的有关信息，是监管主体有效实施金融监管的必要条件。监管主体主要有两条信息渠道：一是金融机构依法定期报送或者应监管主体的要求随时报送资产负债表、利润表以及其他财务会计报表和资料；二是监管主体指派监管人员对金融机构进行现场检查。各国法律在赋予监管主体信息获取权的同时，也赋予了金融机构向监管主体提供信息的义务，并规定了金融机构及其董事、高层管理人员拒绝提供或者提供错误信息的法律责任。此外，某些信息资料在报送监管主体之前，依法须经合格的外部审计师审计。

（5）对问题金融机构的处置权。当金融机构违法违规经营或者因经营不善严重亏损，已经发生或者可能发生信用危机时，监管主体有权依法采取必要的处置措施，如：撤换或建议撤换其董事和高级管理人员；责令其在监管主体的监督下进行整顿；实行接管，派遣官员进驻并在一定期限内负责其经营管理。在有一些国家，法院宣告金融机构破产，依法须事先征得监管主体的同意。

（6）违法违规行为的处罚权。对于违法违规从事业务的金融机构，监管主体有权视情节轻重，给予吊销或暂停营业许可、罚款等处罚，并对负有管理责任的人员和直接责任人员进行处罚。

应当注意的是，法律为金融监管主体配置金融监管权，不能仅限于授权。从近些年的相关理论研究和一些国家的立法实践来看，金融监管权的配置，除了授权外，还应当注重以下因素：①保护金融监管权行使的独立性，以使监管主体行使金融监管权不受非法干预；②免除监管主体及其工作人员履行职责过程中无重大过失的善意行为的法律责任，包括刑事责任、行政责任和民事责任，以解除其后顾之忧；③强化监管主体对特定公共机构、监管对象以及社会公众的问责义务，以制约其金融监管权的行使，防止权力滥用。

（二）金融宏观审慎监管的主体

有效实施金融宏观审慎监管必须充分发挥中央银行的重要作用，这是国际上的基本共识。因为，金融宏观审慎监管本质上是宏观调控的组成部分，与中央银行维护宏观经济和金融稳定的目标一致；中央银行是唯一能在短时间内为金融体系注入大量流动性的机构，是"最后贷款人"，是支付清算系统的组织者和管理者，拥有大量信息资源开展宏观审慎分析，有能力通过灵活运用货币政策工具及其他手段实现金融宏观审慎监管的目标。目前在几乎所有国家，中央银行是承担金融宏观审慎监管职责的唯一机构或主导机构。

当然，在金融宏观审慎监管中，中央银行应当加强与相关部门特别是金融微观审慎监管部门之间的沟通与合作，实现信息共享。为此，一些国家或地区在中央银行之外，另设了跨部门的专门机构，以推动金融监管上的统筹与协调。如美国的"金融稳定监督委员会"（FSOC），欧盟的"欧洲系统性风险委员会"（ESRB），我国的"国务院金融稳定发展委员会"。

三、金融监管的目标和原则

金融监管应当有明确界定的目标。金融监管制度的设计和制定，应当以法定的金融监管目标为基准；金融监管成效的衡量和监管主体业绩的考核，应当以法定的金融监管目标为尺度。我们认为，金融监管应当以维护金融安全、促进和规范金融竞争、保护金融消费者权益为主要目标。在我国现行的金融立法中，这三项目标都有体现。但从金融立法的内容、金融立法的实施以及金融监管的实践来看，我国在一定程度上存在监管目标失衡的问题，重视金融安全，却相对忽视对金融竞争的促进与规范，保护金融消费者也缺乏力度。这是需要加以改进的。

金融监管不仅应当有明确的目标，而且应当遵循一定的基本原则。这里，根据我国现行的金融立法，结合国际上先进的金融监管理念，将金融监管应当奉行的基本原则归纳为以下五项：

（一）依法监管原则

依法监管是金融监管的核心原则。其含义包括四个方面：①所有金融机构应毫无例外地接受监管；②金融监管活动必须依法进行；③实施金融监管应以法定标准为依据；④无论监管者或是被监管者，违反国家有关法律，都必须承担相应的法律责任。只有严格遵守依法监管原则，才能保证金融监管的规范性、强制力和有效性，才能实现金融监管的目标。

（二）准确定位原则

首先，必须认识到，作为政府对金融业实施的外部规范和约束，作为政府对市场缺陷的一种矫正，金融监管本身也有缺陷。姑且不论监管决策违背规律、监管主体滥用职权可能导致监管失误、监管扭曲或者监管无效，即便是理想中的金融监管，也注定会对金融业、金融市场乃至国民经济产生某种程度的负面影响。这种现象的存在，符合辩证法的基本原理，并不构成从根本上否定金融监管必要性的理由，但它告诉我们，金融监管也具有两面性，应当加强对金融监管的主体、行为和过程的规范与制约，努力提高监管决策的科学性及其与市场机制的兼容性，降低监管成本。

其次，必须认识到，就维护金融安全、提高金融业效率、保护金融消费者利益而言，金融监管不是万能的，在某种意义上，它甚至不是首要的决定因素。市场约束、内部治理、政府监管是金融业高效、稳健运行的三大基石。金融监管在提高自身有效性的同时，应当为强化市场约束机制创造条件，应当督促和指导金融机构建立良好的公司治理结构和有效的内部控制系统。金融监管对市场约束和内部治理，不应当是替代，而应当是配合和补充，对于市场和金融机构能够解决的问题，金融监管应当及时退出。

最后，应当正确界定金融监管的边界。具体而言，就是要处理好金融监管与金融机构经营管理自主权之间的关系。金融机构是独立的市场主体，只要其经营活动保持在合法、安全的限度之内，监管当局就不应当对其经营管理加以干涉。

（三）安全、效率兼顾原则

在金融监管中，旨在维护金融安全的监管措施，多半具有抑制金融竞争、减损金融效率的负面效果，如市场准入控制、业务范围限制、利率限制等。但反过来，金融效率虽然源于金融竞争，如果金融市场竞争过于激烈，却可能危及金融安全。许多国家在处理金融安全与金融效率的关系上有过失误，或者因金融安全牺牲金融效率，导致金融抑制；或者因金融效率牺牲金融安全，导致金融失控。

从根本上讲，金融效率才是金融监管的终极目标，但它的实现，却又以金融安全为前提。没有效率的安全是没有价值的安全，没有安全的效率是不能持续的效率。因此，金融安全与金融效率虽然有对立的一面，但也有统一的一面，金融监管应当在二者之间建立适当的平衡。

在很多人看来，金融监管只能用以维护金融安全，在实现金融效率上无能为力。其实，金融监管对金融竞争进而对金融效率影响甚巨，它可以限制竞争，也可以鼓励竞争；它可以规范竞争，保护有序竞争，但也可能扭曲竞争。这取决于金融监管对金融竞争的基本取向以及相关制度的设计。

（四）微观、宏观并重原则

2007年爆发的国际金融危机揭露了现行金融监管的严重不足：侧重于对单个金融机构的微观审慎监管，缺乏对宏观经济与金融体系关联性的监测、评估和管理，缺乏对具有重要系统性影响的金融机构、市场和工具的有效监管，缺乏对金融体系顺周期效应的有效控制。实践证明，尽可能多的单个金融机构的稳健，固然是宏观金融稳定的必要条件，却不是充分条件。在某种情形下，具有共同风险暴露的众多金融机构的同向行为，即使都分别符合微观审慎监管标准，却可能有损金融体系的稳定。在金融体系陷入困境时，单个金融机构基于自身利益或微观审慎监管要求作出的决策，反而可能加剧系统性风险。因此，单纯的微观审慎监管并不足以保证金融业的稳定，还必须加强宏观审慎监管，这已是危机后国际社会关于金融监管改革的一致主张。加强宏观审慎监管，一要将金融体系作为一个整体放在国民经济的大背景中进行考量；二要突出中央银行在控制系统性风险、维护系统性稳定方面的地位与作用；三要加强对具有重要系统性影响的金融机构、市场、工具的监管，防范金融体系内部的风险传递；四要调整金融机构资本管理和风险拨备等制度，抑制其顺周期效应，保证金融体系在经济周期变化中的稳健。

（五）国际合作原则

时下，金融监管仍是以各国主权为基础的。然而，在国际金融市场高度一体化、金融机构跨境经营、资本全球流动、金融风险跨国传播的情况下，已经没有任何一个国家具有单独对金融业实施有效监管的能力。加强金融监管领域的国际协调与合作，是世界各国唯一的明智选择。

金融监管国际合作可以是双边的，也可以是多边的，且合作领域非常广阔，诸如划分监管责任、协调监管行动、交流监管信息、制定统一的监管标准等。自20世纪70年代以来，金融监管领域的国际合作特别是多边合作，有声有色，卓有成效。我国历来重视参与国际金融监管合作，且信守承诺，赢得了广泛的国际赞誉。

第二节 金融微观审慎监管的主要环节

金融微观审慎监管应当为全程监管，涵盖金融机构从进入市场到退出市场的整个过程。按时间顺序排列，金融微观审慎监管可以划分为三个基本环节，即市场准入控制、持续性监管、危机处理和市场退出管理。

一、市场准入控制

市场准入控制可以细分为两个方面，即金融机构的设立审批管理和金融机构的业务范围管理。之所以将金融机构的业务范围管理纳入市场准入控制的范畴，是因为它直接涉及金融机构能够进入哪些细分市场从事经营活动。

（一）金融机构的设立审批管理

关于金融机构的设立，各国都规定了较普通企业更为严格的条件和程序。在我国，设立各类金融机构的法定条件虽然不尽一致，但通常涉及以下方面：①主要股东具有持续盈利能力，信誉良好，一定期间内无重大违法违规记录，净资产不低于规定的标准；②有符合相关法律规定的章程；③有法律规定限额以上的注册资本；④有具备任职资格的董事、高级管理人员以及具备从业资格的从业人员；⑤有健全的组织机构和管理制度；⑥有符合要求的营业场所和与经营业务有关的其他设施；⑦法律、行政法规以及国务院相关金融监管机构规定的其他条件。在程序上，设立金融机构除依法进行注册登记外，还必须事先获得监管当局的批准。通过设立审批管理，政府可以有效地控制金融机构的质量，防止劣质金融机构混入市场，减少危机隐患。

至于设立审批能否用以控制金融机构的数量，调节金融市场的供求关系和竞争水平，则取决于各国的立法规定及其是否承担相关的国际条约义务。如果立法授权监管当局对设立金融机构的申请进行"经济需求测试"，就意味着拟设金融机构即使完全符合法定的设立条件，监管当局也有权以不符合经济发展的需要、不利于金融市场竞争为理由予以否决。对设立金融机构进行经济需求测试，以此控制金融服务的供给，曾经是国际上非常流行的做法。但是，鉴于经济需求测试变相构成了国际服务贸易壁垒，客观上妨碍了国际服务贸易，世界贸易组织管辖下的《服务贸易总协定》对经济需求测试进行了限制，即除非在其承担特定义务的计划表中列明，成员方不得以某一地区分部门或者以整个国境为基础，以经济需求测试方式限制服务提供者的数量。我国在加入世界贸易组织时，针对不同类型的金融机构就经济需求测试作了差别处理。比如对商业银行，我国放弃了经济需求测试，国务院银行业监督管理机构在审查设立商业银行的申请时，依据2003年12月修订的《商业银行法》，将只考虑审慎性条件。而对保险公司，我国则继续实行经济需求测试，即使依据现行的《保险法》，国务院保险监督管理机构在审查保险公司的设立申请时，也仍应当考虑保险业的发展和公平竞争的需要。

（二）金融机构的业务范围管理

对某一类金融机构而言，有一个法定的经营范围；但就某一家金融机构而言，其经营范围需要由监管当局在法定的经营范围内具体核准。金融机构只能经营法定范围内经监管当局核准的业务。

对金融机构进行业务范围管理的最核心问题，在于是否允许银行业、证券业、保险业混业经营以及混业经营的组织形式。有些国家实行严格的分业经营体制，有些国家则实行充分的混业经营体制，还有些国家介乎二者之间，分业不严格，混业不充分。目前在西方，允许混业经营已成主流。有些国家传统上就是实行混业经营体制，如德国、奥地利、瑞士等；有些国家以前实行分业经营体制，后来放松或者取消混业经营的限制，改行了混业经营体制，如美国、日本等。

分业经营体制与混业经营体制各有利弊。一般而言，混业经营有助于金融机构实现规模效益和范围效益，有助于金融机构通过资产多元化扩大利润来源、分散风险，有助于降低金融机构的经营管理成本，但由于资金在不同的细分市场具有不同的运动特性，混业经营在方便分散风险的同时又可能加大风险管理的难度，可能滋生利益冲突和助长监管制度套利。而分业经营虽然能够克服混业经营的种种弊端，但它人为地限制了金融机构的生存与发展空间，弱化了市场竞争和金融机构通过资产多元化分散风险的能力，相应地提高了机会成本，妨碍了金融创新。各国在选择其金融机构业务范围管理体制的时候，应当立足于本国国情。如果本国金融市场发育健全，法治完备，监管有效，金融机构普遍拥有严格的内控机制和先进的风险控制系统，就应当优先考虑采用混业经营体制。

在实行混业经营体制的国家，通常会对金融机构从事混业经营的组织形式进行限定。主要有三种模式：①单一法人模式。即允许单一法人实体直接从事混业经营，如德国的全能银行。②母子公司模式。即允许金融机构通过投资设立或收购子公司经营他种业务，如银行投资设立或收购证券子公司，母公司经营银行业务，其证券子公司经营证券业务。这种模式为大多数欧洲国家采用。③控股公司模式。即控股公司投资设立或收购多个子公司经营不同的金融业务，但自身不经营业务。这种模式以美国为代表，它的特点是"合中有分，分中有合"，即一方面，整个金融集团以控股公司的统一控制权为基础实现内部协同，另一方面，子公司之间依法必须构筑防火墙，在资金、业务、信息等方面进行适当隔离。

改革开放之初，我国曾经实行混业经营体制。在混业经营导致一些严重问题之后，在 20 世纪 80 年代中期，政府决定改行分业经营体制，并部署对遗留问题进行清理。其后，《商业银行法》《保险法》《证券法》《信托法》都对严格的分业经营体制进行了确认。1995 年通过的《商业银行法》规定：商业银行在中华人民共和国境内不得从事信托投资和股票业务，不得投资于非自用不动产，不得向非银行金融机构和企业投资。2003 年 12 月，全国人民代表大会常务委员会对《商业银行法》进行了修订，将上述规定改为：商业银行在中华人民共和国境内不得从事信托投资和证券经营业务，不得向非自用不动产投资或者向非银行金融机构和企业投资，但国家另有规定的除外。可见，修订后的《商业银行法》基本沿袭了原有的分业经营体制，但增加了一个耐人寻味的"但书"。有人认为，它可能是国家放松混业限制的一个信号。

事实上，我国的金融机构混业经营（综合经营）改革早已启动，国民经济和社会发展的"十一五"规划纲要即提出要"稳步推进金融业综合经营试点"，"十二五""十三五"规划纲要也分别提出要"积极稳妥推进金融业综合经营试点""稳妥推进金融机构开展综合经营"。从目前情况看，我国金融机构实现混业经营的可行模式，主要有二：其一是母子公司模式，即金融机构通过投资设立或收购经营其他类型金融业务的金融机构实现混业经营。2005 年 2 月，中国人民银行、中国银监会、中国证监会发布《商业银行设立基金管理公司试点管理办法》，允许商业银行经批准作为主要股东直接出资设立基金管理公司；2006 年 9月，中国保监会发布《关于保险机构投资商业银行股权的通知》（已废止），允许保险集团（控股）公司、保险公司、保险资产管理公司投资境内国有商业银行、股份制商业银行和城市商业银行等未上市银行的股权；2009 年 11 月，中国银监会发布《商业银行投资保险公司股权试点管理办法》，决定有序推进商业银行投资保险公司的试点工作，但规定每家商业银行只能投资一家保险公司；2013年 6 月，中国证监会、中国保监会发布《保险机构投资设立基金管理公司试点办法》，允许保险公司、保险集团（控股）公司、保险资产管理公司和其他保险机构经批准设立基金管理公司；2018 年 12 月，中国银保监会发布《商业银行理财子公司管理办法》，允许商业银行经批准在境内设立主要从事理财业务的非银行金融机构。以上部门规章或规范性文件表明，在商业银行与某些类型的非银行金融机构之间，在某些类型的非银行金融机构相互之间，通过股权投资在一定程度上实现混业经营，已经具有必要的法律基础和现实可能性。不过，金融机构采用这种模式实现混业经营，都必须严格遵守部门规章或规范性文件关于法人机构分业经营的规定。其二是金融控股公司模式，即金融控股公司对两个以上不同类型的金融机构拥有实质控制权，形成金融控股集团，实现混业经营。近些年在我国，不仅一些大型金融机构开展跨业投资，形成了金融控股集团，也有部分非金融企业投资控股了多家多类金融机构，成为事实上的金融控股公司。其中，一些实力较强、经营规范的机构通过这种模式，优化了资源配置，降低了成本，丰富和完善了金融服务，有利于满足各类企业和消费者的需求，提升金融服务实体经济的能力，但也有少部分非金融企业盲目向金融业扩张，隔离机制缺失，风险不断累积。为此，中国人民银行、中国银保监会、中国证监会曾于2018年4月发布《关于加强非金融企业投资金融机构监管的指导意见》。2020年9月，国务院发布《关于实施金融控股公司准入管理的决定》，中国人民银行发布《金融控股公司监督管理试行办法》（以下简称《试行办法》）。《试行办法》是我国关于金融控股公司及金融控股集团监管的第一个内容较为全面的立法文件，适用于控股股东或实际控制人为境内非金融企业、自然人以及经认可的法人的金融控股公司。《试行办法》遵循宏观审慎监管的理念，按照实质重于形式的原则，对金融控股公司的设立条件和程序、股东（特别是主要股东、控股股东）和实际控制人资格、投资资金来源、公司治理、关联交易、问题处置、市场退出等作了较详细的规定；以并表为基础，对金融控股公司和金融控股集团的资本充足性、资产负债比例、风险管理特别是建立风险隔离的防火墙机制等提出了明确要求；就监管体制、监管分工、监管协调、监管信息共享等作了适当安排，体现了全面监管、并表监管、持续监管、穿透监管等先进的金融监管取向。对于金融机构跨业投资控股形成的金融控股集团，监管政策标准参照《试行办法》确定，具体规则另行制定。

二、持续性监管

持续性监管是监管主体对已设金融机构经营的合规性与风险性进行的监管。市场准入控制固然重要，但持续性监管同样重要甚至更为重要。实践证明，重金融机构的设立审批，轻对金融机构的持续性监管，是非常有害的。

持续性监管涉及面非常之广，内容极其丰富，但归纳起来，无非包括三个方面：①监管标准体系。监管标准可以形成于法律、行政法规，也可以形成于监管主体在职权范围内依法制定的规章，它们既是金融机构经营中必须遵守的准则和达到的指标，也是监管主体考核和监管金融机构的依据。监管标准通常涉及金融机构的资本水平、治理结构、内部控制、风险管理、财务指标等方面。②监管信息渠道。通过监管信息渠道，监管主体收集、整理有关监管对象的各种信息，以判断其是否遵守或达到了监管标准。如前所述，监管主体主要依靠金融机构提供报表和派员现场检查来获取信息。监管实践中，一般先进行报表分析，然后才会有选择、有重点地组织现场检查。③监管矫正措施。如果信息显示金融机构违反了相关准则，或者未达到相关指标，或者存在严重的风险隐患，监管主体应当在职权范围内，依法采取对应的矫正措施。对于监管矫正措施的采用，各国立法取向不同，有的赋予监管主体以充分的自由裁量权，有的则更加强调制度的刚性，法律直接规定的比重相对较大。

持续性监管的具体内容在这里无法一一涉及。以下仅选择其中的两个重要方面，即资本充足性监管和风险监管，作简要介绍。

（一）资本充足性监管

资本充足性监管的目的，是让金融机构随时持有足以支撑其资产风险的资本。与最低资本额要求不同，资本充足性监管是相对的、动态的资本管理，其特点是在资本与资产风险之间建立比例关系，要求二者保持动态平衡。用以衡量金融机构资本充足性的技术指标，称作"资本充足率"（Capital Adequacy Ratio，CAR）。巴塞尔银行监管委员会（The Basel Committee on Banking Supervision，BCBS）发布的《统一国际银行资本衡量与资本标准协议》（International Convergence of Capital Measurement and Capital Standards），通称"巴塞尔资本协议"，是有关银行资本充足性监管的国际标准。

1.《巴塞尔资本协议Ⅰ》。《巴塞尔资本协议Ⅰ》是巴塞尔资本协议的最初版本，发布于1988年7月，它针对积极从事国际业务的银行提出了8%的最低资本充足率标准，其内容可表述为如下公式：资本充足率＝资本总额/风险资产总额≥8%。

理解上述公式，理解资本充足性监管的基本原理，应着重把握以下几点：

（1）分子为资本总额，由核心资本（又称一级资本）与附属资本（又称二级资本）构成。其中核心资本包括实收股本和公开储备，它们是各国金融会计制度公认的部分，具有可靠的损失吸收能力，因此在资本总额中的比重按规定不得低于50%；附属资本所包括的项目因国而异，由各国立法或监管当局具体决定，通常有不公开储备、呆账准备、资产重估价值、次级债务、混合资本债券等，它们在计入资本时须进行折扣，且总额不得超过资本总额的50%。由于资本充足性监管主要关注损失吸收，因此，它对资本的界定更为宽泛，不仅包括我们通常所说的资本，而且纳入了其他一些可以用于抵补损失的资财。

（2）分母为风险资产总额，即金融机构各项资产分别乘以各自风险权数所得之积的和。尤其关键的一点是，风险资产额不同于资产账面金额，它是资产账面金额与对应风险权数的乘积。形式不同的资产，交易条件、交易对手身份和资信不同的资产，风险程度不一，适用的风险权数也不等，低的可以低至0%，高的可高达100%。假设现有两笔账面金额同为100万美元的资产，风险权数分别为0%和50%，那么折算出来的风险资产额，一个为零，一个却为50万美元。在资本充足性监管中，以风险资产总额而非资产账面总额为分母，实际上是在资本与风险之间建立关联，可以说切中了事物的要害。

（3）资本充足率8%的最低标准意味着什么呢？如果金融机构有8元资本，

它能够拥有的风险资产不得超过 100 元；反过来说，如果金融机构拥有 100 元的风险资产，它至少要有 8 元的资本为风险提供支撑。如果金融机构要增加风险资产的持有量，它必须相应地增加资本；在资本一定的情况下，如果金融机构想扩大资产规模，它就必须调整资产结构，降低风险权数的综合水平。

巴塞尔银行监管委员会非以主权国家为其成员，是非正式国际组织，故巴塞尔资本协议不具有国际条约的性质，只能算是"国际软法"（International Soft Law）。不过，《巴塞尔资本协议 I》出台以后，不仅在其成员来源国得到普遍遵守，亦被其他国家广泛采用。1996 年 1 月 4 日，巴塞尔银行监管委员会对《巴塞尔资本协议 I》进行了修订，引入了对市场风险的计量和资本要求。

2.《巴塞尔资本协议 II》。针对《巴塞尔资本协议 I》在实践中暴露出来的不足，在对《巴塞尔资本协议 I》进行全面修订的基础上，2004 年 6 月，巴塞尔银行监管委员会发布了《巴塞尔资本协议 II》。《巴塞尔资本协议 II》扩大了资本充足性监管所适用的风险范围，允许金融机构在本国监管当局许可的条件下采用内部模式计算资本的必要量，并明确提出了资本充足性监管的三大支柱，即监管标准、监管当局的监管和市场约束。

3.《巴塞尔资本协议 III》。2007 年爆发国际金融危机之后，在 2011 年 6 月至 2013 年 1 月期间，巴塞尔银行监管委员会又相继发布一系列文件，对资本充足性监管进行大幅调整和充实。这些文件，被统称为《巴塞尔资本协议 III》。2017 年 12 月 7 日巴塞尔银行监管委员会发布《巴塞尔协议 III：后危机改革的最终方案》，标志着危机后全球银行体系的核心国际监管规则改革全部完成。

《巴塞尔资本协议 III》的核心内容特别是它在此前基础上的显著改变，可归纳如下：①提高了合格资本的门槛。《巴塞尔资本协议 III》对资本的定义更为严格，银行发行的资本补充工具必须具备债务减记或债转股条款，以充分吸收损失；声誉、无形资产和递延所得税资产由于在银行破产时无法提供保护，被从合格资本中剔除。②大幅提高了最低资本要求。一级核心资本充足率需在 4.5% 以上，一级资本充足率需在 6% 以上。按照《巴塞尔资本协议 III》更严格的资本口径，一级核心资本充足率要求较《巴塞尔资本协议 II》提高了 3.5 个百分点。③针对顺周期效应和系统性风险，提出了额外资本要求，从而建立起资本充足率要求的多层次体系。其中，留存缓释资本需达到风险加权资产的 2.5%；逆周期资本要求为 0%-2.5%；系统重要性资本要求为 1%-3.5%。④从可比性、简单性和风险敏感性三个方面对风险加权资产的计量框架进行了改革和完善，提高了框架的风险捕捉能力。⑤引入了流动性覆盖率和净稳定资金比率两大流动性指标，分别从短期和长期视角衡量银行的流动性风险，将流动性风险监管提升到与资本监管同样重要的位置。流动性风险覆盖率旨在确保银行具有充足的合格优质流动性资产，能在规定的流动性压力情景下，通过变现此类资产满足未来至少 30 天的流动性需求。用公式表示为：流动性覆盖率＝优质流动性资产/未来 30 日的资金净流出量≥100%。净稳定资金比率旨在确保银行具有充足的长期稳定资金来源，以满足表内各类资产和表外风险敞口对稳定资金的需求。用公式表示为：净稳定资金比率＝可用稳定资金/所需稳定资金≥100%。⑥引入了杠杆率要求。杠杆率是银行一级资本净额与经调整后的表内外资产余额的比率。基于风险加权资产计算的资本充足率在一定程度上能衡量杠杆倍数，但计量模型的选择、参数估计误差及监管套利往往都会削弱风险加权资产的真实性与可比性，以致低估银行的潜在风险，导致银行资本充足率虽然达标但实际杠杆倍数却过高的现象。为剔除模型风险和估计误差的影响，抑制银行部门非理性加杠杆的行为，《巴塞尔资本协议Ⅲ》引入了计算更为简单透明的杠杆率，提出了最低 3% 的杠杆率要求，即杠杆率＝（一级资本——级资本扣减项）/调整后的表内外资产余额≥3%，以弥补资本充足率的短板。杠杆率虽然没有考虑不同资产的风险特性，但更易于被市场参与者理解，且增强了不同银行的可比性。

4. 我国的资本充足性监管。我国于 20 世纪 90 年代中期开始引入资本充足性监管，目前已是对各类银行、信用合作社、财务公司等实施监管的一项重要内容。虽然《商业银行法》早在 1995 年就规定了 8% 的最低资本充足率标准，但在相当长的时期内，我国商业银行的资本充足状况总体上并不理想。为此，政府曾采取许多举措，如：1998 年 3 月，财政部发行 2700 亿元人民币特别国债，供当时的四大国有独资商业银行认购，发行所得用于向四大国有独资商业银行注资，以提高其资本充足率；在 2004 年和 2005 年，先后允许商业银行经批准发行次级债券、混合资本债券并按规定计入附属资本。近些年来，为了强化对商业银行的资本充足性监管，适应资本充足性监管的国际趋势，中国银监会先后发布了《商业银行资本充足率管理办法》（2004 年 2 月发布，2006 年 12 月修订，已废止）、《中国银行业实施新资本协议指导意见》（2007 年 2 月发布，已废止）、《商业银行操作风险监管资本计量指引》（2008 年 9 月发布，已废止）、《商业银行信用风险缓释监管资本计量指引》（2008 年 9 月发布，已废止）、《商业银行专业贷款监管资本计量指引》（2008 年 9 月发布，已废止）、《商业银行银行账户信用风险暴露分类指引》（2008 年 9 月发布，已废止）、《商业银行信用风险内部评级体系监管指引》（2008 年 9 月发布，已废止）、《商业银行资本充足率信息披露指引》（2009 年 11 月发布，已废止）、《商业银行资本计量高级方法验证指引》（2009 年 11 月发布，已废止）、《商业银行资本充足率监督检查指引》（2009 年 12 月发布，已废止）、《商业银行资产证券化风险暴露监管资本计量指引》（2009 年 12 月发布，已废止）、《商业银行杠杆率管理办法》（2011 年 6 月发布，2015 年 4

月修订)、《商业银行资本管理办法(试行)》(2012年6月发布)、《商业银行流动性风险管理办法》(中国银保监会2018年5月发布)等一系列具体规定。

(二)风险监管

对风险一词可以从不同角度进行理解。一种是中性的角度,将风险定义为未来的不确定性,至于实际结果,既可能是实现收益,也可能是造成损失。而另一种是从消极的角度,将风险仅仅理解为将来遭受损失的可能性。这里使用消极意义上的风险概念。

金融业本质上是风险经营业,没有金融机构能够回避风险管理问题。任何金融机构的经营失败,都或多或少与其风险管理不当直接相关。由于不同类型的金融机构在经营方式、资产种类等方面存在差异,各自面临的风险在结构和特性上必然有所不同。例如,相对于非银行金融机构,银行的流动性风险问题通常会更加突出,而国家和转移风险主要存在于从事国际信贷业务的金融机构。

巴塞尔银行监管委员会1997年发布、2006年和2012年两次修订的《银行业有效监管的核心原则》,列举了银行面临的八种主要风险:①信用风险(Credit Risk)。即对方当事人违约的风险。②国家和转移风险(Country and Transfer Risk)。国家风险是指与借款人所在国的经济、社会和政治环境有关的风险;转移风险是国家风险的一种表现形式,即当借款人的债务不是以本币计值时,不管借款人的财务状况如何,借款人有时都无法得到外币。③市场风险(Market Risk)。指由于市场价格的变动,银行的表内和表外头寸可能遭受损失的风险。④利率风险(Interest Rate Risk)。指银行的财务状况在利率出现不利波动时面临的风险。⑤流动性风险(Liquidity Risk)。指银行无力为负债的减少或资产的增加提供融资;在极端情况下,流动性不足会使银行资不抵债。⑥操作风险(Operational Risk)。最重大的操作风险在于内部控制及公司治理机制的失效;操作风险的其他方面包括信息技术系统的重大失效或诸如火灾和其他灾难等事件。⑦法律风险(Legal Risk)。包括因不完善、不正确的法律意见、文件而造成同预计情况相比资产价值下降或负债加大的风险;现有法律可能无法解决与银行有关的法律问题;有关某一银行的判例可能对整个银行业务产生更广泛的影响,从而增加该行本身乃至其他或所有银行的成本;影响银行和其他商业机构的法律有可能发生变化。⑧声誉风险(Reputational Risk)。声誉风险产生于操作上的失误、违反有关法规或其他问题。声誉风险对银行损害极大,因为银行的业务性质要求它能够维持存款人、贷款人和整个市场的信心。

必须明确,风险管理的主要责任必须由金融机构及其高级管理层承担,其风险管理失败的后果也应当主要由金融机构及其股东承受,而不能由政府、监管当局取而代之。在国际上,越来越多的金融机构意识到,它们能否在激烈的竞争中取胜，很大程度上取决于它们控制风险的能力，因而往往不惜巨资开发或升级其风险控制与管理系统，甚至利用计算机和数学模型来对风险进行定量、实时的监视与控制。目前看来，我国金融机构在风险管理上虽然有所进步，但无论是风险管理意识还是风险管理能力，与国际先进水平在总体上仍有很大差距。

至于监管层面的风险监管，主要表现在两个方面：其一，考核和提升金融机构自身的风险控制能力。即对金融机构风险管理系统的有效性进行监测，为金融机构提供风险管理指南，敦促金融机构不断完善风险管理系统并提供必要的技术支持，对出现重大风险管理事故的金融机构采取矫正措施并对责任人进行制裁。其二，针对若干关键的风险因素制定量化控制指标，将金融机构的风险敞口控制在安全限度以内。比如，为了控制商业银行的流动性风险和大额风险暴露，我国《商业银行法》规定：商业银行流动性资产余额与流动性负债余额的比例不得低于 25%；对同一借款人的贷款余额与商业银行资本余额的比例不得超过 10%。

三、危机管理与市场退出管理

（一）金融机构的终止事由

金融机构退出市场，即金融机构的终止，主要有三种原因：①解散。金融机构解散可能是因为分立、合并或者出现公司章程规定的其他解散事由。②被撤销。即金融机构因被吊销经营许可证而被撤销。③被宣告破产。即金融机构因不能支付到期债务，被法院依法宣告破产。由于金融机构在业务和影响上具有特殊性，法律对它们的市场退出往往有一些特殊规定，比如要求取得监管当局的批准。根据我国《商业银行法》，商业银行解散须经国务院银行业监督管理机构批准；人民法院宣告商业银行破产须经国务院银行业监督管理机构同意。此外，法律往往要求监管当局或者作为组织者，或者作为监督者，或者作为参与者，介入金融机构终止前的清算过程。我国《商业银行法》对国务院银行业监督管理机构在清算过程中的地位，根据商业银行终止原因的不同，作了不同的规定：商业银行解散的，由商业银行依法成立清算组进行清算，国务院银行业监督管理机构监督清算过程；商业银行被撤销的，由国务院银行业监督管理机构依法组织成立清算组进行清算；商业银行被宣告破产的，由人民法院组织国务院银行业监督管理机构等有关部门和有关人员成立清算组，进行清算。

（二）金融机构危机的处置

金融机构危机的处置主要涉及两个方面：一是对出现危机的金融机构实施援救，避免破产；二是对没有援救价值或者援救不成的金融机构，尽量减轻其破产可能造成的负面影响。监管当局对问题金融机构采取何种策略，援救还是放弃，是一个极其复杂的问题，要考虑危机的严重程度、危机金融机构的系统性地位、援救成功的几率与成本、政府财政的承受能力、助长道德风险的可能性等，有时其至要着重考虑社会和政治层面的因素。

金融机构危机可以划分为系统性危机与非系统性危机。一般认为，有较多金融机构同时或先后陷入危机并且出现金融恐慌的，为系统性危机，否则为非系统性危机。无疑，防范和化解系统性危机应当作为金融机构危机管理的重点。另外，金融机构危机不仅可能表现为偿付能力危机，即资不抵债，而且可能表现为流动性危机，即金融机构虽然资产总量大于负债总量，但资产流动性严重不足，无法及时变现以支付到期债务。如果流动性危机得不到妥善解决，最终亦会演化成偿付能力危机。因此，在危机管理上，应当重视流动性危机的存在。

以下介绍一些常见的金融机构危机处置手段：

1. 最后贷款人支持。中央银行是银行的银行，其表现之一就是作为最后贷款人（Lender of Last Resort，LOLR），对出现流动性困难或流动性危机且无法通过市场得到解决的商业银行，提供流动性支持。香港金融管理局 1999 年发布的《有关最后贷款人的政策声明》，很好地阐释了最后贷款人支持的功能："此项援助的目的，是为遇到短期资金问题的认可机构提供喘息空间，以便采取补救措施，……防范流动资金不足演变成无力偿债事件，以及预防银行挤提引发的连锁影响。"在我国，中国人民银行依法可以向商业银行提供贷款，为在中国人民银行开立账户的银行业金融机构办理再贴现，所以也承担着最后贷款人的职责。

在制度层面，最后贷款人支持主要涉及四个问题：①提供者。一般是中央银行；但在美国，除联邦储备系统外，联邦存款保险公司也针对投保机构提供流动性支持。②接受者。在绝大多数国家，有资格获得最后贷款人支持的，限于商业银行；但在丹麦、挪威、墨西哥、西班牙等少数国家，也包括证券公司。③条件。严格地讲，中央银行只能对遭遇暂时流动性困难但未丧失偿付能力的机构提供支持，但实践中也存在一些例外。④形式。以再贷款和再贴现为主要形式，但也可以采取资产回购交易、资产置换等其他形式。

最后贷款人支持可能助长商业银行的道德风险倾向，即如果它们对得到支持事先有确切的预期，就可能疏于流动性风险的管理。对此，有效的应对之策是采取"建设性模糊政策"（Constructive Ambiguity），即当局避免就何时、何种条件下可提供支持明确表态。

2. 监管矫正措施。对违反审慎经营规则的金融机构，监管机构应当责令其在限期内进行整改。如果金融机构拒绝整改，或者整改未达到要求，或者违反审慎经营规则的行为已严重影响其稳健运行，危及到存款人、投资者、被保险人的利益，监管机构可以依法采取相应措施，如：责令暂停部分业务；停止批准开办新业务；限制分配红利和其他收入；限制资产转让；责令控股股东转让股权或者限制有关股东的权利；责令调整董事、高级管理人员或者限制其权利；停止批准增设分支机构。

关于监管矫正措施的适用，传统上各国大都采取授权监管机构自主定夺的模式。但自 20 世纪 90 年代初以来，国际上开始流行所谓"即时矫正制度"（Prompt Corrective Action，PCA），即矫正措施的适用由法律硬性规定，只为监管机构保留有限的自由裁量空间。这种做法，有助于提高矫正措施的事前警示效果，保护监管机构的独立性，避免出现监管宽容现象。

3. 托管与接管。托管与接管都表现为金融机构的经营管理权暂时全面交由他方行使。所不同的是，托管是由监管机构委托的其他机构在托管期间代行经营管理权，而接管是由监管机构直接派员在接管期间代行经营管理权。

托管与接管有许多共性，如：都以金融机构出现重大风险，严重危害金融市场秩序，损害投资者、存款人、被保险人利益为前提；都不导致金融机构的债权债务关系发生变化；都以恢复金融机构的正常经营能力为目的；都是监管机构可以选择采用的监管措施，而非其法定义务；都不是宣告金融机构破产的必要前置程序。

在我国已有许多托管和接管问题金融机构的案例。关于金融机构的接管，各有关立法规定比较详细；但关于金融机构的托管，在 2005 年 10 月《证券法》修订之前，未曾见之于法律。修订后的《证券法》第 143 条规定："证券公司违法经营或者出现重大风险，严重危害证券市场秩序、损害投资者利益的，国务院证券监督管理机构可以对该证券公司采取责令停业整顿、指定其他机构托管、接管或者撤销等监管措施。"2006 年 8 月颁布的《企业破产法》也使用了托管的概念。遗憾的是，《证券法》和《企业破产法》都未就托管作任何具体规定。

许多人将托管仅仅理解为清算托管，即由托管人负责关闭金融机构的债权、债务清理。我们认为，这种理解过于狭窄。

4. 资本、资产、负债重组。资本亏蚀，资本质量低下，负债压力过大，可以说是危机金融机构的共性。因此，充实资本，改善资产质量，缓解负债压力，是处置金融机构危机必不可少的重要环节。原则上，政府和监管机构应当在其中只起敦促、促成、协调、监督的作用，但也不排除在特定情况下，政府和监管机构针对特定的金融机构，运用公共资源直接介入。

亏损严重、资本水平低于法定要求的金融机构必须制定和成功实施资本恢复计划，否则即丧失继续经营的合法性。原股东增加投资、吸纳新股东、由健全金融机构进行股权收购，是资本重组的主要措施。对于具有重要战略地位的金融机构，特别是国有金融机构，政府可以依法定程序（如国家权力机关批准）动用公共资源提供注资。必要时，政府可以对金融机构实行临时国有化，即在拟订再度私有化方案的前提下，收买其由私人股东持有的全部或者大部分股份。在应对

2007 年爆发的国际金融危机的过程中，美国和欧洲一些国家对某些具有系统性影响的金融机构动用了临时国有化措施。

资产重组可以有多种方式，但主要是以市场条件或者以政府补贴为基础进行资产置换，将不良资产、流动性差的资产置换为优质资产、流动性强的资产。2007 年国际金融危机爆发后，美国等许多国家采用了由政府直接出资收购金融机构"有毒资产"的措施。而对于 20 世纪 80 年代末、90 年代初的储贷协会危机和 1997 年的东南亚金融危机，美国及亚洲相关国家则大都通过设立资产管理公司来对金融机构的不良资产进行剥离。资产管理公司多半由政府设立，也有由金融机构投资设立的，它们一方面收购金融机构的不良资产，另一方面则通过专门技术对不良资产进行经营、管理、处置和回收。其收购不良资产，一般是按资产的公允价值（Fair Value）即资产经评估后的现值，但也有的按资产的账面价值（Book Value）。显然，按账面价值收购体现了政府对出售资产的金融机构的补贴。我国 1999 年成立了信达、华融、东方、长城 4 家资产管理公司，它们是国有独资的非银行金融机构，分别负责收购中国建设银行、中国工商银行、中国银行、中国农业银行的不良资产。

负债重组旨在缓解金融机构当前的偿债压力，控制债务因利息累积而快速增长。负债重组的主要方式有：债权转股权，即将金融机构的债务转为债权人对金融机构的股权；对债务进行重新安排，包括展期、豁免利息、调整利率标准、借新还旧等。负债重组必须以当事人平等、自愿为基础，政府和监管机构可以从中协调，但不得横加干涉，侵害债权人的权益。必要时，基于社会公共利益和维护社会稳定的需要，政府可以承担金融机构对自然人的部分或全部债务。

5. 机构重组。所谓机构重组是指由健全金融机构对危机金融机构实行合并。合并既可以采取新设合并的方式，也可以采取吸收合并的方式。如果是新设合并，合并各方解散，成立新的金融机构；如果是吸收合并，被吸收的危机金融机构解散，作为吸收方的健全金融机构发生变更。机构重组应当在平等、自愿的基础上进行，但政府和监管机构可以依法起促成的作用。

（三）金融机构破产的法律适用

金融机构破产有着极其高昂的社会成本；在许多国家特别是发展中国家，由于缺乏有效的法律程序和发达的资产二级市场，破产金融机构的清算往往效率低下，旷日持久。因此，金融机构破产是所有国家都竭力避免的结果。但是，允许存在金融机构破产的可能性仍然具有积极意义。破产实质上是以破坏性方式对市场机制进行修补，解放处于低效率状态下的经济资源并重新进行配置。倘若没有市场淘汰的压力，金融机构的审慎经营将难以保证。如果让风险膨胀、经营恶化、管理混乱的金融机构继续存在，在自有资本亏馈殆尽、无需自己承担不良后果的情况下，它们可能倾向于赌博式经营，进而酿成更大灾难并损害纳税人利益。因此，避免金融机构破产固然应当，但实行"零倒闭政策"更不可取。

关于金融机构破产的法律适用，主要有三种模式：①对金融机构破产不作特殊规定，完全适用普通破产法。②金融立法作少量特殊规定并优先适用；金融立法未作特殊规定的事项，适用普通破产法。③制定单行的金融机构破产法或破产条例，形成基本独立的破产规则，但其未尽事宜，仍适用普通破产法。目前看来，多数国家包括我国都是采用第二种模式。

在涉及金融机构破产问题时，立法者、司法者、监管者应当秉承一个基本理念：法律上破产，经济上不破产。所谓"经济上不破产"，就是要尽量将破产金融机构中有价值的东西分离出来，保存下去。只有这样，才能避免资源的浪费，最大限度地降低金融机构破产的社会成本。落实这种理念有许多方式和途径，最有代表性的当属"好银行、坏银行"模式。即在银行破产前，将其好的资产、好的业务剥离出来，放到一个新设的"好银行"，剩下的"坏银行"进入破产清算程序。

（四）存款保险、投资者保护和保险保障制度

金融机构被撤销或被宣告破产，必然产生存款人、投资者、保单持有人的利益保护问题。建立完善的存款人、投资者、保单持有人补偿机制，不仅有利于补偿机制的直接受益者，更为重要的是，还有助于保持市场信心，克服金融恐慌，防范系统性危机。此外，补偿机制解除了后顾之忧，可以使当局有更多的允许金融机构倒闭的自由。

存款人、投资者、保单持有人补偿机制的主流形式，是由政府或同业组织发起设立以金融机构缴费为主要来源的保障基金，在金融机构被撤销或被宣告破产、无力足额清偿债务时，由保障基金依法在一定限度内或者按一定比例对存款人、投资者、保单持有人进行清偿，并取得相应的代位求偿权。保障基金可以由监管机构或同业组织直接管理，也可以设立专门的基金管理人进行管理。目前，我国已设立保险保障基金、证券投资者保护基金、期货投资者保障基金和存款保险基金。其中，保险保障基金、证券投资者保护基金、存款保险基金分别由中国保险保障基金有限责任公司、中国证券投资者保护基金有限责任公司、存款保险基金管理有限责任公司负责管理；期货投资者保障基金由中国证监会、财政部共同指定的机构代为管理，并接受中国证监会、财政部的共同监管。

存款人、投资者、保单持有人补偿机制在制度设计上需要考虑许多细节，如缴费方式、保障对象和范围、治理结构、清偿规则等，但最为重要的是如何控制道德风险。由于有了利益保障，存款人、投资者、保单持有人不再有遭受损失之虞，他们就可能怠于对金融机构的选择与监督，只关注自己所能获得的回报；而

劣质金融机构也不再有无人问津之忧，更敢于铤而走险，从事高风险经营。其结果是，金融市场风险加大，市场机制发生扭曲，优质金融机构的竞争优势无法显现。应当承认，有补偿机制必有道德风险。但是，通过良好的制度设计，道德风险可以在一定程度上得到控制。比如存款保险，可通过限额保障或者共保制，为存款人保留部分损失风险，来激发其审慎选择和监督银行的动机；可通过实行风险加权保费率，将金融机构交纳保费的高低与其风险状况挂钩，来刺激它们审慎经营。

第三节   金融宏观审慎监管的核心内容

早在 20 世纪 70 年代末，国际清算银行（BIS）就提出了宏观审慎监管的理念，但一直没有得到足够重视。2007 年爆发的国际金融危机使国际社会深刻认识到，仅关注单个金融机构稳健运营的微观审慎监管，在维护整个金融体系稳定方面存在严重不足。因此，加强金融宏观审慎监管成为危机后主要国际组织和经济体金融监管改革的共同政策主张。

关于金融宏观审慎监管，需要强调四点：首先，金融宏观审慎监管具体包括宏观审慎分析、宏观审慎政策选择和宏观审慎工具运用三个方面。其次，金融宏观审慎监管的根本目标是防范系统性风险，关键政策是适时进行逆周期调节。再次，金融宏观审慎监管的制度框架是动态发展的，关注的重点问题和使用的政策工具都在不断地调整和变化。最后，金融宏观审慎监管是金融监管的有机组成部分，与金融微观审慎监管乃至政府的其他许多政策密切相关。除少数独有的政策工具外，金融宏观审慎监管主要是对已有宏观调控工具、微观监管工具、财税会计工具进行功能上的叠加、调整或组合。

一、国际层面关于金融宏观审慎监管的动议和要求

2009 年初，国际清算银行提出用宏观审慎的概念来概括导致金融危机爆发的顺周期性、"大而不能倒"、监管不足、标准不高等问题。这一概念逐渐被二十国集团（G20）及其他国际组织所接受。G20 国家领导人匹兹堡峰会最终形成的会议文件开始正式使用"宏观审慎监管"和"宏观审慎政策"等提法；G20 国家领导人首尔峰会则进一步形成了宏观审慎监管的基础性框架，并要求各成员国落实执行。此后，金融稳定理事会以及各全球标准制定机构相继提出了加强金融宏观审慎监管的各种动议和要求。

目前看来，二十国集团（G20）、金融稳定理事会（FSB）、国际货币基金组织（IMF）等国际组织以及巴塞尔银行监管委员会（BCBS）、国际证监会组织（IOSCO）、国际保险监管官协会（IAIS）、支付和市场基础设施委员会（CPMI）、

国际存款保险协会（IADI）等全球标准制定机构（SSBs），在推动金融宏观审慎监管及其制度建设方面发挥了主导作用。过去十年左右的时间内国际层面加强金融宏观审慎监管的动议、要求和措施，可大体归纳为以下方面：

（一）推动实施《巴塞尔资本协议Ⅲ》

在 2011 年 6 月至 2013 年 1 月期间，巴塞尔银行监管委员会相继制定并发布了《巴塞尔资本协议Ⅲ》的核心构件；以 2017 年 12 月 7 日《巴塞尔协议Ⅲ：危机后改革的最终方案》的发布为标志，此项银行监管国际规则的改革全部完成。《巴塞尔资本协议Ⅲ》以资本和流动性监管为核心，兼顾宏观审慎监管和微观审慎监管，就包括宏观审慎监管在内的诸多方面做了提升。其与金融宏观审慎监管密切相关的要求主要包括：①在提高合格资本门槛的同时提高了最低资本充足率要求。②针对银行体系的顺周期性，提出了逆周期资本缓冲要求；对系统重要性银行提出了附加资本要求。③为了强化对银行的流动性管理，提出了流动性覆盖比率要求和净稳定资金比率要求。④为了弥补风险加权资本充足率监管的不足，引入了杠杆率要求。

此外，2012 年 9 月巴塞尔银行监管委员会发布了经修订的《有效银行监管核心原则》。新版核心原则加大了对全球系统重要性银行的关注，要求监管力度和监管投入与银行风险状况和系统重要性程度相匹配，并强调从系统性宏观视角加强对银行的微观审慎监管。

（二）逆周期调节

金融宏观审慎监管的关键，是在客观准确判断宏观形势的基础上适时进行逆周期调节。作为一项跨周期的制度安排，逆周期调节是指：在经济上行期增加动态拨备和资本要求，约束信贷过度增长，防止资产泡沫的累积，提高金融支持经济持续发展的能力；在经济下行期降低拨备和资本要求，缓解信贷萎缩和资产价格下跌，平滑经济波动，促使经济加快复苏。逆周期资本缓冲机制不仅可以保证单个银行在压力状态下正常经营，还能确保在信贷周期逆转时，整个银行体系有充足资本来维持信贷的增长，进而起到金融周期稳定器的作用。

2010 年 12 月，巴塞尔银行监管委员会发布《逆周期资本缓冲操作指引》，提出建立逆周期资本缓冲机制。其核心内容为：当一国信贷/GDP 接近或低于其长期趋势时，表明信贷风险较低，逆周期资本缓冲可设定为零；当信贷/ GDP 高于其长期趋势时，表明信贷过度增长，系统性风险累积，应计提逆周期资本缓冲；逆周期资本缓冲计提标准，是在普通股最低资本充足率和资本留存缓冲之外，在普通股资本充足率基础上增加 0~2.5 个百分点。

（三）系统重要性金融机构的监管

一些金融机构由于规模大、交易对手多、组织结构复杂、与其他机构和投资者的关联性强、提供不可替代的金融服务等原因，在金融体系中处于系统重要性地位。它们一旦陷入困境，不仅自身面临巨大的救助成本，也会通过影响交易对手和市场信心加剧市场恐慌，造成整体金融体系的不稳定，并最终对实体经济产生负面影响。因此，必须采取有效措施，强化对这些系统重要性金融机构的监管。

国际上，考量金融机构的系统重要性并作相应监管反应，在两个维度上呈现出扩张趋势。其一，在系统重要性受关注的金融机构的种类上，先是银行，然后扩展到保险机构，再然后进一步扩展到非银行非保险金融机构（如金融公司、市场中介、投资基金等）。其二，在反应层次上，先是对全球系统重要性金融机构（G-SIFIs）作出监管反应，后是要求各国识别国内系统重要性金融机构（D-SIFIs）并作出监管反应。按照 G20 夏纳峰会的要求，巴塞尔银行监管委员会 2012 年 10 月发布了《国内系统重要性银行框架》，要求其成员来源国建立本国的评估框架和监管制度，并就此提出了 12 项指导性原则。

2011 年，巴塞尔银行监管委员会首次公布了 29 家全球系统重要性银行名单。从次年开始，则由金融稳定理事会每年 11 月根据上年年末的数据公布全球系统重要性银行的最新名单及分组情况，不同的级别对应不同的额外资本要求，并于 14 个月后的一月份开始实施。我国的中国银行、中国工商银行、中国农业银行、中国建设银行分别于 2011 年、2013 年、2014 年、2015 年入选全球系统重要性银行名单，入选时均位于系统重要性程度最低的第一组，适用 1% 的附加资本要求；其后，中国工商银行在 2016 年、中国银行和中国建设银行在 2017 年从第一组升至第二组，适用 1.5% 的附加资本要求。2013 年 7 月，金融稳定理事会会同国际保险监管官协会，基于 2011 年年末的数据，发布了首批 9 家全球系统重要性保险机构名单，我国平安保险集团在列。从 2014 年起，金融稳定理事会每年 11 月对全球系统重要性保险机构名单进行更新。

对系统重要性金融机构的监管，关键有二：其一是要明确金融机构系统重要性的评估标准。一般认为，判断金融机构的系统重要性，应结合使用定量标准和定性标准，综合考量规模、关联性、可替代性、全球活跃程度、复杂性等五项指标。其二是对系统重要性金融机构实施更加严格、更加有效的特别监管措施。主要做法是对系统重要性金融机构适用附加资本要求或总损失吸收能力要求；有国际组织主张，在流动性比率、杠杆率、大额风险敞口限制等方面，也应对其实行更高的监管标准。

（四）构建有效的金融机构问题处置机制

2011 年 11 月，金融稳定理事会发布《金融机构有效处置的核心要素》，从范围、处置部门、处置权力、资产处置、保障措施、处置资金来源、跨境合作法律框架、危机管理小组、单个机构跨境合作协议、可处置性评估、恢复和处置计划、信息获取和共享等 12 个方面，就构建系统重要性金融机构的有效处置框架提出了指引和要求。构建有效的金融机构问题处置机制的指导思想与核心内容是：①建立合理的损失分担机制，建立存款保险制度或以私人部门为主要资金来源的处置基金，减少对公共资源的依赖，避免动用纳税人资金，让纳税人承担损失。②明确处置当局，赋予其必要的危机管理和处置权力，明确职责分工，疏通信息共享渠道。③全球系统重要性金融机构的母国和主要东道国，应成立由中央银行、监管部门、处置部门、财政部门和其他负责金融机构保障的公共部门共同组成的危机管理小组（CMGs），制定恢复和处置计划（RRP）并开展可处置性评估（RAP），制定跨境合作协议（COAGs），开展监管一致性评估（RCAP）。

（五）加强对影子银行体系的监管

在 2010 年 11 月的首尔峰会上，G20 国家领导人即警示要关注影子银行体系可能导致的监管真空。据此，金融稳定理事会继 2011 年 10 月发布《加强影子银行监管的建议》后，就此发布了一系列政策文件。简而言之，影子银行就是传统银行体系之外的信用中介机构和业务；其中可能引发系统性风险和监管套利风险者，是国际社会关注的重点。归纳国际上关于加强影子银行监管的举措和动议，要点为：①加强对影子银行体系的监测；②降低传统银行与影子银行之间的关联性；③降低货币市场基金对挤提的敏感性；④降低其他影子银行机构的系统性风险；⑤改进资产证券化的激励机制，对发起人提出风险自留要求；⑥降低证券借贷和回购等担保融资合约的风险和顺周期性。

（六）其他方面

加强金融宏观审慎监管除以上内容外，还包括但不限于以下方面：①加强对场外衍生品及其市场的监管。如：要求所有标准化场外衍生品合约在交易所或电子交易平台上交易并通过中央对手方（CCP）清算；要求场外衍生品合约向交易信息库（TRs）报告；要求非集中清算的合约接受更高的资本要求。②加快信用评级行业的改革。其主导思想是：完善对信用评级机构的注册和监管要求，强化金融机构自身的信用风险评估能力建设，避免对外部信用评级的机械性依赖。③制定和完善存款保险国际标准。2009 年 6 月，巴塞尔银行监管委员会与国际存款保险协会联合发布了《有效存款保险核心原则》；2013 年 2 月，国际存款保险协会着手对《有效存款保险核心原则》及其评估方法进行修改，涉及存款保险资金的使用、处置中的融资安排、早期干预机制、机构自救工具、跨境处置、公众意识、防范道德风险等内容；2014 年 11 月，国际存款保险协会正式发布《有效存款保险核心原则》修订版，进一步强化了市场筹资理念，完善了存款保险基金使用规则，强调了存款保险在危机应对与管理机制中的重要作用，明确存款保险应单独制定有效应急计划和危机管理政策，确保其能够有效应对银行破产等风险。④弥补金融宏观审慎监管中存在的数据缺口；建立法人机构识别编码体系；实施中央交易对手方制度改革；减少不当行为风险；加强对金融科技（Fintech）的研究和监管；化解系统重要性金融机构"大而不能倒"所造成的道德风险问题。

二、中国的金融宏观审慎监管

（一）概况

2007 年国际金融危机爆发以后，我国高度重视金融宏观审慎监管。2010 年 3 月 5 日，温家宝总理代表国务院向全国人大所作《政府工作报告》，即提出要"探索建立宏观审慎管理制度"。全国人大 2011 年 3 月 14 日通过的《国民经济和社会发展第十二个五年规划纲要》，进一步提出要"构建逆周期的金融宏观审慎管理制度框架，建立健全系统性金融风险防范预警体系、评估体系和处置机制"。

近十年来我国的金融宏观审慎监管，既积极回应了国际层面的相关要求和动议，又立足国情进行了大胆探索。所采取的措施包括但不限于以下方面：

1. 强化了中国人民银行的宏观审慎监管职责和系统性风险防范职责；整合原中国银监会和原中国保监会的职责，组建了中国银行保险监督管理委员会，对银行业金融机构和保险业金融机构实施统筹监管；成立了国务院金融稳定发展委员会；建立了金融监管协调部际联席会议制度。

2. 中国人民银行不断完善了以差别准备金动态调整为核心的逆周期调节机制，引入了动态拨备制度和杠杆率指标，并于 2015 年 12 月将差别准备金动态调整机制升级为宏观审慎评估。进一步强化了对房地产市场的逆周期调节，完善了因城施策的差别化住房信贷政策，对"首付贷"等房地产场外配资行为进行了整治。

3. 中国人民银行有重点地对地方政府融资平台、房地产贷款、产能过剩行业、交叉性金融产品、跨市场金融创新快速发展的潜在风险等进行了密切监测和评估；深入推进和持续开展了金融机构稳健性现场评估和压力测试；强化了金融机构重大事项及风险事件的报告制度。为给风险监测和预警奠定可靠的金融数据和信息基础，中国人民银行发布了《金融机构编码规范》《金融工具统计分类及编码标准（试行）》《贷款统计分类及编码标准（试行）》《存款统计分类及编码标准（试行）》《特定目的载体（SPV）编码标准（试行）》《理财、资金信托统计数据元标准（试行）》等多项标准，金融统计的标准化建设取得明显进展。2018 年 3 月，国务院办公厅发布了《关于全面推进金融业综合统计工作的意见》。

4. 加强了对系统性金融机构的监管。2012 年 6 月，中国银监会发布《商业银行资本管理办法（试行）》，规定：系统重要性银行应当计提附加资本；国内系统重要性银行附加资本要求为风险加权资产的 1%，由核心一级资本满足；若国内银行被认定为全球系统重要性银行，所适用的附加资本要求不得低于巴塞尔银行监管委员会的统一规定。2018 年 11 月，中国人民银行、中国银保监会、中国证监会联合发布了《关于完善系统重要性金融机构监管的指导意见》。目前，被识别为全球系统重要性金融机构的工、农、中、建四家银行以及中国平安保险集团，均已按照金融稳定理事会的要求建立了危机管理小组，制定并按年度更新了恢复和处置计划，分别完成了 1 或 2 轮可处置性评估。

5. 加大了对影子银行的监管力度。2013 年 12 月，国务院办公厅下发了《关于加强影子银行监管有关问题的通知》；相关监管部门对银行理财产品的规模、投资范围、透明度、信息披露、会计核算和销售等加强了规范；中国人民银行将金融统计的对象范围拓展到了影子银行体系。

6. 加强了对外汇流动性和跨境资金流动的监管。2015 年，人民银行将外汇流动性和跨境资金流动纳入了宏观审慎管理范畴；2016 年 5 月，中国人民银行在全国范围内实施了全国径跨境融资宏观审慎管理。

7. 建立了存款保险制度。2015 年 2 月，国务院发布《存款保险条例》，在我国引入了符合国际标准的存款保险制度。

（二）影子银行的监管

国务院办公厅 2013 年 12 月下发的《关于加强影子银行监管有关问题的通知》（以下简称《通知》），对影子银行的监管作了全面部署。其主要内容可概括为：

1. 对我国影子银行的主要业态作了划分。一是不持有金融牌照、完全无监管的信用中介机构，包括新型网络金融公司、第三方理财机构等；二是不持有金融牌照、存在监管不足的信用中介机构，包括融资性担保公司、小额贷款公司等；三是机构持有金融牌照、但存在监管不足或规避监管的业务，包括货币市场基金、资产证券化、部分理财业务等。

2. 对我国影子银行作了辩证评价。指出：一方面，影子银行的产生是金融发展、金融创新的必然结果；作为传统银行体系的有益补充，在服务实体经济、丰富居民投资渠道等方面起到了积极作用，有助于满足经济社会多层次、多样化的金融需求。但另一方面，也存在业务不规范、管理不到位和监管套利等严重问题。因此，加强影子银行的监管，既要注重发挥其积极作用，引导其健康发展，也要有效防范其风险，将其负面影响和风险降到最低。

3. 明确了对影子银行的监管责任分工。为了建立中央和地方统分结合，国务院有关部门分工合作、职责明晰、权责匹配、运转高效的监督管理体系，《通知》根据谁批设机构谁负责风险处置的原则，分四种情况划分了监管职责，即：①已明确法定监督管理部门的，由相关部门按照法定职责分工分别实施统一归口监督管理。其中，各类金融机构理财业务，由国务院金融监管部门依照法定职责和表内外业务并重的原则加强监督管理。银行业机构的理财业务由中国银监会负责监管；证券期货机构的理财业务及各类私募投资基金由中国证监会负责监管；保险机构的理财业务由中国保监会负责监管；金融机构跨市场理财业务和第三方支付业务由中国人民银行负责监管协调。②已明确由国务院有关部门制定规则、地方人民政府负责监督管理的，实行统一规则下的地方人民政府负责制。其中，融资性担保公司由中国银监会牵头的融资性担保业务监管部际联席会议制定统一的监督管理制度和经营管理规则，地方人民政府负责具体监督管理；小额贷款公司由中国银监会会同中国人民银行等制定统一的监督管理制度和经营管理规则，建立行业协会自律机制，省级人民政府负责具体监督管理。③已明确由地方人民政府负责监督管理、国务院明确行业归口部门的，由地方人民政府根据行业归口部门统一要求负责具体监督管理，行业归口部门牵头制定完善相关法规制度和政策措施。④对尚未明确监管主体的，抓紧进行研究。其中，第三方理财和非金融机构资产证券化、网络金融活动等，由中国人民银行会同有关部门共同研究制定办法。

4. 提出了影子银行监管的总体要求与具体措施。《通知》阐明了影子银行监管的总体要求，即：第一，按照"分业经营、分业监管"的原则，加强市场主体监管；第二，依法制定发布相关监督管理办法、经营管理规则和风险管理制度；第三，严格监管超范围经营和监管套利行为；第四，按照"业务规模与风险承担能力相适应"的原则，督促相关机构建立内部控制、风险处置制度和风险隔离机制。

《通知》针对影子银行特征相对突出的实体和业务，从规范金融机构理财业务、加快推动信托公司业务转型、规范金融交叉产品和业务合作行为、规范管理民间融资业务、稳健发展融资性担保业务、规范网络金融活动、规范发展私募投资基金业务等七个方面提出了监管要求，安排了监管措施。此外，《通知》还提出要从深入排查风险隐患、着力加强监督检查、加大对违法违规行为的查处力度三个方面，切实做好影子银行的风险防控；要从加强监督管理协调、强化信息统计和共享、加强社会信用体系建设、做好舆论引导工作四个方面，做好相关的配套工作。

（三）系统重要性金融机构的监管

鉴于系统重要性金融机构在金融体系中居于重要地位，其经营和风险状况直接关系到我国金融体系整体稳健性以及服务实体经济的能力，为了完善我国系统重要性金融机构监管框架，建立系统重要性金融机构的识别、监管和处置机制，防范系统性风险，有效维护金融体系稳健运行，中国人民银行、中国银保监会、中国证监会 2018 年 11 月联合发布了《关于完善系统重要性金融机构监管的指导意见》（以下简称《指导意见》）。其要点如下：

1. 系统重要性金融机构的定义、范围。系统重要性金融机构是指因规模较大、结构和业务复杂度较高、与其他金融机构关联性较强，在金融体系中提供难以替代的关键服务，一旦发生重大风险事件而无法持续经营，将对金融体系和实体经济产生重大不利影响、可能引发系统性风险的金融机构。包括系统重要性银行业机构、系统重要性证券业机构、系统重要性保险业机构，以及国务院金融稳定发展委员会（以下简称金融委）认定的其他具有系统重要性、从事金融业务的机构。金融控股公司适用国家有关金融控股公司监管的规定，但经金融委认定具有系统重要性的金融控股公司，同时适用本《指导意见》。

2. 完善系统重要性金融机构监管的两条主要途径。一是对系统重要性金融机构制定特别监管要求，以增强其持续经营能力，降低发生重大风险的可能性（特别监管要求是额外监管措施，不取代银行业、证券业、保险业监管部门的日常监管）；二是建立系统重要性金融机构特别处置机制，确保其在发生重大风险时，能够得到安全、快速、有效处置，保障其关键业务和服务不中断，同时防范"大而不能倒"风险。

3. 工作机制。《指导意见》从四个方面确定了监管系统重要性金融机构的工作机制：

（1）职责分工。①系统重要性金融机构由金融委在中国人民银行和中国银保监会、中国证监会工作的基础上确定；②中国人民银行负责系统重要性金融机构基本规则制定、监测分析、并表监管，视情责成有关监管部门采取相应监管措施，并在必要时经国务院批准对金融机构进行检查监督；③中国银保监会、中国证监会负责系统重要性金融机构评估的数据收集、得分计算和名单报送，依法对相应行业系统重要性金融机构实施微观审慎监管；④中国人民银行会同中国银保监会、中国证监会及财政部等其他相关单位建立系统重要性金融机构特别处置机制。

（2）监管责任。相关部门应按照职责分工，切实履行对系统重要性金融机构的监督管理责任；因相关部门未履行监督管理责任或履行监督管理责任不到位而造成重大金融风险的，由金融委办公室按程序牵头启动监管问责。

（3）信息共享与监管合作。金融委成员单位之间要切实加强关于系统重要性金融机构的信息共享和监管合作。

（4）识别标准和基本监管规则的制定。由金融委办公室组织中国人民银行、中国银保监会、中国证监会提出系统重要性银行业、证券业、保险业机构的识别标准和监管实施细则,报金融委审议通过后施行。

4. 评估与识别。《指导意见》从评估流程、参评机构范围、评估指标、数据收集、系统重要性得分、监管判断、名单确定和披露、评估流程和方法的审议与调整等方面,详细规定了评估、识别、认定系统重要性金融机构的标准和规则。2020 年 12 月,为完善我国系统重要性金融机构监管框架,建立系统重要性银行评估与识别机制,中国人民银行、中国银保监会发布了《系统重要性银行评估办法》。

5. 特别监管要求。《指导意见》从四个方面对系统重要性金融机构提出了特别监管要求;当全球系统重要性金融机构同时也被认定为国内系统重要性金融机构时,原则上适用两者之中较高的特别监管要求。

(1)附加监管要求。由中国人民银行会同中国银保监会、中国证监会,在最低资本要求、储备资本和逆周期资本要求之外,针对系统重要性金融机构提出附加资本要求和杠杆率要求,报金融委审议通过后施行。根据行业发展特点,中国人民银行可会同中国银保监会、中国证监会视情对高得分组别系统重要性金融机构提出流动性、大额风险暴露等其他附加监管要求,报金融委审议通过后施行。

(2)公司治理。在现有治理监管要求基础上,系统重要性金融机构要进一步建立风险覆盖全面、管理透明有效的治理架构,进一步明确董事会、监事会和高管层的职责权限,并在董事会下设风险管理委员会,负责评估机构存在的系统性风险因素,明确系统性风险管理目标,制定风险防控有关措施,督促管理层落实有关工作。

(3)风险管理。系统重要性金融机构要进行并表风险管理,对整体治理、资本、风险和财务等进行全面和持续管控,不断优化风险偏好,建立全面风险管理架构,每年制定或更新风险管理计划并报送中国人民银行和相应监管部门。系统重要性金融机构的风险管理计划应包括对机构风险状况的全面分析、风险防控体系有效性的评估以及改进风险管理水平的具体措施。

(4)信息系统。系统重要性金融机构要建立高效的数据收集和信息系统,实现对整体风险状况的有效监控,不断优化相关信息报送机制,强化信息披露。

6. 审慎监管。中国银保监会、中国证监会依法对系统重要性金融机构实施日常监管;财政部按规定对开发性银行、政策性银行及其开发性、政策性业务进行监管;中国人民银行、中国银保监会、中国证监会定期针对机构整体经营情况或个别业务开展风险评估,要求机构遵守更高的信息披露标准,并采取其他有助于监测分析机构风险状况的措施;中国人民银行会同中国银保监会、中国证监会定期对系统重要性金融机构开展压力测试，根据压力测试结果视情对系统重要性金融机构提出额外的监管要求或采取相应监管措施。中国人民银行基于对系统重要性金融机构的风险判断，可建议相关监管部门采取相应监管措施；相关监管部门要积极采纳建议并及时作出回复。

7. 宏观审慎措施。系统重要性金融机构存在违反审慎经营规则或威胁金融稳定的，中国人民银行可向该机构直接作出风险提示；必要时，中国人民银行商有关部门按照法定程序对系统重要性金融机构的业务结构、经营策略和组织架构提出调整建议，并推进有效实施，以降低其引发系统性风险的可能性。系统重要性金融机构要按要求进行整改，并向中国人民银行和相关监管部门提交报告。

8. 特别处置机制。《指导意见》从成立危机管理小组、制定恢复计划和处置计划、开展可处置性评估、信息报送要求等方面，就构建系统重要性金融机构特别处置机制作了安排。

《指导意见》明确提出了以下问题机构处置原则：系统重要性金融机构发生重大风险，经批准，由中国人民银行会同相关部门成立风险处置工作小组，进行应对和处置。处置过程中应当明晰处置责任，既要守住底线，防范系统性风险，又要依法合规，防范道德风险。依据恢复和处置计划，在处置资金使用顺序上，首先使用金融机构自有资产或市场化渠道筹集资金开展自救；上述措施不能化解风险的，相应行业保障基金可以依法提供流动性支持或救助；如上述措施均无法化解风险，在可能引发系统性风险、危及金融体系稳定时，系统重要性金融机构可以向中国人民银行申请有前置条件的、应急性流动性支持或救助，必要时，由中国人民银行会同有关部门审核并按程序报批后实施。

9. 国际协调与合作。中国人民银行、财政部、中国银保监会、中国证监会应加强与金融稳定理事会、巴塞尔银行监管委员会、国际证监会组织和国际保险监管官协会等国际组织的交流合作；中国人民银行、中国银保监会、中国证监会应不断提升与境外监管部门的合作水平。

第四节　我国金融监管法律制度概述

一、我国的金融监管法律体系

我国金融监管法律体系主要包括以下几个层次：

第一层次是金融法律，是指由国家立法机关即全国人民代表大会及其常务委员会依立法程序制定的有关金融活动的规范性文件。主要有：《中华人民共和国中国人民银行法》（1995 年制定，2003 年修订）、《中华人民共和国商业银行法》（1995 年制定，2003 年、2015 年修订）、《中华人民共和国票据法》（1995 年制定，2004 年修订）、《中华人民共和国担保法》（1995 年）、《中华人民共和国保险法》（1995 年制定，2002 年、2009 年、2014 年、2015 年修订）、《中华人民共和国证券法》（1998 年制定，2004 年、2005 年、2013 年、2014 年、2019 年修订）、《中华人民共和国信托法》（2001 年）、《中华人民共和国证券投资基金法》（2003 年制定，2012 年、2015 年修订）、《中华人民共和国银行业监督管理法》（2003 年制定，2006 年修订）。金融法律是我国金融监管法律体系的最基本组成部分。

第二层次是金融行政法规，是指由国家最高行政机关即国务院依法制定的各种有关金融活动的规范性文件。如《储蓄管理条例》（1992 年制定，2011 年修订）、《企业债券管理条例》（1993 年制定，2011 年修订）、《中华人民共和国外汇管理条例》（1996 年制定，1997 年、2008 年修订）、《非法金融机构和非法金融业务活动取缔办法》（1998 年制定，2011 年修订）、《金融违法行为处罚办法》（1999 年）、《中华人民共和国人民币管理条例》（2000 年制定，2014 年、2018 年修订）、《国有重点金融机构监事会暂行条例》（2000 年）、《个人存款账户实名制规定》（2000 年）、《金融资产管理公司条例》（2000 年）、《金融机构撤销条例》（2001 年）、《中华人民共和国外资保险公司管理条例》（2001 年制定，2013 年、2016 年、2019 年修订）、《中华人民共和国外资银行管理条例》（2006 年制定，2014 年两次修订，2019 年修订）、《机动车交通事故责任强制保险条例》（2006 年制定，2012 年两次修订，2016 年修订，2019 年修正）、《期货交易管理条例》（2007 年制定，2012 年、2013 年、2016 年、2017 年修订）、《证券公司风险处置条例》（2008 年制定，2016 年修订）、《证券公司监督管理条例》（2008 年制定，2014 年修订）、《农业保险条例》（2012 年制定，2016 年修订）、《征信业管理条例》（2013 年）、《存款保险条例》（2015 年）、《融资担保公司监督管理条例》（2017 年）等。金融行政法规根据金融法律的相关规定制定，并不得与金融法律相抵触。

第三层次是金融规章，是指由金融监管机构即中国人民银行、中国证监会、原中国保监会、原中国银监会、中国银保监会、国家外汇管理局，根据金融法律和金融行政法规制定的规范性文件。目前，我国金融规章的数量非常庞大。

在金融法律、金融行政法规、金融规章之外，自律性规范在金融监管中也起着重要作用。自律性规范是中国银行业协会、中国证券业协会、中国保险行业协会、中国期货业协会、中国信托业协会、中国财务公司协会、中国支付清算协会、中国互联网金融协会等金融性行业协会以及证券交易所、期货交易所等机构制定的、用以对其会员进行约束的、带有自治性质的规范性文件。

二、新中国金融监管体制的演进

1948 年 12 月 1 日，在合并华北银行、北海银行和西北农民银行的基础上，成立了中国人民银行。自成立之初，中国人民银行就具有国家机关和经济组织的双重身份，既办理居民储蓄和工商信贷业务，又负责金融管理。在长达 30 年的计划经济时期，我国的金融机构体系中，除中国人民银行外，仅有 3 家国家专业银行（有的还几经撤并）以及中国人民保险公司和农村信用合作社。

党的十一届三中全会以后，我国金融业开始步入改革与发展的新时期。1983 年 9 月，为了强化中国人民银行的中央银行职能，国务院发布了《关于中国人民银行专门行使中央银行职能的决定》（以下简称《决定》）。根据《决定》，中国人民银行是国务院领导和管理全国金融事业的国家机关，不再对企业和个人办理信贷业务，而是集中力量研究和做好全国金融的宏观决策，加强信贷资金管理，保持货币稳定。它的主要职责是：研究和拟订金融工作的方针、政策、法令、基本制度，经批准后组织执行；掌管货币发行，调节市场货币流通；统一管理人民币存贷利率和汇价；编制国家信贷计划，集中管理信贷资金；管理国家外汇、金银和国家外汇储备、黄金储备；代理国家财政金库；审批金融机构的设置或撤并；协调和稽核各金融机构的业务工作；管理金融市场；代表我国政府从事有关的国际金融活动。关于金融监管，《决定》指出：人民银行对专业银行和其它金融机构（包括保险公司），主要采取经济办法进行管理；各专业银行和其它金融机构，对人民银行或人民银行理事会作出的决定必须执行，否则人民银行有权给予行政或经济的制裁。

1986 年 1 月，国务院发布《中华人民共和国银行管理暂行条例》（以下简称《暂行条例》），它是我国第一个系统规范金融管理的行政法规。《暂行条例》的内容并不限于"银行管理"，它规定："凡经营存款、贷款、个人储蓄、票据贴现、外汇、结算、信托、投资、金融租赁、代募证券等项业务的银行和其他金融机构，都应当遵守本条例的规定。"《暂行条例》首次以行政立法的形式确立了中国人民银行的法律地位，即中国人民银行是国务院领导和管理全国金融事业的国家机关，是国家的中央银行。根据《暂行条例》，中国人民银行金融监管的对象，涵盖了当时所有类型的金融机构，包括专业银行、保险公司、信托投资公司、农村信用合作社、城市信用合作社，以及经中国人民银行批准设立的其他金融组织。中国人民银行金融监管的具体职责是：审批专业银行和其他金融机构的设置或撤并；领导、管理、协调、监督、稽核专业银行和其他金融机构的业务工作；管理企业股票、债券等有价证券，管理金融市场；负责协调、仲裁专业银行、其他金融机构之间业务方面发生的分歧。《暂行条例》标志着我国金融监管开始步入法治化的轨道，它为日后我国金融监管法律制度的逐步完善奠定了基础。

进入 20 世纪 90 年代以后，我国金融机构的种类和数量日益增多，证券市场快速发展，金融竞争日趋激烈。为了规范金融市场的秩序，1993 年 12 月国务院《关于金融体制改革的决定》提出实行金融机构分业经营的体制。在这种背景下，1992 年 10 月，国务院证券委员会和中国证券监督管理委员会（以下简称中国证监会）成立。国务院证券委员会是国家对证券市场进行统一宏观管理的主管机关；中国证监会是国务院证券委员会的执行机关，依据法律、法规对证券市场进行监管；中国人民银行不再行使对证券和期货市场的监管职责，但仍负责证券经营机构的监管。1998 年 4 月，国务院证券委员会与中国证监会合并组成国务院直属正部级事业单位，履行对证券期货市场的监管职责，以及原由中国人民银行履行的对证券经营机构的监管职责。

1995 年，由全国人民代表大会制定的《中华人民共和国中国人民银行法》、由全国人民代表大会常务委员会制定的《中华人民共和国商业银行法》《中华人民共和国票据法》《中华人民共和国保险法》相继问世。其中，《中华人民共和国中国人民银行法》明确了中国人民银行的金融监管职责，以专章就金融监管进行了规定；《中华人民共和国商业银行法》《中华人民共和国保险法》则分别具体、系统地规定了银行业和保险业的监管。而 1998 年《中华人民共和国证券法》的出台，标志着我国金融监管法律体系的主干内容已经基本齐备。与此同时，国务院及其各金融监管机构根据法律制定和发布了大量的行政法规和部门规章，它们对金融监管法律的细化和落实，发挥了积极作用。

1998 年 11 月，国务院批准设立中国保险监督管理委员会（以下简称中国保监会），负责全国保险业的监督管理，中国人民银行不再行使对保险业的监督管理职责。2003 年 4 月，中国银行业监督管理委员会（以下简称中国银监会）成立，履行原由中国人民银行履行的审批、监督管理银行、金融资产管理公司、信托投资公司及其他存款类金融机构的职责。至此，中国人民银行集货币政策职能和日常性金融微观审慎监管职能于一身的局面宣告结束，中国银监会、中国证监会、中国保监会分工明确、互相协作的金融分业监管体制最终得以确立。同时，中国人民银行保留了必要的功能性金融监管职责，以保证货币政策的贯彻落实，防范和化解金融风险，维护金融的系统性稳定。2003 年 12 月，全国人民代表大会常务委员会对《中华人民共和国中国人民银行法》和《中华人民共和国商业银行法》进行了修改，以反映金融监管体制的变化，并同时制定了《中华人民共和国银行业监督管理法》。

近年，我国的金融监管体制进一步发生了一系列重大变化：

第一，中国人民银行在金融宏观审慎监管方面的地位和作用受到重视。全国人大 2011 年 3 月 14 日审议通过的《国民经济和社会发展第十二个五年规划纲要》，明确提出要"构建逆周期的金融宏观审慎管理制度框架，建立健全系统性金融风险防范预警体系、评估体系和处置机制"。2017 年 7 月 14 日至 15 日在北京召开的全国金融工作会议则进一步强调，要"强化人民银行宏观审慎管理和系统性风险防范职责"。

第二，成立国务院金融稳定发展委员会。2017 年 7 月 14 日至 15 日在北京召开的全国金融工作会议宣布设立国务院金融稳定发展委员会，旨在加强金融监管协调、补齐监管短板。当年 11 月，经党中央、国务院批准，金融委正式成立。金融委办公室设在中国人民银行，接受金融委直接领导，承担金融委日常工作，负责推动落实党中央、国务院关于金融工作的决策部署和金融委各项工作安排，组织起草金融业改革发展重大规划，提出系统性金融风险防范处置和维护金融稳定重大政策建议，协调建立中央与地方金融监管、风险处置、消费者保护、信息共享等协作机制，承担指导地方金融改革发展与监管具体工作，拟订金融管理部门和地方金融监管问责办法并承担督导问责工作等。

第三，组建中国银行保险监督管理委员会。根据 2018 年 3 月 17 日十三届全国人大一次会议表决通过的国务院机构改革方案，将中国银监会和中国保监会的职责整合，组建中国银行保险监督管理委员会（以下简称中国银保监会），作为国务院直属事业单位。其主要职责是，依照法律法规统一监督管理银行业和保险业，维护银行业和保险业合法、稳健运行，防范和化解金融风险，保护金融消费者合法权益，维护金融稳定。不再保留中国银监会和中国保监会，二者拟订银行业、保险业重要法律法规草案和审慎监管基本制度的职责划入中国人民银行。2018 年 4 月 8 日，中国银保监会正式挂牌。

第四，探索建立央地双层金融监管体制。发挥地方政府的金融监管功能和风险处置功能，探索建立央地双层金融监管体制，是我国金融发展现实提出的客观要求。早在 2013 年 11 月，中共中央在《关于全面深化改革若干重大问题的决定》中，就提出要"界定中央和地方金融监管职责和风险处置责任"；次年 8 月，国务院又出台了《关于界定中央和地方金融监管职责和风险处置责任的意见》；而 2017 年 7 月召开的第五次全国金融工作会议则进一步强调："地方政府要在坚持金融管理主要是中央事权的前提下，按照中央统一规则，强化属地风险处置责任。"地方的金融监管职责主要针对不吸收公众资金、限定业务范围、风险外溢性较小的金融活动，由其监管的具体金融业态主要包括小额贷款公司、融资担保公司、融资租赁公司、民间融资机构、典当行、商业保理公司、地方权益类交易场所、区域性股权交易市场、地方资产管理公司、地方金融控股企业、私募投资管理机构以及开展信用互助的农民专业合作社等；地方在实施金融监管的过程中，要遵守中央金融管理部门制定的统一监管规则并接受其指导，地方只能在其监管职责范围内制定具体实施细则和操作办法。目前，虽然各省（市、自治区）都已通过改组此前的"金融办公室"，设立了地方金融监管局，但央地金融监管职责和风险处置责任的划分仍存在很多模糊之处，也缺乏明确的法律依据。

改革开放以来我国金融监管体制的演变，与经济和政治体制的改革、法治建设的全面推进、经济和金融事业的发展、政府职能的转变，是息息相关的。其间，我国的金融监管经历了一系列重大转变：由监管当局作为上级行政主管部门进行监管，转变为作为政府职能部门对独立的市场主体的监管；由以行政手段为主进行监管，转变为依法进行监管；由混业监管，逐步转变为分业监管并重视各监管机构之间的合作与协调；由片面强调合规性监管，转变为合规性监管与风险性监管并重；由侧重金融机构的设立审批管理，转变为对金融机构从进入市场到退出市场的全程监管；由单纯的金融微观审慎监管，转变为金融宏微观审慎监管并重；由对外相对封闭，转变为注重国际交流与合作。这些转变，说明我国的金融监管体制日趋健全、成熟。

三、我国现行的金融监管体制

（一）银行业、保险业监管

2018年国务院进行机构改革，决定整合中国银监会和中国保监会的职责，组建中国银保监会；不再保留中国银监会和中国保监会，二者拟订银行业、保险业重要法律法规草案和审慎监管基本制度的职责划入中国人民银行。2018年4月8日，中国银保监会正式挂牌。

作为国务院直属的正部级事业单位，中国银保监会的主要职责是：①依法依规对全国银行业和保险业实行统一监督管理，维护银行业和保险业合法、稳健运行，对派出机构实行垂直领导。②对银行业和保险业改革开放和监管有效性开展系统性研究。参与拟订金融业改革发展战略规划，参与起草银行业和保险业重要法律法规草案以及审慎监管和金融消费者保护基本制度。起草银行业和保险业其他法律法规草案，提出制定和修改建议。③依据审慎监管和金融消费者保护基本制度，制定银行业和保险业审慎监管与行为监管规则。制定小额贷款公司、融资性担保公司、典当行、融资租赁公司、商业保理公司、地方资产管理公司等其他类型机构的经营规则和监管规则。制定网络借贷信息中介机构业务活动的监管制度。④依法依规对银行业和保险业机构及其业务范围实行准入管理，审查高级管理人员任职资格。制定银行业和保险业从业人员行为管理规范。⑤对银行业和保险业机构的公司治理、风险管理、内部控制、资本充足状况、偿付能力、经营行为和信息披露等实施监管。⑥对银行业和保险业机构实行现场检查与非现场监管，开展风险与合规评估，保护金融消费者合法权益，依法查处违法违规行为。

⑦负责统一编制全国银行业和保险业监管数据报表，按照国家有关规定予以发布，履行金融业综合统计相关工作职责。⑧建立银行业和保险业风险监控、评价和预警体系，跟踪分析、监测、预测银行业和保险业运行状况。⑨会同有关部门提出存款类金融机构和保险业机构紧急风险处置的意见和建议并组织实施。⑩依法依规打击非法金融活动，负责非法集资的认定、查处和取缔以及相关组织协调工作。⑪根据职责分工，负责指导和监督地方金融监管部门相关业务工作。⑫参加银行业和保险业国际组织与国际监管规则制定，开展银行业和保险业的对外交流与国际合作事务。⑬负责国有重点银行业金融机构监事会的日常管理工作。⑭完成党中央、国务院交办的其他任务。

中国银行业协会、中国保险行业协会是由中华人民共和国境内注册的银行类、保险类金融机构自愿结成的非营利性社会团体，分别是我国银行业、保险业的自律组织。中国银行业协会、中国保险行业协会及其业务接受中国银保监会的指导、监督和民政部的管理。

（二）证券期货业监管

改革开放以来，我国证券期货监管体制经历了由地方监管到地方与中央共管、再到中央统一监管的转变；而在中央，则先是由中国人民银行负责监管，后转由中国证监会负责监管。1998 年颁布、1999 年施行的《证券法》，以立法形式确认了由中国证监会对全国证券期货市场集中统一监管，以政府监管为主、自律管理为辅的现行监管体制。

中国证监会作为国务院直属事业单位，依法对全国证券、期货市场实行集中统一监督管理，履行如下职责：①研究和拟定证券、期货市场的方针政策、发展规划；起草证券、期货市场的有关法律、行政法规；制定有关证券、期货市场监督管理的规章、规则，并依法行使审批权或核准权。②依法监管股票、可转换债券、证券投资基金的发行、交易、托管和结算；批准企业债券的上市；监管上市国债和企业债券的交易活动。③依法监管境内期货合约的上市、交易和清算；监管境内机构从事境外期货业务。④依法对公开发行和上市交易证券的证券发行人、上市公司、证券交易所、期货交易所、证券经营机构、期货经营机构、证券登记结算机构、期货结算机构、证券投资基金管理机构、证券投资咨询机构、期货投资咨询机构、资信评估机构进行监管；依法对从事证券业务的律师事务所、会计师事务所、资产评估机构的证券业务活动以及从事证券投资基金资产托管业务的金融机构的托管业务活动，进行监管。⑤依法制定证券经营机构、期货经营机构、证券投资咨询机构、期货投资咨询机构和证券投资基金管理机构从业人员资格、资质标准和高级管理人员的任职管理办法并组织实施；依法制定证券从业人员的资格、资质标准和行为准则并监督实施；按规定管理证券交易所、期货交易所、证券登记结算机构和期货结算机构的从业人员和高级管理人员。⑥依法监管境内企业直接或间接到境外发行股票、上市；监管境内机构到境外设立证券机构；监管境外机构到境内设立证券机构、从事证券业务。⑦依法监督检查证券发行、交易的信息披露情况，监管证券、期货信息传播活动，负责证券、期货市场的统计与信息资源管理。⑧依法对证券业协会、期货业协会的活动进行指导和监督。⑨依法对违反证券、期货市场监督管理法律、行政法规和规章的行为进行调查、处罚。⑩管理证券、期货行业的对外交往和国际合作事务。⑪法律、行政法规和国务院规定的其他职责，办理国务院交办的有关事宜。

目前我国证券期货市场的自律管理，主要通过下列组织实施：

1. 证券交易所和期货交易所。证券交易所不仅是证券集中竞价交易场所，同时又是证券上市、交易的一线监管者，其监管职能体现在：在核准制下，公司股票上市的审核工作主要由证券交易所承担，证券交易所须严格审核其是否符合法定条件和程序；证券交易所对在交易所进行的证券交易实行实时监控，对异常的交易情况向中国证监会提出报告，对因不可抗力而发生的突发事件，可以决定临时停市；证券交易所对上市公司信息披露进行监督，对上市公司的违法行为进行批评、谴责；制定并执行具体交易规则、交易所会员管理规章、证券交易所从业人员从业规则等。期货交易所具有类似于证券交易所的性质和自律管理功能。

2. 中国证券业协会和中国期货业协会。中国证券业协会是依法成立的证券业自律性质的社会团体法人，其权力机构为由全体会员组成的会员大会，中国证券业协会的章程由全体会员大会制定，并报中国证监会备案。证券公司必须加入中国证券业协会。证券业协会对成员的监督以及成员之间的相互监督，有助于提高证券经营机构的管理水平、服务质量和职业操守，保证交易的公平、公正，保护投资者的合法权益。中国期货业协会具有类似于中国证券业协会的性质和自律管理功能。

（三）中国人民银行的金融监管

2003 年中国人民银行对银行业金融机构的日常微观审慎监管职责被剥离以后，仍保留有重要的金融监管职责。具体包括：①监管银行间同业拆借市场和银行间债券市场；②实施外汇管理，监管银行间外汇市场；③监管黄金市场；④指导、部署金融业反洗钱工作，负责反洗钱的资金监测；⑤管理信贷征信业。另外，2010 年以后中国人民银行还承担了金融宏观审慎监管的职责。应该说，中国人民银行的金融监管实现了由机构性监管向功能性监管、微观审慎监管向宏观审慎监管的转化。

中国人民银行的法定任务是"制定和执行货币政策，防范和化解金融风险，维护金融稳定"。显然，没有上述监管职能，中国人民银行将难以完成使命。进而言之，在目前严格分业监管的体制下，银、证、保任何一家专业金融监管机构，都无法有效防范和化解席卷整个金融业的系统性金融风险，而中国人民银行作为中央银行，履行职能具有视野开阔、注重宏观的特点，因而它的监管对于金融稳定有着异常突出的意义。

为了便于中国人民银行履行金融监管职责，《中国人民银行法》赋予其相应的监管职权，如发布与履行其职责有关的命令和规章、要求银行业金融机构报送报表和资料、依法处罚违法违规行为等。中国银保监会成立以后，由原中国银监会、中国保监会承担的拟订银行业、保险业重要法律法规草案和审慎监管基本制度的职责被划入中国人民银行。关于中国人民银行的检查监督权，《中国人民银行法》规定了三种情形：①直接检查监督权。中国人民银行有权就法定的九种行为对金融机构、其他单位和个人实施检查监督。②检查监督建议权。根据执行货币政策和维护金融稳定的需要，中国人民银行可以建议国务院银行业监督管理机构对银行业金融机构进行检查监督。③特定情况下的全面检查监督权。当银行业金融机构出现支付困难，可能引发金融风险时，为了维护金融稳定，中国人民银行经国务院批准，有权对银行业金融机构进行检查监督。

（四）金融监管协调机制

银行、证券、保险等不过是统一的金融市场中的细分市场，如果各家专业金融监管机构各自为政，互不沟通和协调，在金融机构混业经营的程度日益提高的背景下，我国金融监管的状况将不堪设想，金融稳定势必难以保证。首先，在专业监管机构对各类金融机构分别监管的情况下，系统性金融风险的防范与化解问题亟待解决。其次，相当比例的金融产品创新立足于银、证、保的交汇，这可能导致管辖权的划分不清，形成监管重复或监管真空。最后，从事混业经营的金融机构，可能利用监管上的漏洞，利用法律对不同类型金融机构、金融业务的差别待遇，转移业务、收入和风险，实施监管制度套利行为，破坏金融秩序。因此，在现行的分业监管体制下，构建切实可行的金融监管协调机制具有突出意义。

事实上，我国对构建金融监管协调机制高度重视。其一，《中国人民银行法》《商业银行法》《银行业监督管理法》《证券法》《保险法》从不同角度对中国人民银行、国务院各金融监管机构建立彼此间的监管协调机制和监管信息共享机制提出了明确要求。其二，经国务院同意，2013 年 9 月建立了金融监管协调部际联席会议制度。联席会议由中国人民银行牵头，成员单位包括中国银监会、中国证监会、中国保监会和国家外汇管理局，必要时可邀请发展改革委、财政部等有关部门参加。联席会议的职责和任务是：①货币政策与金融监管政策之间的协调；②金融监管政策、法律法规之间的协调；③维护金融稳定和防范化解区域性系统性金融风险的协调；④交叉性金融产品、跨市场金融创新的协调；⑤金融信息共享和金融业综合统计体系的协调；⑥国务院交办的其他事项。联席会议通过季度例会或临时会议等方式开展工作；联席会议办公室设在中国人民银行，承担金融监管协调日常工作。其三，2017 年 11 月成立的国务院金融稳定发展委员会，将在促进金融监管协调上发挥关键作用。

四、《银行业监督管理法》

《银行业监督管理法》由全国人民代表大会常务委员会通过于 2003 年 12 月 27 日，修订于 2006 年 10 月 31 日。修订后的《银行业监督管理法》分总则、监督管理机构、监督管理职责、监督管理措施、法律责任、附则六章，共 52 条。该法是我国唯一一部专门的金融监管法律，尽管其所涉监管对象并未涵盖金融机构的全部类型，但反映了我国金融监管的基本取向和总体架构，具有很强的代表性。

（一）监管对象

《银行业监督管理法》所涉监管对象，统称为银行业金融机构，包括境内银行业金融机构和境外银行业金融机构。其中，境内银行业金融机构是指在中华人民共和国境内设立的：①商业银行、农村信用合作社等吸收公众存款的金融机构；②政策性银行；③资产管理公司、信托公司、财务公司、金融租赁公司；④经国务院银行业监督管理机构批准设立的其他金融机构，目前主要有货币经纪公司、贷款公司、消费金融公司、汽车金融公司等。境外银行业金融机构是指经国务院银行业监督管理机构批准在境外设立的金融机构。对境内银行业金融机构在境外的业务活动，由国务院银行业监督管理机构依照《银行业监督管理法》的规定实施监督管理。

对在中华人民共和国境内设立的政策性银行、金融资产管理公司、外资银行业金融机构、中外合资银行业金融机构、外国银行业金融机构分支机构的监督管理，法律、行政法规另有规定的，依照其规定。

（二）监管主体及要求

国务院银行业监督管理机构（目前为中国银行保险监督管理委员会，简称中国银保监会）负责对全国银行业金融机构及其业务活动的监督管理工作；根据履行职责的需要，国务院银行业监督管理机构设立派出机构，并对派出机构实行统一领导和管理；派出机构在国务院银行业监督管理机构的授权范围内，履行监督管理职责。

银行业监督管理机构从事监督管理工作的人员，应当具备与其任职相适应的专业知识和业务工作经验；应当忠于职守，依法办事，公正廉洁，不得利用职务便利牟取不正当利益，不得在金融机构等企业中兼任职务；应当依法保守国家秘密，并有责任为其监督管理的银行业金融机构及当事人保守秘密。国务院银行业监督管理机构同其他国家或者地区的银行业监督管理机构交流监督管理信息，应当就信息保密作出安排。

（三）监管目标和原则

结合《银行业监督管理法》第1、3条的规定，银行业监督管理的目标是：①防范和化解银行业风险，促进银行业的合法、稳健运行和健康发展；②保护存款人和其他客户的合法权益，维护公众对银行业的信心；③保护银行业公平竞争，提高银行业竞争能力。

银行业监督管理机构对银行业实施监督管理，应当遵守以下原则：①依法监管原则。这是对银行业监督管理机构的总括性要求。银行业监督管理机构及其从事监督管理工作的人员依法履行监督管理职责，受法律保护。②公开、公正的原则。国务院银行业监督管理机构应当公开监督管理程序，在监督管理中应当做到不偏不倚。③独立监管和接受监督原则。银行业监督管理机构在处置银行业金融机构风险、查处有关金融违法行为监督管理活动中，地方政府、各级政府部门应当予以配合和协助。但是，地方政府、各级政府部门、社会团体和个人不得干涉银行业监督管理机构及其从事监督管理工作的人员依法履行监督管理职责。国务院银行业监督管理机构应当建立监督管理责任制度和内部监督制度；国务院审计、监察等机关，应当依照法律规定对国务院银行业监督管理机构的活动进行监督。④效率原则。国务院银行业监督管理机构对规定的事项应当在规定的时限内作出批准或者不批准的书面决定；决定不批准的，应当说明理由。⑤合作原则。国务院银行业监督管理机构对银行业自律组织的活动进行指导和监督，应当和中国人民银行、国务院其他金融监督管理机构建立监督管理信息共享机制，可以和其他国家或地区的银行业监督管理机构建立监督管理合作机制，实施跨境监督管理，可以开展与银行业监督管理有关的国际交流、合作活动。⑥并表原则。国务院银行业监督管理机构应当对银行业金融机构实行并表监督管理。

（四）主要监管措施

1. 制定规章、规则。国务院银行业监督管理机构依照法律、行政法规制定并发布有关银行业金融机构及其业务活动的规章、规则。其中，审慎经营规则可涉及风险管理、内部控制、资本充足率、资产质量、损失准备金、风险集中、关联交易、资产流动性等内容。

2. 审批或审查有关事项。国务院银行业监督管理机构依照法律、行政法规规定的条件和程序，审查批准银行业金融机构的设立、变更、终止以及业务范围；未经国务院银行业监督管理机构批准，任何单位或者个人不得设立银行业金融机构或者从事银行业金融机构的业务活动。申请设立银行业金融机构，或者银行业金融机构变更持有资本总额或者股份总额达到规定比例以上的股东的，国务院银行业监督管理机构应当对股东的资金来源、财务状况、资本补充能力和诚信状况进行审查。银行业金融机构业务范围内按规定需要审查批准或者备案的业务品种，应当按规定经国务院银行业监督管理机构审查批准或者备案。

3. 管理董事、高管任职资格。国务院银行业监督管理机构对银行业金融机构的董事和高级管理人员实行任职资格管理，具体办法由国务院银行业监督管理机构制定。

4. 进行非现场监管和现场检查。银行业监督管理机构应当对银行业金融机构的业务活动及其风险状况进行非现场监管，建立银行业金融机构监督管理信息系统，分析、评价银行业金融机构的风险状况。为此，银行业监督管理机构有权要求银行业金融机构按照规定报送资产负债表、利润表和其他财务会计、统计报表、经营管理资料以及注册会计师出具的审计报告。

银行业监督管理机构应当对银行业金融机构的业务活动及其风险状况进行现场检查。国务院银行业监督管理机构应当制定现场检查程序，规范现场检查行为，应当根据银行业金融机构的评级情况和风险状况，确定对其现场检查的频率、范围和需要采取的其他措施。进行现场检查，应当经银行业监督管理机构负责人批准；现场检查时，检查人员不得少于 2 人，并应当出示合法证件和检查通知书，否则，银行业金融机构有权拒绝检查。现场检查可采取下列措施：①进入银行业金融机构进行检查；②询问银行业金融机构的工作人员，要求其就有关检查事项作出说明；③查阅、复制银行业金融机构与检查事项有关的文件、资料，对可能被转移、隐匿或者毁损的文件、资料予以封存；④检查银行业金融机构运用电子计算机管理业务数据的系统。

5. 责令披露信息。银行业监督管理机构应当责令银行业金融机构按照规定，如实向社会公众披露财务会计报告、风险管理状况、董事和高级管理人员变更以及其他重大事项等信息。

6. 进行监管谈话。银行业监督管理机构根据履行职责的需要，可以与银行业金融机构的董事、高级管理人员进行监督管理谈话，要求他们就银行业金融机构的业务活动和风险管理的重大事项作出说明。

7. 处置突发事件。国务院银行业监督管理机构应当会同中国人民银行、国务院财政部门等有关部门建立银行业突发事件处置制度，制定银行业突发事件处置预案，明确处置机构及其职责、处置措施和处置程序，及时、有效地处置银行业突发事件；应当建立银行业突发事件的发现、报告岗位责任制度。银行业监督管理机构发现可能引发系统性银行业风险、严重影响社会稳定的突发事件的，应当立即向国务院银行业监督管理机构负责人报告；国务院银行业监督管理机构负责人认为需要向国务院报告的，应当立即向国务院报告，并告知中国人民银行、国务院财政部门等有关部门。

8. 处理违规机构。银行业金融机构违反审慎经营规则的，国务院银行业监督管理机构或者其省一级派出机构应当责令限期改正；逾期未改正的，或者其行为严重危及该银行业金融机构的稳健运行、损害存款人和其他客户合法权益的，经国务院银行业监督管理机构或者其省一级派出机构负责人批准，可以区别情形采取下列措施：①责令暂停部分业务、停止批准开办新业务；②限制分配红利和其他收入；③限制资产转让；④责令控股股东转让股权或者限制有关股东的权利；⑤责令调整董事、高级管理人员或者限制其权利；⑥停止批准增设分支机构。

9. 接管、促成重组或撤销。银行业金融机构已经或者可能发生信用危机，严重影响存款人和其他客户合法权益的，国务院银行业监督管理机构可以依法对其实行接管或者促成机构重组。银行业金融机构有违法经营、经营管理不善等情形，不予撤销将严重危害金融秩序、损害公众利益的，国务院银行业监督管理机构有权予以撤销。

银行业金融机构被接管、重组或者被撤销的，国务院银行业监督管理机构有权要求其董事、高级管理人员和其他工作人员按要求履行职责；在接管、机构重组或者撤销清算期间，经国务院银行业监督管理机构负责人批准，对直接负责的董事、高级管理人员和其他直接责任人员，可通知出境管理机关依法阻止其出境；可申请司法机关禁止其转移、转让财产或对其财产设定其他权利。经国务院银行业监督管理机构或者其省一级派出机构负责人批准，银行业监督管理机构有权查询涉嫌金融违法的银行业金融机构及其工作人员以及关联行为人的账户；对涉嫌转移或者隐匿违法资金的，经银行业监督管理机构负责人批准，可以申请司法机关予以冻结。

■思考题

1. 试述金融监管的必要性和基本原则。
2. 试评我国现行的金融分业经营体制。
3. 简述资本充足性监管的基本原理。
4. 何为风险？商业银行面对的主要风险有哪些？
5. 处置金融机构危机的常用措施有哪些？
6. 如何理解"法律上破产，经济上不破产"的金融机构破产处理原则？
7. 简述我国金融监管体制的现状。

■推荐书目

1. 张忠军：《金融监管法论：以银行法为中心的研究》，法律出版社 1998 年版。

2. 刘毅:《金融监管问题研究》，经济科学出版社 2006 年版。

3. 丁建臣、李言赋、赵霜茁编著:《金融监管教程》，对外经济贸易大学出版社 2010 年版。

4. 解正山:《系统重要性金融机构监管法律问题研究》，中国政法大学出版社 2017 年版。

第四章　银行法律制度

■ 学习目的和要求

　　理解商业银行的概念和职能，弄清商业银行与其他类型金融机构的主要区别；了解目前我国商业银行体系的构成；掌握我国《商业银行法》的基本内容。理解政策性银行的概念、特征及其存在价值。

　　本章拟讲解商业银行和政策性银行法律制度的基本内容。商业银行与政策性银行是相对的两个概念，前者以商业为基础、以营利为目的开展经营活动，是金融机构体系的主体，是最重要的信用中介；后者则以政策为基础、以贯彻政府经济战略和倾斜政策为目的开展经营活动，对商业性金融进行引导和补充。改革开放以来，在建设有中国特色社会主义市场经济体制的过程中，我国不仅逐步形成了现代化的商业银行体系和相对成熟的商业银行法律体系，而且适时组建了三家政策性银行，为国民经济的发展奠定了重要的金融基础。

第一节　银行概述

　　"银行"一词有广义与狭义之分。广义上的银行，包括名称中含有"银行"字样并在间接融资中起信用中介作用的所有金融机构，它们一方面以负债业务筹集资金，另一方面则以资产业务对所筹资金进行运用。在我国，广义上的银行有中国人民银行（我国的中央银行）、商业银行、股份合作制银行和政策性银行。这四类银行性质不同，经营目的不同，但都作为信用中介参与间接融资：中央银行虽然是国家机关，负责货币信用政策的制定和执行，不对企业和个人经办业务，但仍吸收财政性存款以及商业银行的准备金存款和超额准备金存款，并以提供流动性支持和进行宏观调控为目的，对商业银行等金融机构融资，甚至对政府财政融资；商业银行以吸收存款、发放贷款、办理结算为其主要业务，是以营利为目的的金融机构，构成金融机构体系的主体；股份合作制银行虽然在业务上与商业银行十分接近，但以优先服务社员为其基本目的；政策性银行尽管不吸收公众存款，甚至不吸收存款，但它们通过发行金融债券或其他方式筹集资金，转而对符合政策要求的项目提供贷款或进行投资。

我们应当注意商业银行与合作银行以及介于合作制与股份制之间的股份合作制银行的区别。股份合作制是在合作制的基础上，吸收股份制的某些特点形成的一种企业产权形式和组织形式。与商业银行以股东利益最大化为目的不同，合作银行和股份合作制银行虽不绝对排斥营利性经营，但仍应以服务社员或者优先服务社员为其基本目的。因此严格地讲，合作银行和股份合作制银行不属于商业银行的范畴。目前我国没有合作银行，但有股份合作制的农村合作银行。为了规范农村合作银行，中国银监会曾于 2003 年 9 月发布《农村合作银行管理暂行规定》（已废止）。

在国际上，还有一种被称作银行的金融机构，那就是投资银行。投资银行的称谓源自美国，原指在证券一级市场为发行人提供承销服务的金融机构，后来其经营范围不断拓展，囊括了证券经纪、证券自营、资产管理、财务顾问、筹资策划、公司并购等诸多业务。20 世纪 30 年代大危机之后，为了避免利益冲突和防止商业银行将公众存款用于股市投机，美国曾于 1933 年出台《格拉斯·斯蒂格尔法》，禁止银行兼营商业银行业务和投资银行业务；直至 1999 年《金融服务现代化法》获得通过，这种分业经营格局才告结束。最近数十年，投资银行在美国迅猛发展，大有主宰华尔街之势，然而在 2007 年爆发的金融危机中，投资银行大都出现了严重问题，并被指对危机的形成负有责任。在其他国家，经营与美国投资银行类似业务的金融机构，可能有其他称谓，如英国称作商人银行，日本称作证券公司。在我国，至少目前并不存在投资银行这一金融机构类型，相关业务实际上由证券公司、信托公司等经营。不过最近一些年，各商业银行纷纷内设投资银行业务部，经批准开展不为法律所禁止、传统上由投资银行经营的某些业务。必须指出，投资银行并不是严格意义上的银行，它们只是为资本市场的直接融资提供服务，并不作为信用中介参与间接融资。它们被称作银行，不过是习惯的延续而已，并不具有确切的逻辑基础。事实上，在许多国家，投资银行都是被作为非银行金融机构对待的，比如巴基斯坦国家银行所发布的《非银行金融机构经营规则》，就明确地将投资银行纳入到非银行金融机构的范畴。

狭义上的银行仅指商业银行。当人们谈及银行时，如不加特别说明，通常说的就是商业银行；世界各国以"银行法"命名的立法，也都以商业银行为主要规制对象。但是，要对商业银行作精确的界定，殊为不易。这是因为：其一，商业银行不是一成不变的概念，也无国际通用的标准涵义；其二，各国银行法通常都采用链接式立法技术，先列举银行业务，再将经营银行业务者界定为银行；其三，在混业经营成为国际趋势的情况下，商业银行与其他类型金融机构的界限已经变得越来越模糊。

我国《商业银行法》对商业银行作了直接界定，为我们理解商业银行的概念提供了法律依据。该法第 2 条规定："本法所称的商业银行是指依照本法和《中华人民共和国公司法》设立的吸收公众存款、发放贷款、办理结算等业务的企业法人。"这一规定看似简单，实则深刻揭示了商业银行的经济特性和法律特性：

首先，商业银行是企业法人。这就意味着，商业银行不仅具有法人资格，而且是在商业基础上以营利为目的从事营运。这一点，使商业银行与中央银行、股份合作制银行、政策性银行相区别。

其次，根据《商业银行法》第 3 条，商业银行尽管可以经营多达 14 项明定业务以及国务院银行业监督管理机构批准的其他业务，但其核心业务却是吸收公众存款、发放贷款和办理结算。这表明：①商业银行是间接融资的信用中介，主要利用其所吸收的公众存款来发放贷款。这一点，使商业银行有别于除信用合作社以外的其他各种金融机构。有的金融机构可以吸收存款，却不能吸收公众存款，如企业集团财务公司就只能吸收成员单位的存款；有的金融机构虽然主营贷款业务，如小额贷款公司，但贷款资金却以股东缴纳的资本金、捐赠资金以及来自不超过两个银行业金融机构的融入资金为限。至于在资本市场为直接融资服务的各类金融机构，与商业银行的区别就更为明显。②商业银行吸收公众存款，事关不特定多数人的切身利益，事关公众对金融体系的信心，理当接受更加严格的法律规制和审慎监管。其中非常重要的一点，是必须加强商业银行的流动性管理，确保其存款兑付能力，避免引发挤兑。③基于吸收公众存款、发放贷款和办理结算三项业务，商业银行能够吸收活期存款（能够以支票或电子方式直接进行支付的存款），并能够凭借自身信用，通过发放贷款，在原始存款的基础上创造出多倍的派生存款，进而增加货币的供给。中央银行调控货币供应量，关键即在于调控商业银行创造派生存款的规模。

最后，商业银行依据《商业银行法》和《公司法》设立。在我国，农村信用合作社虽然也是企业法人，也经营存款、贷款、结算业务，但它们不以《商业银行法》为设立依据，因而不是商业银行，名称中也不得含有"银行"字样。现实中，一些农村信用合作社在广告中自称"农村人民的银行"，显然是违反《商业银行法》的行为。不过，农村信用合作社办理存款、贷款、结算等业务，应当遵守《商业银行法》的相关规定。

对商业银行可以依据多种标准进行分类。根据经营地域的不同，可分为跨国商业银行、全国性商业银行、区域性商业银行、社区性商业银行；根据业务范围的不同，可分为综合性商业银行和专业性商业银行；根据组织形式的不同，可分为有限责任公司形式的商业银行（包括国有独资商业银行）和股份有限公司形式的商业银行；根据资本来源的不同，可分为中资商业银行、中外合资商业银行、外资独资商业银行以及外国商业银行在华分行。

必须注意，银行与银行业金融机构不是一个概念。以前由中国银监会负责监管的所有金融机构，统称为银行业金融机构（中国银保监会成立后也负责监管保险业金融机构），其中除商业银行、农村合作银行、政策性银行外，还包括农村信用合作社、信托公司、金融租赁公司、企业集团财务公司、金融资产管理公司、货币经纪公司、汽车金融公司、消费金融公司、贷款公司等非银行金融机构。

第二节　商业银行

一、商业银行概述

（一）商业银行的产生与发展

现代商业银行是在货币经营业的基础上，顺应资本主义经济发展的需要产生和发展起来的。

在人类社会进入金属货币阶段以后，即从商人中逐步分离出了专门提供货币保管、鉴定、兑换、汇兑服务的货币经营商人。在古代东方和西方的历史文献中，均有关于货币经营业的记载。在地方割据、币制混乱的封建时代，货币经营业得到了进一步的发展。随着经营规模的扩大，货币经营商人发现，尽管不断有人将委托保管的货币取走，但同时又不断地有人存入，两相综合，总能保持一个相对稳定的余额。于是，他们在此基础上开展了贷款业务。当他们一反过去的立场，以提供服务和支付利息为条件，吸收存款来扩大贷款业务时，即拉开了古老的货币经营业向银行业演变的序幕。不过，真正反映资本主义生产关系的现代商业银行制度，是在与高利贷的斗争中，逐步确立起来的。

在中世纪欧洲的地中海沿岸，高利贷性质的银行业已有相当程度的发展。在西欧进入资本主义之初，银行的高利贷性质仍然十分浓厚。这显然不能适应资本主义工商企业发展的需要。体现资本主义生产关系的现代商业银行，是通过两条途径产生的：一是旧的高利贷性质的银行，适应新条件、新要求，转变为资本主义的银行；二是根据资本主义原则，组建新型的股份制银行。起主导作用的是后一条途径。1694 年，在英国政府支持下由私人创办的英格兰银行，是最早出现的股份制银行，它的正式贴现率一开始就定为 4.5%～6%，大大低于早期银行业的贷款利率。英格兰银行的成立，标志着现代银行制度的建立，也意味着高利贷在信用领域垄断地位的动摇。至于各资本主义国家纷纷建立起规模巨大的股份银行，则是在 18 世纪末到 19 世纪初之间。进入 20 世纪以后，特别是第二次世界大战以后，商业银行更是得到了迅猛的发展。20 世纪 70 年代以来，商业银行又出现了全能化、革新化、电子化、国际化的发展趋势。

当资本主义国家先后建立起自己新的银行体系时，中国信用领域占统治地位的依旧是高利贷性质的票号和钱庄。直到 1845 年，在中国才出现了第一家新式银行，即由英资开设的丽如银行。此后，英国的其他银行以及其他帝国主义列强的银行，相继到中国设立了一批分行。中国自办的第一家银行是 1897 年成立的中国通商银行。这家银行是以商办面目出现的股份银行，但实质上受控于官僚、买办。随后，又出现了官商合办的户部银行（1905 年成立，1908 年改名为大清银行，1912 年又改名为中国银行）、交通银行（1908 年）以及一些个人集资或私人独资兴办的较典型的民族资本商业银行。第一次世界大战及其以后的几年，随着民族资本主义工商业的发展，中国的私人银行业有了较快的发展。1927 年以后，在国民党当政期间，系统地开始了官僚资本垄断全国金融及金融机构的过程，其中包括以多种形式渗入和控制国内各大商业银行。在旧中国，主要的商业银行，除由国民党政府直接控制的中国银行、交通银行和中国农民银行外，有人称"小四行"的中国通商银行、四明银行、中国实业银行和中国国货银行，它们是官商合办的商业银行；有江浙财团的"南三行"——浙江兴业、浙江实业和上海商业储蓄银行，它们也受到官僚资本的控制；有人称"北四行"的盐业银行、金城银行、中南银行、大陆银行，它们虽未被直接控制，但实际上也并非全然独立。此外，还有几家较大的商业银行以及众多的中小商业银行，它们都或多或少，或直接或间接地受控于国民党官僚资本银行体系。

在第二次国内革命战争时期、抗日战争时期和解放战争时期，中国共产党在领导中国人民进行革命的斗争中，为了发展生产和改善人民生活，保证军队的物资供给，巩固胜利成果，在苏区、根据地、解放区建立了自己的银行。新中国成立后，人民政府没收了官僚资本，对民族资本主义金融业实行了社会主义改造。在长达 30 年的计划经济时期，国家实行金融统制政策，金融机构体系中，除中国人民银行外，仅有三家国家专业银行以及中国人民保险公司和农村信用合作社。中国人民银行成立于 1948 年 12 月 1 日，由原解放区的华北银行、北海银行和西北农民银行合并组成，后又合并东北银行、内蒙古人民银行等地区性银行，成为全国统一的国家银行。在 1984 年专门行使中央银行职能之前，中国人民银行具有国家机关和经济组织的双重性质，既办理信贷业务，又负责金融管理。所谓三家国家专业银行，即为：①中国银行。1949 年，人民政府对国民党官商合办的中国银行实行接管，没收了其中的官僚资本，改组了董事会、监事会，将总管理处由上海迁至北京。1953 年 10 月，政务院核准公布了《中国银行条例》，确定中国银行为中国人民银行领导下的国家特许的公私合营性质的外汇专业银行。1966 年 9 月，经国务院决定，停止发放私股定息，成为全民所有制企业。1979 年 3 月，改为国务院直属机构。1983 年 9 月，又改为国务院直属的局级经济实体。②中国人民建设银行。中国人民建设银行是国家管理基本建设拨款的专业银行，成立于 1954 年 10 月，总行设在北京，前身是经过改组的交通银行。1979 年以后，基本建设投资由财政拨款逐步改为中国人民建设银行贷款。在管理体制上，中国人民建设银行原受财政部领导，1979 年 8 月改为国务院直属机构，1983 年 9 月又改为国务院直属的局级经济实体。从 1985 年第四季度起，中国人民建设银行的资金纳入综合信贷计划，按中国人民银行批准的信贷计划执行。③中国农业银行。中国农业银行初建于 1955 年 3 月，总行设在北京，是办理农村金融业务的国家专业银行。中国农业银行曾于 1957 年 4 月被撤销，1963 年 10 月重建后又于 1965 年 11 月再度被撤销。1979 年 2 月，中国农业银行恢复，作为国务院的直属机构，由中国人民银行代管；1983 年 9 月，改为国务院直属的局级经济实体。

我国政府还曾于 1981 年 12 月 23 日设立过中国投资银行。它是政府指定向国外筹集建设资金、办理投资信贷业务的专业银行，也是世界银行对我国工业企业进行中小项目投资贷款的中间机构。1994 年和 1998 年，经中国人民银行批准，中国投资银行先后并入中国人民建设银行和国家开发银行；1999 年，经中国人民银行批准，中国光大银行从国家开发银行整体接收了原中国投资银行的资产、负债、所有者权益以及营业机构。

1983 年 9 月，国务院作出决定：中国人民银行专门行使中央银行职能，不再办理工商信贷和储蓄业务；另成立中国工商银行，承担原来由中国人民银行办理的工商信贷和城镇储蓄业务。1984 年 1 月 1 日，中国工商银行正式成立，它是国务院直属的局级经济实体，总行设在北京。中国工商银行与中国银行、中国人民建设银行、中国农业银行一起，并称四大专业银行。

从 1985 年开始，我国对专业银行实行企业化改革，目标是建立专业银行独立经营、自负盈亏、自我约束、自我发展的经营机制。改革的主要内容包括：允许业务适当交叉，划分信贷基金，下放经营自主权、信贷资金调配权、利率浮动权及留成利润支配权，将经营成果与效益挂钩，建立和完善经济责任制和风险机制。1993 年 11 月 14 日中国共产党十四届三中全会通过《中共中央关于建立社会主义市场经济体制若干问题的决定》，进一步提出："现有的专业银行要逐步转变为商业银行。"1993 年 12 月 25 日国务院发布的《关于金融体制改革的决定》也提出："现国家各专业银行（中国工商银行、中国农业银行、中国银行和中国人民建设银行）要尽快转变为国有商业银行，按现代商业银行经营机制运行。"1994 年，我国先后成立了三家政策性银行，即国家开发银行、中国农业发展银行和中国进出口银行，以实现商业性金融与政策性金融的分离，这无疑为专业银行转变为国有独资商业银行创造了有利条件。1995 年颁布的《商业银行法》已经使用国有独资商业银行的概念并对其作了特别规定。1996 年，中国人民建设银行经批准更名为中国建设银行。

2004 年以后，中国银行、中国建设银行和中国工商银行相继成功进行了股份制改造，中国农业银行的股份制改造也于 2009 年完成。随着股份制改造的完成和在大陆、香港两地成功上市，它们不再被称为"国有独资商业银行"或"国有商业银行"，而是与交通银行、中国邮政储蓄银行一起，并称国家控股的六家大型商业银行（俗称"六大行"）。其中，交通银行重新组建于 1987 年，是我国第一家全国性的股份制商业银行，其后于 2005 年、2007 年分别在香港联合交易所和上海证券交易所上市。中国邮政储蓄银行成立于 2007 年 3 月，当时是国有独资商业银行；2012 年 1 月整体改制为股份有限公司，2016 年 9 月、2019 年 12 月先后在香港联合交易所和上海证券交易所上市。

当前，我国的商业银行体系由以下部分构成：

（1）大型商业银行。包括中国工商银行、中国农业银行、中国银行、中国建设银行及交通银行、中国邮政储蓄银行。它们都是国家控股的上市公司。

（2）股份制商业银行。特指改革开放后最早按股份制设立的 12 家银行，它们是：中信银行、中国光大银行、华夏银行、广东发展银行、深圳发展银行、招商银行、上海浦东发展银行、兴业银行、中国民生银行、恒丰银行、浙商银行以及渤海银行。实际上，六家大型商业银行、各城市商业银行、各农村商业银行、各村镇银行都是采取股份有限公司或有限责任公司的形式，都是股份制商业银行。

（3）城市商业银行。城市商业银行是 20 世纪 90 年代中期以后通过整改城市信用合作社组建的股份制商业银行，主要为中小企业和城市居民服务。

（4）农村商业银行。农村商业银行是由辖内农民、农村工商户、企业法人和其他经济组织共同发起成立的股份制地方性金融机构，主要任务是为当地农民、农业和农村经济发展提供金融服务，促进城乡经济协调发展。农村商业银行主要以农村信用合作社和农村信用合作社县（市）联社为基础组建。为了规范农村商业银行，中国银监会曾于 2003 年 9 月发布《农村商业银行管理暂行规定》（已废止）。

（5）村镇银行。村镇银行是由境内外金融机构、境内非金融机构企业法人、境内自然人出资，在农村地区设立的，主要为当地农民、农业和农村经济发展提供金融服务的银行业金融机构。为了规范村镇银行，中国银监会曾于 2007 年 1 月发布《村镇银行管理暂行规定》（已废止）；为了对小额贷款公司改制设立村镇银行进行规范，中国银监会 2009 年 6 月发布了《小额贷款公司改制设立村镇银行暂行规定》。

（6）外资商业银行。包括：1 家外国银行单独出资或者 1 家外国银行与其他外国金融机构共同出资设立的外商独资银行；外国金融机构与中国的公司、企业共同出资设立的中外合资银行；外国银行分行。《商业银行法》第 92 条规定："外资商业银行、中外合资商业银行、外国商业银行分行适用本法规定，法律、行政法规另有规定的，依照其规定。"目前，我国管理外资银行的主要行政法规是国务院 2006 年 11 月发布，2014 年 7 月、2014 年 11 月、2019 年 9 月修订的《中华人民共和国外资银行管理条例》。为了配合该条例的实施，中国银监会 2006 年 11 月发布，2015 年 7 月、2019 年 12 月修订了《中华人民共和国外资银行管理条例实施细则》。

（二）商业银行的职能

1. 信用中介职能。商业银行以负债业务集中社会闲散资金，转而以资产业务加以运用，沟通了资金供求，促进了资金的融通。商业银行的信用中介职能，克服了直接融资在数量和期限上难以达成一致的困难，扩大了资金融通的规模和范围，促进了闲置资金向生产建设资金、储蓄向投资、货币向资本的转化。商业银行按市场原则所从事的信贷活动，强化了市场对资源的优化配置作用。信用中介职能是商业银行最基本和最主要的职能。

2. 支付中介职能。向社会提供有效率的支付机制，是商业银行的又一大基本职能。商业银行基于客户开立的结算账户，以转账方式为其提供收付服务，减少了现金使用，节约了流通费用，加速了资金周转，保障了交易安全，促进了商品流转。同时，支付服务也为商业银行带来了巨额、廉价的信贷资金来源，为其履行信用中介职能创造了条件。在各国现行的金融体制下，只有商业银行能够办理转账结算（有少数例外），所以一般而言，支付中介职能是商业银行独有的职能。

3. 信用创造职能。商业银行在信用中介职能和支付中介职能的基础上，具备了信用创造职能。商业银行对其吸收的存款，在交存存款准备金之后，可将其余部分用于贷款和投资。贷款与投资在转账结算和票据流通的基础上，又会转化为银行系统新的存款。这个过程周而复始，即在整个银行系统创造出若干倍于原始存款的派生存款。商业银行的信用创造功能具有积极的作用，但如果失控，将会导致通货膨胀，影响国民经济的健康发展。一般而言，信用创造是商业银行独有的职能，商业银行也因此而成为中央银行信用调控的重点。

4. 金融服务职能。随着金融市场竞争的加剧，表外业务日益受到商业银行的重视，并已成为其新的利润增长点。所谓表外业务，是指金融机构不动用资金，不计入资产负债表，凭借其机构网络、卓越信用、信息优势、专业技能等，以收取佣金或手续费为目的，向客户提供金融服务的业务，如代收代付款项、提供信用证服务、发行信用卡、出租保管箱、提供信息咨询和投资策划等。商业银行将表内表外业务有机结合，健全了业务功能，方便了客户，扩大了利润来源，增强了竞争实力。

（三）商业银行的组织体制

商业银行在组织体制上，主要有分支银行制、单元银行制、控股公司制三种形式。

1. 分支银行制。分支银行制是在总行或总管理处之外，广设国内外分支机构的银行体制。在这种体制下，虽然商业银行的家数不多，但各家银行却往往有着庞大的分支机构网络。这种体制又可细分为总分行制和总管理处制。在前者，总行除领导、管理分支机构外，本身也对外营业；在后者，总管理处专司领导、管理分支机构之责，本身不对外开展业务。分支银行制起源于英国，现为世界多数国家所采行。在我国，按照《商业银行法》的规定，商业银行是采取分支银行制下的总分行制。

2. 单元银行制。单元银行制又称独家银行制，是只能以单个机构从事经营，不准设立分支机构的银行体制。美国从 19 世纪末开始实行严格的单元银行制，据称是出于对权力集中的恐惧和自由竞争的遵从。但近数十年来，美国许多州已不同程度地放松对银行开设分支机构的限制。1994 年 9 月，美国国会通过了《1994 年里格—尼尔银行跨州经营及设立分行效率法》，允许银行在其注册地以外的州直接开设一家分行。目前，美国银行平均拥有的分支机构数仍然很低，因而与分支银行制的区别依然存在。

3. 控股公司制。由同一公司控制两家以上银行的股份并组成银行集团，或者由同一公司控制两家以上不同类型金融机构（银行、证券公司、保险公司）的股份并组成金融集团，即为控股公司制。在前一种情况下，控股公司称作银行控股公司；在后一种情况下，控股公司则称作金融控股公司。在美国，银行控股公司是规避单元银行制的产物，受 1956 年《银行控股公司法》及其修正案的规制；金融控股公司是实现混业经营的重要形式，为 1999 年《金融服务现代化法》所认可。

（四）我国《商业银行法》的制定与修改

1. 《商业银行法》的制定。《商业银行法》颁布之前，我国银行业乃至整个金融业的管理，主要适用国务院 1986 年颁布的《银行管理暂行条例》。但随着经济、金融体制改革不断深入，《银行管理暂行条例》已不能准确反映金融业特别是商业银行发展的新情况和改革成果，也无法满足国家监督管理金融业特别是商业银行的实际需要。制定专门的、更为完善的、层次更高的商业银行立法，显得日益迫切。1995 年 5 月 10 日，《中华人民共和国商业银行法》在第八届全国人民代表大会常务委员会第十三次会议得到通过，结束了我国商业银行无"法"可依的历史。

2.《商业银行法》的第一次修订。2003 年 12 月 27 日，为了适应金融体制改革的新形势，反映银行监管体制发生的重大变化，弥补《商业银行法》实施过程中暴露出来的问题，兑现我国入世时的相关承诺，第十届全国人民代表大会常务委员会第六次会议通过了《关于修改〈中华人民共和国商业银行法〉的决定》，完成了对《商业银行法》的修订工作。这次修订有几大亮点：

(1) 兑现了我国的入世承诺。《商业银行法》颁行于 1995 年，我国 2001 年加入世界贸易组织以后，其某些规定即与世界贸易组织的原则和规定以及我国入世时在金融服务领域所作的承诺不相符合。比如，在商业银行的市场准入上，《商业银行法》规定，中国人民银行审查设立申请时，应当考虑经济发展的需要和银行业竞争的状况。但我国入世时并未明确提出要对设立商业银行的申请进行"经济需求测试"。为此，《商业银行法》修订时删除了原有的上述内容。

(2) 确认了中国银监会成立并由其承接原由中国人民银行行使的对银行业金融机构的日常性监管职责的事实。此次修订时，涉及银行业金融机构日常性监管的事项，主体都由"中国人民银行"改为了"国务院银行业监督管理机构"。

(3) 为混业经营埋下了伏笔。《商业银行法》修订时虽然沿袭了严格分业经营的立法精神，继续禁止商业银行在中华人民共和国境内从事信托投资和证券经营业务、向非自用不动产投资、向非银行金融机构和企业投资，但加上了一个非常重要的但书，即"国家另有规定的除外"。这种变化，事实上是在不影响《商业银行法》稳定性的前提下，为我国适时实现商业银行的混业经营创造了有利的立法空间。2005 年 2 月，中国人民银行、中国银监会、中国证监会联合发布《商业银行设立基金管理公司试点管理办法》，允许商业银行作为主要股东投资设立基金管理公司；2009 年 11 月，中国银监会又发布《商业银行投资保险公司股权试点管理办法》，允许商业银行投资入股保险公司。

(4) 突出了"风险控制为本"的立法理念。《商业银行法》原来规定：商业银行以效益性、安全性、流动性为经营原则。修订时，对三大经营原则的排列顺序作了调整，安全性位居首位，然后是流动性与效益性。这种表面看似简单的位移，实则反映了立法者注重风险控制、确保金融安全的价值取向。此次修订中，有许多细节体现了"风险控制为本"的立法理念，例如：①加大了违法处罚力度。对商业银行违反《商业银行法》规定的，中国银监会可以区别不同情形，取消其直接负责的董事、高级管理人员一定期限直至终身的任职资格，禁止直接负责的董事、高级管理人员和其他直接责任人员一定期限及至终身从事银行业工作。这种严厉的行政处罚措施无疑能够促使商业银行更加审慎地从事经营。②扩大了大股东范围。大股东对银行决策往往具有关键性的影响。为此，《商业银行法》修订时，将识别大股东的标准由原来的持股 10% 以上改为持股 5% 以上。这实际上是扩大了大股东的范围，有利于加大对商业银行大股东的监管力度。③强调风险管理和内控制度建设。修订后的《商业银行法》规定：商业银行应当按照有关规定，制定本行的业务规则，建立健全本行的风险管理和内控制度。

3.《商业银行法》的第二次修订。第十二届全国人民代表大会常务委员会第十六次会议于 2015 年 8 月对《商业银行法》再次进行了修订，删除了原第 39 条第 1 款第 2 项"贷款余额与存款余额的比例不得超过 75%"的存贷比要求。据此，存贷比由法定监管指标转为了流动性监测指标。所谓存贷比，是指银行贷款余额与存款余额之间的比率。75% 的存贷比要求即意味着，如银行吸收 1 万元的存款，最多只能放贷其中的 7500 元。《商业银行法》规定存贷比的初衷，一是控制银行信贷过快增长，避免通货膨胀，防范资金杠杆过高造成的风险；二是保证商业银行具有足够的流动性，能够应付客户的现金支取和日常结算。不过，其后的事实表明，存贷比并非货币政策和银行流动性管理的有效工具，予以删除势在必行。其一，商业银行的资产负债结构已经发生了显著变化，资产已经多元化，存款早已不再是商业银行唯一的贷款资金来源。存贷比要求的存在，必然迫使部分银行突击揽存，虚增存款，以扩大其贷款基础。其二，《商业银行法》已规定 25% 的流动性资产比率要求，而《巴塞尔资本协议Ⅲ》所规定的流动性覆盖率和净稳定资金比例，在流动性管理上更加精准、更加科学。事实上，中国银监会、中国银保监会也已先于 2014 年 1 月、2018 年 5 月在有关商业银行流动性管理的部门规章中引入了流动性覆盖率指标和净稳定资金比例。

二、商业银行组织制度

（一）商业银行的组织形式和组织机构

我国《商业银行法》第 17 条第 1 款规定："商业银行的组织形式、组织机构适用《中华人民共和国公司法》的规定。"

我国《公司法》允许的公司形式，限于有限责任公司和股份有限公司。在有限责任公司中，《公司法》对一人有限责任公司和国有独资公司作了特别规定。虽然《公司法》和《商业银行法》并未明确禁止商业银行采取一人有限责任公司的组织形式，但基于存款人利益保护和商业银行稳健经营的考虑，此种可能性理当予以排除。因此，商业银行按组织形式的不同，可以细分为有限责任商业银行、国有独资商业银行以及股份有限商业银行。

有限责任商业银行是指由 50 个以下股东共同出资设立，股东以其认缴的出资额为限对公司承担责任，公司以其全部资产对外承担责任的商业银行。国有独资商业银行是指国家单独出资、由国务院或者地方人民政府委托本级人民政府国有资产监督管理机构履行出资人职责的有限责任商业银行。股份有限商业银行是指全部资本分为等额股份，股东以其所持股份为限对公司承担责任，公司以其全部资产对外承担责任的商业银行；设立股份有限商业银行，应当有 2 人以上 200 人以下为发起人，其中须有半数以上的发起人在中国境内有住所。

有限责任商业银行、国有独资商业银行、股份有限商业银行，在组织机构的设置和运作上，应当分别遵守《公司法》关于有限责任公司、国有独资公司、股份有限公司组织机构的相关规定。

（二）商业银行的设立

为了保证新设商业银行的质量，杜绝产生劣质的商业银行，维护金融业的稳健，保护存款人的利益，各国大都对商业银行的设立实施严格的控制和管理。

我国《公司法》第 6 条第 2 款规定："法律、行政法规规定设立公司必须报经批准的，应当在公司登记前依法办理批准手续。"《商业银行法》规定，设立商业银行，应当经国务院银行业监督管理机构审查批准；未经国务院银行业监督管理机构批准，任何单位和个人不得从事吸收公众存款等商业银行业务，任何单位不得在名称中使用"银行"字样；未经国务院银行业监督管理机构批准，擅自设立商业银行，或者非法吸收公众存款、变相吸收公众存款，构成犯罪的，依法追究刑事责任，并由国务院银行业监督管理机构予以取缔。

1. 设立商业银行的条件。根据《商业银行法》的规定，设立商业银行应当具备下列条件：

（1）有符合《商业银行法》和《公司法》规定的章程。章程是商业银行用以规定其组织形式、注册资本、业务范围、组织机构、内部管理以及其他重要事项的书面法律文件。《公司法》第 11 条规定："设立公司必须依法制定公司章程。公司章程对公司、股东、董事、监事、高级管理人员具有约束力。"

商业银行的章程，在有限责任商业银行，由股东共同制定；在股份有限商业银行，由发起人制订并经创立大会通过。国有独资商业银行的章程，由国有资产监督管理机构制定，或者由董事会制定报国有资产监督管理机构批准。章程的内容应当符合《商业银行法》和《公司法》的规定。

（2）有符合《商业银行法》规定的最低限额以上的注册资本。注册资本为商业银行在公司登记机关登记的全体股东实缴的出资额。资本是商业银行从事经营活动的物质基础，起着信用保证、风险缓冲、亏损弥补的关键作用。考虑到商业银行的经营特性和在国民经济中的特殊地位，各国对商业银行规定了比普通公司高得多的资本要求。我国《商业银行法》规定：设立全国性商业银行的注册资本最低限额为 10 亿元人民币；城市商业银行的注册资本最低限额为 1 亿元人民币，农村商业银行的注册资本最低限额为 5000 万元人民币；注册资本应当是实缴资本；国务院银行业监督管理机构根据审慎监管的要求可以调整注册资本最低限额，但不得少于前述规定的限额。

需要特别注意的是，我国现行《公司法》已允许有限责任公司的股东和采取发起设立方式设立的股份有限公司的发起人分期缴纳出资。由于《商业银行法》明确规定商业银行的"注册资本应当是实缴资本"，根据特别法优于普通法的原则，商业银行的股东仍应一次性缴纳其所认缴的注册资本。

（3）有具备任职专业知识和业务工作经验的董事、高级管理人员。商业银行董事、高级管理人员的任职资格，由国务院银行业监督管理机构负责审查、认定。《商业银行法》就此作了排除性规定，即有下列情形之一的，不得担任商业银行的董事、高级管理人员：①因犯有贪污、贿赂、侵占财产、挪用财产罪或者破坏社会经济秩序罪，被判处刑罚，或者因犯罪被剥夺政治权利的；②担任因经营不善破产清算的公司、企业的董事或者厂长、经理，并对该公司、企业的破产负有个人责任的；③担任因违法被吊销营业执照的公司、企业的法定代表人，并负有个人责任的；④个人所负数额较大的债务到期未清偿的。

（4）有健全的组织机构和管理制度。健全的组织机构和管理制度是商业银行有效经营的组织保证。商业银行必须有健全的组织机构，并建立起各项管理制度，包括人事管理制度、风险管理制度（如授权授信制度、资产负债比例管理制度）、内部控制制度、结算管理制度、财务管理制度等。商业银行的组织形式不同，其组织机构也不一样。健全的组织机构应包括决策机构、执行机构和监督机构，即股东大会（股东会）、董事会和监事会，但国有独资商业银行按规定不设股东会，只设董事会和监事会。

（5）有符合要求的营业场所、安全防范措施和与业务有关的其他设施。营业场所是商业银行开展业务必备的物质条件；安全防范措施主要包括配备保安人员和防盗、报警、消防等设备；与业务有关的其他设施，一般应包括金库、通讯设备、电脑、运钞车、点钞机、验钞机、保险箱等。商业银行的营业场所、安全防范措施和与业务有关的其他设施，应符合国务院银行业监督管理机构、公安部门、消防部门的有关规定。

《商业银行法》在具体列举了上述五项条件之后，还进一步规定："设立商业银行，还应当符合其他审慎性条件。"

必须指出，以上条件只是设立商业银行的必要条件，而不是充分条件。例如，国务院银行业监督管理机构在审查设立外资独资商业银行、中外合资商业银行、外国商业银行分行的设立申请时，如查实申请人或外方合资者所在国家或地区在此方面歧视中国国民，可以适用国际法上的对等原则驳回其申请。以前，设立商业银行的申请还可能因为不能通过"经济需求测试"而遭到否决，但《商业银行法》2003 年 12 月修订时，基于我国的入世承诺，已删除了相关内容。

2. 设立商业银行的程序。设立商业银行，必须依照法定程序报经国务院银行业监督管理机构批准，并依法办理公司设立登记手续。

设立商业银行，申请人应按有关审批权限的规定，向国务院银行业监督管理机构或相应级别的分支机构提出申请，提交申请书（应载明拟设立的商业银行的名称、所在地、注册资本、业务范围等）、可行性研究报告以及国务院银行业监督管理机构规定的其他文件、资料。设立商业银行的申请经审查符合有关规定的，申请人应填写正式申请表，并提交下列文件、资料：章程草案；拟任职的董事、高级管理人员的资格证明；法定验资机构出具的验资证明；股东名册及其出资额、股份；持有注册资本 5% 以上的股东的资信证明和有关资料；经营方针和计划；营业场所、安全防范措施和与业务有关的其他设施的资料；国务院银行业监督管理机构规定的其他文件、资料。

经批准设立的商业银行，由国务院银行业监督管理机构颁发经营许可证，并凭该许可证向市场监督管理部门办理登记，领取营业执照。经批准设立的商业银行，由国务院银行业监督管理机构予以公告。商业银行自取得营业执照之日起无正当理由超过 6 个月未开业的，或者开业后自行停业连续 6 个月以上的，由国务院银行业监督管理机构吊销其经营许可证，并予以公告。

3. 商业银行分支机构的设立。商业银行根据业务需要可以在境内外设立分支机构。关于商业银行分支机构的法律地位，《商业银行法》作了明确规定，即商业银行的分支机构不具有法人资格，在总行授权的范围内依法开展业务，其民事责任由总行承担；商业银行对其分支机构实行全行统一核算、统一调度资金、分级管理的财务制度。

商业银行设立分支机构，必须经国务院银行业监督管理机构审查批准。商业银行在我国境内的分支机构，不按行政区划设立，其总行应当按照规定拨付与其经营规模相适应的营运资金。拨付各分支机构（应理解为包括境内外的分支机构）营运资金额的总和，不得超过总行资本金总额的 60%。

设立商业银行分支机构，申请人应当向国务院银行业监督管理机构提交下列文件、资料：申请书（应载明拟设立的分支机构的名称、营运资金额、业务范围、总行及分支机构所在地等）；申请人最近两年的财务会计报告；拟任职的高级管理人员的资格证明；经营方针和计划；营业场所、安全防范措施和与业务有关的其他设施的资料；国务院银行业监督管理机构规定的其他文件、资料。

经批准设立的商业银行分支机构，由国务院银行业监督管理机构颁发经营许可证，并凭该许可证向市场监督管理部门办理登记，领取营业执照。经国务院银行业监督管理机构批准设立的商业银行分支机构，由国务院银行业监督管理机构予以公告。商业银行分支机构自取得营业执照之日起无正当理由超过 6 个月未开业的，或者开业后自行停业连续 6 个月以上的，由国务院银行业监督管理机构吊销其经营许可证，并予以公告。

（三）商业银行的变更

商业银行设立后，在经营过程中，由于各种原因，可能需要在某些方面进行变更。《商业银行法》规定，商业银行有下列变更事项之一的，应当经国务院银行业监督管理机构批准：①变更名称；②变更注册资本；③变更总行或者分支行所在地；④调整业务范围；⑤变更持有资本总额或者股份总额 5% 以上的股东；⑥修改章程；⑦国务院银行业监督管理机构规定的其他变更事项。商业银行更换董事、高级管理人员，虽然无需国务院银行业监督管理机构批准，但应当报经国务院银行业监督管理机构审查新任人选的任职资格。

商业银行在报请国务院银行业监督管理机构批准其变更以前，应依《公司法》和章程的规定完成内部批准程序；变更以后，则应当依法向市场监督管理部门办理变更登记和予以公告。

（四）商业银行的分立、合并

1. 商业银行的分立。商业银行的分立，是指一个商业银行依照法定程序分开设立为两个或两个以上的商业银行。商业银行分立，可以有两种方式：一种方式是商业银行将其部分财产分离出去另设一个或数个商业银行，原商业银行继续存在；另一种方式是将一个商业银行的财产进行分割，分别归入两个或两个以上新设的商业银行，原商业银行解散。因商业银行分立而成立的新的商业银行，必须具有独立的法人资格，如果商业银行拨付一定的营运资金，设立不具有法人资格的分支机构，就不是这里所说的分立了。

有限责任商业银行的分立，应由其股东会作出决议，经代表 2/3 以上表决权的股东通过；国有独资商业银行的分立，应当由国有资产监督管理机构决定并报本级人民政府批准；股份有限商业银行的分立，应由其股东大会作出决议，经出席会议的股东所持表决权的 2/3 以上通过。商业银行的分立，应当报经国务院银行业监督管理机构审查批准。

商业银行分立，其财产作相应的分割。商业银行分立时，应当编制资产负债表及财产清单。商业银行应当自作出分立决议之日起 10 日内通知债权人，并于 30 日内在报纸上公告。债权人自接到通知书之日起 30 日内，未接到通知书的自公告之日起 45 日内，有权要求商业银行清偿债务或者提供相应的担保。不清偿债务或者不提供担保的，商业银行不得分立。商业银行分立前的债务按所达成的协议由分立后的商业银行承担。

因分立而解散的商业银行，应当依法向市场监督管理部门办理注销登记；新设的商业银行，应当办理设立登记；继续存在的商业银行，应当办理变更登记。

2. 商业银行的合并。商业银行的合并是指两个或两个以上的商业银行依照法定程序组成一个商业银行。商业银行合并有吸收合并与新设合并两种。吸收合并又称兼并，即由一个商业银行吸收其他商业银行，前者变更，后者解散。新设合并是指两个以上的商业银行合并设立一个新的商业银行，合并各方解散。

有限责任商业银行的合并，应由其股东会作出决议，经代表 2/3 以上表决权的股东通过；国有独资商业银行的合并，应当由国有资产监督管理机构决定并报本级人民政府批准；股份有限商业银行的合并，应由其股东大会作出决议，经出席会议的股东所持表决权的 2/3 以上通过。商业银行的合并，应当报经国务院银行业监督管理机构审查批准。

商业银行合并，应当由合并各方签订合并协议，并编制资产负债表及财产清单。合并各方应当自作出合并决议之日起 10 日内通知债权人，并于 30 日内在报纸上公告。债权人自接到通知书之日起 30 日内，未接到通知书的自公告之日起 45 日内，有权要求商业银行清偿债务或者提供相应的担保。不清偿债务或者不提供担保的，不得合并。商业银行合并时，合并各方的债权、债务，应当由合并后存续的商业银行或者新设的商业银行承继。

因合并而解散的商业银行，应当依法向市场监督管理部门办理注销登记；新设的商业银行，应当办理设立登记；继续存在的商业银行，应当办理变更登记。

（五）商业银行的终止

商业银行的终止，是指商业银行法人人格的消灭以及权利能力和行为能力的丧失。《商业银行法》第 72 条规定："商业银行因解散、被撤销和被宣告破产而终止。"近些年内，我国已经出现了金融机构被宣告破产和被依法撤销（俗称"行政性关闭"）的案例，如 1998 年海南发展银行被依法撤销，1999 年广东国际信托投资公司被依法宣告破产还债。2020 年 11 月 12 日，中国银保监会作出批复，原则同意包商银行股份有限公司进入破产程序。

1. 商业银行因解散而终止。商业银行解散，是依法设立的商业银行出现法定或约定事由，其法人人格归入消灭的一种程序。商业银行解散的事由有：①章程规定的营业期限届满或者出现章程规定的其他解散事由；②因分立、合并而解散；③股东大会（股东会）决议解散。有限责任商业银行解散，应由其股东会作出决议，经代表 2/3 以上表决权的股东通过；国有独资商业银行解散，应当由国有资产监督管理机构决定并报本级人民政府批准；股份有限商业银行解散，应由其股东大会作出决议，经出席会议的股东所持表决权的 2/3 以上通过。

商业银行因上述事由需要解散的，应当向国务院银行业监督管理机构提出申请，并附解散的理由和支付存款本金和利息等债务的清偿计划，经国务院银行业监督管理机构批准后解散。商业银行解散的，除因分立、合并而解散者外，应当依法成立清算组，进行清算，按照清偿计划及时偿还存款本金和利息等债务。国务院银行业监督管理机构对清算过程进行监督。

商业银行解散的，除因分立、合并而解散者外，应当在 15 日内成立清算组。有限责任商业银行的清算组由股东组成，股份有限商业银行的清算组由股东大会确定其人选。逾期不成立清算组进行清算的，债权人可以申请人民法院指定有关人员组成清算组，进行清算；人民法院应当受理该申请，并及时指定清算组成员，进行清算。清算组在清算期间，行使下列职权：清理银行财产，分别编制资产负债表和财产清单；通知或公告债权人；处理与清算有关的银行未了结的业务；清缴所欠税款；清理债权、债务；处理银行清偿债务后的剩余财产；代表银行参与民事诉讼活动。

清算组应当自成立之日起 10 日内通知债权人，并于 60 日内在报纸上公告。债权人应当自接到通知书之日起 30 日内，未接到通知书的自第一次公告之日起 90 日内，向清算组申报其债权。债权人申报其债权，应当说明债权的有关事项，并提供证明材料。清算组应当对债权进行登记。清算组在清理银行财产、编制资产负债表和财产清单后，应当制定清算方案，并报股东大会（股东会）和国务院银行业监督管理机构确认。银行财产能够清偿银行债务的，分别支付清算费用、职工工资和劳动保险费用，缴纳所欠税款，清偿银行债务。银行财产按上述项目清算后的剩余财产，有限责任商业银行按股东的出资比例分配，股份有限商业银行按股东持有的股份比例分配。清算期间，银行不得开展新的经营活动。银行财产在支付清算费用、职工工资和劳动保险费用，缴纳所欠税款，清偿银行债务之前，不得分配给股东。清算组在清理银行财产、编制资产负债表和财产清单后，发现银行财产不足以清偿债务的，应当立即向人民法院申请宣告破产。经国务院银行业监督管理机构同意，由人民法院裁定宣告破产后，清算组应当将清算事务移交给人民法院。

银行清算结束后，清算组应当制作清算报告，报股东大会（股东会）和国务院银行业监督管理机构确认，并报送市场监督管理部门，申请注销登记，公告银行终止；不申请注销登记的，由市场监督管理部门吊销其营业执照，并予以公告。

2. 商业银行因被撤销而终止。对于违反法律、行政法规的商业银行，拥有撤销权的国家机关可以依法予以撤销。商业银行被撤销，有以下几种情况：①因违反《商业银行法》等法律、行政法规，被国务院银行业监督管理机构吊销经营许可证；②因严重违反公司登记管理法规，被市场监督管理部门依法吊销营业执照；③因违反法律、行政法规从事非法经营，被其他有关的行政机关或者司法机关依法强制关闭。

根据《商业银行法》的规定，商业银行自取得营业执照之日起无正当理由超过6个月不开业的，或者开业以后自行停业连续6个月以上的，由国务院银行业监督管理机构吊销其经营许可证，并予以公告。此外，《商业银行法》还规定了11种国务院银行业监督管理机构可以吊销商业银行经营许可证的情形，以及6种中国人民银行可以建议国务院银行业监督管理机构吊销商业银行经营许可证的情形。

商业银行因吊销经营许可证被撤销的，应当由国务院银行业监督管理机构依法及时组织成立清算组，进行清算，按照清偿计划及时偿还存款本金和利息等债务。清算组的职权、清算程序以及清算后的注销登记程序，与商业银行的解散清算相同。

3. 商业银行因破产宣告而终止。破产是指当债务人不能清偿其到期债务时，由法院依法宣告其结业清算，向全部债权人公平分配其剩余财产的一种制度。

2006年8月27日，《中华人民共和国企业破产法》在第十届全国人民代表大会常务委员会第二十三次会议上获得通过，并于2007年6月1日起开始施行。《企业破产法》不仅适用于包括商业银行在内的金融机构的破产，而且在第134条作了特别规定。《商业银行法》对商业银行的破产也作了特别规定。归纳起来，商业银行的破产处理主要有以下特殊之处：①人民法院宣告商业银行破产，须经国务院银行业监督管理机构同意；商业银行的重整或破产，不仅债权人、债务人可以提出申请，国务院银行业监督管理机构也可以提出。②国务院银行业监督管理机构依法对出现重大经营风险的商业银行采取接管、托管等措施的，可以向人民法院申请中止以该商业银行为被告或者被执行人的民事诉讼程序或者执行程序。③商业银行被宣告破产的，由人民法院组织国务院银行业监督管理机构等有关部门和有关人员成立清算组，进行清算。④商业银行破产清算时，在支付清算费用、所欠职工工资和劳动保险费用后，应当优先支付个人储蓄存款的本金和利息。

商业银行的破产清算结束后，清算组应当依法向市场监督管理部门申请注销登记，由其公告商业银行终止。

三、商业银行经营制度

（一）商业银行的经营原则

商业银行的经营原则，是《商业银行法》所规定的、商业银行从事经营活动必须遵循的基本准则。

1. 守法经营的原则。商业银行开展一切经营活动，必须遵守法律、行政法规和国务院银行业监督管理机构等监管部门发布的部门规章或规范性文件，不得损害国家利益、社会公共利益。这一原则是商业银行必须遵循的根本性原则，尽管非常概括，但含义十分丰富。

2. 安全性、流动性、效益性原则。这一原则规定在《商业银行法》第 4 条，是对金融规律的高度提炼和概括。所谓安全性，是指商业银行应当严格遵守资本充足率和其他资产负债比例管理的规定，完善法人治理结构，建立和健全风险管理和内控制度，确保审慎和稳健经营。所谓流动性，是指商业银行应当严格遵守流动性资产比例管理的规定，有效控制流动性风险敞口，避免因资产流动性不足无法应对存款人挤提，最终酿成偿付能力危机。至于效益性，则包括微观效益和宏观效益。任何商业银行，无论其股权结构如何，都是以营利为目的的企业法人，自当追求自身的微观效益，但与此同时，商业银行开展业务，还应当考虑国民经济和社会发展的需要，接受国家产业政策的指导。一般而言，安全性高、流动性强的金融资产，其收益性相对较差；但是，如果商业银行一味追求高收益而忽视风险的控制，忽视资产与负债在流动性上的合理匹配，则非但无法取得预期收益，反而可能遭致重大损失。因此，商业银行在经营过程中，应当努力实现安全性、流动性、效益性三者之间的平衡与统一。

3. 自主经营、自担风险、自负盈亏、自我约束的原则。这一原则是商业银行企业法人地位的具体体现，也是市场经济机制运行的必然要求。商业银行依法开展业务，不受任何单位和个人的干涉，其作为独立的法律实体，在合法的范围内，有权处理其一切经营管理事务，自主参与民事活动，享受权利和承担义务，并以其全部法人财产独立承担民事责任。但是，商业银行也应当严格遵守法律、行政法规和国务院银行业监督管理机构制定的各项规章，充分尊重客观经济规律，建立和健全有效的内部管理和约束机制，做到合法、稳健经营。

4. 保护存款人合法权益的原则。保护存款人的合法权益是我国金融法的一项基本原则。存款是商业银行的主要资金来源，存款人是商业银行的基本客户。商业银行作为债务人，是否充分尊重存款人利益，严格履行自己的债务，切实承担保护存款人利益的责任，不仅关系到银行自身的经营，而且直接关系到社会公众对银行体系的信任程度，并进而关系到资金的正常融通甚至社会的稳定。

5. 平等、自愿、公平和诚实信用的原则。商业银行不是国家机关，而是企业法人，它与客户之间的法律关系，是平等主体之间的民事法律关系。因此，商业银行与客户之间的业务往来，应以平等自愿为基础，建立公平的法律关系，相互不得有所强迫，不得附加不合理的业务条件，应当善意、全面地履行各自的义务。

6. 公平竞争的原则。公平竞争是提高市场效率的前提。商业银行在处理与其他商业银行以及非银行金融机构的关系上，应当坚持公平竞争的原则，不得从事不正当竞争行为，如不得采取不正当手段，吸收存款，发放贷款。

（二）商业银行的法定业务范围

在世界各国，商业银行的法定业务范围极不一致。按金融机构能否兼营各类金融业务，世界各国的金融体制，可大体划分为分业经营体制和混业经营体制。在分业经营体制下，银行业与证券业、保险业、信托业分离，商业银行与投资银行分离，法律禁止或限制各类金融机构之间的业务交叉。这种体制下的商业银行，不得从事证券业务、信托业务、投资银行业务、保险业务，或者从事这些业务受到严格的限制。究其原因，一是防止商业银行将其所吸收的存款用于长期投资或证券投机，以维护其稳健，保障存款人的利益；二是在各类金融机构之间达成利益的平衡，避免过度的金融竞争，为某些类别的金融机构留下发展的空间。美国、日本等国家曾采用这种体制。而在混业经营的体制下，商业银行不仅可以经营一般意义上的商业银行业务，而且可以经营投资银行业务、信托业务、证券业务甚至保险业务。采用混业经营体制的，以德国、奥地利和瑞士为代表。两种体制孰优孰劣，历来存在争论。但是，原来采行严格分业经营体制的一些西方国家，现在都打破或者降低了各类金融机构之间的"隔离墙"，如日本已允许银行、证券公司、保险公司以设立子公司的形式，相互涉足对方的业务领域，美国也于1999年11月通过《金融服务现代化法》，废除了由1933年《格拉斯·斯蒂格尔法》所确立的严格分业体制。

在我国，改革开放后，曾有一个时期实行混业经营政策，银行可以经营证券业务、信托业务，甚至可以投资兴办经济实体。但实践证明，在金融市场尚不成熟，金融法治尚不完备，金融机构自我约束机制尚未有效建立的情况下，实行混业经营，利少弊多。有鉴于此，我国及时对原有政策进行了调整，改行分业经营体制，并对遗留问题进行了必要的清理，包括要求银行与所办信托机构、证券经营机构、经济实体脱钩。这种分业经营的体制，在《商业银行法》关于商业银行经营范围的规定中得到了进一步的体现。随着我国经济进一步发展和监管水平不断提升，限制商业银行境内混业经营的政策已在一定程度上有所改变。

我国《商业银行法》从两个方面对商业银行的业务范围作了规定：一是商业银行可以经营的业务，二是禁止商业银行经营的业务。

1. 商业银行可以经营的业务。根据《商业银行法》第3条的规定，商业银行可以经营下列部分或全部业务：

（1）吸收公众存款。吸收公众存款是指商业银行收受客户（不特定的社会多数人，包括单位和个人）的货币资金，对客户负即期或定期偿付的义务。存款构成商业银行主要的资金来源。商业银行可以吸收的存款种类，既包括单位存款，也包括个人储蓄存款，既包括活期存款，也包括定期存款、定活两便存款，还包括经国务院银行业监督管理机构批准的其他种类的存款。商业银行吸收的财政性存款，应按规定划转中国人民银行。

（2）发放短期、中期、长期贷款。发放贷款是指商业银行处于债权人的地位，在借款人应定期或随时偿还本息的条件下，将货币资金（现金或现金请求权）贷给借款人。贷款是商业银行资金运用的主要形式。短期贷款指贷款期限在1年以内（含1年）的贷款；中期贷款指贷款期限在1年以上（不含1年）5年以下（含5年）的贷款；长期贷款是贷款期限在5年以上（不含5年）的贷款。

（3）办理国内外结算。结算是单位或个人基于商品交易、劳务供应以及其他原因进行的货币收付活动。办理国内外结算，是指商业银行基于客户的结算存款账户，接受客户的委托，通过转账划拨代为办理货币的收付。

（4）办理票据承兑与贴现。承兑是指汇票付款人承诺在汇票到期日支付汇票金额的票据行为。贴现是指商业银行以折扣方式预收利息购入未到期的商业票据，向票据持有人提供短期的资金融通。

（5）发行金融债券。金融债券是金融机构为了筹集中长期信贷资金而发行的、证明认购人或持有人债权的一种有价证券。商业银行发行金融债券，应当依照法律、行政法规的规定报经批准。

（6）代理发行、代理兑付、承销政府债券。即商业银行以取得手续费收入为目的，接受政府或财政部的委托，以代理人的身份，向规定的对象销售政府债券，或者向政府债券的持有人支付到期的本息。

（7）买卖政府债券、金融债券。即商业银行为取得利息收入或市场差价收益，以自己的名义，自担风险，买入或者卖出政府债券、金融债券。买卖政府债券、金融债券是商业银行调整资产结构、保持资产流动性的重要手段。

（8）从事同业拆借。同业拆借是金融机构之间融通短期资金的行为。通过同业拆借，商业银行可以及时对其资金头寸进行余缺调剂。

（9）买卖、代理买卖外汇。买卖外汇是指商业银行在外汇市场上，卖出人民币资金，买入外汇资金，或者卖出外汇资金，买入人民币资金，以赚取利润、规避汇率风险、调整资产结构的业务活动。代理买卖外汇，是指商业银行接受客户的委托，在外汇市场上买卖外汇以赚取手续费的业务。

（10）从事银行卡业务。银行卡指由商业银行向社会发行的具有消费信用、转账结算、存取现金等全部或部分功能的信用支付工具。所谓银行卡业务是指商业银行发行银行卡，并以发行的银行卡为基础为持卡人提供消费信用、转账结算、存取现金等金融服务。

(11) 提供信用证服务及担保。信用证是银行根据客户的申请开具的，承诺在信用证规定的条件得到满足时，由银行向信用证的受益人承担付款责任的信用函件。其实质是银行以自身信用补充其客户（开证申请人）信用之不足，并为此取得相应的收入。商业银行提供信用证服务，应不限于开立信用证，而应当还包括以信用证通知行、议付行、保兑行的身份提供与信用证相关的服务。所谓担保，是指商业银行应客户的请求，向客户的债权人承诺，当客户（主债务人）不履行债务时，由其按照约定履行债务或者承担责任的行为。商业银行提供担保，按规定向客户收取担保费。

(12) 代理收付款项及代理保险业务。代理收付款项业务，是指商业银行利用自身的结算便利，接受客户的委托，代为办理指定款项的收付，如代发工资、代收水电费等。代理保险业务，是指商业银行根据保险公司的委托，向保险公司收取代理手续费，并在保险公司授权的范围内代为办理保险业务。

(13) 提供保管箱服务。保管箱业务是商业银行出租保管箱供客户保管法律文书、储蓄存单（折）、有价证券、贵重金属、珠宝首饰、古玩文物等贵重物品，取得租金收入的一种服务性业务。保管箱业务对于方便群众，完善商业银行的服务功能，增加收入，具有一定的意义。

(14) 经中国人民银行批准的结汇、售汇业务。结汇、售汇业务是指商业银行经中国人民银行批准，作为外汇指定银行办理与客户之间的结汇、售汇业务以及自身结汇、售汇业务。与客户之间的结汇、售汇业务是指为客户办理人民币与可自由兑换货币之间兑换的业务；自身结汇、售汇业务是指因其自身经营活动需求而产生的人民币与可自由兑换货币之间进行兑换的业务。

(15) 经国务院银行业监督管理机构批准的其他业务。

以上只是法定的允许商业银行经营的业务种类，具体到特定的商业银行，其经营范围由章程规定，并须报国务院银行业监督管理机构批准。

2. 禁止商业银行经营的业务。为了进一步理顺分业经营的体制，规范商业银行的经营行为，《商业银行法》第43条明确规定了商业银行不得经营的几种业务：

(1) 信托投资业务。信托本质上是一种为他人利益管理财产的制度。即财产所有人将自己的财产委托他人（即受托人）为自己或者第三人的利益进行保管或处分。信托有民事信托与商事信托、私益信托与公益信托、设定信托与法定信托、生前信托与遗嘱信托、自益信托与他益信托之分。所谓商业银行不得经营信托投资业务，即是指商业银行不得作为受托人经营信托投资业务。

(2) 证券经营业务。所谓商业银行不得从事证券经营业务，主要是指商业银行不得承销证券发行，不得自营买卖证券，不得代理他人买卖证券。为了防止商业银行变相投资股票，《商业银行法》规定，商业银行因行使质权而取得的股权，应当自取得之日起 2 年内予以处分。

（3）向非自用不动产投资。不动产是指土地以及房屋等地上定着物。对商业银行而言，自用不动产是指其经营业务所必需的房屋、场地等不动产。除自用目的以外，商业银行不得以任何理由从事房地产的开发或买卖业务。禁止商业银行向非自用不动产投资，主要目的是控制固定资产投资规模，保证商业银行资产的流动性，杜绝商业银行的房地产投机活动。为了防止商业银行变相投资非自用不动产，《商业银行法》规定，商业银行因行使抵押权而取得的不动产，应当自取得之日起 2 年内予以处分。

（4）向非银行金融机构投资。非银行金融机构是指各类银行以外，经批准从事非银行类金融业务的金融机构，如保险公司、信托公司、企业集团财务公司、证券公司、金融租赁公司、农村信用合作社等。商业银行不得向非银行金融机构投资，是指商业银行不得向非银行金融机构投资入股，包括投资或参与投资设立非银行金融机构，受让非银行金融机构的股份。此项禁止性规定的目的：一是防止风险在金融机构之间转移和扩散，避免酿成系统性风险；二是防止商业银行变相从事混业经营。随着我国金融业综合化经营改革工作的推进，目前商业银行已可经批准投资设立基金管理公司，投资入股保险公司。

（5）向企业投资。商业银行不得向企业投资，是指商业银行不得向非金融企业投资入股，包括投资或参与投资设立非金融企业，受让非金融企业的股份。此项规定的主要目的，是有效控制投资规模，维护商业银行资产的流动性，避免商业银行因企业的经营不善而受到不利影响。

必须注意的是，商业银行仅在中华人民共和国境内不得从事上述业务，至于在境外从事则未予禁止。而且，如果国家另有规定，即使在境内，亦可从事。

（三）商业银行的基本业务规则

《商业银行法》并未试图对商业银行的各项业务作出详尽规定，而是有针对性地提出了商业银行经营有关业务应当遵循的基本规则。

1. 存款业务的基本规则。在这一方面，《商业银行法》着重强调了对存款人利益的保护：①商业银行应当保障存款人的合法权益不受任何单位和个人的侵犯。②商业银行办理个人储蓄存款业务，应当遵循存款自愿、取款自由、存款有息、为存款人保密的原则。③商业银行应当保证存款本金和利息的支付，不得拖延、拒绝支付存款本金和利息。④商业银行应当按照中国人民银行的规定，向中国人民银行交存存款准备金，留足备付金。⑤对个人储蓄存款，商业银行有权拒绝任何单位或者个人查询、冻结、扣划，但法律另有规定的除外。对单位存款，商业银行有权拒绝任何单位或者个人查询，但法律、行政法规另有规定的除外；

有权拒绝任何单位或者个人冻结、扣划，但法律另有规定的除外。

商业银行经营存款业务不得采取不正当竞争手段。不得以手续费、协储代办费、吸储奖、有奖储蓄、介绍费、赠送实物等名目变相提高存款利率；必须废除存款单项考核和奖励办法，不得对非存款部门下达存款考核指标，不得把存款考核指标分解下达给职工个人，不得将存款考核指标与职工个人工资、奖励、福利、行政职务安排等挂钩；商业银行对企业发放贷款时，要根据企业的用款进度合理安排贷款，不得以贷款虚增存款等不正当手段扩大存款。

2. 贷款业务的基本规则。贷款是商业银行主要的资产业务和利润来源，商业银行贷款业务的经营情况，贷款资产的质量高低，直接影响到商业银行的经营业绩和安全。有鉴于此，《商业银行法》从八个方面对商业银行经营贷款业务作了原则性规定：

(1) 贷款的指导思想。商业银行应当根据国民经济和社会发展的需要，在国家产业政策的指导下，开展贷款业务。

(2) 贷款自主权。任何单位和个人不得强令商业银行发放贷款或者提供担保，对此商业银行有拒绝的权利。

(3) 贷款的审查。商业银行贷款，应当对借款人的借款用途、偿还能力、还款方式等情况进行严格审查。商业银行应当实行审贷分离、分级审批的制度。

(4) 有担保原则。商业银行贷款，借款人应当提供担保。商业银行应当对保证人的偿还能力，抵押物、质物的权属和价值以及实现抵押权、质权的可行性进行严格审查。经商业银行审查、评估，确认借款人资信良好，确能偿还贷款的，可以不提供担保。

(5) 借款合同管理。商业银行贷款，应当与借款人订立书面合同。合同应当约定贷款种类、借款用途、金额、利率、还款期限、还款方式、违约责任和双方认为需要约定的其他事项。

(6) 资产负债比例管理。商业银行贷款，应当遵守下列资产负债比例管理的规定：资本充足率不得低于8%；流动性资产余额与流动性负债余额的比例不得低于25%；对同一借款人的贷款余额与商业银行资本余额的比例不得超过10%；国务院银行业监督管理机构对资产负债比例管理的其他规定。

(7) 对关系人贷款的限制。商业银行不得向关系人发放信用贷款；向关系人发放担保贷款的条件不得优于其他借款人同类贷款的条件。上述所称关系人是指：商业银行的董事、监事、管理人员、信贷业务人员及其近亲属；前列人员投资或者担任高级管理职务的公司、企业和其他经济组织。

3. 同业拆借的基本规则。针对金融机构违章拆借一度比较严重的情况，《商业银行法》在以前行政法规的基础上，对商业银行从事同业拆借活动作了原则性规定：商业银行参加同业拆借，应当遵守中国人民银行的规定；禁止利用拆入资金发放固定资产贷款或者用于投资；拆出资金限于交足存款准备金、留足备付金和归还中国人民银行到期贷款之后的闲置资金；拆入资金只能用于弥补票据清算、联行汇差头寸的不足和解决临时性周转资金的需要。

4. 其他业务规则。商业银行办理票据承兑、汇兑、委托收款等结算业务，应当按照规定的期限兑现，收付入账，不得压单、压票或者违反规定退票。商业银行发行金融债券或者到境外借款，应当依照法律、行政法规的规定报经批准。商业银行的营业时间应当方便客户，并予以公告；商业银行应当在公告的营业时间内营业，不得擅自停止营业或者缩短营业时间。商业银行办理业务，提供服务，按照规定收取手续费；收费项目和标准由国务院银行业监督管理机构、中国人民银行根据职责分工，分别会同国务院价格主管部门制定。商业银行应当按照国家有关规定保存财务会计报表、业务合同以及其他资料。

商业银行的工作人员应当遵守法律、行政法规和其他各项业务管理的规定，不得有下列行为：①泄露其在任职期间知悉的国家秘密、商业秘密；②利用职务上的便利，索取、收受贿赂或者违反国家规定收受各种名义的回扣、手续费；③利用职务上的便利，贪污、挪用、侵占本行或者客户的资金；④违反规定徇私向亲属、朋友发放贷款或者提供担保；⑤在其他经济组织兼职；⑥违反法律、行政法规和业务管理规定的其他行为。

四、商业银行监管制度

（一）商业银行监管制度概述

为了督促商业银行合法稳健经营，保护存款人的合法权益，构建金融市场的公平竞争秩序，确保中央银行货币信用政策的贯彻落实，必须对商业银行实施有效的监督管理。就机构网络、业务规模而言，商业银行无疑是资金融通的主渠道，是金融服务的基本供给者；就资金筹集而言，商业银行直接面对社会公众吸收存款，与广大存款人利益攸关；就职能的特殊性而言，商业银行创造派生存款，直接参与货币供应，它们向社会提供的支付服务，事关商品流通的秩序和效率。因此，健全和完善对商业银行的监督管理制度，有着异乎寻常的重要意义。

《商业银行法》第 10 条规定："商业银行依法接受国务院银行业监督管理机构的监督管理，但法律规定其有关业务接受其他监督管理部门或者机构监督管理的，依照其规定。"因此，尽管国务院银行业监督管理机构承担监管商业银行的主要职责，但其他国家机关，如审计部门、财政部门、国有资产管理部门、税收管理部门、市场监督管理部门等，也分别从不同的角度依法对商业银行实施监督管理。《商业银行法》第 63 条即明确规定："商业银行应当依法接受审计机关的审计监督。"

综合《商业银行法》和《银行业监督管理法》的有关规定，国务院银行业监督管理机构对商业银行依法享有下列监督管理职权：①发布有关金融监督管理和业务的命令和规章。②审批商业银行的设立、变更、终止及其业务范围，审查商业银行董事、高级管理人员的任职资格。③要求商业银行按照规定报送资产负债表、损益表以及其他财务会计报表和资料，依法进行报表稽核。④定期或不定期对商业银行进行现场检查。⑤当商业银行违法违规经营或者因经营不善严重亏损，已经发生或者可能发生信用危机时，依法采取必要的处置措施，如：撤换或建议撤换其董事、高级管理人员，责令整改，依法实行接管。⑥商业银行不能支付到期债务，须经国务院银行业监督管理机构同意，由人民法院依法宣告其破产。⑦对于违法违规的商业银行，国务院银行业监督管理机构有权视情节轻重，依法给予吊销经营许可证、责令改正、停业整顿、没收违法所得、罚款等处罚，并对直接负责的主管人员和其他直接责任人员予以纪律处分。

国务院银行业监督管理机构对商业银行的监督管理，涉及内容十分广泛。就监督管理的时间和主要目的而言，大体可划分为事前的预防性监管和事后的保护性监管；就监督管理的基本环节而论，则主要包括设立审批管理、业务范围管理、资产负债比例管理、风险管理以及对各种具体业务合法、合规性的管理等。

总体上看，自《商业银行法》颁行以来，我国的商业银行监管制度不断完善，科学化程度日益提高。1997年9月，巴塞尔银行监管委员会发布《银行业有效监管的核心原则》（2006年、2012年被两次修订），我国派员参加了起草工作，并郑重地作出了实施承诺。该文件对我国健全商业银行监管制度，发挥了并将继续发挥积极的指导作用。

要真正实现商业银行的稳健经营，单纯依靠国务院银行业监督管理机构等政府部门的外部监管是远远不够的，还必须强化市场的约束力量，健全商业银行的公司治理结构，督促其建立有效的内部控制系统，并充分发挥行业组织的自律作用。对此，国务院银行业监督管理机构（先是中国人民银行，后是中国银监会、中国银保监会）认识明确，做出了不懈努力。为了强化对商业银行的市场约束，2002年5月，中国人民银行发布了《商业银行信息披露暂行办法》（已废止），其后中国银监会又于2007年7月发布了《商业银行信息披露办法》，中国证监会也于2008年7月发布了《商业银行信息披露特别规定》（已废止）；为了督促和帮助商业银行建立良好的公司治理结构，2002年5月，中国人民银行发布了《股份制商业银行公司治理指引》（已废止），其后中国银监会又于2005年4月发布了《外资银行法人机构公司治理指引》（已废止），于2005年9月发布了《股份制商业银行董事会尽职指引（试行）》，于2006年4月发布了《国有商业银行公司治理及相关监管指引》（已废止），于2013年7月发布了《商业银行公司治理指引》；为了督促和帮助商业银行构建严密的内部控制机制，中国人民银行于 2002 年 9 月发布了《商业银行内部控制指引》（已废止），中国银监会于 2004 年 12 月发布了《商业银行内部控制评价试行办法》（已废止），于 2007 年 7 月发布并于 2014 年 9 月修订了《商业银行内部控制指引》。2000 年 5 月，中国银行业协会获准成立，作为银行业自律组织发挥作用。

鉴于前章以及本章的前部已较多地涉及商业银行监管方面的内容，以下仅选择若干问题作简要讲解。

（二）国务院银行业监督管理机构的稽核与检查

报表稽核和现场检查，是国务院银行业监督管理机构对商业银行进行持续性监管的基本手段。报表稽核又称非现场稽核、非现场监管，是指国务院银行业监督管理机构按规定程序，对商业银行报送的信息资料进行审核、整理、分析，对于发现的违规现象或经营不善问题经质询、核实后作出稽核结论和处理决定的一种监管方式。现场检查是指国务院银行业监督管理机构在不事先通知的情况下，派遣检查人员进入商业银行或其分支机构，以查阅账册、询问、会谈等方式获取或核实信息，对于发现的违规现象或经营不善问题作出现场检查结论和处理决定的一种监管方式。

通过报表稽核和现场检查，国务院银行业监督管理机构能够准确了解商业银行的经营状况，及时发现问题，并采取相应的监管措施。为此，《商业银行法》第 61 条规定："商业银行应当按照规定向国务院银行业监督管理机构、中国人民银行报送资产负债表、利润表以及其他财务会计、统计报表和资料。"第 62 条第 1 款规定："国务院银行业监督管理机构有权依照本法第三章、第四章、第五章的规定，随时对商业银行的存款、贷款、结算、呆账等情况进行检查监督。检查监督时，检查监督人员应当出示合法的证件。商业银行应当按照国务院银行业监督管理机构的要求，提供财务会计资料、业务合同和有关经营管理方面的其他信息。"

（三）国务院银行业监督管理机构对商业银行的接管

接管是当金融机构已经或者可能发生信用危机，严重影响存款人的利益时，由监管机构派遣人员进驻并在一定期限内行使其经营管理权的制度。我国《商业银行法》对国务院银行业监督管理机构接管商业银行，作了明确规定。

1. 接管的前提和目的。国务院银行业监督管理机构对商业银行实行接管的前提是商业银行已经或者可能发生信用危机，严重影响存款人的利益。此种情形的出现，可能是由于商业银行经营不善，严重亏损，以致无力偿债，也可能是由于商业银行严重违法违规经营，出现偿债困难或者经营上的严重混乱。接管的目的是对被接管的商业银行采取必要措施，以保护存款人的利益，恢复商业银行的正常经营能力。但是，接管并不是法律对国务院银行业监督管理机构规定的强制义务，国务院银行业监督管理机构有权根据具体情况，决定接管或者不接管。另外，接管也不是商业银行破产前的必经程序。

2. 接管的性质。接管是国务院银行业监督管理机构对特定商业银行采取的一种短期的、强制性的监管补救措施。国务院银行业监督管理机构是否接管，并不取决于被接管商业银行的意志。接管表现为国务院银行业监督管理机构派遣人员进驻被接管的商业银行，在接管期限内行使其经营管理权。被接管的商业银行的债权债务关系不因接管而变化。

3. 接管的实施。接管由国务院银行业监督管理机构决定并组织实施。国务院银行业监督管理机构的接管决定，应当载明下列内容：被接管的商业银行的名称；接管理由；接管组织；接管期限。接管决定由国务院银行业监督管理机构予以公告。接管自接管决定实施之日起开始。自接管开始之日起，由接管组织行使商业银行的经营管理权。接管期限届满，国务院银行业监督管理机构可以决定延期，但接管期限最长不得超过 2 年。有下列情形之一的，接管终止：接管决定规定的期限届满或者国务院银行业监督管理机构决定的接管延期届满；接管期限届满前，被接管的商业银行已恢复正常经营能力；接管期限届满前，被接管的商业银行被合并或者被依法宣告破产。

（四）违反《商业银行法》的法律责任

《商业银行法》对商业银行、商业银行工作人员以及其他单位或者个人违反有关规定的行为规定了相应的法律责任。这对于维护《商业银行法》的严肃性，确保该法的有效实施，具有重要意义。

1. 商业银行的违法责任。《商业银行法》对于商业银行违反该法的法律责任，有如下规定：

（1）商业银行有下列情形之一，对存款人或者其他客户造成财产损害的，应当承担支付迟延履行的利息以及其他民事责任：①无故拖延、拒绝支付存款本金和利息的；②违反票据承兑等结算业务规定，不予兑现，不予收付入账，压单、压票或者违反规定退票的；③非法查询、冻结、扣划个人储蓄存款或者单位存款的；④违反本法规定对存款人或者其他客户造成损害的其他行为。商业银行有上述规定情形的，由国务院银行业监督管理机构责令改正，有违法所得的，没收违法所得，违法所得 5 万元以上的，并处违法所得 1 倍以上 5 倍以下罚款；没有违法所得或者违法所得不足 5 万元的，处 5 万元以上 50 万元以下罚款。

（2）商业银行有下列情形之一，由国务院银行业监督管理机构责令改正，有违法所得的，没收违法所得，违法所得 50 万元以上的，并处违法所得 1 倍以上 5 倍以下罚款；没有违法所得的或者违法所得不足 50 万元的，处 50 万元以上

200 万元以下罚款；情节特别严重或者逾期不改正的，可以责令停业整顿或者吊销其经营许可证；构成犯罪的，依法追究刑事责任：①未经批准设立分支机构的；②未经批准分立、合并或者违反规定对变更事项不报批的；③采用不正当手段吸收存款，发放贷款的；④出租、出借经营许可证的；⑤未经批准买卖、代理买卖外汇的；⑥未经批准买卖政府债券或者发行、买卖金融债券的；⑦违反国家规定从事信托投资和证券经营业务、向非自用不动产投资或者向非银行金融机构和企业投资的；⑧向关系人发放信用贷款或者发放担保贷款的条件优于其他借款人同类贷款的条件的。

（3）商业银行有下列情形之一，由国务院银行业监督管理机构责令改正，并处 20 万元以上 50 万元以下罚款；情节特别严重或者逾期不改正的，可以责令停业整顿或者吊销其经营许可证；构成犯罪的，依法追究刑事责任：①拒绝或者阻碍国务院银行业监督管理机构检查监督的；②提供虚假的或者隐瞒重要事实的财务会计报告、报表和统计报表的；③未遵守资本充足率、资产流动性比例、同一借款人贷款比例和国务院银行业监督管理机构有关资产负债比例管理的其他规定。

（4）商业银行有下列情形之一，由中国人民银行责令改正，有违法所得的，没收违法所得，违法所得 50 万元以上的，并处违法所得 1 倍以上 5 倍以下罚款；没有违法所得或者违法所得不足 50 万元的，处 50 万元以上 200 万元以下罚款；情节特别严重或者逾期不改正的，中国人民银行可以建议国务院银行业监督管理机构责令停业整顿或者吊销经营许可证；构成犯罪的，依法追究刑事责任：①未经批准办理结汇、售汇的；②未经批准在银行间债券市场发行、买卖金融债券或者到境外借款的；③违反规定同业拆借的。

（5）商业银行有下列情节之一，由中国人民银行责令改正，并处 20 万元以上 50 万元以下罚款；情节特别严重或者逾期不改正的，中国人民银行可以建议国务院银行业监督管理机构责令停业整顿或者吊销其经营许可证；构成犯罪的，依法追究刑事责任：①拒绝或者阻碍中国人民银行检查监督的；②提供虚假的或者隐瞒重要事实的财务会计报告、报表和统计报表的；③未按照中国人民银行规定的比例交存存款准备金的。

（6）商业银行不按照规定向国务院银行业监督管理机构报送有关文件、资料的，由国务院银行业监督管理机构责令改正，逾期不改正的，可以处 10 万元以上 30 万元以下罚款；商业银行不按照规定向中国人民银行报送有关文件、资料的，由中国人民银行责令改正，逾期不改正的，可以处 10 万元以上 30 万元以下罚款。

2. 商业银行工作人员的违法责任。《商业银行法》对商业银行工作人员违反该法的法律责任，有如下规定：

（1）商业银行工作人员利用职务上的便利，索取、收受贿赂或者违反国家规定收受各种名义的回扣、手续费，构成犯罪的，依法追究刑事责任；尚不构成犯罪的，应当给予纪律处分。有前述行为，发放贷款或者提供担保造成损失的，应当承担全部或者部分赔偿责任。

（2）商业银行工作人员利用职务上的便利，贪污、挪用、侵占本行或者客户资金，构成犯罪的，依法追究刑事责任；未构成犯罪的，应当给予纪律处分。

（3）商业银行工作人员违反本法规定玩忽职守造成损失的，应当给予纪律处分；构成犯罪的，依法追究刑事责任；违反规定徇私向亲属、朋友发放贷款或者提供担保造成损失的，应当承担全部或者部分赔偿责任。

（4）商业银行工作人员泄露在任职期间知悉的国家秘密、商业秘密的，应当给予纪律处分；构成犯罪的，依法追究刑事责任。

（5）商业银行的工作人员对单位或者个人强令其发放贷款或者提供担保未予拒绝的，应当给予纪律处分；造成损失的，应当承担相应的赔偿责任。

3. 董事、高级管理人员以及其他直接责任人员对商业银行违法应承担的责任。上述关于商业银行工作人员违法责任的规定，同样适用于商业银行的董事、高级管理人员。此外，对商业银行的违法行为，负有直接责任的董事、高级管理人员及其他人员，也要依法承担责任：①给予纪律处分；②其本人构成犯罪的，依法追究刑事责任；③如商业银行的行为尚不构成犯罪，对他们给予警告，处5万元以上50万元以下罚款；④由国务院银行业监督管理机构区别情形，取消董事、高级管理人员一定期限直至终身的任职资格，禁止其在一定期限内直至终身从事银行业工作。

4. 一般主体的违法责任。《商业银行法》规定的某些违法责任，未对责任主体作出特别限制。根据文义，有的专指商业银行及其工作人员以外的其他单位或个人，有的则包括商业银行或其工作人员。

（1）有下列情形之一，由国务院银行业监督管理机构责令改正，有违法所得的，没收违法所得，违法所得5万元以上的，并处违法所得1倍以上5倍以下罚款；没有违法所得或者违法所得不足5万元的，处5万元以上50万元以下罚款：①未经批准在名称中使用"银行"字样的；②未经批准购买商业银行股份总额5%以上的；③将单位的资金以个人名义开立账户存储的。

（2）未经国务院银行业监督管理机构批准，擅自设立商业银行，或者非法吸收公众存款、变相吸收公众存款，构成犯罪的，依法追究刑事责任，并由国务院银行业监督管理机构予以取缔；伪造、变造、转让商业银行经营许可证，构成犯罪的，依法追究刑事责任。尚不构成犯罪的，由国务院银行监督管理机构没收违法所得，违法所得 50 万元以上的，并处违法所得 1 倍以上 5 倍以下罚款；没有违法所得或者违法所得不足 50 万元的，处 50 万元以上 200 万元以下罚款。

（3）借款人采取欺诈手段骗取贷款，构成犯罪的，依法追究刑事责任；尚不构成犯罪的，由国务院银行监督管理机构没收违法所得，违法所得 50 万元以上的，并处违法所得 1 倍以上 5 倍以下罚款；没有违法所得或者违法所得不足 50 万元的，处 50 万元以上 200 万元以下罚款。

（4）单位或者个人强令商业银行发放贷款或者提供担保的，应当对直接负责的主管人员和其他直接责任人员或者个人给予纪律处分；造成损失的，应当承担全部或者部分赔偿责任。

5. 对行政处罚不服的救济。商业银行及其工作人员受到国务院银行业监督管理机构、中国人民银行的处罚后，对处罚决定不服的，可以依照《中华人民共和国行政诉讼法》的规定向人民法院提起诉讼。

第三节　政策性银行

一、政策性银行的概念和特征

政策性银行，是由政府创立，以贯彻政府经济政策为目标，以市场化运作方式，在特定领域开展信贷等金融业务的专业性金融机构。政策性银行一般具有以下特征：

1. 由政府出资设立。各国的政策性银行，大多数由政府直接出全资创立，如美国的进出口银行、日本的"二行九库"、韩国的开发银行等；也有政府部分出资，联合商业性金融机构共同创立的政策性银行，如法国对外贸易银行。我国的三家政策性银行均为政府全资创立。

2. 以贯彻政府经济政策为宗旨。政策性银行以贯彻政府产业政策和区域发展战略为目标，不具有营利目的。具体表现在：①在总体经营方针和经营计划上，必须接受政府或有关政府部门的直接领导与监督，高层管理人员往往由政府任命。②在资金上以政府财政为后盾。财政除拨付全部或部分资本金外，通常也根据需要拨给或贷给一定数额的营运资金，并为其筹资出具担保；其经营亏损由财政弥补。③在业务上奉行特殊的融资和服务原则。政策性银行主要选择政策对口且难以取得商业性融资的部门、企业或项目为融资对象，融资以中长期为主，利率通常低于商业性融资，有时甚至低于筹资成本。

对于商业性金融机构符合政策目标的业务，政策性银行往往以提供还款保证、利息补贴和再融资等方式，予以积极支持和引导。需要注意的是，政策性银行不以营利为目的，不等于可以不讲求经济效益，必然发生亏损，相反，在追求宏观经济利益的前提下，政策性银行应当强化经营管理，严格经济核算，有效防范与控制风险，力争取得良好的经营业绩。有些金融机构，如国有商业银行、金融资产管理公司等，虽然也由政府出资创立，却以营利为目的，因而属于商业性金融机构，而非政策性金融机构。

3. 以信用为基础开展金融业务。与财政资金的运动方式不同，政策性银行在资金筹集与资金运用两个方面，都必须坚持信用原则，以偿还和有偿为条件。

4. 特定的业务领域和业务对象。通观各国的政策性银行，在业务上都不具有综合性的特点，相反，各自都有专门的业务领域和业务对象。政策性银行的业务，通常分别集中于以下领域：①国民经济的支柱产业及对国民经济的均衡发展具有关键意义的产业，如交通、能源、水利、高新技术开发、对外贸易、农业等；②缺乏政府的特殊支持与保护，就可能停滞不前甚至萎缩的国民经济薄弱环节，如中小企业；③对社会稳定和提高人民生活水平具有重要影响的方面，如住房建设、社会福利设施建设等。

二、政策性银行的存在价值和特殊职能

（一）政策性银行的存在价值

政策性金融是与商业性金融相对而言的。在高度集中的计划经济体制下，银行信贷完全服从于国家计划，没有真正意义上的商业性金融，自然也就无所谓政策性金融。我们注意到，市场经济越是繁荣、商业性金融越是成熟的国家，政策性金融制度往往越是健全。

财政与金融，是通过资金的再分配实现社会资源配置的两大基本形式。但是，在市场经济条件下，纯粹的商业性金融和纯粹的财政投资制度，都有无法避免的明显局限。在以市场为基础配置资源的机制中，商业性金融无疑应当占据主导地位，但是，追逐利润，规避风险，注重资产的流动性，决定了商业性金融机构对那些社会效益明显而自身收益微薄的项目，特别是投资大、期限长、回收慢、前景模糊的基础设施建设，必然会较少地涉足。其后果是产生资源配置的盲点，形成"瓶颈"制约，妨碍经济的协调发展。财政性投资虽然能充分体现政府的政策意图，弥补市场之不足，但财政收入毕竟有限，而且无偿的财政性投资的不适当扩大，也会导致资金浪费和降低市场效率的负面效果。政策性金融将政府目标与信用活动有机地融为一体，无疑是解决上述矛盾的理想形式。在商业性金融起主导作用的前提下，政策性金融不是对市场机制的否定，更不是计划经济的复归，而是对市场机制有益的必要补充。

从历史的角度来考察，我国在1994年专设三家政策性银行，也是推进当时国有专业银行商业化改革和维护货币币值稳定的需要。此前，政策性业务由国有专业银行兼营。这种做法，实际上是将宏观的经济目标强加于追求微观利益的经济实体，其结果一方面是政策性业务掩盖经营性的亏损，另一方面是政策性的亏损影响经营性的盈利，从而既妨碍国有专业银行利益机制的生成，也增加了监管和考核国有专业银行的难度。政策性银行的专设，无疑为国有专业银行向商业银行的顺利转轨扫清了障碍。由国有专业银行兼营政策性业务还有一个弊端，就是中央银行除了要对其政策性业务提供贴息外，还要补足它们因此出现的资金缺口，这造成中央银行在调控货币供应时处于被动。由于政策性银行不具有创造派生存款的功能，所以政策性金融与商业性金融的分离，割断了政策性金融业务与中央银行基础货币发行之间的联系，为中央银行执行货币政策争取了主动，进而也为货币的稳定创造了有利的条件。

（二）政策性银行的特殊职能

政策性银行不仅具有信用中介和金融服务等一般性职能，而且具有特殊职能。特殊职能既是政策性银行存在价值的具体反映，也是其一般性职能与特定政策目标相结合的必然产物。

1. 补充性职能。即对商业性金融按市场原则配置资金所形成的缺陷和不足予以弥补。一方面，政策性银行对投资、融资对象的选择必须遵循一定的原则，并非商业性金融在资金配置上的所有遗漏都要由政策性银行拾遗补缺；另一方面，即使对国民经济发展至关重要的产业或项目，如果已经为市场所选择，能够通过商业性金融得到充分的资金供给，也就不应再被政策性银行选定为投资、融资对象。随着市场选择的不断变化，政策性银行的投资、融资对象，应当适时地进行调整。

2. 倡导性职能。政策性银行的投资、融资决策，往往反映经济的长远目标和政府的扶持意向，在一定程度上能够增强商业性金融机构的信心，消除它们对风险的顾虑，带动它们参与对同一对象的投资或融资。在实际运作中，通常是政策性银行率先进行倡导性投资或融资，一旦商业性金融机构跟进，它们即抽回资金，转移投资、融资方向，并开始新一轮的循环。对于商业性金融机构符合政策意图的业务，政策性银行还以提供还款保证、利息补贴和再融资等方式，直接予以鼓励和支持。政策性银行直接的投资或融资可能十分有限，但由此产生的间接倡导效果，则往往十分巨大。

3. 经济调控职能。政策性银行所具有的经济调控职能，是其补充性职能和倡导性职能的必然结果，它们带有明显政策性色彩的业务活动，对于固定资产投资规模的控制、生产力布局的均衡以及产业产品结构的合理化，都能够起到积极的作用。

三、政策性银行的分类

政策性银行按照不同的标准可以划分为不同的类型：

1. 按经营区域划分为全国性与地方性政策银行。全国性的政策性银行，经营区域覆盖全国，世界各国的政策性银行，绝大多数属此种类型；而地方性的政策性银行，常见于区域经济发展失衡的不发达国家，主要用于重点投资开发某一落后地区。

2. 按组织结构划分为单一型和"金字塔"型。单一型的政策性银行，只有单个机构，不设分支。而"金字塔"型的政策性银行，有一个由总机构领导、由不同层次的会员或分支组成的机构体系，各国的农业政策性银行多属此类。此外，有些政策性银行既非纯粹的单一型，也不具有完整的"金字塔"型机构网络，而是根据业务的需要设有少量的分支机构或办事机构。

3. 按是否具有开发性功能划分为开发性银行和一般政策性银行。开发性银行是指通过中长期投融资活动服务于国家中长期发展战略的特殊政策性银行。在我国，国家开发银行原先被定位为政策性银行，后被重新定位为开发性银行。开发性银行究竟是与政策性银行平行的概念，还是政策性银行的下位概念，国内有不同认识。我们认为，开发性银行是侧重开发性功能的特殊政策性银行。

4. 除上述分类外，还可以按业务领域，如农业、对外贸易、住宅建设、中小企业、经济开发、基础设施、主导产业、环境保护、国民福利等，对政策性银行进行划分。

四、政策性银行的资金来源与资金运用

政策性银行的资金来源包括资本金和营运资金两个部分。其资本金多由政府财政全额拨付，也有的由政府和商业性金融机构共同出资形成。政策性银行的营运资金主要来源于以下几个方面：①政府提供一定的信贷资金；②向财政和中央银行借入资金；③通过在国内外发行债券筹集资金；④国际金融组织和外国政府贷款的转贷；⑤必要时按商业条件向国内外金融机构借款。大多数政策性银行不得吸收存款，只有极少数国家允许政策性银行有条件地吸收特定存款。

政策性银行的资金运用，主要有贷款和投资两种形式。贷款是政策性银行的主要业务，包括普通贷款和优惠贷款；在贷款方式上，则有直接贷款、委托贷款和转贷三种。投资业务，包括直接的产业投资和间接的证券投资，一般来说是政策性银行资金运用的次要方式。虽然其他政策性银行也可以从事投资，但主要是开发性银行在这方面有较多的涉及。政策性银行的资金运用还包括：对融资对象办理票据贴现业务；对商业性金融机构符合政策意图的业务予以利息补贴，提供再贷款和票据的转贴现。除上述表内业务外，政策性银行还可以基于政策需要，在不运用或者较少运用资金的情况下，办理有关的表外业务，如还款担保业务、信息咨询业务、投资中介业务等。

五、政策性银行的法律地位与外部关系

（一）政策性银行的法律地位

政策性银行的法律地位，各国大都在有关的单行法律或行政法规中予以明确规定。归纳起来，各国政策性银行在法律地位上有以下共性：①政策性银行具有法人资格，能够以自己的名义参与民事活动，以其所有或者经营管理的财产独立承担民事责任；②与商业银行不同，政策性银行不具有营利目的，在西方的法律框架中属于按公法设立的公法法人；③与政府金融监管机关不同，政策性银行不是国家机关，不享有金融行政管理权。

我国各家政策性银行的法律地位在章程中没有得到精确界定。国家开发银行股份制改造前的章程，对其作为独立法人的地位未作正面表述；虽然中国农业发展银行和中国进出口银行依章程为独立法人，实行企业化管理，按商业化方式运作，但它们具体为何种法人，章程未予明确。

我们认为，政策性银行应当具备法人资格，这一点应属无疑。但政策性银行具体属于何种类型的法人，则值得进一步探究。根据我国《民法总则》的规定，政策性银行不像中央银行是机关法人，也不像商业银行是企业法人，更非依靠政府拨款从事非经济活动的事业单位法人，而应当是为非营利目的设立的非营利法人。

（二）政策性银行的外部关系

政策性银行在履行职能、经营业务的过程中，必然要与其他机构发生各种业务的或非业务的关系。这些机构主要包括政府、政府主管部门、中央银行、金融监管机构、商业性金融机构和服务对象。

1. 政策性银行与政府、政府主管部门的关系。政策性银行与政府的关系，可大致概括为以下几方面：①政策性银行由政府创立，并由国家权力机关或政府颁布单行法律或行政法规对其进行规范；政策性银行不以营利为目的，专以落实政府经济政策为宗旨。②资金方面，政策性银行以政府财政为后盾，政府财政除拨付全部或部分资本金外，通常还拨付或者贷给一定的营运资金，并弥补其经营亏损；政策性银行对外筹资，必要时也由财政提供担保。③人事上，政策性银行的高层管理人员一般由政府任免，其内部监督机构也往往由政府任命的人士组成，以对其经营管理特别是贯彻政府经济政策的情况实行监督。

以上仅仅是对政策性银行与政府关系的一般概括。事实上，政策性银行与政府的关系，在不同的国家有不同的表现形式，即使在同一国家，各家政策性银行与政府的关系，也会存在或多或少的差异。有的由政府全额拨付资本金，有的政府仅出资部分；有的由财政提供一定的营运资金，有的则要求营运资金全部自筹；有的盈余须上交国库，有的则可以自行留存；有的高层管理人员全部由政府

任命，有的通过推选产生，有的则采取政府任命与推选相结合的方式；有的经营自主权较小，而有的经营自主权则相对较大。

由于政策性银行通常由相应的政府部门代表政府归口管理，所以政策性银行与政府的关系，往往具体表现为与有关政府部门的关系。比如，农业政策性银行由政府农业部门管理，开发银行由政府计划部门管理，进出口银行由政府对外贸易部门管理。当然，几乎所有的政策性银行都与政府财政部门有着密切的关系。

2. 政策性银行与中央银行、金融监管机构的关系。一般来说，较之政策性非银行金融机构，政策性银行与中央银行关系更为密切，主要表现在：①政策性银行的经营活动应努力与中央银行的货币信用政策协调一致；②中央银行的再贴现和再贷款，构成政策性银行重要的资金来源；③中央银行可以委托政策性银行办理特定的政策性信贷业务，并提供贴息资金；④在政策性银行的董事会、监事会中，通常会有中央银行的代表；⑤在某些国家，政策性银行吸收存款须向中央银行交存存款准备金。

在我国，政策性银行一度未被纳入严格的国家金融监管框架，只是由中国人民银行依照《中国人民银行法》第 35 条对其金融业务"进行指导和监督"。2003 年 12 月，全国人民代表大会常务委员会修订《中国人民银行法》，删除其中的第 35 条，并通过了《银行业监督管理法》。这两部法律都将政策性银行明确界定为"银行业金融机构"的一种，基本上实现了政策性银行与其他类型银行业金融机构之间的一体适用，唯一的例外是，根据《银行业监督管理法》第 50 条，法律、行政法规对政策性银行的监督管理另有规定的，依照其规定。至此，不仅政策性银行与中央银行的关系得到调整和充实，政策性银行也被正式纳入到国务院银行业监督管理机构的监管范围。

3. 政策性银行与商业银行的关系。政策性银行与商业银行的关系，可以概括为三点：

（1）地位平等。政策性银行虽然与商业银行具有不同的法律地位，在业务上有明显的政策色彩，且能够得到政府的积极支持，享有较多的优惠，但它们对商业银行依法不具有监督管理和发布指令的权力，因此在法律上，政策性银行与商业银行地位平等。

（2）职能互补。在市场金融体系中，商业银行是金融体系的主体，而政策性银行则有选择地在商业银行不涉及或较少涉及的领域开展活动，对商业银行进行补充、辅助和引导，彼此不应该存在替代与竞争的关系。

（3）业务协作。政策性银行的业务，可以通过自设的分支机构办理，但对单一型的或者只设有少量分支机构的政策性银行，往往必须委托其他金融机构代办。此外，政策性银行对于商业银行所从事的符合政策要求的业务活动，可以提供再贷款、利息补贴和还款担保，以资鼓励和支持。

4. 政策性银行与服务对象的关系。由于政策性银行都有各自的经营范围和业务重心，所以其服务对象通常也有特定的范围。同样，政策性银行与服务对象之间在地位上是平等的。至于政策性银行与服务对象之间具体的法律关系，则主要取决于政策性银行所提供金融产品的性质及当事人之间所订立的合同。

六、我国的政策性银行

（一）我国政策性银行概况

在社会主义市场经济目标已经确立，经济体制改革步入深化的形势下，我国1994年先后成立了三家政策性银行：

1. 国家开发银行。国家开发银行（以下简称国开行）是我国最早设立的政策性银行，直属国务院领导，总行设在北京，初始注册资本500亿元人民币由财政部核拨。2008年12月改制为国家开发银行股份有限公司；2015年3月，被国务院明确定性为开发性金融机构。目前注册资本为4212.48亿元人民币，股东为财政部、中央汇金投资有限责任公司、梧桐树投资平台有限公司和全国社会保障基金理事会，持股比例分别为36.54%、34.68%、27.19%、1.59%。国开行主要通过开展中长期信贷与投资等金融业务，为国民经济重大中长期发展战略服务。

2. 中国农业发展银行。中国农业发展银行（以下简称农发行）总行设在北京，直属国务院领导，初始注册资本200亿元由财政部核拨，目前注册资本570亿人民币。农发行的主要任务是承担国家规定的农业政策性金融业务。农发行主要通过自建机构网络开展业务，目前共有31个省级分行、339个二级分行和1816个县域营业机构。

3. 中国进出口银行。中国进出口银行（以下简称进出口银行）总行设于北京，直属国务院领导，初始注册资本33.8亿元由财政部核拨，目前注册资本1500亿元人民币。进出口银行的主要任务是执行国家产业政策和外贸政策，为机电产品和成套设备等资本性货物的进出口提供政策性金融支持。

（二）中国银监会关于政策性银行的监管规定

依照1995年《中国人民银行法》第35条的规定，政策性银行的金融业务最早接受中国人民银行的指导和监督。2003年12月，全国人大常委会修订《中国人民银行法》，在删除上述规定的同时，明确地将政策性银行纳入到"银行业金融机构"的范畴。故《中国人民银行法》关于银行业金融机构的相关规定适用于政策性银行。而全国人大常委会2003年12月通过、2006年10月修订的《银行业监督管理法》，也将政策性银行纳入了银行业金融机构的范畴。因此，《银行业监督管理法》完全适用于政策性银行，并由国务院银行业监督管理机构负责对政策性银行及其业务活动实施监督管理。不过，《银行业监督管理法》原第48

条、修订后的第50条规定:"对在中华人民共和国境内设立的政策性银行……的监督管理,法律、行政法规另有规定的,依照其规定。"

2017年11月,中国银监会先后发布了《中国进出口银行监督管理办法》《中国农业发展银行监督管理办法》和《国家开发银行监督管理办法》。三个监督管理办法在总体结构、主要内容、规范角度甚至文字表述上都十分接近。以下不拟逐一介绍三个监督管理办法的具体内容,而是列举具有实质意义的主要共同点和主要不同点。

1. 主要共同之处。①三家银行都被允许在开发性业务或政策性业务之外,开展其他业务。其中,国开行"以开发性业务为主,辅以商业性业务";进出口银行则可以开展"政策性业务和自营性业务"。②三家银行都被允许与商业性金融机构建立互补合作关系,都被要求在经营中践行普惠金融和绿色金融的理念。不过,它们普惠金融服务的对象略有不同,除都要为小微企业提供金融服务外,国开行还要面向其他经济社会薄弱环节提供普惠金融服务,农发行则需要开展扶贫小额信贷业务。③三家银行的治理结构,都是按董事会、监事会、高级管理层的框架进行构建,且各自的职责和权限大致相同。董事会由部委董事和非部委董事组成;其下均需设战略发展和投资管理委员会、风险管理委员会、审计委员会、人事与薪酬委员会、关联交易控制委员会等五个专门委员会。④三家银行都需要进行功能定位校准,即各行董事会应当每三年或必要时对业务开展情况进行评估,制订业务范围及业务划分调整方案。⑤三家银行都被要求实施全面风险管理。⑥三家银行都应当加强内部控制制度建设,应强化内控管理、风险管理、合规管理、内部审计部门的独立性。⑦三家银行都应当执行中国银监会有关资本充足率的监管要求,应在充分计提贷款损失准备金等各项减值准备的基础上计算并表和未并表的资本充足率;应建立内源性资本积累与外源性资本补充相结合的动态资本补充机制。⑧三家银行都应当建立科学的激励约束。对开发性业务或政策性业务,应当突出对依法合规、履职尽责、服务国家战略成效的考核;应根据开发性金融或政策性金融的特点建立科学合理的薪酬管理制度、责任追究制度和问责机制。⑨中国银监会(中国银保监会)对三家政策性银行的监督管理,在监管内容、监管权限和监管方式上基本一致。

2. 主要不同之处。①国开行被定性为开发性金融机构,进出口银行、农发行则被定性为政策性金融机构。②国开行的市场定位是,认真贯彻落实国家经济金融方针政策,充分运用服务国家战略、依托信用支持、市场运作、保本微利的开发性金融功能,发挥中长期投融资功能,加大对经济社会重点领域和薄弱环节的支持力度,促进经济社会持续健康发展;进出口银行的市场定位是,依托国家信用,紧紧围绕国家战略,充分发挥政策性金融机构在支持国民经济发展方面的重要作用，重点支持外经贸发展、对外开放、国际合作、"走出去"等领域；农发行的市场定位是，依托国家信用，服务经济社会的重点领域和薄弱环节，主要服务维护国家粮食安全、脱贫攻坚、实施乡村振兴战略、促进农业农村现代化、改善农村基础设施建设等领域，在农村金融体系中发挥主体和骨干作用。③关于风险管理，在农发行，明确提及的风险种类有信用风险、市场风险、银行账户利率风险、操作风险、信息科技风险、流动性风险、声誉风险与合规风险；除上述风险外，在进出口银行，还提及了国别风险；在国开行，还提及了国别风险、环境和社会风险。

■思考题

1. 何为商业银行？商业银行与其他类型的金融机构有何区别？
2. 在我国，设立商业银行应当具备什么条件？
3. 我国《商业银行法》对商业银行的经营范围是怎样规定的？
4. 论述商业银行经营的"安全性、流动性、效益性"原则。
5. 我国《商业银行法》为保护存款人利益作了哪些重要规定？
6. 简述我国商业银行破产的法律适用。
7. 简述对商业银行的接管。
8. 什么是政策性银行？政策性银行有哪些特征？
9. 在市场经济条件下，政策性金融的存在价值和特殊职能是什么？

■推荐书目

1. 吴志攀：《商业银行法务》，中国金融出版社 2005 年版。
2. 吴晓灵主编：《银行法的实践与发展》，中国经济出版社 2005 年版。
3. 段京东：《中国政策性银行法律制度研究》，中国人民大学出版社 2005 年版。

第五章　非银行金融机构法律制度

■ 学习目的和要求

　　正确认识非银行金融机构的概念、构成及其在金融机构体系中的地位；了解我国农村信用合作社改革的现状；掌握信托、金融租赁的概念，熟悉我国《信托法》以及信托公司、金融租赁公司、企业集团财务公司监督管理制度的主要内容。

　　改革开放以来，我国非银行金融机构发展迅速，已经成为金融机构体系中十分重要的一个组成部分。本章拟选择若干重要的非银行金融机构，介绍有关的法律原理和我国的现行规定。有一些非银行金融机构，如证券类非银行金融机构和保险类非银行金融机构，将分别在本书其他章节论及。

第一节　非银行金融机构概述

　　非银行金融机构是对银行以外的各种金融机构的统称。一般而言，非银行金融机构与银行的主要区别在于：①绝大多数的非银行金融机构不参与间接融资并在其中充当信用中介；部分非银行金融机构虽然参与间接融资并充当信用中介，但除信用合作社外，均不得吸收公众存款甚至不得吸收存款，特别是不得吸收活期存款和提供转账结算服务。②非银行金融机构的设立、组织、营运以及政府监管，通常依照专门法律或行政法规，原则上不适用银行法。因此之故，我国的信用合作社虽然业务经营与商业银行非常接近，但仍不是银行，而只是非银行金融机构。不过，《商业银行法》第 93 条规定："城市信用合作社、农村信用合作社办理存款、贷款和结算等业务，适用本法有关规定。"③非银行金融机构在名称中依法不得含有"银行"字样。

　　通过以前的学习我们了解到，商业银行能够吸收公众存款，包括吸收能够以支票或电子方法直接进行支付的活期存款，能够发放贷款和办理转账结算，并因而能够创造派生存款，参与货币的供应，影响货币的供应量。应该说，这是商业银行与除信用合作社以外的非银行金融机构在功能上的实质性区别。对于绝大多数的非银行金融机构而言，它们的经营活动只会导致资金形态的转换和加速资金的周转，但不会引起货币供应量的增减。正因如此，中央银行执行国家货币政策的关键，就是要控制和调节商业银行创造存款货币的基础和能力，而对于非银行金融机构，则一般不需要类似的宏观控制。

世界各国金融机构体系的构成并不完全一样，非银行金融机构的类型也存在很大差异。目前，我国对金融机构主要有两种划分方法。一种是将金融机构划分为银行与非银行金融机构，另一种是将金融机构划分为银行业金融机构、保险业金融机构和证券业金融机构三个大类。其中，银行业金融机构和保险业金融机构由中国银保监会负责监管。由中国银保监会负责监管的"非银行"银行业金融机构主要包括农村信用合作社、金融资产管理公司、信托公司、金融租赁公司、企业集团财务公司、货币经纪公司、汽车金融公司、消费金融公司、贷款公司、小额贷款公司、融资性担保公司等；由中国银保监会负责监管的保险类金融机构主要包括保险集团和控股公司、保险公司、保险资产管理公司以及各种专业或兼业保险中介机构（保险经纪机构、保险代理机构和保险公估机构）。证券业金融机构由中国证监会负责监管，主要包括证券公司、基金管理公司、期货公司、证券投资咨询机构等。

显然，上述两种划分方法并不完全一致。所有的证券业金融机构和所有的保险业金融机构，都属于非银行金融机构；而在银行业金融机构中，除国有商业银行、股份制商业银行、城市商业银行、农村商业银行、农村合作银行、村镇银行、外资银行营业性金融机构、政策性银行外，其他金融机构也均为非银行金融机构。换言之，在银行业金融机构中，既有银行，也有非银行金融机构。经2015年6月修订的《中国银监会非银行金融机构行政许可事项实施办法》即明确：本办法所称非银行金融机构，包括经银监会批准设立的金融资产管理公司、企业集团财务公司、金融租赁公司、汽车金融公司、货币经纪公司、消费金融公司、境外非银行金融机构驻华代表处等机构。

非银行金融机构种类如此繁多，它们在金融体系中各有自己的特殊定位，分别发挥着独特的作用。在一个健全与活跃的金融体系中，非银行金融机构的地位是不容忽视的。发展非银行金融机构，一方面有助于拓宽融资渠道，促进金融商品的多元化，适应多种经济成分对多种形式金融服务的需求，推动金融市场的繁荣；另一方面，则有助于强化金融市场上的竞争，打破银行的信用垄断，激励各类金融机构不断加强管理，改善服务，提高效益。

第二节　信用合作社

一、合作制与合作经济组织

合作制是一种产权制度和企业运作模式。以合作制为基础建立和管理的企业，称为合作经济组织。合作制出现于资本主义高度成熟、社会经济矛盾趋于激化的时期，是中小企业主、个体劳动者和平民抗拒大资本家盘剥的产物。合作制的特点是：社员进出自愿，地位平等，相互扶助；财产为社员所共有，实行民主管理；社员既是出资者和管理者，又是劳动者和企业服务的分享者。近代史上的第一个合作经济组织，是1844年英国曼彻斯特的一群工人集资28英镑组建的消费合作社，即"罗虚代尔公平先驱社"。但合作制真正的摇篮，一般认为在19世纪中后期的德国。

根据国际合作社联盟（International Cooperative Alliance，ICA）的定义，合作经济组织是"若干人自愿结成的自治联盟，通过共同拥有和民主管理的企业，以满足他们共同的经济、社会和文化需求及愿望"。理解该定义，要抓住以下要点：①合作经济组织是人合组织，以社员为基础。这里的"人"，不仅包括自然人，也包括法人。②社员的加入和退出实行自愿。③合作经济组织的核心目的是满足社员的需求，其中不仅包括经济需求，还包括社会、文化等方面的需求。④合作经济组织由社员共同拥有，实行自治和民主管理。⑤合作经济组织是经济实体，是从事商品和服务交换的企业。

应该看到，合作制、合作经济组织并非纯粹的经济概念和法律概念，在某种意义上，它们实际上是"合作运动"的载体，是人们借以实现特定价值追求的形式。合作运动的价值理念是：自助（Self-help）、自担责任（Self-responsibility）、民主（Democracy）、平等（Equality）、公平（Equity）和团结（Solidarity）。与此相应，它崇尚诚实、开放、勇于承担社会责任和关爱他人的伦理精神。

合作经济组织践行合作运动的价值理念，具体落实于对一组运作原则（operating principles）的遵循。自合作运动兴起以来，随着社会经济、政治、文化等条件的变化，合作经济组织的运作原则也有所变化。成立于1895年的国际合作社联盟，继1937年首次提炼和阐释合作经济组织的运作原则后，1966年和1995年前后两次进行了修改。该组织1995年将合作经济组织的运作原则归纳为以下七条：

1. 社员自愿与开放。合作经济组织是自愿性组织，对所有能够利用其服务并愿意承担社员责任的人开放，不实施性别、社会地位、种族、政治或宗教歧视。

2. 社员民主管理。合作经济组织是由社员管理的民主组织，社员积极参与决策。经选举产生的代表对社员负责。社员基本上享受平等的投票权，即实行一人一票制。

3. 社员的经济参与。合作经济组织的资本，由社员公平出资，民主管理。该资本中至少一部分通常是合作经济组织的共同财产。对为取得社员资格所认缴的资本，社员一般得到有限的补偿（如果有的话）。社员依下列目的分配盈余：通过积累发展合作经济组织，其中至少一部分应是不可分割的；按与合作经济组织交易的比例分配给社员；用于社员同意的其他业务。

4. 自治与独立。合作经济组织是由社员管理的自治、自助组织。即使它们与其他组织签订协议，也必须以确保社员的民主管理、维护合作经济组织的自治为前提。

5. 教育、培训和宣传。合作经济组织对社员、所选代表、管理人员以及雇员提供教育和培训，以使之能有效地服务于合作经济组织的发展。它们向公众，特别是青年和舆论界重要人物，宣传合作的性质和利益。

6. 合作经济组织间的合作。各合作经济组织通过地区的、全国的、区域的、国际的结构共同努力，使合作经济组织最有效地服务于其社员，并且强化合作运动。

7. 关注社区。合作经济组织基于社员通过的政策，为其社区的可持续发展而努力。

从法律角度看合作经济组织的发展，有两点需予以强调：①早期的合作经济组织，社员承担无限责任，而现代合作经济组织，多为有限责任公司；②早期的合作经济组织，业务以社员为限，不以营利为目的，而现代合作经济组织，业务不再囿于社员内部，追逐利润也已成为其重要的经营目标。

实践中，以合作制为基础的合作经济组织，可以有不同的名称，可以涉及不同的领域，可以建立于不同的层面。其中，主要为社员提供金融服务的合作经济组织，称为合作金融机构。目前在我国，合作金融机构主要有农村信用合作社。至于农村合作银行，则不属于非银行金融机构，实行的也不是纯粹的合作制，而是股份合作制。

二、农村信用合作社

（一）农村信用合作社的发展与改革

农村信用合作社是经中国银监会（中国银保监会）批准设立，由社员入股组成，实行社员民主管理，主要为社员提供金融服务的农村合作金融机构。它们是独立的企业法人，自主经营、自担风险、自负盈亏、自我约束。农村信用合作社以全部资产对其债务承担责任，其社员以出资额为限承担风险和民事责任。

新中国建立之初，随着合作经济在农村的普遍推广，农村信用合作社作为为合作经济服务的金融组织，即在农村大量建立起来。在其后的几十年间，由于种种特定的历史原因，如人为拔高经济成分的公有化程度、国家银行对信用实行垄断等，农村信用合作社逐渐丧失了合作性质，甚至成为国家银行的基层组织。

改革开放以后，以家庭联产承包责任制为基础的农村经济体制改革，极大地促进了农业和农村经济的发展，在广大农村形成了多层次、贸、工、农综合经营的格局。农村经济发展的多层次，要求既要有以工商企业为主要服务对象的商业性金融机构，也要有主要为农户服务的合作金融机构，还要有支持整个农业开发和农业技术进步、保证国家农副产品收购的政策性金融机构，以形成一个能够为农业和农村经济发展提供及时、有效服务的金融体系。

在此种背景之下，国务院1996年8月22日发布了《关于农村金融体制改革的决定》。其中关于农村信用合作社管理体制的改革，有以下要点：①农村金融体制的改革，以农村信用合作社管理体制的改革为重点，而农村信用合作社管理体制的改革，又要以恢复其合作性质为核心；农村金融体制改革的目标，是建立和完善以合作金融为基础，商业性金融、政策性金融分工协作的农村金融体系。②为了适应中国农业银行自身商业化改革的需要，理顺关系，农村信用合作社与中国农业银行脱离行政隶属关系，对其业务管理和金融监管分别由农村信用合作社县（市）联社和中国人民银行承担。③鉴于相当多的农村信用合作社失去了合作性质，背离了主要为农民服务的发展方向，因而农村信用合作社管理体制改革的核心是，通过股权设置、民主管理和服务方向的规范，恢复农村信用合作社作为合作性金融组织的性质。

通过这一轮的改革，农村信用合作社服务于农业、农村和农民的方向进一步明确，服务水平不断提高，支农投入明显增加；内部管理逐步规范，资产质量和经营状况逐渐好转；金融监管得到加强，金融风险得到初步控制。但是，无论在自身建设方面，还是为"三农"服务方面，农村信用合作社都还存在不少问题，如：产权不明晰，法人治理结构不完善，经营机制和内控制度不健全；管理体制不顺，管理职权和责任需要进一步明确；历史包袱沉重，资产质量差，经营困难，潜在风险仍然很大。为此，2003年6月27日，国务院发布《深化农村信用社改革试点方案》，决定在8个省（市）先行试验，从而拉开了新一轮农村信用合作社改革的序幕。一年以后，2004年8月17日，国务院决定将改革试点扩大到其他21个省（市、自治区）。《深化农村信用社改革试点方案》主要内容如下：

1. 五点要求：明晰产权关系，强化约束机制，增强服务意识，国家适当支持，地方政府负责。

2. 四项原则：①按照市场经济规则，明晰产权关系，促进农村信用合作社法人治理结构的完善和经营机制转换，使农村信用合作社真正成为自主经营、自我约束、自我发展、自担风险的市场主体；②按照为"三农"服务的经营方向，改进服务方式，完善服务功能，使农村信用合作社真正成为农村金融主力军和联系农民的金融纽带；③按照因地制宜、分类指导原则，积极探索和分类实施股份制、股份合作制、合作制各种产权制度，建立与各地经济发展、管理水平相适应的组织形式和运行机制；④按照权责利相结合原则，充分发挥各方面积极性，明确农村信用合作社监督管理体制，落实对农村信用合作社的风险防范和处置责任。

3. 三条路径：①有条件的地区可以进行股份制改造，即组建农村商业银行。农村商业银行是由辖内农民、农村工商户、企业法人和其他经济组织共同发起成立的股份制地方性金融机构。②暂不具备股份制改造条件的地区，可以比照股份制的原则和做法，实行股份合作制，组建农村合作银行。农村合作银行是由辖内农民、农村工商户、企业法人和其他经济组织入股组成的股份合作制社区性地方金融机构。③股份制改造有困难又不适合搞股份合作制的，也可以进一步完善合作制，将农村信用合作社办成由农民、农村工商户和各类经济组织入股，为农民、农业和农村经济发展服务的社区性地方金融机构。在有条件的地区，可以县（市）为单位将农村信用合作社和县（市）联社各为法人改为统一法人。采取有效措施，通过降格、合并等手段，加大对高风险信用社兼并和重组的步伐；对少数严重资不抵债、机构设置在城区或城郊、支农服务需求较少的农村信用合作社，可考虑按照《金融机构撤销条例》予以撤销。

4. 两个责任：各省级政府承担辖内农村信用合作社的管理责任；中国银监会（中国银保监会）作为国务院银行业监管机构承担对农村信用合作社的金融监管职能。

（二）农村信用合作社管理规定

农村信用合作社的监督管理，适用《中华人民共和国银行业监督管理法》。其办理存款、贷款和结算等业务，适用《中华人民共和国商业银行法》的有关规定。

中国人民银行在负责监管农村信用合作社期间，曾发布一系列管理规章。中国银监会承接对农村信用合作社的监管职责以后，也陆续发布了一些管理规定和指引，主要有：《农村信用社省（自治区、直辖市）联合社管理暂行规定》（2003 年 9 月发布）、《农村信用合作社农户联保贷款指引》（2004 年 10 月发布）、《农村信用社小企业信用贷款和联保贷款指引》（2006 年 1 月发布）、《农村合作金融机构社团贷款指引》（2006 年 5 月发布）、《农村信用社不良资产监测和考核办法》（2007 年 2 月发布）、《关于高风险农村信用社并购重组的指导意见》（2010 年 8 月发布）。

三、城市信用合作社

在法律上，城市信用合作社应当是依法在城市市区内由城市居民、个体工商户和中小企业法人出资设立的，主要为社员提供服务，具有独立企业法人资格的合作金融组织。然而实际上，我国的城市信用合作社自始即虚有其名，并不具有合作性质。

城市信用合作社出现于改革开放之初，曾经为城市集体和个体经济的繁荣起到过积极作用。但由于政府监管乏力，内部管理混乱，其总体运行状况并不理想，有相当比例的城市信用合作社经营不善，效率低下，累积了严重的风险隐患。为此，自 1995 年起，政府即着手对城市信用合作社进行全面清理整顿，并实行分类处置，或关停、重组，或在其基础上组建股份制城市商业银行。2014年，最后一家城市信用合作社——海南临高金牌城市信用合作社重组为海南银行，城市信用合作社从此退出历史舞台。

第三节　信托公司

一、信托概述

（一）信托的由来

信托作为一种为他人利益管理财产的制度，滥觞于英国。在中世纪的英国，遗产只能由嫡长子继承，不然即归封建领主所有，于是一些宗教信徒纷纷将土地等财产遗赠给教会。由于法律规定不能对教会征税，封建君主的利益因此而受到影响。故在 12 世纪的时候，亨利三世颁布《没收法》，禁止将土地遗赠给教会，否则予以没收。为了规避《没收法》的限制，土地所有人转而将土地转让给他人，由受让人为教会的利益管理土地，并将收益交付与教会。这被称为"尤斯制"（Use），也就是最原始的信托。

信托是英美法系衡平法最重要和最有特色的内容。其核心是允许同一信托财产上同时存在两个所有权，一个是普通法上的所有权，由受托人享有；另一个是衡平法上的所有权，由受益人享有。凭借衡平法上的所有权，受益人得以维护自己的利益并对受托人进行制约。信托产生以后，逐渐为世界各国所采纳。但对奉行"一物一权"原则的大陆法系国家而言，如何使引进的信托制度与其固有的民商法制度良好兼容，无疑是一个不容忽视的重大问题。

信托在发展的过程中，用途不断扩充，已远远超越了起初的遗产管理。以营利为目的的职业受托人出现以后，商事信托更是发展成为国民经济中的一个重要产业。美国的信托法权威学者斯科特甚至断言："信托的应用范围可以与人类的想象力相媲美。"

（二）信托的概念

对信托进行定义，可以从受托人的角度，也可以从委托人的角度。美国信托法学者波吉特（G. G. Bogert）是从受托人的角度定义信托的，他说："信托乃当事人间之一种信任关系，一方持有财产权，为他方之利益，负有衡平法上之管理或处分之义务。"日本的《信托法》则是从委托人的角度定义信托的，该法规定："本法所称信托，系指办理财产权之移转或其他处分，使他人依一定目的，为财产之管理或处分。"

我国《信托法》第2条规定："本法所称信托，是指委托人基于对受托人的信任，将其财产权委托给受托人，由受托人按委托人的意愿以自己的名义，为受益人的利益或者特定目的，进行管理或处分的行为。"

理解信托的概念，应注意以下要点：①信托关系的成立和存续，以委托人对受托人的信任为基础。②委托人须将财产权移转给受托人。所谓财产权，是指可依金钱计算价值的权利。因此，各种物权（包括专利权、著作权等无形财产权）、债权以及股东权、矿业权、渔业权、公路收费权等，均不妨成为信托的标的，而不具有财产价值的身份权以及名誉权、姓名权等人格权，则不能成为信托的标的。所谓移转，是指委托人通过信托协议或遗嘱，将财产权转移至受托人，由受托人在信托期间占有并行使财产权。③信托本质上是为他人利益管理财产的一种制度。因此，受托人必须按照委托人的意愿，为受益人的利益或者特定目的，管理或处分信托财产。④与代理关系不同，在信托关系中，受托人管理或处分信托财产只能以自己的名义，而不能以委托人或者受益人的名义。

将同一事务交由他人去完成，往往有多种方法可以选用，其中不仅包括信托，还包括代理和委任（我国《合同法》称之为委托合同）。但是，信托与代理、委任有很大的不同：①代理和委任可能涉及财产管理，也可能不涉及财产管理；而信托是以信托财产为中心构成的法律关系，没有信托财产，就不能成立信托法律关系。②代理和委任即使涉及财产管理，也不发生财产权的移转；而在信托，财产权须移转至受托人。③在代理和委任，委托人并不丧失对同一事务的处置权；而在信托期间，信托财产的管理和处分权排他性地归属于受托人。正是由于信托财产移转至受托人，且信托期间信托财产的管理和处分权由受托人排他性地享有，所以相对而言，信托关系中委托人对受托人的信赖程度是最高的，相应地，受托人也必须对委托人和受益人承担最大的诚信义务。

（三）信托的种类

1. 商事信托与民事信托。商事信托又称为营业信托，以有报酬为原则，受托人通常必须是经政府许可的法人；民事信托又称为非营业信托，以无报酬为原则，对受托人没有特殊限制，有行为能力的人即可担任。

2. 私益信托与公益信托。委托人为自己或特定他人的利益而设立的信托为私益信托；以不特定多数人为受益人的信托为公益信托。根据各国法律，设立公益信托一般须经主管部门批准。

3. 设定信托与法定信托。设定信托是依法律行为（合同或遗嘱）设定的信托；法定信托是直接基于法律规定而成立的信托。

4. 生前信托与遗嘱信托。生前信托也称合同信托，是委托人于其生前同受托人签订信托合同而创设，并于其生前发生效力的信托；遗嘱信托是委托人以遗嘱创设，且须等到委托人死亡时始发生效力的信托。遗嘱信托只能是他益信托。

5. 自益信托与他益信托。受益人为委托人自己的，为自益信托；受益人为委托人以外的第三人的，则为他益信托。

二、我国《信托法》的主要内容

2001 年 4 月 28 日，《中华人民共和国信托法》在第九届全国人民代表大会常务委员会第二十一次会议上获得通过。《信托法》的颁行，结束了我国信托关系无法可依的历史，对于规范信托行为，维护信托当事人的合法权益，促进我国信托事业的健康发展，具有重要意义。

（一）信托的设立

设立信托，必须符合法定要件，包括实质要件与形式要件。我国《信托法》从四个方面对设立信托进行了规定：

1. 当事人。信托有三方当事人，即委托人、受托人和受益人。委托人是将其财产权委托给受托人，让受托人遵从一定目的对信托财产进行管理或处分之人。委托人应当是具有完全民事行为能力的自然人、法人或者依法成立的其他组织。委托人可以是信托的唯一受益人或共同受益人。受托人是接受委托对信托财产进行管理或处分之人。受托人应当是具有完全民事行为能力的自然人、法人，但法律、行政法规另有规定的，从其规定。受托人可以有两个以上。受托人可以同时是受益人，但不得是同一信托的唯一受益人。受益人是在信托中享有信托受益权之人，可以是自然人、法人或者依法成立的其他组织。受益人或者受益人范围不确定的，信托无效。

2. 信托财产。信托财产是受托人因承诺信托而取得的财产（包括财产权利）。受托人因信托财产的管理、处分或者其他情形而取得的财产，也属于信托财产。设立信托必须有确定的信托财产；信托财产不能确定的，信托无效。信托财产必须是委托人合法所有的财产。法律、行政法规禁止流通的财产，不得作为信托财产；法律、行政法规限制流通的财产，依法经有关主管部门批准后，可以作为信托财产。委托人以非法财产或者法律规定不得设立信托的财产设立信托的，信托无效。

信托财产具有独立性。首先，信托财产与委托人未设立信托的其他财产相区别。设立信托后，委托人死亡或者依法解散、被依法撤销、被宣告破产时，委托人是唯一受益人的，信托终止，信托财产作为其遗产或者清算财产；委托人不是唯一受益人的，信托存续，信托财产不作为其遗产或者清算财产，其信托受益权作为遗产或者清算财产。其次，信托财产与属于受托人所有的财产（固有财产）相区别，不得归于受托人的固有财产或者成为固有财产的一部分。受托人死亡或者依法解散、被依法撤销、被宣告破产而终止，信托财产不属于其遗产或者清算财产。受托人管理运用、处分信托财产所生的债权，不得与其固有财产产生的债务相抵销。再次，信托财产与受托人的其他委托人的信托财产相区分。受托人管理、运用、处分不同委托人的信托财产所产生的债权债务，不得相互抵销。最后，除以下法定情形外，对信托财产不得强制执行：设立信托前债权人已对该信托财产享有优先受偿的权利，并依法行使该权利的；受托人处理信托事务所产生的债务，债权人要求清偿该债务的；信托财产本身应担负的税款；法律规定的其他情形。

3. 信托目的。设立信托，必须有合法的信托目的。信托目的违反法律、行政法规或者损害社会公共利益的，信托无效。专以诉讼或者讨债为目的设立的信托无效。委托人设立信托损害其债权人利益的，债权人有权自知道或应当知道权利受损之日起 1 年内，申请人民法院撤销该信托。

4. 信托文件。设立信托应当采取书面形式。书面形式包括信托合同、遗嘱或者法律、行政法规规定的其他书面形式。设立信托的书面文件应当载明：信托目的；委托人、受托人的姓名或者名称、住所；受益人或者受益人范围；信托财产的范围、种类及状况；受益人取得信托利益的形式、方法。此外，设立信托的书面文件还可以载明信托期限、信托财产的管理方法、受托人的报酬、新受托人的选任方式、信托终止事由等事项。

采取信托合同形式设立信托的，信托合同签订时，信托成立；采取其他书面形式设立信托的，受托人承诺信托时，信托成立。设立信托，对于信托财产，有关法律、行政法规规定应当办理登记手续的，应当依法办理信托登记。未按规定办理信托登记的，应当补办；不补办的，该信托不生效力。

（二）委托人和受益人的权利

根据《信托法》的规定，委托人享有以下权利：①知情权。委托人有权了解其信托财产的管理运用、处分及收支情况，并有权要求受托人作出说明；有权查阅、抄录或者复制与其信托财产有关的信托账目以及处理信托事务的其他文件。②调整信托财产管理方法的要求权。因设立信托时未能预见的特别事由，致使信托财产的管理方法不利于实现信托目的或者不符合受益人的利益时，委托人有权要求受托人调整该信托财产的管理方法。③信托财产不当处分行为的撤销权。受托人违反信托目的处分信托财产或者因违背管理职责、处理信托事务不当致使信托财产受到损失的，委托人有权申请人民法院撤销该处分行为，并有权要求受托人恢复信托财产的原状或者予以赔偿；该信托财产的受让人明知是违反信托目的而接受该信托财产的，应当予以返还或者予以赔偿。④受托人解任权。受托人违反信托目的处分信托财产或者管理运用、处分信托财产有重大过失的，委托人有权依照信托文件的规定解任受托人，或者申请人民法院解任受托人。

受益人的基本权利是信托受益权。受益人自信托生效之日起享有信托受益权，信托文件另有规定的，从其规定。共同受益人按照信托文件的规定享受信托利益；信托文件对信托利益的分配比例或者分配方法未作规定的，各受益人按照均等的比例享受信托利益。受益人可以放弃信托受益权；全体受益人放弃信托受益权的，信托终止。受益人不能清偿到期债务的，其信托受益权可以用于清偿债务，但法律、行政法规以及信托文件另有限制性规定的除外。受益人的信托受益权可以依法转让和继承，但信托文件有限制性规定的除外。

除信托受益权外，受益人可以与委托人一样，行使知情权、调整信托财产管理方式的要求权、信托财产不当处分行为的撤销权、受托人解任权。受益人行使这些权利，与委托人意见不一致时，可以申请人民法院作出裁定，人民法院的裁定对全体共同受益人有效。

（三）受托人处理信托事务的原则

1. 诚信原则。受托人应当遵守信托文件的规定，为受益人的最大利益处理信托事务。

2. 报酬约定原则。受托人有权依照信托文件的约定取得报酬。信托文件未作事先约定的，经信托当事人协商同意，可以作出补充约定；未作事先约定和补充约定的，不得收取报酬。约定的报酬经信托当事人协商同意，可以增减其数额。受托人除依法取得报酬外，不得利用信托财产为自己谋取利益，违反规定利用信托财产为自己谋取利益的，所得利益归入信托财产。受托人违反信托目的处分信托财产或者因违背管理职责、处理信托事务不当致使信托财产受到损失的，在未恢复信托财产的原状或者未予赔偿前，不得请求给付报酬。

3. 信托财产分别管理、分别记账原则。受托人必须将信托财产与其固有财产分别管理、分别记账，并将不同委托人的信托财产分别管理、分别记账。受托人不得将信托财产转为其固有财产，将信托财产转为其固有财产的，必须恢复该信托财产的原状；造成信托财产损失的，应当承担赔偿责任。受托人不得将其固有财产与信托财产进行交易，或者在不同委托人的信托财产之间进行相互交易，但信托文件另有规定或者经委托人或者受益人同意、并以公平的市场价格进行交易的除外。

4. 亲自处理信托事务原则。受托人应当自己处理信托事务，如信托文件另有规定或者有不得已事由的，可以委托他人代为处理，但应当对他人处理信托事务的行为承担责任。

5. 信息报告与保密原则。受托人必须保存处理信托事务的完整记录，应当每年定期将信托财产的管理运用、处分及收支情况，报告委托人和受益人。受托人对委托人、受益人以及处理信托事务的情况和资料负有依法保密的义务。

6. 有限责任原则。受托人以信托财产为限向受益人承担支付信托利益的义务。受托人因处理信托事务所支出的费用、对第三人所负债务，以信托财产承担。受托人以其固有财产先行支付的，对信托财产享有优先受偿的权利。受托人违背管理职责或者处理信托事务不当对第三人所负债务或者自己所受到的损失，以其固有财产承担。

7. 共同受托人连带责任原则。共同受托人应当共同处理信托事务。第三人对共同受托人之一所作的意思表示，对其他受托人同样有效。共同受托人之一违反信托目的处分信托财产或者因违背管理职责、处理信托事务不当致使信托财产受到损失的，其他受托人应当承担连带赔偿责任。

（四）信托的变更与终止

受托人辞任或被解任，或者受托人死亡、终止、丧失民事行为能力，即需要变更受托人。有下列情形之一的，委托人可以变更受益人或者处分受益人的信托受益权：①受益人对委托人有重大侵权行为；②受益人对其他共同受益人有重大侵权行为；③经受益人同意；④信托文件规定的其他情形。

除法律或信托文件另有规定外，信托不因委托人或者受托人的死亡、丧失民事行为能力、依法解散、依法被撤销或者被宣告破产而终止，也不因受托人的辞任而终止。有下列情形之一的，信托终止：①信托文件规定的终止事由发生；②信托的存续违反信托目的；③信托目的已经实现或者不能实现；④信托当事人协商同意；⑤信托被撤销；⑥信托被解除。

信托终止时，信托财产归属于信托文件规定的人；信托文件未规定的，按照下列顺序确定归属：①受益人或者其继承人；②委托人或者其继承人。信托终止的，受托人应当作出处理信托事务的清算报告。受益人或者信托财产的权利归属人对清算报告无异议的，受托人就清算报告所列事项解除责任，但受托人有不正当行为的除外。

（五）公益信托

所谓公益信托，是指为了下列公共利益目的之一而设立的信托：①救济贫困；②救助灾民；③扶助残疾人；④发展教育、科技、文化、艺术、体育事业；⑤发展医疗卫生事业；⑥发展环境保护事业，维护生态环境；⑦发展其他社会公益事业。世界各国对公益信托均持鼓励态度，我国也是如此。我国《信托法》对公益信托除在具体事项上作出特别规定外，特别强调了公益事业管理机构对公益信托的管理，并设置了信托监察人制度。

三、信托公司

（一）概述

在现代经济生活中，信托与金融的结合日益紧密。特定的金融机构，以收取报酬为目的，以受托人的身份取得信托资金或其他信托财产，转而以贷款、投资、同业拆放等金融方式以及出售、租赁等其他方式加以运用、处分，在实现信托目的的同时，也实现了资金的融通，促进了资源的重新配置。信托公司（原称信托投资公司）即是依法成立、主要经营信托业务的非银行金融机构。

自 1979 年 10 月中国国际信托投资公司成立以来，我国信托业在机构数量上一度增长迅速，最多时达到了 397 家，但总体上问题不少，其多次成为政府重点整治的对象。问题突出表现在这样几个方面：①市场定位不准，缺乏开发信托产品的能力，未能充分发挥"代人理财"的特有功能；②专业人才匮乏，不能体现"专家理财"的技术优势，对客户没有吸收力；③内部治理混乱，违法违规经营现象严重，曾有多家信托投资公司出现重大风险事故。1999 年 2 月 7 日，在整个信托行业总体资产质量极度低下、面临 5400 亿元人民币偿债危机、广东国际信托投资公司被依法宣告破产的形势下，国务院转发了中国人民银行《整顿信托投资公司方案》，部署对信托业进行清理整顿，并重新予以登记的工作。

我国信托业发展历经曲折，与信托立法的一度欠缺有着直接关系。虽然首家信托投资公司在 1979 年就已出现，但直到 1986 年 4 月，中国人民银行才发布《金融信托投资机构管理暂行规定》（已废止）。其后，虽然中国人民银行又陆续发布了许多文件，但一直没有系统的业务规则，特别是没有从风险管理的角度制定完整的制度。这种局面，从 2001 年开始改观。首先是中国人民银行在 2001 年 1 月发布了《信托投资公司管理办法》，紧接着在 2001 年 4 月 28 日，调整信托关系的基本法——《中华人民共和国信托法》在第九届全国人民代表大会常务委员会第二十一次会议上获得通过。《信托法》出台以后，为了与《信托法》的规定保持衔接，更好地反映有效监管信托投资公司的实际需要，中国人民银行在 2002 年 5 月发布了重新制定的《信托投资公司管理办法》（已废止）并在 2002 年 6 月发布了《信托投资公司资金信托管理暂行办法》（已废止）。2003 年 12 月

27 日，第十届全国人民代表大会常务委员会第六次会议通过《中华人民共和国银行业监督管理法》，其规定对信托投资公司适用。中国银监会成立以后，即承接原由中国人民银行行使的信托投资公司监管职责。为了进一步规范信托投资公司及其经营活动，中国银监会（中国银保监会）先后更新或制定了一系列监管规定，其中主要包括：2005 年 1 月发布的《信托投资公司信息披露管理暂行办法》（2020 年 2 月修改）；2007 年 1 月发布的《信托公司管理办法》《信托公司治理指引》和《信托公司集合资金信托计划管理办法》（2009 年 2 月修改）；2007 年 3 月与国家外汇管理局联合发布的《信托公司受托境外理财业务管理暂行办法》；2008 年 12 月发布的《银行与信托公司业务合作指引》；2010 年 8 月发布的《信托公司净资本管理办法》；2014 年 12 月与财政部联合发布的《信托业保障基金管理办法》；2015 年 6 月发布的《中国银监会信托公司行政许可事项实施办法》；2017 年 8 月发布的《信托登记管理办法》；2020 年 1 月发布的《信托公司股权管理暂行办法》。

需要注意，中国银监会在 2007 年 1 月发布的相关规定中，即开始将"信托投资公司"改称为"信托公司"。由于信托投资公司管理、运用、处分信托财产并不以"投资"为限，法定称谓经改变以后无疑更加准确。

（二）信托公司的设立、变更与终止

1. 设立。设立信托公司，应当采取有限责任公司或者股份有限公司的形式，并具备下列条件：①有符合《中华人民共和国公司法》和中国银监会（中国银保监会）规定的公司章程；②有符合中国银监会（中国银保监会）规定的入股资格的股东；③具有规定的最低限额以上的注册资本；④有符合中国银监会（中国银保监会）规定的任职资格的董事、高级管理人员和与其业务相适应的信托从业人员；⑤具有健全的组织机构、信托业务操作规则和风险控制制度；⑥有符合要求的营业场所、安全防范措施和与业务有关的其他设施；⑦中国银监会（中国银保监会）规定的其他条件。

信托公司的注册资本不得低于人民币 3 亿元或等值的可自由兑换货币；注册资本为实缴货币资本。其申请经营企业年金基金、证券承销、资产证券化等业务，应当符合相关法律法规规定的最低注册资本要求。中国银监会（中国银保监会）根据信托公司行业发展的需要，可以调整设立信托公司的注册资本最低限额。

设立信托公司，必须经中国银保监会批准，并领取金融许可证。未经中国银监会批准，任何单位和个人不得经营信托业务，任何经营单位不得在其名称中使用"信托公司"字样，法律、行政法规另有规定的除外。未经中国银保监会批准，信托公司不得设立或变相设立分支机构。

2. 变更。信托公司有下列情形之一的，应当经中国银保监会批准：①变更名称；②变更注册资本金；③变更公司住所；④改变组织形式；⑤调整业务范围；⑥更换董事或高级管理人员；⑦变更股东或者调整股权结构，但持有上市股份公司流通股份未达到公司总股份5%的除外；⑧修改公司章程；⑨合并或者分立；⑩中国银监会（中国银保监会）规定的其他变更事项。

3. 终止。信托公司因分立、合并或者出现公司章程规定的解散事由申请解散的，经中国银保监会批准后解散，并依法组织清算组进行清算。信托公司不能清偿到期债务，且资产不足以清偿债务或明显缺乏清偿能力的，该信托公司或其债权人经中国银保监会同意，可向人民法院提出破产申请；中国银保监会也可以向人民法院直接提出对该信托公司进行重整或破产清算的申请。信托公司终止时，其管理信托事务的职责同时终止；清算组应当妥善保管信托财产，作出处理信托事务的报告并向新受托人办理信托财产的移交，信托文件另有约定的，从其约定。

（三）信托公司的经营范围

信托公司可以申请经营下列部分或者全部本外币业务：资金信托；动产信托；不动产信托；有价证券信托；其他财产或财产权信托；作为投资基金或者基金管理公司的发起人从事投资基金业务；经营企业资产的重组、购并及项目融资、公司理财、财务顾问等业务；受托经营国务院有关部门批准的证券承销业务；办理居间、咨询、资信调查等业务；代保管及保管箱业务；法律法规规定或中国银保监会批准的其他业务。

信托公司可以依法开展公益信托活动；可以根据市场需要，按照信托目的、信托财产的种类或者对信托财产管理方式的不同设置信托业务品种。信托公司管理运用或处分信托财产，可以依照信托文件的约定，采取投资、出售、存放同业、买入返售、租赁、贷款等方式进行，但不得采取卖出回购的方式。在固有业务项下，信托公司可以开展存放同业、拆放同业、贷款、租赁、投资等业务；其中，投资业务限定为金融类公司股权投资、金融产品投资和自用固定资产投资；除中国银监会（中国银保监会）另有规定外，信托公司不得以固有财产进行实业投资。除中国银监会（中国银保监会）另有规定外，信托公司不得开展除同业拆入业务以外的其他负债业务，且同业拆入余额不得超过其净资产的20%；信托公司可以开展对外担保业务，但对外担保余额不得超过其净资产的50%。信托公司经营外汇信托业务，应当遵守国家外汇管理的有关规定，并接受外汇主管部门的检查、监督。

（四）信托公司的经营规则

关于信托公司的业务经营，《信托公司管理办法》重申和细化了《信托法》

的相关内容，但也同时结合信托公司的特点就以下方面作出了特殊规定：①利益冲突管理。信托公司在处理信托事务时应当避免利益冲突，在无法避免时，应向委托人、受益人予以充分的信息披露，或拒绝从事该项业务。信托公司的信托业务部门应当独立于公司的其他部门，其人员不得与公司其他部门的人员相互兼职，业务信息不得与公司的其他部门共享。②固有业务中的禁止行为。不得向关联方融出资金或转移财产，不得为关联方提供担保，不得以股东持有的本公司股权作为质押进行融资。③信托业务中的禁止行为。不得利用受托人地位谋取不当利益，不得将信托财产挪用于非信托目的的用途，不得承诺信托财产不受损失或者保证最低收益，不得以信托财产提供担保，不得实施法律法规和中国银监会（中国银保监会）禁止的其他行为。④关联交易规则。信托公司开展关联交易，应以公平的市场价格进行，逐笔向中国银保监会事前报告，并按照有关规定进行信息披露。

除上述一般经营规则外，信托公司在中华人民共和国境内设立集合资金信托计划和办理受托境外理财业务，还必须分别遵守《信托公司集合资金信托计划管理办法》和《信托公司受托境外理财业务管理暂行办法》的专门规定和具体要求。其中，集合资金信托计划是指信托公司担任受托人，按照委托人的意愿，为受益人的利益，将两个以上（含两个）委托人交付的资金进行集中管理、运用或处分；受托境外理财业务是指境内机构或居民个人作为委托人将其合法所有的资金委托给信托公司设立信托，信托公司以自己的名义按照信托文件约定的方式在境外进行金融产品投资和资产管理。

（五）信托公司的监督管理

1. 治理结构与内控制度。信托公司应当建立以股东（大）会、董事会、监事会、高级管理层等为主体的组织架构，明确各自的职责划分，保证相互之间独立运行、有效制衡，形成科学高效的决策、激励与约束机制；应当按照职责分离的原则设立相应的工作岗位，保证公司对风险能够进行事前防范、事中控制、事后监督和纠正，形成健全的内部约束机制和监督机制；应当按规定制订本公司的信托业务及其他业务规则，建立、健全本公司的各项业务管理制度和内部控制制度。《信托公司治理指引》就信托公司构建完善的治理结构作了进一步的具体规定。

2. 信息编制、审计和披露。信托公司应当按照国家有关规定建立、健全本公司的财务会计制度，真实记录并全面反映其业务活动和财务状况，其年度财务会计报表应当经具有良好资质的中介机构审计；应当按照中国银监会（中国银保监会）的要求提供有关业务、财务等报表和资料，并如实介绍有关业务情况；应当依照《信托投资公司信息披露管理暂行办法》的规定，真实、准确、及时、完整地向客户及相关利益人公开反映其经营状况的主要信息，如财务会计报告、公司治理、业务经营、风险管理、关联交易及其他重大事项。

3. 净资本和信托赔偿准备金要求。信托公司的净资本不得低于人民币 2 亿元，不得低于各项风险资本之和的 100%，不得低于净资产的 40%。对信托公司实施净资本管理的目的，是确保信托公司固有资产充足并保持必要的流动性，以能满足抵御各项业务不可预期损失的需要。关于净资本和风险资本的计算，《信托公司净资本管理办法》作了具体规定。

信托公司每年应当从税后利润中提取 5% 作为信托赔偿准备金；但该赔偿准备金累计总额达到公司注册资本的 20% 时，可不再提取。赔偿准备金应存放于经营稳健、具有一定实力的境内商业银行，或者用于购买国债等低风险高流动性证券品种。

此外，信托公司应当根据《信托业保障基金管理办法》缴纳信托业保障基金。

4. 人事管理。中国银保监会对信托公司的董事、高级管理人员实行任职资格审查制度；未经任职资格审查或者审查不合格的，不得任职。信托公司对拟离任的董事、高级管理人员，应当进行离任审计，并将审计结果报中国银保监会备案。信托公司的法定代表人变更时，在新的法定代表人经中国银保监会核准任职资格前，原法定代表人不得离任。中国银保监会对信托公司的信托从业人员实行信托业务资格管理制度；未取得信托从业人员资格证书的，不得经办信托业务。信托公司的董事、高级管理人员和信托从业人员违反法律、行政法规或中国银监会（中国银保监会）有关规定的，中国银保监会有权取消其任职资格或者从业资格。

5. 日常监管和问题处置。中国银保监会对信托公司及其业务活动实施监督管理。根据履行职责的需要，中国银保监会可以定期或者不定期对信托公司的经营活动进行检查，可以与信托公司的董事、高级管理人员进行监督管理谈话，要求信托公司董事、高级管理人员就信托公司的业务活动和风险管理的重大事项作出说明。此外，中国信托业协会是信托业的自律组织，对信托公司实行自律性管理，并接受中国银保监会的指导和监督。

对于问题信托公司，根据问题的严重程度，中国银保监会可以依法采取限期改正、暂停业务、限制股东权利、接管或督促重组、撤销经营许可、向人民法院申请破产等措施，并在权限范围内对实施违法、违规行为的信托公司及其负有直接责任的董事、高级管理人员和其他直接责任人员进行处罚。

第四节　金融租赁公司和融资租赁公司

一、融资租赁概述

（一）融资租赁的概念和法律特征

融资租赁又称金融租赁，是出租人根据承租人对租赁物的特定要求和对出卖人的选择，出资向出卖人购买租赁物租与承租人使用，承租人按约定分期支付租金的信用活动。融资租赁作为一种金融工具，兼有融资和融物的双重职能，在促进企业技术改造、降低企业负债率、盘活企业资产存量、促进消费、提高企业产品竞争力方面有着独特的优势。

融资租赁不同于经营性租赁，具有以下法律特征：①融资租赁具有融物与融资的双重功能，表面上为融物，实质上是融资，是出租人为承租人垫付资金，使后者得以使用所需要的设备或物品。②在融资租赁中，出租人仅负提供购买租赁物所需资金及与出卖人订立买卖合同的义务，作为租赁物所有人通常应负的义务与责任，如保管和修缮租赁物的义务、纳税与投保的义务、租赁物的毁损灭失责任等，一般由承租人承担。③融资租赁为全额回收租赁，出租人要在租期届满时收回购置租赁物的大部分或者全部成本并实现其利润。故租金总额的计算，除包括出租人购买租赁物所作支出外，还包括利息、出租人的利润及其他费用。④融资租赁通常为中长期租赁，租期接近于租赁物的使用寿命或淘汰周期。⑤在融资租赁中，租赁物针对承租人的特定需要购置，不具有泛用性，为了保护出租人的利益，一般限制承租人中途解约。⑥在融资租赁中，由买卖合同的出卖人直接向承租人进行交付，出租人一般不对承租人承担租赁物的交付迟延责任和瑕疵担保责任。我国《合同法》和将于2021年1月1日施行的《民法典》均以融资租赁合同为有名合同或典型合同对其作了专章规定。

融资租赁20世纪50年代首创于美国，其后在世界范围内广泛传播，目前在发达国家已成为设备投资中仅次于银行信贷的第二大融资方式。在美国，融资租赁的设备渗透率已经达到30%左右。作为一种新型的金融工具，融资租赁在出现以后之所以发展如此之快，是因为它兼容了出租人和承租人各自特殊的经济利益。一方面，承租人得以在滞后、分散偿付租金的条件下，超前、集中取得租赁物的使用价值，而租赁物又是出租人为承租人量身购买的，能够贴切地满足承租人的特定需要；另一方面，对出租人而言，不仅可以全额回收成本，赚取利润，而且他保有租赁物的所有权，其租金债权在一定程度上较普通融资更具保障。

（二）融资租赁的分类和操作流程

融资租赁可以划分为直接租赁、售后回租、转租赁和委托租赁。其中，直接租赁是典型的融资租赁，售后回租、转租赁和委托租赁则是在直接租赁的基础上衍生出来的租赁形式。

售后回租是指承租人将自有物件出卖给出租人，同时与出租人签订融资租赁合同，再将该物件从出租人处租回。通过售后回租，企业可以盘活资产，解决资金周转不灵的困难。转租赁是指以同一物件为标的物的多次融资租赁；上一租赁合同的承租人同时是下一租赁合同的出租人，即转租人；转租人以收取租金差为目的；租赁物的所有权归第一出租人。转租人将租赁标的物转租，必须取得第一出租人以及前手出租人的同意。委托租赁是指出租人接受委托人的资金或租赁标的物，根据委托人的书面委托，向委托人指定的承租人办理融资租赁业务；在租赁期内，租赁标的物的所有权归委托人，出租人只收取手续费，不承担风险。

典型的融资租赁，一般有以下步骤：①承租人于出卖人（制造商或经销商）处选定所需设备，并向出租人提出融资租赁申请；②出租人经审查同意后，与承租人签订融资租赁合同；③出租人与出卖人订立买卖合同；④出卖人按买卖合同的约定，直接交付租赁物与承租人，承租人验收并向出租人出具收据，作为出租人支付货款和起租的依据；⑤在租赁期间内，出租人保留租赁物的所有权，承租人按约定定期给付租金；⑥租期届满，根据双方约定，承租人退租或续租，或就租赁物残值支付相当金额购买租赁物。

二、金融租赁公司

目前在我国，金融租赁公司和融资租赁公司主营融资租赁业务，信托公司和企业集团财务公司则可以兼营融资租赁业务。中国银监会 2007 年 1 月发布的《信托公司管理办法》虽然未将融资租赁业务纳入信托公司的法定经营范围，但融资租赁理当是信托公司管理、运用或处分信托财产可用的重要方式；而中国银监会 2004 年 7 月发布、2006 年 12 月修订的《企业集团财务公司管理办法》则明确规定企业集团财务公司可以对成员单位办理融资租赁。

金融租赁公司是经中国银监会（中国银保监会）批准，以经营融资租赁业务为主的非银行金融机构。金融租赁公司的监督管理，适用全国人民代表大会常务委员会于 2003 年 12 月通过、2006 年 10 月修订的《中华人民共和国银行业监督管理法》和中国银监会 2014 年 3 月发布的《金融租赁公司管理办法》、2014 年 7 月发布的《金融租赁公司专业子公司管理暂行规定》。以下简要介绍《金融租赁公司管理办法》的主要内容。

（一）金融租赁公司的设立

设立金融租赁公司应当具备下列条件：有符合《中华人民共和国公司法》和中国银监会（中国银保监会）规定的公司章程；有符合规定条件的发起人；有最低限额以上的注册资本，注册资本为一次性实缴货币资本，最低限额为 1 亿元人民币或等值的可自由兑换货币；有符合任职资格条件的董事、高级管理人员，具有 3 年以上金融或融资租赁工作经历的人员不低于总人数的 50%；具有有效的公司治理、内部控制和风险管理体系；有与业务经营和监管要求相适应的信息科技架构，具有支撑业务经营的必要、安全且合规的信息系统，具备保障业务持续运营的技术与措施；有与业务经营相适应的营业场所、安全防范措施和其他设施；中国银监会（中国银保监会）规定的其他审慎性条件。

设立金融租赁公司，应由主要出资人作为申请人报请中国银保监会审查批准，并需经过筹建和开业两个阶段。金融租赁公司根据业务发展的需要，依据 2014 年发布的《金融租赁公司专业子公司管理暂行规定》，经中国银保监会批准，可以设立分公司、子公司。

（二）金融租赁公司的业务范围

经中国银保监会批准，金融租赁公司可经营以下部分或全部本外币业务：融资租赁业务；转让和受让融资租赁资产；固定收益类证券投资业务；接受承租人的租赁保证金；吸收非银行股东 3 个月（含）以上定期存款；同业拆借；向金融机构借款；境外借款；租赁物变卖及处理业务；经济咨询。但是，金融租赁公司不得吸收银行股东的存款。其经营业务中涉及外汇管理事项的，需遵守国家外汇管理有关规定。

（三）金融租赁公司的经营规则与监督管理

1. 治理结构与内控制度。金融租赁公司应当建立以股东（大）会、董事会、监事（会）、高级管理层等为主体的组织架构以及职责明确、相互独立、有效制衡、科学高效的决策、激励和约束机制，应当按照全面、审慎、有效、独立的原则，建立和健全内部控制机制。

2. 监管指标。金融租赁公司应当遵守以下监管指标：资本净额与风险加权资产的比例不得低于中国银监会（中国银保监会）的最低监管要求；对单一承租人的全部融资租赁业务余额不得超过资本净额的 30%，对单一集团的全部融资租赁业务余额不得超过资本净额的 50%；对一个关联方的全部融资租赁业务余额不得超过资本净额的 30%，对全部关联方的全部融资租赁业务余额不得超过资本净额的 50%；对单一股东及其全部关联方的融资余额不得超过该股东在金融租赁公司的出资额，且应同时满足对单一客户关联度的规定；同业拆入资金余额不得超过资本净额的 100%。根据监管工作需要，中国银保监会可以对上述指标作适当调整。

3. 资产分类和准备金计提要求。金融租赁公司应当按照监管规定建立资产质量分类制度。金融租赁公司应当按照相关规定建立准备金制度，在准确分类的基础上及时足额计提资产减值损失准备，增强风险抵御能力；未提足准备的，不得进行利润分配。

4. 信息编制、披露和审计。金融租赁公司应按照相关企业会计准则及中国银监会（中国银保监会）的有关规定进行信息披露；应按规定编制并向中国银保监会报送资产负债表、损益表及中国银行业监督管理委员会要求的其他报表，并由法定代表人及直接经办人员对所提供报表的真实性承担法律责任；应在每会计年度结束后 4 个月内向中国银保监会或有关派出机构报送前一会计年度的关联交易情况报告；应建立定期外部审计制度，并在每个会计年度结束后的 4 个月内，将经法定代表人签名确认的年度审计报告报送中国银保监会或其派出机构。

5. 关联交易规则。金融租赁公司应当按照商业原则、以不优于对非关联方同类交易的条件进行关联交易，应当制定关联交易管理制度，重大关联交易应当经董事会批准。此处所谓重大关联交易，指金融租赁公司与一个关联方之间单笔交易金额占金融租赁公司资本净额 5%以上，或金融租赁公司与一个关联方发生交易后金融租赁公司与该关联方的交易余额占金融租赁公司资本净额 10%以上的交易。

6. 售后回租业务规则。售后回租业务必须有明确的标的物，并且必须由承租人真实拥有并有权处分；金融租赁公司不得接受已设置任何抵押、权属存在争议或已被司法机关查封、扣押的财产或其所有权存在任何其他瑕疵的财产作为售后回租业务的标的物。在售后回租业务中，金融租赁公司对租赁物的买入价格应当有合理的、不违反会计准则的定价依据作为参考，不得低值高买。金融租赁公司应真实取得相应标的物的所有权，并对依法必须进行产权转让登记的进行相应登记。

7. 问题处置和市场退出管理。中国银保监会及其派出机构依法对金融租赁公司实施监督管理。对违反规定的金融租赁公司，中国银保监会可责令限期整改；逾期未整改或者其行为严重危及该金融租赁公司的稳健运行、损害客户合法权益的，中国银保监会可以区别情形，依照《银行业监督管理法》等法律、法规的规定，采取暂停业务、限制股东权利等监管措施。对已经或者可能发生信用危机、严重影响客户合法权益的金融租赁公司，中国银保监会依法对其实行托管或者督促其重组，问题严重的，有权予以撤销。此外，中国银保监会有权按《银行业监督管理法》等有关法律、法规对违反规定的金融租赁公司进行处罚。

金融租赁公司因解散、依法被撤销或被宣告破产而终止。但有三点需要注意：①金融租赁公司解散须经中国银保监会批准；②金融租赁公司或其债权人向法院提出破产申请，须经中国银保监会批准；③中国银保监会可以向法院提出对金融租赁公司进行重整或破产清算的申请。

三、融资租赁公司

融资租赁公司是指从事融资租赁业务的有限责任公司或者股份有限公司（不含金融租赁公司）。与金融租赁公司不同，融资租赁公司由中央制定统一规则，由地方负责实施监管和承担属地风险处置责任。其监督管理，适用中国银保监会2020年5月发布的《融资租赁公司监督管理暂行办法》（以下简称《暂行办法》）。以下简要介绍《暂行办法》的主要内容。

（一）融资租赁公司的业务范围

融资租赁公司可以经营下列部分或全部业务：①融资租赁业务；②租赁业务；③与融资租赁和租赁业务相关的租赁物购买、残值处理与维修、租赁交易咨询、接受租赁保证金；④转让与受让融资租赁或租赁资产；⑤固定收益类证券投资业务。

融资租赁公司不得有下列业务或活动：①非法集资、吸收或变相吸收存款；②发放或受托发放贷款；③与其他融资租赁公司拆借或变相拆借资金；④通过网络借贷信息中介机构、私募投资基金融资或转让资产；⑤法律法规、中国银保监会和省级地方金融监管部门禁止开展的其他业务或活动。

（二）融资租赁公司的经营规则

1. 租赁物限制、购置及所有权管理。适用于融资租赁交易的租赁物为固定资产，另有规定的除外。融资租赁公司开展融资租赁业务应当以权属清晰、真实存在且能够产生收益的租赁物为载体。融资租赁公司不得接受已设置抵押、权属存在争议、已被司法机关查封、扣押的财产或所有权存在瑕疵的财产作为租赁物。

融资租赁公司应当在签订融资租赁合同或明确融资租赁业务意向的前提下，按照承租人要求购置租赁物。特殊情况下需要提前购置租赁物的，应当与自身现有业务领域或业务规划保持一致，且与自身风险管理能力和专业化经营水平相符。

融资租赁公司应当合法取得租赁物的所有权。按照国家法律法规规定，租赁物的权属应当登记的，融资租赁公司须依法办理相关登记手续。若租赁物不属于需要登记的财产类别，融资租赁公司应当采取有效措施保障对租赁物的合法权益。

2. 公司治理结构。融资租赁公司应当建立完善以股东或股东（大）会、董事会（执行董事）、监事（会）、高级管理层等为主体的组织架构，明确职责分工，保证相互之间独立运行、有效制衡，形成科学高效的决策、激励和约束机制。

3. 内部控制和风险管理。融资租赁公司应当按照全面、审慎、有效、独立原则，建立健全内部控制制度，保障公司安全稳健运行。融资租赁公司应当根据其组织架构、业务规模和复杂程度，建立全面风险管理体系，识别、控制和化解风险；应当重视租赁物的风险缓释作用，密切监测租赁物价值对融资租赁债权的风险覆盖水平，制定有效的风险应对措施；应当加强租赁物未担保余值管理，定期评估未担保余值是否存在减值，及时按照会计准则的要求计提减值准备；应当加强对租赁期限届满返还或因承租人违约而取回的租赁物的风险管理，建立完善的租赁物处置制度和程序，降低租赁物持有期风险；应当严格按照会计准则等相关规定，真实反映融资租赁资产转让和受让业务的实质和风险状况；应当建立资产质量分类制度和准备金制度，在准确分类的基础上及时足额计提资产减值损失准备，增强风险抵御能力。融资租赁公司和承租人应对与融资租赁业务有关的担保、保险等事项进行充分约定，维护交易安全。

为有效预防和控制风险，融资租赁公司应当遵守下列监管指标：融资租赁和其他租赁资产比重不得低于总资产的 60%；风险资产总额（企业总资产减去现金、银行存款和国债后的剩余资产）不得超过净资产的 8 倍；开展的固定收益类证券投资业务，不得超过净资产的 20%；对单一承租人的全部融资租赁业务余额不得超过净资产的 30%；对单一集团的全部融资租赁业务余额不得超过净资产的 50%；对一个关联方的全部融资租赁业务余额不得超过净资产的 30%；对全部关联方的全部融资租赁业务余额不得超过净资产的 50%；对单一股东及其全部关联方的融资余额，不得超过该股东在融资租赁公司的出资额，且同时满足"对单一承租人的全部融资租赁业务余额不得超过净资产的 30%"的要求。中国银保监会可以根据监管需要对上述指标作出调整。

4. 关联交易管理。融资租赁公司应当建立关联交易管理制度，其关联交易应当遵循商业原则，独立交易、定价公允，以不优于非关联方同类交易的条件进行。融资租赁公司在对承租人为关联企业的交易进行表决或决策时，与该关联交易有关联关系的人员应当回避。融资租赁公司的重大关联交易应当经股东（大）会、董事会或其授权机构批准。融资租赁公司与其设立的控股子公司、项目公司之间的交易，不适用《暂行办法》对关联交易的监管要求。

5. 定价管理。融资租赁公司应当建立健全租赁物价值评估和定价体系，根据租赁物的价值、其他成本和合理利润等确定租金水平。售后回租业务中，融资租赁公司对租赁物的买入价格应当有合理的、不违反会计准则的定价依据作为参考，不得低值高买。

6. 转租赁管理。融资租赁公司对转租赁等形式的融资租赁资产应当分别管理，单独建账。转租赁应当经出租人同意。

（三）融资租赁公司的监督管理

1. 监管体制。中国银保监会负责制定融资租赁公司的业务经营和监督管理规则；省级人民政府负责制定促进本地区融资租赁行业发展的政策措施，对融资租赁公司实施监督管理，处置融资租赁公司风险；省级地方金融监管部门具体负责对本地区融资租赁公司的监督管理。省级人民政府应当依据《暂行办法》制定本辖区融资租赁公司监督管理实施细则，视监管实际情况，对租赁物范围、特定行业的集中度和关联度要求进行适当调整，并报中国银保监会备案。《暂行办法》并未规定设立融资租赁公司的条件和程序及其设立、变更业务范围的审批权限，想必是留待省级人民政府在融资租赁监督管理实施细则中予以规范。

2. 地方金融监管部门对融资租赁公司的监管。地方金融监管部门应当通过信息交叉比对、实地走访、接受信访投诉等方式，准确核查辖内融资租赁公司的经营和风险状况，根据融资租赁公司的经营规模、风险状况、内控管理、违法违规情形等，将其划分为以下三类实施分类监管：①正常经营类。依法合规经营的融资租赁公司为正常经营类。地方金融监管部门要对正常经营类融资租赁公司按其注册地审核营业执照、公司章程、股东名单、高级管理人员名单和简历、经审计的近两年资产负债表、利润表、现金流量表及规定的其他资料。对于接受并配合监管、在注册地有经营场所且如实完整填报信息的企业，省级地方金融监管部门要在报中国银保监会同意后及时纳入监管名单。②非正常经营类。非正常经营类主要是指"失联"和"空壳"等经营异常的融资租赁公司。其中，"失联"是指满足以下条件之一的融资租赁公司：无法取得联系；在企业登记住所实地排查无法找到；虽然可以联系到企业工作人员，但其并不知情也不能联系到企业实际控制人；连续3个月未按监管要求报送监管信息。"空壳"是指满足以下条件之一的融资租赁公司：未依法通过国家企业信用信息公示系统报送并公示上一年度年度报告；近6个月监管信息显示无经营；近6个月无纳税记录或"零申报"；近6个月无社保缴纳记录。地方金融监管部门要督促非正常经营类企业整改。非正常经营类企业整改验收合格的，可纳入监管名单；拒绝整改或整改验收不合格的，纳入非正常经营名录，劝导其申请变更企业名称和业务范围、自愿注销。③违法违规经营类。违法违规经营类是指经营行为违反法律法规和《暂行办法》规定的融资租赁公司。违法违规情节较轻且整改验收合格的，可纳入监管名单；整改验收不合格或违法违规情节严重的，地方金融监管部门要依法处罚、取缔或协调市场监管部门依法吊销其营业执照，涉嫌违法犯罪的及时移送公安机关依法查处。

《暂行办法》对地方金融监管部门采取监管措施提出了相应要求：①非现场监管。地方金融监管部门应当建立非现场监管制度，利用信息系统对融资租赁公司按期分析监测，重点关注相关指标偏高、潜在经营风险较大的公司；省级地方金融监管部门应当于每年 4 月 30 日前向中国银保监会报送上一年度本地区融资租赁公司发展情况以及监管情况。②现场检查。地方金融监管部门应当建立现场检查制度，现场检查时可以采取规定的措施，但应遵守规定的程序。③监管谈话。地方金融监管部门根据履行职责需要，可以与融资租赁公司的董事、监事、高级管理人员进行监督管理谈话，要求其就融资租赁公司业务活动和风险管理的重大事项作出说明。④重大风险预警与应急处置。地方金融监管部门应当建立融资租赁公司重大风险事件预警、防范和处置机制，制定融资租赁公司重大风险事件应急预案；融资租赁公司发生重大风险事件的，应当立即采取应急措施，并及时向地方金融监管部门报告，地方金融监管部门应当及时处置。⑤违法行为信息库。地方金融监管部门应当建立融资租赁公司及其主要股东、董事、监事、高级管理人员违法经营融资租赁业务行为信息库，如实记录相关违法行为信息；给予行政处罚的，应当依法向社会公示。

为了保证监管有效，《暂行办法》规定了融资租赁公司的信息提供和报告义务。融资租赁公司应定期向地方金融监管部门和同级人民银行分支机构报送信息资料。融资租赁公司应当建立重大事项报告制度，下列事项发生后 5 个工作日内向地方金融监管部门报告：重大关联交易，重大待决诉讼、仲裁及地方金融监管部门规定需要报送的其他重大事项。

地方金融监管部门应当加强监管队伍建设，按照监管要求和职责配备专职监管员，专职监管员的人数、能力要与被监管对象数量相匹配。地方金融监管部门应当与有关部门建立监督管理协调机制和信息共享机制，研究解决辖内融资租赁行业重大问题，加强监管联动，形成监管合力。省级地方金融监管部门要与市场监管部门建立会商机制，严格控制融资租赁公司及其分支机构的登记注册。

3. 行业自律。融资租赁行业协会是融资租赁行业的自律组织，是社会团体法人。依法成立的融资租赁行业协会按照章程发挥沟通协调和行业自律作用，履行协调、维权、自律、服务职能，开展行业培训、理论研究、纠纷调解等活动，配合地方金融监管部门，引导融资租赁公司诚信经营、公平竞争、稳健运行。

4. 法律责任。融资租赁公司违反法律法规和《暂行办法》，有关法律法规有处罚规定的，依照其规定给予处罚；有关法律法规未作处罚规定的，地方金融监管部门可以采取监管谈话、出具警示函、责令限期改正、通报批评等监管措施；构成犯罪的，依法追究刑事责任。依照法律法规对融资租赁公司进行处罚的，地方金融监管部门可以根据具体情形对有关责任人员采取通报批评、责令改正、纳入警示名单或违法失信名单等监管措施。融资租赁公司吸收或变相吸收公众存款以及以其他形式非法集资的，依照法律、行政法规和国家有关规定给予处罚；构成犯罪的，依法追究刑事责任。

第五节　其他非银行金融机构

一、企业集团财务公司

企业集团财务公司（以下简称财务公司）是以加强企业集团资金集中管理和提高企业集团资金使用效率为目的，为企业集团成员单位（以下简称成员单位）提供财务管理服务的非银行金融机构。其中，企业集团是指在中华人民共和国境内依法登记，以资本为联结纽带、以母子公司为主体、以集团章程为共同行为规范，由母公司、子公司、参股公司及其他成员企业或机构共同组成的企业法人联合体。所谓成员单位则包括：母公司；母公司控股51%以上的子公司；母公司、子公司单独或者共同持股20%以上的公司，或者持股不足20%但处于最大股东地位的公司；母公司、子公司下属的事业单位法人或者社会团体法人。

财务公司有两个突出特点：①集团性。它由企业集团投资设立，本身是企业集团的成员单位，限于对本企业集团成员单位提供金融服务。②业务多样性。虽然我国目前总体上仍实行严格的分业经营体制，但财务公司依法可以经营的业务却相对全面，在很大程度上实现了跨业经营。需要注意的是，企业集团财务公司虽然在官方文件中也被简称为"财务公司"，但它与国际上通称的财务公司迥然不同，后者以经营批发性存款业务为其特色。

财务公司的监督管理，主要适用全国人民代表大会常务委员会2003年12月通过、2006年10月修订的《中华人民共和国银行业监督管理法》和中国银监会2004年7月发布、2006年12月修订的《企业集团财务公司管理办法》（以下简称《管理办法》）。外资投资性公司为其在中国境内的投资企业提供财务管理服务而设立的财务公司适用《管理办法》的相关规定。

设立财务公司，应当由母公司报中国银保监会审查批准，且拟设的财务公司和企业集团均应符合规定的条件。财务公司的股东资格应当符合中国银监会（中国银保监会）的有关规定，其注册资本金应当主要从成员单位中募集，并可以吸收成员单位以外的合格的机构投资者的股份。此所谓合格的机构投资者是指原则上在3年内不转让所持财务公司股份的、具有丰富行业管理经验的战略投资者。申请设立财务公司，母公司董事会应当作出书面承诺，即在财务公司出现支付困难的紧急情况时，按照解决支付困难的实际需要，增加相应的资本金。

财务公司根据业务需要，经中国银保监会审查批准，可以在成员单位集中且业务量较大的地区设立分公司。财务公司如在成员单位比较集中的地区设立代表处，则只需报中国银保监会备案，但代表处不得经营业务，只能从事业务推介、客户服务、债权催收以及信息的收集、反馈等相关工作。

经批准，财务公司可以从事下列基本业务的部分或者全部：对成员单位办理财务和融资顾问、信用鉴证及相关的咨询、代理业务；协助成员单位实现交易款项的收付；经批准的保险代理业务；对成员单位提供担保；办理成员单位之间的委托贷款及委托投资；对成员单位办理票据承兑与贴现；办理成员单位之间的内部转账结算及相应的结算、清算方案设计；吸收成员单位的存款；对成员单位办理贷款及融资租赁；从事同业拆借；中国银保监会批准的其他业务。此外，符合《管理办法》所定特殊条件的财务公司，可以向中国银保监会申请从事下列高风险业务：经批准发行财务公司债券；承销成员单位的企业债券；对金融机构的股权投资；有价证券投资；成员单位产品的消费信贷、买方信贷及融资租赁。财务公司不得从事离岸业务；除协助成员单位实现交易款项的收付外，不得从事任何形式的资金跨境业务；不得办理实业投资、贸易等非金融业务。

财务公司依法接受中国银保监会的监督管理。其开始经营活动，须遵守《管理办法》所规定的资产负债比例、内部控制、信息报告等各项要求。1994 年 8 月成立的中国财务公司协会，是财务公司的行业自律性组织。

二、货币经纪公司

货币经纪公司是经批准在中国境内设立的，通过电子技术或其他手段，专门从事促进金融机构间资金融通和外汇交易等经纪服务，并从中收取佣金的非银行金融机构。发展货币经纪业，有助于提高金融市场特别是货币市场的交易效率。目前，我国有关货币经纪公司的法律规范，主要有中国银监会先后于 2005 年 8 月、2007 年 8 月发布的《货币经纪公司试点管理办法》《金融机构间货币经纪和交易行为指引》。

设立货币经纪公司应当具备规定的条件，包括要有熟悉货币经纪及相关业务的高级管理人员；而申请在中华人民共和国境内独资或者与中方合资设立货币经纪公司的境外投资人、申请设立货币经纪公司或者与外方合资设立货币经纪公司的中方投资人，亦应分别具备规定的条件。设立货币经纪公司需经中国银保监会批准；中国银保监会在批准设立货币经纪公司的申请时，应充分考虑中国外汇市场、货币市场、资本市场以及衍生产品市场的竞争和发展状况，并向相关监管部门征询意见；未经审核批准，任何单位和自然人不得擅自设立货币经纪公司或变相从事货币经纪业务，不得在机构名称中使用或变相使用"货币经纪"字样。货币经纪公司根据业务需要，经中国银保监会审查批准，可以在业务量较大的地区设立分公司和代表处；分公司不具有法人资格，其民事责任由货币经纪公司承担；代表处不得经营业务，只限于从事业务推介、客户服务、债权催收以及信息的收集、反馈等相关工作。

货币经纪公司及其分公司按照中国银保监会批准经营的业务范围，可以经营下列全部或部分经纪业务：①境内外外汇市场交易；②境内外货币市场交易；③境内外债券市场交易；④境内外衍生产品交易；⑤经中国银保监会批准的其他业务。货币经纪公司及其分公司仅限于向境内外金融机构提供经纪服务，不得从事任何金融产品的自营业务；其从事证券交易所相关业务的经纪服务，需报经中国证监会审批。

货币经纪公司主要由中国银保监会负责监管。如其在银行间市场进行同业拆借、债券买卖和外汇交易等经纪业务活动，则应同时接受中国人民银行和国家外汇管理局的监管和检查；为此，中国人民银行曾于 2006 年 7 月下发《关于货币经纪公司进入银行间市场有关事项的通知》。如其业务涉及外汇管理事项，还应当执行国家外汇管理部门的有关规定，并接受国家外汇管理部门的监督和检查。

三、贷款公司与小额贷款公司

贷款公司和小额贷款公司是我国近年出现的新型非银行金融机构，是政府努力扩大农村金融服务供给、构建竞争性农村金融体系的产物。

（一）贷款公司

贷款公司是经中国银监会（中国银保监会）依据有关法律、法规批准，由境内商业银行或农村合作银行全额出资，在农村地区设立的专门为县域农民、农业和农村经济发展提供贷款服务的非银行金融机构，其组织形式为有限责任公司。为了规范贷款公司的组织和经营，中国银监会于 2009 年 8 月发布了《贷款公司管理规定》。

设立贷款公司，必须具备规定的条件（包括其投资人必须符合规定的条件）并遵守规定的程序。根据业务发展需要，贷款公司经批准可在县域内设立分公司。

经批准，贷款公司可经营贷款、票据贴现、资产转让、贷款项下的结算以及经中国银监会（中国银保监会）批准的其他资产业务，其营运资金以实收资本和向投资人的借款为限，不得吸收公众存款。贷款公司的经营管理，必须严格遵守《贷款公司管理规定》的各项要求，并在贷款业务中遵循为"三农"服务的原则和"小额、分散"的原则。

（二）小额贷款公司

小额贷款公司是由自然人、企业法人与其他社会组织投资设立，不吸收公众存款，经营小额贷款业务的有限责任公司或股份有限公司。目前，有关小额贷款公司组织、经营、监督管理的主要依据，是中国银监会和中国人民银行于 2008 年 5 月联合发布的《关于小额贷款公司试点的指导意见》。如将小额贷款公司改制为村镇银行，则须遵守中国银监会 2009 年 6 月发布的《小额贷款公司改制设立村镇银行暂行规定》。

设立小额贷款公司，必须具备规定的条件并遵守规定的程序。但其审批机关与贷款公司不同，不是中国银监会（中国银保监会）派出机构，而是省级政府主管部门。

小额贷款公司的主要资金来源为股东缴纳的资本金、捐赠资金以及来自不超过两个银行业金融机构的融入资金；其中，融入资金的余额不得超过小额贷款公司资本净额的 50%。

小额贷款公司提供信贷服务，应当面向农户和微型企业，着力扩大客户数量和服务覆盖面，遵循服务"三农"的宗旨和"小额、分散"的原则。在此前提下，小额贷款公司有权自主选择贷款对象，有权在不超过司法部门规定的上限、不低于中国人民银行公布的贷款基准利率 0.9 倍的浮动幅度内自主确定贷款利率，从事市场化经营。

在国际上，特别是在某些发展中国家，小额贷款公司作为解决低收入阶层融资困难的重要组织形式，已经历数十年的发育。而在我国，它还处于试点阶段，自然存在不少亟待解决的问题。比如，"只贷不存"、捐赠文化的不发达以及外部融资的严格受限，令大量小额贷款公司难以为继。许多小额贷款公司基本上仍在简单复制商业银行的经营模式，既未引入国际通行的小额贷款先进做法，亦缺乏经营理念和服务方式上的必要创新；至于管理水平低、抗风险能力弱的问题，则在小额贷款公司中普遍存在。

2020 年 9 月，为进一步加强监督管理、规范经营行为、防范化解风险，促进小额贷款公司行业规范健康发展，中国银保监会办公厅下发了《关于加强小额贷款公司监督管理的通知》。

四、消费金融公司

消费金融公司是经中国银保监会批准，在中华人民共和国境内设立的，不吸收公众存款，以"小额、分散"为原则，为中国境内居民个人提供以消费（不包括购买房屋和汽车）为目的的贷款的非银行金融机构。消费金融公司名称中应标明"消费金融"字样；未经中国银保监会批准，任何单位不得在机构名称中使用"消费金融"字样。2009 年 7 月，中国银监会发布《消费金融公司试点管理办法》（已废止）；2010 年 3 月 1 日，我国首家消费金融公司——北银消费金融公司正式开业；2013 年 11 月，中国银监会发布重新制定的《消费金融公司试点管理办法》，允许符合条件的境内非金融企业作为主要出资人发起设立消费金融公司。

设立消费金融公司应当具备规定的条件并遵守规定的程序。消费金融公司的主要出资人（出资数额最多并且出资额不低于拟设消费金融公司全部股本 30%的出资人）应为境内外金融机构或主营业务为提供适合消费贷款业务产品的境内非金融企业。《消费金融公司试点管理办法》对消费金融公司的主要出资人和一般出资人（除主要出资人以外的其他出资人）规定了具体的限制条件。

经中国银保监会批准，消费金融公司可经营下列部分或者全部人民币业务：发放个人消费贷款；接受股东境内子公司及境内股东的存款；向境内金融机构借款；经批准发行金融债券；境内同业拆借；与消费金融相关的咨询、代理业务；代理销售与消费贷款相关的保险产品；固定收益类证券投资业务；经中国银监会（中国银保监会）批准的其他业务。

消费金融公司根据业务发展的需要，经中国银保监会批准，可以设立分支机构。消费金融公司在经营过程中，应当遵守《消费金融公司试点管理办法》的下列规定：①按照中国银监会（中国银保监会）的要求，建立健全公司治理架构和内部控制制度，制定业务经营规则和业务操作流程，建立全面有效的风险管理体系，确保充分识别虚假的申请信息，防止欺诈行为。②资本充足率不低于中国银监会（中国银保监会）的有关监管要求；同业拆入资金余额不高于资本净额的100%；资产损失准备充足率不低于100%；投资余额不高于资本净额的20%。③按照有关规定建立审慎的资产损失准备制度，及时足额计提资产损失准备；未提足准备的，不得进行利润分配。④建立消费贷款利率的风险定价机制，根据资金成本、风险成本、资本回报要求及市场价格等因素，在法律法规允许的范围内，制定消费贷款的利率水平，确保定价能够全面覆盖风险。⑤（如有业务外包需要）制定与业务外包相关的政策和管理制度，包括业务外包的决策程序、对外包方的评价和管理、控制业务信息保密性和安全性的措施和应急计划等；签署业务外包协议前，向中国银保监会报告业务外包的主要风险及相应的风险规避措施等；不得将与贷款决策和风险控制核心技术密切相关的业务外包。⑥按规定编制并向中国银保监会报送会计报表及中国银保监会要求的其他报表；建立定期外部审计制度，并在每个会计年度结束后的4个月内，将经法定代表人签名确认的年度审计报告报送中国银保监会。⑦接受中国银保监会依法进行的监督检查，不得拒绝、阻碍。⑧对借款人所提供的个人信息保密，不得随意对外泄露。对借款人未按合同约定归还贷款本息的，应采取合法的方式进行催收，不得采用威胁、恐吓、骚扰等不正当手段。

五、汽车金融公司

汽车金融公司是经中国银监会（中国银保监会）批准设立、为中国境内的汽车购买者及销售者提供金融服务的非银行金融机构。汽车金融公司名称中应标明"汽车金融"字样。未经中国银监会（中国银保监会）批准，任何单位和个人不得从事汽车金融业务，不得在机构名称中使用"汽车信贷""汽车金融"等字样。目前，我国关于汽车金融公司的规范性文件，主要是中国银监会2008年1月发布的《汽车金融公司管理办法》和中国人民银行、中国银监会2017年10月修订发布的《汽车贷款管理办法》。

设立汽车金融公司应当具备规定的条件并遵守规定的程序。关于出资人，《汽车金融公司管理办法》规定：出资人为中国境内外依法设立的企业法人，其中主要出资人（即出资数额最多并且出资额不低于拟设汽车金融公司全部股本30%的出资人）须为生产或销售汽车整车的企业或非银行金融机构；出资人中至少应有1名出资人具备5年以上丰富的汽车金融业务管理和风险控制经验，否则应当引进合格的专业管理团队。此外，《汽车金融公司管理办法》还分别具体规定了非金融机构作为出资人和非银行金融机构作为出资人的限制条件，其中包括出资人必须承诺3年内不转让所持有的汽车金融公司股权（中国银保监会依法责令转让的除外）。

经中国银保监会批准，汽车金融公司可从事下列部分或全部人民币业务：接受境外股东及其所在集团在华全资子公司和境内股东3个月（含）以上定期存款；接受汽车经销商采购车辆贷款保证金和承租人汽车租赁保证金；经批准，发行金融债券；从事同业拆借；向金融机构借款；提供购车贷款业务；提供汽车经销商采购车辆贷款和营运设备贷款，包括展示厅建设贷款和零配件贷款以及维修设备贷款等；提供汽车融资租赁业务（售后回租业务除外）；向金融机构出售或回购汽车贷款应收款和汽车融资租赁应收款业务；办理租赁汽车残值变卖及处理业务；从事与购车融资活动相关的咨询、代理业务；经批准，从事与汽车金融业务相关的金融机构股权投资业务；经中国银保监会批准的其他业务。

汽车金融公司在经营过程中，应当遵守《汽车金融公司管理办法》的下列规定：①按照中国银监会（中国银保监会）的要求，建立健全公司治理和内部控制制度，建立全面有效的风险管理体系。②资本充足率不低于8%，核心资本充足率不低于4%；对单一借款人的授信余额不得超过资本净额的15%；对单一集团客户的授信余额不得超过资本净额的50%；对单一股东及其关联方的授信余额不得超过该股东在汽车金融公司的出资额；自用固定资产比例不得超过资本净额的40%。③按照有关规定实行信用风险资产五级分类制度，并建立审慎的资产减值损失准备制度，并及时足额计提资产减值损失准备。④按规定编制并向中国银保监会报送资产负债表、损益表及中国银保监会要求的其他报表；建立定期外部审计制度，并在每个会计年度结束后的4个月内，将经法定代表人签名确认的年度审计报告报送公司注册地的中国银保监会派出机构。⑤（如有业务外包需要）制定与业务外包相关的政策与管理制度，包括业务外包的决策程序、对外包方的评价和管理、控制业务信息保密性和安全性的措施和应急计划等；签署业务外包协议前，向中国银保监会派出机构报告业务外包协议的主要风险及相应的风险规避措施等。

■思考题

1. 什么是非银行金融机构？目前我国有哪些非银行金融机构？
2. 简述合作经济组织的概念。
3. 我国农村信用合作社改革的三条路径是什么？
4. 简述信托的概念及其要点。
5. 受托人处理信托事务应遵循哪些原则？
6. 简述金融租赁的概念及其法律特征。

■推荐书目

1. 李树生：《合作金融》，中国经济出版社 2004 年版。
2. 高凌云：《被误读的信托——信托法原论》，复旦大学出版社 2010 年版。
3. 王淑敏、齐佩金主编：《金融信托与租赁》，中国金融出版社 2016 年版。

第六章   存贷款法律制度

■ 学习目的和要求

　　准确理解存款、贷款的概念；利用所学民法知识深入领会和分析存款合同的性质，了解我国单位存款管理和储蓄存款管理的一般内容；识记我国《合同法》关于借款合同的规定，熟悉我国管理金融机构贷款业务的主要制度。

　　以存款业务筹集资金，以贷款业务运用资金，是间接金融的基本形式，是商业银行等金融机构主要的业务种类和收入来源。本章拟着重讲述存款法律制度和贷款法律制度，并对我国的利率市场化改革和民间借贷法律制度作简要介绍。

第一节   存款法律制度

一、存款与存款合同

（一）存款的概念

　　存款是指客户（存款人）在其金融机构账户上存入的货币资金。有时，存款也被理解为"存款行为"，即客户在其金融机构账户上存入货币资金的行为；或者"存款业务"，即金融机构收受客户的货币资金，对客户负即期或定期偿付义务的负债业务。

　　存款是商业银行、信用合作社等金融机构主要的信贷资金来源，另一方面，对各种社会经济成分特别是社会公众而言，它是重要的甚至是主要的金融资产。因此，完善存款法律制度，对促进储蓄向投资的转化，提高社会资金的使用效率，规范银行的经营管理，保护存款人的合法权益，具有重要意义。关于存款的概念，具体说明如下：

　　1. 能够为客户开立存款账户收受客户存款的，或者说有资格经营存款业务的，只能是金融机构。但是，并非所有金融机构都能够吸收存款；能够吸收存款的各类金融机构，在客户对象、存款种类等方面，也不一定完全相同。这取决于法律对各类金融机构业务范围的规定，以及金融当局对各家金融机构业务范围的核定。

2. 客户在金融机构存款，与金融机构形成一种合同关系。金融机构设有各种类型的存款账户，各类存款账户关于存款的期限、利率和存取方式，均有定型化的特定内容，存款人一旦选定某种存款账户，即是与金融机构就彼此权利和义务的具体内容达成协议。因此，一般而言，存款合同属于标准合同或称附合合同。存款合同还有一个特点，就是有较多的默示条款。

3. 笼统地讲，存款是客户在其金融机构账户上存入的货币资金。具体而言，存款的形成，可能是由于存款人存入现金，也可能是由于金融机构代收以客户为收款人的票据，还可能是由于金融机构将贷款贷记到借款人的存款账户。

4. 就现金存款而言，一旦存款人将款项交付接受存款的金融机构，存款合同成立并生效，其所有权即移转于后者，存款人仅取得相应的债权，即本息的偿付请求权。

5. 接受存款的金融机构对存款人承担以种类、数量相同的货币偿还的义务。这里的偿还，既包括以现金兑付，也包括根据存款人的支付命令或委托履行付款义务。

6. 金融机构应向存款人计付利息，但对于某些类型的存款法律可能禁止支付利息。

（二）存款的种类

对存款可以根据不同的标准进行分类。在我国，主要有以下几种分类方法：

1. 根据存款人性质的不同，分为单位存款和个人储蓄存款。单位存款是各级财政金库和机关、企业、事业单位、社会团体、部队等机构，将货币资金存入银行或者非银行金融机构所形成的存款。个人储蓄存款是公民个人将自己的合法收入存入储蓄机构而形成的存款。

2. 根据存款期限和提取方式的不同，分为活期存款和定期存款。活期存款是不受期限限制，可以随时办理存取的存款。活期存款又可分为结算存款和活期储蓄存款，前者为单位或个人办理结算业务而存入的款项，后者是公民个人零星存入、不确定期限、可随时存取的储蓄存款。定期存款是事先约定期限，存款人到期支取的存款。定期存款按存款人的不同，又可分为单位定期存款和定期储蓄存款。

3. 根据存款币种的不同，分为人民币存款和外币存款。人民币存款是存款人将人民币资金存入银行等金融机构形成的存款，外币存款则是存款人将外币资金存入银行等金融机构所形成的存款。

（三）存款合同的性质

存款人与接受存款的金融机构之间是一种合同关系。存款合同属无名合同，即法典未单列其名称并加以规定的合同。大陆法系和英美法系对存款合同的定性有所不同。

在大陆法系有所谓寄托契约，即当事人一方以物交付他方，他方允为保管的契约。而寄托又有一般寄托与消费寄托之分，两者之间的主要区别如下：①一般寄托的标的物为特定物，而消费寄托的标的物为种类物。②一般寄托标的物的所有权不发生转移，风险也不发生转移，除非受寄人违反了相应的注意义务，否则对于标的物的毁损灭失不承担责任；而消费寄托标的物的所有权自交付时起转移至受寄人，风险也同时转移。③在一般寄托中，受寄人不得消费标的物，即不得对标的物进行使用、处分和收益；而在消费寄托中，受寄人可以对标的物进行消费。④在一般寄托中，由于其利益集中于寄托人一方，故即使定有期限，寄托人也可以随时撤回；而消费寄托包含有受寄人的消费利益，所以寄托人不得随意撤回。⑤在一般寄托中，受寄人破产时，寄托人有取回权；而在消费寄托中，其标的物列为受寄人的破产财产。

大陆法系国家认为，存款是以金融机构为受寄人，以存款人为寄托人，以金钱为标的物的消费寄托。根据前述内容，存款合同作为消费寄托即具有以下特征：①标的物为种类物，即金钱；②标的物的所有权自交付时起转移至接受存款的金融机构，风险同时转移；③接受存款的金融机构有权对所接受的存款进行消费；④对定有期限的存款，存款人不得随意提前支取，否则须丧失相关利益，如改按活期存款计息；⑤金融机构破产时，其所吸收的存款归入破产财产，存款人无权取回，只能作为债权人参与分配。值得特别注意的是，大陆法系虽然将存款合同定性为消费寄托，但根据各国民法典，存款合同应当准用有关消费借贷的规定。如《日本民法典》第666条规定："保管人可以依契约消费寄托物时，准用有关消费借贷的规定。"

而英美法系则认为，存款与银行贷款并无本质的区别，只不过在存款中，出借人是存款人，借款人是金融机构；在贷款中，出借人是金融机构，借款人是客户。1811年，英国的威廉·格兰特（William Grant）爵士在一份判词中明确指出："存入银行的客户款项虽通常称为存款，但实际上却是客户对银行的贷款。"

综上所述，大陆法系以存款为消费寄托，准用有关消费借贷的规定，英美法系认为存款实为存款人对银行的贷款。由此，我们可以得出两点结论：①尽管两大法系之间有明显的分野，但彼此对存款法律关系的调整，在思路上仍然比较接近，大陆法系准用有关消费借贷的规定，而英美法系则直接视存款为存款人对银行的贷款。②两大法系对存款合同的定性，侧重点有所不同。大陆法系尽管承认银行对于存款的消费利益，但否认存款的借贷性质，强调存款人保管其金钱价值的目的；英美法系似乎更为注重存款对于银行的消费意义。其实，存款是双方当事人各自目的的竞合，只看到存款人保管其金钱价值的目的，或者只看到银行消费存款的目的，都有失偏颇。

在我国，关于存款合同的性质，特别是存款是否转移所有权的问题，存在截然对立的两种观点。经济学界普遍认为存款只转移货币的使用权，所有权由存款人保留；而在法学界，除少数人持与经济学界相同的观点外，大部分人认为存款转移所有权，即存款人在出让货币所有权给金融机构的同时，取得对金融机构的相应债权。主张存款只转移货币使用权的学者，除在理论上进行分析外，也往往援引我国有关法律、行政法规的规定作为佐证。如：2004 年 3 月修订前的《中华人民共和国宪法》第 13 条的规定，"国家保护公民的合法的收入、储蓄、房屋和其他合法财产的所有权"；1992 年 12 月国务院发布的《储蓄管理条例》第 5 条第 1 款的规定，"国家保护个人合法储蓄存款的所有权及其他合法权益，鼓励个人参加储蓄"。

我们认为，存款转移所有权。《意大利民法典》第 1834 条第 1 款规定："银行对存入己处的货币享有所有权，在约定期间届满或者存款人按双方约定或惯例规定提前通知的期间提出请求时，负有返还同种类货币的义务。"早在 1838 年，英国上议院在审理一桩上诉案时，大法官科特汉姆（Cottenham）勋爵即指出："款项一经付入银行，就不再是当事人的钱；此款即属银行所有，当存款人要求支付时，银行有义务偿还相等于存入金额的款项。"显然，接受存款的金融机构取得对存款的所有权在国外已成定论。从法理上讲，存款合同转移标的物的所有权有以下理由：①所有权是支配权，债权是请求权。在存款合同中，除非当事人之间有特别约定，存款人对存入银行的款项即不再享有支配权，而银行却能完全按照自己的意志，以自己的名义，由自己承担风险，对所吸收的存款进行利用。有人以"取款自由"为论据论证存款人对存款享有支配权，显然是将其对债权的处置与对存入银行的款项的直接支配混为一谈，不足采信。②货币为种类物，存入银行后必然与其他资金混同，在存款人的账户中只不过记载了相应的金额，并无实际的款项存放。因此，对存款人而言，保留对存入的特定款项的所有权已无客观基础；对金融机构而言，既无可能也没必要向存款人返还原物，而只能是对存款人承担以等额的种类物进行清偿的债务。③在世界各国，无论在立法上还是在司法实践中，存款都被列入破产金融机构的破产财产，存款人不能取回存款，只能作为债权人参与分配。我国《商业银行法》也是将存款人作为债权人对待的，其第 71 条第 2 款规定："商业银行破产清算时，在支付清算费用、所欠职工工资和劳动保险费用后，应当优先支付个人储蓄存款的本金和利息。"

至于我国法律、行政法规中类似"公民对储蓄存款的所有权"这样的表述，我们认为，它不过是强调权利对权利主体的归属关系，并非是对存款的定性。况且，我们将它理解为"对债权的所有或者拥有"，也未尝不可。

我国《合同法》和将于 2021 年 1 月 1 日起施行的《民法典》均承认消费保管（即其他大陆法系国家所谓之消费寄托）。《合同法》第 372 条、《民法典》第 895 条规定：保管人不得使用或者许可第三人使用保管物，但当事人另有约定的除外。《合同法》第 378 条、《民法典》第 901 条规定：保管人保管货币的，可以返还相同种类、数量的货币。不过，《合同法》《民法典》均未规定消费保管适用借款合同的规定，亦未明确保管物交付时其所有权是否由寄存人转移至保管人。

（四）存款合同的成立时间：有待明确的问题

存款合同是要物合同（实践合同），即合同的成立除要有当事人之间的合意外，还必须有标的物的交付。存款人完成交付的时间，即是存款合同成立的时间，也是风险发生转移的时间。因此，合理确定交付完成的时间至关重要。存款人在银行柜台办理存款必然有一个过程，要经过若干环节，具体何时交付完成，未见有国家在立法中明确规定，但司法实践早就面临这样的问题。

在新西兰曾发生一起著名的诉讼案：原告的雇员进入被告银行，意图存入现金和支票。该雇员将现金从包中取出，置于其与银行柜员之间的柜台上。柜员取过一扎钞票开始点数。正当该柜员将点完数的钞票置于一旁时，有数名匪徒闯入，抢走了柜台上尚未点数的钞票。原告遂对银行提起诉讼，要求银行返还被匪徒劫去的现金，指称柜台上的现钞已由银行握有，并已属于银行的财产。新西兰高等法院判原告败诉，理由是，在意图存入的款项经银行清点和表示接受之前，此款尚未存入，银行对该款也未成为客户的债务人。在日本也曾发生一个类似的典型案例，终审法院认为，在银行柜员收受款项并清点确认金额前，存款合同并未成立，银行不负返还存款的义务。显然，在这两则案例中，新西兰高等法院是以"款项经银行清点和表示接受"为完成交付的时间，而日本终审法院则是以"银行柜员收受款项并清点确认金额"为完成交付的时间。姑且不论该两则案例在判决上是否公允，如银行是否应当因缔约过失承担责任，但它们至少说明了合理确定完成交付时间的重要性。

在我国也曾出现有关的实例。某银行二人临柜办理存款业务，一客户存款，业务员清点后确认金额与客户书写的存款凭条相符，但复核员复核后却发现少了若干。在没有充分证据的情况下，这部分差额应由谁承担，无疑取决于交付完成时间的确定。因此，我国有必要以某种形式为处理类似问题提供法律依据。

二、我国关于单位存款的法律规定

（一）单位存款的种类

单位存款主要包括两大类，即企业存款和财政性存款。企业存款是企业在生产流通过程中的支付准备金和部分扩大再生产的积累基金。企业存款按企业性质的不同，又可分为工业企业存款、商业企业存款、三资企业存款、私营及个体工商业存款。财政性存款是指各级财政金库和机关、团体、部队、学校等事业单位预算资金和预算外资金的存款，它是国家财政集中起来的、待分配、待使用的国民收入。

（二）单位存款的管理

在我国，对机关、企业以及团体、部队、学校等事业单位的经济收支均实行严格的监控和管理。对单位存款的管理，是这种监控和管理的基本环节和重要内容。我国对单位存款的管理，可概括为以下几个方面：

1. 对单位存款适用强制原则。凡在银行或其他金融机构（统称开户银行）开立账户的机关、团体、部队、企业、事业单位和其他单位（统称开户单位），应将所收入的现金，于当日送存开户银行。当日送存确有困难的，按其开户银行确定的时间送存，不得擅自保存，不得"坐支"现金（即将收入的现金直接用于支付），也不得以个人名义存入储蓄机构。境内机构的经常项目外汇收入，应当按照国务院关于结汇、售汇及付汇管理的规定卖给外汇指定银行，或者经批准在外汇指定银行开立外汇账户；境内机构的资本项目外汇收入，应当按照国家有关规定在外汇指定银行开立外汇账户，卖给外汇指定银行的，须经外汇管理机关批准。

2. 将财政性存款纳入中国人民银行的信贷资金来源。财政性存款是中国人民银行的信贷资金来源；金融机构办理财政性存款有关业务，是接受中国人民银行委托实施的代理行为，必须将负责经办的财政性存款按规定全额划转中国人民银行，不得擅自动用和转移。我国于1984年开始实施财政性存款划转制度，当时财政性存款主要包括国库存款及机关、团体、部队存款。1998年3月，中国人民银行经国务院批准，将机关、团体存款以及财政预算外存款划为金融机构的一般存款，从而使需要划转中国人民银行的财政性存款在范围上相应缩小。

3. 开户银行依法对开户单位支取和使用存款进行监督。开户银行对开户单位的监督和管理，主要包括信贷监督、结算监督、现金管理、工资基金监督等方面。按规定，开户银行应当根据实际需要，核定开户单位3至5天日常零星开支所需的库存现金限额，边远地区和交通不便地区的开户单位，库存现金限额可以多于5天，但不得超过15天的日常零星开支；开户单位除在规定的范围内、结算起点以下、可以提现使用外，必须采取转账结算的方式；对于到期的单位定期存款，只能采用转账结算的方式划转至其在银行或非银行金融机构的有关账户，不得支取现金；开户单位在提取和使用存款时，应在有关结算凭证上填明用途。

4. 单位存款人的合法权益受法律保护。开户银行必须尊重和维护开户单位的合法权益，不得对开户单位正常支取和使用存款进行干预；为开户单位办理转账结算，不得故意压票、无故退票；应当保证存款本金和利息的支付，不得拖延、拒绝；应当依法为开户单位保守秘密。

1997 年 11 月 15 日中国人民银行发布的《人民币单位存款管理办法》，着重就金融机构单位存款业务的管理以及相关的业务规则，作了比较详细的规定。

（三）单位存款的查询、冻结、扣划

《商业银行法》第 30 条规定："对单位存款，商业银行有权拒绝任何单位或者个人查询，但法律、行政法规另有规定的除外；有权拒绝任何单位或者个人冻结、扣划，但法律另有规定的除外。"可见，查询单位存款既可以以法律为依据，也可以以行政法规为依据，而冻结、扣划单位存款只能以法律为依据。

根据我国《民事诉讼法》《刑事诉讼法》《行政诉讼法》《税收征收管理法》和《海关法》，人民法院、人民检察院、公安机关、税务机关、海关，有权查询、冻结、扣划单位存款。根据有关法律、行政法规，有权查询单位存款的机关还有：国家审计机关、市场监督管理部门、技术监督机关、物价管理机关、国家监察机关等。

1993 年 12 月 11 日，中国人民银行、最高人民法院、最高人民检察院、公安部联合发布了《关于查询、冻结、扣划企业事业单位、机关、团体银行存款的通知》。其主要内容如下：

1. 关于查询单位存款、查询有关资料。人民法院因审理或执行案件，人民检察院、公安机关因查处经济违法犯罪案件，需要向银行查询企业事业单位、机关、团体与案件有关的银行存款或查阅有关的会计凭证、账簿等资料时，银行应积极配合。查询人必须出示本人工作证或执行公务证，出具县级或县级以上人民法院、人民检察院、公安局签发的"协助查询存款通知书"，银行行长或其他负责人签字后应指定银行有关业务部门凭此提供情况和资料，并派专人接待。查询人对原件不得借走，需要的资料可以抄录、复制或照相，并经银行盖章。人民法院、人民检察院、公安机关对银行提供的情况和资料，应当依法保守秘密。

2. 关于冻结单位存款。人民法院因审理或执行案件，人民检察院、公安机关因查处经济犯罪案件，需要冻结企业事业单位、机关、团体与案件直接有关的一定数额的银行存款，必须出具县级或县级以上人民法院、人民检察院、公安机关签发的"协助冻结存款通知书"及本人工作证或执行公务证；经银行行长（主任）签字后，银行应当立即凭此并按照应冻结资金的性质，冻结当日单位银行账户上的同额存款（只能原账户冻结，不能转户），如遇被冻结单位银行账户的存款不足冻结数额时，银行应在 6 个月的冻结期内冻结该单位银行账户可以冻结的存款，直至达到需要冻结的数额。银行在受理冻结单位存款时，应审查"协助冻结存款通知书"填写的被冻结单位开户银行名称、户名和账号、大小写金额，发现不符的，应说明原因，予以退回。

被冻结的款项在冻结期限内如需解冻，应以作出冻结决定的人民法院、人民检察院、公安机关签发的"解除冻结存款通知书"为凭，银行不得自行解冻。冻结单位存款的期限不超过 6 个月。有特殊原因需要延长的，人民法院、人民检察院、公安机关应当在冻结期满前办理继续冻结手续。每次续冻期限最长不超过6 个月。逾期不办理继续冻结手续的，视为自动撤销冻结。

人民法院、人民检察院、公安机关冻结单位银行存款发生失误，应及时予以纠正，并向被冻结银行存款的单位作出解释。被冻结的款项，不属于赃款的，冻结期间应计付利息，在扣划时其利息应付给债权单位；属于赃款的，冻结期间不计付利息，如冻结有误，解除冻结时应补计冻结期间利息。

3. 关于扣划单位存款。人民法院审理或执行案件，人民检察院、公安机关对查处的经济犯罪案件作出不起诉、撤销案件和结案处理的决定，在执行时，需要银行协助扣划企业事业单位、机关、团体的银行存款，必须出具县级或县级以上人民法院、人民检察院、公安机关签发的"协助扣划存款通知书"（附人民法院发生法律效力的判决书、裁定书、调解书、支付令、制裁决定的副本或行政机关的行政处罚决定书副本，人民检察院的不起诉决定书、撤销案件决定书的副本，公安机关的处理决定书、刑事案件立案报告表的副本）及本人工作证或执行公务证，银行应当凭此立即扣划单位有关存款。

银行受理扣划单位存款时，应审查"协助扣划存款通知书"填写的被执行单位的开户银行名称、户名和账号、大小写金额，如发现不符，或缺少应附的法律文书副本，以及法律文书副本有关内容与"通知书"的内容不符，应说明原因，退回"通知书"和所附的法律文书副本。银行在接到"协助扣划通知书"后，只要被执行单位银行账户有款可付，应当立即扣划，不得延误；当日无款或不足扣划的，银行应及时通知人民法院、人民检察院、公安机关，待单位账上有款时，尽快予以扣划。

扣划的款项，属于归还银行贷款的，应直接划给贷款银行，用于归还贷款；属于给付债权单位的款项，应直接划给债权单位；属于给付多个债权单位的款项，需要从多处扣划被转移的款项待结案归还或给付的，可暂扣划至办案单位在银行开立的机关团体一般存款科目赃款暂收户或代扣款户（不计付利息）。待追缴工作结束后，依法分割返还或给付；属于上缴国家的款项，应直接扣划上缴国库。

4. 关于几个特殊问题。①作出查询、冻结、扣划决定的人民法院、人民检察院、公安机关与协助执行的银行不在同一辖区的，可以直接到协助执行的银行办理查询、冻结、扣划单位存款，不受辖区范围的限制。②军队、武警部队一类保密单位开设的"特种预算存款"、"特种其他存款"和连队账户的存款，原则上不采取冻结或扣划等项诉讼保全措施。但军队、武警部队的其余存款可以冻结和扣划。③人民法院因审理经济纠纷案件或经济犯罪案件，人民检察院、公安机关因查处经济违法犯罪案件，需要执行银行和非银行金融机构在人民银行的款项，应通知被执行的银行和非银行金融机构自动履行。④两家以上的人民法院、人民检察院、公安机关对同一存款冻结、扣划时，银行应根据最先收取的协助执行通知书办理冻结和扣划。在协助执行时，如对具体执行哪一个机关的冻结、扣划通知有争议，由争议的机关协商解决或者由其上级机关决定。⑤人民法院、人民检察院、公安机关、银行要依法行使职权和履行协助义务、积极配合。遇有问题或人民法院、人民检察院、公安机关与协助执行的银行意见不一致时，不应拘留银行人员，而应提请双方的上级部门共同协商解决。银行人员违反法律规定，无故拒绝协助执行、擅自转移或解冻已冻结的存款，为当事人通风报信、协助其转移、隐匿财产的，应依法承担责任。

三、我国关于储蓄存款的法律规定

储蓄存款是个人将其所有的人民币或外币存入储蓄机构而形成的存款。目前，除《商业银行法》外，储蓄管理主要适用国务院1992年12月11日发布、2011年1月8日修订的《储蓄管理条例》。1993年1月21日，中国人民银行发布了《关于执行〈储蓄管理条例〉的若干规定》。

（一）储蓄存款的种类

储蓄存款分人民币储蓄存款和外币储蓄存款。其中，人民币储蓄存款包括活期储蓄存款、整存整取定期储蓄存款、零存整取定期储蓄存款、存本取息定期储蓄存款、整存零取定期储蓄存款、定活两便储蓄存款、华侨（人民币）整存整取定期储蓄存款以及经中国人民银行批准开办的其他种类的储蓄存款；外币储蓄存款则包括活期储蓄存款、整存整取定期储蓄存款以及经中国人民银行批准开办的其他种类的外币储蓄存款。

（二）储蓄存款的原则

储蓄机构办理储蓄业务，必须遵循"存款自愿，取款自由，存款有息，为储户保密"的原则。

1. 存款自愿原则。存款自愿原则是指个人对其所有的人民币或外币，是否存入储蓄机构，存入哪一个储蓄机构，存多少，存多久，采取何种存款方式，享有完全的自主权，储蓄机构和其他任何单位不得以任何方式加以强迫和干涉。

2. 取款自由原则。取款自由原则是指储户要求支取存款时，只要符合法律规定和双方的约定，储蓄机构必须保证付款，不得以任何理由拒绝兑付或者拖延兑付，不得查询储户支取存款的目的和用途，不得限制储户支取存款的数额。

3. 存款有息原则。存款有息原则是指储蓄机构对所吸收的个人储蓄存款，应当根据储蓄存款的种类和期限、法律规定的计息方法和挂牌公告的储蓄存款利率，向储户计付利息。

4. 为储户保密原则。为储户保密原则是指储蓄机构对储户的姓名、地址、职业、工作单位、职务、存款变动情况及其余额、预留印鉴、密码等与存款相关的信息和资料，负有保密义务，不得泄露；除法律另有规定外，储蓄机构应当拒绝任何单位或个人对个人储蓄存款的查询、冻结和扣划。

（三）储蓄机构的管理

储蓄机构是依法获准办理储蓄业务的银行、信用合作社和邮政企业。除储蓄机构外，任何单位和个人不得办理储蓄存款业务。储蓄机构经批准可以设立储蓄代办点。直接办理储蓄存款业务的所有储蓄网点，是各银行和其他金融机构、邮政企业具体办理储蓄业务的基层单位，不具有法人资格。

储蓄机构的业务包括：①办理各类人民币储蓄存款业务；②经外汇管理部门批准，办理各类外币储蓄存款业务；③根据国家住房改革的有关政策和实际需要，经批准办理个人住房储蓄业务；④经批准，发售和兑付以居民个人为发行对象的国库券、金融债券、企业债券等有价证券；⑤办理个人定期储蓄存款存单小额抵押贷款业务；⑥办理代发工资和代收房租、水电费等服务性业务。

储蓄机构应当按照规定时间营业，不得擅自停业或者缩短营业时间。储蓄机构必须在其营业场所挂牌公告储蓄存款利率。储蓄机构不得使用下列不正当手段吸收储蓄存款：以散发有价馈赠品为条件吸收储蓄存款；发放各种名目的揽储费；利用不正确的广告宣传；利用汇款、贷款或其他业务手段强迫储户存款；利用各种名目多付利息、奖品或其他费用。

（四）个人存款账户实名制

2000 年 4 月 1 日，我国开始实施个人存款账户实名制。为此，中国人民银行发布了《个人存款账户实名制规定》。

个人存款账户实名制，就是要求个人在金融机构开立存款账户时，使用实名，出具实名证件。个人存款账户，指个人在金融机构开立的人民币、外币存款账户，包括活期存款账户、定期存款账户、定活两便存款账户、通知存款账户以及其他形式的个人存款账户。实名是指符合法律、行政法规和国家有关规定的身份证件上使用的姓名。关于实名证件，居住在境内的中国公民，为居民身份证或者临时居民身份证；居住在境内的 16 周岁以下的中国公民，为户口簿；中国人民解放军军人，为军人身份证件；中国人民武装警察，为武装警察身份证件；香港、澳门居民，为港澳居民往来内地通行证；台湾居民，为台湾居民来往大陆通行证或者其他有效旅行证件；外国公民，为护照。

个人在金融机构开立个人存款账户时，应当出示本人身份证件，使用实名；代理他人在金融机构开立个人存款账户的，代理人应当出示被代理人和代理人的身份证件。金融机构为个人开立存款账户时，应当要求其出示本人身份证件，进行核对，并登记其身份证件上的姓名和号码；对他人代理开立个人存款账户的，金融机构应当要求其出示被代理人和代理人的身份证件，进行核对，并登记被代理人和代理人的身份证件上的姓名和号码。不出示本人身份证件或者不使用本人身份证件上的姓名的，金融机构不得为其开立个人存款账户。

实行个人存款账户实名制，有多方面的积极意义：①不使用实名，存款人在办理挂失、提前支取等事宜时，可能遭遇不必要的麻烦，也容易因同名同姓引发存单纠纷。实行个人存款账户实名制，能够保证个人存款账户的真实性，有助于维护存款人的合法权益。②实行个人存款账户实名制，有利于推动个人信用制度和信用文化的发展，为金融业广泛开展信用卡、个人支票、个人贷款等零售业务创造条件。③实行个人存款账户实名制，有助于加强个人利息所得税的征管，且为政府逐步引入新的税种、调节个人收入创造条件。④实行个人存款账户实名制，有利于抑制公款私存、私款公存等违法行为，遏制腐败，打击各种经济犯罪和洗钱犯罪。

2007年6月底，中国人民银行联合公安部建成公民身份信息联网核查系统，为银行业金融机构识别客户身份提供了有效手段，标志着我国在落实个人存款账户实名制方面取得了突破性进展。2007年5月21日，中国人民银行制定并发布了《银行业金融机构联网核查公民身份信息业务处理规定（试行）》和《联网核查公民身份信息系统操作规程（试行）》。

（五）储蓄存款利息所得的个人所得税

1999年9月30日，国务院发布《对储蓄存款利息所得征收个人所得税的实施办法》（2007年7月修订），决定自同年11月1日起对储蓄存款利息所得征收个人所得税。其计税依据为纳税人取得的人民币、外币储蓄存款利息，减按5%的比例税率执行，按照每次取得的利息所得额计征，以结付利息的储蓄机构为扣缴义务人。对个人取得的教育储蓄存款利息所得以及国务院财政部门确定的其他专项储蓄存款或者储蓄性专项基金存款的利息所得，免征个人所得税。

（六）储蓄存款的提前支取和挂失

未到期的定期储蓄存款，储户提前支取的，必须持存单和存款人的身份证明办理；代储户支取的，代支取人还必须持其身份证明。储蓄机构在验证存单开户人姓名与证件姓名一致后，方可办理支付。

存单、存折分为记名式和不记名式。记名式存单、存折可以挂失，不记名式的存单、存折不能挂失。储户遗失存单、存折或者预留印鉴的印章的，必须立即持本人身份证明，并提供储户的姓名、开户时间、储蓄种类、金额、账号及住址等有关情况，向其开户的储蓄机构书面申请挂失；储户不能亲自前往办理挂失手续的，也可委托他人代为办理，但受托人要出示其身份证明。在特殊情况下，储户可以用口头或者用函电形式申请挂失，但必须在 5 天内补办书面申请挂失手续，否则挂失不再有效。储蓄机构受理挂失后，必须立即停止支付该储蓄存款；受理挂失前该储蓄存款已被他人支取的，储蓄机构不负赔偿责任。挂失 7 天后，储户需与储蓄机构约定时间，办理补领新存单、存折或支取存款手续。

（七）个人储蓄存款的查询、停止支付和没收

《商业银行法》第 29 条第 2 款规定："对个人储蓄存款，商业银行有权拒绝任何单位或者个人查询、冻结、扣划，但法律另有规定的除外。"可见，与单位存款可依法律、行政法规进行查询不同，对个人储蓄存款不仅冻结、扣划须以法律为依据，查询也只能以法律为依据。

中国人民银行、最高人民法院、最高人民检察院、公安部、司法部先后于 1980 年 11 月 22 日、1983 年 7 月 4 日联合发布《关于查询、停止支付和没收个人在银行的存款以及存款人死亡后的存款过户或支付手续的联合通知》《关于没收储蓄存款缴库和公证处查询存款问题几点补充规定》，对查询、停止支付和没收个人储蓄存款的程序作了严格规定。

1. 查询。人民法院因侦查、起诉、审理案件，需要向银行查询与案件直接有关的个人存款的，必须向银行出示县级或县级以上法院、检察院或公安机关的正式查询公函，并提供存款人的有关线索；经银行县、市支行或市分行区办一级核对，指定所属储蓄所提供资料。查询单位不能迳自到储蓄所查阅账册；对银行提供的存款情况，应保守秘密。公证处在办理继承权公证过程中，需要向银行核实有关储蓄存款情况时，须提供存款储蓄所的名称、户名、账号、日期、金额等线索，银行应协助办理。

2. 停止支付。人民法院、人民检察院和公安机关在侦查、审理案件中，发现当事人存款与案件直接有关，要求停止支付存款时，必须向银行出示县级或县级以上人民法院、人民检察院和公安机关的正式通知，经银行县、市支行或市分行区办一级核对后，通知所属储蓄所办理暂停支付手续。停止支付的期限最长不超过 6 个月，逾期自动撤销；有特殊原因需要延长的，应重新办理停止支付手续。如存款户在停止支付期间因生活必需而要提取存款时，银行应及时主动与要求停止支付的单位联系，并根据实际情况，具体处理。

3. 没收。人民法院判决没收罪犯储蓄存款时，银行依据人民法院已发生法律效力的判决书办理。被没收的储蓄存款以转账方式上缴国库，并不计付利息。

没收的储蓄存款缴库后，如查出不该没收的，由原经办单位负责办理退库手续，并将款项退还当事人，并支付利息。上缴国库前的利息由银行支付，上缴国库后的利息由财政部门负担。

4. 查询、暂停支付华侨储蓄存款。查询、暂停支付华侨储蓄存款时，应由地（市）以上的公安厅（局）、处和对案件有法定管辖权的人民法院、人民检察院依照上述规定办理。

（八）存款人死亡后储蓄存款的过户或支付手续

中国人民银行《关于执行〈储蓄管理条例〉的若干规定》，对存款人死亡后如何办理储蓄存款过户或支付手续，作了如下规定：

1. 存款人死亡后，合法继承人为证明自己的身份和有权提取该项存款，应向储蓄机构所在地的公证处（未设公证处的地方向县、市人民法院，下同）申请办理继承权证明书，储蓄机构凭以办理过户或支付手续。该项存款的继承权发生争执时，由人民法院裁判，储蓄机构凭人民法院的判决书、裁定书或调解书办理过户或支付手续。存款人已死亡，但存单持有人没有向储蓄机构申明遗产继承过程，也没有持存款所在地法院判决书，直接去储蓄机构支取或转存存款人生前的存款，储蓄机构都视为正常支取或转存，事后引起的存款继承争执，储蓄机构不负责任。

2. 在国外的华侨和港澳台同胞等在国内储蓄机构的存款或委托银行代为保管的存款，原存款人死亡，其合法继承人在国内者，凭原存款人的死亡证明向储蓄机构所在地的公证处申请办理继承权证明书，储蓄机构凭以办理存款的过户或支付手续。在我国定居的外国公民（包括无国籍者）存入我国储蓄机构的存款，其存款过户或提取手续，与我国公民存款处理手续相同，但与我国订有双边领事协定的外国侨民应按协定的具体规定办理。

3. 继承人在国外者，可凭原存款人的死亡证明和经我国驻该国使、领馆认证的亲属证明，向我国公证机关申请办理继承权证明书，储蓄机构凭以办理存款的过户或支付手续。继承人所在国如系禁汇国家，执行上述规定有困难时，可由当地侨团、友好社团和爱国侨领、友好人士提供证明，并由我国驻所在国使、领馆认证后，向我国公证机关申请办理继承权证明书，储蓄机构再凭以办理过户或支付手续。继承人所在国如未与我国建交，应根据特殊情况，特殊处理。居住国外的继承人继承在我国境内储蓄机构的存款，能否汇出境外，按我国外汇管理的有关规定办理。

4. 存款人死亡后，无法定继承人又无遗嘱的，经当地公证机关证明，按财政部门规定，全民所有制企事业单位、国家机关、群众团体的职工存款，上缴国库收归国有。集体所有制企事业单位的职工，可转归集体所有。储蓄机构对上缴国库或转归集体所有的存款一律不计付利息。

第二节 金融机构贷款法律制度

一、金融机构贷款的概念、种类和程序

（一）金融机构贷款的概念

金融机构贷款是指金融机构处于债权人的地位，在定期或随时应偿还本息的条件下，将货币资金（现金或现金请求权）贷给他人的一种资产业务。另外，贷款一词也常指贷款人向借款人贷放的货币资金。

金融机构（特别是商业银行）以存款等负债业务集中起来的货币资金，绝大多数都通过贷款用于社会再生产。因此，依法管理金融机构的贷款业务，规范贷款人与借款人之间的合同关系，对于支持社会经济的发展，提高金融机构的自身经济效益，保障金融业的安全与稳健，具有十分重要的意义。

改革开放以来，信贷管理体制的改革，一直是我国金融体制改革的重要内容。其间，许多相关的法律、行政法规先后对金融机构开展贷款业务作了规定，借款合同法律制度也逐步建立和完善起来。我国关于金融机构贷款的现行法律、行政法规、部门规章主要有：①1995 年 5 月 10 日第八届全国人民代表大会常务委员会第十三次会议通过，2003 年 12 月 27 日第十届全国人民代表大会常务委员会第六次会议、2015 年 8 月 29 日第十二届全国人民代表大会常务委员会第十六次会议修改的《中华人民共和国商业银行法》；②1999 年 3 月 15 日第九届全国人民代表大会第二次会议通过、同年 10 月 1 日开始施行的《中华人民共和国合同法》；③中国人民银行 1996 年 6 月 28 日发布的《贷款通则》；④中国银监会 2009 年 7 月发布的《固定资产贷款管理暂行办法》和《项目融资业务指引》，2010 年 2 月发布的《个人贷款管理暂行办法》和《流动资金贷款管理暂行办法》。

（二）金融机构贷款的种类

根据常用的几种标准，可以将金融机构贷款作如下分类：

1. 自营贷款、委托贷款和特定贷款。自营贷款是指贷款人以合法方式筹集的资金自主发放的贷款；其风险由贷款人承担，并由贷款人收回本金和利息。委托贷款是指由政府部门、企事业单位及个人等委托人提供资金，由贷款人（即受托人）根据委托人确定的贷款对象、用途、金额、期限、利率等代为发放、监督使用并协助收回的贷款；贷款人（受托人）只收取手续费，不承担贷款风险；除国家另有规定者外，贷款人（受托人）不得给委托人垫付资金。特定贷款，是指经国务院批准并对贷款可能造成的损失采取相应补救措施后责成相关银行发放的贷款。

2. 短期贷款、中期贷款和长期贷款。短期贷款是贷款期限在 1 年以内（含 1 年）的贷款；中期贷款是贷款期限在 1 年以上（不含 1 年）5 年以下（含 5 年）的贷款；长期贷款是贷款期限在 5 年（不含 5 年）以上的贷款。

3. 信用贷款和担保贷款。信用贷款是指凭借款人的信誉发放的贷款。担保贷款包括保证贷款、抵押贷款和质押贷款。保证贷款是指按《中华人民共和国担保法》规定的保证方式，以第三人承诺在借款人不能偿还贷款时，按约定承担一般保证责任或者连带责任而发放的贷款；抵押贷款是指按《中华人民共和国担保法》规定的抵押方式，以借款人或第三人的财产作为抵押物发放的贷款；质押贷款是指按《中华人民共和国担保法》规定的质押方式，以借款人或第三人的动产或权利作为质物发放的贷款。

4. 固定资产贷款、流动资金贷款和个人贷款。固定资产贷款是贷款人向企（事）业法人或国家规定可以作为借款人的其他组织发放的用于借款人固定资产投资的本外币贷款。流动资金贷款是贷款人向企（事）业法人或国家规定可以作为借款人的其他组织发放的用于借款人日常生产经营周转的本外币贷款。个人贷款是贷款人向符合条件的自然人发放的用于个人消费、生产经营等用途的本外币贷款。

5. 单独贷款和银团贷款。单独贷款是独家金融机构作为贷款人向借款人发放的贷款；银团贷款是数家金融机构联合，在一个贷款协议下按各自承担的份额向借款人发放的贷款。采取银团贷款形式的目的，一是满足借款人对大额甚至巨额资金的需要，二是在多个贷款人之间分散贷款风险。

6. 人民币贷款和外币贷款。人民币贷款是贷款人向借款人发放的币种为人民币的贷款；外币贷款是贷款人向借款人发放的外币币种的贷款。

（三）金融机构贷款的一般程序

金融机构一笔正常的贷款业务，从借款人提出贷款申请到贷款人收回贷款，一般要经过以下程序：

1. 贷款申请。借款人需要贷款，应当向主办银行、其他银行或者非银行金融机构的经办机构直接申请，填写包括借款金额、借款用途、偿还能力及还款方式等主要内容的《借款申请书》，并提供必要的信息资料。

2. 贷款调查和审批。贷款人受理借款人的申请后，由调查人员对借款人的信用等级以及借款的合法性、安全性、盈利性等情况进行调查，对抵押物、质物、保证人的情况进行核实，并对贷款的风险度进行测定；由审查人员对调查人员提供的资料进行核实、评定，复测贷款风险度，提出意见，按规定权限报批。贷款人应当建立审贷分离、分级审批的贷款管理制度。

3. 签订合同。贷款人与借款人签订书面借款合同，约定借款的种类、用途、金额、利率、期限、还款方式、借贷双方的权利义务、违约责任以及双方认为需要约定的其他事项。保证贷款应当由保证人与贷款人签订保证合同，或者保证人在借款合同上载明与贷款人协商一致的保证条款，加盖保证人的法人公章，并由保证人的法定代表人或其授权代理人签署姓名。抵押贷款、质押贷款应当由抵押人、出质人与贷款人签订抵押合同、质押合同，需要办理登记的，应依法办理登记。

4. 发放贷款。贷款人按借款合同的约定按期发放贷款。贷款人不按合同约定发放贷款，借款人不按合同约定用款，应向对方偿付违约金。

5. 贷后检查。贷款发放后，贷款人应当对借款人执行借款合同的情况及借款人的经营情况进行追踪调查和检查。

6. 贷款回收。贷款人在贷款到期前，应当向借款人发送还本付息通知单；借款人应当按照借款合同的约定，及时筹备资金，按时、足额还本付息。对逾期贷款，贷款人应及时发出催收通知单，做好逾期贷款本息的催收工作，并按规定加收罚息，必要时可通过诉讼或仲裁程序解决；属于担保贷款的，贷款人可以要求保证人承担保证责任，或者依法行使抵押权或质权。借款人提前归还贷款，应当与贷款人协商。

二、借款合同

《中华人民共和国合同法》以专章规定了借款合同，其内容不仅适用于金融机构贷款，也适用于自然人之间的借贷。

（一）借款合同的概念和特征

借款合同是借款人向贷款人借款，到期返还借款并支付利息的合同。借款合同具有以下法律特征：

1. 贷款人须依法具有贷款资格。只有依法设立并具有贷款经营范围的金融机构才能经营贷款业务；某些部门或财团法人如扶贫基金、科技开发基金等，经国家特许可发放专项贷款；非金融企业与自然人之间、自然人相互之间可以依法借贷。各级行政部门、企事业单位、供销合作社等合作经济组织、农村合作基金会和其他基金会，不得经营贷款业务。

2. 借款合同的标的，只能是货币资金，包括现金和现金请求权。借款合同到期后，借款人仅负以同币种、同数量货币资金返还的义务。

3. 自然人之间的借款合同，自贷款人提供贷款时生效，为实践合同；其他借款合同，均为诺成合同。

4. 订立借款合同应当采取书面形式，但自然人之间的借款另有约定的除外。

5. 自然人之间的借款合同是单务合同。其他借款合同均为双务合同，合同依法生效后，当事人双方均既享有权利，又承担义务，且权利义务彼此对应。

6. 贷款人以现金提供贷款的，自交付时起其所有权转移至借款人，借款人享有按照法律规定和合同约定占有、使用、处分和收益的权利，并承担损失风险。贷款人以转账方式提供贷款，即贷记借款人存款账户赋予其现金请求权的，自贷款转讫之时起，借款人作为存款人取得对存款账户所在金融机构的债权，借款人（此时为存款人）有权按规定请求存款账户所在金融机构偿付现金，或者开具以存款账户所在金融机构为付款人的票据。

7. 除自然人之间的借款合同外，借款合同原则上为有偿合同，借款人除返还本金外，还须支付利息。关于金融机构贷款，除国务院决定外，任何单位和个人无权决定减息、缓息或停息。自然人之间的借款合同对支付利息没有约定或者约定不明确的，视为不支付利息。

（二）借贷双方的权利与义务

1. 借款人的主要权利：①按合同约定的日期和数额提取和使用贷款；②在征得贷款人同意后向第三人转让借款合同项下的债务。

2. 借款人的主要义务：①按合同约定的日期和数额提取贷款。如未按照合同约定的日期和数额提取贷款，仍须按约定的日期和数额支付利息。②按约定的用途使用贷款。借款人未按约定用途使用贷款的，贷款人可以停止发放贷款、提前收回贷款或者解除合同，改按罚息标准计息，直至已发放的贷款收回为止。③按照约定的期限返还贷款，未按照约定期限返还贷款的，改按罚息标准计息。④按照约定期限和利率（须合法）支付利息。⑤向贷款人提供财务会计报表以及有关的计划、统计资料，接受贷款人对其贷款使用情况的监督。

3. 贷款人的主要权利：①按照合同约定的日期和数额收取本息；②检查、监督贷款的使用情况；③如为担保贷款，作为保证受益人、抵押权人、质权人享有相应的权利。

4. 贷款人的主要义务：①按照合同约定的日期和数额提供贷款。否则，造成借款人损失的，应当赔偿损失。贷款利息不得预先在本金中扣除；利息预先在本金中扣除的，只能按照实际贷款数额回收贷款并计算利息。②对借款人的债务、财务、生产、经营情况保密，但对依法查询者除外。

（三）关于借款合同，《民法典》在《合同法》基础上的变化

将于 2021 年 1 月 1 日起施行的我国《民法典》同样以专章规定了借款合同。相对于《合同法》，《民法典》关于借款合同的规定主要有以下变化：①删除了《合同法》第 198 条的内容，即"订立借款合同，贷款人可以要求借款人提供担保。担保依照《中华人民共和国担保法》的规定。"因为借款合同是否设置担保属当事人意思自治的范畴，《合同法》的规定显得多余。②删除了《合同法》第

204 条的内容，即"办理贷款业务的金融机构贷款的利率，应当按照中国人民银行规定的贷款利率的上下限确定。"理由是我国已经基本完成金融机构贷款利率的市场化改革，《合同法》的规定已脱离实际。③在第 680 条第 1 款增加了"禁止高利放贷"的原则性规定，为遏制借贷特别是民间借贷中一定程度存在的高利贷现象提供了民事立法依据，有利于规范借贷市场秩序，保护借款人利益。④《合同法》第 211 条中的"自然人之间的借款合同对支付利息没有约定或者约定不明确的，视为不支付利息"，在《民法典》第 680 条第 2 款、第 3 款改为"借款合同对支付利息没有约定的，视为没有利息"，"借款合同对支付利息约定不明确，当事人不能达成补充协议的，按照当地或者当事人的交易方式、交易习惯、市场利率等因素确定利息；自然人之间借款的，视为没有利息。"其要点有二：其一，"借款合同对支付利息没有约定视为没有利息"的规定，将不再限于自然人之间的借款，而是适用于所有的借款合同。其二，借款合同对支付利息约定不明确的，除自然人之间的借款外，仍应按《民法典》规定的依据计收、计付利息。

三、对金融机构贷款业务的管理

为了规范金融机构的贷款业务，建立和健全贷款管理秩序，提高信贷资金的使用效益，减少贷款风险，维护借贷双方的合法权益，我国有关法律、行政法规、部门规章对金融机构经营贷款业务提出了一系列管理要求。

（一）金融机构的贷款经营原则

金融机构经营贷款业务，应当遵守以下原则：

1. 守法原则。金融机构经营贷款业务，应当遵守法律、行政法规和有关的部门规章。具体包括：①不得损害国家和社会公共利益，如不得对将借款用于违法用途的借款人发放贷款；②符合核定的业务范围，包括贷款的种类、对象和范围；③遵守国家关于贷款利率、期限的管理规定；④遵守关于资产负债比例管理的规定；⑤不得违反规定向关系人发放信用贷款，对关系人发放担保贷款的条件不得优于其他借款人同类贷款的条件。

2. 自主经营原则。金融机构有权根据自身信贷资金的营运状况、贷款项目的盈利前景、借款人的资信情况和偿还能力等，依法自主决定贷与不贷、贷多贷少。金融机构有权拒绝任何单位和个人强令其发放贷款。按照《贷款通则》的规定，即使是由有关部门贴息的贷款，承办银行也应当自主审查发放，并根据有关规定严格管理。

3. 安全性、流动性、效益性原则。金融机构发放贷款，应严格审查，加强管理，积极运用法律手段，确保贷款债权的安全，预防和控制贷款风险，避免发生贷款损失；应按照资产负债比例管理的有关规定，控制中长期贷款的比重，加强资产的流动性管理；应在法律允许的范围内，努力追求自身经济效益的最大化，并充分考虑贷款的社会效益，保证贷款符合国家的产业政策，能够满足国民经济和社会发展的需要。

4. 平等、自愿、公平、诚信原则。金融机构与借款人及其他有关当事人因借贷、担保而发生的法律关系，是平等主体之间的民事法律关系，必须遵循平等、自愿、公平、诚信的民法基本原则。

5. 公平竞争原则。金融机构之间应当公平竞争，相互协作，不得从事不正当竞争。

6. 有担保原则。为了保障贷款债权的安全，《商业银行法》和《贷款通则》规定，金融机构发放贷款，除委托贷款外，借款人应当提供担保；贷款人应当对保证人的偿还能力、抵押物、质物的权属和价值以及实现抵押权、质权的可行性进行严格审查；经贷款人审查、评估，确认借款人资信良好，确能偿还贷款的，可以不提供担保。因此，金融机构经营贷款业务，应以有担保为原则，以无担保为例外。

(二) 金融机构贷款业务管理制度概述

对金融机构贷款业务的管理，涉及诸多方面。以下选择其中相对重要的部分内容作简要介绍。

1. 授权、授信管理制度。在我国，商业银行实行一级法人体制。建立法人授权、授信管理制度，对于强化商业银行统一管理和内部控制，增强商业银行防范和控制风险的能力，具有重要意义。为此，中国人民银行先后于 1996 年 11 月 11 日、1999 年 1 月 20 日发布了《商业银行授权、授信管理暂行办法》和《商业银行实施统一授信制度指引（试行）》；其后，中国银监会又于 2003 年 10 月 23 日发布了《商业银行集团客户授信业务风险管理指引》（2007 年 7 月 3 日、2010 年 6 月 4 日修订），于 2004 年 7 月 25 日发布了《商业银行授信工作尽职指引》。

商业银行应当在法定经营范围内对有关业务职能部门、分支机构及关键业务岗位进行授权，即对其开展业务的权限作出具体规定。授权逐级进行，总行对总行有关业务职能部门和管辖分行进行直接授权，管辖分行在总行授权权限内对本行有关业务职能处室（部门）和所辖分支行进行转授权，依此类推。总行授权不得超越核准的经营范围，转授权不得大于原授权。授权人应根据受权人的经营管理水平、风险控制能力、主要负责人业绩等，实行区别授权，并在必要时对授权及时进行调整。商业银行各级业务职能部门和分支机构以及关键业务岗位只能在授予的权限范围内开展业务活动，不得越权。

商业银行应当根据国家货币信贷政策、各地区金融风险及客户信用状况，规定对各地区及客户的最高授信额度，包括贷款、贴现、承兑和担保；应当根据不同地区、不同客户的情况区别对待，确定不同的授信额度，并在必要时及时进行调整。商业银行各级业务职能部门及分支机构只能在规定的授信额度内对各地区及客户进行授信。

2. 收费和复利管理制度。金融机构发放自营贷款和特定贷款，除按借款合同约定计收利息外，不得收取其他任何费用；委托贷款，贷款人（受托人）除按规定计收手续费外，不得收取其他任何费用。

根据中国人民银行 2003 年 12 月 10 日《关于人民币贷款利率有关问题的通知》，金融机构对借款人不能按时支付的利息，按罚息利率计收复利。

3. 资产负债比例管理制度。金融机构办理贷款业务，必须遵守资产负债比例管理的有关规定。根据《商业银行法》第 39 条第 1 款的规定，商业银行贷款应当遵守下列资产负债比例管理的规定：资本充足率不得低于 8%；流动性资产余额与流动性负债余额的比例不得低于 25%；对同一借款人的贷款余额与商业银行资本余额的比例不得超过 10%。资产负债比例管理的实质，是以金融机构的资本及负债制约其资产总量及结构，目的是保持资产的安全性和流动性，保证资产质量，防范和减少资产风险，提高信贷资金效益。

4. 关联贷款管理制度。关联贷款是关联交易的一种，在现实中非常普遍。贷款人向关联方发放贷款，一方面可以支持关联方的经营和发展，促进彼此的协作关系，但另一方面，贷款人因为关联关系的存在，在审查和管理贷款时，可能降低标准，疏于风险的控制，提供不公允的优惠条件，从而加大贷款风险，损害贷款人及贷款人股东的利益。因此，各国对关联交易包括关联贷款虽然未一味禁止，但都注重加以管理和规范。

对关联贷款的管理和规范一般涉及以下几个方面：①对关联方和关联贷款进行界定；②关联关系的报告义务；③关联贷款的内部控制程序和外部控制程序；④禁止某些形式的关联贷款，对允许的关联贷款规定限制比例；⑤关联贷款必须按公允条件进行；⑥关联贷款的信息披露；⑦违反规定的法律责任。

我国《商业银行法》第 40 条第 1 款对关联贷款作了原则规定，即商业银行不得向关系人发放信用贷款；向关系人发放担保贷款的条件不得优于其他借款人同类贷款的条件。同条第 2 款对关系人进行了界定。2004 年 4 月 2 日，中国银监会发布《商业银行与内部人和股东关联交易管理办法》，对包括关联贷款在内的关联交易的管理作了比较详细的规定。

5. 不良贷款管理制度。贷款人应当建立和完善贷款质量管理制度，依法对不良贷款进行分类、登记、考核、催收和冲销。

我国关于不良贷款的监测与考核，传统上适用以期限管理为主的贷款分类法，即将不良贷款分为逾期贷款、呆滞贷款和呆账贷款。其中，呆账贷款是指按财政部有关规定列为呆账的贷款；呆滞贷款指按财政部有关规定，逾期（含展期后到期）超过规定年限仍未归还的贷款，或虽未逾期或逾期不满规定年限但生产经营已终止、项目已停建的贷款（不含呆账贷款）；逾期贷款是指到期（含展期后到期）未归还的贷款（不含呆滞贷款和呆账贷款）。后来改成以风险管理为主的五级分类法，即将贷款按质量划分为正常、关注、次级、可疑、损失五类，其中次级、可疑、损失三类为不良贷款。借款人能够履行合同，没有足够理由怀疑贷款本息不能按时足额偿还的，为正常贷款；尽管借款人目前有能力偿还贷款本息，但存在一些可能对偿还产生不利影响的因素的，为关注贷款；借款人的还款能力出现明显问题，完全依靠其正常营业收入无法足额偿还贷款本息，即使执行担保，也可能会造成一定损失的，为次级贷款；借款人无法足额偿还贷款本息，即使执行担保，也肯定要造成较大损失的，为可疑贷款；在采取所有可能的措施或一切必要的法律程序之后，本息仍然无法收回，或只能收回极少部分的，则为损失贷款。

传统上以期限管理为主的贷款分类法，侧重于以贷款逾期时间长短为标准，来确定贷款的质量，不够科学，不能适应银行信贷管理和金融监管的需要。而目前适用的以风险管理为主的五级分类法，是以多种因素来衡量贷款的实际价值和风险程度，因而能够真实、全面、动态地反映贷款的质量。

（三）"贷款新政"

中国银监会 2009 年 7 月发布《固定资产贷款管理暂行办法》，2010 年 2 月发布《流动资金贷款管理暂行办法》和《个人贷款管理暂行办法》（以下简称"三个办法"），分别适用于银行业金融机构的固定资产贷款业务、流动资金贷款业务和个人贷款业务。这在当时被称为"贷款新政"。

"三个办法"针对我国银行业金融机构信贷管理模式相对粗放、贷款挪用现象比较严重、骗贷案件时有发生、《贷款通则》不适应贷款市场发展需要的现实状况，基于以风险为本的监管理念，借鉴国际商业银行贷款管理的最佳做法，对固定资产贷款、流动资金贷款、个人贷款的业务流程进行了系统规范。"三个办法"在此前贷款管理规则基础上的最值得关注的内容主要有三：

1. 借鉴国际商业贷款的惯常做法，规定贷款人应要求借款人在合同中作相关承诺（分积极承诺与消极承诺），如向贷款人提供真实、完整、有效的材料，配合贷款人进行贷款支付管理、贷后管理及相关检查，重大业务或变更征得贷款人同意，发生影响偿债能力的重大不利事项时及时通知贷款人。借款人未遵守承诺事项的，构成违约，贷款人可以依照法律和合同约定采取相关措施。

2. 借鉴国际商业贷款的惯常做法，实行贷放分控。即：贷款通过审批不等于可以无条件发放贷款；贷款人应当针对借款人的每一笔提款申请，审核其是否符合放款条件、资金使用是否符合约定用途。贷放分控有利于贷款人对提款期内发生的不利变化及时做出反应。

3. 改"实贷实存"为"实贷实付",确保贷用一致。贷款资金的支付,原则上应采用"贷款人受托支付"(贷款人根据借款人的提款申请和支付委托,将贷款资金支付给符合合同约定用途的借款人交易对手),仅在规定情形下允许采用"借款人自主支付"(贷款人根据借款人的提款申请将贷款资金发放至借款人账户后,由借款人自主支付给符合合同约定用途的借款人交易对手)。采用"借款人自主支付"的,贷款人都应当要求借款人定期汇总报告贷款资金支付情况,并通过账户分析、凭证查验、现场调查等方式核查贷款支付是否符合约定用途。

第三节　我国的利率市场化改革

一、利率及利率市场化的涵义

利率是资金的价格,是利息与本金的比率。我国的利率市场化,是指除民间融资以外的金融交易的商业性利率,交由市场主体自主决定,政府相应放松甚至取消管制的过程。

二、利率市场化的意义

利率市场化是 20 世纪 90 年代以来我国金融改革最重要的内容之一,也是我国社会主义市场经济体制建设的必然趋势。其意义深广,要者有四:

首先,利率市场化有助于充分激活利率在金融资源配置中的基础性调节作用。在利率市场化条件下,利率的价格杠杆功能进一步增强,金融机构按市场化标准筛选融资对象有了更大的空间,金融资源得以向真正有资金需求和发展前景的行业、企业流动,资源配置的效率得以提高。此外,市场化利率形成和调控机制的不断健全,也有利于降低社会融资成本,为经济健康可持续发展营造适宜的货币金融环境。

其次,利率市场化有利于金融机构成长为真正意义上的市场主体。在利率管制状态下,金融机构必然遵循"规模即效益"这种传统、低效、与市场脱节的经营理念。利率市场化赋予金融机构以自主定价权,将促使它们加快转变经营模式,树立起"以利润为中心"的经营理念,提高差异化定价的能力,提升风险管理和金融服务的水平。

再次,利率市场化是实现金融宏观调控转型升级的基本前提。利率市场化并不意味着中央银行将无所作为;相反,它可以运用货币政策工具影响市场的利率水平和走势。利率市场化将推动金融宏观调控向以价格型为主转变,使货币政策市场化传导机制进一步得到疏通;而真正反映市场供求状况的市场利率水平,也为中央银行进行利率调控提供了更富价值的参考。

最后，利率市场化有助于进一步规范市场主体的行为。金融产品的定价应考虑风险因素，亦即信用活动中授信一方所承受的风险，应当在定价中得到补偿。如此一来，高风险受信人获得信用支持就必须付出高出平均水平的代价，即风险溢价。显然，利率市场化为这种市场约束功能的发挥提供了核心条件。

三、我国的利率市场化改革进程

我国的利率市场化改革正式启动于 1996 年。此前，国家对利率实行严格管制，金融机构吸收存款、发放贷款都必须严格执行中国人民银行制定和公布的法定利率。随着社会主义市场经济体制建设目标的确立和改革的深入，利率市场化被顺理成章地提到改革的议事日程，受到党中央、国务院的高度重视。党的十四届三中全会 1993 年 11 月 14 日《关于建立社会主义市场经济体制若干问题的决定》，首次提出"中央银行按照资金供求状况及时调整基准利率，并允许商业银行存贷款利率在规定幅度内自由浮动"。同年 12 月 25 日国务院《关于金融体制改革的决定》也提出："中国人民银行要制定存、贷款利率的上下限，进一步理顺存款利率、贷款利率和有价证券利率之间的关系；各类利率要反映期限、成本、风险的区别，保持合理利差；逐步形成以中央银行利率为基础的市场利率体系。"党的十六届三中全会 2003 年 10 月 14 日《关于完善社会主义市场经济体制若干问题的决定》则进一步强调："稳步推进利率市场化，建立健全由市场供求决定的利率形成机制，中央银行通过运用货币政策工具引导市场利率。"

"稳步推进"是我国利率市场化改革的基本方针。二十余年来，我国利率市场化改革的指导思想是：先外币、后本币，先贷款、后存款，存款先大额长期、后小额短期，逐步建立由市场供求决定金融机构存、贷款利率水平的利率形成机制；中央银行调控和引导市场利率，使市场机制在金融资源配置中发挥主导作用。

以下分利率种类列举我国利率市场化改革的大致轨迹：

（一）银行间市场利率、国债和政策性金融债发行利率的市场化

1996 年 6 月，中国人民银行放开银行间同业拆借利率；1997 年 6 月放开银行间债券回购利率；1998 年 8 月，国家开发银行在银行间债券市场首次进行了市场化发债；1999 年 10 月，国债发行也开始采用市场招标形式。

（二）票据贴现利率的市场化

1998 年，中国人民银行改革了贴现利率生成机制，贴现利率和转贴现利率在再贴现利率的基础上加点生成，在不超过同期贷款利率（含浮动）的前提下由商业银行自定。从 2013 年 7 月 20 日起，中国人民银行全面放开了票据贴现利率管制。

（三）金融机构贷款利率的市场化

金融机构贷款利率的市场化可进一步划分为三个阶段：第一阶段是由执行中央银行法定利率改为允许在中央银行基准利率的基础上上下浮动，并且不断放宽允许浮动的幅度；第二阶段是从 2013 年 7 月 20 日起全面放开贷款利率，允许金融机构根据商业原则自主确定贷款利率水平；第三阶段是"市场利率定价自律机制"于 2013 年 9 月 26 日成立，金融机构确定贷款利率的参考标准由央行基准利率过渡到通过"市场利率定价自律机制"形成的贷款市场报价利率（LPR）。

2019 年 8 月 16 日，中国人民银行发布公告，决定改革完善贷款市场报价利率形成机制。其要点如下：①自 2019 年 8 月 20 日起，中国人民银行授权全国银行间同业拆借中心于每月 20 日（遇节假日顺延）9 时 30 分公布贷款市场报价利率，公众可在全国银行间同业拆借中心和中国人民银行网站查询。②贷款市场报价利率报价行应于每月 20 日（遇节假日顺延）9 时前，按公开市场操作利率（主要指中期借贷便利利率）加点形成的方式，向全国银行间同业拆借中心报价。全国银行间同业拆借中心按去掉最高和最低报价后算术平均的方式计算得出贷款市场报价利率。③为提高贷款市场报价利率的代表性，贷款市场报价利率报价行类型在原有的全国性银行基础上增加城市商业银行、农村商业银行、外资银行和民营银行，此次由 10 家扩大至 18 家，今后定期评估调整。④将贷款市场报价利率由原有 1 年期一个期限品种扩大至 1 年期和 5 年期以上两个期限品种。银行的 1 年期和 5 年期以上贷款参照相应期限的贷款市场报价利率定价，1 年期以内、1 年至 5 年期贷款利率由银行自主选择参考的期限品种定价。⑤自即日起，各银行应在新发放的贷款中主要参考贷款市场报价利率定价，并在浮动利率贷款合同中采用贷款市场报价利率作为定价基准。存量贷款的利率仍按原合同约定执行。各银行不得通过协同行为以任何形式设定贷款利率定价的隐性下限。⑥中国人民银行将指导市场利率定价自律机制加强对贷款市场报价利率的监督管理，对报价行的报价质量进行考核，督促各银行运用贷款市场报价利率定价，严肃处理银行协同设定贷款利率隐性下限等扰乱市场秩序的违规行为。中国人民银行将银行的贷款市场报价利率应用情况及贷款利率竞争行为纳入宏观审慎评估。

（四）金融机构人民币存款利率的市场化

金融机构人民币存款利率市场化的第一步，是尝试大额长期存款利率的市场化。1999 年 10 月，中国人民银行批准中资商业银行法人对中资保险公司法人试办由双方协商确定利率的大额定期存款；2003 年 11 月，商业银行、农村信用社被允许开办邮政储蓄协议存款。第二步是从 2004 年 10 月 29 日起，允许人民币存款利率下浮。第三步是自 2012 年 6 月 8 日起，将金融机构存款利率浮动区间的上限调整为基准利率的 1.1 倍；其后逐步扩大存款利率浮动区间的上限直至基准利率的 1.5 倍。最后一步是先于 2015 年 8 月 26 日起放开金融机构一年以上（不含一年）定期存款利率的浮动上限，后于同年 10 月 24 日起放开金融机构活期存款、一年以内（含一年）定期存款、协定存款、通知存款的利率上限，进而实现了金融机构存款利率上限的全面放开。

（五）外币利率管理的市场化

第一步，根据中国人民银行 2000 年 8 月 24 日发布的《关于改革外币存贷款利率管理体制的通知》，放开外币贷款利率和大额外币存款利率。即：各种外币贷款利率及其计结息方式由金融机构根据国际金融市场利率的变动情况以及资金成本、风险差异等因素自行确定；300 万（含 300 万）以上美元或等值其他外币的大额外币存款，其利率水平由金融机构与客户协商确定，并报当地人民银行备案；对 300 万美元（或等值其他外币）以下的小额存款，其利率水平由中国银行业协会统一制定，经中国人民银行核准后对外公布，各金融机构统一执行。其后，于 2003 年 7 月将由国家制定并公布的小额外币存款利率的币种，由 7 种减少到境内美元、欧元、港币和日元 4 种。第二步，先于 2003 年 7 月放开英镑、瑞士法郎和加拿大元的外币小额存款利率管理，后于 2003 年 11 月放开小额外币存款利率的下限，对美元、日元、港币、欧元小额存款利率实行上限管理。第三步，于 2004 年 11 月放开 1 年期以上小额外币存款利率；于 2005 年 5 月 20 日起上调境内商业银行 1 年期美元、港币小额外币存款利率的上限。第四步亦即最后一步，从 2015 年 5 月 11 日起，放开金融机构小额外币存款利率浮动区间上限，由金融机构根据商业原则自主确定。

四、利率市场化面临的挑战

利率市场化虽然具有积极意义，但也提出了诸多挑战。其中，有三个问题尤其值得关注：第一，相关立法需要适时进行修订。我国现行《商业银行法》第 31 条、第 38 条、第 47 条仍规定：商业银行应当按照中国人民银行规定的存款利率的上下限，确定存款利率，并予以公告；商业银行应当按照中国人民银行规定的贷款利率的上下限，确定贷款利率；商业银行不得违反规定提高或者降低利率以及采用其他不正当手段，吸收存款，发放贷款。显然，这些规定如不及时予以改变，将使我国利率市场化改革的成果缺乏必要的合法性基础。第二，利率市场化以后，在日趋激烈的竞争压力下，很可能出现贷款利率不断走低而存款利率不断走高的局面，导致利差收窄，从而削弱相关金融机构的盈利能力和资本积累能力。因此，相关金融机构恐不能再高度依赖传统的存贷利差盈利模式，而应当通过更多样化的业务获得新的收入来源，提升抗风险能力。当然，相关政府部门也应当加强对金融机构非理性定价行为的监督管理。第三，在利率市场化的背景下，中小微企业可能面临更大的融资困难和成本压力，需要各方面协同努力，采取切实可行的办法予以化解。

第四节　民间借贷法律制度

民间借贷是自然人、法人和非法人组织（不含经金融监管部门批准设立的从事贷款业务的金融机构及其分支机构）之间直接发生的货币借贷。民间借贷，能够满足人民群众和中小企业调剂小额资金的需要，具有及时、简便、灵活的特点，对银行信用起着一定的拾遗补缺作用。

一、我国《合同法》《民法典》对自然人之间借贷的适用

我国《合同法》《民法典》关于借款合同的规定适用于自然人之间的借贷。根据《合同法》《民法典》的相关规定，自然人之间的借款合同相对于金融机构借款合同，主要有以下不同：①自然人之间的借款合同为实践合同，于贷款人提供贷款时生效；与此相应，自然人之间的借款合同为单务合同。②自然人之间的借款合同可以以口头形式订立。③自然人之间的借款合同对支付利息没有约定或者约定不明确的，视为不支付利息（没有利息）。

二、最高人民法院关于民间借贷的司法解释

为了正确审理民间借贷纠纷案件，最高人民法院曾于 1991 年 8 月、2015 年 8 月先后发布《关于人民法院审理借贷案件的若干意见》（已废止，以下简称旧司法解释）和《关于审理民间借贷案件适用法律若干问题的规定》（以下简称新司法解释）。2020 年 8 月，最高人民法院对新司法解释进行了修订。修订后的新司法解释的核心内容可归纳如下：

（一）民间借贷事实认定的实体和程序问题

1. 出借人向人民法院提起民间借贷诉讼时，应当提供借据、收据、欠条等债权凭证以及其他能够证明借贷法律关系存在的证据。

2. 当事人持有的借据、收据、欠条等债权凭证没有载明债权人，持有债权凭证的当事人提起民间借贷诉讼的，人民法院应予受理；被告对原告的债权人资格提出有事实依据的抗辩，人民法院经审查认为原告不具有债权人资格的，裁定驳回起诉。

3. 原告以借据、收据、欠条等债权凭证为依据提起民间借贷诉讼，被告依据基础法律关系提出抗辩或者反诉，并提供证据证明债权纠纷非民间借贷行为引起的，人民法院应当依据查明的案件事实，按照基础法律关系审理。

4. 原告仅依据借据、收据、欠条等债权凭证提起民间借贷诉讼，被告抗辩已经偿还借款的，被告应当对其主张提供证据证明；被告提供相应证据证明其主张后，原告仍应就借贷关系的存续承担举证责任。

5. 被告抗辩借贷行为尚未实际发生并能作出合理说明的，人民法院应当结合借贷金额、款项交付、当事人的经济能力、当地或者当事人之间的交易方式、交易习惯、当事人财产变动情况以及证人证言等事实和因素，综合判断查证借贷事实是否发生。

6. 原告仅依据金融机构的转账凭证提起民间借贷诉讼，被告抗辩转账系偿还双方之前借款或者其他债务的，被告应当对其主张提供证据证明。被告提供相应证据证明其主张后，原告仍应就借贷关系的成立承担举证责任。

7. 依据《最高人民法院关于适用〈中华人民共和国民事诉讼法〉的解释》第 174 条第 2 款之规定，负有举证责任的原告无正当理由拒不到庭，经审查现有证据无法确认借贷行为、借贷金额、支付方式等案件主要事实的，人民法院对原告主张的事实不予认定。

8. 借贷双方就合同履行地未约定或者约定不明确，事后未达成补充协议，按照合同相关条款或者交易习惯仍不能确定的，以接受货币一方所在地为合同履行地。

9. 保证人为借款人提供连带责任保证，出借人仅起诉借款人的，人民法院可以不追加保证人为共同被告；出借人仅起诉保证人的，人民法院可以追加借款人为共同被告。保证人为借款人提供一般保证，出借人仅起诉保证人的，人民法院应当追加借款人为共同被告；出借人仅起诉借款人的，人民法院可以不追加保证人为共同被告。

10. 他人在借据、收据、欠条等债权凭证或者借款合同上签名或者盖章，但是未表明其保证人身份或者承担保证责任，或者通过其他事实不能推定其为保证人，出借人请求其承担保证责任的，人民法院不予支持。借贷双方通过网络贷款平台形成借贷关系，网络贷款平台的提供者仅提供媒介服务，当事人请求其承担担保责任的，人民法院不予支持。网络贷款平台的提供者通过网页、广告或者其他媒介明示或者有其他证据证明其为借贷提供担保，出借人请求网络贷款平台的提供者承担担保责任的，人民法院应予支持。当事人以订立买卖合同作为民间借贷合同的担保，借款到期后借款人不能还款，出借人请求履行买卖合同的，人民法院应当按照民间借贷法律关系审理。当事人根据法庭审理情况变更诉讼请求的，人民法院应当准许。按照民间借贷法律关系审理作出的判决生效后，借款人不履行生效判决确定的金钱债务，出借人可以申请拍卖买卖合同标的物，以偿还债务。就拍卖所得的价款与应偿还借款本息之间的差额，借款人或者出借人有权主张返还或者补偿。

11. 法人的法定代表人或者非法人组织的负责人以单位名义与出借人签订民间借贷合同，有证据证明所借款项系法定代表人或者负责人个人使用，出借人请求将法定代表人或者负责人列为共同被告或者第三人的，人民法院应予准许；法人的法定代表人或者非法人组织的负责人以个人名义与出借人订立民间借贷合同，所借款项用于单位生产经营，出借人请求单位与个人共同承担责任的，人民法院应予支持。

12. 借据、收据、欠条等债权凭证载明的借款金额，一般认定为本金；预先在本金中扣除利息的，人民法院应当将实际出借的金额认定为本金。

（二）民间借贷合同的效力

自然人之间的借款合同具有下列情形之一的，可以视为合同成立：①以现金支付的，自借款人收到借款时；②以银行转账、网上电子汇款等形式支付的，自资金到达借款人账户时；③以票据交付的，自借款人依法取得票据权利时；④出借人将特定资金账户支配权授权给借款人的，自借款人取得对该账户实际支配权时；⑤出借人以与借款人约定的其他方式提供借款并实际履行完成时。除自然人之间的借款合同外，当事人主张民间借贷合同自合同成立时生效的，人民法院应予支持，但当事人另有约定或者法律、行政法规另有规定的除外。

具有下列情形之一的，人民法院应当认定民间借贷合同无效：①套取金融机构贷款转贷的；②以向其他营利法人借贷、向本单位职工集资，或者以向公众非法吸收存款等方式取得的资金转贷的；③未依法取得放贷资格的出借人，以营利为目的向社会不特定对象提供借款的；④出借人事先知道或者应当知道借款人借款用于违法犯罪活动仍然提供借款的；⑤违反法律、法规强制性规定的；⑥违背公序良俗的。

（三）法人之间、非法人组织之间及其相互之间直接借贷的效力

为了减少资金在金融体系外循环，我国长期禁止企业之间直接借贷。中国人民银行 1996 年 6 月发布的《贷款通则》第 61 条即规定：企业之间不得违反国家规定办理借贷或者变相借贷融资业务。而新司法解释和修订后的新司法解释从司法审判的角度事实上解除了上述禁令，规定：法人之间、非法人组织之间以及它们相互之间为生产、经营需要订立的民间借贷合同，除存在《合同法》第 52 条以及本规定第 14 条规定的情形外，当事人主张民间借贷合同有效的，人民法院应予支持。不过，法人之间、非法人组织之间以及它们相互之间只有基于生产、经营需要发生的借贷，其有效性才会得到承认。换言之，法人和非法人组织不得作为"职业放贷人"以营利为目的持续经营贷款业务。中国银保监会、公安部、国家市场监督管理总局、中国人民银行 2018 年 4 月 16 日下发的《关于规范民间借贷行为维护经济金融秩序有关事项的通知》，对此作了重申："未经有权机关依法批准，任何单位和个人不得……以发放贷款为日常业务活动。"此外，法人或者非法人组织在本单位内部通过借款形式向职工筹集资金，用于本单位生产、经

营，且不存在《合同法》第 52 条以及本规定第 14 条规定的情形，当事人主张民间借贷合同有效的，人民法院应予支持。

（四）民间借贷的利息和利率

1. 对自然人之间的借贷采用无偿原则。借贷双方没有约定利息，出借人主张支付利息的，人民法院不予支持。自然人之间借贷双方对利息约定不明，出借人主张支付利息的，人民法院不予支持。除自然人之间借贷的外，借贷双方对借贷利息约定不明，出借人主张利息的，人民法院应当结合民间借贷合同的内容，并根据当地或者当事人的交易方式、交易习惯、市场报价利率等因素确定利息。

2. 借贷双方约定的利率超过合同成立时 1 年期贷款市场报价利率 4 倍的，人民法院不予支持。根据旧司法解释，民间借贷的利率可以适当高于银行的利率，但最高不得超过银行同类贷款利率的 4 倍（包含利率本数）；超出此限度的，超出部分的利息不予保护。新司法解释则以年利率 24% 和年利率 36% 为两线，划分为三个区间作差别对待：①借贷双方约定的利率未超过年利率 24%，出借人请求借款人按照约定的利率支付利息的，人民法院应予支持。②借贷双方约定的利率超过年利率 36%，超过部分的利息约定无效；借款人请求出借人返还已支付的超过年利率 36% 部分的利息的，人民法院应予支持。③对按超过 24%、未超过 36% 的年利率自愿支付的利息，如未损害国家、集体和第三人利益，借款人以不当得利为由要求出借人返还的，人民法院不予支持。修订后的新司法解释则规定：出借人请求借款人按照合同约定利率支付利息的，人民法院应予支持，但是双方约定的利率超过合同成立时 1 年期贷款市场报价利率 4 倍的除外。

3. 关于复利。根据旧司法解释，出借人不得将利息计入本金谋取高利；审理中发现债权人将利息计入本金计算复利的，其利率超出银行同类贷款利率 4 倍的限度的，超出部分的利息不予保护。可见，旧司法解释对于复利采取的是宏观上否定、微观上有限度容忍的政策，即虽计算了复利，只要没有超过限度，还是受到保护的。修订后的新司法解释规定：借贷双方对前期借款本息结算后将利息计入后期借款本金并重新出具债权凭证，如果前期利率没有超过合同成立时 1 年期贷款市场报价利率的 4 倍，重新出具的债权凭证载明的金额可认定为后期借款本金。超过部分的利息应认定为后期借款本金。借款人在借款期间届满后应当支付的本息之和，超过以最初借款本金与以最初借款本金为基数，以合同成立时 1 年期贷款市场报价利率 4 倍计算的整个借款期间的利息之和的，人民法院不予支持。可见，修订后的新司法解释关于复利采取的政策与旧司法解释有所不同，是宏观上肯定、微观上设限。其限制有三：①只有前期利率未超合同成立时 1 年期贷款市场报价利率的 4 倍的利息可以计入后期借款本金；②前期借款利息计入后期借款本金，需结算后重新出具债权凭证；③计算复利后，借款人在借款期间届满后应当支付的本息之和，超过以最初借款本金与以最初借款本金为基数，以合同成立时 1 年期贷款市场报价利率的 4 倍计算的整个借款期间的利息之和的，人民法院不予支持。。

4. 关于逾期利率。借贷双方对逾期利率有约定的，从其约定，但是以不超过合同成立时 1 年期贷款市场报价利率的 4 倍为限。未约定逾期利率或者约定不明的，人民法院可以区分不同情况处理：①既未约定借期内的利率，也未约定逾期利率，出借人主张借款人自逾期还款之日起承担逾期还款违约责任的，人民法院应予支持；②约定了借期内的利率但是未约定逾期利率，出借人主张借款人自逾期还款之日起按照借期内利率支付资金占用期间利息的，人民法院应予支持。③出借人与借款人既约定了逾期利率，又约定了违约金或者其他费用，出借人可以选择主张逾期利息、违约金或者其他费用，也可以一并主张，但是总计超过合同成立时 1 年期贷款市场报价利率 4 倍的部分，人民法院不予支持。

5. 关于提前还款及其利息计算。借款人可以提前偿还借款，但是当事人另有约定的除外。借款人提前偿还借款并主张按照实际借款期间计算利息的，人民法院应予支持。

（五）民刑交叉问题的处理

1. 人民法院立案后，发现民间借贷行为本身涉嫌非法集资等犯罪的，应当裁定驳回起诉，并将涉嫌非法集资等犯罪的线索、材料移送公安或者检察机关。公安或者检察机关不予立案，或者立案侦查后撤销案件，或者检察机关作出不起诉决定，或者经人民法院生效判决认定不构成非法集资等犯罪，当事人又以同一事实向人民法院提起诉讼的，人民法院应予受理。

2. 人民法院立案后，发现与民间借贷纠纷案件虽有关联但不是同一事实的涉嫌非法集资等犯罪的线索、材料的，人民法院应当继续审理民间借贷纠纷案件，并将涉嫌非法集资等犯罪的线索、材料移送公安或者检察机关。

3. 民间借贷纠纷的基本案件事实必须以刑事案件的审理结果为依据，而该刑事案件尚未审结的，人民法院应当裁定中止诉讼。借款人涉嫌犯罪或者生效判决认定其有罪，出借人起诉请求担保人承担民事责任的，人民法院应予受理。

4. 借款人或者出借人的借贷行为涉嫌犯罪，或者已经生效的裁判认定构成犯罪，当事人提起民事诉讼的，民间借贷合同并不当然无效。人民法院应当根据合同法第 52 条、本规定第 14 条之规定，认定民间借贷合同的效力。担保人以借款人或者出借人的借贷行为涉嫌犯罪或者已经生效的裁判认定构成犯罪为由，主张不承担民事责任的，人民法院应当依据民间借贷合同与担保合同的效力、当事人的过错程度，依法确定担保人的民事责任。

（六）防止和打击虚假诉讼

人民法院审理民间借贷纠纷案件时发现有下列情形之一的，应当严格审查借贷发生的原因、时间、地点、款项来源、交付方式、款项流向以及借贷双方的关系、经济状况等事实，综合判断是否属于虚假民事诉讼：①出借人明显不具备出借能力；②出借人起诉所依据的事实和理由明显不符合常理；③出借人不能提交债权凭证或者提交的债权凭证存在伪造的可能；④当事人双方在一定期间内多次参加民间借贷诉讼；⑤当事人无正当理由拒不到庭参加诉讼，委托代理人对借贷事实陈述不清或者陈述前后矛盾；⑥当事人双方对借贷事实的发生没有任何争议或者诉辩明显不符合常理；⑦借款人的配偶或者合伙人、案外人的其他债权人提出有事实依据的异议；⑧当事人在其他纠纷中存在低价转让财产的情形；⑨当事人不正当放弃权利；⑩其他可能存在虚假民间借贷诉讼的情形。经查明属于虚假民间借贷诉讼，原告申请撤诉的，人民法院不予准许，并应当依据《民事诉讼法》第112条之规定，判决驳回其请求。诉讼参与人或者其他人恶意制造、参与虚假诉讼，人民法院应当依据《民事诉讼法》第111条、第112条和第113条之规定，依法予以罚款、拘留；构成犯罪的，应当移送有管辖权的司法机关追究刑事责任。单位恶意制造、参与虚假诉讼的，人民法院应当对该单位进行罚款，并可以对其主要负责人或者直接责任人员予以罚款、拘留；构成犯罪的，应当移送有管辖权的司法机关追究刑事责任。

三、查处、惩治非法放贷活动的司法规则

近年来，在民间借贷迅速发展的同时，非法放贷活动也愈演愈烈。2018年4月16日，中国银保监会、公安部、国家市场监督管理总局、中国人民银行发布《关于规范民间借贷行为维护经济金融秩序有关事项的通知》，提出要严厉打击以下5种行为：①利用非法吸收公众存款、变相吸收公众存款等非法集资资金发放民间贷款；②以故意伤害、非法拘禁、侮辱、恐吓、威胁、骚扰等非法手段催收贷款；③套取金融机构信贷资金，再高利转贷；④面向在校学生非法发放贷款，发放无指定用途贷款，或以提供服务、销售商品为名，实际收取高额利息（费用）变相发放贷款；⑤银行业金融机构从业人员作为主要成员或实际控制人，开展有组织的民间借贷。

其后，针对"套路贷"犯罪和非法放贷犯罪频发的局面，国家司法机关以现行《刑法》为基础和依据，及时下发了相关司法文件，对案件办理中的关键问题予以明确，形成了对非法放贷犯罪活动的高压打击态势。

（一）"套路贷"刑事案件的办理

最高人民法院2018年8月1日发布了《关于依法妥善审理民间借贷案件的通知》；最高人民法院、最高人民检察院、公安部、司法部2019年2月28日发布了《关于办理"套路贷"刑事案件若干问题的意见》。其核心内容如下：

1. "套路贷"是对以非法占有为目的，假借民间借贷之名，诱使或迫使被害人签订"借贷"或变相"借贷""抵押""担保"等相关协议，通过虚增借贷金额、恶意制造违约、肆意认定违约、毁匿还款证据等方式形成虚假债权债务，并借助诉讼、仲裁、公证或者采用暴力、威胁以及其他手段非法占有被害人财物的相关违法犯罪活动的概括性称谓。

"套路贷"与平等主体之间基于意思自治而形成的民事借贷关系存在本质区别。民间借贷的出借人是为了到期按照协议约定的内容收回本金并获取利息，不具有非法占有他人财物的目的，也不会在签订、履行借贷协议过程中实施虚增借贷金额、制造虚假给付痕迹、恶意制造违约、肆意认定违约、毁匿还款证据等行为。

非法讨债引发的案件与"套路贷"案件也有区别。犯罪嫌疑人、被告人不具有非法占有目的，也未使用"套路"与借款人形成虚假债权债务，不应视为"套路贷"；因使用暴力、威胁以及其他手段强行索债构成犯罪的，应当根据具体案件事实定罪处罚。

2. "套路贷"的常见犯罪手法和步骤。包括但不限于：

（1）制造民间借贷假象。犯罪嫌疑人、被告人往往以"小额贷款公司""投资公司""咨询公司""担保公司""网络借贷平台"等名义对外宣传，以低息、无抵押、无担保、快速放款等为诱饵吸引被害人借款，继而以"保证金""行规"等虚假理由诱使被害人基于错误认识签订金额虚高的"借贷"协议或相关协议。有的犯罪嫌疑人、被告人还会以被害人先前借贷违约等理由，迫使对方签订金额虚高的"借贷"协议或相关协议。

（2）制造资金走账流水等虚假给付事实。犯罪嫌疑人、被告人按照虚高的"借贷"协议金额将资金转入被害人账户，制造已将全部借款交付被害人的银行流水痕迹，随后便采取各种手段将其中全部或者部分资金收回，被害人实际上并未取得或者完全取得"借贷"协议、银行流水上显示的钱款。

（3）故意制造违约或者肆意认定违约。犯罪嫌疑人、被告人往往会以设置违约陷阱、制造还款障碍等方式，故意造成被害人违约，或者通过肆意认定违约，强行要求被害人偿还虚假债务。

（4）恶意垒高借款金额。当被害人无力偿还时，有的犯罪嫌疑人、被告人会安排其所属公司或者指定的关联公司、关联人员为被害人偿还"借款"，继而与被害人签订金额更大的虚高"借贷"协议或相关协议，通过这种"转单平账""以贷还贷"的方式不断垒高"债务"。

（5）软硬兼施"索债"。在被害人未偿还虚高"借款"的情况下，犯罪嫌疑人、被告人借助诉讼、仲裁、公证或者采用暴力、威胁以及其他手段向被害人或者被害人的特定关系人索取"债务"。

3. 办理"套路贷"刑事案件对《刑法》的适用与刑事政策的把握。

（1）实施"套路贷"过程中，未采用明显的暴力或者威胁手段，其行为特征从整体上表现为以非法占有为目的，通过虚构事实、隐瞒真相骗取被害人财物的，一般以诈骗罪定罪处罚；对于在实施"套路贷"过程中多种手段并用，构成诈骗、敲诈勒索、非法拘禁、虚假诉讼、寻衅滋事、强迫交易、抢劫、绑架等多种犯罪的，应当根据具体案件事实，区分不同情况，依照刑法及有关司法解释的规定数罪并罚或者择一重处。

（2）多人共同实施"套路贷"犯罪，犯罪嫌疑人、被告人在所参与的犯罪中起主要作用的，应当认定为主犯，对其参与或组织、指挥的全部犯罪承担刑事责任；起次要或辅助作用的，应当认定为从犯。

（3）明知他人实施"套路贷"犯罪，具有以下情形之一的，以相关犯罪的共犯论处，但刑法和司法解释等另有规定的除外：①组织发送"贷款"信息、广告，吸引、介绍被害人"借款"的；②提供资金、场所、银行卡、账号、交通工具等帮助的；③出售、提供、帮助获取公民个人信息的；④协助制造走账记录等虚假给付事实的；⑤协助办理公证的；⑥协助以虚假事实提起诉讼或者仲裁的；⑦协助套现、取现、办理动产或不动产过户等，转移犯罪所得及其产生的收益的；⑧其他符合共同犯罪规定的情形。

（4）在认定"套路贷"犯罪数额时，应当与民间借贷相区别，从整体上予以否定性评价，"虚高债务"和以"利息""保证金""中介费""服务费""违约金"等名目被犯罪嫌疑人、被告人非法占有的财物，均应计入犯罪数额。犯罪嫌疑人、被告人实际给付被害人的本金数额，不计入犯罪数额。

（5）已经着手实施"套路贷"，但因意志以外原因未得逞的，可以根据相关罪名所涉及的刑法、司法解释规定，按照已着手非法占有的财物数额认定犯罪未遂。既有既遂，又有未遂，犯罪既遂部分与未遂部分分别对应不同法定刑幅度的，应当先决定对未遂部分是否减轻处罚，确定未遂部分对应的法定刑幅度，再与既遂部分对应的法定刑幅度进行比较，选择处罚较重的法定刑幅度，并酌情从重处罚；二者在同一量刑幅度的，以犯罪既遂酌情从重处罚。

（6）犯罪嫌疑人、被告人实施"套路贷"违法所得的一切财物，应当予以追缴或者责令退赔；对被害人的合法财产，应当及时返还。有证据证明是犯罪嫌疑人、被告人为实施"套路贷"而交付给被害人的本金，赔偿被害人损失后如有剩余，应依法予以没收。犯罪嫌疑人、被告人已将违法所得的财物用于清偿债务、转让或者设置其他权利负担，具有下列情形之一的，应当依法追缴：①第三人明知是违法所得财物而接受的；②第三人无偿取得或者以明显低于市场的价格取得违法所得财物的；③第三人通过非法债务清偿或者违法犯罪活动取得违法所得财物的；④其他应当依法追缴的情形。

（7）以老年人、未成年人、在校学生、丧失劳动能力的人为对象实施"套路贷"，或者因实施"套路贷"造成被害人或其特定关系人自杀、死亡、精神失常、为偿还"债务"而实施犯罪活动的，除刑法、司法解释另有规定的外，应当酌情从重处罚。在坚持依法从严惩处的同时，对于认罪认罚、积极退赃、真诚悔罪或者具有其他法定、酌定从轻处罚情节的被告人，可以依法从宽处罚。

（8）对于"套路贷"犯罪分子，应当根据其所触犯的具体罪名，依法加大财产刑适用力度。符合刑法第37条之一规定的，可以依法禁止从事相关职业。

（9）三人以上为实施"套路贷"而组成的较为固定的犯罪组织，应当认定为犯罪集团。对首要分子应按照集团所犯全部罪行处罚。符合黑恶势力认定标准的，应当按照黑社会性质组织、恶势力或者恶势力犯罪集团侦查、起诉、审判。

（三）非法放贷刑事案件的办理

最高人民法院、最高人民检察院、公安部、司法部2019年7月23日发布了《关于办理非法放贷刑事案件若干问题的意见》。其核心内容如下：

1. 违反国家规定，未经监管部门批准，或者超越经营范围，以营利为目的，经常性地向社会不特定对象发放贷款，扰乱金融市场秩序，情节严重的，依照刑法第225条第4项的规定，以非法经营罪定罪处罚。其中，"经常性地向社会不特定对象发放贷款"，是指2年内向不特定多人（包括单位和个人）以借款或其他名义出借资金10次以上（贷款到期后延长还款期限的，发放贷款次数按照1次计算）。

2. 以超过36%的实际年利率实施非法放贷行为，具有下列情形之一的，属于刑法第225条规定的"情节严重"，但单次非法放贷行为实际年利率未超过36%的，定罪量刑时不得计入：①个人非法放贷数额累计在200万元以上的，单位非法放贷数额累计在1000万元以上的；②个人违法所得数额累计在80万元以上的，单位违法所得数额累计在400万元以上的；③个人非法放贷对象累计在50人以上的，单位非法放贷对象累计在150人以上的；④造成借款人或者其近亲属自杀、死亡或者精神失常等严重后果的。

具有下列情形之一的，属于刑法第225条规定的"情节特别严重"：①个人非法放贷数额累计在1000万元以上的，单位非法放贷数额累计在5000万元以上的；②个人违法所得数额累计在400万元以上的，单位违法所得数额累计在2000万元以上的；③个人非法放贷对象累计在250人以上的，单位非法放贷对象累计在750人以上的；④造成多名借款人或者其近亲属自杀、死亡或者精神失常等特别严重后果的。

3. 非法放贷数额、违法所得数额、非法放贷对象数量接近以上"情节严重""情节特别严重"的数额、数量起点标准，并具有下列情形之一的，可以分别认定为"情节严重""情节特别严重"：①2年内因实施非法放贷行为受过行政处罚2次以上的；②以超过72%的实际年利率实施非法放贷行为10次以上的。其中，"接近"一般应当掌握在相应数额、数量标准的80%以上。

4. 仅向亲友、单位内部人员等特定对象出借资金，不得适用本意见的规定定罪处罚。但具有下列情形之一的，定罪量刑时应当与向不特定对象非法放贷的行为一并处理：①通过亲友、单位内部人员等特定对象向不特定对象发放贷款的；②以发放贷款为目的，将社会人员吸收为单位内部人员，并向其发放贷款的；③向社会公开宣传，同时向不特定多人和亲友、单位内部人员等特定对象发放贷款的。

5. 非法放贷数额应当以实际出借给借款人的本金金额认定。非法放贷行为人以介绍费、咨询费、管理费、逾期利息、违约金等名义和以从本金中预先扣除等方式收取利息的，相关数额在计算实际年利率时均应计入。非法放贷行为人实际收取的除本金之外的全部财物，均应计入违法所得。非法放贷行为未经处理的，非法放贷次数和数额、违法所得数额、非法放贷对象数量等应当累计计算。

6. 为从事非法放贷活动，实施擅自设立金融机构、套取金融机构资金高利转贷、骗取贷款、非法吸收公众存款等行为，构成犯罪的，应当择一重罪处罚。为强行索要因非法放贷而产生的债务，实施故意杀人、故意伤害、非法拘禁、故意毁坏财物、寻衅滋事等行为，构成犯罪的，应当数罪并罚。纠集、指使、雇佣他人采用滋扰、纠缠、哄闹、聚众造势等手段强行索要债务，尚不单独构成犯罪，但实施非法放贷行为已构成非法经营罪的，应当按照非法经营罪的规定酌情从重处罚。

7. 有组织地非法放贷，同时又有其他违法犯罪活动，符合黑社会性质组织或者恶势力、恶势力犯罪集团认定标准的，应当分别按照黑社会性质组织或者恶势力、恶势力犯罪集团侦查、起诉、审判。黑恶势力非法放贷的，据以认定"情节严重""情节特别严重"的非法放贷数额、违法所得数额、非法放贷对象数量起点标准，可以分别按照前述规定中相应数额、数量标准的50%确定；其中，2年内因实施非法放贷行为受过行政处罚2次以上，以超过72%的实际年利率实施非法放贷行为10次以上的，可以分别按照相应数额、数量标准的40%确定。

■思考题

1. 简述存款的概念和种类。

2. 大陆法系和英美法系对存款合同性质的认识有何异同?

3. 简述贷款的概念和种类。

4. 根据我国《合同法》的规定,简述借款合同的概念和法律特征。

5. 我国对金融机构贷款业务的管理有哪些主要制度?

6. 根据中国银监会的"三个办法",贷款资金的支付应当采用什么方式?

■ 推荐书目

1. 黄松有主编:《存款合同司法解释实例释解》,人民法院出版社 2006 年版。

2. 江丁库主编:《银行贷款担保实务详解与法律风险防范》,中国法制出版社 2017 年版。

第七章 证券法律制度

■ 学习目的和要求

通过学习本章内容，学生应当了解证券法的基础知识，熟悉我国《证券法》的各项核心制度。需要重点掌握的内容有：证券以及证券市场的分类；证券法的概念、调整对象和基本原则；证券交易所的组织形式、职责范围和自律管理职能；证券公司的组织形式、设立条件、业务范围和主要经营规则；证券发行审核制度的类型及我国现行的证券发行审核制度；信息披露制度的意义和主要内容；证券发行、上市、退市的条件和程序；证券交易禁止行为的种类及其构成要件；上市公司收购的概念、分类及相关规定；中国证监会的法律地位、监管职责和监管权限。

证券市场是金融市场的重要组成部分。在我国，证券市场的发展，对于优化金融结构，促进资本形成，完善上市公司的法人治理，发挥了重要作用。为了建立统一、高效的证券市场运行机制，保护投资者的合法权益，维护证券市场秩序，1998年12月29日，第九届全国人民代表大会常务委员会第六次会议审议通过了《中华人民共和国证券法》（以下简称《证券法》）。其后，全国人民代表大会常务委员会又在2004年8月28日、2005年10月27日、2013年6月29日、2014年8月31日对《证券法》进行了多次修订和修正。2019年12月28日，十三届全国人大常委会第十五次会议表决通过了新修订的《证券法》，于2020年3月1日起正式施行。本次修订，按照顶层制度设计要求，进一步完善了证券市场基础制度，体现了市场化、法治化、国际化方向。本章拟以现行《证券法》为核心，结合其他相关法律和行政法规，介绍我国的证券法律制度。

第一节 证券法律制度概述

一、证券、证券市场与证券法

（一）证券

证券有广义与狭义之分。广义的证券包括无价证券与有价证券，而有价证券又包括商品证券、货币证券与资本证券。其中，资本证券是筹资者向投资者发行的、证明投资者对其享有投资权益的各种凭证。证券法中所讲的证券，仅指资本证券（以下简称证券）。

在学理上，证券依据不同的标准可作不同的分类。如：依据证券的不同转让方式，可以分为记名证券、无记名证券；依据不同发行主体，可以分为政府证券、金融证券、公司证券；依据上市与否，可以分为上市证券、非上市证券；依据证券所代表的权利性质的不同，可以分为股票、债券、基金券、衍生证券等。下面我们详细介绍几种比较常见和重要的证券。

1. 股票。股票是股份公司依法发行的，表明股东按其所持股份享有权利和承担义务的可转让的书面凭证。股票的主要特征为：①股票是股东权凭证，它表明股票的合法持有者是公司的股东，依法享有股东权益和承担相应的义务；②股票具有不可返还性，股东不能在股份公司存续期间退股索要本金，只能依法转让；③股票具有流通性，可以依法转让、赠与、设定质权；④股票具有收益性，股东可以从公司领取股息红利，可以以低进高出的方式赚取价差；⑤股票具有风险性，股票的市场价格可能出现不利于持有人的变化，而发行公司也可能经营不善，出现亏损甚至破产，致使股东不能实现预期收益甚至不能收回自己的原始投资。对股票（股份）可以按多种标准进行分类，主要的分类有：

（1）根据股东权利内容的差别，划分为普通股和优先股。普通股是股东对公司经营决策、盈利及财产的分配享有投票表决权的股份，其收益随公司利润变动而变化。普通股是股份的基本形态。优先股是在盈利及剩余财产分配方面优先于普通股的股份，持有这种股份的股东一般只享受固定股息，不参与红利分配，且不享有投票表决权。

（2）根据股票上是否记载股东姓名或名称，分为记名股票和无记名股票。记名股票是票面上记载有股东姓名或名称，其权利只能由记名股东本人享有的股票。无记名股票是指在票面上不记载持票人姓名或名称的股票。

（3）根据股票上市地点及对投资者的限定，我国上市公司的股票可分为 A 股、B 股、H 股、N 股和 S 股等。A 股即人民币普通股，是由我国境内的公司发行，供境内机构、组织和个人（不含台、港、澳投资者）以人民币认购和交易的普通股票。B 股为人民币特种股票，是以人民币标明面值，以外币认购和进行交易，在境内证券交易所上市交易的股票。最初 B 股仅供外国和我国台、港、澳投资者购买；2001 年 2 月，B 股市场对境内居民个人开放。H 股是指由中国大陆公司发行、在香港上市的股票，其称谓源于香港英文名称 Hong Kong 的首个字母。N 股和 S 股分别指中国大陆的公司在纽约和新加坡发行并上市交易的股票。有时，H 股统称所有的境外上市外资股。

（4）根据投资主体，我国上市公司的股份还可划分为国有股、法人股、内部职工股和社会公众股。国有股是指有权代表国家投资的部门或机构以国有资产向股份公司投资形成的股份，包括公司改制时以公司现有国有资产折算成的股份。法人股是指企业法人或具有法人资格的事业单位和社会团体以其依法可经营的资产向股份公司投资所形成的股份。内部职工股是股份制试点初期，企业以定向募集方式改制为股份公司时，由其内部职工投资所形成的股份。国务院在 1993 年即已发文禁止发行内部职工股。社会公众股是我国境内个人和机构以其合法资金购买股份公司向社会公开发行的股票而形成的股份。

长期以来，我国存在股权分置问题。即社会公众股可以上市流通；含有内部职工股的股份公司申请上市的，内部职工股在新股发行期满 3 年后上市流通，截至 2005 年底，在证券交易所挂牌的上市公司中，仍有 3.97 亿股尚未流通的内部职工股；国有股和法人股不得上市流通，只能协议转让。由于股权分置违背了同股同权的原则，扭曲了证券市场价格机制，2005 年 4 月，我国启动了上市公司股权分置改革工作，以解决国有股和法人股的上市流通问题，实现上市公司股票的全流通。经过一年多的努力，股权分置改革在 2007 年年初完成，为资本市场规范运行奠定了制度基础。股权分置改革解决了长期以来影响上市公司规范发展的机制性问题，为完善资本市场功能、推进市场创新发展创造了基础性条件，具有里程碑意义。

2. 债券。债券是政府、公司等为了筹集资金，依照法定程序发行的一种借款凭证。债券主要有以下特征：①债券是债权、债务关系的凭证，表明发行人对投资者负有债务，投资者对发行人享有债权；②债券具有期限性，债券到期时，发行人应当还本付息，投资者有权收回本息；③债券具有流通性，债券持有人可以在债券到期之前依法进行转让；④债券的收益相对稳定，利率一般根据法律规定和市场的资金供求状况确定，有固定利率和浮动利率之分；⑤债券可以有多种发行主体。目前在我国，中央和地方政府、经核准的国有企业、股份有限公司和有限责任公司、金融机构等都可以依法发行债券。

债券可以从许多角度进行分类。按有无担保，可以分为有担保债券和无担保债券；按偿还期的长短，可以分为短期、中期和长期债券。在我国，按发行主体的不同，债券可以分为以下四类：

（1）政府债券。又称政府公债，是指由政府依照法定程序发行的、约定在一定期限还本付息的有价证券。政府债券包括中央政府债券（国债券）和地方政府债券。在我国，由财政部代表中央政府发行国债。过去，地方政府不得发行地方政府债券；1998 年以后，为了支持地方经济建设，国家开始采取国债代地方政府发行的方式，即中央财政将部分新增国债项目资金转贷给地方，用于国家确定的国债资金建设项目，由地方政府还本付息；自 2009 年开始，省、自治区、直辖市和计划单列市人民政府被允许发行地方政府债券，并可在证券交易所上市交易，但必须由财政部代理发行并代办还本付息。

（2）公司债券。是指公司依照法定程序发行的、约定在一定期限还本付息的有价证券。除普通的公司债券外，还有一种可转换公司债券，其持有者享有在一定时间内按照规定价格将债券转换为公司股份的选择权。可转换公司债券是一种附期权（或称选择权）的公司债券。

（3）企业债券。是指我国境内具有法人资格的企业，主要是国有大中型企业，为筹集资金依法在境内发行的债券。企业债券一般划分为中央企业债券和地方企业债券。在国外，企业法人多为公司形式，故在公司债券之外并无另设企业债券这种债券类型的必要。而在我国，存在大量未采用公司形式、不是按照《公司法》规范设立和运作的法人企业，它们所发行的债券，就不是公司债券，而只能称为企业债券。

（4）金融债券。指商业银行、政策性银行及非银行金融机构为筹集中长期信贷资金在国际债券市场或国内债券市场上发行的债券。

3. 基金券。证券投资基金是一种利益共享、风险共担的集合投资方式，即通过公开发行基金份额，集中众多投资者的资金，由基金管理人管理，由基金托管人托管，以组合投资的方式进行证券投资。基金券即是证券投资基金的发起人对基金份额的认购者发行的，表明其按比例对基金财产享有权利的有价证券。

对投资基金可根据多种标准进行分类，主要的分类有：

（1）根据组织形态的不同，可分为公司型基金和契约型基金。公司型基金是具有共同投资目标的投资者，参照公司的组织架构，组成以营利为目的、投资于特定对象的股份制投资公司，基金持有人既是基金投资者又是公司股东。契约型基金是由基金投资者和基金管理人、基金托管人订立基金合同，以信托法律关系为基础组建的投资基金。目前在我国，证券投资基金主要是契约型基金。

（2）根据受益凭证是否可赎回，投资基金可分为封闭式基金和开放式基金。封闭式基金指事先确定发行总额，在封闭期内基金份额总数不变，基金上市后投资者可以通过证券市场转让、买卖基金份额的一种基金。开放式基金指基金发行总额不固定，基金份额总数随时增减，投资者可以按基金的报价在国家规定的营业场所申购或赎回基金份额的一种基金。

（3）根据投资对象的不同，投资基金可划分为股票基金、债券基金、货币市场基金、对冲基金等许多种类。前三种分别以股票、债券、货币市场短期有价证券为主要投资对象。对冲基金在法律上没有明确定义，一般将其视为通过私募筹集资金，并利用财务杠杆大量贷款增加资本实力，利用股票、债券、货币、期货、期权、期指、利率和汇率等各种金融和金融衍生工具，采用短期内买空卖空、组合投资、风险对冲等投资技巧，以降低、分散风险，从而获取超额利润的一种投资基金。对冲基金是投机性最强的一种投资基金。在 1992 年英镑危机、1994 年墨西哥比索危机、1997 年东南亚金融危机等历次国际金融危机中，都有各种国际对冲基金的身影。

4. 衍生证券。衍生证券是金融衍生产品的一个子系列，是从股票、债券等传统的投资工具中衍生出来的各种金融投资工具的总称。衍生证券在性质上是一种金融合约，其价值取决于一种或多种证券基础资产或指数。衍生证券的基本种类包括远期、期货、掉期（互换）和期权；在基本种类之外，衍生证券还包括具有远期、期货、掉期（互换）和期权中一种或多种特征的结构化金融工具。股票期货、股票期权、股票指数期货、股票指数期权、债券期货和债券期权等均是衍生证券的具体样态。

衍生证券是在金融自由化和金融创新的背景下出现并迅速发展的。它一方面满足了市场规避风险和套期保值的需求，同时提高了金融体系的效率，降低了筹资成本；另一方面由于其高度的活跃性和投机性，容易逃避监管，对金融机构的安全及金融体系的稳定产生了重大影响。在我国，衍生证券交易始于 1992 年在上海证券交易所试行的国债期货，尽管它后来因种种原因被暂停，但却开创了我国衍生证券交易的先河。

近些年来，我国金融机构在国际金融市场开始涉足包括衍生证券在内的金融衍生产品交易，一些交易品种和交易技术被逐步引入国内。为此，中国银监会2004 年 2 月发布了《金融机构衍生产品交易业务管理暂行办法》，以规范金融机构的衍生产品交易，防范和化解可能出现的风险。2004 年 1 月 31 日，国务院发布《关于推进资本市场改革开放和稳定发展的若干意见》，明确提出要"健全资本市场体系，丰富证券投资品种，稳步发展期货市场，建立以市场为主导的品种创新机制"。2006 年 9 月 8 日，内地首家金融衍生产品交易所——中国金融期货交易所股份有限公司在上海期货大厦挂牌成立。2010 年 4 月 16 日以沪深 300 指数为标的的股指期货是首个在该交易所上市交易的衍生证券品种。中国金融期货交易所将根据市场需求，陆续推出其他股指期货和期权产品，并深入研究开发国债、外汇期货及期权等金融衍生产品，构造出一个不断丰富、不断完善的金融衍生品产品体系。

5. 资产证券化（资产支持证券）。资产证券化是银行等金融机构作为发起人，将缺乏流动性但能够产生未来现金流的资产（如贷款、应收账款等）信托给受托机构，由受托机构以资产支持证券的形式向投资者发行受益证券，以该资产所产生的现金支付资产支持证券收益的结构性融资活动。资产证券化对于作为发起人的银行等金融机构而言，可以扩大信贷资金来源，改善资产负债结构，提高资产的流动性和资本充足率，转移资产风险；对于投资者特别是机构投资者而言，丰富了投资渠道，获得了更加有效的投资管理工具；对于整个金融体系而言，提升了投融资效率，促进了市场的深化。

资产证券化最早出现在美国，自 1970 年美国的政府国民抵押协会首次发行以抵押贷款组合为基础资产的抵押支持证券以来，资产证券化作为一种重要的金融创新形式，得到了广泛采用，资产证券化市场也在国际范围内迅猛发展。2005 年中国人民银行和中国银监会联合发布了《信贷资产证券化试点管理办法》，随后建设银行和国家开发银行获准进行信贷资产证券化首批试点。2007 年，浦发、工行、兴业、浙商银行及上汽通用汽车金融公司成为第二批试点机构。试点额度用完之时，恰逢美国爆发次贷危机，并引发了 20 世纪 30 年代大危机以后最为严重的国际金融危机，一时之间人们对证券化产品谈虎色变，以致我国刚刚兴起的资产证券化戛然而止。2011 年因银行等金融机构资金紧张，加上金融危机已过，资产证券化被重新启动。2013 年 3 月 15 日，中国证监会公布《证券公司资产证券化业务管理规定》（已废止），将资产证券化市场从银行等金融机构扩大到所谓的合格投资者。据中国证券投资基金业协会 2018 年 3 月发布的《资产证券化业务备案情况综述（2017 年度）》，2017 年，全国企业资产证券化产品共备案确认 533 只，发行规模 9226.82 亿元，同比增长 78%。目前，证券公司的资产证券化业务适用中国证监会 2014 年 11 月发布的《证券公司及基金管理公司子公司资产证券化业务管理规定》及其配套文件《证券公司及基金管理公司子公司资产证券化业务信息披露指引》《证券公司及基金管理公司子公司资产证券化业务尽职调查工作指引》。

6. 存托凭证。存托凭证（Depository Receipts）是由存托银行签发的代表外国公司证券的可转让凭证。该外国公司的证券称为基础证券，可以是股票，也可以是债券，但绝大多数是股票。基础证券有的是已经上市的，有的还没有，这在发行存托凭证时会有差别。历史上存托凭证像其基础证券一样都采取纸质有形形式；到了电子化时代，也可以凭卡持有。普通证券的发行人和投资者处于同一个国家；而在存托凭证中，双方处于两个国家，存托凭证与其基础证券也分处于两个国家。存托凭证有国别或地域之分，如美国存托凭证、欧洲存托凭证。发行存托凭证的出发点有二：或者为了公司筹资，或者为了大众投资。据此，存托凭证分为两大类别。如果以筹资为主要目的，都由公司推动发行，称为参与型存托凭证；如果以方便大众投资为目的，都由公司以外的券商和银行推动发行，与公司没有关系，则称为非参与型存托凭证。可见，参与与否，都是对公司而言的。在参与型存托凭证的发行中，公司是凭证法律关系的一方主体，需要与其他相关主体签订协议并负责支付各种费用；而非参与型存托凭证的发行不必得到公司的同意，公司不参与其中，不是其法律关系的一方主体，也不必支付发行的任何费用。从存托凭证实际发行的频率和数额来看，参与型的远多于非参与型的。

我国发行存托凭证起步较晚。1997 年亚洲金融危机后，一些在香港上市的"红筹股"公司渴望在内地融资，发行存托凭证作为最佳途径应运而生。但是由于监管层经验不足，直到 21 年之后，中国证监会才以部门规章的形式作出初步的制度安排。2018 年 3 月 22 日，国务院办公厅转发中国证监会《关于开展创新企业境内发行股票或存托凭证试点的若干意见》；2018 年 6 月 6 日，中国证监会发布《存托凭证发行与交易管理办法（试行）》；2019 年 5 月 25 日，中国人民银行，国家外汇管理局发布《存托凭证跨境资金管理办法（试行）》。从这些规范性文件的内容来看，中国存托凭证的发行尚处在试点起步的阶段，目的主要是帮助在国外注册或者上市的中资企业特别是创新企业在国内融资，并没有向外国公司全面开放。2019 年 12 月修订的《证券法》明确将存托凭证列为适用对象，并规定："公开发行存托凭证的，应当符合首次公开发行新股的条件以及国务院证券监督管理机构规定的其他条件。"

（二）证券市场

证券市场是证券赖以发行与交易的时间与空间，由发行市场和交易市场构成。发行市场是交易市场的前提，没有发行市场，证券发行人无从发行证券，交易市场也就没有存在的必要；而交易市场则是发行市场发展和扩大的基础，没有交易市场，证券无法自由转让，发行市场必然随之萎缩、消失。

1. 证券发行市场。证券发行市场也称为一级市场，它是证券发行人发行证券，由证券承销商承销并将其卖给认购投资者的市场。证券发行市场的主体主要有证券发行人、证券承销商和认购投资者。其中，证券发行人指为筹集资金而发行股票、债券的公司或政府；证券承销商指经核准依法具有包销或代销证券资格的证券公司、信托投资公司等；认购投资者指出于不同目的购买证券的个人或机构投资者。证券发行一般先由证券发行人将证券卖给或委托给证券承销商，再由证券承销商向认购投资者销售。

2. 证券交易市场。证券交易市场也称为二级市场，是指已发行证券的流通转让市场。证券交易市场包括证券交易所市场与场外交易市场。证券交易所市场是指证券通过证券交易所进行集中竞价交易的市场。证券在交易所上市必须经过审核批准，只有是交易所会员的经纪人、证券商才有资格进入交易所大厅进行交易。场外交易市场又称店头市场或证券商柜台市场，交易对象为依法公开发行而未在证券交易所上市的各种证券。

3. 二板市场。二板市场又称创业板市场，是相对于证券主板市场而言的，它主要为新兴的中小企业、高科技企业提供上市机会。二板市场与主板市场有许多不同之处：①主板市场主要为大中型企业筹资服务；二板市场则主要为有发展前途的中小型企业、高科技公司提供集资途径。②主板市场一般要求上市公司有连续盈利记录，而二板市场的要求相对宽松。③由于二板市场风险相对更高，二板市场对上市公司的监管、对信息披露的要求较之于主板市场更为严格。世界上规模和影响最大的二板市场是美国的纳斯达克证券交易市场。在我国，经国务院批准，深圳证券交易所在 2004 年 5 月 17 日正式推出了"中小企业板块"，旨在为主业突出、具有成长性和科技含量的中小企业提供融资平台。但它是在"现行法律法规不变、发行上市标准不变"的基础上进行运作的，是主板市场的一个组成部分。真正意义上的二板市场即中国创业板于 2009 年 10 月 30 日在深圳证券交易所开市，首批有 28 家企业上市。2020 年 4 月 27 日，中央全面深化改革委员会第十三次会议审议通过《创业板改革并试点注册制总体实施方案》，部署对创业板实施改革并试点注册制。本次改革对创业板市场基础制度做了完善：一是构建市场化的发行承销制度，对新股发行定价不设任何行政性限制，建立以机构投资者为参与主体的询价、定价、配售等机制。二是完善创业板交易机制，放宽涨跌幅限制，优化转融通机制和盘中临时停牌制度。三是构建符合创业板上市公司特点的持续监管规则体系，建立严格的信息披露规则体系并严格执行，提高信息披露的针对性和有效性。四是完善退市制度，简化退市程序，优化退市标准；完善创业板公司退市风险警示制度。对创业板存量公司退市设置一定过渡期。创业板改革并试点注册制后，新上市企业上市前 5 日不设涨跌幅，之后涨跌幅限制从此前的 10% 调整为 20%。

4. 三板市场。作为中国多层次证券市场体系的一部分，三板市场起源于 2001 年股权代办转让系统，最早是为了解决 STAQ、NET 系统历史遗留的公司法人股流通问题，故称为"旧三板"。2006 年，中关村科技园区非上市股份公司进入代办转让系统进行股份报价转让，称为"新三板"。2013 年 1 月 16 日，全国中小企业股份转让系统正式揭牌运营，与主板、中小板、创业板形成了明确的分工，旨在为处于初创期、盈利水平不高的中小企业提供资本市场服务。

5. 四板市场。四板市场即"区域性股权交易市场"，是为特定区域内的企业提供股权、债券转让和融资服务的私募市场，该板块挂牌企业只能面向特定人群通过私募方式进行股权交易，股东数量必须在 200 人以内。与新三板相比，四板的挂牌门槛低、挂牌速度快、挂牌费用低。此外，相关政府部门为四板市场提供了补贴、贴息、人力社保等方面的政策支持。

6. 科创板。为完善多层次资本市场体系，提升资本市场服务实体经济的能力，促进上海国际金融中心、科创中心的建设，同时也为上交所发挥市场功能、弥补制度短板、增强包容性提供突破口和实现路径，2018 年 11 月 5 日，国家主席习近平宣布在上海证券交易所设立科创板并试点注册制。2019 年 3 月 1 日，中国证监会审议通过《科创板首次公开发行股票注册管理办法（试行）》和《科创板上市公司持续监管办法（试行）》；同年 6 月 20 日，最高人民法院发布《关于为设立科创板并试点注册制改革提供司法保障的若干意见》；同年 7 月 22 日，首批 25 家企业在科创板上市，中国资本市场迎来了一个全新板块。

（三）证券法

1. 证券法的概念。证券法有广义与狭义之分。狭义的证券法仅指《中华人民共和国证券法》，广义的证券法则是调整证券发行与交易活动中发生的各种社会关系的法律规范的总称，它在狭义的证券法之外，还包括其他法律、行政法规、部门规章、地方性法规中的有关规范，以及证券交易所、证券业协会制定的章程、规则等自律性规范。本章所称证券法指广义的证券法。

证券法主要调整两方面的法律关系：①平等主体之间，即证券发行者、投资者、证券经营机构以及证券服务机构在证券发行、交易过程中产生的法律关系，属民商法范畴；②政府监管和调控证券市场过程中发生的法律关系，属经济法范畴。因此，证券法是公法和私法的结合。证券法不仅规定了相关主体的权利（权力）和义务，而且规定了实现权利（权力）和履行义务的步骤和过程，所以证券法既是实体法，又是程序法，是实体法与程序法相结合的综合性法律规范。

2. 证券法的体系。我国证券法的渊源大体可分为四个层次：首先是证券法律，即由全国人民代表大会常务委员会制定的《证券法》《证券投资基金法》和《公司法》；其次是国务院依照证券法律制定的行政法规；再次是国务院证券监督管理机构以及其他相关部门依照证券法律和行政法规制定的部门规章；最后是证券交易所依照证券法律、行政法规、部门规章制定的具体交易规则、会员管理规章、证券交易所从业人员规则以及证券业协会制定的行业自律规范。

我国的证券法律制度主要涉及以下内容：①证券发行法律制度。该制度包括证券发行及上市的条件和程序。②证券交易法律制度。该制度包括证券交易的规则、方式和程序，证券交易禁止行为的防范和制裁，上市公司的收购，证券交易退出制度等。③证券经营、服务机构法律制度。该制度包括证券经营、服务机构的设立、变更和终止，业务范围及法律责任等。④证券监管法律制度。该制度包括证券监管机构的性质、地位和职责，证券监管的模式，监管对象、内容和方式等。

二、证券法的基本原则

（一）公开、公平、公正原则

我国《证券法》第3条规定："证券的发行、交易活动，必须遵循公开、公平、公正的原则。""三公"原则是证券法律制度的核心，也是世界各国证券立法共同奉行的基本原则。

公开原则又称信息公开原则，其核心要求是实现市场信息的公开化，保证市场具有充分的透明度。公开原则具体包括两个方面，即证券信息的初期披露和持续披露。信息的初期披露，是指证券发行人在首次公开发行证券时，应完全披露有可能影响投资者作出投资决策的所有信息；信息的持续披露，是指在证券发行以后，发行人应定期向社会公众提供财务及经营状况的报告，以及不定期公告影响公司经营的重大事项。信息披露应当及时、完整、真实、准确。公平原则是指证券发行、交易活动的所有参与者法律地位平等，各自的合法权益应当得到平等的法律保护。公正原则主要是针对证券监管机构的监管行为而言的，它要求证券监管机构在公开、公平的基础上，对一切被监管对象给予公正待遇。

（二）保护投资者合法权益原则

保护投资者合法权益是世界各国证券立法的基本宗旨。投资者是证券市场的支柱，没有投资者，没有投资者积极的投资活动，证券市场就不可能存在，更谈不上发展和繁荣。因此，切实保护投资者的合法权益，以此强化投资者对证券市场的信心，是攸关证券市场生存与发展的战略性问题。

保护投资者合法权益是我国证券法的一条主线，在证券立法和证券监管的各个环节都有体现，但集中反映在以下几个方面：①严格的信息披露制度；②明令禁止和严厉制裁损害投资者合法权益的各种证券交易行为；③设立证券投资者保护基金，在防范和处置证券公司风险中用于保护证券投资者的利益。④实施投资者适当性制度，以保证投资者获得与其投资目标和风险承受能力大致相当的投资机会和投资服务。此外，中国证监会依法对证券经营机构和证券服务机构实施合规性和风险性监管，以保证其规范和稳健经营，也间接起到了保护投资者合法权益的作用。2019年12月修订的《证券法》以专章规定了投资者保护制度，作出了许多颇有亮点的安排，在原有基础上显著提升了投资者保护的力度，包括：区分普通投资者和专业投资者，有针对性地做出投资者权益保护安排；建立征集股东权利制度，允许特定主体公开请求上市公司股东委托其代为出席股东大会，并代为行使提案权、表决权等股东权利；规定债券持有人会议和债券受托管理人制度；建立普通投资者与证券公司纠纷的强制调解制度；完善上市公司现金分红制度；加大对证券违法行为的惩处力度。

（三）分业经营、分业监管的原则

我国《证券法》第6条规定："证券业和银行业、信托业、保险业实行分业经营、分业管理，证券公司与银行、信托、保险业务机构分别设立。国家另有规定的除外。"第7条第1款规定："国务院证券监督管理机构依法对全国证券市场实行集中统一监督管理。"根据这些规定，我国目前对证券业是实行分业经营、分业监管的体制。

对证券业乃至整个金融业实行分业经营、分业监管的体制，适应了我国金融业当前的发展水平，有助于规范资金流通秩序，提高监管效能，维护金融市场稳定。但从长远来看，打破分业经营格局，逐步允许金融机构混业经营，乃是大势所趋。我国《证券法》第6条中的但书，似乎已经为这种趋势提供了法律上的操作空间。

（四）政府监管与行业自律相结合的原则

证券市场具有复杂性，其健康发展和有序运行不仅需要政府的外部监管，也需要证券从业一方的自我约束和自我管理。为此，我国《证券法》不仅对政府监管进行了规定，而且授权证券交易所、证券业协会依法实施自律性行业管理。

第二节　证券业机构法律制度

证券业机构，包括证券交易所、证券公司、证券登记结算机构、证券服务机构、证券业协会等。它们是证券市场活动的组织者或参与者。

一、证券交易场所

（一）证券交易场所概述

按照"健全多层次资本市场体系"的要求，2019年修订的《证券法》将我国证券交易场所划分为证券交易所、国务院批准的其他全国性证券交易场所、按照国务院规定设立的区域性股权市场三个层次。证券交易所、国务院批准的其他全国性证券交易场所为证券集中交易提供场所和设施，组织和监督证券交易，实行自律管理，依法登记，取得法人资格，并且可以根据证券品种、行业特点、公司规模等因素设立不同的市场层次。按照国务院规定设立的区域性股权市场为非公开发行证券的发行、转让提供场所和设施。《证券法》规定了证券交易所基本制度，国务院批准的其他全国性证券交易场所和按照国务院规定设立的区域性股权市场的具体管理办法由国务院规定。

（二）证券交易所的设立

世界上最早的证券交易所 1613 年成立于荷兰阿姆斯特丹；目前世界上规模和影响最大的证券交易所是创建于 1792 年的纽约证券交易所。我国上海证券交易所和深圳证券交易所分别成立于 1990 年 11 月与 1991 年 7 月。

证券交易所的设立主要有三种方式：①特许制，即证券交易所的设立必须经政府主管机关特许；②承认制，即对已经设立的证券交易所，国家以法律的形式认可其存在；③注册制，即设立证券交易所须向所在地政府主管机关注册登记。

在我国，证券交易所是为证券集中交易提供场所和设施，组织和监督证券交易，实行自律管理的法人。证券交易所的设立和解散，由国务院决定；证券交易所章程的制定和修改，须经国务院证券监督管理机构批准；证券交易所在其名称中须标明"证券交易所"字样。

（三）证券交易所的组织形式

证券交易所有两种组织形式：①公司制证券交易所。它是由投资者投资入股建立，以营利为目的的公司法人。其对本所内的证券交易负有担保责任，并且须向国库缴纳营业保证金。证券公司与交易所是合同关系。交易所以证券上市费和交易手续费为主要收入来源。②会员制证券交易所。它一般是由会员券商出资组建的，不以营利为目的的社团法人。只有会员及享有特许权的经纪人才有资格在交易所中进行交易。交易所的费用由各会员分担，证券交易的责任由交易双方自行负责，交易所对此不负担保责任。

以前，国际上的证券交易所以会员制居多。但近些年来，出于增强竞争、提高效率、改善服务、健全治理结构的考虑，许多证券交易所由会员制改组为公司制。我国的两家证券交易所目前都采用会员制，进入证券交易所参与集中交易的必须是证券交易所的会员，非会员买卖证券只能委托会员进行。

（四）证券交易所的职责范围

证券交易所是证券交易市场最主要的组织者与自律管理者，但就具体的职责范围而言，各国的规定存在差异，公司制与会员制的证券交易所也有所不同。根据我国《证券法》的规定，证券交易所的职责主要包括：依照法律、行政法规和国务院证券监督管理机构的规定制定上市规则、交易规则、会员管理规则和其他有关业务规则，并报国务院证券监督管理机构批准；为证券集中交易提供场所和设施，为组织公平的集中交易提供保障，实时公布证券交易即时行情；依法审核证券的上市申请，决定证券的终止上市；监督上市公司及相关信息披露义务人依法履行信息披露义务；根据需要，限制出现重大异常交易情况的证券账户的交易；对证券交易进行风险检测，出现重大异常波动的，采取限制交易、强制停牌等处置措施，严重影响证券市场稳定的，采取临时停市等处置措施并公告；对违反证券交易所交易规则的交易人员进行纪律处分。可见，证券交易所不仅是证券集中交易场所和设施的提供者，而且是证券交易的组织者、实时监控者和一线监管者。

二、证券公司

证券公司是依法成立的经营证券业务的非银行金融机构。它们是连接证券投资者和证券筹资者的桥梁和纽带，是证券发行和交易的重要中间环节。在我国，证券公司只能采取有限责任公司或股份有限公司的组织形式。

（一）证券公司的设立

我国对证券公司的设立采取核准制。《证券法》规定，设立证券公司，必须经国务院证券监督管理机构批准。另外，变更证券业务范围，变更主要股东或者公司的实际控制人，合并、分立、停业、解散、破产，也应当经国务院证券监督管理机构核准。

设立证券公司应当具备法定的条件：①有符合法律、行政法规规定的公司章程。②主要股东及公司的实际控制人具有良好的财务状况和诚信记录，最近 3 年无重大违法违规记录。③有符合规定的注册资本，且必须是实缴资本；注册资本最低限额，根据证券公司所经营业务种类的不同分别为人民币 5000 万元、1 亿元、5 亿元不等；国务院证券监督管理机构根据审慎监管原则和各项业务的风险程度，可以调整注册资本最低限额，但不得少于法定的限额。④董事、监事、高级管理人员、从业人员符合《证券法》规定的条件。⑤有完善的风险管理与内部控制制度。⑥有合格的经营场所、业务设施和信息技术系统。⑦法律、行政法规和经国务院批准的国务院证券监督管理机构规定的其他条件。

（二）证券公司的业务范围

我国《证券法》规定，经国务院证券监督管理机构核准，取得经营证券业务许可证，证券公司可以经营下列部分或者全部证券业务：①证券经纪；②证券投资咨询；③与证券交易、证券投资活动有关的财务顾问；④证券承销与保荐；⑤证券融资融券；⑥证券做市交易；⑦证券自营；⑧其他证券业务。证券公司经营第 1~3 项业务的，注册资本最低限额为人民币 5000 万元；经营第 4~8 项业务之一的，注册资本最低限额为人民币 1 亿元；经营第 4~8 项业务中两项以上的，注册资本最低限额为人民币 5 亿元。

（三）证券公司的主要经营规则

根据我国《证券法》，证券公司经营证券业务应当遵循下列主要规则：①证券公司应当建立健全内部控制制度，采取有效隔离措施，防范公司与客户之间、不同客户之间的利益冲突。②证券公司必须将其证券经纪业务、证券承销业务、证券自营业务、证券做市业务和证券资产管理业务分开办理，不得混合操作；证券公司的自营业务必须使用自有资金和依法筹集的资金，并必须以自己的名义进行，不得假借他人名义或者以个人名义进行；证券公司不得将其自营账户借给他人使用。③证券公司客户的交易结算资金应当存放在商业银行，以每个客户的名义单独立户管理；证券公司不得将客户的交易结算资金和证券归入其自有财产，或者以任何形式进行挪用。④证券公司办理经纪业务，不得接受客户的全权委托而决定证券买卖、选择证券种类、决定买卖数量或者买卖价格，不得允许他人以证券公司的名义直接参与证券的集中交易。⑤证券公司不得对客户证券买卖的收益或者赔偿证券买卖的损失作出承诺。⑥证券公司的从业人员不得私下接受客户委托买卖证券。⑦证券公司应当建立客户信息查询制度，确保客户能够查询其账户信息、委托记录、交易记录以及其他与接受服务或者购买产品有关的重要信息，并妥善保存客户的各项信息，不得隐匿、伪造、篡改或者毁损。

三、证券登记结算机构

证券登记结算机构是指为证券交易提供集中登记、存管与结算服务，不以营利为目的的法人。在我国，设立证券登记结算机构必须经国务院证券监督管理机构批准。

实行集中统一的证券登记结算，是世界主要证券市场的通行做法，也是国际成熟证券市场长期实践的结果。我国《证券法》规定，证券登记结算采取全国集中统一的运营方式。2001年3月30日，中国证券登记结算有限责任公司成立，其总部设在北京，设有上海、深圳两个分公司。

证券登记结算机构的职能是为证券交易提供集中登记、存管与结算服务。根据我国《证券法》的规定，证券登记结算机构具体履行下列职能：①证券账户、结算账户的设立。②证券的存管和过户。证券持有人持有的证券，在上市交易时，应当全部存管在证券登记结算机构。③证券持有人名册登记。④证券交易的清算和交收。这里的清算，包括净额结算。证券登记结算机构在为证券交易提供净额结算服务时，应当要求结算参与人按照货银对付的原则，足额交付证券和资金，并提供交收担保。在交收完成之前，任何人不得动用用于交收的证券、资金和担保物。⑤受发行人的委托派发证券权益。⑥办理与上述业务有关的查询、信息服务。⑦国务院证券监督管理机构批准的其他业务。

四、证券服务机构

证券服务机构主要包括会计师事务所、律师事务所以及从事证券投资咨询、资产评估、资信评级、财务顾问、信息技术系统服务的机构。其中，投资咨询机构是指为证券投资者提供证券投资分析、预测或者建议的专业咨询机构；财务顾问机构是指提供与证券发行、证券交易、证券投资有关的独立财务顾问服务的专业机构，其业务主要涉及公司上市前的企业改制、重组、融资以及上市公司的股权收购、资产重组、业务发展规划等方面；资信评级机构是指以独立的第三方立场，根据规范的评级指标体系和标准，运用科学的评级方法，履行必要的信息征集和评级程序，对证券市场筹资者及其所发行证券进行信用等级评定的专业机构；资产评估机构是指依照国家有关规定和数据资料，运用科学方法对特定资产的价值进行评定和估算的专业机构。

我国《证券法》规定，证券服务机构从事证券投资咨询业务，应当经国务院证券监督管理机构核准；从事其他证券服务业务，应当报国务院证券监督管理机构和国务院有关主管部门备案。证券服务机构为证券的发行、上市、交易等证券业务活动制作、出具审计报告及其他鉴证报告、资产评估报告、财务顾问报告、资信评级报告或者法律意见书等文件，应当勤勉尽责，对所依据的文件资料内容的真实性、准确性、完整性进行核查和验证；其制作、出具的文件有虚假记载、误导性陈述或者重大遗漏，给他人造成损失的，除非能证明自己没有过错，应当与委托人承担连带赔偿责任。

五、证券业协会

证券业协会是依法成立的证券业自律性组织，是社会团体法人。为了保证其有效行使自律性管理职能，我国《证券法》规定，证券公司应当加入证券业协会。事实上，中国证券业协会早在 1991 年 8 月即已成立。1999 年，中国证券业协会根据《证券法》的要求进行了改组。

证券业协会的职能是对会员进行自我管理，并为会员提供服务。其具体职责包括：①教育和组织会员及其从业人员遵守证券法律、行政法规，组织开展证券行业诚信建设，督促证券行业履行社会责任；②依法维护会员的合法权益，向证券监督管理机构反映会员的建议和要求；③督促会员开展投资者教育和保护活动，维护投资者合法权益；④制定和实施证券行业自律规则，监督、检查会员及其从业人员行为，对违反法律、行政法规、自律规则或者协会章程的，按照规定给予纪律处分或者实施其他自律管理措施；⑤制定证券行业业务规范，组织从业人员的业务培训；⑥组织会员就证券行业的发展、运作及有关内容进行研究，收集整理、发布证券相关信息，提供会员服务，组织行业交流，引导行业创新发展；⑦对会员之间、会员与客户之间发生的证券业务纠纷进行调解；⑧证券业协会章程规定的其他职责。

第三节　证券发行法律制度

一、证券发行概述

（一）证券发行的含义与分类

证券发行是指符合条件的公司或政府组织以筹集资金为直接目的，向特定或者不特定的投资者以同一条件销售股票、债券等证券的行为。发行证券必须符合法律、行政法规规定的条件，遵守法律、行政法规规定的程序。

根据发行对象的不同，证券发行可分为公开发行和非公开发行。公开发行是指发行人向不特定对象发行证券；非公开发行是指发行人向特定的对象发行证券。如果发行人向累计超过 200 人的特定对象（依法实施员工持股计划的员工人数不计算在内）发行证券，视为公开发行。公开发行证券是我国《证券法》规制的重点。按其规定，公开发行证券，必须符合法律、行政法规规定的条件，并依法报经国务院证券监督管理机构或者国务院授权的部门注册；未经依法注册，任何单位和个人不得公开发行证券；非公开发行证券，不得采用广告、公开劝诱和变相公开方式。

具体到股票发行，根据其发行阶段的不同，则可以分为设立发行和增资发行。设立发行是指股份公司在设立时，为筹集公司的注册资本所进行的股票发行。增资发行指股份公司为扩大公司的资本而进行的股票发行，包括向原股东配售股票和向社会公众发售新股。

（二）证券发行的审核制度

综观各国的证券发行审核制度，主要有注册制、核准制与审批制三种类型。在注册制下，发行人申请发行证券，必须依法将规定的各种资料完整、准确地向证券监管机构申报；证券监管机构的职责是对申报文件进行形式上的审查；若在一定期限内没有人提出异议，发行人即可以发行证券。注册制以美国和日本为代表。在核准制下，发行人申请发行证券，不仅要充分公开企业的真实情况，而且必须严格符合法律和证券监管机构规定的条件；证券监管机构除对发行人报送的资料进行形式审查外，还要对发行人的营业性质、财务状况、发展前景、发行价格和数量等进行实质性审查，并据以作出发行人是否符合发行条件的价值判断和是否核准其发行申请的决定。核准制以法国、瑞士等为代表。审批制是国家对证券发行实行计划管理的一种制度，即发行证券不仅要满足法定条件，而且必须符合计划额度管理的要求。

过去，我国一度采用审批制；经过改革，才先后对股票的发行和公司债券的发行改成了核准制。2000 年 3 月，中国证监会发布《中国证监会股票发行核准程序》（现已废止），标志着我国股票发行体制开始由审批制向核准制转变。我国第一支按核准制要求发行的股票，是 2001 年 4 月 23 日在上海证券交易所发行的"用友软件"。与审批制相比，核准制的法治化水平得到大幅度提升，但审核机构仍然要对证券发行申请是否符合法律规定的实质性条件，如财务指标和发展前景等，进行实质性判断，等于是以审核机关的判断代替市场的判断，市场化水平不高。2013 年 11 月，中共中央《关于全面深化改革若干重大问题的决定》提出推进股票发行注册制改革。注册制是证券市场法治化、市场化水平发展到较高阶段实行的一种证券发行审核制度。其最重要的特征是，证券发行审核机构只对注册文件进行形式审查，不对发行人的资质进行实质性审核和价值判断，而是将其留给市场来决定；证券管理机构不得以证券发行价格或其他条件不公平或不可行，或发行人陈述的公司前景不尽合理等为理由拒绝予以注册。2019 年 1 月，上海证券交易所科创板正式试点股票发行注册制。2019 年 12 月修订的《证券法》第 9 条规定："公开发行证券，必须符合法律、行政法规规定的条件，并依法报经国务院证券监督管理机构或者国务院授权的部门注册。未经依法注册，任何单位和个人不得公开发行证券。"这一规定表明，我国证券发行将全面推行注册制。为了具体规范科创板实施注册制，2019 年 3 月和 2020 年 7 月，中国证监会相继发布了《科创板首次公开发行股票注册管理办法（试行）》（2020 年 7 月修正）、《科创板上市公司证券发行注册管理办法（试行）》等部门规章，上海证券交易所也发布了《上海证券交易所科创板股票发行上市审核规则》（2020 年 12 月重订）。2020 年 4 月 27 日，中央全面深化改革委员会第十三次会议审议通过了《创业板改革并试点注册制总体实施方案》，部署对创业板实施改革并试点注册制。为此，中国证监会 2020 年 6 月发布了《创业板首次公开发行股票注册管理办法（试行）》和《创业板上市公司证券发行注册管理办法（试行）》。

（三）证券发行的保荐

我国《证券法》第 10 条第 1 款规定："发行人申请公开发行股票、可转换为股票的公司债券，依法采取承销方式的，或者公开发行法律、行政法规规定实行保荐制度的其他证券的，应当聘请证券公司担任保荐人。"为了配合修订后《证券法》的实施，2020 年 6 月 12 日，中国证监会对《证券发行上市保荐业务管理办法》进行了修改，从保荐业务资格、保荐人职责、保荐业务规程、保荐业务协调、监管措施和法律责任等方面对证券发行上市保荐业务予以规范。

符合条件的证券公司经国务院证券监督管理机构批准，可经营证券发行保荐业务。证券发行保荐机构的主要职责是：①尽职推荐发行人证券发行上市，对发行人进行全面调查，充分了解发行人的经营状况及其面临的风险和问题。②在推荐发行人首次公开发行股票并上市前，对发行人进行辅导。辅导内容包括对发行人的董事、监事和高级管理人员、持有 5% 以上股份的股东和实际控制人（或者其法定代表人）进行系统的法规知识、证券市场知识培训。③推荐发行人发行证券时，向中国证监会提交发行保荐书、保荐代表人专项授权书以及中国证监会要求的其他与保荐业务有关的文件；推荐发行人证券上市，向证券交易所提交上市保荐书以及证券交易所要求的其他与保荐业务有关的文件，并报中国证监会备案。④在发行人证券上市后持续督导发行人履行规范运作、信守承诺、信息披露等义务。

（四）证券发行的承销

所谓证券承销，是指证券公司根据与证券发行人订立的协议，帮助证券发行人发行证券的法律行为。发行人发行证券是否必须由证券公司承销，取决于法律、行政法规的规定，但一般而言，向不特定对象公开发行证券依法必须由证券公司承销。

证券承销主要有以下两种方式：①证券代销。是指证券公司代发行人发售证券，在承销期结束时，将未售出的证券全部退还给发行人的承销方式。在证券代销中，发行人与证券公司之间是一种代理关系。②证券包销。是指证券公司将发行人的证券按照协议全部购入（全额包销）或者在承销期结束时将售后剩余证券全部自行购入（余额包销）的承销方式。在全额包销中，证券公司与发行人之间是买卖合同关系；而在余额包销中，则是代理关系和附条件的买卖合同关系。

关于证券承销，我国《证券法》主要有以下规定：①适用范围。发行人向不特定对象发行证券，法律、行政法规规定应当由证券公司承销的，必须采取承销发行的方式。向不特定对象发行证券聘请承销团承销的，承销团应当由主承销和参与承销的证券公司组成。②发行人自主选择承销机构的权利。公开发行证券的发行人有权依法自主选择承销的证券公司。③承销协议的内容。证券公司承销证券，应当同发行人签订代销或者包销协议，并在其中载明规定的事项。④承销的期限。证券的代销、包销期限最长不得超过 90 日。⑤承销机构的职责和行为规则。证券公司承销证券，应当对公开发行募集文件的真实性、准确性、完整性进行核查；发现有虚假记载、误导性陈述或者重大遗漏的，不得进行销售活动；已经销售的，必须立即停止销售活动，并采取纠正措施。证券公司在代销、包销期内，对所代销、包销的证券应当保证先行出售给认购人，不得为本公司预留所代销的证券和预先购入并留存所包销的证券。

（五）证券发行的信息披露制度

1. 证券信息披露制度概述。证券信息披露制度，简称为信息披露制度，又称信息公开制度，是指在证券发行、交易、上市公司收购、上市公司退市等各个环节，法定的信息披露义务主体，主要是发行证券的公司（如上市公司），应当依据法律、行政法规的要求，将公司的经营、财务状况以及与公司相关的重大事项，真实、准确、及时、完整地向证券监管机构报告，并向社会公众公布，以供监管者作出监管判断，投资者作出投资判断。

信息披露制度起源于英国，其 1844 年的《公司法》即要求公司募股必须履行公开说明义务。美国是世界上证券法律制度最为发达的国家，其关于证券信息披露的规定也最为完善。在借鉴其他国家、地区成功经验的基础上，结合中国证券市场的实际情况，我国《证券法》确立了严格的信息披露制度，中国证监会就证券发行到退市的信息披露，颁布了相应的实施细则以及一系列内容与格式准则。

在证券市场上，信息是可以改变财富分配的稀缺资源，也是投资者进行投资价值判断的主要依据。如果单纯依靠筹资者自愿发布信息，投资者必然处于信息劣势。在信息严重不对称的情况下，不仅投资者的利益没有保障，证券市场有效配置资源的功能也无从实现。因此，世界各国的证券立法都规定了强制性的信息披露制度。

2. 证券发行的信息披露。证券发行的信息披露主要包括两方面内容：①发行人申请公开发行证券，应当依法向中国证监会或者国务院授权的部门报送申请文件，申请予以注册。我国《证券法》对公开发行股票、公开发行新股、公开发行公司债券应当报送的申请文件分别作了明确规定。发行人报送的证券发行申请文件，应当充分披露投资者作出价值判断和投资决策所必需的信息，内容应当真实、准确、完整。为证券发行出具有关文件的证券服务机构和人员，必须严格履行法定职责，保证所出具文件的真实性、准确性和完整性。②证券发行申请经注册后，发行人应当在证券公开发行前，依法公告发行募集文件，并将其置备于指定场所供公众查阅。我国《证券法》规定，发行证券的信息依法公开前，任何知情人不得公开或者泄露该信息；发行人不得在公告公开发行募集文件前发行证券。

对于首次公开发行股票，我国《证券法》在 2005 年修订时确立了预先披露制度，即发行人不仅要依前述规定履行信息披露义务，而且在提交申请文件后，即应依法披露有关申请文件。实行预先披露制度的目的，是让投资者能够在公司刊登招股说明书之前提早了解公司情况，及时发现问题，有较充裕的时间作出投资决策。对此，中国证监会 2006 年 5 月 17 日发布，2015 年 12 月 30 日、2018 年 6 月 6 日、2020 年 7 月 10 日修订的《首次公开发行股票并上市管理办法》作了具体规定：①申请文件受理后、发行审核委员会审核前，发行人应当将招股说明书（申报稿）在中国证监会网站预先披露。发行人可以将招股说明书（申报稿）刊登于其企业网站，但披露内容应当完全一致，且不得早于在中国证监会网站的披露时间。②发行人及其全体董事、监事和高级管理人员应当保证预先披露的招股说明书（申报稿）的内容真实、准确、完整。③预先披露的招股说明书（申报稿）不是发行人发行股票的正式文件，不能含有价格信息，发行人不得据此发行股票。

二、股票发行法律制度

（一）设立股份公司公开发行股票

为设立股份公司而发行股票称为设立发行。股份公司的设立有发起设立和募集设立两种方式。其中，发起设立是指由发起人认购公司应发行的全部股份而设立公司；募集设立是指发起人认购公司应发行股份的一部分，其余股份向社会公开募集或者向特定对象募集而设立公司。可见，采取发起设立方式设立股份公司，不涉及公开发行股票问题；而采取募集设立方式设立股份公司，可能涉及股票的公开发行，也可能不涉及股票的公开发行。我国《证券法》着重对设立股份公司公开发行股票进行了规制。

根据《证券法》第 11 条第 1 款的规定，设立股份有限公司公开发行股票，应当符合《中华人民共和国公司法》规定的条件和经国务院批准的国务院证券监督管理机构规定的其他条件。显然，设立股份公司公开发行股票的条件，分为三个层次：①符合《公司法》规定的设立股份公司的一般条件。如有 2 人以上 200 人以下的发起人，其中半数以上的发起人在中国境内有住所。②符合《公司法》关于募集设立股份公司的条件。如除法律、行政法规另有规定外，以募集设立方式设立股份公司，发起人认购的股份不得少于公司股份总额的 35%。③符合关于设立股份公司公开发行股票的特殊条件。《公司法》和《证券法》没有就此直接作出规定，而是由国务院证券监督管理机构根据《证券法》的授权进行规定，但须经国务院批准。

设立股份公司公开发行股票，应当向中国证监会报送募股申请和规定的其他文件。依照《证券法》的规定聘请保荐人的，应当同时报送保荐人出具的发行保荐书；法律、行政法规规定设立公司必须报经批准的，应当同时提交相应的批准文件。在提交申请文件以后，发行人应当按照中国证监会的规定预先披露有关申请文件。国务院证券监督管理机构或者国务院授权的部门应当自受理发行申请文件之日起 3 个月内，依照法定条件和法定程序进行审核，作出予以注册或者不予注册的决定，发行人根据要求补充、修改发行申请文件的时间不计算在内；不予注册的，应当说明理由。发行申请经注册后，发行人应当依照法律、行政法规的规定，在股票公开发行前，公告公开募股文件，并将该文件置备于指定场所供公众查阅。其后，证券公司根据与发行人签订的承销协议，开始向投资者募集股份。

我国《证券法》在 2005 年 10 月修订时，新增了关于股票发行失败的规定。即股票发行采用代销方式，代销期限届满，向投资者出售的股票数量未达到拟公开发行股票数量的 70% 的，为发行失败；此时，发行人应当按照发行价并加算银行同期存款利息返还股票认购人。关于股票发行失败的规定，既适用于设立股份公司公开发行股票,也适用于已设立股份公司公开发行新股。

（二）股份公司增资发行股票

增资发行又叫新股发行,是指股份公司为了增加资本金,向原股东配售股票或者向社会公众发售股票。

《证券法》第12条规定,公司首次公开发行新股,应当符合下列条件:①具备健全且运行良好的组织机构;②具有持续经营能力;③ 最近3年财务会计报告被出具无保留意见审计报告;④发行人及其控股股东、实际控制人最近3年不存在贪污、贿赂、侵占财产、挪用财产或者破坏社会主义市场经济秩序的刑事犯罪;⑤经国务院批准的国务院证券监督管理机构规定的其他条件。

股份公司发行新股,应当根据《公司法》和公司章程的规定,由股东大会作出决议。股份公司如公开发行新股,应当依法向中国证监会报送募股申请和其他规定的文件,申请核准;依照《证券法》的规定聘请保荐人的,应当同时报送保荐人出具的发行保荐书。公开发行新股的申请经核准后,股份公司应当在公开发行新股前,依照法律、行政法规的规定,公告公开发行新股文件,并将该文件置备于指定场所供公众查阅。在此之前,股份公司不得发行新股,任何知情人不得公开或者泄露其信息。

上市公司发行新股,应当符合经国务院批准的国务院证券监督管理机构规定的条件,具体管理办法由国务院证券监督管理机构规定。

三、公司债券发行法律制度

在现阶段,我国债券市场的交易品种主要有国债、金融债券、企业债券和公司债券。我国《公司法》和《证券法》只对公司债券的发行、交易作了具体规定,故以下仅介绍公司债券发行的有关内容。

（一）公司债券的发行

根据《证券法》的规定,公开发行公司债券应当符合下列条件:①具备健全且运行良好的组织机构;②最近3年平均可分配利润足以支付公司债券1年利息;③国务院规定的其他条件。

公开发行公司债券筹集的资金,必须按照公司债券募集办法所列资金用途使用;改变资金用途,必须经债券持有人会议作出决议。公开发行公司债券筹集的资金,不得用于弥补亏损和非生产性支出。有下列情形之一的,不得再次公开发行公司债券:①对已公开发行的公司债券或者其他债务有违约或者迟延支付本息的事实,仍处于继续状态;②违反《证券法》的规定,改变公开发行公司债券所募资金的用途。

公司发行公司债券,应当根据《公司法》和公司章程作出决议。在有限责任公司,决议应由股东会作出;在股份公司,决议应由股东大会作出;在国有独资公司，由国有资产监督管理机构决定。公司公开发行公司债券，应当向国务院授权的部门或者国务院证券监督管理机构报送规定的文件，申请注册；依照《证券法》的规定聘请保荐人的，应当同时报送保荐人出具的发行保荐书。公开发行公司债券的申请经核准后，公司应当在公开发行公司债券前，依照法律、行政法规的规定，公告公司债券募集办法，并将该文件置备于指定场所供公众查阅。在此之前，公司不得发行公司债券，任何知情人不得公开或者泄露其信息。公司向不特定对象公开发行公司债券，应当由证券公司承销。

（二）可转换公司债券的发行

前述关于公司债券发行原则上适用于可转换公司债券。但《证券法》针对可转换公司债券特别规定：上市公司发行可转换为股票的公司债券，不仅应当符合公开发行公司债券的条件，而且应当符合经国务院批准的国务院证券监督管理机构规定的条件。但是，按照公司债券募集办法，上市公司通过收购本公司股份的方式进行公司债券转换的除外。目前，配合修订后《证券法》的贯彻实施，中国证监会正就可转换公司债券制定管理办法。

第四节　证券交易法律制度

一、证券交易概述

（一）证券交易的概念

证券交易是指对依法发行并经认购的证券在证券交易市场进行买卖的行为。证券交易是一种买卖性质的合同关系，实质上是证券权利的转让与受让。在电子化、无纸化交易的今天，证券交易当事人之间并不发生传统意义上纸质有价证券的交付，而只需在证券交易所和证券登记结算公司的电脑系统中记录下该笔交易的过程与证券所有者的变化，证券交易即告完成。

按交易场所的不同，证券交易可分为场内交易和场外交易两种形式。场内交易是指证券在依法设立的证券交易所内以公开集中竞价方式进行的挂牌交易。其交易对象是上市公司股票以及其他经核准进入交易所交易的证券。在我国，证券交易主要采用场内交易形式。如非特别指明，本节中的证券交易均指场内交易。

场外交易是指在证券交易所以外进行的各种证券交易活动，其交易对象主要是非上市公司股票以及其他无法在证券交易所进行交易的证券。场外交易可以弥补场内交易的不足，增强非上市证券的流通性和变现性。较之场内交易，场外交易更能满足发行人保守商业秘密的要求。在国外成熟的证券市场中，场外交易在品种、数量上都超过了场内交易。在我国证券市场兴起之初，许多省、市建立的地方证券交易系统以及跨省、市的全国证券交易自动报价系统（STAQ）和全国电子交易系统（NET），都属于场外交易市场。

目前，我国的场外证券交易市场主要有银行间债券市场和场外股票交易市场。银行间债券市场是金融机构之间大宗债券交易的主要场所，其参与者主要有中国人民银行、商业银行、证券公司、保险公司、证券投资基金、信用社等。非金融机构可以通过商业银行代理，间接参与银行间债券市场的交易。银行间债券市场中，还包括一个专门针对个人投资者的子市场，即商业银行柜台市场，个人投资者可以通过商业银行的柜台从事债券买卖。

场外股票交易市场主要是指证券公司以其自有或租用的业务设施，为非上市股份公司提供股份转让服务的市场。这个市场是独立于证券交易所之外的一个系统，投资者在进行股份委托转让前，需要开立非上市公司股份转让账户。2001年6月12日，经中国证监会批准，中国证券业协会发布了《证券公司代办股份转让服务业务试点办法》（已废止），正式启动了代办股份转让工作，第一家股份转让公司也于同年7月16日挂牌开业。为解决退市公司股份转让问题，自2002年8月29日起，退市公司的股份转让被纳入到代办股份转让试点范围。

（二）证券交易方式

证券交易所内的证券交易方式，主要有现货交易、期货交易、期权交易和融资融券交易。

1. 现货交易。又称现金现货交易，指证券交易双方以自己可支配的足额资金和证券进行交易，买卖成交以后即时履行证券和价款交割手续。现货交易的风险较小，投机性弱，是现代证券交易中应用最普遍的交易方式。

光有现货交易的证券市场，不是健全的、有深度的证券市场。但长期以来，受证券市场成熟程度的限制，我国对现货交易以外的其他证券交易方式基本上是采取禁止的态度，直到2005年10月修订《证券法》时才予以解禁。

2. 期货交易。指证券交易双方交付一定比例的保证金，按照交易协议签订时的证券价格作为成交价格，约定一定时期以后进行交割清算的一种交易方式。交割结算期限一般有半个月、1个月、2个月和3个月多种。在交割日，如果证券市价高于签约时的价格，买方得益，卖方受损；反之，则买方受损，卖方得益。在交割日到来之前，交易双方都可以不断进行买卖转手，但到交割日时，卖方必须按约定价格卖出证券，买方必须按约定价格买入证券，完成对冲。证券期货交易具有套期保值功能，即在现货市场上买入或卖出某种证券，在期货市场上以同等价格和数量反向操作同种证券，可以规避价格风险。此外，证券期货交易还具有证券远期价格发现功能以及缓冲现货证券价格波动功能。关于证券期货交易通常有一些特殊制度，如保证金制度、价格涨跌幅限制制度、持仓量限制制度等，以避免过度投机导致市场波动。

3. 期权交易。又称为选择权交易，是指交易双方在证券交易所内交易一定时期买卖某种证券的选择权的交易方式。期权交易可分为买进期权和卖出期权。以买进期权为例，如果买方预期某种证券价格上涨，便可买入买进期权，即与卖出期权者签订合约，约定买方在未来一定时期内，有权按约定的价格、数量从卖方买进该证券；签约后，买方向卖方支付期权费，取得合约。在约定的期间内，如果该证券价格上涨，买方可以将该期权卖出获利，或者执行合约，以约定的价格购买到该笔证券，然后在证券现货市场上卖出获利。如果该证券价格下跌，买方有权利不执行合约，而他损失的仅是先期支付的期权费。相对于证券期货交易，期权交易的风险较小，因为其最大损失限度就是购买期权的费用。由于期权交易只须用少量的期权费就可以获得买卖大笔证券的权利，因而在风险相同的情况下，其收益比现货交易要高。

2005 年 7 月 18 日，上海证券交易所和深圳证券交易所分别发布《上海证券交易所权证管理暂行办法》（已废止）和《深圳证券交易所权证管理暂行办法》。2005 年 8 月 22 日，宝钢权证上市，标志着权证产品时隔 9 年后重回市场；其后，一些认购权证和认沽权证产品相继上市。而所谓权证，就是证券期权合约，是指标的证券发行人或其以外的第三人发行的，约定持有人在规定期间内或特定到期日，有权按约定价格向发行人购买或出售标的证券，或以现金结算方式收取结算差价的有价证券。

4. 融资融券交易。又称为信用交易、保证金交易、垫头交易，指投资者在买卖证券时只需向证券公司交付一定比例的保证金，由证券公司提供资金或证券进行交易的方式。我国《证券法》第 120 条规定的证券公司可以经营的业务中就包含了证券融资融券。

融资融券交易包括融资交易与融券交易两个方面。融资交易又称为买入信用交易，指投资者在缴纳一定数额的保证金以后由证券公司垫付余额给投资者购买证券，待证券价格上升，投资者卖出证券，再归还证券公司借款的行为。融券交易又称为卖出信用交易，指投资者缴纳一定数额的保证金以后由证券公司借给投资者证券并将其卖出，待证券价格下跌，投资者买入证券，再归还证券公司所借证券的行为。融资融券交易有扩大证券交易量、活跃和繁荣证券市场的积极功能，但同时也有强烈的投机性，所以各国都对之进行严格的监管。

我国证券公司融资融券业务于 2006 年 8 月 1 日开始试点，2010 年 3 月 31 日正式启动。关于融资融券，现行《证券法》作了如下原则性规定：除证券公司外，任何单位和个人不得从事证券融资融券业务；证券公司从事证券融资融券业务，应当采取措施，严格防范和控制风险，不得违反规定向客户出借资金或者证券；证券公司除依照规定为其客户提供融资融券外，不得为其股东或者股东的关联人提供融资或者担保。为了具体规范证券公司的融资融券业务，中国证监会曾于 2006 年 6 月发布《证券公司融资融券业务试点管理办法》，并于 2011 年 10 月予以修改，更名为《证券公司融资融券业务管理办法》（已废止）。2015 年 7 月，中国证监会重订发布了《证券公司融资融券业务管理办法》。

（三）证券交易信息披露制度

证券交易信息披露制度，又称为持续信息公开制度，是指上市公司、公司债券的发行人在证券上市以后，应当依法持续披露相关的信息。这一要求对于保护投资者利益，强化对证券市场筹资者的监督管理和市场约束，具有极其重要的意义。持续信息披露的内容主要包括定期报告和临时报告。

1. 定期报告。定期报告主要包括年度报告和中期报告。《证券法》第 79 条规定，上市公司、公司债券上市交易的公司、股票在国务院批准的其他全国性证券交易场所交易的公司，应当按照国务院证券监督管理机构和证券交易场所规定的内容和格式编制定期报告，并按照以下规定报送和公告：①在每一会计年度结束之日起 4 个月内，报送并公告年度报告，其中的年度财务会计报告应当经符合本法规定的会计师事务所审计；②在每一会计年度的上半年结束之日起 2 个月内，报送并公告中期报告。

2. 临时报告。发生可能对上市公司、股票在国务院批准的其他全国性证券交易场所交易的公司的股票交易价格产生较大影响的重大事件，投资者尚未得知时，公司应当立即将有关该重大事件的情况向国务院证券监督管理机构和证券交易所报送临时报告，并予公告，说明事件的起因、目前的状态和可能产生的法律后果。《证券法》第 80 条第 2 款、第 81 条第 2 款对"重大事件"作了界定。

二、证券交易的主体

证券交易的主体，是指依法能够参与证券市场进行交易的单位或个人。由于我国仍对资本项目外汇实施严格管制，同时考虑到某些类型机构的稳健经营以及市场交易的公平，我国目前对证券交易市场的主体仍设置了一些限制。

（一）A 股市场的交易主体

目前依法可以进入 A 股市场从事交易的主体主要有：①年满 18 周岁的中国公民；②各类私营企业、集体企业；③证券公司；④证券投资基金，包括封闭式基金和开放式基金；⑤信托投资公司；⑥保险公司；⑦经中国证监会批准的合格境外机构投资者；⑧其他合法的交易主体，如社会保障基金、企业年金可以委托有资格的资产管理机构直接进入证券市场。

我国《证券法》2005 年 10 月修订时，增加了"依法拓宽资金入市渠道，禁止资金违规流入股市"的内容，并将原来"国有企业和国有资产控股的企业，不得炒作上市交易的股票"的规定，改为"国有企业和国有资产控股的企业买卖上市交易的股票，必须遵守国家有关规定"。《证券法》2019 年 12 月修订时，将上述规定进一步修改为"国有独资企业、国有独资公司、国有资本控股公司买卖上市交易的股票，必须遵守国家有关规定"。但到目前为止，国企资金入市的禁令尚未实际解除。此外，商业银行资金入市的问题近年来也颇受关注，不过眼下暂时还没有解禁的迹象。

（二）B 股市场的交易主体

可以投资 B 股市场的主体包括：①外国的自然人、法人和其他组织。②香港特别行政区、澳门特别行政区、台湾地区的自然人、法人和其他组织。③定居在国外的中国公民。④境内居民自然人。境内居民自然人从事 B 股交易，在 2001 年 6 月 1 日前，只允许使用在 2001 年 2 月 19 日前已经存入境内商业银行的外汇存款；2001 年 6 月 1 日后，允许其使用各种外汇存款以及从境外汇入的外汇资金从事 B 股交易，但仍不允许使用外汇现钞。⑤经中国证监会批准经营 B 股业务和经国家外汇管理局批准经营外汇业务的证券公司和信托投资公司。⑥经中国证监会批准的其他交易主体。

（三）《公司法》《证券法》对特定主体及其交易行为的禁止或限制

《公司法》规定的限制有：①发起人持有的本公司股份，自公司成立之日起 1 年内不得转让。②公司公开发行股份前已发行的股份，自公司股票在证券交易所上市交易之日起 1 年内不得转让。③公司董事、监事、高级管理人员在任职期间每年转让的股份不得超过其所持有本公司股份总数的 25%；所持本公司股份自公司股票上市交易之日起 1 年内不得转让；离职后半年内不得转让其所持有的本公司股份。④除第 142 条第 1 款规定的六种情形外，公司不得收购本公司股份。

《证券法》规定的限制有：①证券交易场所、证券公司和证券登记结算机构的从业人员、证券监督管理机构的工作人员以及法律、行政法规规定禁止参与股票交易的其他人员，在任期或者法定限期内，不得直接或者以化名、借他人名义持有、买卖股票或者其他具有股权性质的证券，也不得收受他人赠送的股票或者其他具有股权性质的证券；任何人在成为上述人员时，其原已持有的股票或者其他具有股权性质的证券，必须依法转让。②为证券发行出具审计报告或者法律意见书等文件的证券服务机构和人员，在该证券承销期内和期满后 6 个月内，不得买卖该证券。③为发行人及其控股股东、实际控制人，或者收购人、重大资产交易方出具审计报告或者法律意见书等文件的证券服务机构和人员，自接受委托之日起至上述文件公开后的 5 日内，不得买卖该证券。实际开展上述有关工作之日早于接受委托之日的，自实际开展上述有关工作之日起至上述文件公开后 5 日内，不得买卖该证券。④上市公司、股票在国务院批准的其他全国性证券交易场所交易的公司持有 5% 以上股份的股东、董事、监事、高级管理人员，将其持有的该公司股票或者其他具有股权性质的证券在买入后 6 个月内卖出，或者在卖出后 6 个月内又买入，由此所得收益归该公司所有，公司董事会应当收回其所得收益；但是，证券公司因购入包销售后剩余股票而持有 5% 以上股份的，以及有国务院证券监督管理机构规定的其他情形的除外。

（四）"沪港通"与"沪伦通"

近年来，通过"沪港通"和"沪伦通"的助推，我国证券市场进一步全球化。2014 年 4 月 10 日，中国证监会和香港证监会发布《中国证券监督管理委员会、香港证券及期货事务监察委员会联合公告——预期实行沪港股票市场交易互联互通机制试点时将需遵循的原则》，原则批准上海证券交易所、香港联合交易所有限公司、中国证券登记结算有限责任公司、香港中央结算有限公司开展沪港股票市场交易互联互通机制试点，即上海证券交易所和香港联合交易所允许两地投资者通过当地证券公司（或经纪商）买卖规定范围内的对方交易所上市的股票。2018 年 10 月，中国证监会发布《关于上海证券交易所与伦敦证券交易所互联互通存托凭证业务的监管规定（试行）》，上海证券交易所亦发布相关配套规则，为沪伦通奠定了制度基础。2019 年 6 月 17 日，沪伦通正式通航，即符合条件的两地上市公司，可以发行存托凭证并在对方市场上市交易。

三、证券上市

证券上市有广义与狭义之分。广义的证券上市是指证券发行人的证券在证券交易所或其他法定交易场所（如柜台交易场所）挂牌交易；狭义的证券上市是指证券发行人的证券在证券交易所挂牌集中交易。我国通常在狭义上使用证券上市概念。

（一）证券上市的条件

2019 年修订的《证券法》，不再具体规定证券上市条件，而是由证券交易所通过上市规则予以规定。该法第 47 条规定："申请证券上市交易，应当符合证券交易所上市规则规定的上市条件。证券交易所上市规则规定的上市条件，应当对发行人的经营年限、财务状况、最低公开发行比例和公司治理、诚信记录等提出要求。"目前，《上海证券交易所股票上市规则》（2019 年修订）、《深圳证券交易所股票上市规则》（2019 年修订）、《上海证券交易所科创板股票上市规则》（2019 年修订）、《深圳证券交易所创业板股票上市规则》（2020 年修订）、《深圳证券交易所公司债券上市规则》（2018 年修订）、《上海证券交易所公司债券上市规则》（2018 年修订）等证券交易所的规范文件对股票、公司债券的上市条件作了具体规定。

（二）证券上市的程序

1. 股票上市的程序。股票上市须由股份公司向证券交易所提出申请并报送规定的文件；应当聘请具有保荐资格的机构担任保荐人，并由其出具上市保荐书。证券交易所依法审核股份公司的上市申请并同意后，双方签订上市协议；与证券交易所签订上市协议的股份公司应当在规定期限内公告股票上市的有关文件，并将该文件置备于指定场所供公众查阅。

2. 公司债券的上市程序。申请公司债券上市交易，应当向证券交易所报送规定的文件。上市申请经证券交易所审核同意后，双方签订上市协议。签订上市协议的公司应当在规定的期限内公告公司债券上市文件及有关文件，并将其申请文件置备于指定场所供公众查阅。申请可转换公司债券上市交易，应当聘请具有保荐资格的机构担任保荐人，并出具上市保荐书。

（三）证券上市退出制度

证券上市退出制度，又称退市制度，是指上市公司或者公司债券上市交易的公司出现法定情形，使其股票或公司债券不再符合在证券交易所上市交易的条件，由证券交易所依照法定程序终止其在证券交易所上市交易的制度。

世界上比较成熟的证券市场都有相对完善的证券交易退出制度，并且具有操作性强、退市过程短等特点。如美国的纳斯达克证券交易市场有一个简单的"1美元规则"，只要股价在 1 美元以下连续停留 30 天，就有可能被摘牌终止上市。有了完善的证券交易退出制度，市场对筹资者的约束作用才能显现，资源的配置才可能得到优化，证券市场才能够良性发展。

在我国证券市场发展初期，并没有关于上市公司退市的规定。1993 年颁布的《公司法》关于暂停上市和终止上市的规定，构建了我国退市法律制度的基本框架；1998 年出台的《证券法》在退市问题上对《公司法》进行了简单重复；中国证监会 2001 年 11 月发布的《亏损上市公司暂停上市和终止上市实施办法》（已废止），对连续亏损的上市公司股票的暂停上市、恢复上市和终止上市作了具体规定；2005 年修订的《证券法》列举了股票和公司债券暂停、终止上市的各项事由，并明确授权由证券交易所作出暂停、终止上市的决定。2019 年修订的《证券法》对退市制度作了完善，删除了暂停上市制度，该法第 48 条和第 49 条规定：上市交易的证券，有证券交易所规定的终止上市情形的，由证券交易所按照业务规则终止其上市交易；证券交易所决定终止证券上市交易的，应当及时公告，并报国务院证券监督管理机构备案；对证券交易所作出的终止上市交易决定不服的，可以向证券交易所设立的复核机构申请复核。目前，证券终止上市具体执行中国证监会的相关部门规章或规范性文件以及沪、深两家证券交易所的相关规则。

四、上市证券交易的程序和规则

(一) 上市证券交易的程序

我国上海和深圳证券交易所的证券交易程序基本相同。交易时间为每周一至周五，每日上午 9 时 30 分至 11 时 30 分为前市，下午 1 时至 3 时为后市，法定节假日休市。开市后如遇突发事件可宣布暂停交易，在宣布之前已成交的交易仍然有效。一般投资者进行证券交易的基本程序包括：开设账户、委托交易、受理执行、清算交割。证券公司从事证券自营业务没有委托交易环节。

1. 开设账户。投资者要进行证券交易，首先应开设证券账户和资金账户。证券账户相当于投资者的证券存折，用于记录投资者持有证券的余额及变动情况，其中的记录是投资者持有证券的法定证明，具有证券登记的功能。我国《证券法》规定，投资者委托证券公司进行证券交易，应当通过证券公司申请在证券登记结算机构开立证券账户；证券登记结算机构应当按照规定为投资者开立证券账户。按照相关规定，个人和一般机构开立证券账户由证券公司等开户代理机构受理；符合法律、行政法规和监管部门规定的机构投资者，如证券公司、保险公司、证券投资基金、社保基金等，应当直接向证券登记结算机构申请开立证券账户。资金账户用以存放买卖证券的资金，开立于代理投资者交易的证券公司。证券公司应当将客户的交易结算资金存放在商业银行，以每个客户的名义单独立户管理。

2. 委托交易。委托交易是指投资者通过柜台书面形式、电话、电报、传真、因特网、自助交易机等方式，向受托证券公司发出买卖某种证券的指令。委托的内容包括买卖的证券名称、代码、价格、数量等。委托价格分为市价委托和限价委托。前者指投资者要求受托证券公司以交易即时价格买入或卖出证券，证券公司有义务以最有利的价格为委托人成交。后者指投资者要求受托证券公司按限定的价格买卖证券，证券公司执行时，必须按限价或低于限价买入证券，按限价或高于限价卖出证券。

3. 受理执行。证券公司接受投资者的委托以后，应当立即将交易指令通过其设在证券交易所内的出市代表执行，或者直接输入证券交易所的电脑终端机执行。每一笔交易委托由委托交易序号（即合同序号，由电脑自动产生）、买卖区分、证券代码、买卖价格、数量五项内容组成。证券交易所的电脑主机根据输入信息进行集中竞价处理，按 "价格优先、时间优先" 的原则进行自动撮合成交。投资者的委托一般为当日有效，即从委托之时到当日闭市之时有效。在成交之前，投资者可以撤回委托申请。委托超过有效期而未成交则自动失效。

4. 清算交割。指证券交易成交以后的券款兑付过程。目前我国上海、深圳证券交易所交易的证券均为无纸化证券，投资者持有的证券只是其证券账户上的电子数据记录，因而清算交割所体现的是投资者证券账户和资金账户上数字的增减。A 股、债券、基金证券基本采用"T+1"交收制度，T 是英文"TRADE"的缩写。"T+1"是指当天买卖成交，次日交割，当日卖出证券成交后，可以在当日买入证券，而当日买入证券后不可以在当日卖出证券。B 股交易的交收期为 T+3，即在达成交易后的第四个交易日完成资金和股票的正式交付，B 股可进行 T+0 回转交易，即投资者当日买入并成交的股票当日即可卖出。

（二）上市证券交易的规则

1. 券商托管制度和指定交易制度。券商托管制度包括托管和转托管两部分。托管指投资者如果在该证券交易所进行证券买卖，可以委托一个或几个证券公司进行交易，买入证券后自动委托这些证券公司保存。转托管指投资者可以将证券从一个证券公司转移到另一个证券公司进行交易或保存，但必须履行一定的手续，实现证券委托管理的转移。深圳证券交易所一直实行券商托管制度，上海证券交易所在 1998 年 4 月 1 日以前实行该制度，以后采用指定交易制度。

指定交易制度指投资者在该证券交易所进行证券交易，必须指定某一个证券公司为受托方为自己代理证券买卖，投资者必须与该证券公司签订协议，并且只能在此证券公司进行该证券交易所上市证券的买卖。投资者若想到另一个证券公司进行证券交易，只能将证券先卖掉，然后撤销与该证券公司的指定交易协议，再到拟交易的证券公司重新办理指定交易手续。

券商托管制度下的中央结算系统，实行证券的集中管理，由登记结算公司直接管理证券公司的证券总账及其名下的投资者的明细证券，同时证券公司也管理投资者名下的明细证券，并且登记结算公司与证券公司每日进行对账，所以安全性较强。指定交易制度下的中央结算系统，其记录的证券公司信息只登记到投资者资料一层，安全性相对较弱。但在指定交易制度下，可以促进证券公司之间的竞争，使其以更优质的服务争取客户。

2. 证券交易价格确定规则。证券交易价格由证券集中交易竞价产生。我国的上海、深圳证券交易所采用的竞价方式有两种：集中竞价和连续竞价。二者都遵循"价格优先、时间优先"的竞价原则。

集中竞价方式产生每个交易日的开盘价，即上午 9 点 15 分至 9 点 25 分，证券交易所的电脑主机接受所有有效买卖委托，在 9 点 30 分开盘前一瞬间产生的第一笔成交证券的价格。其确定的原则为：①以此价格成交，能够得到最大交易量；②高于此价格的买入委托和低于此价格的卖出委托必须全部成交；③与此价格相同的委托，其中买入或卖出必须有一方能全部成交。

连续竞价指产生开盘价以后，电脑主机根据开盘价格和竞价原则，自动对投资者申报的委托进行逐笔连续撮合处理，直到收市的过程。收盘价格，在上海证券交易所指最后一笔证券的成交价，在深圳证券交易所指最后一分钟所有成交价的加权平均价格。

3. 证券价格涨跌幅限制制度。证券价格涨跌幅限制制度指证券的成交价格在任何时候都不得高于或低于前一交易日收盘价的一定幅度，委托价格超过此限度的为无效委托。设立此制度的目的是防止证券价格剧烈波动，维护证券市场的稳定，保护中小投资者的利益。我国上海、深圳证券交易所 1996 年 12 月 16 日起对 A 股票、B 股票、基金证券的交易实行涨跌幅限制，幅度为 10%；1998 年以后，对特别处理的股票即 "ST"（Special Treat）股票实行 5% 的涨跌幅限制。对新发行的 A 股，在上市交易的第一天不设涨跌幅限制，但深圳证券交易所的新股上市集合竞价时委托价格不得超过或低于发行价 15 元人民币，否则应视为无效委托。

4. 委托交易单位与委托价升降幅度。A 股、基金证券的委托交易单位为"股（份）"，必须以 100 股（份）或其整数倍进行委托买入，低于 100 股（份）的零股只可以卖出，不能委托买入，但买卖均可以零股成交；债券的委托单位为"手"（1 手 = 1000 元面值），必须以 1 手或其整数倍委托买卖。

申报证券买卖价格的升降单位一律为 0.01 元，成交价格尾数不足 0.01 元以四舍五入法取。对新股上市首日开盘后每次成交价格的涨跌幅度，上海证券交易所规定不得超过 15%，深圳证券交易所规定不得超过 5 元人民币。

5. 送股、转赠股、配股及红利的取得。在已办理上海证券交易所指定交易和深圳证券交易所托管的前提下，送股、转赠股及红利均由电脑自动登记，自动入账。上海证券交易所送股到账日为除权日，深圳证券交易所为股权登记日后第三个交易日，股权登记日这一天持有或买入公司股票的投资者是可以享有此次分红或配股的股东，其名单由证券登记结算公司统计在案，届时将会把应送的红股、红利或配股权划到这部分股东账上。两个证券交易所配股均要求投资者在缴款期限内进行，过期属自动放弃，不可补配。

6. B 股交易的特别规则。深圳证券交易所 B 股交易以港币计价，价格的升降单位为港币 1 仙（0.01 港元）。每逢周六、周日及内地和香港法定节假日休市。上海证券交易所 B 股交易以美元计价，买入需以 1000 股为一个交易单位，而卖出则无此下限。最小价格变动单位为 0.001 美元。此外，B 股交易的各种费用要略高于 A 股。

五、证券交易禁止行为

证券交易禁止行为是指我国证券法律规定的各证券市场参与者在证券交易过程中不得从事的行为。证券交易禁止行为主要分为四类，即内幕交易行为、操纵市场行为、欺诈投资者行为以及其他禁止性行为。这些行为严重违背公开、公平、公正的基本准则，扭曲证券价格，破坏正常的市场交易秩序，损害广大投资者特别是中小投资者的利益，因而为法律所禁止。

（一）内幕交易行为

内幕交易行为是指证券交易内幕信息的知情人员或者非法获取证券交易内幕信息的人员，在对证券价格有重大影响的信息尚未公开前，进行证券交易，或者将该信息泄露给他人，或者根据该信息建议他人进行证券交易的行为。我国《证券法》第53条第1款对此予以了明令禁止。之所以要禁止内幕交易行为，主要是因为：①内幕交易是内幕人员对信息优势地位的滥用，它侵害了投资者的地位平等权和知情权，损害了投资者的利益及其对市场的信心；②内幕交易阻滞、扭曲了信息的正常流通，破坏了证券价格形成机制，妨碍了证券市场功能的正常发挥。

内幕交易行为是内幕人员凭借内幕信息所为，故对内幕人员和内幕信息进行准确界定至关重要。根据我国《证券法》，内幕人员是指：①发行人及其董事、监事、高级管理人员；②持有公司5%以上股份的股东及其董事、监事、高级管理人员，公司的实际控制人及其董事、监事、高级管理人员；③发行人控股或实际控制的公司及其董事、监事、高级管理人员；④由于所任公司职务或因与公司业务往来可以获取公司有关内幕信息的人员；⑤上市公司收购人或者重大资产交易方及其控股股东、实际控制人、董事、监事和高级管理人员；⑥因职务、工作可以获取内幕信息的证券交易场所、证券公司、证券登记结算机构、证券服务机构的有关人员；⑦因职责、工作可以获取内幕信息的证券监督管理机构工作人员；⑧因法定职责对证券的发行、交易或者对上市公司及其收购、重大资产交易进行管理可以获取内幕信息的有关主管部门、监管机构的工作人员；⑨国务院证券监督管理机构规定的可以获取内幕信息的其他人员。至于内幕信息，是指证券交易活动中，涉及发行人的经营、财务或者对该发行人证券的市场价格有重大影响的尚未公开的信息。《证券法》第80条第2款、第81条第2款所列重大事件都属于内幕信息。

对实施内幕交易行为的行为人，依照《证券法》第191条予以行政处罚；给投资者造成损失的，行为人应当依法承担赔偿责任；情节严重构成犯罪的，依照《刑法》第180条第1~3款追究其刑事责任。需要指出的是，由于《证券法》关于内幕交易民事责任的规定过于简单，而相关案件又比较复杂，实践中如何追究内幕交易的民事责任，还面临困难。

除内幕交易外，相关金融机构的从业人员以及有关监管部门或者行业协会的工作人员，也可能利用因职务便利获取的内幕信息以外的其他未公开信息，违反规定从事与该信息相关的证券、期货交易活动，或者明示、暗示他人从事相关交易活动。对此，第十一届全国人民代表大会常务委员会第七次会议 2009 年 2 月 28 日通过的《刑法修正案（七）》，通过为《刑法》第 180 条增设第 4 款作出了处罚规定，即对于情节严重的，依照该条第 1 款关于内幕交易的规定进行处罚。一般认为，上述规定为通过刑罚手段打击"老鼠仓"现象提供了法律依据。所谓"老鼠仓"，是民间的形象称呼，是指作为受托人以证券投资方式管理客户资金的金融机构的从业人员，如基金经理，利用职务便利，在受托资金建仓前，自己先行建仓或者通知亲属、关系户先行建仓，俟受托资金拉升证券价格后即行沽出，从中获利的行为。

（二）操纵市场行为

操纵市场行为是指自然人或法人，通过各种不正当的方式制造市场假象，人为操纵证券交易价格和交易量，引诱他人参与证券交易，以谋取不正当利益或转嫁风险。

操纵市场行为的主体范围较为广泛，包括自然人和各类法人机构。行为人的主观方面都是一种故意的心理状态，即为了获得不正当利益或转嫁风险。根据我国《证券法》第 55 条第 1 款，操纵市场行为包括：①单独或者通过合谋，集中资金优势、持股优势或者利用信息优势联合或者连续买卖；②与他人串通，以事先约定的时间、价格和方式相互进行证券交易；③在自己实际控制的账户之间进行证券交易；④不以成交为目的，频繁或者大量申报并撤销申报；⑤利用虚假或者不确定的重大信息，诱导投资者进行证券交易；⑥对证券、发行人公开作出评价、预测或者投资建议，并进行反向证券交易；⑦利用在其他相关市场的活动操纵证券市场；⑧操纵证券市场的其他手段。中国证监会 2007 年 5 月制定的《市场操纵认定办法》，就认定操纵市场行为作了进一步具体的规定。

之所以要禁止操纵市场行为，主要是因为：①操纵市场行为对证券交易价格或证券交易量进行人为控制，掩盖或扭曲了市场供求力量的真实对比关系，对资金流向形成误导，破坏了证券市场的资源配置机制；②操纵市场行为造成证券市场成交量和价格的虚假现象，诱骗投资者参与交易，往往使投资者遭受巨大损失，挫伤其投资热情；③操纵市场行为如不加以遏制，容易引发过度投机，威胁证券市场稳定。

对实施操纵市场行为的行为人，依照《证券法》第 192 条予以行政处罚；给投资者造成损失的，行为人应当依法承担赔偿责任；情节严重构成犯罪的，依照《刑法》第 182 条追究其刑事责任。

（三）欺诈投资者行为

欺诈投资者行为是指行为人故意传递虚假信息欺骗或误导投资者，或者实施其他欺诈行为侵害投资者的利益。构成欺诈投资者行为，行为人主观上须为故意，即明知自己的行为将会损害投资者利益，仍希望或者放任其结果产生。欺诈投资者行为在行为主体和表现形式上非常多样，主要有：

1. 证券信息披露义务人未按照规定披露信息，或者公告的证券发行文件、定期报告、临时报告及其他信息披露资料存在虚假记载、误导性陈述或者重大遗漏。对此类行为，依照《证券法》予以行政处罚；给投资者造成损失的，行为人应当依法承担赔偿责任。需要指出的是，因受欺诈而实施的民事行为虽然在民法上应认定为可变更、可撤销的民事行为，但证券交易不同于普通商品的交易，其交易结果一般不能更改，故即使投资者因受欺诈而买入或卖出证券，亦不能主张交易结果无效，而只能通过其他法律途径寻求救济。根据最高人民法院 2002 年 1 月 15 日下发的通知，人民法院对证券市场因虚假陈述引发的民事侵权赔偿纠纷案件，凡符合我国《民事诉讼法》规定的受理条件的，自该通知下发之日起予以受理。

2. 任何单位和个人编造、传播虚假信息，扰乱证券市场；证券交易场所、证券公司、证券登记结算机构、证券服务机构及其从业人员，证券业协会、证券监督管理机构及其工作人员，在证券交易活动中作出虚假陈述或者信息误导；传播媒介及其从事证券市场信息报道的工作人员从事与其工作职责发生利益冲突的证券买卖。对实施此类行为的行为人，依照《证券法》第 193 条予以行政处罚；其行为给投资者造成损失的，应当依法承担赔偿责任；造成严重后果的，依照《刑法》追究其刑事责任。

3. 证券公司及其从业人员实施损害客户利益的下列欺诈行为：①违背客户的委托为其买卖证券；②不在规定的时间内向客户提供交易的书面确认文件；③未经客户的委托，擅自为客户买卖证券，或者假借客户的名义买卖证券；④为牟取佣金收入，诱使客户进行不必要的证券买卖；⑤其他违背客户真实意思表示，损害客户利益的行为。对实施上述行为的证券公司及其从业人员，依照《证券法》第 194 条予以行政处罚；其行为给客户造成损失的，应当依法承担赔偿责任；《刑法》规定为犯罪的，依照《刑法》追究刑事责任。

（四）其他禁止行为

指上述禁止行为以外可能影响证券市场正常秩序或损害投资者利益的行为。如：挪用公款买卖证券；法人非法利用他人账户从事证券交易，出借自己或者他人的证券账户；资金违规入市。实施这些行为的行为人同样应当依法承担相应的法律责任。

第五节　上市公司收购法律制度

一、上市公司收购概述

（一）上市公司收购的概念与特征

上市公司收购，是指投资者通过证券交易所的证券交易购买某一上市公司（被收购公司或称目标公司）的股票达到一定的数量，或者通过协议方式受让该上市公司股东的一定比例的股份，以取得该上市公司的控制权的一种法律行为。上市公司收购具有以下法律特征：

1. 上市公司收购的主体为投资者及与其一致行动的他人，包括法人、非法人组织和自然人。除《公司法》第142条第1款规定的六种情形外，上市公司不得收购本公司的股份。外国投资者进行上市公司的收购及相关股份权益变动活动的，应当取得国家相关部门的批准，适用中国法律，并服从中国的司法、仲裁管辖。

2. 上市公司收购的客体是已发行的有表决权的股票，包括普通股、可转换成有表决权股份的公司可转换债券以及有表决权股份的派生形式。

3. 与一般证券交易以直接取得投资收益为目的不同，上市公司收购的目的，是获得目标公司的控制权，也就是说收购人希望通过收购行为成为目标公司的控股股东或实际控制人。各国对获得一个公司的控制权应持有的股份比例的规定不尽相同，美国为5%，日本为10%，澳大利亚为20%，英国为30%，我国香港特别行政区为35%。实践中，控制权的取得与目标公司股权的分散程度关系密切，如股权高度分散，则仅需获得很小比例的股份即可取得控制权。

（二）上市公司收购的种类

对于上市公司收购，可以从不同的角度进行划分：

1. 根据收购方式的不同可分为协议收购、要约收购、间接收购、其他合法方式收购。具体内容见本节第二、三、四部分。

2. 根据收购的意愿和态度划分，可分为善意收购和敌意收购。善意收购是指收购人与上市公司的实际控制人或控股股东就取得上市公司控制权达成共识的收购行为，通常采用协议收购的方式。即使是善意收购，被收购人的董事会亦不得利用公司资源向收购人提供任何形式的财务资助，此为中国证监会2006年7月发布，2008年8月、2012年2月、2014年10月、2020年3月修订的《上市公司收购管理办法》所明令禁止。

敌意收购是指收购人与上市公司的实际控制人或控股股东就取得上市公司的控制权未达成共识而强行收购的行为，通常采用要约收购的方式。在敌意收购的情况下，目标公司的控股股东和董事会可能采取反收购措施，以避免本公司被收购而发生控制权的转移。《上市公司收购管理办法》规定，被收购公司的董事、监事、高级管理人员对公司负有忠实义务和勤勉义务，应当公平对待收购本公司的所有收购人；被收购公司董事会针对收购所做出的决策及采取的措施，应当有利于维护公司及其股东的利益，不得滥用职权对收购设置不适当的障碍。

3. 根据收购的支付方式的不同可划分为现金收购、证券收购和混合收购。现金收购是指收购公司以现金支付方式购买目标公司股东的股票。证券收购有时又称换股收购，是指收购公司新发行股票或债券等其他证券，同目标公司的股东所持股份进行交换，以取得目标公司控制权的收购方式。混合收购，是指收购公司以现金、本公司股份、本公司债券以及其他证券等多种支付方式相结合来收购目标公司股份以取得控制权的一种收购方式。《上市公司收购管理办法》规定，收购人可以采用现金、证券、现金与证券相结合等合法方式支付收购上市公司的价款。

（三）买壳与借壳上市

所谓"壳"即壳公司，是指证券市场上拥有和保持上市资格，但业绩较差，公司的总股本和流通股规模较小，股价较低的上市公司。由于上市公司具有上市资格并可能具有巨大的社会经济价值，所以壳公司往往成为被收购的对象。

买壳是指非上市公司通过收购某上市壳公司一定比例的股份而成为公司的母公司并控制该公司的行为。借壳上市是指上市公司的母公司将本公司的优质资产注入上市公司或与上市公司的资产进行置换，以实现母公司间接上市的目的。可见，买壳与借壳上市是两个不同的概念，前者是一种上市公司收购行为，后者是一种上市公司资产重组行为；但是，二者又是紧密关联的，借壳上市是买壳的目的，买壳则是借壳上市得以实现的一条现实途径。

（四）上市公司收购的原则

上市公司收购，既是一种对公众公司的兼并行为，又是影响证券市场行情的重大交易行为，牵涉多方的利益，故而各国证券立法都对此有严格的规定。上市公司收购一般应遵循以下原则：

1. 保护公平竞争、禁止行业垄断原则。市场经济的活力源于自由公平竞争。上市公司一般是该行业中规模较大、业绩优良的企业，如果上市公司收购导致在某一行业形成垄断，妨害竞争，则为法律所禁止。

2. 股东待遇平等原则。目标公司的股东，不论持股多少，公平地享有获得相关信息和在相同情况下以相同价格出售股份的权利，收购方不得差别对待。而目标公司的董事会针对收购采取任何措施，也应当基于全体股东的利益，而不能只是部分股东的利益。

3. 保护中、小股东合法权益原则。在上市公司收购中，往往由大股东左右事态的发展，中、小股东则处于弱势地位。有鉴于此，各国证券立法都设置了旨在保护目标公司中、小股东利益的特殊措施，如强制全面要约制度和强制出售制度。所谓强制全面要约制度，是指当投资者持有一个上市公司的股份达到法定比例时，除非获得证券监督管理机构的豁免，有义务向其全体股东发出收购要约；而强制出售制度，是指要约收购期限届满，目标公司因股权分布不符合上市条件而导致其股票被终止上市交易时，其余仍持有目标公司股票的股东，有权向收购人以收购要约的同等条件出售其股票，收购人有义务予以收购。

4. 信息充分披露原则。在上市公司收购的整个过程中，收购公司和目标公司应当依法及时、准确、全面地披露与收购有关的信息，以便于有关当事人进行决策。《上市公司收购管理办法》规定：上市公司的收购及相关股份权益变动活动中的信息披露义务人，应当充分披露其在上市公司中的权益及变动情况，依法严格履行报告、公告和其他法定义务；信息披露义务人报告、公告的信息必须真实、准确、完整，不得有虚假记载、误导性陈述或者重大遗漏。

5. 禁止内幕交易原则。上市公司收购的相关信息为内幕信息，在其依法披露以前，内幕人士不得违法利用，从事内幕交易行为。

（五）上市公司收购中的持股公告制度

持股公告是上市公司收购过程中信息披露制度的主要内容之一。所谓持股公告，是指投资者及其一致行动人，通过证券交易所的证券交易，持有一个上市公司有表决权的股份达到一定比例时，必须依照法律规定将持股状况向证券监管机构、证券交易所和上市公司报告，并在指定媒体进行公告；此后，持股比例每增减达到法定比例时亦须依法报告和公告。在这里，"持股"既包括投资者所持有的股份，也包括与该投资者有关联或从属关系的一致行动人所持有的股份。

设立持股公告制度的目的是：①保护投资者和公司股东的利益，使其注意到公司股本结构的变化情况；②防止投资者暗中吸纳上市公司的大量股份，在达到公司控制权的临界点时突然采取收购行动，对市场形成冲击和对股东造成不公平的待遇。

我国《证券法》确立了持股公告制度，其主要规定为：

1. 持股公告的触发条件：①通过证券交易所的证券交易，投资者持有或者通过协议、其他安排与他人共同持有一个上市公司已发行的有表决权股份达到5%时，应当在该事实发生之日起3日内，向国务院证券监督管理机构、证券交易所作出书面报告，通知该上市公司，并予公告，但国务院证券监督管理机构规定的情形除外；②投资者持有或者通过协议、其他安排与他人共同持有一个上市公司已发行的有表决权股份达到5%后，其所持该上市公司已发行的有表决权股份比例每增加或者减少 5%，亦应当依法进行报告和公告。

2. 持股公告的内容：持股人的名称、住所；所持股票的名称、数量；持股达到法定比例或持股增减变化达到法定比例的日期、增持股份的资金来源；在上市公司中拥有表决权的股份变动的时间及方式。

3. 禁止在公告期限内买卖该股票。投资者及其一致行动人因持股 5% 而进行公告的，在规定的公告期限内不得再行买卖该上市公司的股票；因持股增减 5% 而进行公告的，在该事实发生之日起至公告后 3 日内，不得再行买卖该上市公司的股票。

对于协议转让股票，由于不是通过证券交易所交易进行，不必遵循上述持股公告制度。我国《证券法》规定，以协议方式收购上市公司时，达成协议后，收购人必须在 3 日内将该收购协议向国务院证券监督管理机构及证券交易所作出书面报告，并予公告。

二、要约收购

所谓要约收购，是指当投资者持有一个上市公司的股份达到一定比例时，如果进行收购，则应向目标公司的所有股东发出收购上市公司全部或部分股份的要约，并按收购要约收购目标公司股份的一种收购方式。

我国《证券法》对要约收购的规定，主要涉及以下几个方面：

1. 收购要约的内容、期限与法律特性。收购要约的内容主要是提出收购的条件与相关安排，具体包括：收购人的名称、住所；收购人关于收购的决定；被收购上市公司名称；收购目的；收购股份的详细名称和预定收购的股份数额；收购期限、收购价格；收购所需资金额及资金保证；公告上市公司收购报告书时持有被收购公司股份数占该公司已发行的股份总数的比例。关于收购的期限，《证券法》规定，不得少于 30 日并不得超过 60 日。

从法律上，收购要约具有不可撤销性与适用的普遍性。不可撤销性，是指收购要约不得撤销，并不得任意更改。《证券法》规定：在收购要约确定的承诺期限内，收购人不得撤销其收购要约；收购人需要变更收购要约的，应当及时公告，载明具体变更事项，且不得存在下列事项：①降低收购价格；②减少预定收购股份数额；③缩短收购期限；④国务院证券监督管理机构规定的其他情形。适用的普遍性，是指收购要约适用于被收购公司的所有股东，而不得有例外。《证券法》规定：收购要约提出的各项收购条件，适用于被收购公司的所有股东。此外，收购人在收购期限内，不得卖出被收购公司的股票，也不得采取要约规定以外的形式和超出要约的条件买入被收购公司的股票。

2. 要约收购的触发条件——持股达到 30% 并继续进行收购。《证券法》规定，通过证券交易所的证券交易，或者通过协议收购方式，投资者持有或者通过协议、其他安排与他人共同持有一个上市公司已发行的有表决权股份达到 30%时，继续进行收购的，应当依法向该上市公司所有股东发出收购上市公司全部或者部分股份的要约。可见，持股 30%并不必然导致要约收购，只有投资者决定继续收购的，才有发出收购要约的义务。此外，对因协议收购持股 30%并继续进行收购的，经国务院证券监督管理机构豁免，可以不发出收购要约，不按要约收购进行。

收购上市公司部分股份的收购要约应当约定，被收购公司股东承诺出售的股份数额超过预定收购的股份数额的，收购人按比例进行收购。收购人在发出收购要约前，必须向国务院证券监督管理机构报送并同时向证券交易所提交上市公司收购报告书。收购人在报送上市公司收购报告书之日起 15 日后，公告其收购要约。

3. 目标公司的终止上市与目标公司股份的强制出售。收购期限届满，被收购公司股权分布不符合证券交易所规定的上市交易要求的，该上市公司的股票应当由证券交易所依法终止上市交易；其余仍持有被收购公司股票的股东，有权向收购人以收购要约的同等条件出售其股票，收购人应当收购。

4. 收购结束公告。收购上市公司的行为结束后，收购人应当在 15 日内将收购情况报告国务院证券监督管理机构和证券交易所，并予以公告。

三、协议收购

所谓协议收购，是指收购人通过与上市公司的股东订立股份转让协议以取得上市公司实际控制权的收购方式。我国《证券法》规定，采取协议收购方式的，收购人可以依照法律、行政法规的规定同被收购公司的股东以协议方式进行股份转让。

1. 协商并签订收购协议。收购人在决定收购一个上市公司之前，一般都通过各种渠道对目标公司进行详细调查。进行协议收购，一般先取得目标公司董事会的支持，然后收购人与目标公司的股东进行反复协商，在收购价格、数量、期限上达成一致并签订书面收购协议。

2. 报告与公告。收购人与目标上市公司的股东达成收购协议以后，收购人必须在 3 日内将收购协议向国务院证券监督管理机构和证券交易所作出书面报告，并予公告。在公告前不得履行收购协议。

3. 股票存管与资金存放。采取协议收购方式的，协议双方可以临时委托证券登记结算机构保管协议转让的股票，并将收购资金存放于指定的银行。

4. 履行协议以及收购要约的发出与豁免。协议收购双方在完成上述法定程序以后，即开始履行协议。

采取协议收购方式的，收购人收购或者通过协议、其他安排与他人共同收购一个上市公司已发行的有表决权股份达到30%时，继续进行收购的，应当向该上市公司所有股东发出收购上市公司全部或者部分股份的要约，并遵守《证券法》有关要约收购的规定，但经国务院证券监督管理机构免除发出要约的除外。

5. 收购结束公告。收购上市公司的行为完成后，收购人应当在15日内将收购情况报告国务院证券监督管理机构和证券交易所，并予以公告。

相对于要约收购，协议收购程序较为简单，成本相对较低，对上市公司日常经营的冲击相对较小。但是，由于协议收购在股东待遇平等、交易公正以及信息公开、有效监管等方面存在很大的局限性，因此，一些国家禁止协议收购，而在允许协议收购的国家，立法也往往施加严格的限制。

四、间接收购

间接收购，是指收购人本身不成为上市公司的股东，而是通过投资关系、协议或其他安排，取得对上市公司控股股东的支配地位，进而取得对上市公司的实际控制权，成为该上市公司的实际控制人。《上市公司收购管理办法》对间接收购特别是其信息披露，专章作了特别规定。

五、关于上市公司收购的其他重要规定

我国《证券法》关于上市公司收购还有一些重要规定，如：在上市公司收购中，收购人持有的被收购上市公司的股票，在收购行为完成后的18个月内不得转让；收购行为完成后，被收购公司不再具备股份有限公司条件的，应当依法变更企业形式；收购行为完成后，收购人与被收购公司合并，并将该公司解散的，被解散公司的原有股票由收购人依法更换。

第六节 证券监管法律制度

一、证券监管概述

证券监管是指政府证券监督管理机构及其授权机构依法对上市公司及其他证券市场主体的行为进行规制所形成的一系列活动的总称。证券市场在一国国民经济体系中的重要性以及市场调节本身所固有的局限性，使证券监管成为必要。由于政治、经济、历史传统及证券市场发育程度的不同，国家之间在证券监管模式上有所差异。

（一）证券监管的原因

在现代市场经济条件下，生产的社会化以及经济的全球化趋势不断加强，经济生活日趋复杂。单纯依赖市场力量调节经济，或主要依靠政府计划组织经济，被证明都不可取。关于证券市场的管理，一般认为，政府应在保证市场机制基础性作用的前提下，对证券市场适当进行干预，但不应取代市场机制成为决定性力量。同时，政府干预必须考虑相关的成本因素。

证券监管的直接原因，在于证券和证券市场相对于一般商品和商品市场具有特殊性。

1. 证券市场的高风险性。证券作为一种虚拟资本根源于实物经济，但其运行已脱离实物资本而具有自己的规律和特点。同样的市场信息，对实物经济运行发挥作用会有一定的时滞，但证券市场却可以迅速地将其效用放大数倍，最终反映为证券价格的剧烈波动。在某种意义上，证券市场既是风险的渊薮，又是一个十分敏感的风险传播渠道。股市的涨跌往往与货币市场、外汇市场、期货市场等密切相关。现代高科技在证券业的应用，使得证券交易在时间、交易数量上几乎不受限制，也加快了风险传播的速度。

2. 证券市场的公共利益性。证券市场是不完全竞争市场：①它易于产生垄断。因为一种证券的供给方只能是一家上市公司，属卖方垄断；由于发行数量有限，有可能被少数投资者收集，形成垄断价格。②交易双方信息不对称。发行者掌握的信息远大于购买者，大多数投资者处于不利地位。证券市场涉及千家万户，在不完全竞争的市场上，会出现诸如价格扭曲、效率低下等弊端。如果证券市场发生危机，广大投资者的权益将会严重受损，社会安定乃至整个社会运行的基础都会受到威胁。因此，需要政府代表公共利益对证券市场实施监管，以维护市场秩序和稳定，保护公共利益。

3. 中、小投资者地位的特殊性。一方面，中、小投资者是证券市场资金的主要来源，他们的积极参与营造了市场人气，是市场活力的源泉；另一方面，中、小投资者在证券市场中处于弱者地位，容易受到排挤和歧视。因此，加强对中、小投资者的保护是现代各国证券立法的主题之一。政府主要通过监管证券市场、制定并执行各种制度、打击违法行为，对中、小投资者予以特别保护。

（二）证券监管的模式

根据政府监管与行业自律监管所占比重的不同，世界各国的证券监管可划分为三种类型，即政府集中监管型、行业自律主导型和中间型。

1. 政府集中监管型。在这种模式下，政府是证券市场监管的主导力量，国家注重证券法律体系的建立、完善，各种自律性组织在政府指导下保留一定的自治权，辅助政府发挥监督管理作用。这种模式以美国为代表。

美国证券监管体制的特点为：①建立完整系统的法律监管体系。美国证券法的渊源分为多个层次，首先是联邦制定的证券基本法，如《1933年证券法》《1934年证券交易法》以及《1975年证券法修正案》；其次是联邦制定的一系列与证券基本法相配套的关系法；再次是各州的证券法，其中1911年堪萨斯州的"蓝天法"是美国证券管理史上第一部专门管理证券市场的法律；最后是判例法。各层次法律共同构成一个完善而发达的证券立法体系。②设立专门实施联邦证券法的政府监管机构——美国证券与交易委员会（The Securities and Exchange Commission of America，SEC）。SEC 是不隶属于任何一个政府部门的独立机构，成员由总统任命，并由参议院批准通过，其任期为 5 年。SEC 集准立法、执法和准司法权于一身，可以独立对证券市场实行强有力的监管，直接对国会负责。③政府监管与市场自由融合。美国证券市场高度自由开放，资金进出所受限制极少。SEC 对市场的管理须遵循严格的法定程序，避免对证券市场采用直接的行政干预。SEC 不干涉具体业务，一般采取事后监管方式，即出现问题后立即处理。

政府集中监管型模式的优点在于，对证券市场实施统一集中管理，能保证监管的权威和有效，有利于市场安全和保护投资者利益。其缺点在于管理成本过高，包括增加政府财政支出和加大券商等的运营成本。此外，拘泥于法定程序可能使政府集中型监管过于僵化，不能及时跟上市场的快速发展和变化。

2. 行业自律主导型。在这种监管模式下，国家一般不设官方证券管理机构，政府对证券市场的干预也较少，主要依靠证券交易所、行业协会等组织以自律方式进行监管。英国曾经是这种模式的典型代表。

在传统上，英国的证券业主要依靠伦敦证券交易所和专业证券商进行自律管理。其证券市场的监管规则体系，以证券交易所协会、收购和合并问题专门小组以及证券业理事会制定并实施的证券业规则为基础；政府不设专业性的证券监管机构，实际上由证券交易所负责证券业的基础性管理工作，而证券交易所对券商的自律性管理事实上富有权威和约束力。不过，目前英国证券业监管的自律性色彩已大为减弱，由专业性机构依法实施监管的色彩则明显提高。

行业自律主导型监管模式的优点在于，监管成本较低而效率很高，且具有灵活性和预防性。但这种模式的形成有其深刻的经济、历史根源，发展中国家很难移植成功。其主要不足在于：自律组织可能偏重保护其会员或成员的利益，而忽视对投资者的保护；由于自律组织兼有经营者和监管者的双重身份，难免发生利益冲突。

3. 中间型。中间型介于政府集中监管型和行业自律主导型之间，既强调政府立法集中统一管理又注重行业组织的灵活自律管理。目前看来，绝大多数国家都是采用这种证券监管模式，我国也是如此。

目前，我国实行以政府监管为主、行业自律管理为辅的证券监管体制。一方面，中国证监会依法对全国证券市场实行集中统一管理；另一方面，证券交易所、证券业协会等自律组织的地位受到高度重视，它们在中国证监会的指导下，在规范证券上市活动和证券业机构及其从业人员的行为等方面，发挥了积极作用。

二、证券监管机构

在我国现行的证券监管体制下，证券监管机构包括政府监管机构和行业自律组织。鉴于前面对行业自律组织已有涉及，这里仅介绍政府监管机构。

我国《证券法》第7条规定："国务院证券监督管理机构依法对全国证券市场实行集中统一监督管理。国务院证券监督管理机构根据需要可以设立派出机构，按照授权履行监督管理职责。"此处的国务院证券监督管理机构，现阶段指中国证券监督管理委员会，简称中国证监会。

中国证监会是国务院直属的事业单位，依法行使行政管理职能，对其派出机构实行垂直领导。中国证监会的法定职责是：①依法制定有关证券市场监督管理的规章、规则，并依法进行审批、核准、注册，办理备案；②依法对证券的发行、上市、交易、登记、存管、结算等行为进行监督管理；③依法对证券发行人、证券公司、证券服务机构、证券交易场所、证券登记结算机构的证券业务活动进行监督管理；④依法制定从事证券业务人员的行为准则，并监督实施；⑤依法监督检查证券发行、上市和交易的信息披露；⑥依法对证券业协会的自律管理活动进行指导和监督；⑦依法监测并防范、处置证券市场风险；⑧依法开展投资者教育；⑨依法对证券违法行为进行查处；⑩法律、行政法规规定的其他职责。

为了保证中国证监会有效履行职责，《证券法》为其赋予了采取必要监管措施的权力：①现场检查权。即对证券发行人、证券公司、证券服务机构、证券交易场所、证券登记结算机构进行现场检查。②现场调查取证权。即进入涉嫌违法行为发生场所调查取证。③询问权。即询问当事人和与被调查事件有关的单位和个人，要求其对与被调查事件有关的事项作出说明；或者要求其按照指定的方式报送与被调查事件有关的文件和资料。④资料查询、复制、封存权。即查询、复制与被调查事件有关的财产权登记、通讯记录等文件和资料；查询、复制当事人和与被调查事件有关的单位和个人的证券交易记录、登记过户记录、财务会议资料及其他相关文件和资料，封存、扣押可能被转移、隐匿或者毁损的文件和资料。⑤账户查询权。即查询当事人和与被调查事件有关的单位和个人的资金账户、证券账户和银行账户以及其他具有支付、托管、结算等功能的账户信息，可以对有关文件和资料进行复制。对有证据证明已经或者可能转移或者隐匿违法资金、证券等涉案财产或者隐匿、伪造、毁损重要证据的，经中国证监会主要负责人或者其授权的其他负责人批准，可以予以冻结或者查封。⑥限制证券买卖权。在调查操纵证券市场、内幕交易等重大违法行为时，经中国证监会主要负责人或者其授权的其他负责人批准，可以在法定期限内限制被调查事件当事人的证券买卖。

《证券法》对中国证监会及其工作人员履行职责也提出了要求。中国证监会依法制定的规章、规则和监督管理制度，其依据调查结果对证券违法行为作出的处罚决定，应当公开；应当与国务院其他金融监督管理机构建立监督管理信息共享机制；发现证券违法行为涉嫌犯罪的，应当将案件移送司法机关处理，发现公职人员涉嫌职务违法或者职务犯罪的，应当依法移送监察机关处理。中国证监会的工作人员必须忠于职守，依法办事，公正廉洁，不得利用职务便利牟取不正当利益，不得泄露所知悉的有关单位和个人的商业秘密。在任职期间或者离职后在《公务员法》规定的期限内，不得到与原工作业务直接相关的企业或者其他营利性组织任职，不得从事与原工作业务直接相关的营利性活动。

三、证券监管的内容

证券监管的内容，既包括政府监管的内容，也包括行业自律管理的内容。鉴于前面对行业自律管理的内容已有涉及，下面仅简要概括政府监管的主要内容。

我国证券业的政府监管，主要指中国证监会实施的证券监管，其涉及的内容十分广泛，包括对证券市场各类主体的监管、对各种证券行为的监管、对市场组织形态的监管以及参与证券监管领域的国际合作。按照证券市场的运作过程，中国证监会的监管可分为证券发行的监管、证券交易的监管、证券退出的监管、证券监管的国际合作四个方面。

（一）证券发行的监管

国务院证券监督管理机构或者国务院授权的部门依照法定条件负责证券发行申请的注册。国务院证券监督管理机构或者国务院授权的部门应当自受理证券发行申请文件之日起 3 个月内，依照法定条件和法定程序作出予以注册或者不予注册的决定，发行人根据要求补充、修改发行申请文件的时间不计算在内。不予注册的，应当说明理由。对已作出的证券发行注册的决定，发现不符合法定条件或者法定程序，尚未发行证券的，应当予以撤销，停止发行。已经发行尚未上市的，撤销发行注册决定，发行人应当按照发行价并加算银行同期存款利息返还证券持有人；发行人的控股股东、实际控制人以及保荐人，应当与发行人承担连带责任，但是能够证明自己没有过错的除外。

中国证监会对证券发行的监管，除依法注册公开发行证券外，还包括：对发行人依法披露信息进行监管；对保荐人及其保荐活动进行监管；对证券公司的承销业务进行监管；对为证券发行出具有关文件的证券服务机构和人员进行监管；依法查处证券发行中的各种违法违规行为。

（二）证券交易的监管

证券交易的监管是中国证监会监管的核心和重点，它包括对证券交易中各方当事人行为的监管、上市公司收购行为的监管以及上市公司运作的监管等内容。

1. 证券交易行为的监管。中国证监会对证券交易行为的监管主要是指打击各种违法交易活动，规范当事人的证券交易行为。其内容主要包括：①依法取缔非法证券经营机构；②依法查处内幕交易行为、操纵市场行为、欺诈投资者行为以及《证券法》禁止的其他行为；③对证券公司、证券登记结算机构、证券交易场所、证券服务机构在证券交易过程中的业务活动，依法实施监督管理，对挪用客户资金、在交易委托中的诱导或欺诈行为等依法予以查处。

2. 上市公司收购行为的监管。对上市公司收购行为的监管，主要指对收购人和被收购公司在收购活动中的行为是否符合法律规定的条件和程序进行监管，其重点是保证信息披露及时、准确、真实和完整。

3. 对上市公司的监管。中国证监会对上市公司的监管职责主要有：拟订监管上市公司的规则、实施细则；监管境内上市公司并购重组活动；监督和指导交易所、派出机构监管上市公司的信息披露工作；监督上市公司及其董事、监事、高级管理人员、主要股东履行证券法规规定的义务；牵头负责上市公司出现重大问题及风险处置的相关工作等。近些年，中国证监会加大了对上市公司的监管力度，如：①2001年3月19日发布《上市公司董事长谈话制度实施办法》，确立了在规定情形下约见上市公司董事长进行谈话以了解事实真相的制度。②2001年3月19日发布《上市公司检查办法》（已废止），2010年4月13日发布《上市公司现场检查办法》，就中国证监会及其派出机构依法对上市公司进行现场检查作出了具体规定。③2001年8月16日发布《关于在上市公司建立独立董事制度的指导意见》，就上市公司建立独立的外部董事制度提出了指导意见。④2004年12月7日发布《关于加强社会公众股股东权益保护的若干规定》，从公司重大事项社会公众股股东表决等方面，进一步落实了对投资者特别是社会公众投资者权益的保护，完善了上市公司治理规范，强化了股东、独立董事的监督作用以及抑制滥用上市公司控制权的制约机制。⑤2005年12月31日发布《上市公司股权激励管理办法（试行）》（已废止），2016年7月13日发布、2018年8月15日修订《上市公司股权激励管理办法》，以促进上市公司建立和健全内部激励与约束机制。⑥2014年10月23日发布，2016年9月8日、2019年10月18日、2020年3月20日修订《上市公司重大资产重组管理办法》，该办法与《上市公司收购管理办法》共同构成了我国上市公司并购重组的基本制度框架。⑦2018年5月16日联合财政部、国资委发布《上市公司国有股权监督管理办法》，以规范上市公司国有股权变动行为。⑧2018年9月30日发布《上市公司治理准则》，系统地阐明了上市公司治理的基本原则、投资者权益保护的实现方式，以及上市公司董事、监事、经理等高级管理人员所应当遵循的基本行为准则和职业道德等内容。

（三）证券退出的监管

在我国现行体制下，虽然证券的终止上市由证券交易所决定，但由于证券退市极易影响证券市场的稳定和损害投资者的利益，中国证监会仍然应当并且有权对证券退市的过程，特别是对证券交易所的终止上市决定以及证券发行人履行信息披露义务的情况，实施监督和管理，并对证券退市中的违法行为依法进行查处。我国《证券法》规定，证券交易所决定终止证券上市交易的，应当及时公告，并报国务院证券监督管理机构备案。

■ **思考题**

1. 试分析股票与债券的区别。
2. 我国的证券市场有哪些？
3. 试述证券法的"三公"原则。
4. 我国《证券法》是如何保护投资者利益的？
5. 根据我国《证券法》，证券公司经营业务应当遵守哪些规则？
6. 简述证券发行注册制度。
7. 证券代销与证券包销有何不同？
8. 何为融资融券？
9. 何为内幕交易？操纵市场行为的主要表现是什么？
10. 简述上市公司要约收购。

■ **推荐书目**

1. 王瑞贺主编：《中华人民共和国证券法释义》，法律出版社 2020 年版。
2. 范健、王建文：《证券法》，法律出版社 2020 年版。
3. 周友苏主编：《证券法新论》，法律出版社 2020 年版。

第八章　投资基金法律制度

■ 学习目的和要求

　　了解投资基金的基本概念、分类及其依据；了解证券投资基金的概念与特点，熟悉我国《证券投资基金法》的主要内容；掌握证券投资基金法律关系各类主体的权利义务和法定职责；熟悉我国现行立法关于公募基金和私募基金设立、管理、投资、运作的各项规定；了解我国有关证券投资基金的监管规定以及违反《证券投资基金法》的法律责任；了解产业投资基金法律制度和创业投资基金法律制度的基本内容。

　　基金市场是金融市场的重要组成部分。完善的投资基金管理法律制度对于规范投资基金活动、保护投资者及相关当事人合法权益、促进基金市场的健康发展意义重大。2003年10月28日，十届全国人大常委会五次会议审议通过《证券投资基金法》，并于2012年12月28日、2015年4月24日予以修订，为我国证券投资基金事业的发展奠定了良好法律基础。在私募投资基金领域，继《证券投资基金法》2012年修订时将其纳入调整范围后，中国证监会又于2014年8月21日颁布《私募投资基金监督管理暂行办法》，为私募投资基金活动及其管理构建了相对完整的法律框架。此外，鉴于产业投资基金对于调整、完善经济结构作用显著，为了吸引更多的社会资金投入政府支持的领域和产业，国家发展改革委亦于2016年12月30日颁布了《政府出资产业投资基金管理暂行办法》。本章拟以《证券投资基金法》为核心，结合有关私募投资基金、产业投资基金的其他法律规范，介绍我国的投资基金法律制度。

第一节　投资基金法律制度概述

一、投资基金的概念和特点

　　广义上，基金（Fund）是基于特定目的和用途的资金集合，如证券投资基金、养老基金、慈善基金、保险基金、退休基金以及各种基金会的基金等。

　　按照设立是否以营利为目的，可将基金划分为营利性基金和非营利性基金。

其中，非营利性基金是指出资者不要求投资回报和资本增值，但必须按法律规定或出资者意愿将资金用于特定用途的基金。政府性基金、社会福利基金以及社会组织或个人自发组织闲散资金并用于社会公益事业的各种基金，都属于非营利性基金。非营利性基金为了保值增值，可以在法律允许的范围内进行投资，但不以取得投资收益为最终目的。

营利性基金以投资基金为典型。投资基金是由特定机构以营利为目的通过发行受益凭证募集资金，并将所募资金专门用于投资有价证券或其他投资项目的资金集合。投资基金以分散组合投资为特色，具有如下特征：①通常向多数投资者募集资金；②由专业机构和人士运用和管理所募资金；③基金管理人运用基金进行直接或间接投资，投资于实业者为直接投资，购买证券等金融工具者为间接投资；④利用投资组合的方式分散风险；⑤将投资收益分配给投资者。可见，投资基金是一种化零为整的组合投资方式，其目的是通过投资赚取利润，并向投资者提供投资回报。不过，追求的投资目标不同，投资组合必定有所不同，投资基金所面临的投资风险也会有很大差异：如果追求激进的投资目标，通常选择收益高同时风险也高的投资工具为投资对象，如股票等；反之，如果秉持稳健的投资目标，则通常选择收益稳定、风险相对较小的投资工具为投资对象，如债券等。

二、投资基金的分类

投资基金种类繁多，根据不同的标准，可将其作如下划分：

（一）按照投资基金的组织形式，划分为公司型基金和契约型基金

公司型基金是指以基金投资者为股东，依公司法规定组建以营利为目的的股份制投资公司进行投资的投资基金。此类基金可以委托专业的财务顾问或管理公司进行运营；基金份额持有人同时是公司股东，按照公司章程的规定享受权利、履行义务，以股息和红利的形式取得投资回报。契约型基金又称单位信托基金，是通过发行受益凭证募集资金形成的投资基金，基金份额持有人、基金管理人和基金托管人之间是信托关系，受基金合同约束。

二者相比，公司型基金具有法人资格，其设立和运作除须遵守相关专门立法外，还必须遵守《公司法》的相关规定；基金通过发行股份募集资金，投资者作为公司的股东有权参与公司决策，并以股息、红利形式获得投资收益。而契约型基金本身不具有法人资格，投资者通过购买受益凭证成为基金份额持有人，按所持基金份额享受投资收益、承担投资风险；基金份额持有人、基金管理人和基金托管人之间的权利义务以及基金的运作，除遵守相关专门立法外，还需遵守《信托法》以及彼此间订立的信托性质的基金合同。

（二）按照投资基金的发行方式，划分为公募基金和私募基金

公募基金即公开募集基金，是指向不特定对象或累计超过200人的特定对象

募集的基金；私募基金即非公开募集基金，是指向累计不超过 200 人的特定对象募集的基金。

二者相比，政府对公募基金在信息披露、利润分配等方面监管更为严格，对基金投资也有更多限制。而私募基金则对投资者有一定的能力要求，在信息披露、投资限制等方面的监管要求相对较低。

（三）按照投资基金的存续期间和规模，划分为开放式基金和封闭式基金

开放式基金是指基金份额不固定，基金份额可以在基金合同约定的时间和场所申购或赎回的基金。封闭式基金是经核准的基金份额在基金合同期限内固定不变，基金份额可以在证券交易所交易，但基金份额持有人不得申请赎回的基金。

二者相比，封闭性基金规模相对固定，有固定的封闭期，可在证券交易所上市交易；开放性基金的规模不固定，没有固定期限，可以通过基金代销机构、基金管理人申购、赎回，通常不上市交易。

（四）按照投资方向（投资对象）的不同，划分为证券投资基金和产业投资基金

证券投资基金是以各类证券为投资对象的投资基金；产业投资基金是以产业或企业为投资对象的投资基金。严格地讲，现实中普遍存在的创业投资基金（又称风险投资基金）、私募股权投资基金也都属于产业投资基金。二者之间很难作清晰区分，但一般而言，风险投资基金主要以初创企业为投资对象；私募股权投资基金除其私募性质被强调外，通常选择有上市可能的非上市企业的股权作为投资对象，以培育被投资企业上市并从中获得高投资收益为其经营特点。

除以上分类外，还可以按投资目标的不同，将投资基金划分为增长型基金、收入型基金和平衡型基金。

三、投资基金的起源和发展

投资基金起源于英国。一般认为，1868 年设立的"国外及殖民地政府信托"（Foreign and Colonial Government Trust）是其最早形态。投资基金虽起始于英国，却成长于美国。第一次世界大战后，在经济空前繁荣、国内外投资异常活跃的背景下，美国引入英国的投资信托制度，并于 1921 年成立第一个投资基金组织"美国国际证券信托"，其后又于 1924 年成立了现代意义上的投资基金"马萨诸塞投资信托基金"。美国 1940 年制定《投资公司法》和《投资顾问法》，进一步促进了投资基金业在美国的持续、健康发展。20 世纪 50、60 年代，投资基金开始向其他国家扩散。

我国于 20 世纪 90 年代初期引入投资基金。1992 年 11 月，经中国人民银行总行批准，淄博乡镇企业投资基金正式设立，并于 1993 年 8 月在上海证券交易所挂牌上市。它是国内第一家投资基金，也是首只在证券交易所上市交易的投资

基金。该基金为公司型封闭式基金，募集规模达 1 亿元人民币。1997 年 11 月，国务院证券委员会发布《证券投资基金管理暂行办法》（已废止）；1998 年 3 月，经中国证监会批准，新成立的南方基金管理公司和国泰基金管理公司分别发起设立了规模均为 20 亿元的两只封闭式基金——基金开元和基金基泰，拉开了中国证券投资基金试点的序幕。此后，在封闭式基金成功试点的基础上，中国证监会又于 2000 年 10 月发布《开放式证券投资基金试点办法》（已废止），开启了我国开放式基金的发展历程。

2003 年 10 月 28 日，第十届全国人民代表大会常务委员会第五次会议审议通过《证券投资基金法》，为我国证券投资基金业的发展奠定了坚实法律基础。其后，中国证监会在《证券投资基金法》的框架下陆续出台了《证券投资基金管理公司管理办法》《证券投资基金运作管理办法》（已废止）、《证券投资基金销售管理办法》（已废止）、《证券投资基金信息披露管理办法》（已废止）等六项部门规章及若干配套监管文件，形成了"一法六规"的基金监管立法体系。2012 年 12 月 28 日，全国人大常委会对《证券投资基金法》进行了修订，对私募基金监管、基金公司准入门槛、投资范围、业务运作等作了修改完善。特别值得注意的是，修订后的《证券投资基金法》将私募基金纳入其调整范围，为其规范发展提供了法律依据。2013 年 6 月，中央机构编制委员会办公室发布《关于私募股权投资基金管理职责分工的通知》，明确由中国证监会统一行使对私募股权基金的监管职责。2015 年 4 月 24 日，全国人大常委会对《证券投资基金法》再次进行了修订，修订后的现行《证券投资基金法》共 15 章 154 条。关于公募证券投资基金，中国证监会后来陆续发布且现行有效的部门规章和规范性文件主要有：《公开募集证券投资基金风险准备金监督管理暂行办法》（2013 年 9 月发布）、《公开募集证券投资基金运作管理办法》（2014 年 7 月发布）、《公开募集证券投资基金投资信用衍生品指引》（2019 年 1 月发布）、《公开募集证券投资基金参与转融通证券出借业务指引（试行）》（2019 年 6 月发布）、《公开募集证券投资基金信息披露管理办法》（2019 年 7 月发布，2020 年 3 月修改）、《公开募集证券投资基金侧袋机制指引（试行）》（2020 年 7 月发布）、《公开募集证券投资基金销售机构监督管理办法》（2020 年 8 月发布）、《公开募集证券投资基金宣传推介材料管理暂行规定》（2020 年 8 月发布）。关于私募投资基金，中国证监会于 2014 年 8 月 21 日发布了《私募投资基金监督管理暂行办法》（以下简称《暂行办法》）。作为私募投资基金监管的主要法规之一，《暂行办法》从整体上对私募投资基金活动进行了规范，确立了一系列符合私募基金行业运作特点的监管制度，如私募基金管理机构登记制度、基金产品备案制度、合格投资者制度等。从 2015 年下半年开始，为了矫正私募基金行业的不规范行为，应对日益暴露的风险问题，中国证监会、中国证券投资基金业协会（以下简称基金业协会）陆续颁布了《私募投资基金信息披露管理办法》（2016年2月发布）、《私募投资基金管理人内部控制指引》（2016年2月发布）、《私募投资基金募集行为管理办法》（2016年4月发布）、《私募投资基金合同指引》（2016年4月发布）、《私募投资基金服务业务管理办法（试行）》（2017年3月发布）、《私募投资基金备案须知》（2019年12月发布）等一系列管理和自律规则。此外，为了促进政府出资产业投资基金的规范发展，国家发展改革委2016年12月发布了《政府出资产业投资基金管理暂行办法》。

需要指出的是，虽然我国《证券投资基金法》已将私募证券投资基金纳入证券投资基金的范畴加以规范，但在运行规则和监管措施上，公募证券投资基金与私募证券投资基金仍存有诸多差异。有鉴于此，本章第二节将主要涉及公募证券投资基金，至于私募证券投资基金则放到第三节讲述。

第二节　证券投资基金法律制度

一、证券投资基金的概念和特征

我国《证券投资基金法》第2条规定："在中华人民共和国境内，公开或者非公开募集资金设立证券投资基金（以下简称基金），由基金管理人管理，基金托管人托管，为基金份额持有人的利益，进行证券投资活动，适用本法；本法未规定的，适用《中华人民共和国信托法》、《中华人民共和国证券法》和其他有关法律、行政法规的规定。"据此，可将证券投资基金界定为通过发售基金份额募集资金，由基金管理人管理，基金托管人托管，以资产组合方式进行证券投资，基金份额持有人按其所持份额享受利益和承担风险的资本集合体。

证券投资基金具有以下特征：①证券投资基金是一种集合投资方式，以公开或非公开方式发行基金份额，向投资者募集资金。②证券投资基金是一种信托投资方式，涉及委托人、受托人、受益人三方主体，基金管理人基于基金份额持有人的利益对基金进行管理，基金托管人基于基金份额持有人的利益对基金进行托管。③证券投资基金是一种证券投资工具，投资者通过购买基金券进行投资，成为基金份额持有人；基金作为机构投资者，则通过投资各类证券形成证券资产组合，实现盈利和规避风险的目的。④投资者依所持基金份额在享受投资收益的同时分担投资风险。总之，证券投资基金通过代人理财、专家经营，将缺乏投资知识和投资经验的投资者以及有投资愿望但缺少投资机会的投资者的资金有效集中起来投入证券市场，既化解了小额、分散投资者的投资困境，也增加了证券市场的资金供给，增强了资本市场的活力。

二、契约型证券投资基金法律关系

（一）契约型证券投资基金法律关系的性质

我国《证券投资基金法》着重对契约型证券投资基金进行规范。至于公开或者非公开募集资金，以进行证券投资活动为目的设立公司或者合伙企业，资产由基金管理人或者普通合伙人管理的公司型证券投资基金，只是其"证券投资活动"适用该法。

契约型证券投资基金的基础法律关系就是信托：①基金合同即是信托契约；基金份额持有人即是信托关系中的委托人和受益人；基金管理人、基金托管人即是信托关系中的受托人。②基金管理人、基金托管人以自己的名义为基金份额持有人的利益管理基金财产，并取得相应报酬。③基金财产具有相对独立性，不同于基金份额持有人未投资的财产，不同于基金管理人、基金托管人的固有财产，也不同于基金管理人、基金托管人在其他基金项目下受托管理、托管的财产。

（二）契约型证券投资基金法律关系的主体

契约型证券投资基金法律关系的主体又称为基金当事人，是契约型证券投资基金法律关系的参加者、权利的享有者和义务的承担者。根据《证券投资基金法》，契约型证券投资基金法律关系的主体包括三方当事人，即基金份额持有人（投资者）、基金管理人、基金托管人。

1. 基金份额持有人。基金份额持有人即基金投资者，是指依照基金合同和招募说明书持有基金份额的自然人和法人。在记名制下，他是基金份额持有人名册上注明持有基金的股票或受益凭证的人；在不记名制下，他是持有基金份额或基金单位的人。契约型证券投资基金的投资者包括机构投资者和个人投资者两类。基金的投资活动和风险管理活动都应当基于投资者的利益进行。

2. 基金管理人。基金管理人是依照《公司法》和《证券投资基金法》设立的，从事证券投资基金管理业务的公司或合伙企业。基金管理人在证券投资基金法律关系中居于关键地位。基金投资者的投资利益能否得到有效保护，能否实现预期投资收益，直接取决于基金管理人的经营管理水平和职业操守。

我国《证券投资基金法》第12条规定："基金管理人由依法设立的公司或者合伙企业担任。"

（1）设立管理公开募集基金的基金管理人的资格条件。公开募集基金的基金管理人，由基金管理公司或者经国务院证券监督管理机构按照规定核准的其他机构担任。根据《证券投资基金法》第13条的规定，设立管理公开募集基金的基金管理公司应当具备下列条件，并经国务院证券监督管理机构批准：①有符合《证券投资基金法》和《中华人民共和国公司法》规定的章程；②注册资本不低于1亿元人民币，且必须为实缴货币资本；③主要股东应当具有经营金融业务或者管理金融机构的良好业绩、良好的财务状况和社会信誉，资产规模达到国务院规定的标准，最近 3 年没有违法记录；④取得基金从业资格的人员达到法定人数；⑤董事、监事、高级管理人员具备相应的任职条件；⑥有符合要求的营业场所、安全防范设施和与基金管理业务有关的其他设施；⑦有良好的内部治理结构、完善的内部稽核监控制度、风险控制制度；⑧法律、行政法规规定的和经国务院批准的国务院证券监督管理机构规定的其他条件。

（2）设立管理非公开募集基金的基金管理人的资格条件。为了确保私募基金管理人切实履行审慎管理职责，遏制私募基金管理人的道德风险，我国《证券投资基金法》第 93 条引入了无限责任投资者兼任私募基金管理人的制度，即允许和鼓励基金份额持有人作为基金管理人负责私募基金的投资管理活动，并在基金财产不足以清偿债务时对基金债务承担无限连带责任。

3. 基金托管人。基金托管人是指负责保管基金财产并根据基金管理公司的指示实际运用基金财产的机构，主要承担资产保管、交易监督、信息披露、资金清算与会计核算等职责。在我国，基金托管人由依法设立并取得基金托管资格的商业银行或其他金融机构担任。商业银行担任基金托管人的，由国务院证券监督管理机构会同国务院银行业监督管理机构核准；其他金融机构担任基金托管人的，由国务院证券监督管理机构核准。

根据我国《证券投资基金法》第 33 条的规定，担任基金托管人，应当具备下列条件：①净资产和风险控制指标符合有关规定；②设有专门的基金托管部门；③取得基金从业资格的专职人员达到法定人数；④有安全保管基金财产的条件；⑤有安全高效的清算、交割系统；⑥有符合要求的营业场所、安全防范设施和与基金托管业务有关的其他设施；⑦有完善的内部稽核监控制度和风险控制制度；⑧法律、行政法规规定的和经国务院批准的国务院证券监督管理机构、国务院银行业监督管理机构规定的其他条件。

（二）契约型证券投资基金法律关系的客体

1. 基金财产的构成。证券投资基金法律关系的客体是基金财产。基金管理人、基金托管人因基金财产的管理、运用或其他情形而取得的财产和收益，应当归入基金财产。因此，基金财产主要由以下两部分构成：一是通过公开发售基金份额或以非公开方式募集的基金财产；二是基金管理人、基金托管人因基金财产的管理、运用或者其他情形而取得的财产和收益，包括运用基金财产买入的股票、债券等证券，因卖出股票、债券等证券获得的价金，基金财产获得的存款利息，基金财产毁损灭失获得的赔偿金等。

2. 基金财产的独立性。基金财产独立于基金管理人、基金托管人的固有财产，基金管理人、基金托管人不得将基金财产归入其固有财产。基金管理人、基金托管人因依法解散、被依法撤销或者被依法宣告破产等原因进行清算的，基金财产不属于其清算财产。基金管理人和基金托管人的债权人不得对基金财产主张权利，基金财产的债权不得与基金管理人、基金托管人固有财产的债务相抵销；不同基金财产的债权债务不得相互抵销；非因基金财产本身承担的债务，不得对基金财产强制执行。

（三）契约型证券投资基金法律关系的内容

1. 基金份额持有人的权利和义务。

（1）基金份额持有人的权利。根据我国《证券投资基金法》第46条的规定，基金份额持有人享有下列权利：①分享基金财产收益；②参与分配清算后的剩余基金财产；③依法转让或者申请赎回其持有的基金份额；④按照规定要求召开基金份额持有人大会或者召集基金份额持有人大会；⑤对基金份额持有人大会审议事项行使表决权；⑥（公开募集基金的基金份额持有人）查阅或者复制公开披露的基金信息资料；（非公开募集基金的基金份额持有人对涉及自身利益的情况）查阅基金的财务会计账簿等财务资料；⑦对基金管理人、基金托管人、基金服务机构损害其合法权益的行为依法提起诉讼；⑧基金合同约定的其他权利。

为了保障契约型基金份额持有人的合法权益，有效监督、约束基金管理人，我国《证券投资基金法》规定了基金份额持有人大会制度，明确基金份额持有人有权通过基金份额持有人大会参与基金重大事项的决策。基金份额持有人大会由全体基金份额持有人组成，行使下列职权：①决定基金扩募或者延长基金合同期限；②决定修改基金合同的重要内容或者提前终止基金合同；③决定更换基金管理人、基金托管人；④决定调整基金管理人、基金托管人的报酬标准；⑤基金合同约定的其他职权。按照基金合同约定，基金份额持有人大会可以设立日常机构，行使下列职权：①召集基金份额持有人大会；②提请更换基金管理人、基金托管人；③监督基金管理人的投资运作、基金托管人的托管活动；④提请调整基金管理人、基金托管人的报酬标准；⑤基金合同约定的其他职权。

（2）基金份额持有人的义务。基金份额持有人不得直接占用、使用、处分基金财产，不得直接参与或者干涉基金的投资管理活动。根据我国《证券投资基金法》的规定，基金份额持有人承担的主要义务可概括为：①遵守《证券投资基金法》规定和基金合同约定的义务；②缴纳基金认购款项和规定费用的义务；③承担基金亏损或终止的有限或无限责任的义务；④遵循自愿、公平、诚实信用的原则，不损害国家利益和社会公共利益的义务。

2. 基金管理人的权利和职责。

（1）根据我国《证券投资基金法》的规定，基金管理人的权利可以概括为：①自主管理基金财产的权利，基金合同一旦生效，基金财产便由基金管理人独立运用，基金份额持有人原则上无权介入基金财产的管理和运作。②收取基金管理费用的权利，基金管理人可以依据基金合同取得报酬。③基金合同约定的其他权利。

（2）《证券投资基金法》第 2 章第 19 至 22 条规定了公开募集基金的基金管理人的职责：①依法募集资金，办理基金份额的发售和登记事宜；②办理基金备案手续；③对所管理的不同基金财产分别管理、分别记账，进行证券投资；④按照基金合同的约定确定基金收益分配方案，及时向基金份额持有人分配收益；⑤进行基金会计核算并编制基金财务会计报告；⑥编制中期和年度基金报告；⑦计算并公告基金资产净值，确定基金份额申购、赎回价格；⑧办理与基金财产管理业务活动有关的信息披露事项；⑨按照规定召集基金份额持有人大会；⑩保存基金财产管理业务活动的记录、账册、报表和其他相关资料；⑪以基金管理人名义，代表基金份额持有人利益行使诉讼权利或者实施其他法律行为；⑫国务院证券监督管理机构规定的其他职责。

公开募集基金的基金管理人及其董事、监事、高级管理人员和其他从业人员不得有下列行为：①将其固有财产或者他人财产混同于基金财产从事证券投资；②不公平地对待其管理的不同基金财产；③利用基金财产或者职务之便为基金份额持有人以外的人牟取利益；④向基金份额持有人违规承诺收益或者承担损失；⑤侵占、挪用基金财产；⑥泄露因职务便利获取的未公开信息、利用该信息从事或者明示、暗示他人从事相关的交易活动；⑦玩忽职守，不按照规定履行职责；⑧法律、行政法规和国务院证券监督管理机构规定禁止的其他行为。

公开募集基金的基金管理人应当建立良好的内部治理结构，明确股东会、董事会、监事会和高级管理人员的职责权限，确保基金管理人独立运作。公开募集基金的基金管理人可以实行专业人士持股计划，建立长效激励约束机制。公开募集基金的基金管理人的股东、董事、监事和高级管理人员在行使权利或者履行职责时，应当遵循基金份额持有人利益优先的原则。

公开募集基金的基金管理人应当从管理基金的报酬中计提风险准备金。公开募集基金的基金管理人因违法违规、违反基金合同等原因给基金财产或者基金份额持有人合法权益造成损失，应当承担赔偿责任的，可以优先使用风险准备金予以赔偿。

3. 基金托管人的权利和职责。

（1）基金托管人的权利。根据《证券投资基金法》的相关规定，基金托管人的权利主要有：①获取报酬的权利。基金托管人有权依照基金合同和托管协议的约定要求支付保管基金资产的报酬。②监督权。基金托管人有权监督基金管理人的投资运作，有权拒绝基金管理人违法、违规的投资指令，有权复核、审查基金管理人计算的基金资产净值及基金价格。

（2）基金托管人的职责。根据《证券投资基金法》的相关规定，基金托管人应当履行下列职责：①安全保管基金财产；②按照规定开设基金财产的资金账户和证券账户；③对所托管的不同基金财产分别设置账户，确保基金财产的完整与独立；④保存基金托管业务活动的记录、账册、报表和其他相关资料；⑤按照基金合同的约定，根据基金管理人的投资指令，及时办理清算、交割事宜；⑥办理与基金托管业务活动有关的信息披露事项；⑦对基金财务会计报告、中期和年度基金报告出具意见；⑧复核、审查基金管理人计算的基金资产净值和基金份额申购、赎回价格；⑨按照规定召集基金份额持有人大会；⑩按照规定监督基金管理人的投资运作；⑪国务院证券监督管理机构规定的其他职责。

基金托管人发现基金管理人的投资指令违反法律、行政法规和其他有关规定，或者违反基金合同约定的，应当拒绝执行，立即通知基金管理人，并及时向国务院证券监督管理机构报告。基金托管人发现基金管理人依据交易程序已经生效的投资指令违反法律、行政法规和其他有关规定，或者违反基金合同约定的，应当立即通知基金管理人，并及时向国务院证券监督管理机构报告。

（四）契约型证券投资基金法律关系的产生、变更与终止

契约型证券投资基金法律关系建立在基金合同的基础之上。基金合同是投资者、基金管理人、基金托管人为设立投资基金、明确基金当事人权利和义务而订立的合同。根据我国《证券投资基金法》的规定，投资者交纳认购的基金份额的款项时，基金合同成立；基金管理人依法向国务院证券监督管理机构办理基金备案手续时，基金合同生效。

基金合同生效后，可依法予以变更，包括转换基金运作方式、封闭式基金扩募或者延长基金合同期限。其中，转换基金运作方式要符合基金合同的约定或者基金份额持有人大会的决议，并经国务院证券监督机构核准；封闭式基金扩募或者延长基金合同期限，必须符合基金运营业绩良好、基金管理人最近2年内未因违法违规行为受到行政处罚或者刑事处罚、基金份额持有人大会决议通过等条件，并经国务院证券监督管理机构核准。

有下列情形之一的，基金合同终止：①基金合同期限届满而未延期；②基金份额持有人大会决定终止；③基金管理人、基金托管人职责终止，在6个月内没有新基金管理人、新基金托管人承接；④基金合同约定的其他情形。基金合同终止时，基金管理人应当组织清算组对基金财产进行清算。清算组由基金管理人、基金托管人以及相关的中介服务机构组成。清算组作出的清算报告经会计师事务所审计、律师事务所出具法律意见书后，报国务院证券监督管理机构备案并公告。

三、公开募集证券投资基金的运作管理

(一) 公开募集基金的注册

1. 注册制度。随着基金行业的快速发展，我国基金产品种类日渐丰富，对其进行严格管制已无法适应市场需求。为此，在证券投资基金的公开募集上，我国实行注册制，监管机构不作实质审核，只进行形式合规审查。

根据《证券投资基金法》第 50 条的规定，公开募集基金，应当经国务院证券监督管理机构注册。未经注册，不得公开或者变相公开募集基金。此处所称公开募集基金，包括向不特定对象募集资金，向特定对象募集资金累计超过 200 人，以及法律、行政法规规定的其他情形。公开募集基金应当由基金管理人管理，基金托管人托管。

2. 基金注册的申请。注册公开募集基金，由拟任基金管理人向国务院证券监督管理机构提交下列文件：①申请报告；②基金合同草案；③基金托管协议草案；④招募说明书草案；⑤律师事务所出具的法律意见书；⑥国务院证券监督管理机构规定提交的其他文件。

其中，公开募集基金的基金合同应当包括下列内容：①募集基金的目的和基金名称；②基金管理人、基金托管人的名称和住所；③基金的运作方式；④封闭式基金的基金份额总额和基金合同期限，或者开放式基金的最低募集份额总额；⑤确定基金份额发售日期、价格和费用的原则；⑥基金份额持有人、基金管理人和基金托管人的权利、义务；⑦基金份额持有人大会召集、议事及表决的程序和规则；⑧基金份额发售、交易、申购、赎回的程序、时间、地点、费用计算方式，以及给付赎回款项的时间和方式；⑨基金收益分配原则、执行方式；⑩基金管理人、基金托管人报酬的提取、支付方式与比例；⑪与基金财产管理、运用有关的其他费用的提取、支付方式；⑫基金财产的投资方向和投资限制；⑬基金资产净值的计算方法和公告方式；⑭基金募集未达到法定要求的处理方式；⑮基金合同解除和终止的事由、程序以及基金财产清算方式；⑯争议解决方式；⑰当事人约定的其他事项。

公开募集基金的招募说明书应当包括下列内容：①基金募集申请的准予注册文件名称和注册日期；②基金管理人、基金托管人的基本情况；③基金合同和基金托管协议的内容摘要；④基金份额的发售日期、价格、费用和期限；⑤基金份额的发售方式、发售机构及登记机构名称；⑥出具法律意见书的律师事务所和审计基金财产的会计师事务所的名称和住所；⑦基金管理人、基金托管人报酬及其他有关费用的提取、支付方式与比例；⑧风险警示内容；⑨国务院证券监督管理机构规定的其他内容。

3. 基金注册的审查。国务院证券监督管理机构应当自受理公开募集基金注

册申请之日起 6 个月内依照法律、行政法规及国务院证券监督管理机构的规定进行审查，作出注册或者不予注册的决定，并通知申请人；不予注册的，应当说明理由。

（二）公开募集基金的募集

1. 基金的发售条件。根据《证券投资基金法》的规定，基金份额的发售需满足以下条件和要求：①基金募集申请已经注册；②由基金管理人或者其委托的基金销售机构发售基金份额；③基金管理人应当在基金份额发售 3 日前公布招募说明书、基金合同及其他有关文件，此等文件应当真实、准确、完整；④对基金募集所进行的宣传推介活动，应当符合有关法律、行政法规的规定，不得有虚假记载、误导性陈述或者重大遗漏等法律规定的公开披露基金信息禁止行为。

2. 基金的募集期限。基金管理人应当自收到准予注册文件之日起 6 个月内进行基金募集。超过 6 个月开始募集，原注册的事项未发生实质性变化的，应当报国务院证券监督管理机构备案；发生实质性变化的，应当向国务院证券监督管理机构重新提交注册申请。基金募集期限自基金份额发售之日起计算，不得超过国务院证券监督管理机构准予注册的基金募集期限。

3. 基金的备案。基金募集期限届满，封闭式基金募集的基金份额总额达到准予注册规模的 80% 以上，开放式基金募集的基金份额总额超过准予注册的最低募集份额总额，并且基金份额持有人人数符合国务院证券监督管理机构规定的，基金管理人应当自募集期限届满之日起 10 日内聘请法定验资机构验资，自收到验资报告之日起 10 日内，向国务院证券监督管理机构提交验资报告，办理基金备案手续，并予以公告。

基金募集期间募集的资金应当存入专门账户，在基金募集行为结束前，任何人不得动用。

（三）公开募集基金份额的交易

证券投资基金的交易是指基金募集完成之后，在市场上进行上市或转让、申购或赎回基金份额的交易活动。

1. 公开募集基金的上市。申请基金份额上市交易，基金管理人应当向证券交易所提出申请，证券交易所依法审核同意的，双方应当签订上市协议。基金份额上市交易，应当符合下列条件：①基金的募集符合《证券投资基金法》的规定；②基金合同期限为 5 年以上；③基金募集金额不低于 2 亿元人民币；④基金份额持有人不少于 1000 人；⑤基金份额上市交易规则规定的其他条件。基金份额上市交易规则由证券交易所制定，报国务院证券监督管理机构批准。

基金份额上市交易后，有下列情形之一的，由证券交易所终止其上市交易，并报国务院证券监督管理机构备案：①不再具备《证券投资基金法》第 62 条规定的上市交易条件；②基金合同期限届满；③基金份额持有人大会决定提前终止上市交易；④基金合同约定的或者基金份额上市交易规则规定的终止上市交易的其他情形。

2. 开放式基金份额的申购与赎回。开放式基金份额的申购、赎回、登记，由基金管理人或者其委托的基金服务机构办理。开放式基金份额的申购，是指基金投资人在开放式基金募集成立后，按照基金份额的最新单位资产净值加上少量手续费购买基金的交易行为。投资人交付申购款项，申购成立；基金份额登记机构确认基金份额时，申购生效。

开放式基金份额的赎回，是指开放式基金的基金投资人将其所持有的基金份额按照当日净资产扣除一定费用之后收回资金的交易行为。基金份额持有人递交赎回申请，赎回成立；基金份额登记机构确认赎回时，赎回生效。基金管理人应当按时支付赎回款项，但是下列情形除外：①因不可抗力导致基金管理人不能支付赎回款项；②证券交易场所依法决定临时停市，导致基金管理人无法计算当日基金资产净值；③基金合同约定的其他特殊情形。此外，为了保证基金份额持有人及时、足额获得赎回款项，保护基金份额持有人利益，《证券投资基金法》第68条规定，开放式基金应当保持足够的现金或者政府债券，以备支付基金份额持有人的赎回款项。基金财产中应当保持的现金或者政府债券的具体比例，由国务院证券监督管理机构规定。

基金管理人应当在每个工作日办理基金份额的申购、赎回业务；基金合同另有约定的，从其约定。

（四）公开募集基金的投资和交易

1. 基金的投资方式和范围。基金管理人运用基金财产进行证券投资，除国务院证券监督管理机构另有规定外，应当采取资产组合的方式。资产组合的具体方式和投资比例，依照《证券投资基金法》和国务院证券监督管理机构的规定在基金合同中约定。

依《证券投资基金法》，证券投资基金只能用于下列投资：①上市交易的股票、债券；②国务院证券监督管理机构规定的其他证券及其衍生品种。

2. 基金投资与交易行为的限制。依《证券投资基金法》，基金财产不得用于下列投资或者活动：①承销证券；②违反规定向他人贷款或者提供担保；③从事承担无限责任的投资；④买卖其他基金份额，但是国务院证券监督管理机构另有规定的除外；⑤向基金管理人、基金托管人出资；⑥从事内幕交易、操纵证券交易价格及其他不正当的证券交易活动；⑦法律、行政法规和国务院证券监督管理机构规定禁止的其他活动。

运用基金财产买卖基金管理人、基金托管人及其控股股东、实际控制人或者与其有其他重大利害关系的公司发行的证券或承销期内承销的证券，或者从事其他重大关联交易的，应当遵循基金份额持有人利益优先的原则，防范利益冲突，符合国务院证券监督管理机构的规定，并履行信息披露义务。

（五）公开募集基金的信息披露

为了加强证券投资基金的信息披露，保护基金投资人的合法权益和社会公共利益，法律明确规定基金管理人、托管人和其他义务人应当依法披露基金信息，确保信息真实、准确、完整。

1. 对基金信息披露的要求。基金管理人、基金托管人和其他基金信息披露义务人应当依法披露基金信息，并保证所披露信息的真实性、准确性和完整性。基金信息披露义务人应当确保应予披露的基金信息在国务院证券监督管理机构规定的时间内披露，并保证投资人能够按照基金合同约定的时间和方式查阅或者复制公开披露的信息资料。

2. 基金信息披露的内容。应当公开披露的基金信息包括：①基金招募说明书、基金合同、基金托管协议；②基金募集情况；③基金份额上市交易公告书；④基金资产净值、基金份额净值；⑤基金份额申购、赎回价格；⑥基金财产的资产组合季度报告、财务会计报告及中期和年度基金报告；⑦临时报告；⑧基金份额持有人大会决议；⑨基金管理人、基金托管人的专门基金托管部门的重大人事变动；⑩涉及基金财产、基金管理业务、基金托管业务的诉讼或者仲裁；⑪国务院证券监督管理机构规定应予披露的其他信息。

3. 基金信息披露的禁止行为。公开披露基金信息不得有下列行为：①虚假记载、误导性陈述或者重大遗漏；②对证券投资业绩进行预测；③违规承诺收益或者承担损失；④诋毁其他基金管理人、基金托管人或者基金销售机构；⑤法律、行政法规和国务院证券监督管理机构规定禁止的其他行为。

中国证监会2019年7月发布、2020年3月修改的《公开募集证券投资基金信息披露管理办法》对证券投资基金的信息披露，包括基金募集信息披露、基金运作信息披露、基金临时信息披露、信息披露事务管理、监督管理和法律责任等，作出进一步细化规定。

四、证券投资基金的监管与法律责任

（一）证券投资基金的监管

广义的基金监管是指有法定监管权的政府机构、基金行业自律组织、基金机构内部监督部门以及社会力量对基金市场、基金市场主体及其活动的监督和管理，狭义的基金监管专指政府基金管理机构依法对基金市场、基金市场主体及其活动的监督和管理。在我国，行业自律监管和政府监督管理都是证券投资基金监管体系中不可或缺的组成部分。根据《证券投资基金法》，监督管理的目标是为了规范证券投资基金活动，保护投资人及相关当事人的合法权益，促进证券投资基金和资本市场的健康发展。

1. 行业自律监管。行业自律监管是由证券投资基金行业协会进行行业自律、协调行业关系、提供行业服务、促进行业发展的一种自律管理模式。基金业协会成立于 2012 年 6 月，是证券投资基金行业的自律性组织，属社会团体法人。根据《证券投资基金法》第 108 条的规定，基金管理人、基金托管人应当加入基金行业协会，基金服务机构包括基金销售机构、基金份额登记机构、律师事务所、会计师事务所等，可以加入基金行业协会。

基金行业协会的权力机构为全体会员组成的会员大会。基金行业协会设理事会，理事会成员依章程的规定通过选举产生。基金行业协会章程由会员大会制定，并报国务院证券监督管理机构备案。

基金行业协会履行下列职责：①教育和组织会员遵守有关证券投资的法律、行政法规，维护投资者合法权益；②依法维护会员的合法权益，反映会员的建议和要求；③制定和实施行业自律规则，监督、检查会员及其从业人员的执业行为，对违反自律规则和协会章程的，按照规定给予纪律处分；④制定行业执业标准和业务规范，组织基金从业人员的从业考试、资质管理和业务培训；⑤提供会员服务，组织行业交流，推动行业创新，开展行业宣传和投资人教育活动；⑥对会员之间、会员与客户之间发生的基金业务纠纷进行调解；⑦依法办理非公开募集基金的登记、备案；⑧协会章程规定的其他职责。

2. 政府监督管理。证券投资基金的政府监管是国家有关机构依法对证券投资基金的设立、募集、交易、投资和终止活动进行全过程监督和管理的活动。在我国，证券投资基金业由国务院证券监督管理机构依法实施监督管理，其派出机构依照授权履行职责。

国务院证券监督管理机构依法履行下列职责：①制定有关证券投资基金活动监督管理的规章、规则，并行使审批、核准或者注册权；②办理基金备案；③对基金管理人、基金托管人及其他机构从事证券投资基金活动进行监督管理，对违法行为进行查处，并予以公告；④制定基金从业人员的资格标准和行为准则，并监督实施；⑤监督检查基金信息的披露情况；⑥指导和监督基金行业协会的活动；⑦法律、行政法规规定的其他职责。

国务院证券监督管理机构依法履行职责，有权采取下列措施：①对基金管理人、基金托管人、基金服务机构进行现场检查，并要求其报送有关的业务资料；②进入涉嫌违法行为发生场所调查取证；③询问当事人和与被调查事件有关的单位和个人，要求其对与被调查事件有关的事项作出说明；④查阅、复制与被调查事件有关的财产权登记、通讯记录等资料；⑤查阅、复制当事人和与被调查事件有关的单位和个人的证券交易记录、登记过户记录、财务会计资料及其他相关文件和资料；对可能被转移、隐匿或者毁损的文件和资料，可以予以封存；⑥查询当事人和与被调查事件有关的单位和个人的资金账户、证券账户和银行账户；对有证据证明已经或者可能转移或者隐匿违法资金、证券等涉案财产或者隐匿、伪造、毁损重要证据的，经国务院证券监督管理机构主要负责人批准，可以冻结或者查封；⑦在调查操纵证券市场、内幕交易等重大证券违法行为时，经国务院证券监督管理机构主要负责人批准，可以限制被调查事件当事人的证券买卖，但限制的期限不得超过 15 个交易日；案情复杂的，可以延长 15 个交易日。

为了规范国务院证券监督管理机构及其工作人员的监管行为，法律要求：①国务院证券监督管理机构工作人员依法履行职责，进行调查或者检查时，不得少于 2 人，并应当出示合法证件；对调查或者检查中知悉的商业秘密负有保密义务。②国务院证券监督管理机构工作人员应当忠于职守，依法办事，公正廉洁，接受监督，不得利用职务牟取私利。③国务院证券监督管理机构依法履行职责，发现违法行为涉嫌犯罪的，应当将案件移送司法机关处理。④国务院证券监督管理机构工作人员在任职期间，离职后在《中华人民共和国公务员法》规定的期限内，不得在被监管的机构中担任职务。

（二）违反《证券投资基金法》的法律责任

违反《证券投资基金法》的法律责任包括民事责任、行政责任及刑事责任。

1. 民事责任。在证券基金法律关系中，基金管理人、基金托管人与基金份额持有人的关系是平等民事主体之间的关系，因此基金管理人、基金托管人不履行其民事义务时，应当承担相应的民事责任。对此，《证券投资基金法》第 145 条规定："违反本法规定，给基金财产、基金份额持有人或者投资人造成损害的，依法承担赔偿责任。基金管理人、基金托管人在履行各自职责的过程中，违反本法规定或者基金合同约定，给基金财产或者基金份额持有人造成损害的，应当分别对各自的行为依法承担赔偿责任；因共同行为给基金财产或者基金份额持有人造成损害的，应当承担连带赔偿责任。"第 150 条规定："违反本法规定，应当承担民事赔偿责任和缴纳罚款、罚金，其财产不足以同时支付时，先承担民事赔偿责任。"

2. 行政责任。基金管理人、基金托管人及其他行为主体违反《证券投资基金法》，还应当承担没收违法所得、罚款、警告、暂停或取消基金从业资格等行政责任。对此，《证券投资基金法》第 119 条至第 135 条规定了基金管理人、基金托管人及其股东、实际控制人、董事、监事、高级管理人员、其他从业人员的违法行为规定了明确详尽的行政责任。该法第 136 条至第 144 条则对基金销售机构、支付机构、份额登记机构、基金投资顾问机构、基金评价机构、信息技术系统服务机构、相关会计师事务所和律师事务所等基金服务机构的违法行为规定了明确详尽的行政责任。

3. 刑事责任。基金管理人、基金托管人或其他行为主体违反《证券投资基金法》构成犯罪的，依照《刑法》追究刑事责任，所涉及的刑事犯罪行为包括非法集资、内幕交易、非法经营、违法披露信息等。

第三节　私募投资基金法律制度

根据基金业协会 2018 年 7 月的统计数据，我国私募投资基金总规模约为 12.79 万亿，如此大的体量凸显了私募投资基金在基金市场中的重要性。随着《证券投资基金法》将私募证券投资基金纳入规制范畴以及《暂行办法》对私募投资基金作专门规定，我国私募投资基金法律制度日趋完善。

一、私募投资基金的概念和经营原则

根据《暂行办法》的界定，私募投资基金是指在中华人民共和国境内，以非公开方式向投资者募集资金设立的投资基金。根据《证券投资基金法》的规定，所谓"非公开方式"包含两层含义：一是募集对象为累计不超过 200 人的特定合格投资者；二是不得通过报刊、电台、电视台、互联网等公众传播媒体或者讲座、报告会、分析会等方式向不特定对象宣传推介。《证券投资基金法》规定的私募投资基金，仅为私募证券投资基金。

开展私募投资基金业务需要遵循一定的原则。《暂行办法》规定：从事私募投资基金业务，应当遵循自愿、公平、诚实信用原则，维护投资者合法权益，不得损害国家利益和社会公共利益；私募投资基金管理人和从事私募投资基金托管业务的机构管理、运用私募投资基金财产，从事私募投资基金销售业务的机构及其他私募服务机构从事私募投资基金服务活动，应当恪尽职守，履行诚实信用、谨慎勤勉的义务；私募投资基金从业人员应当遵守法律、行政法规，恪守职业道德和行为规范。

二、私募投资基金法律关系的主体

（一）合格投资者

合格投资者制度是限制私募投资基金募集对象的一项制度，是"投资者适当性原则"在私募投资基金领域的具体体现。

私募投资基金的合格投资者是指具备相应风险识别能力和风险承担能力，投资于单只私募投资基金的金额不低于 100 万元且符合下列相关标准的单位和个人，即：净资产不低于 1000 万元的单位；金融资产不低于 300 万元或者最近 3 年个人年均收入不低于 50 万元的个人。此处的金融资产包括银行存款、股票、

债券、基金份额、资产管理计划、银行理财产品、信托计划、保险产品、期货权益等。下列投资者视为合格投资者：①社会保障基金、企业年金等养老基金，慈善基金等社会公益基金；②依法设立并在基金业协会备案的投资计划；③投资于所管理私募基金的私募基金管理人及其从业人员；④中国证监会规定的其他投资者。

《暂行办法》规定：私募投资基金应当向合格投资者募集，单只私募投资基金的投资者人数累计不得超过《证券投资基金法》《公司法》《合伙企业法》等法律规定的特定数量；投资者转让基金份额的，受让人应当为合格投资者且基金份额受让后投资者人数应当符合上述法律规定。《证券投资基金法》规定：非公开募集资金应当向合格投资者募集，合格投资者累计不得超过 200 人。此外，以合伙企业、契约等非法人形式，通过汇集多数投资者的资金直接或者间接投资于私募投资基金的，私募投资基金管理人或者私募投资基金销售机构应当穿透核查最终投资者是否为合格投资者，并合并计算投资者人数；但是，符合前段①②④规定的投资者投资私募投资基金的，不再穿透核查最终投资者是否为合格投资者和合并计算投资者人数。

（二）基金管理人

私募投资基金管理人应当履行受托人义务，承担基金合同、公司章程或者合伙协议中确定的受托责任。为了确保私募投资基金管理人审慎管理基金，遏制私募投资基金管理人的道德风险，我国《证券投资基金法》在允许和鼓励基金份额持有人充当基金管理人的同时，规定其应在基金财产不足以清偿债务时对基金财产的债务承担无限连带责任。

（三）基金托管人

《证券投资基金法》规定：除基金合同另有约定外，非公开募集基金应当由基金托管人托管。不过，该法未就私募证券投资基金的托管作特别要求，因此其有关托管、托管人的规定一体适用于公募证券投资基金和私募证券投资基金。《暂行办法》未涉及私募投资基金的托管问题。

三、私募投资基金的运作过程

（一）私募投资基金管理人的登记

我国对于私募投资基金管理人没有严格的市场准入限制，担任私募投资基金管理人无需中国证监会审批，只需向基金业协会登记。《证券投资基金法》规定，担任非公开募集基金的基金管理人，应当按照规定向基金行业协会履行登记手续，报送基本情况。《暂行办法》也规定，设立私募基金管理机构和发行私募基金不设行政审批，允许各类发行主体在依法合规的基础上，向累计不超过法定数量的投资者发行私募基金。

私募投资基金管理人应当根据基金业协会的规定，向基金业协会申请登记，报送以下基本信息：①工商登记和营业执照正副本复印件；②公司章程或者合伙协议；③主要股东或者合伙人名单；④高级管理人员的基本信息；⑤基金业协会规定的其他信息。基金业协会应当在私募基金管理人登记材料齐备后的 20 个工作日内，通过网站公告私募基金管理人名单及其基本情况的方式，为私募基金管理人办结登记手续。

（二）私募投资基金的募集

私募投资基金的募集行为是指私募基金管理人、在中国证监会注册取得基金销售业务资格并已成为基金业协会会员的机构及其从业人员以非公开方式向投资者募集资金的行为，主要包括推介私募基金、发售基金份额（权益）、办理基金份额（权益）确认、申购（认缴）、赎回（退出）等活动。《私募投资基金募集行为管理办法》对此作了规定。

1. 募集的主体。在基金业协会办理私募基金管理人登记的机构可以自行募集其设立的私募基金，在中国证监会注册取得基金销售业务资格并已成为基金业协会会员的机构可以受私募基金管理人的委托募集私募基金。其他任何机构和个人不得从事私募基金的募集活动。从事私募基金募集业务的人员应当具有基金从业资格（包含原基金销售资格），应当遵守法律、行政法规和基金业协会的自律规则，恪守职业道德和行为规范，应当参加后续执业培训。

2. 签订基金合同的义务。根据《暂行办法》第 20 条的规定，募集私募证券投资基金，应当制定并签订基金合同、公司章程或者合伙协议（以下统称基金合同），基金合同应当符合《证券投资基金法》有关基金合同的相关规定，明确约定各方当事人的权利、义务和相关事宜。此外，基金业协会针对契约型私募投资基金、公司型私募投资基金、合伙型私募投资基金分别制定了《私募投资基金合同指引 1 号》《私募投资基金合同指引 2 号》和《私募投资基金合同指引 3 号》，为私募投资基金合同的签订提供了指引。

《证券投资基金法》第 92 条规定，非公开募集基金的基金合同应当包括下列内容：①基金份额持有人、基金管理人、基金托管人的权利、义务；②基金的运作方式；③基金的出资方式、数额和认缴期限；④基金的投资范围、投资策略和投资限制；⑤基金收益分配原则、执行方式；⑥基金承担的有关费用；⑦基金信息提供的内容、方式；⑧基金份额的认购、赎回或者转让的程序和方式；⑨基金合同变更、解除和终止的事由、程序；⑩基金财产清算方式；⑪当事人约定的其他事项。第 93 条规定，按照基金合同约定，非公开募集基金可以由部分基金份额持有人作为基金管理人负责基金的投资管理活动，并在基金财产不足以清偿其债务时对基金财产的债务承担无限连带责任。非公开募集基金的基金合同还应载明：①承担无限连带责任的基金份额持有人和其他基金份额持有人的姓名或者名称、住所；②承担无限连带责任的基金份额持有人的除名条件和更换程序；③基金份额持有人增加、退出的条件、程序以及相关责任；④承担无限连带责任的基金份额持有人和其他基金份额持有人的转换程序。

3. 对募集机构的行为要求。根据《私募投资基金募集行为管理办法》的规定，募集机构应当遵循以下行为规则：①恪尽职守、诚实信用、谨慎勤勉，防范利益冲突，履行说明义务、反洗钱义务等相关义务，承担特定对象确定、投资者适当性审查、私募基金推介及合格投资者确认等相关责任；②募集机构及其从业人员不得从事侵占基金财产和客户资金、利用私募基金相关的未公开信息进行交易等违法活动；③以书面形式签订基金销售协议；④不得为规避合格投资者标准，募集以私募基金份额或其收益权为投资标的的金融产品，或者将私募基金份额或其收益权进行非法拆分转让，变相突破合格投资者标准；⑤应当对投资者的商业秘密及个人信息严格保密；⑥应当妥善保存投资者适当性管理以及其他与私募基金募集业务相关的记录及其他相关资料，保存期限自基金清算终止之日起不得少于10年；⑦应当开立私募基金募集结算资金专用账户，用于统一归集私募基金募集结算资金、向投资者分配收益、给付赎回款项以及分配基金清算后的剩余基金财产等，确保资金原路返还；⑧应当与监督机构签署账户监督协议，明确对私募基金募集结算资金专用账户的控制权、责任划分及保障资金划转安全的条款。

4. 募集的程序。私募基金募集应当遵守下列程序：①特定对象确定；②投资者适当性匹配；③基金风险揭示；④合格投资者确认；⑤投资冷静期；⑥回访确认。私募基金募集完毕，私募基金管理人应当根据基金业协会的规定，办理基金备案手续，报送以下基本信息：①主要投资方向及根据主要投资方向注明的基金类别。②基金合同、公司章程或者合伙协议。资金募集过程中向投资者提供基金招募说明书的，应当报送基金招募说明书；以公司、合伙等企业形式设立的私募基金，还应当报送工商登记和营业执照正副本复印件。③采取委托管理方式的，应当报送委托管理协议；委托托管机构托管基金财产的，还应当报送托管协议。④基金业协会规定的其他信息。基金业协会应当在私募基金备案材料齐备后的20个工作日内，通过网站公告私募基金名单及其基本情况的方式，为私募基金办结备案手续。

5. 有关募集的其他规定。①关于私募基金宣传推介方式。私募基金管理人、私募基金销售机构不得向合格投资者之外的单位和个人募集资金，不得通过报刊、电台、电视、互联网等公众传播媒体或者讲座、报告会、分析会和布告、传单、手机短信、微信、博客和电子邮件等方式，向不特定对象宣传推介。②不得承诺保本收益。私募基金管理人、私募基金销售机构不得向投资者承诺投资本金不受损失或者承诺最低收益。③风险识别和评估。私募基金管理人自行销售私募基金的，应当采取问卷调查等方式，对投资者的风险识别能力和风险承担能力进行评估，由投资者书面承诺符合合格投资者条件；应当制作风险揭示书，由投资者签字确认。私募基金管理人委托销售机构销售私募基金的，私募基金销售机构应当采取以上评估、确认等措施。④风险评级。私募基金管理人自行销售或者委托销售机构销售私募基金，应当自行或者委托第三方机构对私募基金进行风险评级，向风险识别能力和风险承担能力相匹配的投资者推介私募基金。⑤投资者义务。投资者应当如实填写风险识别能力和承担能力问卷，如实承诺资产或者收入情况，并对其真实性、准确性和完整性负责。填写虚假信息或者提供虚假承诺文件的，应当承担相应责任。投资者应当确保投资资金来源合法，不得非法汇集他人资金投资私募基金。

（三）私募投资基金的投资运作

与公开募集基金的投资范围相比，私募投资基金的投资对象更广。《证券投资基金法》规定，私募证券投资基金的投资范围包括买卖公开发行的股份有限公司股票、债券、基金份额以及国务院证券监督管理机构规定的其他证券及其衍生品种。

在投资运作过程中，基金管理人、基金托管人等主体应当履行必要的义务。同一私募基金管理人管理不同类别私募基金的，应当坚持专业化管理原则；管理可能导致利益输送或者利益冲突的不同私募基金的，应当建立防范利益输送和利益冲突的机制。私募基金管理人、私募基金托管人、私募基金销售机构及其他私募服务机构及其从业人员从事私募基金业务，不得有以下行为：①将其固有财产或者他人财产混同于基金财产从事投资活动；②不公平地对待其管理的不同基金财产；③利用基金财产或者职务之便，为本人或者投资者以外的人牟取利益，进行利益输送；④侵占、挪用基金财产；⑤泄露因职务便利获取的未公开信息，利用该信息从事或者明示、暗示他人从事相关的交易活动；⑥从事损害基金财产和投资者利益的投资活动；⑦玩忽职守，不按照规定履行职责；⑧从事内幕交易、操纵交易价格及其他不正当交易活动；⑨法律、行政法规和中国证监会规定禁止的其他行为。

（四）私募投资基金的信息披露和报送

私募基金管理人、私募基金托管人应当按照合同约定，如实向投资者披露基金投资、资产负债、投资收益分配、基金承担的费用和业绩报酬、可能存在的利益冲突情况以及可能影响投资者合法权益的其他重大信息，不得隐瞒或者提供虚假信息。信息披露规则由基金业协会另行制定。私募基金管理人应当根据基金业协会的规定，及时填报并定期更新管理人及其从业人员的有关信息、所管理私募基金的投资运作情况和杠杆运用情况，保证所填报的内容真实、准确、完整；发生重大事项的，应当在 10 个工作日内向基金业协会报告。私募基金管理人应当于每个会计年度结束后的 4 个月内，向基金业协会报送经会计师事务所审计的年度财务报告和所管理私募基金年度投资运作基本情况。私募基金管理人、私募基金托管人及私募基金销售机构应当妥善保存私募基金投资决策、交易和投资者适当性管理等方面的记录及其他相关资料，保存期限自基金清算终止之日起不得少于 10 年。

四、私募投资基金的监督管理

（一）行业自律

根据《暂行办法》的规定，基金业协会依照《证券投资基金法》、本办法、中国证监会的其他有关规定和基金业协会自律规则，对私募基金业开展行业自律，协调行业关系，提供行业服务，促进行业发展。具体管理规则包括：①基金业协会应当建立私募基金管理人登记、私募基金备案管理信息系统。基金业协会应当对私募基金管理人和私募基金信息严格保密。除法律法规另有规定外，不得对外披露。②基金业协会应当建立与中国证监会及其派出机构和其他相关机构的信息共享机制，定期汇总分析私募基金情况，及时提供私募基金相关信息。③基金业协会应当制定和实施私募基金行业自律规则，监督、检查会员及其从业人员的执业行为。会员及其从业人员违反法律、行政法规、本办法规定和基金业协会自律规则的，基金业协会可以视情节轻重，采取自律管理措施，并通过网站公开相关违法违规信息。会员及其从业人员涉嫌违法违规的，基金业协会应当及时报告中国证监会。④基金业协会应当建立投诉处理机制，受理投资者投诉，进行纠纷调解。

（二）监督管理

根据《暂行办法》的规定，中国证监会及其派出机构依照《证券投资基金法》《暂行办法》和中国证监会的其他有关规定，对私募基金业务活动实施监督管理。具体监管规则如下：①建立健全私募基金发行监管制度，切实强化事中事后监管，依法严厉打击以私募基金为名的各类非法集资活动；②建立促进经营机构规范开展私募基金业务的风险控制和自律管理制度，以及各类私募基金的统一监测系统；③依法对私募基金管理人、私募基金托管人、私募基金销售机构及其他私募服务机构开展私募基金业务情况进行统计监测和检查；④将私募基金管理人、私募基金托管人、私募基金销售机构及其他私募服务机构及其从业人员的诚信信息记入证券期货市场诚信档案数据库，根据私募基金管理人的信用状况，实施差异化监管；⑤私募基金管理人、私募基金托管人、私募基金销售机构及其他私募服务机构及其从业人员违反法律、行政法规及本办法规定的，中国证监会及其派出机构可以对其采取责令改正、监管谈话、出具警示函、公开谴责等行政监管措施。

五、有关产业投资基金的特殊规定

（一）产业投资基金的概念和特点

国外并无统一的产业投资基金概念，通常将其指向以具有高增长潜力的未上市企业股权或准股权为投资对象的风险投资基金和私募股权投资基金。在我国，由于产业投资基金的设立长期无法可依，对它也一直没有统一的界定标准。中国人民银行 1995 年 9 月发布的《设立境外中国产业投资基金管理办法》（已废止），首次以部门规章的形式将产业投资基金界定为一种私募股权投资基金（Private Equity Fund）。而根据国家发改委起草的《产业投资基金管理暂行办法（讨论稿）》，产业投资基金是指"一种对未上市企业进行股权投资和提供经营管理服务的利益共享、风险共担的集合投资制度，即通过向多数投资者发行基金份额设立基金公司，由基金公司自任基金管理人或另行委托基金管理人管理基金资产，委托基金托管人托管基金资产，从事创业投资、企业重组投资和基础设施投资等实业投资"。以上前一定义将产业投资基金等同于私募股权投资基金，后一定义却将产业投资基金限定于公司型基金，似乎都有失偏颇，不能全面、准确地概括我国发展产业投资基金的目的。国家发改委 2016 年 12 月发布的《政府出资产业投资基金管理暂行办法》，将政府出资产业投资基金界定为"有政府出资，主要投资于非公开交易企业股权的股权投资基金和创业投资基金"。据此，我们将产业投资基金界定为通过发行基金券汇集投资者资金，交由专家组成的投资管理机构按照资产组合原理并遵循国家产业政策，投资于非公开交易企业股权的股权投资基金和创业投资基金。

理论上，产业投资基金可以是公募投资基金；但现实中，产业投资基金基本上都是私募投资基金。产业投资基金通常具有以下特点：①以非上市企业股权为主要投资对象。产业投资基金的投资对象包括新兴的创业企业、基础设施、支柱产业等，但通常并不直接从事产品生产，而是以股权投资方式对所投资企业进行专业的资本运作和管理，并以此实现其投资目的。②产业投资基金在进行股权投资的同时，还往往参与被投资企业的管理，为被投资企业提供增值服务。③产业投资基金是创业投资基金的上位概念。创业投资基金的投资重点是具备产业化潜能但尚未产业化的中小企业。而产业投资基金除了创业投资基金之外，还包括投资于支柱产业、基础产业以及产业重组等领域的基金，其范围比创业投资基金更为宽泛。2019 年 10 月 19 日，国家发展改革委、中国人民银行、财政部等六部委联合发布《关于进一步明确规范金融机构资产管理产品投资创业投资基金和政府出资产业投资基金有关事项的通知》（以下简称《通知》），对政府出资产业投资基金和创业投资基金"两类基金"进行了规范。以下分别对"两类基金"作简要介绍。

（二）政府出资产业投资基金

自《国民经济和社会发展十一五规划纲要》明确提出要发展创业投资、做好产业投资基金试点工作以来，我国政府对产业的资金投入不断加强。国家发改委2016年12月发布的《政府出资产业投资基金管理暂行办法》，从政府出资产业投资基金的来源和形式、基金管理人和基金托管人的职责、出资形式要求、信用信息登记、投资领域与比例、投资对象与限制、绩效评价、信用体系建设、监督管理等方面，对政府出资产业投资基金进行了规范，旨在优化政府投资方式，发挥政府资金的引导作用和放大效应，提高政府资金使用效率，吸引社会资金投入政府支持的领域和产业。根据《通知》的规定，政府出资产业投资基金应同时满足以下条件：①中央、省级或计划单列市人民政府（含所属部门、直属机构）批复设立，且批复文件或其他文件中明确了政府出资的；政府认缴出资比例不低于基金总规模的10%，其中，党中央、国务院批准设立的，政府认缴出资比例不低于基金总规模的5%；②符合《政府出资产业投资基金管理暂行办法》（发改财金规〔2016〕2800号）和《政府投资基金暂行管理办法》（财预〔2015〕210号）有关规定；③基金投向符合产业政策、投资政策等国家宏观管理政策；④基金运作不涉及新增地方政府隐性债务。

（三）关于创业投资基金的特殊规定

创业投资基金是产业投资基金的重要组成部分，又被称为风险投资基金，是指为未上市企业提供股权资本，以培育和辅导企业创业或再创业来实现投资目标的高风险、高收益的投资基金。目前，我国尚无专门的创业投资基金法，但《暂行办法》对创业投资基金作了专章特别规定。根据《暂行办法》，创业投资基金专指主要投资于未上市创业企业普通股或者依法可转换为普通股的优先股、可转换债券等权益的股权投资基金。创业投资基金一般具有以下特点：①使用投资人的资金进行投资，投资对象主要为非上市初创企业的股权；②基金在进行股权投资后，通常参与甚至深度参与被投资企业的经营管理；③投资目标是获取股利收益与资本利得，而非长期控制被投资公司的所有权。

《暂行办法》对创业投资基金主要有如下特殊规定：①享受国家财政税收扶持政策的创业投资基金，其投资范围应当符合国家相关规定；国家鼓励和引导创业投资基金投资创业早期的小微企业。②基金业协会在基金管理人登记、基金备案、投资情况报告要求和会员管理等环节，对创业投资基金采取区别于其他私募基金的差异化行业自律，并提供差异化会员服务。③中国证监会及其派出机构对创业投资基金在投资方向检查等环节，采取区别于其他私募基金的差异化监督管理；在账户开立、发行交易和投资退出等方面，为创业投资基金提供便利服务。

根据《通知》的规定，创业投资基金应同时满足以下条件：①符合《创业投资企业管理暂行办法》或者《私募投资基金监督管理暂行办法》关于创业投资基金的有关规定，并按要求完成备案；②基金投向符合产业政策、投资政策等国家宏观管理政策；③基金投资范围限于未上市企业，但所投资企业上市后基金所持股份的未转让及其配售部分除外；④基金运作不涉及债权融资，但依法发行债券提高投资能力的除外；⑤基金存续期限不短于7年；对基金份额不得进行结构化安排，但政府出资设立的创业投资引导基金作为优先级的除外；⑥基金名称体现"创业投资"字样或基金合同和基金招募说明书中体现"创业投资"策略。

■ 思考题

1. 投资基金的概念、特征及分类。
2. 试析证券投资基金法律关系。
3. 基金管理人依法不能实施哪些行为？
4. 基金份额持有人享有哪些权利？
5. 私募投资基金的资金募集需要遵循哪些法律规则？

■ 推荐书目

1. 郭锋、陈夏等：《证券投资基金法导论》，法律出版社2008年版。
2. 赵玉：《我国私募股权投资基金法律制度研究》，中国政法大学出版社2013年版。
3. 黄福广：《风险投资基金》，中国经济出版社2017年版。
4. 中国证券投资基金业协会组编：《证券投资基金》，高等教育出版社2017年版。

第九章　保险法律制度

■ 学习目的和要求

　　领会保险的本质、概念与功能，了解保险法体系的基本构成以及我国保险立法与保险监管体制的现状；熟悉保险合同的分类，准确把握保险合同的特征，深刻认识保险合同的最大诚信原则、保险利益原则、损失补偿原则和近因原则，了解保险合同当事人、关系人、辅助人的构成，弄清财产保险合同与人身保险合同的主要区别；熟悉我国《保险法》关于保险公司业务范围、偿付能力、资金运用以及再保险的管理规定。

　　在社会生产与人们的日常生活中，难免发生不可预见的意外事件，给社会、企业、家庭、个人造成损失。为了避免因此影响社会经济的运行和人民生活的安定，产生了旨在分担风险、补偿损失的保险制度。

　　保险一般分为商业保险与社会保险，本章只论述商业保险。商业保险的保险人——保险公司，作为以营利为目的的非银行金融机构，是资本市场重要的机构投资者。在我国，中国银行保险监督管理委员会依法对保险业实施监督管理。

　　为了规范保险活动，保护保险活动当事人的合法权益，加强对保险业的监督管理，促进我国保险事业的健康发展，1995 年 6 月 30 日，第八届全国人民代表大会常务委员会第十四次会议通过了《中华人民共和国保险法》（以下简称《保险法》），并于 1995 年 10 月 1 日起施行。其后，全国人大常委会于 2002 年 10 月 28 日、2009 年 2 月 28 日、2014 年 8 月 31 日和 2015 年 4 月 24 日先后四次修订了《保险法》。

　　目前，我国已形成以《保险法》为主体，包括《海商法》和《合同法》的有关规范以及一系列行政法规、部门规章在内的，较为完整的保险法律体系。

第一节　保险与保险法概述

一、保险的概念

保险是个多义词，日常用语中的所谓"保险"，通常指"可靠""安全""没有危险"。而作为专业名词的"保险"则含义迥异。其源于 14 世纪意大利商业用语，本意为一种基于商事营业活动而构建的风险损益分担制度。

关于保险的本质，存在不同的认识，主要有损失说、非损失说、二元说三大流派。损失说侧重损失补偿来解释保险，主要有：①损失赔偿说。认为保险是一种赔偿合同，即当事人一方收受商定的金额，对另一方未来所受损失予以补偿的合同。②损失分担说。认为保险是把个别人由于未来特定的、偶然的、不可预测的事故所造成的损失，由处于同一危险之中但未遭遇事故的多数人分担，以补偿其损失的一种经济制度。③风险转嫁说。认为保险的实质就是风险转移，即把个人危险转嫁于保险人，后者将具有共同性质的危险汇集起来，并由团体成员分担。

非损失说认为，损失说无法涵盖保险的全部内容，如人身保险中的人寿保险，因此，试图以其他理论来揭示保险的本质。非损失说包括许多分支，主要有：①技术说。认为保险是把可能遭遇同样事故的多数人组织起来，结成团体，测定事故发生的概率，按照比例分摊；而财产保险与人身保险的共同特征，就是在计算分摊金时必须运用以概率论为基础的特殊技术。②欲望满足说。认为保险是当意外事故发生时，以最小费用满足偶发欲望所需的资金，而以相互主义为基础的经济保障。③经济生活确保说。认为保险的目的在于为可能遭受的事故损失提供经济保障，从而确保经济生活的安定。④相互金融机关说。认为保险实质上是一种通货的供求关系，保险机构与银行和信用社一样，是在一种互助合作基础上的金融机构，具有融通资金的功能。此外，属于非损失说的还有所得说、财产共同准备说、经济后备说、预备货币说等。

二元说，也称统一不能说。这一流派认为对财产保险与人身保险不可能作统一的解释，应分别定义。其中又可分为人身保险否定说和择一说。人身保险否定说认为，损失赔偿是保险的根本属性，人身保险并不具有或极少具有该属性，只是一种具备储蓄或投资性质的金钱支付合同。择一说则主张人身保险是一种保险，但应将其与财产保险分别界定，即"保险合同不是损失补偿的合同，就是以给付一定金额为目的的合同"。

我国《保险法》第 2 条规定："本法所称保险，是指投保人根据合同约定，向保险人支付保险费，保险人对于合同约定的可能发生的事故因其发生所造成的财产损失承担赔偿保险金责任，或者当被保险人死亡、伤残、疾病或者达到合同约定的年龄、期限等条件时承担给付保险金责任的商业保险行为。"基本养老保险、基本医疗保险、工伤保险、失业保险、生育保险等社会保险和军人保险是基于社会保障目的的社会保险，并不属于《保险法》规制的范围。

二、保险的要素

1. 保险必须有危险的存在。保险的产生源于人类应付各类风险的需要，因此，危险的存在是保险成立的前提。危险也称风险，是指一定的财产或人身所面临的因某种事件而遭受损失的可能性。保险事故是否发生、何时发生以及发生后产生何种结果，必须事先无法确定。

2. 保险必须有多人参加。保险是集合危险、分散损失的制度，体现了"我为人人、人人为我"的互助精神。因此必须有为数众多的社会成员参加，才能聚集足够多的资金，确保在少数人遭受意外损失时得到及时和充分的补偿。

3. 保险以科学的数理计算为依据。保险人运用概率理论和大数法则，将个别危险发生及其损失的不确定性，变为众多的同类危险发生及其损失的可预知性，进而可以合理地确定保险险种、保险责任范围、保险费率等，实现保险活动科学、有序地运行和发展。

三、保险的功能

保险的主要功能有：

1. 分散风险，填补损失。保险能够降低保险事故的不良影响，保障社会生产的运行和人民生活的安定。在自然灾害或意外事故面前，受损单位或个人的自救能力往往十分有限，政府支持也受到财政能力的限制。通过保险对有关当事人提供经济补偿，能够有效地帮助他们从自然灾害和意外事故中迅速恢复过来。

2. 防灾减灾、防损减损。各国保险法大都规定，被保险人应当遵守国家有关消防、安全生产、劳动保护等方面的规定，有义务维护保险标的的安全；保险人可以对保险标的的安全状况进行检查，并有权向投保人、被保险人提出消除不安全因素和隐患的建议；保险人为了维护保险标的的安全，经被保险人同意，必要时可以直接对保险标的采取安全预防措施。因此，保险不仅具有事后补偿功能，而且有防灾减灾、防损减损的积极作用。

3. 融通资金，收入分配。保险公司开展保险业务，一方面以收取保险费的形式汇集了数量可观的保险资金，另一方面则要依法运用保险资金，以实现其保值增值。因此，保险实际上是一种极其重要的金融渠道和社会资金的再分配形式。

四、保险的分类

对商业保险可按多种标准进行分类。主要的分类有：

(一) 财产保险和人身保险

根据保险标的的不同，保险可以分为财产保险与人身保险。财产保险，是以财产及其有关利益为保险标的的保险。财产保险以实物的毁损和利益的灭失为保险事故，具体又可分为财产损失保险、责任保险、保证保险和信用保险等。人身保险，是以人的寿命和身体为保险标的的保险。人身保险以人的生存、死亡、年老、伤残、疾病等作为保险事故，具体可分为人寿保险、年金保险、意外伤害保险和健康保险等。

（二）强制保险和自愿保险

根据保险的设立是否出于当事人的意愿，保险可以分为强制保险与自愿保险。强制保险又称法定保险，是法律或行政法规强令当事人必须办理的保险，如机动车第三者责任险、旅客意外伤害保险等。在强制保险中，投保人有投保的义务，保险人也有承保的义务。自愿保险，是指当事人在平等、自愿、协商一致的基础上办理的保险。投保人有投保或不投保的自由，保险人也有权决定是否承保。自愿保险是市场经济主体意思自治和契约自由原则的体现，在实践中，大多数保险取决于当事人的自愿。我国《保险法》第 11 条规定："订立保险合同，应当协商一致，遵循公平原则确定各方的权利和义务。除法律、行政法规规定必须保险的外，保险合同自愿订立。"

（三）原保险和再保险

根据保险人是否转移保险责任，保险可以分为原保险和再保险。原保险也称"第一次保险"，是指保险人在保险责任范围内由自己直接对被保险人负赔偿责任的保险。再保险，又称"分保"，是指原保险人为减轻或避免所承担的保险责任，而将其中的一部分或全部转移给其他保险人的保险。再保险是保险人分散风险、避免无力独自承担巨额赔付责任的有效手段。原保险是再保险存在的前提，但原保险与再保险是两个独立的法律关系。再保险人不得向原保险的投保人要求支付保险费，原保险的被保险人或者受益人不得向再保险人请求赔偿或者给付保险金，原保险人也不得以再保险人未履行再保险责任为由拒绝履行或者迟延履行其原保险责任。

五、保险法的概念及保险法体系的构成

保险法是指调整保险关系的法律规范的总称。保险关系是指保险合同中当事人之间的权利义务关系和国家对保险业实施监督管理过程中所发生的各种关系。因此，这里所说的保险法，不仅包括保险私法，而且包括保险公法；不仅包括形式意义上的保险法，而且包括实质意义上的保险法。

保险法体系主要由以下三个部分构成：

1. 保险合同法。保险合同法是调整保险合同当事人之间权利义务关系的法律规范。它是保险法的核心内容，涉及保险合同的订立、履行及解释、变更、解除、终止、各方当事人的权利义务等事项。

2. 保险业法。又称保险组织法、保险监督法，是国家对保险市场及市场主体的组织和经营活动进行监管的法律规范，主要涉及保险经营机构的设立、变更、终止、业务范围和业务规则、治理结构、风险控制等。国家关于保险代理人、保险经纪人、保险公估机构的管理规定，也属于保险业法的范畴。

3. 保险特别法。保险特别法是指在保险普通法之外对特定的保险种类进行专门规定的法律规范，如《海商法》关于海上保险的规定。

六、国内外保险立法概况

保险法的历史源远流长。据考证，最早的保险法是意大利康索拉都海事法例。14 世纪以后，海上贸易发达的国家，如西班牙、意大利、法国、德国、英国等，先后制定海上保险法，拉开了现代保险法的序幕。至 18 世纪中叶，丹麦、瑞典等北欧国家也相继制定了保险条例。到 19 世纪末、20 世纪初，在一些国家的海商法和保险契约法中开始出现了有关人身保险的规定。从比较法的角度看，大陆法系国家、英美法系国家、前苏联和东欧国家在保险立法上各有特色，而在大陆法系内部，法国法系与德国法系之间亦有所不同。

保险于清朝后期传入中国，但直到第一次世界大战以后，中国民族保险业才开始兴起，此前则一直为外国殖民者所把持。清政府和北洋政府都曾有过关于保险的立法活动，到国民政府时期则有了比较完备的保险法律体系，包括 1929 年 12 月 30 日公布的《保险法》、1935 年 5 月 10 日公布的《简易人寿保险法》、1935 年 7 月 5 日公布的《保险业法》等。

新中国成立以后，在保险领域实行了没收官僚资本、取消外国保险公司特权、改造民族资本保险企业的政策。1949 年 10 月 20 日中国人民保险公司成立，宣告了人民自己的保险事业的诞生。其后，政务院和财政部发布了一系列有关保险的规范性文件，如 1951 年 2 月 3 日政务院发布《关于实行国家机关、国营企业、合作社财产强制保险及旅客强制保险的决定》，1953 年 6 月 20 日财政部发布《关于财产强制保险投保范围的通知》，1957 年 4 月 6 日财政部发布《公民财产自愿保险办法》。在 1958 年至 1978 年期间，受"左"倾思想的干扰，中国人民保险公司停办了除涉外业务以外的所有保险业务。

党的十一届三中全会以后，我国保险事业获得新生。1981 年 12 月 13 日全国人民代表大会通过的《中华人民共和国经济合同法》，将保险合同作为十种经济合同之一进行了规范。1983 年 9 月 1 日，国务院在总结我国保险工作经验、参照国际惯例的基础上，颁布《中华人民共和国财产保险合同条例》，对《经济合同法》关于保险合同的规定进行了细化。1985 年 3 月 3 日，国务院又颁布《保险企业管理暂行条例》，旨在运用法律手段加强国家对保险企业的管理，维护投保人利益，促进保险事业健康、稳定发展。

1995 年 6 月 30 日，第八届全国人民代表大会常务委员会第十四次会议通过了我国的保险基本法——《中华人民共和国保险法》。《保险法》的颁行填补了我国系统性保险立法的空白，标志着我国保险法治建设进入到了一个新的时期。步入 21 世纪后，第九届、第十一届、第十二届全国人大常委会又于 2002 年 10 月 28 日、2009 年 2 月 28 日、2014 年 8 月 31 日和 2015 年 4 月 24 日先后 4 次修订《保险法》，以适应我国保险业快速发展的需要。其中 2009 年的系统性修订，对原法做了较大改动，进一步完善了商业保险的基本行为规范和国家保险监管制度的主体框架。

为满足保险市场发展和审判实践的需要，从 2009 年 10 月起，最高人民法院陆续出台了关于适用《保险法》若干问题的解释（一）、（二）、（三）、（四）。国务院也先后出台了《关于保险业改革发展的若干意见》《关于加快发展现代保险服务业的若干意见》等政策文件，颁布和修订了《中华人民共和国外资保险公司管理条例》《农业保险条例》《机动车交通事故责任强制保险条例》等行政法规。中国保监会（现中国银保监会）更是颁布了大量的部门规章和规范性文件，如《保险公司管理规定》《再保险公司设立规定》《互联网保险业务监管暂行办法》《保险经纪人监管规定》《保险公估人监管规定》《保险公司信息披露管理办法》《保险公司股权管理办法》《保险资产负债管理监管暂行办法》《商业银行代理保险业务管理办法》《保险公司关联交易管理办法》《健康保险管理办法》《中华人民共和国外资保险公司管理条例实施细则》《保险资产管理产品管理暂行办法》《信用保险和保证保险业务监管办法》《保险代理人监管规定》等，就保险机构的设立、运营及其监管作了较为系统、明确的规定。

第二节 保险合同法

一、保险合同的概念、特征与分类

（一）保险合同的概念

保险合同是指投保人和保险人约定，由投保人向保险人支付保险费，当合同约定的情事出现时，由保险人在保险金额范围内承担赔偿保险金或者给付保险金责任的协议。需要注意的是，保险金与保险金额是两个不同的概念。保险金是指保险合同约定的情事出现时，保险人依据合同赔偿或给付被保险人或受益人的款项，而保险金额则是指保险人承担赔偿或给付责任的最高限额。

（二）保险合同的特征

保险合同是合同的一种，具有以下特征：

1. 保险合同是双务、有偿合同。保险合同当事人互负一定的义务并互为对价给付。首先，保险合同中，投保人有按约定向保险人交纳保险费的义务，而保险人在合同约定的保险事故发生时或约定的期限届满时，负有向被保险人或受益人赔偿保险金或给付保险金的义务，故保险合同为双务合同。其次，投保人向保险人交付保险费，便以此为代价将保险合同约定范围内的危险转移给了保险人，双方的给付形成对价关系，故保险合同为有偿合同。我国《保险法》第 14 条规定："保险合同成立后，投保人按照约定交付保险费，保险人按照约定的时间开始承担保险责任。"但是，保险合同与一般的双务合同并不完全相同，即保险人的赔偿保险金或给付保险金的责任只在合同约定的保险事故发生或约定期限届满时才需履行，因此是附条件的。

2. 保险合同是诺成性合同。诺成性合同是相对于实践性合同而言的。诺成性合同是指当事人双方意思表示一致即可成立的合同。实践性合同是指除当事人意思表示一致外，还须实际交付标的物才能成立的合同。我国《保险法》第 13 条第 1 款规定："投保人提出保险要求，经保险人同意承保，保险合同成立。保险人应当及时向投保人签发保险单或者其他保险凭证。"第 3 款规定："依法成立的保险合同，自成立时生效。投保人和保险人可以对合同的效力约定附条件或者附期限。"由此可知，保险合同是诺成性合同。

3. 保险合同是不要式合同。要式合同是指必须采用法律规定的方式才能成立的合同。不要式合同是指法律不要求必须采用一定的方式就能成立的合同。我国《保险法》第 13 条第 1 款规定："投保人提出保险要求，经保险人同意承保，保险合同成立。保险人应当及时向投保人签发保险单或者其他保险凭证。"第 2 款规定："保险单或者其他保险凭证应当载明当事人双方约定的合同内容。当事人也可以约定采用其他书面形式载明合同内容。"由此可见，保险合同是不要式合同，投保人与保险人就保险合同内容达成一致时保险合同即成立，签发保险单或者其他保险凭证等是保险人的法定义务，而不是保险合同成立的形式要件。

4. 保险合同是附合合同。附合合同，又称格式合同，是协商合同的对称。协商合同由缔约双方协商订立，而附合合同由一方提出合同的主要条款，另一方只能作接受与否的决定，一般没有商量的余地。实践中，保险合同的条款大多由保险人事先拟订，投保人投保时只能接受或不接受，并无讨价还价的余地，故一般为附合合同。由于保险人在信息、专业知识和经济实力上处于优势地位，使用保险人拟订的格式合同，可能对投保人、被保险人和受益人不利。为此，我国《保险法》第 17 条规定："订立保险合同，采用保险人提供的格式条款的，保险人向投保人提供的投保单应当附格式条款，保险人应当向投保人说明合同的内容。对保险合同中免除保险人责任的条款，保险人在订立保险合同时应当在投保单、保险单或者其他保险凭证上作出足以引起投保人注意的提示，并对该条款的内容以书面或者口头形式向投保人作出明确说明；未作提示或者明确说明的，该条款不产生效力。"第 30 条规定："采用保险人提供的格式条款订立的保险合同，保险人与投保人、被保险人或者受益人对合同条款有争议的，应当按照通常理解予以解释。对合同条款有两种以上解释的，人民法院或者仲裁机构应当作有利于被保险人和受益人的解释。"这些规定，既有利于保护投保人、被保险人及受益人的利益，也是保险合同最大诚实信用原则的具体体现。

5. 保险合同是射幸合同。射幸合同是实定合同的对称。在合同订立时，双方的义务即确定地分别由各方承担的，是实定合同。所谓射幸合同，是指当事人是否需要履行义务取决于偶然事件的出现的合同。在保险合同中，导致保险人承担赔偿或给付义务的保险事故，为将来的或然性事件。如保险期间发生保险合同约定的保险事故，则保险人须赔偿或给付保险金，投保人事先仅支付了少量保险费，却能获得大额赔偿；如保险期间未发生保险事故，则保险人无须赔偿或给付保险金，无偿取得投保人交付的保险费。因此，在保险合同订立时，对于保险人与投保人来说，都平等地存在侥幸，即射幸。保险的危险分担功能，正是基于保险合同的射幸性质。

（三）保险合同的分类

1. 财产保险合同与人身保险合同。根据保险标的的不同，保险合同可分为财产保险合同和人身保险合同。财产保险合同是以财产及其有关利益为保险标的的保险合同，人身保险合同则是指以人的寿命和身体为保险标的的保险合同。

2. 补偿性保险合同与给付性保险合同。根据保险合同的性质，保险合同可分为补偿性保险合同和给付性保险合同。补偿性保险合同是指在保险事故发生后，由保险人评定被保险人的实际损失并以其为依据赔偿保险金的保险合同。大多数的财产保险合同都属补偿性保险合同。给付性保险合同是指双方当事人在保险合同中明确约定保险金额，在保险事故发生后，由保险人按照事先约定承担给付确定的保险金责任的保险合同。因此，给付性保险合同又称定额保险合同。大多数的人身保险合同都属给付性保险合同。大多数人身保险中的保险事故，如死亡、疾病、意外伤害，并非没有给被保险人造成损失，只是人身不能估价，当然也无法得到完全意义上的补偿。在人身保险合同中，通常根据投保人实际需要和支付的保险费确定一个保险金额，当危险事故发生时，由保险人按约定给付确定的保险金，以弥补被保险人或受益人经济上与精神上的损失。因此，给付性保险合同为定额保险合同，并不排除其亦具补偿性。保险合同的这种分类，与根据保险标的的不同将保险合同分为财产保险合同与人身保险合同有重合之处，但也并非完全一致。财产保险合同一般是补偿性保险合同，但也有少数财产保险合同为定额保险合同，如在国外及我国台湾地区存在的总括保险合同，即属定额保险合同。人身保险合同一般为定额保险合同，但有些疾病保险合同与意外伤害保险合同却非定额保险合同。

3. 定值保险合同与不定值保险合同。根据是否在保险合同中事先确定保险价值来划分，保险合同可分为定值保险合同与不定值保险合同。这一区分，仅适用于财产保险合同，因为人身保险合同不存在保险价值的问题，故不适用于人身保险合同。保险价值是指财产保险中保险标的的价值，可以由投保人与保险人在保险合同中约定，也可以按保险事故发生时保险标的的实际价值确定。定值保险合同又称"定价保险合同"，是指保险合同双方当事人事先确定保险标的的价值并将其载明于保险单或其他保险凭证的一种保险合同。合同成立后，保险期间内如发生保险事故并造成财产损失，无论保险标的在当时的实际价值是多少，保险人均应以合同中约定的保险价值作为计算其赔偿保险金的依据。在定值保险合同中，除非保险人能证明投保人有欺诈行为，发生保险责任范围内的保险事故后，保险人不得以保险标的在发生保险事故时的实际价值与事先约定的保险价值不符而拒不履行赔偿责任。

不定值保险合同是双方当事人未事先约定保险价值的保险合同，它仅记载保险金额，而将保险标的的实际价值留待保险事故发生需要确定赔偿保险金时才进行估算。与定值保险合同确定保险金的方法不同，不定值保险合同是根据保险标的的实际价值估定损失额，其实际价值应当以保险事故发生时当地的市场价格为准，或者用重置成本减折旧的方法或其他估价方法来确定保险标的的保险价值。当然，保险标的的市场价格不管发生多大的变化，赔偿保险金不得超出保险金额。

我国《保险法》对定值保险合同和不定值保险合同均予认可，但规定保险金额不得超过保险价值。保险金额超过保险价值的，超过的部分无效，保险人应当退还相应的保险费。保险金额低于保险价值的，除合同另有约定外，保险人按照保险金额与保险价值的比例承担赔偿保险金的责任。

4. 特定危险保险合同与一切危险保险合同。根据保险人所承保的危险范围的不同，保险合同可分为特定危险保险合同和一切危险保险合同。特定危险保险合同是指保险人仅承保一种或多种特定危险的保险合同。在这种保险合同中，均列明保险人所承保的危险种类。一切危险保险合同是指除合同中所列不保危险外，保险人承保其他任何危险所致损失的保险合同。此种保险合同中有关保险责任的条款，通常以"一切"加"除外"的形式拟订。

二、保险合同的基本原则

保险合同的基本原则是保险合同各方当事人参与保险活动必须遵守的根本性准则。

（一）最大诚信原则

诚实信用原则是民商法的基本原则之一，是指民商事主体从事民商事活动时应当诚实不欺，恪守信用，以善意的方式行使权利、履行义务。我国《保险法》第5条规定："保险活动当事人行使权利、履行义务应当遵循诚实信用原则。"由于保险以经营危险为对象，而危险及危险发生所造成的损失具有不确定性，故对当事人的诚信程度要求更高，应为最大程度的诚信。因此，在保险活动中当事人应遵循最大诚信原则。最大诚信原则贯穿于保险活动的始终，它体现在保险法对保险双方当事人义务的规定上，即投保人或被保险人的告知义务、信守保证，保险人的说明义务、弃权与禁止反言等。

1. 投保人的如实告知义务。如实告知是指投保人或被保险人应将有关保险标的的重要情况全面、客观地告知保险人。关于告知义务的履行方式，有无限告知主义和询问告知主义两种形式。我国《保险法》采用询问告知主义，即投保人或被保险人将其知道或者应当知道的情况如实回答保险人的询问即可，对于保险人没有询问的问题，投保人或被保险人没有主动告知的义务。

根据我国《保险法》的规定，投保人不履行如实告知义务的表现形式有2种：①故意不如实告知，如隐瞒事实、虚假说明等；②因重大过失未如实告知，如对重要事实误认为不重要而未告知。这2种情况，无论是哪一种，只要是足以影响保险人决定是否同意承保或者提高保险费率的，保险人都有权解除合同。不同的是，如果是投保人故意不履行如实告知义务，保险人对于合同解除前发生的保险事故，既不承担赔偿或给付保险金的责任，也不退还保险费；如果是投保人因重大过失未履行如实告知义务，对保险事故的发生有严重影响的，保险人对于保险合同解除前发生的保险事故，虽不承担赔偿或给付保险金的责任，但应当退还保险费。应当注意的是，保险人在合同订立时已经知道投保人未如实告知的情况的，保险人不得解除合同；发生保险事故的，保险人应当承担赔偿或者给付保险金的责任。

2. 信守保证的义务。保证是指投保人或被保险人对保险人作出的，在保险期间为一定行为或不为一定行为，或对某种事实存在或不存在的承诺。投保人保证的目的在于防范危险，确保保险标的处于良好的管理状态。保证通常可分为明示保证和默示保证两种形式。明示保证通常以书面形式或约定条款附加在保险单上面，其效力取决于当事人的约定。如在签订人寿保险合同时，投保人承诺被保险人在合同签订前不存在重大疾病；在财产保险合同中，投保人保证不在保险标的之中存放易燃易爆物品。默示保证主要存在于海上保险合同，如适航保证、合法保证等，这些内容在保险合同中没有记载，但根据法律规定或保险惯例，投保人必须做到。

3. 保险人的条款说明义务。保险合同多为格式合同，且其条款通常具有很强的专业性和技术性。如果保险人不向投保人说明合同内容特别是其中的保险人免责条款，很容易使处于弱势地位的投保人对合同内容产生误解，对保险保障形成错误的预期。为此，我国《保险法》规定：保险人应就格式条款向投保人说明合同内容。对保险合同中免除保险人责任的条款，保险人在订立合同时应当在投保单、保险单或者其他保险凭证上作出足以引起投保人注意的提示，并对该条款的内容以书面或者口头形式向投保人作出明确说明；未作提示或者明确说明的，该条款不产生效力。

4. 弃权。弃权通常是指保险人放弃其在保险合同中所享有的某种权利。构成弃权要符合2个条件：①保险人知道其权利的存在。即保险人知道投保人违反义务的事实，并知道自己因此而享有合同解除权、抗辩权等权利。②保险人有弃权的意思表示。弃权的意思表示可以是明示，如口头或书面告知对方放弃某项权利；也可以为默示，即从保险人的行为可推知其放弃了某项权利，如投保人逾期支付保险费，保险人仍予接受，即表明其以默示方式放弃了合同解除权和抗辩权。

5. 禁止反言。也称禁止抗辩，是指保险人对其已经放弃的某项合同权利，不得再向对方提出主张。如投保人在投保时，声明其投保的财产旁边存放有特别危险品，但保险人或其代理人既不拒保，也不提高保险费，如果保险财产在保险期间内因旁边的特别危险品造成损失，则保险人既不能解除合同，也不能拒赔。禁止反言以弃权为前提，是弃权引起的法律后果。

（二）保险利益原则

保险利益，又称可保利益，是指投保人或者被保险人对保险标的具有的法律上承认的利益。投保人或被保险人应当对保险标的具有法律上承认的经济利害关系，此即保险利益原则。如果保险标的安全必然使投保人或被保险人受益，保险标的因保险事故受损必然使投保人或被保险人遭受经济损失，即可认定投保人或被保险人对该保险标的具有保险利益。

大多数国家的保险立法确立了保险利益原则。其意义在于，如果在投保人与被保险人之间、被保险人与保险标的之间剔除了保险利益因素，保险势必沦为投保人赌博的工具；而当投保人纯粹以获取保险金赔偿或给付为目的时，他势必放任甚至人为促成保险事故的发生。

保险利益直接影响人身保险合同的效力以及保险人在财产保险合同项下的保险责任。关于人身保险的保险利益，我国《保险法》规定：人身保险的投保人在订立保险合同时，对被保险人应当具有保险利益。投保人对下列人员具有保险利益：本人；配偶、子女、父母；与投保人有抚养、赡养或者扶养关系的家庭其他成员、近亲属；与投保人有劳动关系的劳动者。被保险人同意投保人为其订立合同的，视为投保人对被保险人具有保险利益。订立合同时，投保人对被保险人不具有保险利益的，合同无效。关于财产保险的保险利益，我国《保险法》规定：保险事故发生时，被保险人对保险标的不具有保险利益的，不得向保险人请求赔偿保险金。这里需要着重强调几点：①在人身保险中，是要求投保人对被保险人具有保险利益；而在财产保险中，则是要求被保险人对保险标的具有保险利益。②在人身保险中，只要求订立保险合同时投保人对被保险人具有保险利益，换言之，订立保险合同时投保人对被保险人不具有保险利益的，合同无效；至于合同订立后投保人对被保险人丧失保险利益的，则不影响合同的效力。③在财产保险中，只要求被保险人在保险事故发生时对保险标的具有保险利益，订立保险合同时被保险人对保险标的是否具有保险利益在所不问；保险事故发生时被保险人对保险标的不具有保险利益，亦不影响保险合同的效力，只是令被保险人丧失请求保险人赔偿保险金的权利。④关于人身保险中投保人对哪些被保险人具有保险利益，我国兼采利益主义和同意主义的原则，即将"被保险人同意"视为投保人对其具有保险利益的基础。

（三）损失补偿原则

损失补偿原则，是指保险人在保险责任范围内仅对被保险人因保险事故所遭受的实际损失进行赔偿。损失补偿原则有 2 层含义：①只有保险事故造成的损失，保险人才赔偿。虽然发生保险事故，但并未造成损失的，保险人不赔偿；虽然有损失，但并非约定保险事故所致，保险人也不赔偿。②损失补偿以被保险人所受实际损失为限，即保险人的补偿恰好能使保险标的恢复到保险事故发生前的状态，被保险人不能获得多于损失的赔偿而额外获利。

损失补偿应当以实际损失为限，以保险金额为限，以保险价值为限。被保险人的实际损失包括：①保险事故发生时保险标的的实际损失。②在保险事故发生后，被保险人为防止或者减少保险标的的损失所支付的必要的、合理的费用。这部分费用在保险标的损失赔偿金额以外另外计算，但最高不得超过保险金额。③为查明和确定保险事故的性质、原因和保险标的的损失程度所支付的必要的、合理的费用。

（四）近因原则

近因是指造成保险标的损失最直接的、起决定性作用的原因，而非与损失在时间上或空间上最接近的原因。如果损失由单一原因所致，则该单一原因即为近因；如果损失由多种原因共同作用所致，则对损失起决定性作用的原因为近因。对近因的判断，通常以有无中间环节为标准，只有与结果之间不存在中间环节的原因才是近因。根据近因原则，只有造成保险标的损失的近因属于保险事故时，保险人才承担保险责任。我国《保险法》没有明确规定近因原则，但在保险实务中，近因原则已成为判定保险人是否承担保险责任的重要标准。

三、保险合同的一般规定

（一）保险合同的主体

保险合同的主体包括保险合同的当事人和保险合同的关系人，保险合同的辅助人与保险合同的订立和履行亦有密切的关联。

1. 保险合同的当事人。保险合同有双方当事人，即投保人和保险人。①投保人。投保人是指与保险人订立保险合同，并按照合同约定负有支付保险费义务的人。投保人既可以是自然人也可以是法人。②保险人。保险人是指与投保人订立保险合同，并按照合同约定收取保费、承担赔偿或者给付保险金责任的组织。由于保险人的责任重大，所以各国法律对保险人的组织形式均有规定。只有依法定条件和组织形式成立的保险人才是合法的。在我国，保险人的形式限于公司，故一般直接称为保险公司。保险人必须在核准的经营范围内经营保险业务，如果超出经营范围，其进行的保险活动无效。

2. 保险合同的关系人。保险合同的关系人有被保险人和受益人。①被保险人。被保险人是指其财产或者人身受保险合同保障，享有保险金请求权的人。如投保人为自己的财产或人身投保，被保险人就是投保人；如投保人为自己具有保险利益的、他人的财产或人身投保，被保险人就不是投保人。在被保险人与投保人为同一人时应注意的是，在与保险人签订保险合同时，其身份为投保人；在向保险人请求赔偿保险金或给付保险金时，其身份为被保险人。在财产保险中，被保险人必须是作为保险标的的财产的所有人或其他权利人；在人身保险中，被保险人必须是其生命或身体被作为保险标的的人。②受益人。受益人只存在于人身保险合同中，是指人身保险合同中由被保险人指定或者投保人经被保险人同意所指定的享有保险金请求权的人。受益人可以是投保人或者被保险人，也可以是投保人和被保险人以外的第三人。受益人虽然依照保险合同享有保险金请求权，但并非保险合同的当事人，不负交付保险费的义务。根据我国《保险法》的规定，人身保险的受益人由被保险人或者投保人指定；投保人指定受益人时须经被保险人同意；投保人为与其有劳动关系的劳动者投保人身保险，不得指定被保险人及其近亲属以外的人为受益人。受益人可以是一人或者数人。受益人为数人的，被保险人或者投保人可以确定受益顺序和受益份额；未确定受益份额的，受益人按照相等份额享有受益权。

3. 保险合同的辅助人。保险既然以分担损失为其社会机制，只有争取尽可能多的人参加，才能达到分散危险的目的；况且，保险合同远较一般合同复杂，具有很强的专业性。因此在保险合同的订立与履行中，需要其他主体辅助为一定的行为，这就产生了保险代理人、保险经纪人和保险公估人。它们被称为保险合同的辅助人。

（二）保险合同的订立

订立保险合同，须经过投保（要约）和承保（承诺）两个阶段。

1. 投保。也称为"要保"，是指投保人向保险人申请订立保险合同的意思表示。一般表现为投保人据实填写投保单，并将该投保单交付给保险人。由于投保单是订立保险合同的基础文件，因此，投保人在填单时，必须遵守最大诚信原则，否则会影响保险合同的法律效力。

2. 承保。承保是指保险人同意投保人的申请而作出的成立保险合同的意思表示。保险人在同意承保以后，应当向投保人签发保险单或其他保险凭证，并载明双方约定的合同内容，作为履行义务的依据。

（三）保险合同的形式和主要条款

1. 保险合同的形式。保险合同的书面形式主要有：①投保单。投保单也称要保书，是投保人向保险人申请订立保险合同的书面要约。实务中投保单由保险人事先印刷并提供给投保人，投保人逐条填写后交给保险人，经保险人同意承保，保险合同即告成立。②暂保单。也称临时保单，是指保险人或其代理人在正式保单签发之前出具给被保险人的临时保险凭证。作为临时性的证明文件，暂保单的内容比较简单，只载明被保险人的姓名或名称、保险标的、承保危险的种类等重要事项。暂保单与正式保单具有同等的法律效力，但是有效期一般最长为30 天，正式保单出立后，暂保单就自动失效。③保险单。简称保单，是指保险合同成立后，保险人向投保人签发的正式书面凭证。保险单载明保险合同的基本条款，在特殊的情况下具有有价证券的效用，如人身保险的保险单可以作为权利证券进行质押；④保险凭证。也称为"小保单"，是保险人向投保人签发的证明保险合同已经成立的书面凭证，是一种简化了的保险单。保险凭证形式简单，一般不印刷保险条款，以同一险种的正式保单为准。

2. 保险合同的主要条款。保险合同的条款分为基本条款和特约条款。基本条款又称主要条款或必要条款。根据我国《保险法》第18 条第1 款的规定，保险合同应有下列基本条款：①保险人的名称和住所；②投保人、被保险人的姓名或者名称、住所，以及人身保险的受益人的姓名或者名称、住所；③保险标的；④保险责任和责任免除；⑤保险期间和保险责任开始时间；⑥保险金额；⑦保险费以及支付办法；⑧保险金赔偿或者给付办法；⑨违约责任和争议处理；⑩订立合同的年、月、日。我国《海商法》第217 条对海上保险合同的基本条款也作了规定。特约条款，是基本条款之外，保险合同当事人就其他事项协商确定的条款。我国《保险法》第18 条第2 款规定，投保人和保险人可以约定与保险有关的其他事项。

（四）保险合同当事人的主要义务

1. 投保人的主要义务。尽管保险合同种类较多，不同保险合同投保人的义务在具体内容上有所不同，但总体上讲都包括以下几项：①交纳保险费的义务。保险费是投保人向保险人交纳的费用，是保险人承担保险责任的对价。我国《保险法》第 14 条规定："保险合同成立后，投保人按照约定交付保险费，保险人按照约定的时间开始承担保险责任。"实务中，投保人一次支付全部保险费的，称为"趸交"；分期支付保险费的，称为"期交"。如果投保人不按合同约定交纳保险费，将产生不利的法律后果，如合同效力中止、保险人减少保险金额或解除合同。②告知义务。投保人的告知义务是最大诚信原则的重要体现，投保人的告知也是保险人决定是否承保以及确定保险费率的重要依据。在订立保险合同时，保险人就保险标的或者被保险人的有关情况提出询问的，投保人应如实告知。③出险通知与施救义务。保险合同订立后，如果发生保险事故，投保人应及时通知保险人。这样一方面有利于保险人及时展开调查、收集证据、确定责任及准备赔偿或给付的保险金，另一方面也便于保险人在出险后迅速采取措施，抢救财产保险中的被保险财产，以防止损失的扩大。在财产保险中，发生保险事故时，投保人不仅负有出险通知义务，而且负有施救义务。我国《保险法》与《海商法》对出险通知与施救义务均有所规定。

2. 保险人的主要义务。保险人的义务主要有以下几项：①说明义务。说明义务是最大诚信原则对保险人的基本要求。保险人应就格式条款向投保人说明合同内容，就免责条款向投保人作出显著提示和明确说明，未作提示或者明确说明的，该条款不产生效力。②签发保险单或其他保险凭证的义务。保险单或其他保险凭证虽不是保险合同本身，却是保险合同的证明。若发生纠纷，主张合同成立的一方应负举证责任，此时如不能举证或举证不足，则将导致认定保险合同尚未成立。为保证保险业务的顺利进行，《保险法》与《海商法》均规定，保险合同成立，保险人应当及时向投保人签发保险单或者其他保险凭证，并在保险单或者其他保险凭证中载明当事人双方约定的合同内容。③赔偿或给付保险金的义务。保险事故发生后，赔偿保险事故所致损失或者给付约定的保险金，以补偿被保险人的财产损失与精神损失，是保险人最主要的义务，也是保险目的之所在。保险金的赔偿或给付，有明确的责任界限，即损失必须源于保险合同中约定的保险事故，并且保险金的赔偿或给付不得超过保险合同约定的保险金额。

（五）索赔与理赔

1. 索赔。索赔又称提赔，是指被保险人或受益人在保险事故发生后，根据保险合同，请求保险人赔偿或给付保险金的行为。索赔的程序一般较为复杂，具体包括：①出险通知。投保人、被保险人或者受益人知道保险事故发生后，应当及时通知保险人。故意或者因重大过失未及时通知，致使保险事故的性质、原因、损失程度等难以确定的，保险人对无法确定的部分，不承担赔偿或者给付保险金的责任，但保险人通过其他途径已经及时知道或者应当及时知道保险事故发生的除外。②合理施救。保险事故发生时，被保险人应当尽力采取必要的措施，防止或者减少损失，被保险人为防止或者减少保险标的的损失所支付的必要的、合理的费用，由保险人承担。③提供索赔单证。投保人、被保险人或者受益人应当向保险人提供其所能提供的与确认保险事故的性质、原因、损失程度等有关的证明和资料，主要有保险单或其他保险凭证、有关保险标的的原始凭证、出险调查报告和结论性意见、被保险人的证明材料、施救费用的原始单据等。④领取保险金。⑤开具权益转让书，保险人借此取得代位求偿权，以便向第三人索赔。

　　人寿保险以外的其他保险的被保险人或者受益人，向保险人请求赔偿或者给付保险金的诉讼时效期间为 2 年，自其知道或者应当知道保险事故发生之日起计算。人寿保险的被保险人或者受益人向保险人请求给付保险金的诉讼时效期间为 5 年，自其知道或者应当知道保险事故发生之日起计算。

　　2. 理赔。理赔是指保险人在其承保的保险标的发生责任范围内的保险事故，被保险人或受益人提出索赔的要求后，根据保险合同的规定对保险事故及其所致损失进行调查并赔偿或给付保险金的行为。理赔的程序一般包括：①立案检验。保险人在接到出险通知后，应编号立案，予以登记，并核查保险单证及进行现场查勘。②责任审核。保险人根据现场查勘的各项记录及理赔单证，审核保险合同是否有效，损失是否由所承保的危险所引起，是否属保险合同所承保的损失，已毁损的财产是否属所承保的财产等。③核算损失。④赔偿或给付保险金。⑤损失物资处理。⑥接受代位求偿权。

　　我国《保险法》第 23、24、25 条规定：保险人收到被保险人或者受益人的赔偿或者给付保险金的请求后，应当及时作出核定；情形复杂的，应当在 30 日内作出核定，但合同另有约定的除外。保险人应当将核定结果通知被保险人或者受益人；对属于保险责任的，在与被保险人或者受益人达成赔偿或者给付保险金的协议后 10 日内，履行赔偿或者给付保险金义务。保险合同对赔偿或者给付保险金的期限有约定的，保险人应当按照约定履行赔偿或者给付保险金义务。保险人未及时履行上述义务的，除支付保险金外，应当赔偿被保险人或受益人因此受到的损失。任何单位和个人不得非法干预保险人履行赔偿或者给付保险金的义务，也不得限制被保险人或者受益人取得保险金的权利。保险人依规定作出核定后，对不属于保险责任的，应当自作出核定之日起 3 日内向被保险人或者受益人发出拒绝赔偿或者拒绝给付保险金通知书，并说明理由。保险人自收到赔偿或者给付保险金的请求和有关证明、资料之日起 60 日内，对其赔偿或者给付保险金的数额不能确定的，应当根据已有证明和资料可以确定的数额先予支付；保险人最终确定赔偿或者给付保险金的数额后，应当支付相应的差额。

（六）保险合同的变更、解除和终止

1. 保险合同的变更。合同的变更，有广义与狭义之分：广义的保险合同变更，指保险合同的内容或主体发生变化；狭义的保险合同变更仅指保险合同内容的变化。我国《保险法》第 20 条规定："投保人和保险人可以协商变更合同内容。变更保险合同的，应当由保险人在保险单或者其他保险凭证上批注或者附贴批单，或者由投保人和保险人订立变更的书面协议。"

2. 保险合同的解除。保险合同的解除是指在保险合同关系有效期内，保险当事人提前消灭保险合同的权利、义务的行为。在我国，保险合同的解除权一般由投保人行使，而保险人的合同解除权则受到严格限制。我国《保险法》第 15 条规定："除本法另有规定或者保险合同另有约定外，保险合同成立后，投保人可以解除合同，保险人不得解除合同。"根据《保险法》的相关规定，保险人仅在以下情形有权解除合同：①订立保险合同时，投保人对保险人就保险标的或被保险人有关情况提出的询问，故意或者因重大过失未履行如实告知义务；②未发生保险事故，被保险人或者受益人谎称发生了保险事故，向保险人提出赔偿或者给付保险金的请求；③投保人、被保险人故意制造保险事故；④自人身保险合同的效力因投保人未按约支付保险费中止之日起，满 2 年双方未达成协议；⑤在人身保险中，投保人申报的被保险人年龄不真实，并且其真实年龄不符合合同约定的年龄限制；⑥在财产保险中，保险标的的危险程度显著增加，或者因保险标的转让而使危险程度显著增加；⑦在财产保险中，投保人、被保险人未按照约定履行其对保险标的的安全应尽责任；⑧在财产保险中，保险标的发生了部分损失并且保险人已就此进行了赔偿。

3. 保险合同的终止。保险合同的终止是指保险合同的法律效力完全消失。保险合同终止后，保险合同的双方当事人既不再享有权利，也不再承担义务。保险合同的终止事由主要有：①保险期限届满；②保险人完全履行了赔偿或给付保险金的义务；③投保人或保险人解除合同；④因保险事故以外的原因导致财产保险的保险标的的灭失或人身保险的被保险人死亡。

四、人身保险合同

（一）人身保险合同的特征

人身保险合同具有以下特征：①主体的特殊性。人身保险合同中的被保险人只能是自然人，并且被保险人的寿命、身体就是保险标的。在人身保险合同的关系人中有受益人的存在。②保险期限的长期性。财产保险合同的期限比较短，一般只有 1 年、几个月甚至更短。而人身保险合同一般为 5 年、10 年、15 年、20

年、30 年甚至是终身的。因为人身保险的目的，一是为自己年老或丧失劳动力或出现意外事故时得到经济保障；二是为扶养或赡养自己身后的家属，这就必然要求人身保险合同具有长期性。③具有一定的储蓄性。订立人身保险合同不仅使被保险人或受益人得到保险保障，还可以取得储蓄权益。这一点，人寿保险合同最为典型。因为有些人寿保险合同所承保的保险事故是迟早要发生的，保险人迟早要向被保险人或受益人给付保险金，有些生存保险合同从某种意义上可以说是为养老所进行的储蓄。需要指出的是，人寿保险合同的储蓄性只是保险合同的损失补偿原则的例外，并且其储蓄性也是有限的。④不存在超额保险、重复保险和代位求偿的问题。人身保险合同一般是定额保险合同，由投保人和保险人在订立合同时确定保险金额，因此不存在超额保险、重复保险。人身保险合同也不存在代位求偿权，因为人的生命和身体的价值无法用金钱来衡量，不存在通过人身保险合同获利的问题。我国《保险法》规定，人身保险的被保险人因第三者的行为而发生死亡、伤残或者疾病等保险事故的，保险人向被保险人或者受益人给付保险金后，不享有向第三者追偿的权利，但被保险人或者受益人仍有权向第三者请求赔偿。

（二）人身保险合同的种类

中国保监会 2011 年颁布、2015 年修改的《人身保险公司保险条款和保险费率管理办法》将人身保险分为人寿保险合同、年金保险合同、健康保险合同和意外伤害保险合同。

1. 人寿保险合同。人寿保险是指以人的寿命为保险标的的人身保险。人寿保险分为定期寿险、终身寿险、两全保险等。定期寿险是指以被保险人死亡为给付保险金条件且保险期间为固定年限的人寿保险。终身寿险是指以被保险人死亡为给付保险金条件且保险期间为终身的人寿保险。两全保险是指既包含以被保险人死亡为给付保险金条件，又包含以被保险人生存为给付保险金条件的人寿保险。

2. 年金保险合同。年金保险是指以被保险人生存为给付保险金条件，并按约定的时间间隔分期给付生存保险金的人身保险。典型的如养老年金保险，即是指以养老保障为目的的年金保险。养老年金保险应当符合下列条件：①保险合同约定给付被保险人生存保险金的年龄不得小于国家规定的退休年龄；②相邻 2 次给付的时间间隔不得超过 1 年。

3. 健康保险合同。健康保险是指以因健康原因导致损失为给付保险金条件的人身保险。健康保险分为疾病保险、医疗保险、失能收入损失保险、护理保险等。疾病保险是指以保险合同约定的疾病发生为给付保险金条件的健康保险。医疗保险是指以保险合同约定的医疗行为发生为给付保险金条件，按约定对被保人接受诊疗期间的医疗费用支出提供保障的健康保险。失能收入损失保险是指以因保险合同约定的疾病或者意外伤害导致工作能力丧失为给付保险金条件，按约定对被保险人在一定时期内收入减少或者中断提供保障的健康保险。护理保险是指以因保险合同约定的日常生活能力障碍引发护理需要为给付保险金条件，按约定对被保险人的护理支出提供保障的健康保险。

4. 意外伤害保险合同。意外伤害保险是指以被保险人因意外事故而导致身故、残疾或者发生保险合同约定的其他事故为给付保险金条件的人身保险。意外伤害保险合同又可分为普通意外伤害保险合同与特种伤害保险合同。普通意外伤害保险合同的保险金额、保险方法由双方当事人约定。特种伤害保险合同的保险范围仅限于特种原因或特定地点所造成的伤害，如旅游伤害、交通事故伤害等。

（三）人身保险合同中的受益人

人身保险合同中的受益人是指由被保险人或投保人指定的、享有保险金请求权的人。《保险法》关于受益人的规范，包含以下几方面的内容：

1. 受益人的特征：①受益人是具有受领保险金资格的人。受益人享有由保险合同产生的利益，不承担交纳保险费的义务。在保险事故发生后，受益人可直接向保险人行使给付请求权，受领保险金。②受益人由投保人或被保险人指定；投保人指定受益人的，还须得到被保险人的同意。③受益人的给付请求权自保险合同生效时产生，但在保险事故发生前，受益人的给付请求权只是一种期待权，这种期待权同样受到法律保护。在保险事故发生时，给付请求权由期待权转化为既得权。④受益人不受民事行为能力及保险利益的限制。凡有民事权利能力的公民，虽不具有民事行为能力也能作为受益人，同时也不问受益人对被保险人是否拥有保险利益。但投保人为与其有劳动关系的劳动者投保人身保险，不得指定被保险人及其近亲属以外的人为受益人。

2. 受益人的种类。人身保险合同中的受益人，通常被区分为3种：①原始受益人。原始受益人是由投保人或被保险人事先指定，在保险事故发生时有权领取保险金的人。②后继受益人。后继受益人是投保人或被保险人于原始受益人死亡之时，续行指定的受益人。如在保险合同中先指定妻子为原始受益人，妻子死后又指定子女为受益人，这里的子女就是后继受益人。③法定继承人。被保险人死亡后，有下列情形之一的，保险金作为被保险人的遗产，由保险人依照《继承法》的规定履行给付保险金的义务：第一，没有指定受益人，或者受益人指定不明无法确定的；第二，受益人先于被保险人死亡，没有其他受益人的；第三，受益人依法丧失受益权或者放弃受益权，没有其他受益人的。受益人与被保险人在同一事件中死亡，且不能确定死亡先后顺序的，推定受益人死亡在先。

3. 受益人的变更。受益人经指定后，投保人或被保险人仍有权利加以变更，受益人无权干涉。但是投保人变更受益人时应当经过被保险人同意，被保险人不同意的，其变更无效。变更受益人无须征得保险人的同意，但须书面通知保险人，否则不得对抗保险人，亦即保险人在收到通知前已向原指定的受益人给付保险金的，对变更后的受益人不再负给付义务。保险人收到变更受益人的通知后，应当在保险单或者其他保险凭证上批注或者附贴批单。

4. 受益权的撤销和转让：①受益权的撤销。即指受益人有谋害被保险人等不轨行为时，依法取消其受益权。我国《保险法》第43条第2款规定："受益人故意造成被保险人死亡、伤残、疾病的，或者故意杀害被保险人未遂的，该受益人丧失受益权。"②受益权的转让。如前所述，受益权不是一种现实的权利，仅仅是一种期待权，只有当保险事故发生后，才能变为既得权。所以，各国法律一般都规定，受益人在取得受益权后，可将其转让给他人，但事先必须经过投保人或被保险人的同意，或者保险合同中原先就载明允许转让，否则转让无效。对受益权的转让，我国《保险法》没有相关规定。

（四）人身保险合同的常见条款

人身保险合同除订明投保人、被保险人、受益人与保险人的名称和住所、保险责任等基本事项外，往往还有一些反映人身保险合同特殊性的条款。这些条款对双方当事人的权利和义务作出特殊的约定，是影响合同效力的重要因素。

1. 不可抗辩条款。不可抗辩条款规定，自合同成立之日起，经过一定时间，保险合同即成为不可争议的文件，此后保险人不得再以投保人在订立保险合同时违反告知义务而主张解除合同。我国《保险法》规定，订立合同时投保人故意或者因重大过失未履行如实告知义务，足以影响保险人决定是否同意承保或者提高保险费率的，保险人有权解除合同；该项合同解除权自保险人知道有解除事由之日起，超过30日不行使而消灭；自合同成立之日起超过2年的，保险人不得解除合同；发生保险事故的，保险人应当承担赔偿或者给付保险金的责任。

2. 年龄不实条款。被保险人的投保年龄是确定人寿保险费率的重要依据，因而如实填报是投保人应尽的义务。我国《保险法》对年龄不实问题的处理作了如下规定：①投保人申报的被保险人年龄不真实，并且其真实年龄不符合合同约定的年龄限制的，保险人可以解除合同，并按照合同约定退还保险单的现金价值；②投保人申报的被保险人年龄不真实，致使投保人支付的保险费少于应付保险费的，保险人有权更正并要求投保人补交保险费，或者在给付保险金时按照实付保险费与应付保险费的比例支付；③投保人申报的被保险人年龄不真实，致使投保人支付的保险费多于应付保险费的，保险人应当将多收的保险费退还投保人。

3. 宽限期条款。宽限期条款是长期人寿保险合同的常见条款。长期保险合同大都分期缴纳保险费，因而会在合同中订明第二次及以后各次应缴纳保险费的数额与每次交款的间隔时间。为了避免因迟延缴纳各期保险费而致保险合同效力中止，一般在合同中规定对每次缴纳保险费有一个宽限期。我国《保险法》规定的宽限期为 30 日或 60 日，投保人支付首期保险费后，除合同另有约定外，投保人自保险人催告之日起超过 30 日未支付当期保险费，或者超过约定的期限 60 日未支付当期保险费的，合同效力中止，或者由保险人按照合同约定的条件减少保险金额。被保险人在宽限期内发生保险事故的，保险人应当按照合同约定给付保险金，但可以扣减欠交的保险费。

4. 复效条款。复效条款是与宽限期条款相联系的常见条款，是指投保人不按时支付当期保险费超过宽限期，保险合同效力中止以后重新恢复保险合同效力的条款。人身保险合同中投保人缴纳首期保险费后，在宽限期内仍未续缴已到期保险费的，合同效力即告中止。但仅是暂时停止效力，不是合同的终止或消灭。投保人在一定期限内和一定条件下仍然有权申请恢复合同的效力。根据我国《保险法》第 37 条的规定，超过宽限期投保人未支付当期保险费致合同效力中止的，经保险人与投保人协商并达成协议，在投保人补交保险费后，合同效力恢复；但是，自合同效力中止之日起 2 年内双方未达成协议的，保险人有权解除合同。

5. 自杀条款。自杀条款是死亡保险合同的常见条款。该条款一般规定，被保险人在保险合同成立后的一定期间内故意自杀的，保险人不承担责任。自杀是否应列入除外责任的范围，历来存在争议。赞成列入者认为，被保险人故意自杀，显然有悖保险合同之射幸性，理应将其列入除外责任，如不列入，易诱发道德危险；反对列入者认为，自杀死亡是死亡的原因之一，保险人根据死亡率计算保险费时已将自杀考虑在内，如将自杀列入除外责任，不给付保险金，则不符合补偿受益人财产损失或精神损失之保险目的。因此，为了防止这种除外责任的滥用，大多数国家都对自杀条款作了时间上的限制，一般规定，只有在保险合同生效后若干年内所发生的自杀行为，保险人才得免除责任，否则保险人仍应给付保险金。我国《保险法》第 44 条规定：以被保险人死亡为给付保险金条件的合同，自合同成立或者合同效力恢复之日起 2 年内，被保险人自杀的，保险人不承担给付保险金的责任，但被保险人自杀时为无民事行为能力人的除外；保险人因被保险人在规定期间内自杀不承担给付保险金责任的，应当按照合同约定退还保险单的现金价值。

6. 不丧失现金价值条款。又称不没收价值条款，是指人身保险合同的投保人有权在约定范围内选择于己有利的方式处理保险单现金价值的条款。对保险单现金价值的处理，投保人通常可以采取的方式有：①解除合同，领取保险单的现金价值。我国《保险法》第 47 条规定："投保人解除合同的，保险人应当自收到解除合同通知之日起 30 日内，按照合同约定退还保险单的现金价值。"②办理减额缴清保险。减额缴清保险是指以保险单的现金价值作为一次性交付的保险费，而将原保险合同转为同一险种、同一保险期间，但保险金额降低的保险合同。

五、财产保险合同

（一）财产保险合同的种类

1. 财产损失保险合同。财产损失保险合同是以有形的物质财产为保险标的的保险合同。财产损失保险合同又可以分为家庭财产保险合同、企业财产保险合同、运输工具保险合同、货物运输保险合同、工程保险合同等。

2. 责任保险合同。责任保险合同是以被保险人对第三人依法应负的赔偿责任为保险标的的保险合同。如公众责任保险合同、产品责任保险合同、雇主责任保险合同、职业责任保险合同、交通运输工具第三者责任保险合同。

3. 信用保险合同与保证保险合同。均为由保险人负责赔偿债权人因债务人不能偿付或拒绝偿付所受损失的保险合同。其中，信用保险合同是以债权人为被保险人，在债务人不能履约而导致债权人遭受经济损失时，保险人负责赔偿，其种类有出口信用保险合同、投资信用保险合同、商业信用保险合同等。保证保险合同则是以债务人为投保人，当被保险人（债权人）因债务人的违约而遭受经济损失时，由保险人负责赔偿。

（二）财产保险合同的保险标的、保险价值与保险金额

1. 保险标的。财产保险合同的保险标的可以是有形财产，也可以是无形利益。有形财产是指对投保人来说具有所有权或其他保险利益的财产。无形利益则是指在责任保险、保证保险、信用保险中，被保险人由于承担赔偿责任、违约责任以及债务人不履行义务所失去的利益。

在财产保险合同订立后，被保险人不能因为财产被投保而放任保险事故的发生，而应尽最大努力防止其发生。我国《保险法》规定，被保险人应当遵守国家有关消防、安全、生产操作、劳动保护等方面的规定，维护保险标的的安全；保险人可以按照合同约定对保险标的的安全状况进行检查，及时向投保人、被保险人提出消除不安全因素和隐患的书面建议；投保人、被保险人未按照约定履行其对保险标的的安全应尽责任的，保险人有权要求增加保险费或者解除合同。在合同有效期内，保险标的的危险程度显著增加的，被保险人应当按照合同约定及时通知保险人，保险人可以按照合同约定增加保险费或者解除合同；保险人解除合同的，应当将已收取的保险费，按照合同约定扣除自保险责任开始之日起至合同解除之日止应收的部分后，退还投保人。被保险人未履行上述通知义务的，因保险标的的危险程度显著增加而发生的保险事故，保险人不承担赔偿保险金的责任。

　　由于财产保险合同承保的各类财产都是具有使用价值和交换价值的商品，故保险标的是可以转让的。保险标的的转让将导致被保险人发生变更，也可能导致危险程度的变化。就此，我国《保险法》第 49 条规定：保险标的转让的，保险标的的受让人承继被保险人的权利和义务；除货物运输保险合同和另有约定的合同外，被保险人或者受让人应将保险标的转让的事实及时通知保险人；因保险标的的转让导致危险程度显著增加的，保险人自收到通知之日起 30 日内，可以按照合同约定增加保险费或者解除合同；保险人解除合同的，应当将已收取的保险费，按照合同约定扣除自保险责任开始之日起至合同解除之日止应收的部分后，退还给投保人；被保险人、受让人未履行通知义务的，因转让导致保险标的的危险程度显著增加而发生的保险事故，保险人不承担保险责任。

　　2. 保险价值。根据保险价值确定方式的不同，财产保险合同分为定值保险合同与不定值保险合同。我国《保险法》规定，保险标的的保险价值，可以由投保人和保险人约定并在合同中载明，也可以按照保险事故发生时保险标的的实际价值确定。保险合同双方当事人事先确定保险标的价值并将其载明于保险单或其他保险凭证的保险合同是定值保险合同；保险合同双方当事人未事先约定保险价值，而将保险标的的实际价值留待保险事故发生需要确定其赔偿的保险金时才进行估算的保险合同为不定值保险合同。大多数财产保险合同是不定值保险合同。一般的做法是，保险标的能以市场估价的，保险价值按市场价格确定，这是确定保险价值的原则；不能以市场估价的，保险价值由合同当事人双方约定，这是确定保险价值的例外。但海上保险合同、货物运输保险合同、飞机保险合同等则多为定值保险合同。

　　3. 保险金额。在财产保险合同中，关于保险金额的约定可能有 3 种情况：①保险金额超过保险价值，即超额保险；②保险金额与保险价值相等，即足额保险；③保险金额低于保险价值，即不足额保险。超额保险一般会使保险合同无效，但在日本、荷兰等国，超额保险只是使超过保险价值的部分无效。我国《保险法》规定，保险金额不得超过保险价值，超过保险价值的，超过的部分无效。足额保险可以使被保险人的利益获得圆满的保障，实际损失可获得十足的赔偿，即损失多少赔多少。不足额保险不会导致合同无效的法律后果，但在保险事故发生时，被保险人只能得到部分赔偿。我国《保险法》规定，保险金额低于保险价值的，除合同另有约定外，保险人按照保险金额与保险价值的比例承担赔偿保险金的责任。

　　（三）财产保险合同的保险责任与除外责任

　　造成保险财产损失的原因很多，但财产保险合同中承保的危险只限于自然灾害和意外事故。保险人的赔偿责任范围是这些灾害和事故引起的直接损失，一般不包括间接损失。财产保险合同一般规定，对战争、军事行动或暴乱、核辐射或污染、被保险人的故意行为等导致的损失，保险人不承担保险责任。我国《海商法》规定，除合同另有约定外，因下列原因之一造成货物损失的，保险人不负赔偿责任：①航行迟延、交货迟延或者行市变化；②货物的自然损耗、本身的缺陷和自然特性；③包装不当。除合同另有约定外，因下列原因之一造成保险船舶损失的，保险人不负赔偿责任：①船舶开航时不适航，但是在船舶定期保险中被保险人不知道的除外；②船舶自然磨损或者锈蚀。

（四）财产保险中的重复保险、物上代位权和代位求偿权

前已述及，损失补偿原则不仅要求填补被保险人的实际损失，而且也应禁止被保险人从保险中得利。我国《保险法》中规定的重复保险、物上代位权和代位求偿权制度，是损失补偿原则在财产保险合同中的具体运用。

1. 重复保险。重复保险是指投保人对同一保险标的、同一保险利益、同一保险事故分别与 2 个以上保险人订立保险合同，且保险金额总和超过保险价值的保险。法律之所以规范重复保险，在于防止被保险人在保险事故发生时，虽然只受一个损害，却通过重复缔约而获得超过实际损失的额外利益，从而违背损失补偿的原则。我国《保险法》规定，重复保险的投保人应当将重复保险的有关情况通知各保险人。重复保险的各保险人赔偿保险金的总和不得超过保险价值。除合同另有约定外，各保险人按照其保险金额与保险金额总和的比例承担赔偿保险金的责任。重复保险的投保人可以就保险金额总和超过保险价值的部分，请求各保险人按比例返还保险费。

2. 物上代位权。物上代位权，是指保险人在赔偿被保险人的财产损失后，有直接取得保险标的的物权的权利。保险标的遭受损失后往往留有残值，当保险人依保险合同赔偿了保险金后，应取得该残值的所有权，否则被保险人将获得保险赔偿与保险标的的双重利益，既显失公平，又易诱发道德危险。正因为如此，各国保险法均对保险人的物上代位权作出了规定。我国《保险法》第 59 条规定："保险事故发生后，保险人已支付了全部保险金额，并且保险金额等于保险价值的，受损保险标的的全部权利归于保险人；保险金额低于保险价值的，保险人按照保险金额与保险价值的比例取得受损保险标的的部分权利。"我国《海商法》亦有类似规定。

3. 代位求偿权。代位求偿权是指保险人享有的、代位行使被保险人对造成保险标的损失负有赔偿责任的第三人的求偿的权利。代位求偿权为解决被保险人的保险赔偿请求权与损害赔偿请求权发生重合时的利益归属提供了依据。在财产保险中，除海上保险外，各国对代位求偿权的重视远远超过了物上代位权。我国《保险法》规定，因第三者对保险标的的损害而造成保险事故的，保险人自

向被保险人赔偿保险金之日起，在赔偿金额范围内代位行使被保险人对第三者请求赔偿的权利。《海商法》亦有类似规定。代位求偿权必须具备的要件为：①发生的保险事故必须是保险合同所规定的保险责任范围内的事故；②被保险人因保险事故的发生，对于第三人有损害赔偿请求权；③保险人须依保险合同向被保险人赔偿了保险金，即代位求偿权的行使须发生在支付保险金之后；④代位求偿权以保险人赔偿的保险金数额为限。由于在保险人向被保险人赔偿保险金之后，代位求偿权已从保险人的期待权转化为保险人的既得权，所以《保险法》规定，保险人向被保险人赔偿保险金后，被保险人未经保险人同意放弃对第三者请求赔偿的权利的，该行为无效。

物上代位权是物权的代位权，代位求偿权是债权的代位权。二者的区别表现为以下两点：①在代位求偿权中，保险人只享有被保险人应享有的权利而不承担被保险人的任何义务；而在物上代位权中，保险人在获得保险标的所有权的同时必须承担其上的义务。②在代位求偿权中，保险人行使代位求偿权所得金额不得超过其赔偿的保险金的数额；而在物上代位权中，保险人取得受损保险标的的所有权，其处理该标的或基于该标的所得之利益，如大于赔偿的保险金数额，亦归保险人所有。

第三节　保险经营法律制度

一、保险公司及其经营规则

（一）保险公司的设立

1. 设立条件。我国对保险公司的设立采取核准主义，即设立保险公司，除须符合法定条件外，还必须经国务院保险监督管理机构批准。国务院保险监督管理机构审查保险公司的设立申请时，应当考虑保险业的发展和公平竞争的需要。根据《保险法》的规定，设立保险公司应当具备以下条件：①主要股东具有持续盈利能力，信誉良好，最近 3 年内无重大违法违规记录，净资产不低于人民币 2 亿元；②有符合《保险法》和《公司法》规定的章程；③有符合《保险法》规定的注册资本；④有具备任职专业知识和业务工作经验的董事、监事和高级管理人员；⑤有健全的组织机构和管理制度；⑥有符合要求的营业场所和与经营业务有关的其他设施；⑦法律、行政法规和国务院保险监督管理机构规定的其他条件。

2. 设立程序。根据《保险法》和《保险公司管理规定》，设立保险公司，要经过以下程序：

（1）申请。申请设立保险公司，应当向国务院保险监督管理机构提出书面申请，并提交下列材料：①设立申请书，申请书应当载明拟设立的保险公司的名称、注册资本、业务范围等；②可行性研究报告；③筹建方案；④投资人的营业执照或者其他背景资料，经会计师事务所审计的上一年度财务报告；⑤投资人认可的筹备组负责人和拟任董事长、经理名单及本人认可证明；⑥国务院保险监督管理机构规定的其他材料。

（2）审查。国务院保险监督管理机构应自受理设立申请之日起 6 个月内作出批准或者不批准筹建的决定，并书面通知申请人；决定不批准的，应当说明理由。

（3）筹建。申请人应当自收到批准筹建通知之日起 1 年内完成筹建工作。筹建期间届满未完成筹建工作的，原批准筹建决定自动失效。筹建期间不得从事保险经营活动。

（4）开业申请。筹建工作完成后，申请人具备《保险法》规定的设立条件的，可以向国务院保险监督管理机构提出开业申请。国务院保险监督管理机构应当自受理开业申请之日起 60 日内，作出批准或者不批准的决定；决定批准的，颁发经营保险业务许可证；决定不批准的，应当书面通知申请人并说明理由。

（5）登记注册。经批准开业的保险公司，应持批准文件和经营保险业务许可证向市场监督管理部门办理登记注册手续，领取营业执照。保险公司设立分支机构，须经保险监督管理机构批准；保险公司分支机构不具有法人资格，其民事责任由保险公司承担；经批准设立的保险公司分支机构，应当持批准文件以及分支机构经营保险业务许可证，向市场监督管理部门办理登记注册手续，领取营业执照。保险公司及其分支机构自取得经营保险业务许可证之日起 6 个月内，无正当理由未向市场监督管理部门办理登记的，其经营保险业务许可证失效。

（二）保险公司的变更

根据《保险法》第 84 条的规定，保险公司有下列变更事项之一的，须经保险监督管理机构批准：①变更名称；②变更注册资本；③变更公司或者分支机构的营业场所；④撤销分支机构；⑤公司分立或者合并；⑥修改公司章程；⑦变更出资额占有限责任公司资本总额 5% 以上的股东，或者变更持有股份有限公司股份 5% 以上的股东；⑧国务院保险监督管理机构规定的其他情形。

（三）保险公司的解散、撤销、破产及其清算

保险公司因分立、合并需要解散，或者股东会、股东大会决议解散，或者公司章程规定的解散事由出现，经国务院保险监督管理机构批准后解散；经营有人寿保险业务的保险公司，除因分立、合并或者被依法撤销外，不得解散；保险公司解散，应当依法成立清算组进行清算。

保险公司因违法经营被依法吊销经营保险业务许可证的，或者偿付能力低于

国务院保险监督管理机构规定标准，不予撤销将严重危害保险市场秩序、损害公共利益的，由国务院保险监督管理机构予以撤销并公告，依法及时组织清算组进行清算。

保险公司破产适用《企业破产法》，但根据特别法优于普通法的原则，《保险法》的相关规定应当优先适用。对保险公司破产，《保险法》作了以下规定：

1. 保险公司不能清偿到期债务，并且资产不足以清偿全部债务或者明显缺乏清偿能力的，经国务院保险监督管理机构同意，保险公司或者债权人可以依法向人民法院申请重整、和解或者破产清算；国务院保险监督管理机构也可以依法向人民法院申请重整或者破产清算。

2. 保险公司被依法宣告破产的，破产财产在优先清偿破产费用和共益债务后，按照下列顺序清偿：①所欠职工工资和医疗、伤残补助、抚恤费用，所欠应当划入职工个人账户的基本养老保险、基本医疗保险费用，以及法律、行政法规规定应当支付给职工的补偿金；②赔偿或者给付保险金；③保险公司欠缴的除第①项以外的社会保险费用和所欠税款；④普通破产债权。破产财产不足以清偿同一顺序的清偿要求的，按照比例分配。破产保险公司的董事、监事和高级管理人员的工资，按照该公司职工的平均工资计算。

3. 经营有人寿保险业务的保险公司被依法撤销或者被依法宣告破产的，其持有的人寿保险合同及责任准备金，必须转让给其他经营有人寿保险业务的保险公司；不能同其他保险公司达成转让协议的，由国务院保险监督管理机构指定经营有人寿保险业务的保险公司接受转让。

（四）保险公司的业务范围管理

保险公司的业务范围管理涉及3个方面的内容：①保险业务只能由依法设立的保险公司以及法律、行政法规规定的其他保险组织经营，任何其他单位和个人不得经营保险业务。②为了保护投保人、被保险人或受益人的利益，防止保险公司的各项准备金被挤占，影响其偿付能力，各国一般禁止保险公司经营法律许可外的业务。我国《保险法》规定，保险公司的业务范围由国务院保险监督管理机构核定，保险公司只能在依法批准的业务范围内从事保险经营活动。③财产保险基金与人身保险基金的使用周期不同，而且长期人身保险的保险费具有储蓄返还性，如果人身保险基金被挪用于短期财产保险的赔偿，又不能及时补足，势必影响人身保险的给付。因此，各国保险立法大都禁止保险公司兼营财产保险业务与人身保险业务。但是作为例外，对于人身保险中的短期健康保险和意外伤害保险，大多数国家和地区则允许财产保险公司和人寿保险公司同时经营。因为短期健康保险和意外伤害保险虽属人身保险，但与财产保险有许多共同之处，都为短期保险，都注重资金使用上的流动性，都具有补偿性，精算基础与财务会计处理也基本相同。我国《保险法》规定，保险人不得兼营人身保险业务与财产保险业务，但经营财产保险业务的保险公司经国务院保险监督管理机构批准，可以经营短期健康保险业务和意外伤害保险业务。

（五）保险条款和保险费率的管理

保险条款是指保险合同中规定保险责任范围和保险当事人权利和义务关系的条文。保险费率是指保险人根据险种的性质和危险程度，通过计算得出的、向投保人按保险金额收取保险费的比率。保险公司应当公平、合理拟订保险条款和保险费率，不得损害投保人、被保险人和受益人的合法权益。关系社会公共利益的保险险种、依法实行强制保险的险种和新开发的人寿保险险种等的保险条款和保险费率，应当报国务院保险监督管理机构批准；其他保险险种的保险条款和保险费率，应当报保险监督管理机构备案。保险公司使用的保险条款和保险费率违反法律、行政法规或者国务院保险监督管理机构的有关规定的，由保险监督管理机构责令停止使用，限期修改，情节严重的，可以在一定期限内禁止申报新的保险条款和保险费率。

为了加强保险公司保险条款和保险费率的监督管理，中国保监会发布有《财产保险公司保险条款和保险费率管理办法》《人身保险公司保险条款和保险费率管理办法》《关系社会公众利益的保险险种、依法实行强制保险的险种和新开发的人寿保险险种等的保险条款和保险费率审批服务指南》等规范性文件。

（六）保险公司偿付能力的管理

就一般企业而言，实际资产的市场价值高于实际负债即被认为具有偿付能力。但对保险公司，只有当保险公司的认可资产减去认可负债的差额不低于国务院保险监督管理机构规定的数额，才被认为具有偿付能力，否则即为偿付能力不足。偿付能力监管是保险监管的核心，我国《保险法》第101条规定："保险公司应当具有与其业务规模和风险程度相适应的最低偿付能力。保险公司的认可资产减去认可负债的差额不得低于国务院保险监督管理机构规定的数额；低于规定数额的，应当按照国务院保险监督管理机构的要求采取相应措施达到规定的数额。"为了确保保险公司的偿付能力，《保险法》对保险公司提出了一系列要求：

1. 注册资本。保险公司的注册资本不得低于2亿元人民币，且须为实缴货币资本。国务院保险监督管理机构根据保险公司的业务范围、经营规模，可以调整其注册资本的最低限额，但不得低于2亿元人民币。

2. 保证金。保险公司应当按照其注册资本总额的20%提取保证金，存入国务院保险监督管理机构指定的银行，除公司清算时用于清偿债务外，不得动用。《保险公司资本保证金管理办法》对保险公司资本保证金的监督管理以及保险公司提存、处置资本保证金等行为作了规定。

3. 责任准备金。责任准备金是保险公司为了承担未到期责任和未决赔款从保险费收入中提存的一种资金准备。保险公司应当根据保障被保险人利益、保证偿付能力的原则，提取各项责任准备金。责任准备金包括未到期责任准备金、未决赔款准备金等。在保险合同的有效期与决算年度不一致的情况下，保险公司年度决算时不能将全部保险费列入本年度收入，而应当按照规定从中为将来年度提取未到期责任准备金。对于已经提出的保险赔偿或者给付金额，以及已经发生保险事故但尚未提出的保险赔偿或者给付金额，保险公司应当按照规定提取未决赔款准备金。

4. 公积金。公积金是指企业为增强自身资金实力、扩大经营规模以及预防亏损，从其税后利润中提取的积累资金。保险公司应当依法提取公积金。

5. 保险保障基金。保险公司应当缴纳保险保障基金。保险保障基金由国有独资的中国保险保障基金有限责任公司依法筹集、管理和使用。有下列情形之一的，可以动用保险保障基金：①保险公司被依法撤销或者依法实施破产，其清算财产不足以偿付保单利益的；②中国银保监会经商有关部门认定，保险公司存在重大风险，可能严重危及社会公共利益和金融稳定的。

6. 强制再保险。我国《保险法》规定：保险公司对每一危险单位，即对一次保险事故可能造成的最大损失范围所承担的责任，不得超过其实有资本金加公积金总和的10%；超过的部分应当办理再保险。保险公司应当按照国务院保险监督管理机构的有关规定办理再保险，并谨慎选择再保险接受人。

7. 对偿付能力不足的保险公司实行重点监管。对偿付能力不足的保险公司，国务院保险监督管理机构应当将其列为重点监管对象，并可以根据具体情况采取下列措施：①责令增加资本金、办理再保险；②限制业务范围；③限制向股东分红；④限制固定资产购置或者经营费用规模；⑤限制资金运用的形式、比例；⑥限制增设分支机构；⑦责令拍卖不良资产、转让保险业务；⑧限制董事、监事、高级管理人员的薪酬水平；⑨限制商业性广告；⑩责令停止接受新业务。

（七）对保险资金运用的管理

保险公司开展保险业务所收取的保险费，数额十分巨大。保险公司要增加盈利，要增强偿付能力，必须对保险资金进行有效运用。由此，保险公司不仅是社会风险分担机制的组织者，更成为金融市场重要的机构投资者，起到推动资金融通的积极作用。

保险公司的资金运用必须稳健，遵循安全性原则。我国《保险法》明确要求，保险公司的资金运用限于下列形式：①银行存款；②买卖债券、股票、证券投资基金份额等有价证券；③投资不动产；④国务院规定的其他资金运用形式。经国务院保险监督管理机构会同国务院证券监督管理机构批准，保险公司可以设立保险资产管理公司，并委托其对保险资金进行管理。《保险资金运用管理办法》对保险资金的运用形式、决策运行机制、风险管控、监督管理作了详细规定。为规范保险资金的运用，国务院保险监督管理机构此外还发布了不少部门规章或规范性文件，如《保险资产管理公司管理暂行规定》《保险公司资金运用信息披露准则》《保险公司次级定期债务管理办法》《保险资金委托投资管理暂行办法》《保险资金投资股权暂行办法》《保险资金投资不动产暂行办法》等。

（八）保险公司的财务管理

保险公司作为经营风险的特殊公司，除应遵守一般财务会计制度外，还应遵守相关的特殊要求。我国《保险法》第 85 至 88 条对此做了专门规定，包括：①保险公司应当聘用专业人员，建立精算报告制度和合规报告制度。②保险公司应当按照保险监督管理机构的规定，报送有关报告、报表、文件和资料。保险公司的偿付能力报告、财务会计报告、精算报告、合规报告及其他有关报告、报表、文件和资料必须如实记录保险业务事项，不得有虚假记载、误导性陈述和重大遗漏。③保险公司应当按照国务院保险监督管理机构的规定妥善保管业务经营活动的完整账簿、原始凭证和有关资料。账簿、原始凭证和有关资料的保管期限，自保险合同终止之日起计算，保险期间在 1 年以下的不得少于 5 年，保险期间超过 1 年的不得少于 10 年。④保险公司聘请或者解聘会计师事务所、资产评估机构、资信评级机构等中介服务机构，应当说明理由，应当向保险监督管理机构报告。

（九）禁止保险公司及其工作人员实施的行为

我国《保险法》规定，保险公司及其工作人员在保险业务活动中不得有下列行为：①欺骗投保人、被保险人或者受益人；②对投保人隐瞒与保险合同有关的重要情况；③阻碍投保人履行本法规定的如实告知义务，或者诱导其不履行本法规定的如实告知义务；④给予或者承诺给予投保人、被保险人、受益人保险合同约定以外的保险费回扣或者其他利益；⑤拒不依法履行保险合同约定的赔偿或者给付保险金义务；⑥故意编造未曾发生的保险事故、虚构保险合同或者故意夸大已经发生的保险事故的损失程度进行虚假理赔，骗取保险金或者牟取其他不正当利益；⑦挪用、截留、侵占保险费；⑧委托未取得合法资格的机构从事保险销售活动；⑨利用开展保险业务为其他机构或者个人牟取不正当利益；⑩利用保险代理人、保险经纪人或者保险评估机构，从事以虚构保险中介业务或者编造退保等方式套取费用等违法活动；⑪以捏造、散布虚假事实等方式损害竞争对手的商业信誉，或者以其他不正当竞争行为扰乱保险市场秩序；⑫泄露在业务活动中知悉的投保人、被保险人的商业秘密；⑬违反法律、行政法规和国务院保险监督管理机构规定的其他行为。

二、保险中介服务机构的监督管理

保险经纪人、保险代理人、保险公估机构等保险中介服务机构，虽然不能作为保险人直接经营商业保险业务，但它们所提供的中介服务，对于保险市场的有序运作和正常发展，起着不可忽视的作用。

（一）保险代理人

保险代理人是根据保险公司的委托，向保险公司收取佣金，在保险公司授权的范围内代为办理保险业务的机构或者个人，包括保险专业代理机构、保险兼业代理机构及个人保险代理人。保险专业代理机构是指依法设立的专门从事保险代理业务的保险代理公司及其分支机构；保险兼业代理机构是指利用自身主业与保险的相关便利性，依法兼营保险代理业务的企业；个人保险代理人是与保险公司签订委托代理合同，从事保险代理业务的人员。中国银保监会 2020 年 11 月 12 日发布的《保险代理人监管规定》对保险代理人的市场准入、经营规则、市场退出、监督检查、法律责任等作了具体规定。

1. 市场准入。保险专业代理公司应当采取有限责任公司或者股份有限公司的形式，其经营保险代理业务应当具备下列条件：①股东符合规定的要求，且出资资金自有、真实、合法，不得用银行贷款及各种形式的非自有资金投资；②注册资本符合以下要求，且按照国务院保险监督管理机构的有关规定托管：经营区域不限于注册登记地所在省、自治区、直辖市、计划单列市的保险专业代理公司的注册资本最低限额为 5000 万元，经营区域为注册登记地所在省、自治区、直辖市、计划单列市的保险专业代理公司的注册资本最低限额为 2000 万元，且注册资本必须为实缴货币资本；③营业执照记载的经营范围符合有关规定；④公司章程、公司名称符合有关规定；⑤高级管理人员符合规定的任职资格条件；⑥有符合国务院保险监督管理机构规定的治理结构和内控制度，商业模式科学合理可行；⑦有与业务规模相适应的固定住所；⑧有符合国务院保险监督管理机构规定的业务、财务信息管理系统；⑨法律、行政法规和国务院保险监督管理机构规定的其他条件。

保险兼业代理机构经营保险代理业务，应当符合下列条件：①有市场监督管理部门核发的营业执照，其主营业务依法须经批准的，应取得相关部门的业务许可；②主业经营情况良好，最近 2 年内无重大行政处罚记录；③有同主业相关的保险代理业务来源；④有便民服务的营业场所或者销售渠道；⑤具备必要的软硬件设施，保险业务信息系统与保险公司对接，业务、财务数据可独立于主营业务单独查询统计；⑥有完善的保险代理业务管理制度和机制；⑦有符合规定条件的保险代理业务责任人；⑧法律、行政法规和国务院保险监督管理机构规定的其他条件。

2. 经营规则。保险专业代理机构可以经营下列保险代理业务：①代理销售保险产品；②代理收取保险费；③代理相关保险业务的损失勘查和理赔；④国务院保险监督管理机构批准的其他相关业务。保险兼业代理机构可以经营以上第①、②项业务及国务院保险监督管理机构批准的其他业务。保险代理人从事保险代理业务不得超出被代理保险公司的业务范围和经营区域。

保险代理人及其从业人员在办理保险业务活动中不得有下列行为：①欺骗保险人、投保人、被保险人或者受益人；②隐瞒与保险合同有关的重要情况；③阻碍投保人履行如实告知义务，或者诱导其不履行如实告知义务；④给予或者承诺给予投保人、被保险人或者受益人保险合同约定以外的利益；⑤利用行政权力、职务或者职业便利以及其他不正当手段强迫、引诱或者限制投保人订立保险合同；⑥伪造、擅自变更保险合同，或者为保险合同当事人提供虚假证明材料；⑦挪用、截留、侵占保险费或者保险金；⑧利用业务便利为其他机构或者个人牟取不正当利益；⑨串通投保人、被保险人或者受益人，骗取保险金；⑩泄露在业务活动中知悉的保险人、投保人、被保险人的商业秘密。

（二）保险经纪人

保险经纪人是基于投保人的利益，为投保人与保险人订立保险合同提供中介服务，并依法收取佣金的机构，包括保险经纪公司及其分支机构。保险经纪不仅包括直接保险经纪，还包括再保险经纪，即保险经纪人基于原保险公司的利益，为原保险公司与再保险公司安排再保险业务提供中介服务。保险经纪人只能是机构，个人不得从事保险经纪业务。

以下根据我国《保险法》和《保险经纪人监管规定》，简要介绍保险经纪人管理的有关内容。

1. 设立条件。在中华人民共和国境内设立保险经纪机构，应当符合中国银保监会规定的资格条件，取得经营保险经纪业务许可证。除国务院保险监督管理机构另有规定外，保险经纪人应当采取有限责任公司或者股份有限公司的组织形式。成立保险经纪公司应当具备下列条件：①股东出资资金自有、真实、合法，不得用银行贷款及各种形式的非自有资金投资；②注册资本：经营区域不限于工商注册登记地所在省、自治区、直辖市、计划单列市的保险经纪公司的注册资本最低限额为5000万元；经营区域为工商注册登记地所在省、自治区、直辖市、计划单列市的保险经纪公司的注册资本最低限额为1000万元；保险经纪公司的注册资本必须为实缴货币资本；③营业执照记载的经营范围符合有关规定；④公司章程符合有关规定；⑤保险经纪人的名称中应当包含"保险经纪"字样；⑥高级管理人员符合任职资格条件；⑦有符合规定的治理结构和内控制度，商业模式科学合理可行；⑧有与业务规模相适应的固定住所；⑨有符合规定的业务、财务信息管理系统；⑩法律、行政法规和国务院保险监督管理机构规定的其他条件。

2. 从业人员。保险经纪人应当聘任品行良好、具备专业能力的保险经纪从业人员。高级管理人员还应当具备下列条件：①大学专科以上学历；②从事金融工作3年以上或者从事经济工作5年以上；③具有履行职责所需的经营管理能力，熟悉保险法律、行政法规及中国保监会、中国银保监会的相关规定；④诚实守信，品行良好。

3. 经营范围。保险经纪人可以经营下列保险经纪业务：①为投保人拟订投保方案、选择保险公司以及办理投保手续；②协助被保险人或者受益人进行索赔；③再保险经纪业务；④为委托人提供防灾、防损或者风险评估、风险管理咨询服务；⑤中国银保监会规定的与保险经纪有关的其他业务。保险经纪人从事保险经纪业务不得超出承保公司的业务范围和经营区域。

4. 财务制度。保险经纪人应当开设独立的客户资金专用账户，投保人支付给保险公司的保险费，为投保人、被保险人和受益人代领的退保金、保险金只能存入客户资金专用账户。保险经纪人应当开立独立的佣金收取账户。

5. 执业管理。保险经纪人及其从业人员在办理保险业务活动中不得有下列行为：①欺骗保险人、投保人、被保险人或者受益人；②隐瞒与保险合同有关的重要情况；③阻碍投保人履行如实告知义务，或者诱导其不履行如实告知义务；④给予或者承诺给予投保人、被保险人或者受益人保险合同约定以外的利益；⑤利用行政权力、职务或者职业便利以及其他不正当手段强迫、引诱或者限制投保人订立保险合同；⑥伪造、擅自变更保险合同，或者为保险合同当事人提供虚假证明材料；⑦挪用、截留、侵占保险费或者保险金；⑧利用业务便利为其他机构或者个人牟取不正当利益；⑨串通投保人、被保险人或者受益人，骗取保险金；⑩泄露在业务活动中知悉的保险人、投保人、被保险人的商业秘密。

6. 市场退出。保险经纪公司经营保险经纪业务许可证的有效期为3年。保险经纪公司应当在许可证有效期届满30日前，按照规定申请延续许可。保险经纪公司申请延续许可证有效期的，中国银保监会派出机构在许可证有效期届满前对保险经纪人前3年的经营情况进行全面审查和综合评价，并作出是否准予延续许可证有效期的决定。保险经纪公司有下列情形之一的，依法注销其许可证，并予以公告：①许可证有效期届满未延续的；②许可证依法被撤回、撤销或者吊销的；③因解散或者被依法宣告破产等原因依法终止的；④法律、行政法规规定的其他情形。

（三）保险公估人

保险公估人是指经保险监管机构批准，依法设立，接受保险当事人委托，专门从事保险标的的评估、勘验、鉴定、估损、理算等业务的机构。我国《保险法》第 129 条规定：保险活动当事人可以委托保险公估机构等依法设立的独立评估机构或者具有相关业务知识的人员，对保险事故进行评估和鉴定；接受委托对保险事故进行评估和鉴定的机构和人员，应当依法、独立、客观、公正地进行评估和鉴定，任何单位和个人不得干涉；上述机构和人员因故意或者过失给保险人或者被保险人造成损害的，依法承担赔偿责任。

为规范保险公估人的行为，中国保监会 2018 年 2 月颁布了《保险公估人监管规定》，对保险公估人的经营条件、从业人员、经营规则、市场退出、行业自律等作了较为详细的规定。

■ **思考题**

1. 我国《保险法》是怎样定义保险的？应当如何认识保险的本质？
2. 保险合同有哪些特征？
3. 什么是最大诚信原则？其具体表现是什么？
4. 什么是保险利益？我国《保险法》关于保险利益有哪些规定？
5. 什么是保险价值与保险金额？二者有何联系与区别？
6. 什么是物上代位权？什么是代位求偿权？二者有何不同？
7. 人身保险合同有哪些常见条款？
8. 根据我国《保险法》，保险人在哪些情形下可以解除保险合同？
9. 我国《保险法》对保险公司的业务范围是怎样规定的？
10. 我国《保险法》对保险公司的偿付能力有哪些管理规定？
11. 根据我国《保险法》，保险公司运用保险资金可以采用哪些方式？
12. 何为再保险？我国《保险法》对保险公司办理再保险有何强制性规定？
13. 简述保险代理人与保险经纪人的区别。

■ **推荐书目**

1. 马宁主编：《保险法理论与实务》，中国政法大学出版社 2010 年版。
2. 温世扬主编：《保险法》，法律出版社 2016 年版。
3. 范健、王建文、张莉莉：《保险法》，法律出版社 2017 年版。

第十章　互联网金融法律制度

　　互联网金融作为新型的金融业态，在业务模式、法律关系以及监管规制等诸多方面不同于传统金融。本章拟介绍我国互联网金融法律制度的基础知识，重点讲解 P2P 网络借贷、股权众筹、互联网保险等互联网金融典型业态。

第一节　互联网金融法律制度概述

一、互联网金融的概念与特点

　　互联网金融是传统金融机构和互联网企业利用互联网技术和信息通信技术实现资金融通、支付、投资和信息中介服务的新型金融业务模式。凭借传统金融功能与互联网信息技术的结合，它能够以更加便捷、更低成本、更高效率的方式服务于社会经济，并从根本上改变金融功能的实现方式。

　　互联网金融的本质仍属于金融，其功能仍然主要是资金融通、价格发现、支付清算和风险管理等，并未超越金融的基本范畴。互联网金融具有下列四个主要特点：

　　（一）科技性

　　互联网金融是充分利用以互联网为代表的现代化信息科技，特别是移动支付、社交网络、搜索引擎和云计算等高新技术手段，实现金融功能的新方式，其要旨在于利用互联网信息科技创新金融产品和金融业务模式，提高金融市场、金融服务和金融机构的效率。

　　（二）革新性

　　互联网金融得益于大数据、云计算、移动互联网等信息技术创新，形成了既不同于商业银行间接融资也不同于资本市场直接融资的金融新业态，推动了人类金融模式的深刻变革，对社会经济和人民生活产生了深远影响。比如，借助支付宝等互联网支付方式，通过移动通信设备，用户能够利用无线通信技术转移货币价值以清偿债权债务；随着智能手机和掌上电脑的普及以及身份认证、数字签名等网络安全技术的发展，移动支付不仅能够用于日常生活的小额支付，也能够用于企业之间的大额支付，取代现金、银行卡等传统支付工具的趋势已十分明显。

（三）普惠性

在互联网金融模式下，金融业的分工和专业化被互联网及其相关软件技术所替代，各种金融交易甚至是风险定价、期限匹配等复杂交易都已变得手续简便，易于操作。在这种背景下，即使是普通民众也可以通过互联网参与多种金融交易，从中受惠。因此可以说，互联网金融不再是少数专业精英控制和参与的金融模式，而是一种更加民主、普惠大众的金融新通道。

（四）共赢性

互联网金融旨在满足多方主体的金融需求，强调合作共赢。例如，网络借贷交易中资金端和借款端的需求，不良资产处置中债权端、律师端、平台端各自的需求，都平等地得到体现和重视。凡此种种，都充分彰显出开放、共享、平等、共赢的互联网精神。

二、互联网金融的主要业态

目前，我国的互联网金融业态主要有互联网支付、网络借贷、股权众筹融资、互联网基金销售、互联网保险、互联网信托和互联网消费金融。此外，有学者认为，供应链金融、互联网货币等也可视为互联网金融的组成部分。无疑，互联网金融在发展的过程中，必然会淘汰一些旧的业态，产生一些新的业态。

（一）互联网支付

互联网支付是指通过计算机、手机等设备，依托互联网发起支付指令、转移货币资金的服务。互联网支付的运作原理可以表述为：支付机构为客户提供互联网访问渠道，客户通过注册并向互联网支付账户转入资金后，可以向其他持有同样账户的个人或企业转移资金。互联网支付可进一步细分为网络银行支付、第三方支付和移动支付。

（二）网络借贷

网络借贷包括个体网络借贷（即 P2P 网络借贷）和网络小额贷款。个体网络借贷是指个体和个体之间通过互联网平台实现的直接借贷，具体指贷款人和借款人通过 P2P 网络借贷平台订立电子借贷合同，对借贷资金的金额、利率、期限等因素进行匹配，从而实现借贷双方需求的新型小额借贷模式。P2P 网络借贷平台在其中起到信息中介的作用。网络小额贷款是指互联网企业通过其控制的小额贷款公司，利用互联网向客户提供的小额贷款。网络小额贷款实际上是小额贷款公司业务的互联网化。

（三）股权众筹融资

股权众筹融资是指在互联网上进行的公开的小额股权融资活动，具体而言，是指创新创业者或小微企业通过股权众筹融资中介机构的互联网平台公开募集股本的活动。在股权众筹中，投资者通过股权众筹平台将资金投入初创公司，取得被投资公司的相应股权，并分享其未来盈利。

（四）互联网保险

互联网保险是指保险机构依托互联网和移动通信等技术，通过自营网络平台、第三方网络平台等订立保险合同、提供保险服务的业务。互联网保险实现了网上投保、承保、核保、保全和理赔等保险业务流程，并通过第三方支付平台实现保险相关费用的电子支付。

（五）互联网基金销售

互联网基金销售是指基金公司以互联网平台为渠道销售基金产品，具体包括宣传推介基金、发售基金份额、办理基金份额申购、赎回等业务。互联网基金销售是传统基金销售模式采用网络技术的创新成果，具体包括基金公司自建网络平台销售和与第三方平台合作销售两种类型。

（六）互联网信托

互联网信托是指运用互联网技术并结合信托法律工具，实现信托财产转移与信托财产管理的互联网金融服务模式。互联网信托依托互联网技术创新成果，推动了信托产品创新与经营模式变革。从互联网技术对信托业影响的角度对互联网信托进行分类，可将其分为信托业的互联网化和互联网企业的信托金融业务。互联网企业的信托金融业务按照产品和商业模式的不同，又分为收益权转让模式、信托小额贷款模式、金融资产增信模式和消费信托模式等。

（七）互联网消费金融

互联网消费金融是具有相关资质的互联网金融企业在大数据征信的基础上，以小额、分散为原则，通过互联网向个人提供以消费商品或服务（不包括购买房屋和汽车）为目的的贷款的一种互联网金融业态。

（八）供应链金融

供应链金融是一种旨在降低供应链融资成本以解决供应链节点资金供给的金融资源整合模式。供应链金融具有通过整合资金、信息、物流等资源来提高资金使用效率并为各方创造价值、降低风险的作用。从供应链金融市场来看，供应链金融属于短期货币市场，货币供求双方主要是商业银行和供应链中的上下游工商企业。

（九）互联网货币

互联网货币是互联网金融发展到一定阶段的必然产物，是指依托互联网信息技术而出现的不通过银行机构发行的、以数字形式存在的、具有购买力的虚拟兑换工具。互联网货币也被称为数字货币或虚拟货币。从流通形式看，互联网货币主要分为三种类型：①封闭型互联网货币，只用于某封闭系统内部，如某款网络游戏中通过完成任务所获得的游戏币；②单向型互联网货币，可使用现实货币单向兑换得到，但不能兑换为现实货币，主要用于购买互联网服务商的虚拟服务，如腾讯Q币；③双向型互联网货币，可以同现实货币进行双向兑换，并可购买虚拟服务与实体商品，典型代表为比特币、以太币等。

三、我国对互联网金融的监管

健康发展的互联网金融，对于提高金融体系的普惠程度，满足民间资本的投资需求，缓解小微企业融资困难，拓宽就业渠道，助力大众创业、万众创新，提升金融服务的质量和效率，可以发挥积极作用。然而在近十余年的时间内，我国互联网金融行业一度"野蛮生长"，某些互联网金融业态偏离正确的金融创新方向违法违规开展经营活动，以致风险积聚，酿成了一系列风险事件，引发了政府对互联网金融行业几乎全方位的、长达数年的专项整治行动。这不仅严重损害了广大投资者的合法权益，也给互联网金融行业的声誉和健康发展、给金融安全和社会稳定带来了严重危害。可见，鼓励、支持发展互联网金融固然是我国重要的经济战略，但国家只能保护真正有价值的互联网金融创新；对互联网金融创新既要包容，更要审慎；互联网金融行业的可持续健康发展，只能以完备的法治和有效的监管为基础。

（一）我国互联网金融立法概况

目前我国尚无专门的互联网金融法律。但全国人大常委会2004年8月审议通过并于2015年4月、2019年4月两次修订的《电子签名法》，应属与互联网金融密切相关的基础性立法。在部门规章层面，我国对互联网金融早期的立法反应，主要是针对互联网支付业务和互联网银行业务，如中国人民银行2005年10月发布的《电子支付指引（第一号）》和中国银监会2006年1月发布的《电子银行业务管理办法》。

2015年7月，中国人民银行、中国银监会等十部委联合发布了《关于促进互联网金融健康发展的指导意见》（以下简称《指导意见》）。作为有关互联网金融的综合性政策文件，《指导意见》的出台，表明我国政府对互联网金融的规范发展已经有了全局性战略考虑和部署。随后，相关政府部门根据职责分工，又分别制定发布了若干涉及具体业态的部门规章或规范性文件，如：中国保监会2015年7月发布的《互联网保险业务监管暂行办法》；中国人民银行2015年12

月发布的《非银行支付机构网络支付业务管理办法》；中国银监会、工业和信息化部、公安部、国家互联网信息办 2016 年 8 月发布的《网络借贷信息中介机构业务活动管理暂行办法》；中国银监会办公厅、工业和信息化部办公厅、工商总局办公厅 2016 年 10 月印发的《网络借贷信息中介机构备案登记管理指引》；中国银监会办公厅 2017 年 8 月印发的《网络借贷信息中介机构业务活动信息披露指引》；中国证监会、中国人民银行 2018 年 5 月发布的《关于进一步规范货币市场基金互联网销售、赎回相关服务的指导意见》；中国银保监会 2020 年 7 月发布的《商业银行互联网贷款管理暂行办法》。此外，旨在规范小额贷款公司网络小额贷款业务，由中国银保监会会同中国人民银行等部门起草的《网络小额贷款业务管理暂行办法》，已完成向社会公开征求意见的程序。

总体上，我国的互联网金融立法还不够完备，互联网金融立法体系还没有真正成形：一是立法尚未实现全面覆盖，部分业态尚处于无法可依的状态；二是高层次专门立法尚付阙如。不过，考虑到互联网金融是新生事物，富有创新活力，变数很多，不少问题还没有得到充分暴露，而政府对其发展又是持包容、审慎的可取立场，这种立法上的相对滞后可以说不仅是正常的，甚至是必要的。

2016 年 4 月，针对互联网金融乱象，国务院部署了互联网金融风险专项整治行动。其目标是：规范各类互联网金融业态，优化市场竞争环境，扭转互联网金融某些业态偏离正确创新方向的局面，遏制互联网金融风险案件高发频发势头，提高投资者风险防范意识，建立和完善适应互联网金融发展特点的监管长效机制，实现规范与发展并举、创新与防范风险并重，促进互联网金融健康可持续发展，切实发挥互联网金融支持大众创业、万众创新的积极作用。为此，继国务院办公厅印发《互联网金融风险专项整治工作实施方案》之后，相关机构也据以分别制定和发布了针对不同业态的专项整治工作实施方案，包括：《P2P 网络借贷风险专项整治工作实施方案》（中国银监会等 15 部委制定）；《非银行支付机构风险专项整治工作实施方案》（中国人民银行、中央宣传部、中央维稳办等制定）；《股权众筹风险专项整治工作实施方案》（中国证监会、中央宣传部、中央维稳办等制定）；《互联网保险风险专项整治工作实施方案》（中国保监会、中央宣传部、中央维稳办等制定）。鉴于此次互联网金融风险专项整治工作的任务之一，是在"明确各项业务合法与非法、合规与违规的边界"的基础上"打击非法，保护合法"，故以上文件也为我国互联网金融的运行进一步明确了相关标准，具有规范意义。

（二）我国互联网金融监管的现行模式

我国目前对金融业总体上是实行分业监管，互联网金融监管也是如此。《指导意见》按照分业分类监管的原则，就主要的互联网金融业态作了监管职责分工，即：互联网支付由中国人民银行负责监管；股权众筹和互联网基金销售由中国证监会负责监管；网络借贷、互联网保险、互联网信托、互联网消费金融由中国银保监会负责监管。此外，公安部门、市场监督管理部门、电信主管部门、国家互联网信息办公室、地方金融监管部门等，也承担相应的互联网金融监管职责。

《指导意见》在明确监管职责分工的同时，也高度重视监管主体之间的合作、协调和信息共享，强调各监管部门要相互协作、形成合力。因此，严格地讲，我国互联网金融监管的现行模式是"分业分类监管+协同监管"。

（三）我国互联网金融监管应当遵循的基本原则

互联网金融作为新兴的金融业态，尤其是其科技性、革新性等特征，对我国传统的金融业分业监管模式提出了挑战。互联网金融的可持续规范发展，既需要互联网金融技术的进步与行业自律，也需要法律法规和监管机构的规范引导。对于互联网金融的监管，总体上应体现开放性、包容性和创新性，坚持防范金融风险和鼓励金融创新并举的思路。结合《指导意见》的精神，互联网金融监管应遵循以下基本原则：

1. 依法监管原则。该原则包含三层涵义：一是互联网金融经营活动必须纳入金融法律法规的规制范围，相关法律法规应当明确互联网金融机构的性质、市场准入、业务范围以及交易主体的权利与义务、违法违规责任等；二是互联网金融监管机构要严格依法监管，保持监管的规范性、一贯性、强制性和权威性，规范、引导互联网金融行业良性竞争，积极预防和打击互联网金融违法犯罪行为；三是依法严格规范监管机构的监管权力，防止公权力的不当干预侵害到互联网金融市场的自由自治领域，扼杀互联网金融的创新与发展。

2. 适度监管原则。适度监管要求监管机构尊重市场的自身调节作用和互联网金融行业发展的客观规律，做到监管及时、干预适度，避免出现监管过度、监管不足或监管滞后，既要为其提供充分的发展空间，又能有效地防止风险积累和市场失序。

3. 协同监管原则。互联网金融具有混业经营的特点，且不同互联网金融业态之间的边界流动性非常突出，交叉发展的态势十分明显，与我国对互联网金融分业分类监管的现行体制存在矛盾。因此，只有强化各监管部门之间的沟通协调，实现充分的信息共享，才能保证分业分类监管体制下互联网金融监管的全面性和有效性。进而言之，网络的无国界必然导致互联网金融具有日益浓厚的国际化特征，这就要求各国监管当局通力合作，共同应对互联网金融发展中的各种问题。

4. 创新监管原则。创新监管是指要进行监管思维创新和监管手段创新，使互联网金融监管能够适应互联网金融创新性发展的需求。监管思维创新要求监管机构改变"被动式监管"的传统思维，树立行政监管与市场约束、行业自律相结合的新理念，注重发挥信息披露的作用。监管手段创新要求监管机构针对不同性质的互联网金融产品实施差异化的监管手段，与互联网金融企业建立有效沟通的机制，提高企业内部风险控制与监管要求的匹配性，降低企业合规成本。

5. 监管一致性原则。如果同类互联网金融业务面临不同的监管待遇，就会导致监管套利，降低监管的有效性，进而危及互联网金融市场的公平竞争和正常的市场秩序。无论我国对互联网金融采用目标监管还是功能监管，抑或是现阶段的分业分类监管，都必须对同类互联网金融业务采取相同的监管标准。进而言之，对互联网金融机构的线上线下业务应当实行一致性监管；互联网金融业务的经营者与经营同类业务的传统金融机构亦应受到一致性监管。

6. 行业自律原则。相对于互联网金融行业的业务特点和风险特征，互联网金融行业自律更加具有针对性。在互联网金融快速成长的时期，行业自律往往作用空间更大、手段更灵活、效果更明显，能够切实弥补政府监管之不足。我国应当注重发挥互联网金融行业协会及各具体业务类型协会在制定行业标准、推动同业监督、协同政府监管等方面的积极作用，为互联网金融的健康发展保驾护航。

7. 金融消费者保护原则。消费者对金融产品的持续购买能力和日益增长的、多样化的金融消费需求，是推动金融总量扩张和金融结构优化的不竭动力。在信息不对称和地位不对等的情况下，监管机构必须注重保护互联网金融消费者的合法权益。此外，应加强对"长尾"大众的教育，以提升其风险意识，加深其对互联网金融产品的了解，提振其对互联网金融的信心。

第二节　P2P 网络借贷法律制度

一、P2P 网络借贷的概念与运营模式

P2P 是英文 peer to peer 的缩写，意即个体网络借贷，通常被称为 P2P 网贷，是指个人之间或者个人与企业之间通过网络平台实现直接借贷的商业模式。P2P 平台作为中介商，借助互联网、移动互联网技术提供信息发布、资产评估、借贷撮合、贷后管理等服务，把借贷双方对接起来实现各自的借贷需求。2005 年开始在英国伦敦上线运营的 Zopa 是世界上最早的 P2P 平台。在 Zopa 平台上，借款人可列出金额、利率和想要借入款项的时间，出借人根据用途、金额搜索、选择适合的贷款产品，Zopa 则向借贷双方收取一定的手续费。

我国第一家 P2P 网贷平台——宜信公司 2006 年正式成立于北京。但在随后的几年里，国内 P2P 网贷行业发展有限，平台数量与成交金额均增长缓慢。2013

年以来，P2P 网贷进入快速发展期，成为互联网金融行业最为热门的领域。截至
2018 年 12 月底，P2P 网贷平台的数量累计达到了 6430 家，共有 9 家 P2P 网贷平
台的相关公司完成 IPO 上市；2018 年全年 P2P 网贷行业成交量达到了 17 948.01
亿元，贷款余额 7889.65 亿元。但是，由于我国在互联网金融立法、行政监管、
社会征信体系建设等方面存在缺失与不足，数量上"野蛮生长"的 P2P 网贷平
台问题不断。据权威人士透露，经专项整治，随着互联网金融风险大幅压降，到
2020 年 11 月中旬，全国实际运营的 P2P 网贷机构已完全"归零"。不过至少在
目前，我们还不能从中得出国家已完全取缔 P2P 网络借贷这一互联网金融业态
的结论。

一般而言，P2P 网贷平台可以有三种基本运营模式：

1. 信息撮合模式。信息撮合模式的最大特点是借款人和出借人均从 P2P 网
贷平台获取信息，借贷金额相对较小，对借款人信用的评估、审核多通过网络进
行。这种模式比较接近于原生态的 P2P 借贷模式，注重数据审贷、用户市场细
分和小额、密集的借贷需求。平台强调出借人的风险自担意识，通过风险保证金
对出借人提供有限保障。

2. 债权转让模式。这一模式的最大特点是在出借人和借款人之间存在作为
中介的专业放款人，专业放款人先以自有资金出借给借款人取得债权，然后将债
权拆分、重组，打包成类似固定收益的理财产品，再将这些产品销售给出借人。

3. 担保模式。此模式是指 P2P 网贷平台自身或引入第三方为借贷协议提供
担保，对出借人的资金安全特别是按时还本付息提供一定的担保，具体分为平台
自身担保模式和第三方担保模式。在平台自身担保模式下，当借款到期出借人无
法收回本金和利息时，可将债权转让给 P2P 网贷平台，平台先行垫付资金给出
借人，再对借款人进行追索。实践中，P2P 平台通常从借款人的借款金额中提取
一定比例的风险准备金；当借款人无法按时还本付息时，P2P 平台即可使用风险
准备金对出借人进行清偿。在第三方担保模式下，由第三方担保机构为借贷协议
提供担保，并收取一定比例的担保费；当借款人无法按时足额还本付息时，由第
三方担保机构对出借人进行偿付。

此外，P2P 网络借贷还存在多种其他模式，如 O2O 模式和 P2F 模式。在
O2O 模式下，P2P 网贷平台主要负责线上平台的维护和出借人的开发，借款人则
由线下其他分公司开发；线下分公司通过线下渠道寻找借款人，进行实地审核后
推荐给 P2P 网贷平台，平台再次审核后将其借款信息发布到网站上。P2F 模式是
个人对金融机构的一种融资模式，融资人是银行、证券、保险等金融机构；由于
金融机构资信可靠，又有完善的风控措施，故该模式具有信用高、风险低、收益
稳定、流动性强等特点。

根据中国银监会、工业和信息化部、公安部、国家互联网信息办 2016 年 8 月发布的《网络借贷信息中介机构业务活动管理暂行办法》（以下简称《暂行办法》），P2P 网贷机构被严格定性为"网络借贷信息中介机构"，只能按照信息撮合模式而不能按照债权转让模式、平台自身担保模式开展运营。

二、P2P 网络借贷法律关系

P2P 网络借贷的参与主体，主要有借款人、出借人、P2P 网贷平台、担保公司和资金托管机构等。

1. P2P 网贷平台与借款人、出借人的法律关系。P2P 网贷平台通过提供金融信息为借款人和出借人撮合交易，故其本质是信息中介机构。作为借款人与出借人之间的信息中介，P2P 网贷平台根据借款人的委托，收取相应的服务费用后，将相关信息发布在平台上为其寻找出借人，出借人再根据平台所提供的信息选择项目进行投资。可见，P2P 网贷平台与借款人、出借人之间的法律关系，符合我国《合同法》第 424 条对居间合同的界定，属居间合同法律关系。

2. 借款人与出借人的法律关系。P2P 网贷实质上是线下民间借贷的互联网化。借贷双方根据借款数额、借款期限、承诺利息等约定内容，履行各自义务并享有相应权利。因此，借款人与出借人之间属于民间借贷法律关系。

3. 担保法律关系。为增加信用等级，P2P 网贷平台可引入第三方担保公司对出借人的债权进行担保，从而在出借人与第三方担保公司之间形成担保法律关系。实践中，第三方担保公司多为融资性担保公司，且承担一般保证责任。

4. 资金托管法律关系。为实现平台自有资金和客户资金的分账管理与隔离，防止网贷平台设立资金池、挪用客户资金，根据监管要求，P2P 平台应当选择符合条件的银行业金融机构作为第三方资金存管机构对客户资金进行管理和监督。银行业金融机构应当按照托管合同的约定，履行交易资金划付、资金核算和监督等职责，将网贷平台的资金与客户的资金分账管理、分开存放，确保资金流向符合出借人的真实意愿。从第三方资金存管机构的职责分析，资金托管法律关系实际上是保管合同法律关系和委托代理法律关系的混合体。

三、P2P 网络借贷的监管

《暂行办法》是目前我国规范 P2P 网络借贷活动的主要法律依据。

（一）P2P 网络借贷监管责任的分配

关于 P2P 网络借贷监管责任，《暂行办法》作了如下分配：①国务院银行业监督管理机构（即中国银保监会）及其派出机构负责制定 P2P 网贷业务活动监督管理制度，并实施行为监管；②各省级人民政府负责本辖区 P2P 平台的机构监管；③工业和信息化部负责对 P2P 平台业务活动涉及的电信业务进行监管；④公安部牵头负责对 P2P 平台的互联网服务进行安全监管，依法查处违反网络安全监管的违法违规活动，打击网络借贷涉及的金融犯罪及相关犯罪；⑤国家互联网信息办公室负责对金融信息服务、互联网信息内容等业务进行监管；⑥中国互联网金融协会及其网络借贷专业委员会对网络借贷行业实行自律管理。

（二）针对 P2P 网络借贷平台的监管规则

《暂行办法》全面规定了 P2P 网络借贷中出借人、借款人、P2P 网络借贷平台的义务和行为规则。鉴于 P2P 网络借贷平台是 P2P 网络借贷的特殊主体，是保持 P2P 网络借贷市场秩序的关键因素，以下仅罗列《暂行办法》关于 P2P 网络借贷平台监管的核心内容：

1. P2P 网络借贷平台是网络借贷信息中介机构，为借贷双方的直接借贷提供信息交互、撮合、资信评估等中介服务，不得提供增信服务，不得非法集资。

2. P2P 网络借贷平台应当履行的义务。P2P 网络借贷平台应当履行下列义务：①依据法律法规及合同约定为出借人与借款人提供直接借贷信息的采集整理、甄别筛选、网上发布，以及资信评估、借贷撮合、融资咨询、在线争议解决等相关服务；②对出借人与借款人的资格条件、信息的真实性、融资项目的真实性、合法性进行必要审核；③采取措施防范欺诈行为，发现欺诈行为或其他损害出借人利益的情形，及时公告并终止相关网络借贷活动；④持续开展网络借贷知识普及和风险教育活动，加强信息披露工作，引导出借人以小额分散的方式参与网络借贷，确保出借人充分知悉借贷风险；⑤按照法律法规和网络借贷有关监管规定要求报送相关信息，其中网络借贷有关债权债务信息要及时向有关数据统计部门报送并登记；⑥妥善保管出借人与借款人的资料和交易信息，不得删除、篡改，不得非法买卖、泄露出借人与借款人的基本信息和交易信息；⑦依法履行客户身份识别、可疑交易报告、客户身份资料和交易记录保存等反洗钱和反恐怖融资义务；⑧配合相关部门做好防范查处金融违法犯罪相关工作；⑨按照相关要求做好互联网信息内容管理、网络与信息安全相关工作；⑩国务院银行业监督管理机构、工商登记注册地省级人民政府规定的其他义务。

3. 禁止 P2P 网络借贷平台实施的行为。P2P 网络借贷平台不得从事或者接受委托从事下列活动：①为自身或变相为自身融资；②直接或间接接受、归集出借人的资金；③直接或变相向出借人提供担保或者承诺保本保息；④自行或委托、授权第三方在互联网、固定电话、移动电话等电子渠道以外的物理场所进行宣传或推介融资项目；⑤发放贷款，但法律法规另有规定的除外；⑥将融资项目的期限进行拆分；⑦自行发售理财等金融产品募集资金，代销银行理财、券商资管、基金、保险或信托产品等金融产品；⑧开展类资产证券化业务或实现以打包资产、证券化资产、信托资产、基金份额等形式的债权转让行为；⑨除法律法规和网络借贷有关监管规定允许外，与其他机构投资、代理销售、经纪等业务进行任何形式的混合、捆绑、代理；⑩虚构、夸大融资项目的真实性、收益前景，隐瞒融资项目的瑕疵及风险，以歧义性语言或其他欺骗性手段等进行虚假片面宣传或促销等，捏造、散布虚假信息或不完整信息损害他人商业信誉，误导出借人或借款人；⑪向借款用途为投资股票、场外配资、期货合约、结构化产品及其他衍生品等高风险的融资提供信息中介服务；⑫从事股权众筹等业务；⑬法律法规、网络借贷有关监管规定禁止的其他活动。此外，根据国务院办公厅 2016 年 4 月印发的《互联网金融风险专项整治工作实施方案》，房地产开发企业、房地产中介机构和互联网金融从业机构等未取得相关金融资质，不得利用 P2P 网络借贷平台从事房地产金融业务；取得相关金融资质的，不得违规开展房地产金融相关业务；严禁各类机构开展"首付贷"性质的业务。

4. 客户资金第三方存管要求。P2P 网络借贷平台应当选择符合条件的银行业金融机构作为资金存管机构，对客户资金进行管理和监督，实现客户资金与平台自身资金分账管理。客户资金存管账户应接受独立审计并向客户公开审计结果。中国人民银行会同金融监管部门按照职责分工对此实施监管，并制定相关监管细则。

第三节　股权众筹法律制度

一、股权众筹的概念与运作流程

（一）众筹的概念与类型

"众筹"一词源于英文 crowdfunding，是指融资者通过网上融资平台发布项目信息，以期得到公众小额投资，进而支持其创业或任务达成的新型融资形式。以融资者承诺向投资者提供的回报类型为标准，可将众筹分为四类，即：公益众筹、预售众筹、借贷众筹和股权众筹。

1. 公益众筹。公益众筹是指融资者通过众筹平台或类似的电子媒介发布项目信息以筹集资金，资金的投入者一般得不到任何利益的回报。此类项目多为慈善类项目，涉及教育、医疗、环境保护等诸多方面。与传统慈善募资不同，公益众筹通常以支持某个特定项目或者帮助某一特定个体或群体为目的；由于是利用专门的众筹平台发布项目信息，故公益众筹的可信度和透明度更高，信息传播的范围更大、速度更快，筹资的效率也就更高。

2. 预售众筹。预售众筹又称为产品众筹，其典型特征是融资者通过众筹平台发布产品预售信息，对该产品感兴趣的投资者通过事先订购产品以资助融资者完成产品的开发和生产。投资者从中获得的回报，可能是产品的价格折扣，也可能是具有象征意义的其他奖励，如融资者或产品研发者的签名、与此次众筹相关的文化衫等。相较于传统的商品销售模式，预售众筹可以透过众筹平台的预订信息实现产品的"试水"，在一定程度上替代销售的前端调查和市场分析，使融资者做到按需生产；但是，预售众筹存在执行风险和欺诈风险。

3. 借贷众筹。借贷众筹是融资者通过众筹平台向多个出资者借款的一种新型融资方式。以融资者对出资者是否承诺借款回报为标准，借贷众筹分为无息借贷众筹和有息借贷众筹。有息借贷众筹有别于 P2P 网络借贷：在前者，融资者与出资者是"一对多"的关系；在后者，融资者与出资者是"一对一"的关系。因此，严格意义上的借贷众筹，应将 P2P 网络借贷排除在外。

4. 股权众筹。股权众筹是融资者通过网上众筹平台发布项目信息，向投资者承诺以对应股权作为投资回报的融资活动。股权众筹常用于创业公司和小微企业在初创阶段筹资，在 IT、通讯、媒体等行业的应用尤其广泛。

(二) 股权众筹的运作流程

股权众筹目前主要有"快速合投"与"领投+跟投"两种模式。所谓的合投是指数个投资者共同投资一个项目。"快速合投"模式的特点是为合投设置了期限，即对每个融资项目都设置了一定的投资周期。"领投+跟投"模式的特点在于拥有一定领域投资经验和风险承担能力的投资者通过股权众筹平台审核后，成为该融资项目的"领投人"。"领投人"利用自身的投资经验和投资知识，带领"跟投人"进行合投，领投人因此获得跟投人的利益分成以及项目方的股份奖励。无论是"快速合投"还是"领投+跟投"，都需要遵循以下基本的运作流程：

首先，股权众筹平台对投资者进行审核，审核投资者的真实身份和投资资质。其中，领投人不仅需要符合一般投资者的认证标准，还要在某个领域具有丰富的投资经验和较强的风险承担能力。领投人负责对融资项目进行前期尽职调查和协助完成跟投融资。

其次，股权众筹平台通过项目基本介绍、商业计划书和项目团队信息，对众筹项目进行线上审核。

再次，投资者和融资者达成投融资协议。平台通过线下活动，组织投资者和融资者进行线下项目展示和交流，促成投融资协议的达成。

最后，成立公司或有限合伙企业。平台在项目融资成功后，接受委托代办设立公司或有限合伙企业所需要的注册登记、税务登记、银行开户等相关手续。

二、股权众筹法律关系

股权众筹涉及投资者、融资者和股权众筹平台等多个法律主体，构成投资者与融资者，投资者、融资者与股权众筹平台，领投人与跟投人等多个不同的法律关系。

（一）投资者与融资者

在股权众筹融资中，依据设立的商事主体性质的不同，投资者与融资者之间成立股东法律关系或合伙法律关系。即当投资者设立的商事主体为有限责任公司或股份有限公司时，投资者通过让渡财产换取公司股权，投资者与融资者之间成立股东法律关系。当投资者设立的商事主体为合伙企业时，投资者让渡财产而取得的是合伙企业的权益份额，投资者与融资者之间成立合伙法律关系。目前，我国的股权众筹融资项目在落地时，多采用有限合伙企业的形式。

（二）投资者、融资者与股权众筹平台

股权众筹平台通过在平台上发布项目融资信息，为投资者、融资者提供订立合同的机会，促成投资者和融资者之间投融资协议的达成，并收取一定比例的服务费。股权众筹平台为投融资协议的签订提供中介服务，起着居间人的作用。因此，投资者、融资者与股权众筹平台之间分别成立居间合同法律关系。平台作为居间人，不直接参与投融资双方的交易。实践中，部分股权众筹平台在项目融资成功后会继续跟进，为投资者创立商事主体提供服务。在这一阶段，股权众筹平台接受投资者的委托，作为受托人办理成立商事主体所需要的注册登记、税务登记、银行开户等相关手续，投资者与股权众筹平台之间成立委托合同法律关系。

（三）领投人与跟投人

领投人是股权众筹融资中仅存在于合伙众筹模式下的特殊主体。领投人作为对某一领域具有丰富投资经验和较强风险承担能力的投资者，负责对融资者发布的项目进行可行性分析、尽职调查、估值定价以及投后管理等工作，并向跟投人介绍融资项目，由跟投人自行决定跟投与否。当项目融资成功后，由股权众筹平台线下代理投资人办理有限合伙企业的设立手续，依法成立有限合伙企业。其中，领投人作为普通合伙人直接参与合伙企业的经营管理，并对合伙企业的债务承担无限连带责任；跟投人作为有限合伙人，不负责合伙企业的经营管理，仅以其出资额为限对合伙企业债务承担责任。因此，领投人与跟投人之间根据合伙协议，成立合伙法律关系。

三、我国股权众筹监管的现状

中国人民银行、中国银监会等十部委发布的《指导意见》，将股权众筹视为互联网金融业态的一种和多层次资本市场的有机组成部分，十分简略地阐明了对其进行监管的基本政策方向：①股权众筹融资业务由中国证监会负责监管；②股权众筹融资必须通过股权众筹融资中介机构平台（互联网网站或其他类似的电子媒介）进行；③股权众筹融资方应为小微企业，应通过股权众筹融资中介机构向投资人如实披露企业的商业模式、经营管理、财务、资金使用等关键信息，不得误导或欺诈投资者；④投资者应当充分了解股权众筹融资活动风险，具备相应风险承受能力，进行小额投资。

根据国务院办公厅印发的《互联网金融风险专项整治工作实施方案》，股权众筹平台不得发布虚假标的，不得自筹，不得"明股实债"或变相乱集资，不得进行虚假陈述和误导性宣传；未经批准不得从事资产管理、债权或股权转让、高风险证券市场配资等金融业务；不得挪用或占用客户资金；不得开展"首付贷"性质的业务。

根据中国证监会等14部门制定、印发的《股权众筹风险专项整治工作实施方案》，股权众筹平台不得以"股权众筹"名义募集私募股权投资基金，不得通过虚构或夸大平台实力、融资项目信息和回报等方法，进行虚假宣传，误导投资者；股权众筹平台融资者未经批准，不得擅自公开或者变相公开发行股票，不得欺诈发行股票等金融产品；股权众筹平台及其工作人员不得挪用或占用投资者资金；股权众筹平台和房地产开发企业、房地产中介机构不得以"股权众筹"名义从事非法集资活动。

四、关于完善我国股权众筹监管的设想

尽管中国证监会已将制定"股权众筹试点管理办法"纳入其立法工作计划，但截止目前，股权众筹在我国还基本上处于无法可依的状态。以下拟结合国外相关做法和中国实际，探讨我国股权众筹监管的若干问题。

（一）关于股权众筹平台的定性

各国对股权众筹平台定性不一，概括起来约有四种：①将股权众筹平台视为证券经纪商，加拿大的联合立法地区属于此类；②将股权众筹平台视为投资咨询机构，如法国的《参与性融资法令》创设了"参与性投资顾问（CIP）"执照，持此执照的平台可提供金融证券类众筹服务；③将股权众筹平台视为交易所，如依澳大利亚现行公司法，常规发行金融产品的股权众筹网站运营商可能处于从事金融市场的概念之中，需要获得澳大利亚市场许可（AML）；④将股权众筹平台视为专门的众筹融资服务机构。如美国《初创企业扶助法》（Jumpstart Our Business Startups Act，简称JOBS法案）所设之融资门户。

基于我国国情，宜将股权众筹平台定性为提供股权众筹服务的中介机构。具体而言，可以参照《私募股权众筹融资管理办法（试行）（征求意见稿）》第5条的描述，将股权众筹平台明确界定为"通过互联网平台（互联网网站或其他类似电子媒介）为股权众筹投融资双方提供信息发布、需求对接、协助资金划转等相关服务的中介机构"。

（二）关于股权众筹平台的准入管理

股权众筹平台的准入机制可大体分为注册制和许可制。美国和意大利实行的是注册制：在美国，众筹中介应在证券经纪商和融资门户之间择一身份向证券交易委员会（SEC）注册；在意大利，开展众筹业务的平台公司，主要是满足一定条件的投资公司和银行，必须在意大利金融市场监管局（CONSOB）注册。但多数国家对股权众筹平台的准入管理，实行许可制。基于我国国情，目前宜对股权众筹平台实行许可制准入管理。

（三）关于投资者适当性制度

投资者适当性是指出售给投资者的投资产品应与其投资目标、财务需求、风险承担能力相契合。鉴于股权众筹的融资者为初创小微企业，投资者可能面临较大的投资风险，我国应设立股权众筹投资者适当性制度，予之以保护；不过，由于股权众筹系小额投资，投资者适当性制度又不宜过于严苛。

股权众筹投资者适当性制度可从两个方面进行设计：其一，设置投资门槛。即在对投资者进行适当分类的基础上，规定相应的投资限额。其二，赋予股权众筹平台以投资者适当性义务。即要求股权众筹平台对特定投资产品是否适合特定的投资者进行测试，不得将不适当的投资产品出售给特定的投资者。在履行投资者适当性义务方面，股权众筹平台还应做到以下几点：①对平台注册的投资者进行实名认证，收集投资者的身份、财务状况、证券投资经验等相关信息并对其真实性进行必要审核；②清晰、明确地向投资者揭示参与股权众筹活动的各种风险，引导投资者审慎参与股权众筹融资活动；③设置"冷静期"，并将撤回投资的权利及其行使时限和条件告知投资者。

（四）关于信息披露制度

股权众筹的投资者往往缺乏有效的信息获取和分析能力，而初创小微企业的信息透明度普遍不高，这就使得投资者相对于融资者通常处于信息弱势地位，面临遭受欺诈的风险。另一方面，过高的信息披露要求，必然增加作为融资者的初创小微企业的合规成本，甚至扼杀其通过股权众筹筹集资本的积极性。因此，股权众筹的信息披露要求既要有利于保护投资者又要有利于资本形成，应在二者之间谋求适当的平衡。

我国在设计股权众筹信息披露制度时，除规定强制信息披露外，还应当鼓励融资者自愿披露补充信息，以为投资者提供充分可靠的决策信息基础。此外，可考虑借鉴美国 JOBS 法案的做法，基于融资规模的不同规定差异化的财务信息披露要求。

（五）关于投后管理制度

为促进投资者作为股东有效参与众筹公司的治理，可考虑以股权众筹平台为核心，构建股权众筹投后管理制度。具体思路如下：①规定股权众筹平台负有辅导、督促众筹公司完善其公司治理的职责。比如，平台应协助众筹公司制定公司章程、建立健全其组织架构和内部控制制度，协助众筹公司建立募集资金的专项管理制度；众筹公司召开股东大会、董事会或监事会，应将会议记录、所作决议及时交平台备案。②规定平台应当为投资者提供必要的技术服务，以便利投资者行使股东权利。比如，平台应该建立股东自助投票系统和网络虚拟股东大会系统，以方便股东行使其表决权。③允许投资者利用股权众筹平台征集表决权，或建立表决权信托制度，让平台代表分散的投资者参与公司治理。

第四节　互联网保险法律制度

一、互联网保险的概念与分类

参照中国保监会 2015 年 7 月发布的《互联网保险业务监管暂行办法》（以下简称《暂行办法》），互联网保险是指保险机构依托互联网和移动通信等技术，通过自营网络平台、第三方网络平台等订立保险合同、提供保险服务的一种新型保险业态。其中，保险机构是指经保险监督管理机构批准设立，并依法登记注册的保险公司和保险专业中介机构，而保险专业中介机构是指经营区域不限于注册地所在省、自治区、直辖市的保险专业代理公司、保险经纪公司和保险公估机构；自营网络平台是指保险机构依法设立的网络平台；第三方网络平台是指除保险机构自营网络平台外，在互联网保险业务活动中为保险消费者和保险机构提供网络技术支持辅助服务的网络平台。

结合《暂行办法》的相关规定，根据所依托网络平台的不同，可以将互联网保险分为以下两种类型：

1. 依托保险机构自营网络平台开展的互联网保险。保险机构自营网络平台可再分为保险公司自营网络平台和保险中介机构自营网络平台。保险公司通过自营网络平台开展互联网保险业务，是指保险公司自建直销网站，在线与投保人订立保险合同，销售传统的财产保险产品和人身保险产品。其优势在于，保险公司利用网站平台、电子合同等技术手段，能够突破传统线下保险销售渠道物理上的时空限制，有效节约营销和服务成本。其典型代表有平安保险商城、泰康在线等。保险中介机构通过自营网络平台开展互联网保险业务，是指保险中介机构自建网站平台，从事保险的代理、经纪和公估等业务。中民保险网、慧择保险网等为其典型代表。

保险机构自营网络平台开展互联网保险业务，应具备下列条件：①具有支持互联网保险业务运营的信息管理系统，实现与保险机构核心业务系统的无缝实时对接，并确保与保险机构内部其他应用系统的有效隔离，避免信息安全风险在保险机构内外部传递与蔓延；②具有完善的防火墙、入侵检测、数据加密以及灾难恢复等互联网信息安全管理体系；③具有互联网行业主管部门颁发的许可证或者在互联网行业主管部门完成网站备案，且网站接入地在中华人民共和国境内；④具有专门的互联网保险业务管理部门，并配备相应的专业人员；⑤具有健全的互联网保险业务管理制度和操作规程；⑥互联网保险业务销售人员符合中国保监会（中国银保监会）的有关规定；⑦中国保监会（中国银保监会）规定的其他条件。

2. 依托第三方网络平台开展的互联网保险。保险机构依托第三方网络平台开展互联网保险业务的，互联网保险业务的销售、承保、理赔、退保、投诉处理及客户服务等保险经营行为，应由保险机构管理和负责。第三方网络平台为保险消费者和保险机构提供网络技术支持辅助服务应具备以下条件：①具有互联网行业主管部门颁发的许可证或者在互联网行业主管部门完成网站备案，且网站接入地在中华人民共和国境内；②能够完整、准确、及时地向保险机构提供开展保险业务所需的投保人、被保险人、受益人的个人身份信息、联系信息、账户信息以及投保操作轨迹等信息；③最近 2 年未受到互联网行业主管部门、市场监督管理部门等政府部门的重大行政处罚，未被中国保监会（中国银保监会）列入保险行业禁止合作清单；④中国保监会（中国银保监会）规定的其他条件。第三方网络平台自营互联网保险业务，应当依法取得保险业务经营资格。

二、互联网保险法律关系

目前，国内互联网保险业务主要涉及投保人、保险公司、保险专业中介机构、第三方网络平台、支付服务提供商等主体。各主体之间通过订立合同建立相应的法律关系，主要包括：

1. 投保人与保险公司之间的保险合同法律关系。无论互联网保险的业务模式如何创新，投保人与保险公司之间的保险合同关系始终是互联网保险最基本的法律关系。互联网保险合同是投保人和保险公司之间约定保险权利义务的协议：投保人承担支付保险费的义务；保险公司作为保险人享有收取保险费的权利，并承担在保险事故发生后赔偿或给付保险金的义务。

2. 保险公司与保险专业中介机构之间的委托代理法律关系。保险专业中介机构根据保险公司的委托代为办理保险业务，并向保险公司收取佣金。因此，二者之间构成委托代理法律关系。

3. 投保人、保险公司与第三方网络平台之间的居间合同法律关系。保险公司依托第三方网络平台开展互联网保险业务，第三方网络平台并不直接参与投保人与保险公司之间的保险合同法律关系，只是提供"网络技术支持辅助服务"，促成投保人与保险公司签订保险合同，并因此向保险公司收取佣金。实践中，虽然大多数第三方网络平台不向投保人收取佣金，但并不影响投保人与第三方网络平台之间居间合同法律关系的性质。

4. 投保人、保险机构、第三方网络平台与支付服务提供商之间的服务合同法律关系。《暂行办法》第 13 条规定："投保人交付的保险费应直接转账支付至保险机构的保费收入专用账户，第三方网络平台不得代收保险费并进行转支付。保费收入专用账户包括保险机构依法在第三方支付平台开设的专用账户。"可见，互联网保险必须借助包括第三方支付平台在内的支付服务提供商，完成保险费的转账结算。因此，投保人、保险机构、第三方网络平台与支付服务提供商之间成立服务合同法律关系。

三、互联网保险的监管

《暂行办法》着重从以下三个方面对互联网保险业务进行了规范：

（一）有条件放开部分险种的经营区域限制

互联网保险业务应由保险机构总公司建立统一集中的业务平台和处理流程，实行集中运营、统一管理。基于互联网保险跨地域的特点，《暂行办法》有条件地放开了部分险种的经营区域限制。保险公司在具有相应内控管理能力且能满足客户服务需求的情况下，可将部分险种的互联网保险业务扩展至未设立分公司的省、自治区、直辖市，如人身意外伤害保险、定期寿险和普通型终身寿险；投保人或被保险人为个人的家庭财产保险、责任保险、信用保险和保证保险；能够独立、完整地通过互联网实现销售、承保和理赔全流程服务的财产保险业务。

（二）信息安全管理要求

《暂行办法》要求保险机构完整记录和保存互联网保险业务的交易信息，确保能够完整、准确地还原相关交易流程和细节。交易信息应至少包括产品宣传和销售文本、销售和服务日志、投保人操作轨迹等。保险机构应加强业务数据的安全管理，采取防火墙隔离、数据备份、故障恢复等技术手段，确保与互联网保险业务有关的交易数据和信息的安全、真实、准确、完整。同时要加强客户信息管理，确保客户资料信息真实有效，保证信息采集、处理及使用的安全性与合法性。对开展互联网保险业务过程中收集的客户信息，保险机构要严格保密，不得泄露。

（三）信息披露要求

《暂行办法》对经营主体履行信息披露义务作了较为详细、具体和明确的要求。

1. 保险机构应在开展互联网保险业务的相关网络平台的显著位置，以清晰易懂的语言列明保险产品及服务等信息，包括：①保险产品的承保公司、销售主体及承保公司设有分公司的省、自治区、直辖市清单；②保险合同订立的形式，采用电子保险单的，应予以明确说明；③保险费的支付方式以及保险单证、保险费发票等凭证的配送方式、收费标准；④投保咨询方式、保单查询方式及客户投诉渠道；⑤投保、承保、理赔、保全、退保的办理流程及保险赔款、退保金、保险金的支付方式；⑥针对投保人（被保险人或者受益人）的个人信息、投保交易信息和交易安全的保障措施；⑦中国保监会（中国银保监会）规定的其他内容。

2. 网络平台上公布的保险产品相关信息，应由保险公司统一制作和授权发布，并确保信息内容合法、真实、准确、完整。保险公司应在互联网保险产品的销售页面上列明：①保险产品名称（条款名称和宣传名称）及批复文号、备案编号或报备文件编号；②保险条款、费率（或保险条款、费率的链接），其中应突出提示和说明免除保险公司责任的条款，并以适当的方式突出提示理赔要求、保险合同中的犹豫期、费用扣除、退保损失、保险单现金价值等重点内容；③销售人身保险新型产品的，应按照《人身保险新型产品信息披露管理办法》的有关要求进行信息披露和利益演示，严禁片面使用"预期收益率"等描述产品利益的宣传语句；④保险产品为分红险、投连险、万能险等新型产品的，须以不小于产品名称字号的黑体字标注收益不确定性；⑤投保人的如实告知义务以及违反义务的后果；⑥保险产品销售区域范围；⑦其他直接影响消费者利益和购买决策的事项。

3. 开展互联网保险业务的保险机构，应在其官方网站建立互联网保险信息披露专栏，披露下列信息：①经营互联网保险业务的网站名称、网址，如为第三方网络平台，还要披露业务合作范围；②互联网保险产品信息，包括保险产品名称、条款费率（或链接）及批复文号、备案编号、报备文件编号或条款编码；③已设立分公司名称、办公地址、电话号码等；④客户服务及消费者投诉方式；⑤中国保监会（中国银保监会）规定的其他内容。保险专业中介机构开展互联网保险业务的，所披露的信息还应包括中国银保监会颁发的业务许可证、营业执照登载的信息或营业执照的电子链接标识、保险公司的授权范围及内容。

■ 思考题

1. 简述互联网金融的特点。
2. 简述互联网金融的主要业态。
3. 简述互联网金融监管的基本原则。
4. 简述 P2P 网络借贷的监管规则。
5. 简述股权众筹的法律关系。
6. 互联网保险有哪些信息披露要求？

■ 推荐书目

1. 蔡海宁主编：《互联网金融原理与法律实务》，上海交通大学出版社 2015 年版。

2. 李爱君:《互联网金融法律与实务》,机械工业出版社 2015 年版。

3. 邓建鹏、黄震:《互联网金融法律与风险控制》,机械工业出版社 2017 年版。

4. 刑会强等:《互联网金融风险防范法律问题研究》,中国金融出版社 2018 年版。

第十一章　金融衍生产品法律制度

■ **学习目的和要求**

　　掌握金融衍生产品法律制度的调整对象；理解金融衍生产品法律制度的价值取向；熟悉金融衍生产品法律制度的基本框架和主要内容，包括主要交易制度、主要监管制度以及我国有关金融衍生产品的现行规定。

　　金融衍生产品法律制度是调整因金融衍生产品交易活动而产生的各类社会关系的法律规范的总称。金融衍生产品法律制度在构成上主要包括交易惯例与相关立法两大部分，其主要惯例与基本制度原理形成于国际金融衍生产品交易实践及金融衍生产品交易实践丰富的国家。我国开展金融衍生产品交易时间较晚，但交易品种逐渐丰富，并逐步形成了一套具有自身特色的金融衍生产品法律制度，主要的法律文件有《期货交易管理条例》与《银行业金融机构衍生产品交易业务管理暂行办法》，主要的惯例有中国银行间市场交易商协会发布的《中国银行间市场金融衍生产品交易主协议》等交易文件。

第一节　金融衍生产品法律制度概述

一、金融衍生产品概述

（一）金融衍生产品的概念

　　金融衍生产品（Financial Derivatives），亦称金融衍生工具、衍生金融产品、金融衍生品，可简称为衍生产品、衍生工具或衍生品，它是指在基础金融产品之上，将基础金融产品或基础变量按照一定的标准和数理模型所建构出来的金融产品。美国证券交易委员会将其定义为"一种工具，该工具价值取决于或者衍生于标的指数、比率（比如利率或者汇率）、证券、商品或其他资产"；我国《银行业金融机构衍生产品交易业务管理暂行办法》第 3 条规定："本办法所称衍生产品是一种金融合约，其价值取决于一种或多种基础资产或指数，合约的基本种类包括远期、期货、掉期（互换）和期权。衍生产品还包括具有远期、期货、掉期（互换）和期权中一种或多种特征的混合金融工具。"金融衍生产品在外观形式上均表现为合约或合约的集合。

金融衍生产品所赖以衍生的基础金融产品，不仅包括传统的金融产品如货币、债券、股票、基金单位、票据、存款、贷款、保险凭证等，而且包括金融衍生工具自身。作为金融衍生产品衍生基础的变量则包括利率、汇率、各类价格指数、信用、收益甚至天气（温度）指数等。

金融衍生产品具有套期保值、财务管理以及套利投机等重要功能。所谓套期保值功能，是指通过金融衍生产品的交易可以回避价格风险，从而使商品或资产的价值不受价格波动的负面影响，远期、期货、期权等均是常用的套期保值工具；所谓财务管理功能，是指金融衍生产品交易本身即为投融资管理手段，通过金融衍生产品的交易，可以调整资产负债结构，管理风险与收益，金融互换就是典型的财务管理工具；所谓套利投机，是指利用金融衍生产品交易有可能获得价差收益，几乎所有的金融衍生产品均可用于套利投机。金融衍生产品的套期保值功能和财务管理功能也可以被归纳为风险管理功能。风险管理功能是金融衍生产品产生的最主要原因，也是金融衍生产品存在与发展的最主要价值。

（二）金融衍生产品的类别

根据交易方法与交易特点的不同，通常将金融衍生产品分成四大类，即远期、期货、期权与互换。

1. 远期（Forward），又可称远期合约，是指合同双方约定在未来某一日期以约定价格，由买方向卖方购买一定数量标的商品的金融产品。一般认为远期是最初始状态的金融衍生产品。例如在我国上市交易的标准债券远期合约、天然薄荷脑中远期合约、人民币无本金交割远期外汇合约等，均属于远期。

2. 期货（Futures），亦可称期货合约，是指约定在将来某一特定时间和地点交割一定数量和质量的实物商品、金融产品或其他金融资产的标准化合约。期货合约一般由期货市场的组织者如期货交易所统一制定，并在特定的交易市场统一集中交易。例如，在上海期货交易所上市的期货交易品种，有原油期货合约、阴极铜期货标准合约、铝期货标准合约、黄金期货标准合约、燃料油期货标准合约、天然橡胶期货合约等；在中国金融期货交易所上市交易的，有沪深300指数期货合约、国债期货合同等。

3. 期权（Option），又称为选择权，是指买方在支付一定金额的权利金后即可获得一种选择权的特定金融衍生产品。期权买方的选择权一般是有权选择是否要求期权卖方履行特定的交易义务；一旦买方行使选择权，期权的卖方就必须依事前的约定履行相应的交易义务。可见，期权是就特定交易义务履行与否的选择权进行买卖的金融衍生产品。期权可分为看涨期权（Call Option）与看跌期权（Put Option）两大基本类别，例如我国证券市场上的认股权证与认沽权证即分别是看涨期权和看跌期权。目前我国上市交易的期权品种日渐增多，例如有人民币对外汇期权交易、铜期权合约、天然橡胶期权合约等等。

4. 互换（Swap），又称金融互换或掉期，是指交易双方按照事先的约定，在未来某一期间内，互相交换一系列现金流量或支付（例如本金、利息、价格差等）的特定金融产品。互换是改变风险的重要方法，是管理资产与负债的特定工具。按照产生互换现金流标的资产的不同，互换可以分为利率互换、货币互换、商品互换、信用互换、股票互换等类别，例如我国银行间市场上交易的人民币利率互换、人民币外汇货币掉期、信用风险缓释凭证交易就分别属于利率互换、货币互换和信用互换。

除以上分类外，金融衍生产品还可以按其他标准进行分类。按基础金融产品的不同，可划分为股权式衍生产品、货币衍生产品、利率衍生产品、信用衍生产品、商品衍生产品等；按风险与收益特性的不同，可划分为风险收益对称型衍生产品与风险收益不对称型衍生产品；按交易地点的不同，可划分为场外交易衍生产品与场内交易衍生产品。

（三）金融衍生产品的特点

关于金融衍生产品的特点，金融学界有多种概括。综合其金融特性和法律特性，我们将金融衍生产品的主要特点归纳如下：

1. 契约性。金融衍生产品在外观上均表现为一定形式的合约，金融衍生产品交易实际上主要指这种合约的买卖。另外，金融衍生产品在构成上还经常表现为多份合约的组合，即由多份合约按照特定的联结关系构成一项金融衍生产品。

2. 整体性。所有金融衍生产品都离不开基础资产、时间、合约等基本构成元素；复杂的金融衍生产品不但具有多样性的基础资产、多样性的时间以及多份合约的组成结构，而且可能将特定的主体（如特殊目的公司）、特定的信用指数与信用等级等其他要素也纳入其中；这些构成部分若未纳入该项金融衍生产品，一般均具有独立性并可单独理解，而一旦纳入金融衍生产品，无论在收益关系、价值决定关系还是法律性质上，则会部分丧失或完全丧失独立性，从而共同构成一项完整的、不可分割的及应予统一理解的金融衍生产品。

3. 预期性。从某种意义上讲，金融衍生产品是在当下对基础资产或基础变量未来的某种可能性所进行的交易，也就是说，金融衍生产品所交易的是交易双方各自对基础资产或变量的预测利益。

4. 再衍生性。金融衍生产品可以将其他的金融衍生产品作为自身的基础资产或基础变量进行再衍生。理论上，金融衍生产品的再衍生可以经过无穷层级。然而，金融衍生产品所衍生的层级越多，其收益可预期性的维持以及整体性法律性质的维持将会越难，风险性也就越大。

5. 杠杆性。金融衍生产品通常只要求很少的或不要求初始净投资，或者依靠担保信用例如保证金，即可进行交易，但却能撬动大额或巨额的资金交易，并且通常采用净额结算或对冲的方式进行交割结算，故具有十分明显的杠杆性特点。杠杆性的大小同风险性的高低密切相关，正是由于高杠杆性特点的存在，金融衍生产品交易的风险性很高。如果得不到合理的监管与规制，泛滥失当的金融衍生产品交易将可能带来巨大的金融风险甚至是系统性风险，例如2007年全球金融危机中美国泛滥的信用违约互换（CDS）交易就是造成危机爆发的重要原因之一。

二、金融衍生产品法律制度概述

（一）金融衍生产品法律制度的调整对象

金融衍生产品法律制度的调整对象是因金融衍生产品交易活动而产生的各种社会关系，主要包括金融衍生产品交易关系和金融衍生产品监管关系。其中，金融衍生产品监管关系是政府金融监管机构对金融衍生产品交易市场、主体及其活动进行监管以及行业协会、市场组织者（交易所）对会员进行自律性监管而形成的社会关系，在此不予赘述。

金融衍生产品交易关系是平等的市场主体之间因金融衍生产品交易活动而产生的各种社会关系，具体包括：

1. 金融衍生产品买卖关系。这是金融衍生产品交易最主要的社会关系。在场外交易的情况下，通常直接在交易双方之间发生买卖关系，但也可以由买卖双方分别与做市商发生买卖关系；在场内交易的情况下，交易双方则通过交易所的组织、安排而达成买卖关系。无论是场外交易还是场内交易，金融衍生产品买卖中都不可避免地存在信用支持交易关系或者说担保交易关系。

2. 金融衍生产品开发、设计关系。金融衍生产品有时需要根据客户的特定需求进行开发、设计，因此而形成的社会关系是非常重要的金融衍生产品交易关系。

3. 金融衍生产品售后服务关系。结构化或定制金融衍生产品的交易，往往涉及售后服务问题。金融衍生产品在售出之后至未来到期交割日之前，可能因部分要素的非合理变化而部分或完全丧失其预设功能。为了确保金融衍生产品不因非合理原因背离购买方的特定要求或交易目的，卖方、开发人或设计人等金融衍生产品的经营方，应当对所售金融衍生产品承担相应的售后服务义务，如风险预警通知、功能的合理维持等。此外，由于结构化金融衍生产品常常十分复杂且创新速度快，作为买方，即使是成熟的机构投资者，也往往难以把握其操作程序与使用方法，故对于所售金融衍生产品，经营方应承担相应的辅导义务。如果金融衍生产品售出后仍由经营方参与或控制其具体操作，经营方对所售金融衍生产品还应当承担合理操作的注意义务与忠实诚信义务。

金融衍生产品经营方与购买方在售后服务过程中所产生的社会关系，即为金融衍生产品售后服务关系。2007 年爆发的全球金融危机进一步揭示了此种社会关系的重要性。金融衍生产品售后服务关系，可以是一种独立的社会关系，也可能融入买卖合同、开发设计合同之中作为合同履行的内容，或者在法律性质上表现为合同当事人的附随义务。然而，不论金融衍生产品售后服务关系是否独立，金融衍生产品法律制度都应当注重对此类社会关系的规范和调整，在司法审判实践中，也应当着重对之予以考量。

4. 金融衍生产品中介服务关系。这是因中介机构就金融衍生产品交易提供中介服务而产生的社会关系。常见的中介机构，包括金融衍生产品交易安排人、信用评级机构、资产评估机构、计算人、会计服务机构、律师服务机构、交易经纪机构、存管人等。其中，安排人是指安排特定金融衍生产品在买卖双方之间进行交易的人，有时安排人由开发人、设计人或卖方充当。计算人是指依金融衍生产品结构或交易协议的安排，对金融衍生产品的价值（市值）提供计算服务的人，一般是特定的金融机构；在复杂的、证券化的金融衍生产品交易中，常会有计算人出现；计算人的计算一般是金融衍生产品购买（申购）、回购（赎回）、清算交割的前提。存管人是指对金融衍生产品的现金、证券等资产进行存管或者托管的人；在证券化的金融衍生产品交易中常会有存管人出现，一般也是特定的金融机构。

（二）金融衍生产品法律制度的渊源

金融衍生产品法律制度的渊源，除宪法、法律、行政法规、部门规章与规范性文件、地方性法规、地方政府规章以及国际法规范之外，还包括金融惯例。由于金融衍生产品创新速度快，而立法总难免滞后，金融惯例对于金融衍生产品的规范发展十分重要。

金融惯例包括国际金融惯例与国内金融惯例。国际金融惯例是相关国际协会或组织发布的惯常交易做法，如：国际掉期与衍生工具协会（International Swaps and Derivatives Association，ISDA）发布的交易规则、指南及协议范本；巴塞尔银行监管委员会和国际证监会组织 1994 年 7 月联合发布的《衍生品风险管理指南》。国内金融惯例是国内相关协会或组织发布的惯常交易做法，如中国银行间市场交易商协会发布的《中国银行间市场金融衍生产品交易主协议》及其附件以及《中国银行间市场金融衍生产品交易定义文件》等。

（三）金融衍生产品法律制度的价值取向

金融衍生产品法律制度的价值取向，是指金融衍生产品法律制度所要实现和保护的主要目标价值以及这些目标价值之间的逻辑结构关系。金融衍生产品法律制度应当实现和保护自由、安全与效率三大目标价值。

1. 自由价值。金融衍生产品法律制度应当承认和保护金融衍生产品市场的交易自由。此乃民商事交易自由这一基本理念在金融衍生产品领域的应有体现。金融衍生产品市场的生命力在于创新，而创新源于市场主体内在的利益驱动，只有承认和保护金融衍生产品市场的交易自由，创新才有动力，市场才有活力。

2. 安全价值。事实证明，金融衍生产品市场的非理性繁荣与不规范发展，极易引发金融灾难。因此，金融衍生产品法律制度应当努力防范和化解金融衍生产品交易可能引发的金融风险，维护金融衍生产品交易的安全以及金融体系的整体安全。

3. 效率价值。金融衍生产品法律制度应当致力于提高金融衍生产品市场的效率，包括具体金融衍生产品交易的微观效率和整个金融衍生产品市场的宏观效率。其重点在于：规范市场竞争，打击内幕交易和操纵市场行为；强化信息披露，提高市场透明度；简化或废除不必要的监管环节和监管要求，降低监管成本；强化套期保值功能和财务管理功能，服务实体经济，防止金融功能过度异化、防止金融脱实向虚。

以上三大目标价值具有内在的逻辑结构关系：自由是基础，安全是核心，效率是必要。没有自由，金融衍生产品市场无从发展；没有安全，金融衍生产品市场难乎为继；没有效率，自由与安全均无意义。尽管安全是核心，但过分注重安全必定剥夺自由，减损效率；尽管自由是基础，效率为必要，但过度追逐自由与效率势必威胁安全。可见，三大目标价值是相互依赖、对立统一的关系，必须正确处理。其中，尤其应当把握好金融监管与金融创新的关系。

三、我国现行金融衍生产品法律规范与自律规范

20 世纪 90 年代初，我国开始引入金融衍生产品交易。最初是简单的期货、远期交易，到现在，不仅期货、远期交易品种大为丰富，利率互换和货币掉期等有了规模性开展，2010 年创新出了信用风险缓释工具业务（Credit Risk Mitigation Agreement，CRMA，相当于信用违约互换即 CDS），而且对国际金融衍生产品市场的参与程度也在不断提高。在这个过程中，我国逐步建立了金融衍生产品法律制度。

我国有关金融衍生产品的法律规范，可分为专门法律规范与相关法律规范。其中，专门法律规范主要有：《关于审理期货纠纷案件若干问题的规定》（最高人民法院 2003 年 6 月发布）；《银行业金融机构衍生产品交易业务管理暂行办法》（中国银监会 2004 年 2 月发布，2007 年 7 月、2011 年 1 月修订）；《全国银行间债券市场债券远期交易管理规定》（中国人民银行 2005 年 5 月发布）；《期货交易管理条例》（国务院 2007 年 3 月发布，2012 年 10 月、2013 年 7 月、2016 年 2

月、2017 年 3 月修订）；《期货交易所管理办法》（中国证监会 2007 年 4 月发布、2017 年 12 月修订）；《期货投资者保障基金管理暂行办法》（中国证监会 2007 年 4 月发布，2016 年 11 月修订）；《期货从业人员管理办法》（中国证监会 2007 年 7 月发布）；《远期利率协议业务管理规定》（中国人民银行 2007 年 9 月发布）；《关于保险机构开展利率互换业务的通知》（中国保监会 2010 年 7 月发布）；《关于审理期货纠纷案件若干问题的规定（二）》（最高人民法院 2010 年 12 月发布）；《期货公司分类监管规定》（中国证监会 2011 年 4 月发布）；《关于建立场外金融衍生产品集中清算机制及开展人民币利率互换集中清算业务有关事宜的通知》（中国人民银行 2014 年 1 月发布）；《期货公司监督管理办法》（中国证监会 2019 年 6 月发布）；《关于切实加强金融衍生业务管理有关事项的通知》（国资委 2020 年 1 月发布）；《保险资金参与金融衍生产品交易办法》（中国银保监会 2020 年 6 月发布）；《保险资金参与国债期货交易规定》（中国银保监会 2020 年 6 月发布）；《保险资金参与股指期货交易规定》（中国银保监会 2020 年 6 月发布）。相关的法律规范有《商业银行开办代客境外理财业务管理暂行办法》（中国人民银行、中国银监会、国家外汇管理局 2006 年 4 月发布）；《商业银行理财业务监督管理办法》（中国银保监会 2018 年 9 月发布）等。

除法律规范外，我国还有一些涉及金融衍生产品的自律规则与交易指导性文件。前者如中国金融期货交易所发布的《中国金融期货交易所交易规则》《中国金融期货交易所违规违约处理办法》《中国金融期货交易所结算细则》《中国金融期货交易所套期保值管理办法》《中国金融期货交易所信息管理办法》，以及中国银行间市场交易商协会发布的《银行间市场信用风险缓释工具试点业务指引》等；后者如中国银行间市场交易商协会发布的《中国银行间市场金融衍生产品交易主协议（2009 年版）》《中国银行间市场金融衍生产品交易质押式履约保障文件（2009 年版）》《中国银行间市场金融衍生产品交易转让式履约保障文件（2009 年版）》以及《中国银行间市场金融衍生产品交易定义文件（2012 年版）》等。

总体上讲，随着我国金融衍生产品市场不断发展，金融衍生产品的种类不断丰富，我国金融衍生产品法律制度也在快速发展，并形成了一定的中国特色，例如我国更重视风险的提前防范，更重视投资者保护、市场稳妥发展与衍生品交易安全等等。2006 年，我国启动了期货法的立法程序，由中国证监会牵头起草的期货法草案至 2018 年底已经基本成形。可以预见，随着金融改革的深化，我国将会形成一套以期货法为中心的、完整的金融衍生产品法律体系。

第二节　金融衍生产品交易法律制度

一、金融衍生产品交易的协议制度

金融衍生产品交易包括场内交易与场外交易。场内交易实行标准化合约制度，标准化合约一般由交易所制订且通常需要报监管当局批准或备案，如中国金融期货交易所的"沪深300股指期货合约"，就是由该交易所制订并报中国证监会批准后于2010年上市交易的；再如全国银行间同业市场中的利率互换产品，就是经中国人民银行批准后由各具有交易资质的机构经备案后进行交易的。由于大多数金融衍生产品交易发生在场外，场外交易协议（合约）又是由交易双方协商确定，故以下着重介绍场外交易协议的相关问题。

（一）场外交易协议的范本化

金融衍生产品先有场外交易，后有场内交易。起初，场外交易协议由交易双方一对一商定，故不同当事人之间所订协议常有较大不同。随着交易量增大，这种每次叙做交易均要就协议内容逐条逐项进行磋商的做法，显然不再合适。为此，市场上开始出现了金融衍生产品交易协议的范本，它们既能满足一对一交易的需求又可以反复适用。在这方面起步最早、做得最好的，当属国际互换交易商协会（International Swaps Dealers Association）。该协会成立于1985年，后改称国际掉期与衍生工具协会，但英文简称始终为"ISDA"。由其会员克里斯托弗·斯托克拟订的《利率和货币互换协议》，是最早的衍生交易协议范本。随后，ISDA相继发布了《1987年利率互换主协议》《1992年主协议》和《2002年主协议》。这些协议，尤其《1992年主协议》，是目前运用最为广泛的交易协议范本。我国开办金融衍生产品交易之后，中国外汇交易中心、中国银行间市场交易商协会参照ISDA主协议，也发布了一系列金融衍生产品交易协议范本。

围绕主协议一般存在三类交易文件：①主协议、主协议附件和交易确认函。其中，主协议及其附件是可以反复适用的交易条款及一般规定，交易确认函则对每笔具体交易进行规定与确认。②信用支持文件。它是对主协议及其附件的履行进行保障的担保性文件，交易双方可以根据交易确认函所确认的具体交易，选择适用不同类型的信用支持文件。③相关的定义手册。它们对金融衍生产品市场的交易习俗与行业惯例进行总结与界定，交易双方可以在签订交易协议时根据自身的需求选择适用定义手册中的内容。例如ISDA于2014年发布的信用衍生产品定义文件就是在总结信用衍生类产品交易的特点与惯例的基础上，对ISDA于2003年所发布的信用衍生产品定义文件进行修订更新而形成的，该定义文件由交易各方通过签订相关协议的方式而予以适用；再如，ISDA2020年发布的《ISDA 2020

银行间同业拆借利率（IBOR）后备条款议定书》（ISDA 2020 IBOR Fallbacks Protocol）及 IBOR 后备条款补充文件（IBOR Fallbacks Supplement）根据具体情况对有关利率的术语进行了界定，以供交易各方参考或选择适用。

就交易文件的效力层级而言，主协议、主协议附件、信用支持文件以及定义手册构成一般条款，交易确认函的内容则构成特殊条款。也就是说，当其他交易文件与交易确认函出现不一致时，在交易确认函所适用的交易上，交易确认函具有优先适用效力；对于交易确认函未涉及的事项，适用主协议、主协议附件、信用支持文件以及定义手册的规定。

场外金融衍生产品交易协议的范本化，提高了金融衍生产品交易的效率与安全性，促进了金融衍生产品交易市场的发展。范本化的交易协议，事实上构成了金融衍生产品交易的市场惯例，是学习、研究金融衍生产品法律制度不能忽视的重要内容。需要指出的是，当金融衍生产品交易合约的范本化达到场内交易标准化合约的程度时，该品种金融衍生产品即具备了在场内交易的最核心条件。

（二）单一协议制度

单一协议制度与金融衍生产品的交易习惯以及协议的设计结构和运用方式密切相关，是指在一份主协议之下通过交易确认函叙做的所有金融衍生产品交易及相关交易，均只是一份单一协议之下的交易且只构成交易双方之间一项单一的合同法律关系。

在交易实践中，金融衍生产品交易双方在签订主协议及其附件之后，会在较长的时间内通过交易确认函叙做多笔衍生产品交易及信用支持交易，而且这些交易在交易习惯上并非是单独交割履行，而是通过轧差最后交割净额，亦即进行净额结算。因此，在一份主协议之下，无论有多少笔及多少种具体的交易，它们均只构成一项整体性的交易，各项具体交易不可被分割作单独理解及强制执行。

1992 年和 2002 年的 ISDA 主协议分别在第 1 条（c）款明确规定了"单一协议"条款，即："双方当事人达成的所有交易均基于一项事实，即他们之间签订的 ISDA 主协议以及所有的确认函构成他们之间唯一的协议。若非如此，他们不会达成任何交易。"类似规定在其他金融衍生产品交易主协议同样存在，是金融衍生产品交易协议的基础性条款。

单一协议制度是场外金融衍生产品交易的基础性法律制度，它为净额结算交易习惯，尤其是终止型净额结算，提供了充分的法律依据。目前在我国，尽管金融衍生产品交易协议范本包含了单一协议条款，但尚未见之于任何法律，亦无得到司法实践支持的实例，更与破产法的有关规定相冲突，因此，单一协议制度在我国还没有真正确立。

（三）单一协议保障制度——安全港规则

安全港规则，是在破产事件发生或可能发生的情况下，对金融衍生产品交易单一协议进行保障的相关法律制度。具体而言，是指在金融衍生产品交易一方发生破产事件时，协议另一方仍可以继续履行、变更、终止或清算金融衍生产品交易协议，而不受破产法中如下核心机制的约束：破产约定条款无效机制、自动冻结机制、偏颇性转让与推定欺诈转让可撤销机制。其中，破产约定条款是指约定当一方陷入财务困境、资不抵债或者进入破产程序时，允许另一方变更或终止合同的条款；此种约定条款在破产法上无效。自动冻结机制是指破产申请一旦提起，此前的任何其他行政或司法程序或者合同请求权即被自动中止的一种破产法律机制。偏颇性转让是指破产债务人在破产申请提起之前的一定时间（如90天或1年）内对特定债权人进行财产转让，并使该债权人能够获得比破产程序中更多利益的财产转让行为；偏颇性转让违反了公平受偿原则，在破产法上是可以被撤销的行为。推定欺诈转让是指在破产申请提起之前的一定时间（如1年）内债务人与特定债权人之间所进行的不合理的低价转让财产行为；推定欺诈转让亦违反了公平受偿原则，是可以被撤销的行为。可见，安全港规则可以有效防止单一协议在破产程序中被挑选履行及被分拆履行，保障了单一协议在破产程序中的实现。

不过安全港规则也存在例外，即对于实际欺诈转让不得适用安全港规则。所谓实际欺诈转让，是指在破产申请提起之前的一定时间（如1年）内债务人与特定债权人之间所进行的具有阻碍、拖延或欺诈其他破产债权人等实际欺诈意图的财产转让行为。

安全港规则主要见于美国破产法，是美国金融衍生产品法律制度的一项重要内容，我国目前还未建立该项制度。需要注意的是，安全港规则仅是在破产条件下对场外金融衍生产品交易的单一协议条款进行保护，仅立法上确立了安全港规则并不等于就建立了单一协议制度。关于安全港规则，目前国内外已有学者主张取消，理由是它并不能真正保护金融安全，反而给了金融交易不平等的特权。

二、信用支持制度

信用支持制度，有广义和狭义两层含义。狭义的信用支持制度是指在金融衍生产品交易中由当事人提供信用支持物，为金融衍生产品交易提供履约保障、降低信用风险的一项制度。它以传统的担保制度为基础，但又有自身的特点，是一种创新的信用保障制度。广义的信用支持制度，除上述狭义的信用支持外，还包括通过特定的金融交易安排，尤其是特定的金融衍生交易安排，来增加信用的特定增信制度或曰机制；例如国际上广泛运用的信用违约互换交易机制（CDS）以及我国创新出来的信用风险缓释工具交易机制（CRM，包括信用风险缓释合约即

CRMA 和信用风险缓释凭证即 CRMW 等）就属于此类金融交易安排。在标准化的场内金融衍生产品交易中，主要采用现金担保的信用支持制度，即保证金交易；而在场外金融衍生产品交易中，信用支持制度的内容更加丰富，故以下仍着重介绍场外金融衍生产品交易的信用支持制度。

1. 信用支持物的类别。金融衍生产品交易所使用的信用支持物，必须具有良好的信用、价值以及高度的可流通性，并非传统担保意义上的担保物均可以作为信用支持制度中的信用支持物。因此，在金融衍生产品交易实践中，信用支持物又被称为"合格信用支持物"。通常情况下，合格信用支持物主要包括政府债券与现金两类。

2. 信用支持物的提供机制。提供信用支持物的直接目的，是抵补金融衍生产品交易双方之间的信用风险。因此，在交易实践中，当事人是否实际提供以及提供多少合格信用支持物，并不取决于金融衍生产品本身的价值，而是取决于经市值评估计算出来的信用风险净暴露额。

所谓市值评估，又称市价计值、盯市计值或者市价原则，是指用市场价格评估及衡量金融衍生产品交易给交易方带来的损益。通过市值评估可以计算出金融衍生产品交易当事人之间的信用风险敞口。在金融衍生产品交易的整个过程中，市值评估会根据市场变化定期、连续进行。根据市值评估的结果，如果交易一方的信用风险出现净暴露，便要求交易对方提供相应金额的合格信用支持物以防止因信用状况恶化而无法履行该净暴露额的支付义务；如果净暴露额降低，则应向对方返还与净暴露额减少部分相对应的合格信用支持物。可见，合格信用支持物是随市场变化不断地往返、增减和变化的。

3. 信用支持方式。信用支持方式主要有担保权益型（Security Interest Approach）与所有权转让型（Title Transfer Approach）。前者指通过签订信用支持文件，在交易当事人之间设置担保权益类型的信用支持安排；后者指通过签订信用支持文件，在交易当事人之间达成合格信用支持物的所有权转让。所有权转让型信用支持并不是传统意义上的担保，它不创设担保权益，而是合格信用支持物以附条件回复为前提的所有权转让行为。

无论是担保权益型信用支持还是所有权转让型信用支持，在交易实践中，一般都不具有传统担保的或有性与补充性特点，被保障的金融衍生产品交易与信用支持交易也不是主从合同关系。有关信用支持物的交易只是单一协议之下的子交易，应一并进行净额结算。

4. 以信用支持为目的的金融交易安排。信用违约互换和信用风险缓释工具这类交易的基本机制是，针对所约定的特定标的债务的信用风险问题，为管理该等信用风险，由信用保护卖方在信用保护买方遭受信用风险时向信用保护买方提供损失赔付等信用风险保护，信用保护买方为获得该等信用风险保护则应当按照约定向信用保护卖方支付相应的信用保护费用。这类信用支持措施，在基本的法律原理上类似于保险，但不一定构成保险。在实际操作中，信用违约互换、信用风险缓释工具这类金融交易本身也可能需要狭义的信用支持，且交易本身也要与其他相关交易一起进行净额结算。

三、净额结算制度

（一）净额结算的概念

净额结算产生于场外交易，但同样适用于场内交易。按照国际清算银行的定义，净额结算"是指交易当事方对他们之间的头寸或者义务进行的合意冲抵（an agreed offsetting）"。例如，A 银行与 B 银行达成一笔利率互换交易。根据协议，在 2009 年 5 月 20 日，A 银行应向 B 银行支付浮动利息共计 750 000 美元，B 银行应向 A 银行支付固定利息共计 1 000 000 美元。A 银行与 B 银行将各自应向对方支付的金额进行合意冲抵后，只需 B 银行向 A 银行实际支付 250 000 美元。冲抵后，A 银行的支付义务视为履行完毕，B 银行的支付义务则转化为仅支付 250 000 美元即可。

（二）净额结算的类别

有关净额结算比较常见及重要的分类，是按照净额结算成就条件的不同，分为支付型净额结算与终止型净额结算。

支付型净额结算是指在金融衍生产品交易双方互负的支付义务在同一天到期的情况下，于该互负的支付义务到期时，交易双方以相同的货币对相互的支付义务进行冲抵，仅由一方向另一方支付冲抵后的净额。其成就条件是支付义务正常且同时到期。

终止型净额结算是在交易提前终止的情况下所实行的净额结算。其主要特点是：①以发生违约事件或提前终止事件为前提，并且这些事件必须是导致交易提前终止以及导致提前终止日出现或被有效指定的重大影响事件。不过必须注意，发生违约事件会使金融衍生产品交易主协议项下的所有交易均被提前终止并进入净额结算，而发生终止事件则仅使金融衍生产品交易主协议项下的受影响交易提前终止并进入净额结算。②提前终止日出现或被有效指定，会导致实际进入净额结算程序；而且，未来的预期收益则应以提前终止日为基准进行净现值折算，守约方或非受影响方的融资重置成本、套期保值重置成本也构成一项支付项目，不同币种货币表示的支付和应支付的实物应当按照约定的一种币种统一折算金额。③终止型净额结算是针对未到期交易设计的结算方式，但是，在提前终止前如若存在到期应付而未付的支付项目，亦应纳入终止型净额结算中一并结算，并且所有到期未付的款项均应以提前终止日为基准计算利息，从而统一计算出一个净额。④在终止型净额结算被适用时，如若在提前终止日前存在到期未付项目，则终止型净额结算具有否定支付型净额结算并取而代之的法律效力，亦即在这种情况下，原经支付型净额结算产生的到期未付项目不得再依据支付型净额结算制度被要求支付，而应作为一项支付项目一并纳入终止型净额结算之中，进行支付更新。

（三）净额结算的程序

净额结算的程序，一般包括以下方面：①支付项目的记录与核对。即由净额结算当事人根据交易发生的情况，将未来用于净额结算的支付项目逐笔记入净额结算的结算账户，并按照一定的方式，将账目清单交付对方核对，即对账。净额结算当事人有权对对方所记入的支付项目进行核对和提出抗辩；但是，如在约定或习惯所定的期限内，或视情况而定的合理期限内未提出异议，则视为其承认账单的无误与效力。②净额结算条件的设置与成就。即由当事人协商确定净额结算发生或成就的条件。对于支付型净额结算，就是设置结算期及结算期的到来；对于终止型净额结算，就是设置违约事件与终止事件以及因加速到期而提前终止所有的或者相关的未到期金融衍生产品交易。③支付冲抵或称轧差结算。即对所有支付项目进行梳理并完成相互冲抵。经此，一方的原有支付义务宣告解除或视为履行完毕，另一方承担经过净额结算后的一项单一的支付义务。④支付更新与履行。支付更新是指用经过净额结算得出的由一方向另一方负担的单一支付义务替代当事人双方或各方之间原有的支付义务。支付的履行即是对更新后的支付义务的履行。

需要指出的是，支付更新具有强制性与自动性。只要当事人之间达成了净额结算安排，那么对各项支付项目进行冲抵并以冲抵后的单一支付义务取代原有的支付义务就是必须执行的机制，对此不得违反，除非当事人达成新的结算安排并以此取代原有的净额结算安排。此即支付更新的强制性。支付更新的自动性是指，在交易当事人达成净额结算安排之后，当事人间原有的支付义务并不需要等到特定的支付日及依靠人的计算才能够进行相互的冲抵，而是从应有的原本机制来看，这些支付一旦发生即立即自动相互冲抵并形成一个单向的净额以待在支付日进行支付，当事人对所有的支付项目进行计算冲抵只是在还原一个原本已经存在的单向支付净额而已。根据支付更新的强制性与自动性，金融衍生产品交易中有关的交易一旦发生，就立即对进入结算账户贷方与借方的资金进行相互冲抵，并自动计算出在同一支付日应当支付的单向净额数值。支付更新的强制性与自动性，使得净额结算可以有效降低金融衍生产品交易的支付风险。

可见，净额结算是一种确定支付义务的方法与规则，在该支付义务确定之前，交易过程中所发生并计入净额结算账户的支付项目金额，不是真正法律意义上的支付义务，不能被请求支付，而只是会计学意义上的"借方"或"贷方"款项，是待净额结算制度适用的原始对象数据，这些原始数据只有经过净额结算之后才形成真正法律意义上的支付义务。

四、其他重要交易制度

（一）禁止误导与欺诈

在金融衍生产品交易中，作为金融衍生产品经营者的金融机构，尤其不得误导或欺诈客户。这是民商法诚实信用原则和公平原则的具体体现，也是金融衍生产品及其交易的复杂性所提出的特定要求，更是世界各国金融衍生产品法律制度的重要内容。在我国，不仅《民法总则》和《合同法》对误导与欺诈有一般性规定，有关金融衍生产品的专门规范也有相关的特别规定，如《期货交易管理条例》就明确禁止期货交易中的误导与欺诈行为；《金融机构衍生产品交易业务管理暂行办法》也明确规定："在衍生产品销售过程中，银行业金融机构应当客观公允地陈述所售衍生产品的收益与风险，不得误导客户对市场的看法，不得夸大产品的优点或缩小产品的风险，不得以任何方式向客户承诺收益。"

误导与欺诈在金融衍生产品交易中时常发生，包括那些在世界上最负盛名的金融机构，也常常利用其优势地位误导和欺诈客户。2007 年爆发的金融危机曝光了大量的类似事件，如香港雷曼迷你债券事件。迷你债券是一种信贷挂钩票据，属于复杂的高风险结构性金融衍生产品，它与传统债券不同，到期后投资者可能血本无归，但却被发行人刻意包装成一种定期有派息的形式。除香港外，雷曼迷你债券在我国台湾地区、澳门特别行政区和新加坡亦有销售，投资者均遭受了巨大损失。从法律角度看，造成投资者损失的主要原因，在于雷曼兄弟公司及其分销商东亚银行、花旗银行等 20 家银行在销售迷你债券的过程中，涉嫌向部分投资者作出失实陈述，或者向无力承担高风险的投资者进行了销售，使之误以为雷曼迷你债券和普通债券一样属于低风险投资。在 2007 年爆发的金融危机中，我国有数十家中央企业因从事金融衍生产品交易遭受巨额亏损，主要涉及商品期货、汇率掉期、利率掉期以及期权、结构性存款等品种。这些交易主要是在境外与高盛、美林、摩根士丹利等国际大投行达成的。根据国务院国有资产管理委员会的调查，中央企业投资金融衍生产品普遍发生浮亏和损失，固然有其自身的原因，但也与国际投行恶意兜售带有欺诈性的、设计复杂的高杠杆产品有很大的关系。

要遏制金融衍生产品交易中的误导与欺诈行为，必须进一步完善相关的法律制度。一方面，要澄清误导与欺诈的认定标准。如：对预测性信息如何解释与沟通才不构成误导与欺诈？产品销售中极力强调正面因素并淡化负面因素达到怎样的程度可视为误导与欺诈？产品销售后仍负责或参与操作的经营方有意封锁、否定或淡化对产品不利的因素是否构成误导与欺诈? 另一方面, 要针对金融衍生产品交易的特点, 就误导与欺诈行为构建严格的法律责任体系。

（二）风险揭示与信息披露制度

金融机构在销售金融衍生产品时, 对产品的相关信息特别是风险因素, 应当作合理、充分的揭示与披露, 为投资者提供决策基础。我国《银行业金融机构衍生产品交易业务管理暂行办法》就此作了严格规定。

风险得到充分揭示, 信息得到充分披露, 是保障金融衍生产品公平、诚信交易的基本前提。它通过矫正市场上的信息不对称, 为投资者提供了赖以理性决策的信息基础, 同时亦为市场力量约束金融机构合法、理性、诚信经营创造了条件。

不误导或欺诈客户, 充分揭示风险和披露信息, 都是金融机构作为金融衍生产品经营方应当承担的义务。除此之外, 基于在特定交易中的特定身份, 如受托设计金融产品、充当投资顾问、受托操作结构化金融衍生产品, 它们还应依法承担相应的注意义务和信赖责任（Fiduciary Duty）。

第三节　金融衍生产品监管法律制度

一、金融衍生产品监管体制

（一）金融衍生产品监管体制的类型

一国（或地区）的金融衍生产品监管体制, 与其金融监管体制以及金融机构经营体制（分业经营或混业经营）密切相关。目前, 国际上主要有以下两种金融衍生产品监管体制:

1. 政府多部门监管与自律监管相结合。其代表性国家是美国和澳大利亚。在美国, 负责监管金融衍生产品的政府部门, 主要包括美国联邦储备系统、联邦存款保险公司、财政部货币监理署、证券交易委员会、商品期货交易委员会。其中, 证券交易委员会主要负责《证券交易法》所适用的金融衍生产品的监管, 如股票期权、股指期货等; 商品期货交易委员会主要负责《商品交易法》和《商品期货现代化法案》所适用的金融衍生产品的监管, 如农产品、能源、化工品期货与期权以及股指期货与期权、利率期货与期权、外汇期货与期权等。联邦储备系统、联邦存款保险公司与财政部货币监理署, 则负责银行业金融机构的金融衍生产品的监管。美国金融衍生产品市场的自律组织主要包括全国期货业协会、全美证券交易商协会、开展金融衍生产品交易的交易所、负责金融衍生产品集中登记结算的登记结算机构等。它们依据会员章程、交易规则对会员实施自律性监督管理。

在澳大利亚，负责监管金融衍生产品的政府部门，主要是澳大利亚审慎监管局和澳大利亚证券与投资委员会。前者主要从防控系统性风险的角度对所有金融机构进行审慎性监管；后者则从业务经营的角度对银行业、证券业和保险业进行监管。澳大利亚的这种政府监管架构，不以金融机构的业态划分监管职责，实际上带有一体式监管体制（由单一政府部门负责所有金融机构和金融市场的监管）的某些特点，有些学者形象地称之为"双峰式"监管模式。澳大利亚负责自律监管的组织，也主要是相关的金融行业协会、交易所、登记结算机构等。

2. 政府单一部门监管与自律监管相结合。其代表国家是日本。2000年，日本改革原有的金融监管体制，设立了金融厅，由它对金融业实施统一监管，包括金融衍生产品及其交易的监管。日本以金融厅为核心并由央行等机构参与的统一监管机制一直保持至今。这种单一的监管体制，是对政府分行业多部门监管体制的扬弃，能较好契合金融混业经营的格局。除了政府部门的监管之外，日本也有不少金融衍生产品市场的自律组织配合政府或者独立实施着自律监管，如期货与期权行业协会、开展金融衍生产品交易的交易所以及负责金融衍生产品交易登记结算的登记结算机构等。目前，国际上实行这种监管体制的，还有德国、韩国、新加坡等国家以及我国的台湾地区。

（二）我国的金融衍生产品监管体制

我国的金融衍生产品监管体制，与总体金融监管体制相一致，属于政府多部门监管与自律监管相结合的体制。在政府监管方面，中国银保监会负责银行业、保险业金融机构金融衍生产品的监管，中国证监会负责证券业机构金融衍生产品以及期货、期权交易市场的监管，中国人民银行则负责银行间同业拆借市场和银行间债券市场、外汇市场、黄金市场金融衍生产品的监管。

在自律监管方面，我国金融衍生产品的自律组织有中国银行间市场交易商协会、中国外汇交易中心暨全国银行间同业拆借中心、中国银行业协会、中国证券业协会、中国保险行业协会以及各期货交易所。其中，中国银行间市场交易商协会是场外金融衍生产品交易最为重要的自律组织，它由市场参与者自愿组成，是包括银行间债券市场、同业拆借市场、外汇市场、票据市场和黄金市场在内的银行间市场的自律组织，会址设在北京。由其发布的《中国银行间市场金融衍生产品交易主协议（2009年版）》《中国银行间市场金融衍生产品交易质押式履约保障文件（2009年版）》《中国银行间市场金融衍生产品交易转让式履约保障文件（2009年版）》《中国银行间市场金融衍生产品交易定义文件（2009年版）》以及《中国银行间市场金融衍生产品交易主协议（凭证特别版）》，是我国场外金融衍生产品交易的标准范本。此外，它所发布的各种指引、守则、规则也是我国场外金融衍生产品交易市场最为重要的自律规则。

中国外汇交易中心暨全国银行间同业拆借中心，是我国场外金融衍生产品交易最主要的组织者与交易系统的提供者，不仅提供资金清算与交割服务，还承担着重要的自律监管职能。其总部设在上海，备份中心设在北京。

（三）金融衍生产品的国际监管合作

当前，金融衍生产品的国际交易十分活跃而且数额庞大。在金融市场国际化、全球化的背景下，为有效监管金融衍生产品及其交易，防止风险跨国扩散和传播，必须加强国际合作。2007 年金融危机爆发以后，国际社会就此达成了更加统一和更加强烈的共识，多次召开的世界金融峰会、"二十国集团"峰会、"二十国集团"财长和央行行长会议以及达沃斯世界经济论坛，无不将推动金融监管包括金融衍生产品监管的国际合作作为重要议题。

金融衍生产品的国际监管合作，根据合作层面的不同，分为多边合作与双边合作。就监管合作的内容而言，主要包括制定监管标准和自律规则、协调监管法律与政策、分享监管信息、联合采取市场干预措施等。目前，在金融衍生产品国际监管合作方面，以下国际组织或机构处于相对重要的地位：①国际证监会组织。该组织是证券、期货监管领域最重要的国际合作组织。其成立以来发布的各种原则、建议、报告和统计分析，大都适用于或者涉及金融衍生产品的监管。自1990 年以来，该组织专门针对金融衍生产品的监管，发布了多达二十余项各种性质的文件。②巴塞尔银行监管委员会。该委员会是银行监管领域最重要的国际合作组织。早在 1994 年 7 月，它就发布了《衍生产品风险管理指南》；同年 12 月，该委员会又发布一份报告，名为《银行衍生产品业务的审慎监管》。此外，从 1995 年开始，巴塞尔银行监管委员会与国际证监会组织的技术委员会联手，持续地致力于改进银行和证券公司金融衍生产品业务的公开信息披露，以提高金融衍生产品交易市场的透明度。③国际掉期与衍生工具协会。该协会是场外金融衍生产品交易市场最重要的自律性国际组织。由它发布的金融衍生产品交易规则与交易协议范本，在国际上适用最为普遍。这些交易规则与交易协议范本还会随市场的发展与情况的变化被持续地修订或者补充，例如 2012 年的关于非法与不可抗力条款的协议（ISDA Illegality/Force Majeure Protocol）、2014 年的信用衍生交易定义文件协议（ISDA 2014 Credit Derivatives Definitions Protocol）、2016 年的关于变动保证金的协议（ISDA 2016 Variation Margin Protocol）、2017 年的场外股权衍生产品 T+2 清算机制协议（The ISDA 2017 OTC Equity Derivatives T+2 Settlement Cycle Protocol）、2018 年关于基准补充的协议（The ISDA 2018 Benchmarks Supplement Protocol）以及 2020 年的关于银行间同业拆借利率（IBOR）后备条款议定书（ISDA 2020 IBOR Fallbacks Protocol）和 IBOR 后备条款补充文件（IBOR Fallbacks Supplement）等，都是经过不断修订与补充的结果。此外，它还就场外金融衍生产品的风险管理发布相关的提示、建议或指导性文件，对金融衍生产品交易风险的防范发挥了积极作用。

二、金融衍生产品监管的重点内容

对金融衍生产品的监管，仅仅适用有关金融产品的一般性监管要求是不够的，还必须采取有针对性的特殊监管措施。2007 年爆发的国际金融危机告诉我们，加强对场外金融衍生产品的监管尤其重要。

(一) 履约能力充足性监管

履约能力充足性监管，是指监管当局应当设置相关制度和采取相应措施，并据以对当事人履行金融衍生产品合约的能力予以监督管理。履约能力充足性监管，目的在于防范因当事人履约能力不足而引发或加剧金融衍生产品交易的风险，具体包括资本充足性、保证金充足性、信用支持充分性、金融衍生产品信用等级的真实可靠性等内容。

监管当局应当要求包括金融机构在内的所有金融衍生产品交易者拥有充足的资本，以抵御可能的风险；应当制定或采取合理的措施要求所有的金融衍生产品交易，尤其是场外金融衍生产品交易，执行适当的保证金制度；应当加强对信用评级机构的监管，确保其对金融衍生产品作出负责任的信用评级。

(二) 信息披露监管

无论场内还是场外交易的金融衍生产品，设计与结构一般都比较复杂。如果缺乏充分、适当的信息披露，投资者将难以准确把握其真实性状与功能，也就无法作理性的投资判断。由于场外金融衍生产品具有一对一私下交易的特性，监管当局一般无从掌握其交易实情，由此形成的监管真空，极易导致风险失控。因此，加强对金融衍生产品信息披露的监管十分重要。信息披露监管有两大重点：一是要让投资者获得足够的信息作为其决策基础；二是要让监管当局掌握金融衍生产品特别是场外金融衍生产品的交易信息，以便能够采取适当监管措施防范、控制、化解相关风险。

信息披露监管与前文所述风险揭示与信息披露制度密不可分，一个是从监管的角度，一个是从交易的角度，实际上是一个事物的两个方面。通过设置信息披露法律标准，对市场主体信息披露的合法性、适当性进行监督管理，才能确保市场主体在交易中切实履行揭示风险和披露信息的义务。

相对而言，世界各国对场外金融衍生产品交易的信息披露监管，一直比较薄弱。这是场外金融衍生产品交易风险频发的重要原因，也是 2007 年爆发金融危机的重要原因。这次金融危机之后，许多国家都将加强对场外金融衍生产品交易的监管，包括信息披露的监管，作为其制度更新的重要内容。在美国，为了确保监管机构及时、全面了解场外金融衍生产品市场各方主体的风险敞口及其他信息，提高场外金融衍生产品交易市场的效率和透明度，2010年的《华尔街改革与消费者保护法》（"多德-弗兰克法"），在总结金融危机教训的基础上，针对场外金融衍生产品交易确立了一套新的监管框架，并授权商品期货交易委员会和证券交易委员会根据各自职责对场外金融衍生交易市场实施一系列监管要求和措施。欧盟委员会2012年的《欧盟市场和基础设施监管条例》，要求将所有场外金融衍生产品交易的相关信息纳入报告范围；而2014年经修订的《欧盟金融工具市场指令》，则就交易透明度、交易报告和投资者保护作了进一步明确的规定。目前，我国对金融衍生产品信息披露的监管主要集中于场内交易市场，对场外金融衍生产品交易的信息披露监管有待加强和完善。

（三）不公平市场竞争行为的监管

不公平市场竞争行为包括市场操纵、市场欺诈及其他不公平竞争行为。这些行为严重危害了金融衍生产品市场的健康与可持续发展，严重侵害了投资者的权益，必须予以严厉禁止。

不公平市场竞争行为在金融衍生产品交易市场时有发生，在场外金融衍生产品交易市场尤其严重，却未得到应有的治理。显然，消除不公平市场竞争行为，仅凭禁止欺诈等交易法律制度进行规制以及受害人的自力救济是远远不够的，监管当局也应当加强这方面的监督管理。强化监管当局对不公平市场竞争行为的监管，关键是要赋予其足够的监管职权和监管手段。美国2010年5月的金融监管框架就要求修订相关法律，确保商品期货交易委员会、证券交易委员会及其他监管机构拥有以下权力：①对场外金融衍生产品市场中的市场欺诈、市场操纵及其他不公平竞争行为，拥有独立的监管处置权；②对操纵或明显影响市场价格的场外金融衍生产品交易合约，商品期货交易委员会有权设置相应的风险敞口限制条款；③监管机构有权要求各中央交易所、交易储存库及其他市场参与主体提供场外金融衍生产品市场交易活动的详尽数据及相关信息，以便及时发现和处置市场不公平竞争行为。实际上，有关该等权力的诸多内容在其后的"多德-弗兰克法"中得到了确认。

（四）投资者分类制度

投资者分类制度，也可称为投资者适当性制度，是指金融机构在与任何客户进行或者为客户进行金融衍生产品交易之前，应采取合理措施及依照相应规定对客户进行分类，并按照不同的分类对客户承担相应的义务，以及应当将产品销售给具备相应适当性投资者的一项重要制度。对拟交易的投资者进行分类是进行金融衍生产品交易的前提，如不予分类即与投资者进行交易，则该项交易为不合法。投资者分类的具体标准，由法律直接设定，或者由监管当局依据法律予以设定。

　　投资者分类制度旨在确保金融机构将金融衍生产品适当地销售给客户，防止金融衍生产品，尤其是场外金融衍生产品，被不适当地销售给不成熟投资者，从而保证金融衍生产品交易的适当性与公平性。当然，不成熟投资者并非严格的法律术语，只是对需要着重保护的特定投资者的一种描述。

　　投资者分类制度是金融发达国家普遍存在的一项重要金融监管制度。例如，欧盟的《金融工具市场指令》（Markets in Financial Instruments Directive，MiFID）将客户分为三类，即零售客户（Retail Client）、专业客户（Professional Client）和适格交易对手（Eligible Counterparty）。对于零售客户及专业客户，《金融工具市场指令》在交易信息披露、金融产品使用指导以及产品售后服务等方面，对金融机构亦即金融产品的提供者提出了更多的义务要求，以此保证该两类客户得到与其能力和需求相适应的适当的金融产品或服务；其中，零售客户由于是金融知识与交易经验最少的客户，故所获得的监管保护力度最大。而金融机构在与适格交易对手进行交易时，则可以豁免对零售客户及专业客户所应承担的某些义务。不过，《金融工具市场指令》赋予了客户要求重新分类的权利，以使其能够获取或放弃相应的监管保护。专业客户或适格交易对手如认为其不能合理评估或控制交易所涉风险，即有权要求被重新分类以获取更高级别的监管保护。2007年金融危机后，美国对其防止金融衍生产品不当销售给不成熟投资者的做法进行了检讨，认为过去由法律限制场外市场交易对手类型的做法仍不够严格有效，故其2010年5月的金融监管框架针对商品交易法、证券法等相关法律，就如何进一步加强市场交易对手限制、实施额外披露要求、专门针对不成熟投资者建立销售规范等，提出了修订意见。其后，"多德-弗兰克法"也对金融衍生产品交易的零售客户给予了特别保护，并在划分零售市场与非零售市场的基础上对可以参与非零售市场交易的适格交易者进行了界定与规范。

　　最近几年，我国在金融法治建设和金融机构经营实务中，日益重视对投资者进行分类。如中国证监会先后于2007年10月、2009年6月发布了《证券投资基金销售适用性指导意见》和《创业板市场投资者适当性管理暂行规定》（已废止）。就金融衍生产品交易而言，《银行业金融机构衍生产品交易业务管理暂行办法》也包含了有关投资者分类的内容；2018年4月中国人民银行、中国银保监会、中国证监会、国家外汇管理局联合印发的《关于规范金融机构资产管理业务的指导意见》中亦明确规定"资产管理产品的投资者分为不特定社会公众和合格投资者两大类"，"金融机构发行和销售资产管理产品，应当坚持'了解产品'和'了解客户'的经营理念，加强投资者适当性管理，向投资者销售与其风险识别能力和风险承担能力相适应的资产管理产品。禁止欺诈或者误导投资者购买与其风险承担能力不匹配的资产管理产品。金融机构不得通过拆分资产管理产品的方式，向风险识别能力和风险承担能力低于产品风险等级的投资者销售资产管理产品。"

第四节　我国金融衍生产品法律制度

一、《期货交易管理条例》

（一）《期货交易管理条例》的出台

20世纪90年代初，我国开始试点期货交易，并逐步成立了上海期货交易所、郑州商品交易所、大连商品交易所等期货交易所。为了规范期货市场的发展，国务院曾于1999年6月颁布《期货交易管理暂行条例》，其适用范围为商品期货，不包括期权及金融期货。在期货市场规模不断扩大、上市品种及市场参与主体不断增多的基础上，我国开始试点金融期货与期权交易，并于2006年9月成立了中国金融期货交易所，2018年我国又成功上市了原油期货交易。为了不断适应我国期货市场的发展，加之《期货交易管理暂行条例》存在对市场主体限制过多及其他缺陷与不足，国务院2007年3月发布了重订的《期货交易管理条例》（以下简称《条例》），并在2012年10月、2013年7月、2016年2月、2017年3月先后四次对之进行了修订。

我国现行期货交易法律制度是以《期货交易管理条例》为核心的一整套法律规范。目前，期货法正在起草之中。鉴于期货交易是我国发展最早也是品种最丰富的金融衍生产品交易形式，可以预计，未来我国将形成以期货法为核心的一整套金融衍生产品法律制度。

（二）适用范围

《条例》适用于任何单位和个人所从事的期货交易及其相关活动。《条例》对期货交易作了扩大解释，即除期货合约交易外，还包括期权合约交易，具体涉及商品期货合约、金融期货合约、商品期权合约和金融期权合约。其中，商品期货合约和商品期权合约的标的物包括农产品、工业品、能源和其他商品及其相关指数产品。金融期货合约和金融期权合约的标的物包括有价证券、利率、汇率等金融产品及其相关指数产品。《条例》所规范的期权合约，仅限由期货交易所统一制定的、规定买方有权在将来某一时间以特定价格买入或者卖出约定标的物（包括期货合约）的标准化合约，场外交易的非标准化期权合约则不属于《条例》的调整范围。另外，《条例》删除了原《期货交易管理暂行条例》中金融机构不得从事期货交易、不得为期货交易融资和提供担保的禁止性规定，确认了证券公司、基金管理公司、商业银行等金融机构作为金融期货市场参与者的合法地位。

（三）期货交易的基本规则

1. 禁止欺诈等不公平市场行为。《条例》第3条规定，在我国从事期货交易活动，应当遵循公开、公平、公正和诚实信用的原则。禁止欺诈、内幕交易和操纵期货交易价格等违法行为。

《条例》还规定，任何单位或者个人不得编造、传播有关期货交易的虚假信息，不得恶意串通、联手买卖或者以其他方式操纵期货交易价格。任何单位或者个人不得违规使用信贷资金、财政资金进行期货交易。期货交易所、期货公司和非期货公司结算会员应当保证期货交易、结算、交割资料的完整和安全。

2. 交易地点与方式。期货交易应当在依法设立的期货交易所或者国务院期货监督管理机构批准的其他期货交易场所进行；禁止在国务院期货监督管理机构批准的期货交易场所之外进行期货交易。期货交易应当采用公开的集中交易方式或者国务院期货监督管理机构批准的其他方式。

3. 有关交易主体的规定。在期货交易所进行期货交易的，应当是期货交易所会员。下列单位和个人不得从事期货交易，期货公司不得接受其委托为其进行期货交易：①国家机关和事业单位；②国务院期货监督管理机构、期货交易所、期货保证金安全存管监控机构和期货业协会的工作人员；③证券、期货市场禁止进入者；④未能提供开户证明材料的单位和个人；⑤国务院期货监督管理机构规定不得从事期货交易的其他单位和个人。

国有以及国有控股企业进行境内外期货交易，应当遵循套期保值的原则，严格遵守国务院国有资产监督管理机构以及其他有关部门关于企业以国有资产进入期货市场的有关规定。

符合规定条件的境外机构，可以在期货交易所从事特定品种的期货交易。境外期货项下购汇、结汇以及外汇收支，应当符合国家外汇管理有关规定。境内单位或者个人从事境外期货交易的办法，由国务院期货监督管理机构会同国务院商务主管部门、国有资产监督管理机构、银行业监督管理机构、外汇管理部门等有关部门制定，报国务院批准后施行。银行业金融机构从事期货交易融资或者担保业务的资格，由国务院银行业监督管理机构批准。

4. 保证金制度。保证金制度，亦即期货交易的履约结算保证金制度。在期货交易中，任何交易者必须事前按照其所买卖期货合约价格的一定比例（一般可以是5%~40%不等）缴纳保证金，作为其履行期货合约及结算的担保，方可进行期货合约的买卖，当期货合约价格的变化导致所交保证金低于该比例时则应当追加保证金，否则将被强制平仓并停止交易。保证金一般以货币形式缴纳，也可以使用标准仓单、国债等价值稳定、流动性强的有价证券充抵保证金。有价证券的种类、价值的计算方法和充抵保证金的比例等，由国务院期货监督管理机构规定。

期货交易应当严格执行保证金制度。期货交易所向会员、期货公司向客户收取的保证金，不得低于国务院期货监督管理机构、期货交易所规定的标准，并应当与自有资金分开，专户存放。期货交易所向会员收取的保证金，属于会员所有，除用于会员的交易结算外，严禁挪作他用。期货公司向客户收取的保证金，属于客户所有，除下列可划转的情形外，严禁挪作他用：①依据客户的要求支付可用资金；②为客户交存保证金，支付手续费、税款；③国务院期货监督管理机构规定的其他情形。

期货交易所会员的保证金不足时，应当及时追加保证金或者自行平仓；会员未在期货交易所规定的时间内追加保证金或者自行平仓的，期货交易所应当将该会员的合约强行平仓，强行平仓的有关费用和发生的损失由该会员承担。期货公司的客户保证金不足时，应当及时追加保证金或者自行平仓；客户未在期货公司规定的时间内及时追加保证金或者自行平仓的，期货公司应当将该客户的合约强行平仓，强行平仓的有关费用和发生的损失由该客户承担。

会员在期货交易中违约的，期货交易所先以该会员的保证金承担违约责任；保证金不足的，期货交易所应当以风险准备金和自有资金代为承担违约责任，并由此取得对该会员的相应追偿权。客户在期货交易中违约的，期货公司先以该客户的保证金承担违约责任；保证金不足的，期货公司应当以风险准备金和自有资金代为承担违约责任，并由此取得对该客户的相应追偿权。

国务院期货监督管理机构对从事期货保证金存管的期货保证金存管银行进行监督管理。期货保证金存管银行应当遵守国务院期货监督管理机构有关保证金安全存管监控的规定。

5. 结算与交割制度。结算，是指根据期货交易所公布的结算价格对交易双方的交易结果进行的资金清算和划转。期货交易的结算，由期货交易所统一组织进行。期货交易所实行当日无负债结算制度。当日无负债结算制度，是指在当日的期货交易结束后，期货交易所应当按照当日结算价对会员结算所有当日交易合约的盈亏及手续费、税金等费用，并依据结算的结果对应收应付的款项实行净额一次划转，同时要求会员相应追加或减少结算准备金（保证金的一种）的一种制度。依据该制度，如会员结算准备金不足且不追加，则该会员将会被暂停交易。

期货交易所应当在当日及时将结算结果通知会员。期货公司亦应当根据期货交易所的结算结果对客户进行当日无负债结算，并应当将结算结果按照与客户约定的方式及时通知客户；客户应当及时查询及妥善处理自己的交易持仓，并依据规定追加或减少保证金。

交割，是指合约到期时，按照期货交易所的规则和程序，交易双方通过该合约所载标的物所有权的转移，或者按照规定结算价格进行现金差价结算，了结到期未平仓合约的过程。期货交易的交割，由期货交易所统一组织进行。交割仓库由期货交易所指定。期货交易所不得限制实物交割总量，并应当与交割仓库签订协议，明确双方的权利和义务。交割仓库不得有下列行为：①出具虚假仓单；②违反期货交易所业务规则，限制交割商品的入库、出库；③泄露与期货交易有关的商业秘密；④违反国家有关规定参与期货交易；⑤国务院期货监督管理机构规定的其他行为。

（四）期货交易所

期货交易所是进行期货合约、期权合约交易的法定场所。我国期货交易所是不以营利为目的的会员制机构，按照其章程的规定对期货市场实行自律管理。期货交易所以其全部财产对外承担民事责任。目前，我国有以下期货交易所：上海期货交易所，成立于 1990 年 11 月 26 日，上市交易的有原油、铜、铝、天然橡胶、燃料油、黄金、锌等品种；大连商品交易所，成立于 1993 年 2 月 28 日，挂牌交易的品种有玉米、黄大豆 1 号、黄大豆 2 号、豆粕、豆油、聚乙烯、棕榈油等；郑州商品交易所，成立于 1990 年 10 月 12 日，交易的品种有强筋小麦、普通小麦、PTA、棉花、白糖、菜籽油等期货期权品种；中国金融期货交易所，2006 年 9 月 8 日在上海成立，上市交易的品种目前有沪深 300 指数期货、中证 500 股指期货、上证 50 股指期货以及一些类别的国债期货等。

设立期货交易所，由国务院期货监督管理机构审批。未经国务院或者国务院期货监督管理机构批准，任何单位或者个人不得设立期货交易所或者以任何形式组织期货交易及其相关活动。期货交易所的负责人由国务院期货监督管理机构任免。

期货交易所的会员应当是在中华人民共和国境内登记注册的企业法人或者其他经济组织。期货交易所可以实行会员分级结算制度。实行会员分级结算制度的期货交易所，会员由结算会员和非结算会员组成。

期货交易所应当依照《期货交易管理条例》和国务院期货监督管理机构的规定，建立、健全各项规章制度，加强对交易活动的风险控制和对会员以及交易所工作人员的监督管理。期货交易所履行下列职责：①提供交易的场所、设施和服务；②设计合约，安排合约上市；③组织并监督交易、结算和交割；④为期货交易提供集中履约担保；⑤按照章程和交易规则对会员进行监督管理；⑥国务院期货监督管理机构规定的其他职责。

期货交易所应当及时公布上市品种合约的成交量、成交价、持仓量、最高价与最低价、开盘价与收盘价和其他应当公布的即时行情，并保证即时行情的真实、准确。期货交易所不得发布价格预测信息。未经期货交易所许可，任何单位和个人不得发布期货交易即时行情。

期货交易所不得直接或者间接参与期货交易。未经国务院期货监督管理机构审核并报国务院批准，期货交易所不得从事信托投资、股票投资、非自用不动产投资等与其职责无关的业务。

期货交易所应当按照国家有关规定建立、健全下列风险管理制度：①保证金制度。②当日无负债结算制度。③涨跌停板制度。④持仓限额和大户持仓报告制度。持仓限额制度也称限仓制度，是指交易所规定会员或投资者可以持有的，按单边计算的某一合约持仓的最大数额。如同一投资者在不同会员处开仓交易，则其在某一合约上的持仓一般应当合计，且合计额不得超出一个投资者的持仓限额。大户持仓报告制度也称大户报告制度，是指投资者的持仓量达到交易所规定的持仓报告标准的，投资者应通过受托会员向交易所报告的一种制度。交易所可根据市场风险状况，制定并调整持仓报告标准。⑤风险准备金制度。⑥国务院期货监督管理机构规定的其他风险管理制度。

实行会员分级结算制度的期货交易所，还应当建立、健全结算担保金制度。实行会员分级结算制度的期货交易所，应当向结算会员收取结算担保金。期货交易所只对结算会员结算，收取和追收保证金，以结算担保金、风险准备金、自有资金代为承担违约责任，以及采取其他相关措施；对非结算会员的结算、收取和追收保证金、代为承担违约责任，以及采取其他相关措施，由结算会员执行。

（五）期货公司

期货公司是依照《公司法》和《期货交易管理条例》的规定设立的经营期货业务的金融机构。设立期货公司，应当经国务院期货监督管理机构批准，并在公司登记机关登记注册。未经国务院期货监督管理机构批准，任何单位或者个人不得设立或者变相设立期货公司，经营期货业务。

申请设立期货公司，应当符合《公司法》的规定，并具备下列条件：①注册资本最低限额为人民币3000万元；②董事、监事、高级管理人员具备任职资格，从业人员具有期货从业资格；③有符合法律、行政法规规定的公司章程；④主要股东以及实际控制人具有持续盈利能力，信誉良好，最近3年无重大违法违规记录；⑤有合格的经营场所和业务设施；⑥有健全的风险管理和内部控制制度；⑦国务院期货监督管理机构规定的其他条件。

国务院期货监督管理机构根据审慎监管原则和各项业务的风险程度，可以提高注册资本最低限额。注册资本应当是实缴资本。股东应当以货币或者期货公司经营必需的非货币财产出资，货币出资比例不得低于85%。国务院期货监督管理机构应当在受理期货公司设立申请之日起6个月内，根据审慎监管原则进行审查，作出批准或者不批准的决定。

未经国务院期货监督管理机构批准，任何单位和个人不得委托或者接受他人委托持有或者管理期货公司的股权。

期货公司业务实行许可制度，由国务院期货监督管理机构按照其商品期货、金融期货业务种类颁发许可证。期货公司除申请经营境内期货经纪业务外，还可以申请经营境外期货经纪、期货投资咨询以及国务院期货监督管理机构规定的其他期货业务。期货公司不得从事与期货业务无关的活动，法律、行政法规或者国务院期货监督管理机构另有规定的除外。期货公司不得从事或者变相从事期货自营业务。期货公司不得为其股东、实际控制人或者其他关联人提供融资，不得对外担保。其他期货经营机构从事期货投资咨询业务，应当遵守国务院期货监督管理机构的规定。

期货公司从事经纪业务，接受客户委托，以自己的名义为客户进行期货交易，交易结果由客户承担。期货公司应当为每一个客户单独开立专门账户、设置交易编码，不得混码交易。期货公司经营期货经纪业务又同时经营其他期货业务的，应当严格执行业务分离和资金分离制度，不得混合操作。

期货公司接受客户委托为其进行期货交易，应当事先向客户出示风险说明书，经客户签字确认后，与客户签订书面合同。期货公司不得未经客户委托或者不按照客户委托内容，擅自进行期货交易。期货公司不得向客户作获利保证；不得在经纪业务中与客户约定分享利益或者共担风险。

客户可以通过书面、电话、互联网或者国务院期货监督管理机构规定的其他方式，向期货公司下达交易指令。客户的交易指令应当明确、全面。期货公司不得隐瞒重要事项或者使用其他不正当手段诱骗客户发出交易指令。

期货公司应当建立、健全并严格执行业务管理规则、风险管理制度，遵守信息披露制度，保障客户保证金的存管安全，按照期货交易所的规定，向期货交易所报告大户名单、交易情况。期货公司应当按照国务院期货监督管理机构、财政部门的规定提取、管理和使用风险准备金，不得挪用。期货交易的收费项目、收费标准和管理办法由国务院有关主管部门统一制定并公布。

二、《银行业金融机构衍生产品交易业务管理暂行办法》

（一）适用范围

为了加强对银行业金融机构衍生产品业务的规范，进一步有效地控制其衍生产品业务风险，中国银监会2011年1月对其2004年2月发布、2007年7月修订的《金融机构衍生产品交易业务管理暂行办法》再次进行了修订，并更名为《银行业金融机构衍生产品交易业务管理暂行办法》（以下简称《管理办法》）。《管理办法》共62条，分为总则、市场准入管理、风险管理、产品营销与后续服务、罚则、附则等六章。

《管理办法》所称银行业金融机构是指依法设立的商业银行、农村信用合作社、政策性银行、金融资产管理公司、信托公司、企业集团财务公司、金融租赁公司以及经中国银保监会批准设立的其他银行业金融机构。

《管理办法》按照交易目的的不同，将银行业金融机构衍生产品交易业务划分为套期保值类衍生产品交易和非套期保值类衍生产品交易。套期保值类衍生产品交易是银行业金融机构主动发起，为规避自有资产、负债的信用风险、市场风险或流动性风险而进行的衍生产品交易。套期保值类以外的衍生产品交易为非套期保值类衍生产品交易，具体包括：①由客户发起，银行业金融机构为满足客户需求提供的代客交易和银行业金融机构为对冲前述交易相关风险而进行的交易；②银行业金融机构为承担做市义务持续提供市场买、卖双边价格，并按其报价与其他市场参与者进行的做市交易；③银行业金融机构主动发起，运用自有资金，根据对市场走势的判断，以获利为目的进行的自营交易。

（二）市场准入管理

银行业金融机构开办衍生产品交易业务，应当提交规定的文件和资料，按程序报经中国银保监会批准；未经批准擅自开办衍生产品交易业务的，依据《银行业监督管理法》的规定进行处罚。

《管理办法》对银行业金融机构开办衍生产品交易业务的资格进行了层次划分，即分为基础类资格和普通类资格。具备基础类资格的银行业金融机构，只能从事套期保值类衍生产品交易；具备普通类资格的银行业金融机构，不仅可以从事套期保值类衍生产品交易，还可以从事非套期保值类衍生产品交易。银行业金融机构申请基础类资格，应当具备以下条件：①有健全的衍生产品交易风险管理制度和内部控制制度；②具有接受相关衍生产品交易技能专门培训半年以上、从事衍生产品或相关交易2年以上的交易人员至少2名，相关风险管理人员至少1名，风险模型研究人员或风险分析人员至少1名，熟悉套期会计操作程序和制度规范的人员至少1名，以上人员均需专岗专人，相互不得兼任，且无不良记录；③有适当的交易场所和设备；④具有处理法律事务和负责内控合规检查的专业部门及相关专业人员；⑤满足中国银保监会审慎监管指标要求；⑥中国银保监会规定的其他条件。银行业金融机构申请普通类资格，除具备上述基础类资格条件以外还需具备以下条件：①有完善的衍生产品交易前、中、后台自动联接的业务处理系统和实时风险管理系统；②衍生产品交易业务主管人员具备5年以上直接参与衍生产品交易活动或风险管理的资历，且无不良记录；③有严格的业务分离制度，确保套期保值类业务与非套期保值类业务的市场信息、风险管理、损益核算有效隔离；④有完善的市场风险、操作风险、信用风险等风险管理框架；⑤中国银保监会规定的其他条件。

《管理办法》对银行业金融机构分支机构以及外商独资银行、中外合资银行、外国银行分行开办衍生产品交易业务作了相应的特别规定。

（三）风险管理

1. 风险管理的基本原则。①适合性原则。银行业金融机构应当根据本机构的经营目标、资本实力、管理能力和衍生产品的风险特征，确定是否适合从事衍生产品交易及适合从事的衍生产品交易品种和规模；获得衍生产品交易业务资格的银行业金融机构，应当从事与其自身风险管理能力相适应的业务活动，应当按照衍生产品交易业务的分类，建立与所从事的衍生产品交易业务性质、规模和复杂程度相适应的、完善的、可靠的市场风险、信用风险、操作风险以及法律合规风险管理体系和制度、内部控制制度和业务处理系统，并配备履行上述风险管理、内部控制和业务处理职责所需要的具备相关业务知识和技能的工作人员；根据银行业金融机构的风险管理能力，监管部门可以对其具体的业务模式、产品种类等实施差别化资格管理。②审慎原则。银行业金融机构从事衍生产品交易业务，在开展新的业务品种、开拓新市场等创新前，应当书面咨询监管部门意见；应当谨慎涉足自身不具备定价能力的衍生产品交易；不得自主持有或向客户销售可能出现无限损失的裸卖空衍生产品以及以衍生产品为基础资产或挂钩指标的再衍生产品。③能力建设原则。银行业金融机构应当逐步提高自主创新能力、交易管理能力和风险管理水平。

2. 董事会和高级管理人员的风险管理职责。银行业金融机构的董事会或其授权专业委员会应当定期对现行的衍生产品业务情况、风险管理政策和程序进行评价，确保其与机构的资本实力、管理水平相一致；新产品推出频繁或系统发生重大变化时，应当相应增加评估频度。

银行业金融机构的高级管理人员应当了解所从事的衍生产品交易风险；审核、评估和批准衍生产品交易业务经营及其风险管理的原则、程序、组织、权限的综合管理框架；并能通过独立的风险管理部门和完善的检查报告系统，随时获取有关衍生产品交易风险状况的信息，进行相应的监督与指导。

3. 风险敞口管理、止损、授权制度。银行业金融机构要根据本机构的整体实力、自有资本、盈利能力、业务经营方针、衍生产品交易目的及对市场走向的预测，选择与本机构业务相适应的测算衍生产品交易风险敞口的指标和方法；应当建立并严格执行授权和止损制度，制定并定期审查、更新各类衍生产品交易的风险敞口限额、止损限额、应急计划和压力测试的制度和指标，制定限额监控和超限额处理程序。

银行业金融机构在进行衍生产品交易时，必须严格执行分级授权和敞口风险管理制度，任何重大交易或新的衍生产品业务都应当经由董事会或其授权的专业委员会或高级管理层审批。在因市场变化或决策失误出现账面浮亏时，应当严格执行止损制度。对在交易活动中有越权或违规行为的交易员及其主管，要实行严格问责和惩处。

银行业金融机构应当加强对分支机构衍生产品交易业务的授权与管理。对于衍生产品经营能力较弱、风险防范及管理水平较低的分支机构，应当适当上收其衍生产品的交易权限。银行业金融机构应当在相应的风险管理制度中明确重大交易风险的类别特征，并规定取消交易权限的程序。对于发生重大衍生产品交易风险的分支机构，应当及时取消其衍生产品的交易权限。

4. 人员管理与岗位、信息分离。银行业金融机构应当制定明确的交易员、分析员、销售人员等从业人员资格认定标准，根据衍生产品交易及风险管理的复杂性对业务销售人员及其他有关业务人员进行培训，确保其具备必要的技能和资格；要制定合理的成本和资产分析测算制度和科学规范的激励约束机制，不得将衍生产品交易和风险管理人员的收入与当期绩效简单挂钩，避免其过度追求利益，增加交易风险；应当对衍生产品交易主管和交易员实行定期轮岗和强制带薪休假。

银行业金融机构从事风险计量、监测和控制的工作人员必须与从事衍生产品交易或营销的人员分开，不得相互兼任；风险计量、监测或控制人员可以直接向高级管理层报告风险状况。银行业金融机构负责从事套期保值类与非套期保值类衍生产品交易的交易人员不得相互兼任，应当确保其所从事的不同类别衍生产品交易的相关信息相互隔离。

5. 评估与内审。银行业金融机构应当每年一次对其自身衍生产品业务情况进行评估，并将上一年度评估报告一式两份于每年1月底之前报送监管机构。银行业金融机构内审部门要定期对衍生产品交易业务风险管理制度的执行情况进行检查。对于衍生产品交易制度和业务的内审应当具有以下要素：①确保配备数量充足且具备相关经验和技能的内审人员；②建立内审部门向董事会的独立报告路线。

6. 管理五大风险的具体要求。①法律风险。银行业金融机构应当建立健全控制法律风险的机制和制度，严格审查交易对手的法律地位和交易资格，与交易对手签订衍生产品交易合约时应当参照国际及国内市场惯例，充分考虑发生违约事件后采取法律手段追索保全的可操作性等因素，采取有效措施防范交易合约起草、谈判和签订等过程中的法律风险；应当制定、完善针对衍生产品交易合同等法律文本的评估及管理制度，至少每年根据交易对手的情况，对涉及到的衍生产品交易合同文本的效力、效果进行评估，加深理解和掌握，有效防范法律风险。

②信用风险。银行业金融机构应当建立客户信用评级制度，并结合客户的信用评级、财务状况、盈利能力、净资产水平、现金流量等因素，确定相关的信用风险缓释措施，限制与一定信用评级以下客户的衍生产品交易；应当制定评估交易对手适当性的相关政策，包括评估交易对手是否充分了解合约的条款以及履行合约的责任，识别拟进行的衍生产品交易是否符合交易对手本身从事衍生产品交易的目的；应当以适当的方式向交易对手明示相关的信用风险缓释措施可能对其产生的影响。③市场风险。银行业金融机构应当运用适当的风险评估方法或模型对衍生产品交易的市场风险进行评估，按市价原则管理市场风险（衍生产品的市值评估可以合理利用第三方独立估值报价），调整交易规模、类别及风险敞口水平；其从事非套期保值类衍生产品交易，应当按照《商业银行资本管理办法（试行）》的相关规定计提市场风险资本。④流动性风险。银行业金融机构应当根据衍生产品交易的规模与类别，建立完善的流动性风险监控与预警系统，做好充分的流动性安排，确保在市场交易异常情况下，具备足够的履约能力。⑤操作风险。银行业金融机构应当建立健全控制操作风险的机制和制度，明确衍生产品交易操作和监控中的各项责任；应当按照中国银保监会的规定对从事的衍生产品交易进行清算，确保履行交割责任，规范处理违约及终止事件，及时识别并控制操作风险；应当建立、完善衍生产品交易管理信息系统，确保按产品、交易对手等进行分类的管理信息完整、有效。衍生产品交易过程中的文件和录音记录应当统一纳入档案系统管理，由职能部门定期检查。

（四）产品营销与后续服务规则

1. 客户适合度评估。银行业金融机构应当制定、完善客户适合度评估制度，在综合考虑衍生产品分类和客户分类的基础上，对衍生产品交易进行充分的适合度评估：①评估衍生产品的风险及复杂程度，对衍生产品进行相应分类，并至少每年复核一次其合理性，进行动态管理；②根据客户的业务性质、衍生产品交易经验等评估其成熟度，对客户进行相应分类，并至少每年复核一次其合理性，进行动态管理。

银行业金融机构应当根据客户适合度评估结果，与有真实需求背景的客户进行与其风险承受能力相适应的衍生产品交易；在营销与交易时，应当首先选择基础的、简单的、自身具备定价估值能力的衍生产品。

2. 销售人员管理。银行业金融机构应当制定、完善衍生产品销售人员的内部培训、资格认定及授权管理制度，加强对销售人员的持续专业培训和职业操守教育，及时跟进针对新产品新业务的培训和资格认定，并建立严格的管理制度。通过资格认定并获得有效授权的销售人员方可向客户介绍、营销衍生产品。在向客户介绍衍生产品时，销售人员应当以适当的方式向客户明示其已通过内部资格认定并获得有效授权。

3. 产品信息的披露。银行业金融机构应当以清晰易懂、简明扼要的文字表述向客户提供衍生产品介绍和风险揭示的书面资料，相关披露以单独章节、明白清晰的方式呈现，不得以页边、页底或脚注以及小字体等方式说明，内容包括但不限于：①产品结构及基本交易条款的完整介绍和该产品的完整法律文本；②与产品挂钩的指数、收益率或其他参数的说明；③与交易相关的主要风险披露；④产品现金流分析、压力测试、在一定假设和置信度之下最差可能情况的模拟情景分析与最大现金流亏损以及该假设和置信度的合理性分析；⑤应当向客户充分揭示的其他信息。在衍生产品销售过程中，银行业金融机构应当客观公允地陈述所售衍生产品的收益与风险，不得误导客户对市场的看法，不得夸大产品的优点或缩小产品的风险，不得以任何方式向客户承诺收益。

4. 禁止搭售。银行业金融机构应当充分尊重客户的独立自主决策，不得将交易衍生产品作为与客户开展其他业务的附加条件。

5. 获取客户声明或确认。与客户达成衍生产品交易之前，银行业金融机构应当获取由客户提供的声明、确认函等形式的书面材料，内容包括但不限于：①客户进行该笔衍生产品交易的合规性；②衍生产品交易合同、交易指令等协议文本的签署人员是否获得有效的授权；③客户是否已经完全理解该笔衍生产品交易的条款、相关风险，以及该笔交易是否符合客户进行衍生产品交易的目的或目标；④客户对于该笔衍生产品交易在最差可能情况下是否具备足够的承受能力；⑤需要由客户声明或确认的其他事项。

6. 后续信息提供义务。银行业金融机构应当及时向客户提供已交易的衍生产品的市场信息。应当定期将与客户交易的衍生产品的市值重估结果以评估报告、风险提示函等形式，通过信件、电子邮件、传真等可记录的方式向客户书面提供，并确保相关材料及时送达客户；当市场出现较大波动时，应当适当提高市值重估频率，并及时向客户书面提供市值重估结果；对于自身不具备定价估值能力的衍生产品交易，银行业金融机构应当向报价方获取关键的估值参数及相关信息，并通过信件、电子邮件、传真等可记录的方式向客户书面提供此类信息，以提高衍生产品市值重估的透明度。银行业金融机构应当至少每年对上述市值重估的频率和质量进行评估。

7. 对客户的定期回访。银行业金融机构应当通过实地访问、电子邮件、传真、电话录音等可记录的方式建立、完善对客户的定期回访制度，针对合规销售与风险揭示等内容认真听取客户的意见，并及时反馈。

（五）监督管理

银行业金融机构应当按照中国银保监会的规定报送与衍生产品交易有关的会

计、统计报表及其他报告；应当按照中国银保监会关于信息披露的规定，对外披露从事衍生产品交易的风险状况、损失状况、利润变化及异常情况；在衍生产品交易、运行系统、风险管理系统等发生重大变动以及衍生产品交易出现重大业务风险或重大业务损失时，应当及时主动向中国银保监会报告。

中国银保监会可以检查银行业金融机构有关衍生产品交易业务的资料和报表、风险管理制度、内部控制制度和业务处理系统是否与其从事的衍生产品交易业务种类相适应。对未能有效执行衍生产品交易风险管理和内部控制制度的银行业金融机构，中国银保监会可以暂停或终止其衍生产品交易资格，并进行经济处罚。银行业金融机构未按规定或者中国银保监会的要求报送有关报表、资料以及披露衍生产品交易情况的，根据其性质分别按照《银行业监督管理法》《商业银行法》《外资银行管理条例》等法律法规及相关规定，予以处罚。

三、有关金融衍生产品交易的其他专项管理规定

（一）中央企业金融衍生产品交易业务的管理

由于金融衍生产品交易具有杠杆性、复杂性和高风险性，为防范中央企业金融衍生产品交易业务的风险，国务院国有资产监督管理委员会（国资委）2020年1月发布了《关于切实加强金融衍生业务管理有关事项的通知》。该通知针对部分中央企业在金融衍生产品交易业务中存在的集团管控不到位、业务审批不严格、操作程序不规范、激励趋向投机以及业务报告不及时、不准确、不全面等问题，要求中央企业切实加强金融衍生业务管理，建立"严格管控、规范操作、风险可控"的金融衍生业务监管体系。该通知提出：中央企业在从事金融衍生产品交易业务时，应当充分论证业务开展的客观需求和必要性，严格审核、评估业务管理制度、风险管理机制的健全性和有效性以及机构设置的合理性、人员的专业胜任能力，要严守套期保值原则，有效管控风险，建立专门的报告制度，定期向国资委报告金融衍生业务开展情况，及时报告重大事项，并确保报送信息的准确、完整。

（二）商业银行和保险机构参与国债期货交易的管理

为进一步完善金融市场主体结构，有效控制风险，中国证监会、财政部、中国人民银行、中国银保监会2020年2月发布《关于商业银行、保险机构参与中国金融期货交易所国债期货交易的公告》，允许符合条件的商业银行和具备投资管理能力的保险机构以风险管理为目的试点参与中国金融期货交易所国债期货交易。该公告要求：商业银行、保险机构参与国债期货交易应当以依法合规、风险可控、商业可持续为前提，应当建立完善的全面风险管理和内部控制制度及业务处理系统，应当具备专业的管理团队和规范的业务操作流程，以防范和控制交易风险；中国证监会、财政部、中国人民银行、中国银保监会应当发挥跨部委协调

机制的作用，加强监管合作和信息共享，分批推进商业银行和保险机构参与国债期货市场交易，促进国债期货市场健康发展。

（三）保险资金参与金融衍生产品交易的管理

为规范保险资金参与金融衍生产品交易，防范资金运用风险，维护保险当事人合法权益，中国银保监会 2020 年 6 月发布了《保险资金参与金融衍生产品交易办法》《保险资金参与国债期货交易规定》和《保险资金参与股指期货交易规定》。该三项规范性文件的中心思想是：保险资金参与金融衍生产品交易，其中包括国债期货交易和股指期货交易，不得用于投机目的，应当以对冲或规避风险为目的；应当严格遵守管理规范，强化风险管理。

■ 思考题

1. 金融衍生产品有哪些特点？
2. 金融衍生产品法律制度的调整对象是什么？
3. 金融衍生产品交易法律制度包括哪些具体内容？
4. 金融衍生产品监管的重点内容包括哪些？
5. 什么是投资者分类制度？对投资者进行分类有何意义？
6. 简述我国《期货交易管理条例》和《银行业金融机构衍生产品交易业务管理暂行办法》的主要内容。

■ 推荐书目

1. 宁敏：《国际金融衍生交易法律问题研究》，中国政法大学出版社 2002 年版。
2. 陈晗：《金融衍生品：演进路径与监管措施》，中国金融出版社 2008 年版。
3. 洪治纲：《论金融互换交易法律制度及建构》，法律出版社 2013 年版。
4. 冯博主编：《金融衍生品法教程》，中国财富出版社 2014 年版。

第十二章　支付法律制度

■ 学习目的和要求

识记支付、支付体系、票据、银行卡、电子票据、电子货币的概念，了解支付体系的基本要素、我国银行账户管理的核心内容以及非现金支付工具的主要类型，准确理解票据的法律特征以及各种票据行为。

为国民经济、市场主体、社会公众提供有效率的支付服务，是金融体系的重要职能。在现代经济条件下，支付已具有两个突出特点：①以银行为中介、以银行结算账户为基础的非现金支付，已成为支付的主流形式；②依托于计算机技术和网络通信技术的发展，大额支付和小额支付都出现了电子化趋势。维护支付体系的高效与安全运行，必须建立和完善支付法律制度。

第一节　支付与支付体系

一、支付与支付体系的概念

支付（Payment）是社会经济活动引起的资金转移行为。在商品经济社会，商品交易以货币为媒介，资金融通以货币为对象，无不蕴涵着资金的转移，而资金转移的过程也就是支付的过程。现金支付是付款人向收款人交付由中央银行发行的通货，包括钞票和铸币，一般适用于小额的、近距离的交易，支付过程相对简单，瞬时即可完成。非现金支付则是付款人将其在商业银行或中央银行的存款转移至收款人的账户，这一过程包括交易的确认、运用非现金支付工具发出支付指令、通过支付系统传递支付信息并实现资金的转移。

非现金支付涉及清算和结算两个概念。根据十国集团支付与结算系统委员会的解释，清算（Clearing or Clearance）是指结算前传递、清分以及在某些情况下确认支付指令或证券转移指令的过程，可能包括对指令进行轧差并确定最终的结算金额；结算（Settlement）则是在双方或多方当事人之间转移资金或证券以清结债务的行为。但在我国的相关实务中，一般将结算（或称支付结算）理解为单位或个人与银行业金融机构之间、单位或个人通过银行业金融机构在彼此之间发生的资金转移，这种资金转移以单位或个人在银行业金融机构开立的银行结算账户为基础；而将清算（或称支付清算）理解为金融机构同业之间发生的资金转移，这种资金转移以金融机构在中央银行开立的清算账户为基础。

所谓支付体系（Payment System），按照中国人民银行的定义，是指实现资金转移的制度和技术安排的有机组合，主要由支付系统、支付工具、支付服务组织及支付体系监督管理等要素组成。

二、支付体系的要素

中国人民银行虽然将支付体系界定为资金转移的"制度"和技术安排的有机组合，但却只列举了四大要素，即支付系统、支付工具、支付服务组织、支付体系监督管理。我们认为，支付体系有五大要素，应当在前四大要素上加上支付制度。以下主要根据我国的情况，对五大要素作简要介绍：

（一）支付系统

支付系统是支撑各种支付工具应用、实现资金清算并完成资金转移的通道。一般而言，所有的非现金支付都必须借助相应的支付系统才能完成。

支付系统按结算机制的不同，可分为实时全额结算系统和延迟净额结算系统。实时全额结算系统是在逐个指令的基础上（全额、不轧差）连续（实时）进行资金的转账结算，延迟净额结算系统是在双边或多边轧差的基础上以净额方式完成资金结算的转账系统，结算一般在日终或日间几个固定的时间进行。

目前，我国已初步建成以中国人民银行现代化支付系统（包括大额支付系统和小额支付系统）为核心，银行业金融机构行内支付系统为基础，票据支付系统、银行卡支付系统、证券支付系统为重要组成部分的支付系统网络。

1. 中国人民银行支付系统。

（1）大额实时支付系统。该系统为实时全额清算系统，主要处理同城和异地的金额在规定起点以上的大额贷记支付业务（付款人委托其开户银行主动将款项划给收款人的业务）和紧急的小额贷记支付业务。大额支付指令逐笔实时发送，全额清算资金，主要为银行业金融机构和金融市场提供快速、高效、安全、可靠的支付清算服务，是支持货币政策实施和维护金融稳定的重要金融基础设施。

（2）小额批量支付系统。该系统支持各种支付工具的使用，为延迟净额清算系统，主要处理同城和异地纸凭证截留的借记支付业务（收款人委托其开户银行向付款人主动发起的收款业务）以及每笔金额在规定起点以下的小额贷记支付业务。支付指令批量发送，轧差净额清算资金，主要为社会提供低成本、大业务量的支付清算服务。

自2017年9月4日起，银行业金融机构统一通过小额批量支付系统处理全国支票影像交换系统业务。全国支票影像交换系统是运用影像技术将实物支票截留，转换为支票影像信息，通过计算机网络将支票影像信息传递至出票人开户银行提示付款的业务处理系统。通过全国支票影像交换系统，支票突破了以往只能在同城范围内使用的局限。

（3）网上支付跨行清算系统。网上支付跨行清算系统是中国人民银行建设的人民币跨行支付清算基础设施，是中国现代化支付系统的重要组成部分。网上支付跨行清算系统主要支持网上跨行零售业务的处理，支持商业银行以及经中国人民银行批准的非金融支付服务机构接入，并向客户提供 7×24 小时全天候服务。

（4）同城清算系统。同城清算系统包括同城票据交换系统和同城电子清算系统。同城票据交换系统是对同城范围的票据和结算凭证进行集中交换、清分、轧差的跨行支付清算系统。同城电子清算系统是改变了同城票据交换业务实物传递、人工清分、按场次入账的传统交换模式，实现同城票据交换电子化的系统。

（5）境内外币支付系统。境内外币支付系统逐笔实时发送支付指令，全额清算资金，主要为境内银行业金融机构提供美元、欧元、港币、日元等 8 个币种的境内外币支付清算服务。该系统由中国人民银行外币清算总中心负责对支付指令进行接收、清算和转发，由代理银行负责对支付指令进行结算。

2. 其他支付系统。

（1）银行业金融机构行内支付系统。银行业金融机构行内支付系统作为银行业金融机构综合业务处理的重要组成部分，是其内部资金往来与资金清算的渠道，在支付系统中处于基础地位。

（2）中国银联银行卡跨行交易清算系统。中国银联银行卡跨行交易清算系统由中国银联建设和运营，专门处理银行卡跨行交易信息转接和交易清算业务。该系统连接各发卡银行行内银行卡支付系统，共同构成银行卡支付网络架构，实现了银行卡的联网通用，促进了银行卡的广泛应用。

（3）城市商业银行汇票处理系统和支付清算系统。该系统是依托中国人民银行大额支付系统，实现城市商业银行签发和兑付银行汇票的信息传输和资金清算的业务处理系统，由城市商业银行资金清算中心、各会员行、成员行和代理兑付行组成。资金清算中心在中国人民银行上海分行营业部开设特许清算账户。该系统是城商行与城商行、城商行与其他金融机构之间加强合作的重要基础设施。

（4）农信银支付清算系统。农信银支付清算系统是根据全国农村信用社、农村信用联社、农村合作银行、农村商业银行支付结算业务需求，应用现代计算机网络和信息技术开发的集资金清算和信息服务为一体的支付清算平台，是农村地区支付服务的重要基础设施。

（5）人民币跨境支付系统。该系统是由中国人民银行组织开发的独立支付系统，旨在进一步整合现有人民币跨境支付结算渠道和资源，提高跨境清算效率，满足各主要时区的人民币业务发展需要，提高交易的安全性，构建公平的市场竞争环境。

（6）网联平台。网联平台即"非银行支付机构网络支付清算平台"，主要处理非银行支付机构（下称第三方支付机构）发起的涉及银行账户的网络支付业务。网联平台旨在为第三方支付机构提供统一、公共的资金清算服务，防止第三方支付机构违规从事跨行清算业务，克服第三方支付机构与银行多头连接开展业务的弊端，以节约连接成本，提高清算效率，保障客户资金安全，便利监管部门对社会资金流向进行实时监测。

除上述支付系统外，我国还有证券结算系统，具体包括中央债券综合业务系统和中国证券登记结算系统。

（二）支付工具

支付工具是传达收款人、付款人支付指令，实现债权债务清偿和资金转移的载体。目前在我国，非现金支付工具主要有票据、银行卡、新兴电子支付工具（网上支付、电话支付、移动支付、电子货币等）以及汇兑、托收承付、委托收款、定期借记、定期贷记等支付方式。

（三）支付服务组织

支付服务组织是通过账户服务、支付系统、支付工具等手段为社会提供资金清算和结算服务的机构。目前，我国已基本形成以中国人民银行为核心，银行业金融机构为主体，非金融机构为补充的支付服务组织体系，呈现出支付服务主体多元化、支付服务市场化的发展格局。其中，中国人民银行不仅直接为银行业金融机构提供资金清算和结算服务，而且依法对支付体系实施监管；银行业金融机构凭借遍布城乡的分支网点，直接面向单位和个人提供各种零售支付服务，是支付服务组织的主体；非金融性质的支付服务组织，一部分是经中国人民银行批准从事支付清算服务的专业机构，如中国银联、城市商业银行清算中心、农信银资金清算中心等，另一部分是在收付款人之间作为中介机构提供货币资金转移服务（网络支付、预付卡的发行与受理、银行卡收单以及中国人民银行确定的其他支付服务）的非金融机构。非金融性质支付服务组织的发展，打破了银行业金融机构在支付领域的垄断地位，它们与银行业金融机构既竞争又合作，拓展了支付服务市场的广度与深度，是我国支付服务市场重要的补充力量。

（四）支付体系监督管理

支付体系监督管理是中央银行为维护支付体系安全、稳定以及社会公众对支付体系的信心，依法对支付系统、支付工具和支付服务组织进行监督管理的行为。支付系统仿佛人体之血液循环系统，如不能健康、正常运转，出现不畅、中断甚至瘫痪，势必给国民经济和人民生活造成破坏性甚至灾难性后果。目前，全球范围内支付系统高速运行，日资金处理量已达到惊人数字，而且彼此高度关联，对计算机技术和网络通信技术的依赖程度也日益加深。在这种情况下，如果不注重加强对支付系统的监督管理，不注重有效地预防、控制和化解支付系统运行中的各种风险，特别是系统性风险，将十分危险，甚至有"千里之堤，溃于蚁穴"之虞。

在我国，中国人民银行依照法律赋予的职责，本着高效、安全的原则，对银行账户、支付行为、支付系统、支付工具、支付服务组织等严格实施监管，并通过发布部门规章，约束系统参与人行为，及时进行系统维护和技术升级，强化对风险的动态监测，建立应急处理机制等诸多措施，构建了有效的支付系统风险管理架构，对支付系统的安全、稳定、正常运行起到了强有力的保障作用。

（五）支付制度

支付系统的设计和运行，支付工具的类型、制作、使用和流通，支付当事人的权利、义务和责任，支付服务组织的设立和营运，中央银行对支付体系的监督管理，无一不需要以支付制度为基准。否则，支付体系必定是无序的、低效率的和缺乏安全基础的。

改革开放以来，为了服务于经济发展，我国支付体系建设日新月异，现代化程度不断提高，对国民经济的服务和支撑作用日益显现。在这个过程中，我国政府一直高度重视支付体系的制度建设，而且逐步从以政策为主转向以立法为主，形成了以《中国人民银行法》《商业银行法》《银行业监督管理法》《票据法》《电子签名法》《电子商务法》为主干和基础，以中国人民银行大量部门规章为主体的支付法律制度体系，内容涉及现金管理、银行结算账户管理、非现金支付工具管理、支付系统及其运行管理、支付信息统计分析管理等各个方面。目前，有关支付管理的现行行政法规，主要是国务院 1988 年 9 月发布、2011 年 1 月修订的《现金管理暂行条例》。中国人民银行发布的支付管理部门规章中，现行有效而且比较重要的有：《现金管理暂行条例实施细则》（1988 年 9 月发布）；《商业汇票承兑、贴现与再贴现管理暂行办法》（1997 年 5 月发布）；《票据管理实施办法》（1997 年 8 月发布）；《支付结算办法》（1997 年 9 月发布）；《银行卡业务管理办法》（1999 年 1 月发布）；《人民币银行结算账户管理办法》（2003 年 4 月发布）；《电子支付指引（第一号）》（2005 年 10 月发布）；《跨境贸易人民币结算试点管理办法》（中国人民银行、财政部、商务部、海关总署、国家税务总局、中国银监会 2009 年 7 月发布）；《电子商业汇票业务管理办法》（2009 年 10 月发布）；《非金融机构支付服务管理办法》（2010 年 6 月发布）；《境外机构人民币银行结算账户管理办法》（2010 年 9 月发布）；《支付机构预付卡业务管理办法》（2012 年 9 月发布）；《支付机构客户备付金存管办法》（2013 年 6 月发布）；《银行卡收单业务管理办法》（2013 年 7 月发布）；《非银行支付机构网络支付业务管理办法》（2015 年 12 月发布）；《银行卡清算机构管理办法》（中国人民银行、中国银监会 2016 年 6 月发布）。中国银监会单独发布的相关部门规章则有：《电子银行业务管理办法》（2006 年 1 月发布）；《商业银行信用卡业务监督管理办法》（2011 年 1 月发布）。

第二节　现金支付法律制度

现金支付是指付款人向收款人交付由中央银行发行的通货（包括钞票和铸币）以了结彼此之间债权债务的行为。现金支付可以由付款人主动付款，也可以由收款人主动收款；可以由付款人或收款人亲自而为，也可以委托代理人代理为之。我们经常将现金支付交易理解为"一手交钱、一手交货、钱货两讫"的即时清结交易。其实不然，现金支付同样可以用于信用交易，即根据交易双方的约定，可以由一方在对方交货前预付部分或者全部现金，或者在对方交货一段时间后再支付现金货款。随着非现金支付工具日益多样化，电子支付方式得到广泛应用，现金在社会经济生活中使用得越来越少，但现金支付仍是非常重要的一种支付方式。

在我国，现金是指中国人民银行发行的人民币。人民币是中华人民共和国的法定货币。根据我国《外汇管理条例》第 8 条的规定，除国家另有规定外，中华人民共和国境内禁止外币流通，并不得以外币计价结算。可见，在中华人民共和国境内进行现金支付，原则上只能使用人民币，而不得使用外币。这是国家货币主权的重要体现和必然要求。《中国人民银行法》规定：以人民币支付中华人民共和国境内的一切公共的和私人的债务，任何单位和个人不得拒收。因此，人民币无论主币还是辅币，在中华人民共和国境内都被赋予了无限法偿能力。

我国政府历来鼓励单位及个人在经济往来中采用转账方式进行结算，减少使用现金。近些年，中国人民银行甚至通过相关政策和措施，对农村和农工贸产品批发市场使用非现金支付方式予以推动和引导。但另一方面，中国人民银行对拒收现金的现象仍持否定态度，并于 2018 年 7 月专门发布公告予以整治，规定：除依法应当使用非现金支付工具的情形外，任何单位和个人不得以格式条款、通知、声明、告示等方式拒收现金；银行业金融机构、非银行支付机构不得要求或者诱导其他单位和个人拒收或者采取歧视性措施排斥现金。

不过，对个人和单位使用现金进行支付，政府采取的是明显不同的政策。对个人不作硬性的特别限制，而单位（机关、团体、部队、企业、事业单位和其他单位）则必须严格遵守 1988 年 9 月国务院发布的《现金管理暂行条例》（2011 年 1 月修订）和中国人民银行发布的《现金管理暂行条例实施细则》。其要点如下：

1. 转账结算凭证在经济往来中，具有与现金相同的支付能力。开户单位在销售活动中，不得对现金结算给予比转账结算优惠的待遇；不得拒收支票、银行汇票和银行本票。

2. 开户单位之间的经济往来，除在规定范围可以使用现金外，应当通过开户银行进行转账结算。

3. 开户单位可以在下列范围内使用现金：①职工工资、津贴；②个人劳务报酬；③根据国家规定颁发给个人的科学技术、文化艺术、体育等各种奖金；④各种劳保、福利费用以及国家规定的对个人的其他支出；⑤向个人收购农副产品和其他物资的价款；⑥出差人员必须随身携带的差旅费；⑦结算起点以下的零星支出；⑧中国人民银行确定需要支付现金的其他支出。其中，除向个人收购农副产品和其他物资的价款、出差人员必须随身携带的差旅费外，开户单位支付给个人的款项，超过使用现金限额的部分，应当以支票或者银行本票支付；确需全额支付现金的，经开户银行审核后，予以支付现金。

4. 开户银行应当根据实际需要，核定开户单位 3 天至 5 天的日常零星开支所需的库存现金限额。边远地区和交通不便地区的开户单位的库存现金限额，可以多于 5 天，但不得超过 15 天的日常零星开支。需要增加或者减少库存现金限额的，应当向开户银行提出申请，由开户银行核定。一个单位在几家银行开户的，由一家开户银行负责现金管理工作，核定开户单位库存现金限额。

5. 开户单位现金收支应当依照下列规定办理：①开户单位现金收入应当于当日送存开户银行；当日送存确有困难的，由开户银行确定送存时间。②开户单位支付现金，可以从本单位库存现金限额中支付或者从开户银行提取，不得从本单位的现金收入中直接支付（即坐支）。因特殊情况需要坐支现金的，应当事先报经开户银行审查批准，由开户银行核定坐支范围和限额。坐支单位应当定期向开户银行报送坐支金额和使用情况。③开户单位根据规定从开户银行提取现金，应当写明用途，由本单位财会部门负责人签字盖章，经开户银行审核后，予以支付现金。④因采购地点不固定，交通不便，生产或者市场急需，抢险救灾以及其他特殊情况必须使用现金的，开户单位应当向开户银行提出申请，由本单位财会部门负责人签字盖章，经开户银行审核后，予以支付现金。

6. 对个体工商户、农村承包经营户发放的贷款，应当以转账方式支付。对确需在集市使用现金购买物资的，经开户银行审核后，可以在贷款金额内支付现金。在开户银行开户的个体工商户、农村承包经营户异地采购所需贷款，应当通过银行汇兑方式支付；因采购地点不固定，交通不便必须携带现金的，由开户银行根据实际需要，予以支付现金。

第三节　非现金支付法律制度

目前在我国，非现金支付服务的提供者，包括商业银行、农村信用合作社等银行业金融机构（以下统称银行）以及非金融支付服务组织。按照非现金支付指令的载体划分，非现金支付可以分为纸基支付和电子支付。

一、银行提供的非现金支付服务

（一）银行结算账户管理

在我国，银行结算账户管理目前主要适用《人民币银行结算账户管理办法》（中国人民银行 2003 年 4 月发布，目前部分规定已失效）、《人民币银行结算账户管理办法实施细则》（中国人民银行 2005 年 1 月发布、2020 年 6 月修订）以及《境外机构人民币银行结算账户管理办法》（中国人民银行 2010 年 8 月发布）。此外，中国人民银行还在 2020 年 8 月发布了《本外币合一银行结算账户体系试点工作方案》及《本外币合一银行结算账户体系试点办法》，部署开展本外币合一银行结算账户体系试点工作。以下着重介绍前两项部门规章的核心内容。

1. 银行结算账户的概念和分类。银行结算账户，是指银行为存款人开立的办理资金收付结算的人民币活期存款账户。其中，存款人是指在中国境内开立银行结算账户的机关、团体、部队、企业、事业单位、其他组织（以下统称单位）、个体工商户和自然人；银行是指在中华人民共和国境内依法经批准设立，可经营人民币支付结算业务的银行业金融机构。

银行结算账户按存款人分为单位银行结算账户和个人银行结算账户。存款人以单位名称开立的银行结算账户为单位银行结算账户；个体工商户凭营业执照以字号或经营者姓名开立的银行结算账户纳入单位银行结算账户管理。存款人凭个人身份证件以自然人名称开立的银行结算账户为个人银行结算账户。

2. 银行结算账户管理的一般规定。银行结算账户管理的一般规定，既适用于单位银行结算账户，也适用于个人银行结算账户。

（1）银行结算账户的开立和使用应当遵守法律、行政法规。存款人不得利用银行结算账户进行偷逃税款、逃废债务、套取现金及其他违法犯罪活动，不得出租、出借银行结算账户。

（2）存款人符合规定的开户条件的，银行应为其开立银行结算账户。存款人可以自主选择银行开立银行结算账户。除国家法律、行政法规和国务院规定外，任何单位和个人不得强令存款人到指定银行开立银行结算账户。

（3）存款人应在注册地或住所地开立银行结算账户。有下列情形之一的，可以在异地（跨省、市、县）开立有关银行结算账户：①营业执照注册地与经营地不在同一行政区域（跨省、市、县）需要开立基本存款账户的；②办理异地借款和其他结算需要开立一般存款账户的；③存款人因附属的非独立核算单位或派出机构发生的收入汇缴或业务支出需要开立专用存款账户的；④异地临时经营活动需要开立临时存款账户的；⑤自然人根据需要在异地开立个人银行结算账户的。

（4）开立银行结算账户实行实名制。存款人应以实名开立银行结算账户，并对其出具的开户申请资料实质内容的真实性负责，法律、行政法规另有规定的除外。银行应负责对存款人开户申请资料的真实性、完整性和合规性进行审查。

单位开立银行结算账户的名称，应与其提供的申请开户的证明文件的名称以及预留银行签章中公章或财务专用章的名称保持一致。但下列情形除外：①因注册验资开立的临时存款账户；②预留银行签章中公章或财务专用章的名称依法可使用简称的；③没有字号的个体工商户开立的银行结算账户。

自然人开立银行结算账户的名称应与其提供的有效身份证件中的名称全称相一致。

（5）中国人民银行是银行结算账户的监督管理部门，负责监督、检查银行结算账户的开立和使用，对存款人、银行违反银行结算账户管理规定的行为予以处罚。银行负责所属营业机构银行结算账户开立和使用的管理，应对已开立的单位银行结算账户实行年检制度，应依法为存款人的银行结算账户信息保密。

3. 单位银行结算账户的管理。

（1）单位银行结算账户按用途分为基本存款账户、一般存款账户、专用存款账户、临时存款账户。中国人民银行对基本存款账户、临时存款账户（因注册验资和增资验资开立的除外）、预算单位专用存款账户、合格境外机构投资者在境内从事证券投资开立的人民币特殊账户和人民币结算资金账户（统称为核准类银行结算账户）实行开户核准制度。对经核准开立的核准类银行结算账户，中国人民银行分别颁发基本存款账户开户许可证、临时存款账户开户许可证和专用存款账户开户许可证。开户许可证是中国人民银行依法准予申请人在银行开立核准类银行结算账户的行政许可证件，是核准类银行结算账户合法性的有效证明。

值得注意的是，中国人民银行已于2019年2月12日发布《关于取消企业银行账户许可的通知》，部署对企业某些类型的账户由核准制改为备案制。其具体内容为：①境内依法设立的企业法人、非法人企业、个体工商户在银行办理基本存款账户、临时存款账户业务（含企业在取消账户许可前已开立基本存款账户、临时存款账户的变更和撤销业务），由核准制改为备案制，中国人民银行不再核发开户许可证。②自 2019 年 2 月 25 日起，取消企业银行账户许可地区范围由江苏省泰州市、浙江省台州市扩大至江苏省、浙江省；其他各省（区、市）、深圳市在 2019 年年底前完成取消企业银行账户许可工作。

（2）基本存款账户是存款人因办理日常转账结算和现金收付需要开立的银行结算账户。我国《商业银行法》第 48 条第 1 款规定：企业事业单位可以自主选择一家商业银行的营业场所开立一个办理日常转账结算和现金收付的基本账户，不得开立两个以上基本账户。

（3）一般存款账户是存款人因借款或其他结算需要，在基本存款账户开户银行以外的银行营业机构开立的银行结算账户。存款人申请开立一般存款账户，应向银行出具规定的证明文件。一般存款账户用于办理存款人借款转存、借款归还和其他结算的资金收付。该账户可以办理现金缴存，但不得办理现金支取。

（4）专用存款账户是存款人按照法律、行政法规和规章，对其特定用途资金进行专项管理和使用而开立的银行结算账户。特定用途资金是指：基本建设资金；更新改造资金；财政预算外资金；粮、棉、油收购资金；证券交易结算资金；期货交易保证金；信托基金；金融机构存放同业资金；政策性房地产开发资金；单位银行卡备用金；住房基金；社会保障基金；收入汇缴资金和业务支出资金；党、团、工会设在单位的组织机构经费；其他需要专项管理和使用的资金。其中，收入汇缴资金和业务支出资金是指基本存款账户存款人附属的非独立核算单位或派出机构发生的收入和支出的资金；为该项资金开立的专用存款账户，应使用隶属单位的名称。存款人申请开立专用存款账户，应向银行出具规定的证明文件。

专用存款账户用于办理各项专用资金的收付。单位银行卡账户的资金必须由其基本存款账户转账存入；该账户不得办理现金收付业务。财政预算外资金、证券交易结算资金、期货交易保证金和信托基金专用存款账户不得支取现金。基本建设资金、更新改造资金、政策性房地产开发资金、金融机构存放同业资金账户需要支取现金的，应在开户时报中国人民银行当地分支行根据国家现金管理的规定审查批准。粮、棉、油收购资金、社会保障基金、住房基金和党、团、工会经费等专用存款账户支取现金应按照国家现金管理的规定办理。收入汇缴账户除向其基本存款账户或预算外资金财政专用存款户划缴款项外，只收不付，不得支取现金；业务支出账户除从其基本存款账户拨入款项外，只付不收，其现金支取必须按照国家现金管理的规定办理。

（5）临时存款账户是存款人因临时需要并在规定期限内使用而开立的银行结算账户，用于办理临时机构以及存款人临时经营活动发生的资金收付。有下列情况的，存款人可以申请开立临时存款账户：①设立临时机构；②异地临时经营活动；③注册验资；④境外（含港澳台）机构在境内从事经营活动等。存款人申请开立临时存款账户，应向银行出具规定的证明文件。存款人为临时机构的，只能在其驻在地开立一个临时存款账户，不得开立其他银行结算账户。存款人在异地从事临时活动的，只能在其临时活动地开立一个临时存款账户。建筑施工及安装单位企业在异地同时承建多个项目的，可根据建筑施工及安装合同开立不超过项目合同个数的临时存款账户。

存款人申请开立临时存款账户，应向银行出具规定的证明文件。临时存款账户应根据有关开户证明文件确定的期限或存款人的需要确定其有效期限；存款人在账户的使用中需要延长期限的，应在有效期限内向开户银行提出申请，并由开户银行报中国人民银行当地分支行核准后办理展期；临时存款账户的有效期最长不得超过 2 年。临时存款账户支取现金，应按照国家现金管理的规定办理。注册验资的临时存款账户在验资期间只收不付，注册验资资金的汇缴人应与出资人的名称一致。

4. 个人银行结算账户的管理。

（1）个人银行结算账户管理的一般规定。个人银行结算账户是自然人因投资、消费、结算等而开立的可办理支付结算业务的存款账户。自然人因使用支票、信用卡等信用支付工具和办理汇兑、定期借记、定期贷记、借记卡等结算业务，可以申请开立个人银行结算账户的，也可以在已开立的储蓄账户中选择并向开户银行申请确认为个人银行结算账户。根据 2007 年 5 月中国人民银行《关于改进个人支付结算服务的通知》，客户通过个人活期储蓄账户办理第一笔转账支付业务时，在相关凭证上的签章即为确认将该账户转为个人银行结算账户。

存款人申请开立个人银行结算账户，应向银行出具规定的有效身份证件。根据需要，银行还可以要求申请人出具户口簿、驾驶执照、护照等有效证件。

个人银行结算账户用于办理个人转账收付和现金存取。下列款项可以转入个人银行结算账户：工资、奖金收入；稿费、演出费等劳务收入；债券、期货、信托等投资的本金和收益；个人债权或产权转让收益；个人贷款转存；证券交易结算资金和期货交易保证金；继承、赠与款项；保险理赔、保费退还等款项；纳税退还；农、副、矿产品销售收入；其他合法款项。

（2）个人银行账户分类管理制度。2015 年 12 月，中国人民银行发布《关于改进个人银行账户服务加强账户管理的通知》（2020 年 6 月修订），决定建立个人银行账户的分类管理机制，要求银行在切实落实账户实名制的前提下，根据开户申请人身份信息核验方式和风险等级对银行账户进行分类管理，即在现有个人银行账户基础上，增加银行账户种类，将个人银行账户分为Ⅰ类银行账户、Ⅱ类银行账户和Ⅲ类银行账户。Ⅰ类银行账户是全功能的银行结算账户，必须在柜面或通过银行自助机具，经银行工作人员现场面对面审核身份后开立，存款人可通过该类账户办理存款、购买理财产品等金融产品、支取现金、转账、消费及缴费支付等全部金融业务，没有限额。II类、III类银行账户既可以在柜面开立，也可以通过电子渠道，非面对面地开通，但要绑定本人I类银行账户或者信用卡账户进行身份验证。II类银行账户可以办理存款、购买投资理财产品等金融产品、限额消费和缴费、限额向非绑定账户转出资金业务；经银行工作人员现场面对面确认身份的，II类银行账户还可以办理存取现金、非绑定账户资金转入业务，可以配发银行卡实体卡片。其中，II类银行账户非绑定账户转入资金、存入现金日累计限额合计为1万元，年累计限额合计为20万元；消费和缴费、向非绑定账户转出资金、取出现金日累计限额合计为1万元，年累计限额合计为20万元。III类银行账户权限最小，只能办理限额消费和缴费、限额向非绑定账户转出资金业务；经银行柜面、自助设备加以银行工作人员现场面对面确认身份的，III类银行账户还可以办理非绑定账户资金转入业务。其中，III类银行账户的账户余额不得超过1000元；非绑定账户资金转入日累计限额为5000元，年累计限额为10万元；消费和缴费支付、向非绑定账户转出资金日累计限额合计为5000元，年累计限额合计为10万元。同一个人在同一家银行只能开立一个I类银行账户；已开立I类银行账户再新开户的，应当开立II类银行账户或III类银行账户；2016年12月1日之前已开立的多个I类银行账户仍可照常使用。

（二）票据支付

票据是非常重要的非现金支付工具。由于票据具有无因性，无记名票据经交付转让，记名票据经背书转让且每一背书人对后手就票据债务与出票人负连带责任，这就使得票据相对于其他非现金支付工具具有独特的优势：①票据转让次数越多，其信用越高；②只需在付款人与最后持票人之间于票据到期日进行结算，即可了结此前所有以该票据为支付工具的交易，从而大大降低支付成本和交易成本。

在我国，有关票据的现行规范主要有：《中华人民共和国票据法》（1995年5月第八届全国人民代表大会常务委员会第十三次会议审议通过，自1996年1月1日起施行，2004年8月28日被修订）；《票据管理实施办法》（经国务院批准由中国人民银行于1997年8月发布，根据2011年1月8日《国务院关于废止和修改部分行政法规的决定》修订）；《支付结算办法》（中国人民银行1997年9月发布）；《电子商业汇票业务管理办法》（中国人民银行2009年10月发布）。

1. 票据的概念与分类。票据是出票人依票据法签发、自己承诺或委托他人按指定日期无条件支付一定款项的书面凭证。由于票据具有极强的流通转让性，在经济生活中能够发挥近似于货币的功能，所以又被称为"货币证券"。我国

《票据法》规定的票据，包括汇票、本票和支票。

（1）汇票（Bill of Exchange）。汇票是出票人签发的，委托付款人在见票时或者在指定日期或者在将来可以确定的日期，向收款人或持票人无条件支付确定金额的票据。汇票的当事人有出票人、付款人和收款人。其中，出票人可以同时是收款人。出票人是签发汇票并将其交付与他人之人。汇票签发后，出票人对收款人及正当持票人承担汇票提示时付款人一定承兑或付款的保证责任。在汇票未经承兑之前，出票人是汇票的主债务人。付款人又称受票人，是根据出票人的委托支付票款之人。但在远期汇票中，付款人在作出承兑前只是从债务人，承兑后则成为主债务人，出票人退居从债务人的地位。收款人是有权收取票款之人，也是汇票的债权人。收款人如果遭到拒付，有权向出票人追索票款。

根据出票人的不同，汇票分商业汇票与银行汇票。出票人为企业或个人的，为商业汇票。在商品买卖交易中，买方以第三方为付款人、以卖方为收款人签发的汇票，或者卖方以买方为付款人、以自己为收款人签发的汇票，即为商业汇票。银行汇票是以银行为出票人的汇票，它是一家银行向另一家银行发出的书面支付命令。银行汇票由银行签发后交汇款人，由汇款人寄给收款人。

根据附不附商业单据，汇票分为光票汇票和跟单汇票。光票汇票是出票人签发的不附单据的汇票，多用于支付佣金、代垫费用以及收取货款尾数。跟单汇票是需随附有关单据才能获得付款的汇票，其所附单据一般有发票、提单、保险单及税票等。在国际贸易中，银行托收和信用证支付两种支付方式，均需使用跟单汇票。

根据付款时间的不同，汇票可分为即期汇票和远期汇票。即期汇票是付款人见票即须付款的汇票。即期汇票上一般有"凭票即付"或"见票即付"字样；未载明付款日期的汇票，作即期论。远期汇票为在一个可确定的将来日期付款的汇票。远期汇票可以是定日付款，可以是出票后定期付款，也可以是见票后定期付款。

根据是否载明收款人，汇票分为记名汇票和不记名汇票。记名汇票，在票面上载有收款人的姓名或名称。不记名汇票又称来人汇票，即出票人未在票面写明收款人姓名或名称的汇票。我国《票据法》规定，汇票应记载收款人名称。可见，我国不允许签发无记名汇票。

（2）本票（Promissory Note）。本票是出票人签发的，承诺自己在见票时或在指定的日期或在可以确定的将来日期，无条件向收款人或持票人支付确定金额的票据。本票只有出票人与收款人两方当事人。出票人是签发本票并将其交付他人之人，他完成出票行为后即成为本票的付款人，承担见票付款或定期付款的义务。收款人是自出票人取得本票，有权向出票人提示并要求出票人付款之人。

根据出票人的不同，本票分为一般本票与银行本票。由企业或个人签发的为一般本票，由银行签发的则为银行本票。银行发行的见票即付的不记名本票，可以代替现金流通，因此，各国对发行银行本票均有一定的限制。我国《票据法》规定的本票，限于银行本票。

根据付款时间的不同，本票可以分为即期本票与远期本票。远期本票也叫期票。我国《票据法》规定的本票，限于即期本票。

（3）支票（Cheque or Check）。支票是存款客户签发的，委托开户银行在见票时无条件支付确定金额给收款人或持票人的票据。支票与汇票都是委托他人付款的票据，但二者又有所不同：①支票的付款人只能是出票人的开户银行，而汇票的付款人可以是银行，也可以是企业、个人；②支票只能是即期的，而汇票可以为即期，也可以为远期。在有些国家，支票被视为汇票的一种，是以银行为付款人的见票即付的汇票。

与汇票一样，支票也有出票人、付款人与收款人三方当事人。其付款人必须是依法可以办理转账结算业务的银行或其他金融机构，出票人必须是在银行或其他金融机构开立有结算账户的客户。

根据付款方式的不同，支票分为现金支票和转账支票。我国《票据法》第83条规定，支票可以支取现金，也可以转账，用于转账时，应当在支票正面注明；支票中专门用于支取现金的，可以另行制作现金支票，现金支票只能用于支取现金；支票中专门用于转账的，可以另行制作转账支票，转账支票只能用于转账，不得支取现金。

根据是否记载收款人的姓名或名称，支票分为记名支票和不记名支票。记名支票在收款人一栏中记载收款人的姓名或名称，取款时必须由注明的收款人签名或盖章。不记名支票的收款人可以是任何持票人，银行对持票人是否合法获得支票不负责任。我国《票据法》第84条未将收款人姓名或名称列为支票的必须记载事项；第86条还规定，支票上未记载收款人名称的，经出票人授权，可以补记。这表明我国《票据法》允许使用不记名支票。

支票限于见票即付，且出票人签发的支票金额不得超过付款时在开户银行结算账户中的存款余额，否则为空头支票。如允许出票人开出远期支票或空头支票，即是允许出票人套取银行信用。我国《票据法》规定，禁止签发空头支票；签发空头支票骗取财物的，依法追究刑事责任。2005年4月，中国人民银行发布《关于对签发空头支票行为实施行政处罚有关问题的通知》，就中国人民银行及其分支机构对签发空头支票的违规行为实施行政处罚进行了规定。2019年6月，中国人民银行又发布《关于优化空头支票违规行为综合治理工作的通知》，部署在全国范围内开展空头支票违规行为（含签发与预留银行印鉴不符的支票）的综合治理。

2. 票据的法律特征。票据是有价证券的一种，票据权利与票据不可分离。设定票据权利必须作成票据；行使票据权利原则上必须持有票据；票据权利人在实现权利即受领票据金额后，应将票据缴回。票据具有以下法律特征：

（1）要式性。即票据的作成必须符合法定的形式要求。票据具有流通性，且票据当事人的权利义务全凭票据上的文义确定，如果票据记载事项的方式不统一，或对某些重要事项记载不明，则当事人的权利和义务难以确定。

票据的要式性在我国《票据法》集中表现在以下方面：①票据上的签章。票据上的签章为签名、盖章或者签名加盖章；法人或者其他使用票据的单位在票据上的签章，为该法人或者该单位的盖章加其法定代表人或者其授权的代理人的签章；在票据上的签名，应当为该当事人的本名；票据当事人可以委托其代理人在票据上签章，并应当在票据上表明其代理关系。②票据金额。票据金额以中文大写和数码同时记载，二者必须一致；二者不一致的，票据无效。③必须记载事项。对于法定的必须记载事项，有任何一项未予记载的，票据无效。④票据记载事项的更改。票据金额、日期、收款人名称不得更改，更改的票据无效；对票据上的其他记载事项，原记载人可以更改，更改时应当由原记载人签章证明。

（2）无因性。是指票据是否有效与出票或转让原因无关。只要符合法定形式，其持票人即能取得票据文义载明的权利，票据到期时，付款人必须无条件付款。无因性的实质是实现票据关系与其基础关系的分离。票据关系是基于票据行为在票据当事人之间产生的债权债务关系；而票据的基础关系则是指票据当事人之间签发或转让票据的原因。尽管票据的签发或转让都以某种原因为依据，但各国法律均把票据关系与其基础关系作严格的区分，强调票据的无因性。只有票据当事人的票据权利和票据义务不因票据基础关系的瑕疵而受影响，人们才会敢于接受或者受让票据，票据交易的安全才能得到保障，票据的流通转让才能正常进行。

（3）独立性。是指在同一票据上进行的各个票据行为均独立发生效力。即使票据因出票人无行为能力而被撤销，已在该票据上进行的背书、承兑、支付等其他各个票据行为的效力均不受影响。我国《票据法》第 6 条规定："无民事行为能力人或者限制民事行为能力人在票据上签章的，其签章无效，但是不影响其他签章的效力。"在同一票据上进行的各个票据行为独立发生效力，则后手享有优于前手的权利，不受前手权利缺陷的影响。强调票据行为的独立性，有助于保障票据持票人的权利，促进票据的流通转让。

（4）流通转让性。可以流通转让是票据的基本特性。票据的流通转让与民法上的债权让与有很大区别。民法上的债权让与，一般须由转让、受让双方签署协议，并通知债务人，否则债务人仍可以向原债权人清偿债务。而票据流通转让则比债权让与简单得多，仅凭交付或经适当背书后交付受让人即可完成合法转让手续。此外，前述票据的要式性、无因性和独立性分别从不同的角度为票据的流通转让奠定了基础。

3. 票据法律关系。票据法律关系是指由票据法确认和规范的、票据当事人基于票据行为而发生的票据上的权利和义务关系。其中，持票人享有票据权利，即对于在票据上签名的人可以主张票据法规定的及票据文义载明的权利；在票据上签名的人承担票据义务，即依自己在票据上的签名按票据上记载的文义承担义务。

（1）票据当事人。票据当事人是指享有票据权利、承担票据义务的票据法律关系的主体。根据是否在出票行为中出现，票据当事人分为基本当事人与非基本当事人两类。基本当事人是票据一经签发就存在的当事人，如出票人、收款人、付款人。非基本当事人是票据签发后通过其他票据行为而加入票据关系的当事人，如背书人、保证人等。所有的票据当事人都置身于债权债务关系之中。票据的任何持票人都是债权人，可凭其所持票据向票据债务人行使付款请求权，如果付款请求权得不到满足，则可以向有关债务人行使偿还请求权。在票据上签名的任何人都是债务人，如票据的出票人、在票据上为承兑行为的承兑人、在票据上为背书行为的背书人，都是票据债务人。

（2）票据行为。票据行为是指以发生、变更或消灭票据关系为目的的法律行为。我国《票据法》对汇票的出票、背书、承兑、保证、付款、追索等作了详尽规定，而对本票和支票的票据行为则规定得十分简单。根据《票据法》的规定，本票的背书、保证、付款行为和追索权的行使，支票的背书、付款行为和追索权的行使，除有特别规定外，适用有关汇票的规定。因此，以下以汇票为主论述票据行为。

第一，出票。出票是出票人签发票据并将其交付给收款人的票据行为。出票包括制作票据和交付票据两个方面。制作票据必须符合《票据法》的要求，否则票据无效。例如，根据我国《票据法》第22条，汇票必须记载下列事项：表明"汇票"的字样；无条件支付的委托；确定的金额；付款人名称；收款人名称；出票日期；出票人签章。汇票上未记载上述事项之一的，汇票无效。出票行为一旦完成，汇票的出票人即承担保证付款人承兑与付款的责任，本票的出票人承担自己付款的责任，支票的出票人承担保证银行见票即付的责任。收款人或持票人如果得不到承兑或付款，有权向出票人追索。

第二，背书。背书是持票人在票据的背面或者粘单上记载有关事项并签章的法律行为。背书在法律上的效力有三：①权利转让的效力。记名票据的持有人可以通过背书并交付票据，向他人转让其票据权利。②担保效力。背书人对其全部后手负担保责任，当持票人得不到承兑或付款时，背书人必须支付票据款项或承担追索责任。因此，票据上的背书越多，其信用越高。③资格授予的效力。经连续背书的票据的持有人，可以被推定为票据的权利人。该持票人即使不能证明自己是权利人，也能行使票据权利。即连续背书授予持票人以票据权利人的资格。

根据目的与方式的不同，可以将背书划分为不同类型。常见的背书有以下几种：①转让背书。转让背书是指以转让票据上的权利为目的的所作的背书。除非背书人在背书时另有记载，背书均属于转让背书。②限制转让背书。我国《票据法》第34条规定，背书人在汇票上记载"不得转让"字样，其后手再背书转让的，原背书人对后手的被背书人不承担保证责任。③委托取款背书。即背书人在背书时注明，其作背书的目的是委托被背书人代为取款。我国《票据法》第35条第1款规定，背书记载"委托收款"字样的，被背书人有权代背书人行使被委托的汇票权利；但是，被背书人不得再以背书转让汇票权利。④设质背书。设质背书是以设定质权为目的的背书。我国《票据法》第35条第2款规定，汇票可以设定质押，质押时应当以背书记载"质押"字样；被背书人依法实现其质权时，可以行使汇票权利。⑤记名背书。记名背书是指在作背书时写上被背书人的姓名或名称并加上背书人的印鉴。经记名背书，被背书人成为票据权利人。他可以自己行使票据上的权利，向付款人请求付款，也可以通过背书方式将票据再度转让。⑥空白背书。空白背书是指背书人在作背书时，只签上背书人的姓名或名称，而不写被背书人的姓名或名称。票据经空白背书，仅凭交付而转让，持有票据的任何人可以被认为是票据的权利人。我国法律只允许记名背书，不允许空白背书。

第三，承兑。承兑是远期汇票的付款人明确表示接受出票人委托，承担付款责任，并在票据上作相应记载的行为。本票、支票以及即期汇票不存在承兑问题。承兑的意义在于：首先，承兑使付款人成为主债务人，即承兑人。出票人的出票是单方法律行为，出票人委托付款人付款，付款人不一定接受委托。只有付款人在汇票上承兑后成为承兑人，他才对汇票的付款承担责任，成为汇票的主债务人。这时，出票人成为汇票的从债务人。其次，如果付款人拒绝承兑，可视为付款人拒付，收款人或持票人可以及时向前手直至出票人行使追索权，以保护自己的汇票权利。承兑不得附有条件，附条件的承兑视为拒绝承兑。最后，经过承兑，特别是经过银行承兑的汇票，因为付款有保障，能更为顺利地流通转让。

第四，保证。保证是由票据债务人以外的人，以担保主票据行为所产生的债务为目的所作的从票据行为。保证适用于汇票与本票，支票可以由付款银行保付，但一般没有债务人以外的他人保证。我国《票据法》规定，汇票的债务可以由保证人承担保证责任，保证人由汇票债务人以外的他人担当；保证人在汇票上没有记载被保证人的，已承兑的汇票，承兑人为被保证人，未承兑的汇票，出票人为被保证人；被保证的汇票，保证人应当与被保证人对持票人承担连带责任。

第五，付款。票据的付款是收款人或持票人提示即期票据或到期的远期票据，由承兑人或付款人付款的行为。我国《票据法》规定，持票人按规定提示付款时，付款人必须在当日足额付款。付款人按票面金额全部付清后，票据上的债权、债务关系即告终止。持票人获取付款，应当在票据上签收，并将票据交给付款人。

第六，追索。持票人提示票据，付款人拒绝付款，即发生收款人或持票人向其背书人、出票人或其他票据债务人追索的问题。追索权的行使，不一定要在付款人拒付时。在票据到期前，票据被拒绝承兑的，承兑人或者付款人死亡、逃匿的，承兑人或付款人被依法宣告破产或因违法被终止业务活动的，持票人也可以行使追索权。持票人行使追索权，必须在法定期间内取得拒绝证明。我国《票据法》第 64 条规定，承兑人或付款人被人民法院宣告破产的，人民法院的有关司法文书具有拒绝证明的效力；承兑人或付款人因违法被责令终止业务活动的，有关行政主管部门的处罚决定具有拒绝证明的效力。持票人行使追索权，还须在法定期间内将拒付的事实通知其前手。我国《票据法》第 66 条规定，持票人应当自收到被拒绝承兑或被拒绝付款的有关证明之日起 3 日内，将被拒绝事由书面通知其前手；其前手应当自收到通知之日起在 3 日内通知其再前手；持票人也可以同时向各汇票债务人发出书面通知；持票人未及时通知前手，仍可以行使追索权；如果持票人没有及时通知而给前手造成损失的，须对该损失承担赔偿责任，但所赔偿的金额以票据金额为限。

4.《支付结算办法》关于票据支付的规定。《支付结算办法》规定了八种结算方式，其中四种为票据。《支付结算办法》从操作层面对银行汇票、商业汇票、银行本票、支票进行了规定，分述如下：

（1）银行汇票。单位和个人各种款项的结算，均可使用银行汇票。银行汇票的出票银行为银行汇票的付款人。银行汇票可以用于转账，填明"现金"字样的银行汇票也可以用于支取现金。银行汇票的出票和付款，全国范围限于中国人民银行和各商业银行参加"全国联行往来"的银行机构办理；跨系统银行签发的转账银行汇票的付款，应通过同城票据交换将银行汇票和解讫通知提交同城的有关银行审核支付后抵用。代理付款人（即代理本系统出票银行或跨系统签约银行审核支付汇票款项的银行）不得受理未在本行开立存款账户的持票人为单位直接提交的银行汇票。

　　申请人使用银行汇票，应向出票银行填写"银行汇票申请书"。申请人和收款人均为个人的，可申请出票银行签发现金银行汇票；申请人或者收款人为单位的，不得申请签发现金银行汇票，银行不得为其签发现金银行汇票。出票银行受理银行汇票申请书，收妥款项后签发银行汇票，并用压数机压印出票金额，将银行汇票和解讫通知一并交给申请人。签发银行汇票必须记载规定的事项。

　　申请人应将银行汇票和解讫通知一并交付给汇票上记明的收款人。收款人受理申请人交付的银行汇票时，应在出票金额以内，根据实际需要的款项办理结算，并将实际结算金额和多余金额准确、清晰地填入银行汇票和解讫通知的有关栏内。未填明实际结算金额和多余金额或实际结算金额超过出票金额的，银行不予受理。银行汇票的实际结算金额不得更改，更改实际结算金额的银行汇票无效。收款人可以将银行汇票背书转让给被背书人，但以不超过出票金额的实际结算金额为准。

　　银行汇票的提示付款期限自出票日起1个月。持票人向银行提示付款时，必须同时提交银行汇票和解讫通知。持票人超过付款期限提示付款的，代理付款人不予受理。

　　（2）商业汇票。在银行开立存款账户的法人以及其他组织之间，必须具有真实的交易关系或债权债务关系，才能使用商业汇票。出票人不得签发无对价的商业汇票用以骗取银行或者其他票据当事人的资金。

　　商业汇票分为商业承兑汇票和银行承兑汇票。商业承兑汇票由银行以外的付款人承兑，银行承兑汇票由银行承兑。商业汇票的付款人为承兑人。商业承兑汇票的出票人，为在银行开立存款账户的法人以及其他组织，其与付款人应具有真实的委托付款关系，应具有支付汇票金额的可靠资金来源。商业承兑汇票可以由付款人签发并承兑，也可以由收款人签发交由付款人承兑；银行承兑汇票应由在承兑银行开立存款账户的存款人签发。签发商业汇票必须记载规定的事项。

　　商业汇票可以在出票时向付款人提示承兑后使用，也可以在出票后先使用再向付款人提示承兑。定日付款或者出票后定期付款的商业汇票，持票人应当在汇票到期日前向付款人提示承兑；见票后定期付款的汇票，持票人应当自出票日起1个月内向付款人提示承兑。汇票未按规定提示承兑的，持票人丧失对其前手的追索权。付款人应当在自收到提示承兑的汇票之日起3日内承兑或拒绝承兑。付款人承兑商业汇票，应当在汇票正面记载"承兑"字样和承兑日期并签章。付款人承兑商业汇票，不得附有条件；承兑附有条件的，视为拒绝承兑。

　　商业汇票的付款期限最长不得超过6个月。其提示付款期限为自汇票到期日起10日，持票人应在提示付款期限内通过开户银行委托收款或直接向付款人提示付款。银行承兑汇票的出票人应于汇票到期前将票款足额交存其开户银行。对于未到期的商业汇票，持票人可依法办理贴现、转贴现、再贴现。

（3）银行本票。单位和个人在同一票据交换区域需要支付各种款项，均可以使用银行本票。银行本票可以用于转账，注明"现金"字样的银行本票可以用于支取现金。

申请人使用银行本票，应向银行填写"银行本票申请书"。申请人和收款人均为个人，需要支取现金的，应按规定填写"现金"字样；申请人或收款人为单位的，不得申请签发现金银行本票，银行不得为其签发现金银行本票。出票银行受理银行本票申请书，收妥款项后向申请人签发银行本票。签发银行本票必须记载规定的事项。申请人应将银行本票交付给本票上记明的收款人。收款人可以将银行本票背书转让给被背书人。

银行本票的提示付款期限自出票日起最长不得超过 2 个月。持票人超过付款期限提示付款的，代理付款人（即代理出票银行审核支付银行本票款项的银行）不予受理。银行本票见票即付。

（4）支票。单位和个人各种款项的结算，均可以使用支票。支票上印有"现金"字样的为现金支票，现金支票只能用于支取现金；支票上印有"转账"字样的为转账支票，转账支票只能用于转账。支票上未印有"现金"或"转账"字样的为普通支票，普通支票可以用于支取现金，也可以用于转账。在普通支票左上角划两条平行线的，为划线支票，划线支票只能用于转账，不能支取现金。签发现金支票和用于支取现金的普通支票，必须符合国家现金管理的规定。

支票的出票人，为在银行开立可以使用支票的存款账户的单位和个人。出票人签发支票必须记载规定的事项。出票人签发支票的金额不得超过付款时在付款人处实有的存款金额，即不得签发空头支票。出票人不得签发与其预留银行签章不符的支票。使用支付密码的，不得签发支付密码错误的支票。

支票的提示付款期限自出票日起 10 日，但中国人民银行另有规定的除外。超过提示付款期限提示付款的，持票人开户银行不予受理，付款人不予付款。持票人可以委托开户银行收款或直接向付款人提示付款。持票人委托开户银行收款，应作委托收款背书，银行应通过票据交换系统收妥后入账。用于支取现金的支票仅限于收款人向付款人提示付款。出票人在付款人处的存款足以支付支票金额的，付款人应当在见票当日足额付款。

5. 电子票据。电子票据是出票人依托电子票据系统，以数据电文形式制作的，自己承诺或委托他人在指定日期无条件支付确定金额给收款人或持票人的票据。电子票据使用电子签名，而不使用实体签章；其种类包括电子支票、电子本票和电子汇票。必须注意，电子票据与纸质票据的电子化是不同的。纸质票据的电子化，是利用电子技术截留纸质票据的影像信息，借助网络传输其影像信息，以此实现纸质票据的流通，完成支付过程。电子票据是在纸质票据的基础上，利用计算机技术和网络通信技术发展起来的，其原理和功能与纸质票据并无根本不同。但是，电子票据与纸质票据仍有以下区别：①存在形式和交付方式不同。电子票据只有依赖计算机技术和网络通信技术才能产生和实现流通，其票据行为均需通过计算机网络进行电子数据交换；而纸质票据的票据行为及其流通转让则以实物票据为基础。②参与主体及其权利载体存在差异。电子票据和纸质票据的当事人均包括出票人、付款人和收款人等基本当事人和背书人、被背书人、保证人等非基本当事人，但电子票据的使用还要经过发送人、受益人、发送银行、接收银行、电子票据交换中心以及认证机构等环节。纸质票据的权利载体为纸质票据本身，而电子票据的权利载体则是当事人各方所收到的相关数据电文。③流通范围不同。纸质票据存在同城使用票据、异地使用票据以及同城异地均可使用票据之分，而电子票据天然地不存在这一差异，加之其流通成本明显低于纸质票据，故流通范围远大于纸质票据。④形式要件不同。纸质票据和电子票据均以书面形式表现，但电子票据采用特殊的书面形式即数据电文；电子票据除在网上填写应记载事项外，还要填写身份识别码和进行电子签名；使用纸质票据必须提供原件，而电子票据的数据电文并无原件、复制件之分；纸质票据采用实体签章，而电子票据只能使用电子签名。

　　用电子票据进行支付，更加方便、快捷，流通范围更广，效率更高。因此可以说，电子票据代表了票据发展的基本方向。但尽管如此，纸质票据仍有存在价值，并不会因电子票据的存在而销声匿迹，而是会与电子票据长期共存。2009年10月，中国人民银行以《票据法》《电子签名法》和《票据管理实施办法》为基础，发布了《电子商业汇票业务管理办法》，对电子商业汇票的运行架构以及出票、承兑、背书、保证、提示付款、追索等票据行为作了特别规定。

　　（三）银行卡支付

　　银行卡是极其重要的非现金零售支付工具。目前在我国，银行卡及其支付主要适用中国人民银行1999年1月发布的《银行卡业务管理办法》。

　　1. 银行卡的概念与分类。银行卡是指由商业银行向社会发行的具有消费信用、转账结算、存取现金等全部或部分功能的信用支付工具。

　　银行卡按币种不同可分为人民币卡和外币卡；按发行对象不同可分为单位卡（商务卡）和个人卡；按信息载体的不同可分为磁条卡和芯片（IC）卡。银行卡最重要的分类，是根据是否具备透支功能，分为信用卡和借记卡。

　　信用卡具备透支功能。按是否向发卡银行交存备用金，信用卡可进一步细分为贷记卡和准贷记卡两类。贷记卡是发卡银行给予持卡人一定的信用额度，持卡人可在信用额度内先消费、后还款的信用卡；准贷记卡是持卡人须先按发卡银行要求交存一定金额的备用金，当备用金账户余额不足支付时，可在发卡银行规定的信用额度内透支的信用卡。

借记卡不具备透支功能。借记卡按功能不同，可进一步分为转账卡（含储蓄卡）、专用卡和储值卡。转账卡是实时扣账的借记卡，具有转账结算、存取现金和消费功能；专用卡是具有专门用途（指在百货、餐饮、饭店、娱乐行业以外的用途）、在特定区域使用的借记卡，具有转账结算、存取现金功能；储值卡是发卡银行根据持卡人要求将其资金转至卡内储存，交易时直接从卡内扣款的预付钱包式借记卡。

2. 银行卡的发行、挂失与销户。商业银行发行银行卡，必须具备规定的条件，并获得中国人民银行的批准。发卡银行应按规定计收计付利息，计收费用，实施账户和交易管理以及风险管理。

发卡银行应当通过营业网点、客户服务电话或电子银行等渠道为持卡人提供24小时挂失服务，并采取相应的风险管控措施。借记卡的挂失手续办妥后，持卡人不再承担借记卡相应账户资金变动的责任，但司法机关、仲裁机关另有判决的除外。发卡银行对储值卡和 IC 卡内的电子钱包不予挂失。

持卡人在还清全部交易款项、透支本息和有关费用后，可申请办理销户。销户时，单位人民币卡账户的资金应当转入其基本存款账户，单位外币卡账户的资金应当转回相应的外汇账户，不得提取现金；个人卡账户可以转账结清，也可以提取现金。

3. 银行卡的使用。具备消费功能的银行卡的持卡人，可持卡在特约商户购物、消费。持卡人凭卡购物、消费时，需将银行卡和身份证件一并交特约商户。特约商户，是指与收单机构签订银行卡受理协议、按约定受理银行卡并委托收单机构为其完成交易资金结算的企事业单位、个体工商户或其他组织，以及按照有关规定开展网络商品交易等经营活动的自然人。

持卡人不得以和商户发生纠纷为由拒绝支付所欠银行款项。为规范银行卡收单业务，保障各参与方的合法权益，防范支付风险，中国人民银行在 2013 年制定发布了《银行卡收单业务管理办法》。

特约商户不得拒绝受理持卡人合法持有的、签约银行发行的有效银行卡，不得因持卡人使用银行卡而向其收取附加费用。特约商户受理银行卡审查无误的，在签购单上压卡，填写实际结算金额、用途、持卡人身份证件号码、特约商户名称和编号。如超过支付限额的，应向发卡银行索权并填写授权号码，交持卡人签名确认，同时核对其签名与卡片背面签名是否一致。无误后，对同意按经办人填写的金额和用途付款的，由持卡人在签购单上签名确认，并将银行卡、身份证件和第一联签购单交还给持卡人。特约商户审查发现问题的，应及时与签约银行联系，征求处理意见。对止付的银行卡，应收回并交还发卡银行。特约商户在每日营业终了，应将当日受理的银行卡签购单汇总，计算手续费和净计金额，并填写汇（总）计单和进账单，连同签购单一并送交收单银行办理进账。收单银行接到特约商户送交的各种单据，经审查无误后，为特约商户办理进账。

近些年在我国，银行卡的发行数量以及基于银行卡的消费和支付快速上升，发卡银行围绕银行卡展开的金融创新十分活跃：①卡种日益丰富，出现了针对不同群体的卡种、多功能合一的卡种、多币种合一的卡种；②银行卡的功能从单一的存取款和消费，逐步拓展到投资、理财服务；③交易渠道从银行柜台、POS机、ATM等传统渠道进一步扩大到网络、手机、掌上电脑、固定电话等新兴支付渠道；④应用领域从餐饮、宾馆酒店、零售商业等传统消费领域逐步扩大到医院、学校、公共事业缴费、批发和个体工商户等领域。

4. 中国银联。中国银联（China UnionPay）是经国务院同意、中国人民银行批准成立于2002年3月的中国银行卡联合组织，是由80多家国内金融机构共同发起设立的股份制非金融机构，总部设在上海。它负责运营全国的银行卡跨行交易清算系统，提供银行卡跨行信息交换专业化服务。中国银联银行卡跨行交易清算系统与中国人民银行大额支付系统连接，由中国人民银行实现最终结算。

（四）其他非现金支付方式

1. 汇兑。汇兑是汇款人委托银行将其款项支付给收款人的结算方式。单位和个人各种款项的结算，均可使用汇兑结算方式。汇兑分为信汇、电汇两种，分别以邮寄或电报方式将汇款凭证传递给收款人指定的汇入行，由汇款人选择使用。汇款人委托银行办理汇兑，应填写并提交汇兑凭证，汇兑凭证必须记载规定的事项。汇出银行受理汇款人签发的汇兑凭证，经审查无误后，应及时向汇入银行办理汇款，并向汇款人签发汇款回单。汇入银行对开立存款账户的收款人，应将汇入款项直接转入收款人账户，并向其发出收款通知。未在银行开立存款账户的收款人，凭信、电汇的取款通知和本人身份证件向汇入银行支取款项。汇款人和收款人均为个人，需要在汇入银行支取现金的，应在汇兑凭证上按规定填写"现金"字样。未填明"现金"字样，而需要支取现金的，由汇入银行按照国家现金管理规定审查支付。汇款人对汇出银行尚未汇出的款项可以按规定申请撤销，对汇出银行已经汇出的款项可以按规定申请退汇。汇入银行对于收款人拒绝接受的付款，应即办理退汇；对于向收款人发出取款通知，经过2个月无法交付的汇款，应主动办理退汇。

2. 托收承付。托收承付是根据买卖合同由收款人发货后委托银行向异地付款人收取款项，由付款人向银行承认付款的一种结算方式。办理托收承付结算的款项，必须是商品交易以及因商品交易而产生的劳务供应的款项。代销、寄销、赊销商品的款项，不得办理托收承付结算。收付双方使用托收承付结算必须有依法签订的买卖合同，并在合同上订明使用托收承付结算方式。

收款人按照签订的买卖合同发货后，应向银行提交托收凭证和发运证件，委托银行办理托收。托收凭证必须记载规定的事项。发运证件是证明商品确已发运的证件，包括铁路、航运、公路等运输部门签发的运单、运单副本和邮局包裹回执。没有发运证件的，可按规定凭其他有关证件办理托收。收款人开户银行接到托收凭证及其附件后，应当按照托收的范围、条件和托收凭证记载的要求认真进行审查，必要时，还应查验收付款人签订的买卖合同。凡不符合要求或违反买卖合同发货的，不能办理。

付款人开户银行收到托收凭证及其附件后，应当及时通知付款人。付款人应在承付期内审查核对，安排资金。承付货款分为验单付款和验货付款两种。对下列情况，付款人在承付期内，可向银行提出全部或部分拒绝付款：①没有签订买卖合同或买卖合同未订明托收承付结算方式的款项；②未经双方事先达成协议，收款人提前交货或因逾期交货付款人不再需要该项货物的款项；③未按合同规定的到货地址发货的款项；④代销、寄销、赊销商品的款项；⑤验单付款，发现所列货物的品种、规格、数量、价格与合同规定不符，或货物已到，经查验货物与合同规定或发货清单不符的款项；⑥验货付款，经查验货物与合同规定或与发货清单不符的款项；⑦货款已经支付或计算有错误的款项。不属于上述情况的，付款人不得向银行提出拒绝付款。

3. 委托收款。委托收款是收款人委托银行向付款人收取款项的结算方式。单位和个人凭已承兑商业汇票、债券、存单等付款人债务证明办理款项的结算，均可以使用委托收款结算方式。委托收款在同城、异地均可以使用。委托收款结算款项的划回方式，分邮寄和电报两种，由收款人选用。

收款人办理委托收款，应向银行提交委托收款凭证和有关的债务证明。委托收款凭证必须记载规定的事项。银行接到寄来的委托收款凭证及债务证明，审查无误后办理付款。以银行为付款人的，银行应当在当日将款项主动支付给收款人；以单位为付款人的，银行应及时通知付款人，付款人应于接到通知的当日书面通知银行付款。付款人审查有关债务证明后，对收款人委托收取的款项需要拒绝付款的，可以按规定办理拒绝付款。

4. 定期借记。定期借记是指收款人依据当事人各方事先订立的合同，委托银行定期向付款人收款，银行根据收款人提供的收款金额，直接借记付款人的账户并贷记收款人的账户。这种支付方式以付款人、收款人、银行三方的协议为基础，主要用于水费、电费、煤气费、电话费、保险费、税款等款项的收取。在我国，定期借记业务始于20世纪80年代，近些年发展较快。

5. 定期贷记。定期贷记是指付款人依据当事人各方事先订立的合同，委托银行定期向收款人付款，银行根据付款人提供的付款金额，直接借记付款人的账户并贷记收款人的账户。这种支付方式同样以付款人、收款人、银行三方的协议为基础，主要用于工资、保险金、养老金的支付。在我国，定期贷记业务与定期借记业务同时出现，近些年也发展较快。定期贷记与定期借记的主要区别是，前者由付款人发动，后者由收款人发动。

6. 国内信用证。国内信用证是指银行（包括政策性银行、商业银行、农村合作银行、村镇银行和农村信用社）依照申请人（即申请开立信用证的当事人，一般为货物购买方或服务接受方）的申请开立的、对相符交单予以付款的承诺。国内信用证既是支付工具，又是贸易融资工具，可用于企事业单位之间的货物贸易和服务贸易，本质上是以银行信用弥补商业信用之不足。中国人民银行曾于1997年7月发布《国内信用证结算办法》。中国人民银行、中国银监会2016年4月发布的经重订的《国内信用证结算办法》，2018年2月也已被中国人民银行废止。2016年8月，中国支付清算协会、中国银行业协会作为行业组织发布了《国内信用证审单规则》。2020年6月，中国银行业协会发布《中国银行业协会跨行国内信用证产品指引（2020）》，对国内信用证业务的定义、流程、福费廷转让、贸易背景真实性审查、风险防范等作了规定。相较2017版指引，2020版指引主要有以下变化：①国内信用证办理渠道新增同业认可的电子渠道；②明确国内信用证业务中同一银行法人的不同分支机构视作不同银行，避免银行在福费廷业务办理中出现债权人债务人关系法律纠纷；③明确国内信用证福费廷转卖业务分为三种模式；④明确议付行贸易背景审查要点集中在对提交单据的审查方面；⑤增加了"三反"即反洗钱、反恐怖融资、反逃税的内容。

二、非金融机构支付服务

允许经批准的非金融机构参与到支付服务市场，为社会公众提供便利的支付服务特别是电子支付服务，打破银行业金融机构垄断支付服务市场的局面，实现支付服务主体的多元化，是我国支付法律制度的重大创新。为了规范非金融机构支付服务，中国人民银行先后制定、发布了一系列部门规章，主要有：《非金融机构支付服务管理办法》（2010年6月发布，被国务院2016年2月的决定修改）；《非金融机构支付服务管理办法实施细则》（2010年12月发布）；《支付机构预付卡业务管理办法》（2012年9月发布）；《支付机构客户备付金存管办法》（2013年6月发布，2020年6月修订）；《银行卡收单业务管理办法》（2013年7月发布）；《非银行支付机构网络支付业务管理办法》（2015年12月发布）。以下主要依据《非金融机构支付服务管理办法》介绍我国非金融机构支付服务管理的核心内容。

（一）非金融机构支付服务的概念和种类

非金融机构支付服务，是指非金融机构在收付款人之间作为中介机构提供下列部分或全部货币资金转移服务：

1. 网络支付。即依托公共网络或专用网络在收付款人之间转移货币资金的行为，包括货币汇兑、互联网支付、移动电话支付、固定电话支付、数字电视支付等。

2. 预付卡的发行与受理。预付卡是指以营利为目的发行的、在发行机构之外购买商品或服务的预付价值，包括采取磁条、芯片等技术以卡片、密码等形式发行的预付卡；

3. 银行卡收单。银行卡收单是指通过销售点（POS）终端等为银行卡特约商户代收货币资金的行为。

4. 中国人民银行确定的其他支付服务。

从非金融机构支付服务的种类来看，非金融机构提供的支付服务均属非现金支付服务。其中，有些业务如办理银行卡收单、为银行客户提供支付接口，是围绕客户的银行账户提供相关服务；有些业务如发行和受理预付卡，为客户开立支付账户，则是其相对独立开展的业务。

（二）非金融机构支付服务资格的取得

非金融机构提供支付服务，应当按规定取得《支付业务许可证》，并依法接受中国人民银行的监督管理。未经中国人民银行批准，任何非金融机构和个人不得从事或变相从事支付业务。依法取得《支付业务许可证》的非金融机构，亦被称为"支付机构"或"非银行支付机构"。

中国人民银行负责《支付业务许可证》的颁发和管理。申请《支付业务许可证》的，须经所在地中国人民银行分支机构（副省级城市中心支行以上的分支机构）审查后，报中国人民银行批准。《支付业务许可证》的申请人应当具备下列条件：①是在中华人民共和国境内依法设立的有限责任公司或股份有限公司，且为非金融机构法人；②有符合规定的最低限额以上的注册资本；③有符合规定的出资人；④有5名以上熟悉支付业务的高级管理人员；⑤有符合要求的反洗钱措施；⑥有符合要求的支付业务设施；⑦有健全的组织机构、内部控制制度和风险管理措施；⑧有符合要求的营业场所和安全保障措施；⑨申请人及其高级管理人员最近3年内未因利用支付业务实施违法犯罪活动或为违法犯罪活动办理支付业务等受过处罚。申请人拟在全国范围内从事支付业务的，其注册资本最低限额为1亿元人民币；拟在省（自治区、直辖市）范围内从事支付业务的，其注册资本最低限额为3千万元人民币；注册资本最低限额为实缴货币资本；中国人民银行可根据国家有关法律法规和政策规定，调整申请人的注册资本最低限额。

申请人的主要出资人（拥有申请人实际控制权的出资人和持有申请人 10% 以上股权的出资人），应当符合以下条件：①为依法设立的有限责任公司或股份有限公司；②截至申请日，连续为金融机构提供信息处理支持服务 2 年以上，或连续为电子商务活动提供信息处理支持服务 2 年以上；③截至申请日，连续盈利 2 年以上；④最近 3 年内未因利用支付业务实施违法犯罪活动或为违法犯罪活动办理支付业务等受过处罚。

外商投资支付机构的业务范围、境外出资人的资格条件和出资比例等，由中国人民银行另行规定，报国务院批准。

申请人申请《支付业务许可证》，应当向所在地中国人民银行分支机构提交规定的文件、资料，应当在收到受理通知后公告规定的事项。中国人民银行分支机构依法受理符合要求的各项申请，并将初审意见和申请资料报送中国人民银行；中国人民银行审查批准的，依法颁发《支付业务许可证》，并予以公告。《支付业务许可证》自颁发之日起，有效期 5 年；支付机构拟于《支付业务许可证》期满后继续从事支付业务的，应当在期满前 6 个月内向所在地中国人民银行分支机构提出续展申请；中国人民银行准予续展的，每次续展的有效期为 5 年。

（三）客户备付金管理要求

客户备付金，是指支付机构（即依法取得支付服务资格的非金融机构，下同）为办理客户委托的支付业务而实际收到的预收待付货币资金。除中国人民银行另有规定外，支付机构接受客户备付金的，应当在商业银行开立备付金专用存款账户存放备付金。支付机构只能选择一家商业银行作为备付金存管银行，且在该商业银行的一个分支机构只能开立一个备付金专用存款账户；支付机构应当与商业银行的法人机构或授权的分支机构签订备付金存管协议，明确双方的权利、义务和责任，并向所在地中国人民银行分支机构报送备付金存管协议和备付金专用存款账户的信息资料。支付机构调整不同备付金专用存款账户头寸的，由备付金存管银行的法人机构对支付机构拟调整的备付金专用存款账户的余额情况进行复核，并将复核意见告知支付机构及有关备付金存管银行；支付机构应当持备付金存管银行的法人机构出具的复核意见办理有关备付金专用存款账户的头寸调拨。

支付机构接受客户备付金时，只能按收取的支付服务费向客户开具发票，不得按接受的客户备付金金额开具发票；其接受的客户备付金不属于支付机构的自有财产。支付机构只能根据客户发起的支付指令转移备付金。禁止支付机构以任何形式挪用客户备付金。

备付金存管银行应当对存放在本机构的客户备付金的使用情况进行监督，并按规定向备付金存管银行所在地中国人民银行分支机构及备付金存管银行的法人机构报送客户备付金的存管或使用情况等信息资料。对支付机构违反相关规定使用客户备付金的申请或指令，备付金存管银行应当予以拒绝；发现客户备付金被违法使用或有其他异常情况的，应当立即向备付金存管银行所在地中国人民银行分支机构及备付金存管银行的法人机构报告。

支付机构的实缴货币资本与客户备付金日均余额的比例，不得低于10%。所谓客户备付金日均余额，是指备付金存管银行的法人机构根据最近90日内支付机构每日日终的客户备付金总量计算的平均值。

支付机构的分公司不得以自己的名义开立备付金专用存款账户，只能将接受的备付金存放在支付机构开立的备付金专用存款账户。

（四）其他监管要求

1. 支付机构应当按照《支付业务许可证》核准的业务范围从事经营活动，不得从事核准范围之外的业务，不得将业务外包，不得转让、出租、出借《支付业务许可证》。

2. 支付机构应当遵循安全、效率、诚信和公平竞争的原则，不得损害国家利益、社会公共利益和客户合法权益；应当遵守反洗钱的有关规定，履行反洗钱义务。

3. 支付机构之间的货币资金转移应当委托银行业金融机构办理，不得通过支付机构相互存放货币资金或委托其他支付机构等形式办理。支付机构不得办理银行业金融机构之间的货币资金转移，经特别许可的除外。

4. 支付机构变更下列事项之一的，应当在向公司登记机关申请变更登记前报中国人民银行同意：①变更公司名称、注册资本或组织形式；②变更主要出资人；③合并或分立；④调整业务类型或改变业务覆盖范围。

5. 支付机构申请终止支付业务的，应当向所在地中国人民银行分支机构提交规定的文件、资料。准予终止的，支付机构应当按照中国人民银行的批复完成终止工作，交回《支付业务许可证》。

6. 支付机构应当按照审慎经营的要求，制订支付业务办法及客户权益保障措施，建立健全风险管理和内部控制制度，并报所在地中国人民银行分支机构备案；应当确定支付业务的收费项目和收费标准，并报所在地中国人民银行分支机构备案，且公开披露其支付业务的收费项目和收费标准；应当按规定向所在地中国人民银行分支机构报送支付业务统计报表和财务会计报告等资料；应当制定支付服务协议，明确其与客户的权利和义务、纠纷处理原则、违约责任等事项；应当公开披露支付服务协议的格式条款，并报所在地中国人民银行分支机构备案。支付机构的分公司从事支付业务或者终止支付业务的，支付机构及其分公司应当分别到所在地中国人民银行分支机构备案。

7. 支付机构应当按规定核对客户的有效身份证件或其他有效身份证明文件，并登记客户身份基本信息；支付机构明知或应知客户利用其支付业务实施违法犯罪活动的，应当停止为其办理支付业务。支付机构应当确保支付指令的完整性、一致性和不可抵赖性，支付业务处理的及时性、准确性和支付业务的安全性，支付业务的连续性。支付机构应当依法保守客户的商业秘密，不得对外泄露，法律法规另有规定的除外。支付机构应当按规定妥善保管客户身份基本信息、支付业务信息、会计档案等资料。支付机构应当接受中国人民银行及其分支机构定期或不定期的现场检查和非现场检查，如实提供有关资料，不得拒绝、阻挠、逃避检查，不得谎报、隐匿、销毁相关证据材料。

8. 中国人民银行及其分支机构依据法律、行政法规、中国人民银行的有关规定对支付机构的公司治理、业务活动、内部控制、风险状况、反洗钱工作等进行定期或不定期现场检查和非现场检查。支付机构有下列情形之一的，中国人民银行及其分支机构有权责令其停止办理部分或全部支付业务：①累计亏损超过其实缴货币资本的50%；②有重大经营风险；③有重大违法违规行为。

9. 支付机构因解散、依法被撤销或被宣告破产而终止的，其清算事宜按照国家有关法律规定办理。

三、电子货币

(一) 电子货币的概念

目前国际上关于电子货币最流行的定义，是将其界定为"基于支付目的、于收到资金后发行、表明对发行人享有请求权、以电子方式包括使用磁性媒介储存的、为发行人以外的自然人或法人接受的货币价值"。

根据上述定义，可将电子货币的特征概括如下：①电子货币是相应的货币价值，而非这种货币价值的物质载体。②电子货币于发行人收到电子货币持有人的对价给付后发行，故为预付价值。③电子货币作为法定货币的代替物进入流通，主要用于满足人们的小额消费需求，至少在目前还不是独立的货币形态。④电子货币代表持有人对发行人享有相应的请求权，即请求发行人将电子货币兑回现金、用于消费结算或支付给第三人。⑤电子货币以电子方式或通过磁性媒介储存在持有人直接控制的物质载体（如长方形卡片的磁条或芯片、手机储存卡）中，或者储存在远程服务器并由持有人通过特定的电子货币账户进行管理。前者称为"卡基电子货币"（card-based）或"预付卡"（prepaid card）、"储值卡"（value-stored card），后者称为"网基电子货币"（net-based）。⑥电子货币不是"接入工具"，其使用不需要连接银行主机，交易不发生在银行结算账户，而是通过读取设备或电子支付指令直接扣减相应的货币价值。⑦电子货币必须具有多用途（multi-purpose），即可以向发行人以外的第三方进行支付。单用途的货币价值不是电子货币。

目前，我国立法并未使用电子货币的概念，但无论网基电子货币还是卡基电子货币现实中都有存在，前者如支付宝账户和微信钱包中的余额，后者如银行发行的储值卡、支付机构发行的多用途预付卡。但是，商业企业发行的只能在本企业或同一品牌连锁商业企业购买商品、服务的单用途预付卡，不属于电子货币。

（二）我国关于银行储值卡、预付卡的管理规定

中国人民银行 1999 年 1 月发布的《银行卡业务管理办法》对银行储值卡作了如下规定：①储值卡是发卡银行根据持卡人要求将其资金转至卡内储存，交易时直接从卡内扣款的预付钱包式借记卡；②储值卡作为借记卡的一种，不具备透支功能；③已开办信用卡或转账卡业务的商业银行可向中国人民银行申请发行储值卡；商业银行发行全国使用的储值卡应当报中国人民银行总行审批；④发卡银行对储值卡内的币值不计付利息；⑤储值卡的面值或卡内币值不得超过 1000 元人民币；⑥发卡银行对储值卡可不予挂失。

2012 年 1 月 18 日，中国人民银行下发《关于规范银行业金融机构发行磁条预付卡和电子现金的通知》，规定：

（1）商业银行不得发行或与其他机构合作发行磁条预付卡和非实名单电子现金；未经批准，不得在银行卡上加载商业预付卡应用功能以及在银行卡卡面上增添商业预付卡发卡机构的标志和文字介绍。

（2）在下列情形下，商业银行经中国人民银行批准后可发行磁条预付卡或电子现金：①商业银行发行实名单电子现金。②省会（首府）城市及副省级城市承办全国或国际性经济、文化、体育等大型活动时，经活动组织方建议，与该活动组织方签署金融服务合作协议的商业银行，可向中国人民银行申请阶段性发行磁条预付卡或非实名单电子现金。③通过中国人民银行发卡技术标准符合性和系统安全性审核的商业银行，经持卡人申请，可发行与持卡人银行卡账户关联、基于银行卡借贷记功能使用的主账户复合电子现金。关联银行卡的发行必须符合银行账户实名制要求和银行卡发卡规定；商业银行不得采用屏蔽关联银行卡交易功能、借用套用发卡机构标识代码（BIN 号）等手段将主账户复合电子现金变相为单电子现金。

（3）磁条预付卡和电子现金资金余额不得超过 1000 元人民币。

（三）我国关于支付机构预付卡的管理规定

中国人民银行 2010 年 6 月发布的《非金融机构支付服务管理办法》（被国务院 2016 年 2 月决定修改）允许取得《支付业务许可证》的支付机构经批准发行和受理预付卡，并将预付卡界定为"以营利为目的发行的、在发行机构之外购买商品或服务的预付价值，包括采取磁条、芯片等技术以卡片、密码等形式发行的

预付卡"。但根据中国人民银行2010年12月发布、2020年6月修订的《非金融机构支付服务管理办法实施细则》,《非金融机构支付服务管理办法》所称的预付卡,不包括仅限于发放社会保障金的预付卡、仅限于乘坐公共交通工具的预付卡、仅限于缴纳电话费等通信费用的预付卡、发行机构与特约商户为同一法人的预付卡。以下简要介绍中国人民银行2012年9月发布的《支付机构预付卡业务管理办法》的主要内容。

1. 一般规定。支付机构(取得《支付业务许可证》,获准办理"预付卡发行与受理"业务的发卡机构和获准办理"预付卡受理"业务的受理机构)应当严格按照《支付业务许可证》核准的业务类型和业务覆盖范围从事预付卡业务,不得在未设立省级分支机构的省(自治区、直辖市、计划单列市)从事预付卡业务。支付机构不得以股权合作、业务合作及其他任何形式,出租、出借、转让或变相出租、出借、转让预付卡业务资质。任何单位和个人不得私自设立预付卡交易场所,不得以牟利为目的倒卖预付卡,不得伪造、变造预付卡,不得使用明知是伪造、变造的预付卡;涉嫌犯罪的,依法移送公安机关处理。

2. 预付卡的发行。

(1)预付卡的种类。预付卡分为记名预付卡和不记名预付卡。记名预付卡是指预付卡业务处理系统中记载持卡人身份信息的预付卡;记名预付卡应当可挂失,可赎回,不得设置有效期。不记名预付卡是指预付卡业务处理系统中不记载持卡人身份信息的预付卡;除另有规定外,不记名预付卡不挂失,不赎回,有效期不得低于3年,不得具有透支功能。

(2)禁止性规定。发卡机构不得发行或代理销售采用或变相采用银行卡清算机构分配的发卡机构标识代码的预付卡,卡面上不得使用银行卡清算机构品牌标识;不得与其他支付机构合作发行预付卡;不同的发卡机构不得采用具有统一识别性的品牌标识。

(3)预付卡的计价币种与单张限额。发卡机构发行的预付卡应当以人民币计价,单张记名预付卡资金限额不超过5000元,单张不记名预付卡资金限额不超过1000元。中国人民银行可视情况调整预付卡资金限额。

(4)发卡机构的告知义务以及预付卡卡面应当记载事项。发行销售预付卡时,发卡机构应向持卡人告知预付卡的有效期及计算方法;超过有效期尚有资金余额的预付卡,发卡机构应当提供延期、激活、换卡等服务,保障持卡人继续使用。预付卡卡面应当记载预付卡名称、发卡机构名称、是否记名、卡号、有效期限或有效期截止日、持卡人注意事项、客户服务电话等要素。

发卡机构应当向购卡人公示、提供预付卡章程或签订协议。预付卡章程或协议应当包含规定的内容。发卡机构变更预付卡章程或协议文本的,应当提前30

日在其网点、网站显著位置进行公告。新章程或协议文本中涉及新增收费项目、提高收费标准、降低优惠条件等内容的，发卡机构在新章程或协议文本生效之日起 180 日内，对原有客户应当按照原章程或协议执行。

（5）实名购卡要求及信息记载要求。个人或单位购买记名预付卡或一次性购买不记名预付卡 1 万元以上的，应当使用实名并提供有效身份证件。发卡机构应当识别购卡人、单位经办人的身份，核对有效身份证件，登记身份基本信息，并留存有效身份证件的复印件或影印件。代理他人购买预付卡的，发卡机构应当采取合理方式确认代理关系，核对代理人和被代理人的有效身份证件，登记代理人和被代理人的身份基本信息，并留存代理人和被代理人的有效身份证件的复印件或影印件。

使用实名购买预付卡的，发卡机构应当登记购卡人姓名或单位名称、单位经办人姓名、有效身份证件名称和号码、联系方式、购卡数量、购卡日期、购卡总金额、预付卡卡号及金额等信息。对于记名预付卡，发卡机构还应当在预付卡核心业务处理系统中记载持卡人的有效身份证件信息、预付卡卡号、金额等信息。

（6）购卡付款方式。单位一次性购买预付卡 5000 元以上，个人一次性购买预付卡 5 万元以上的，应当通过银行转账等非现金结算方式购买，不得使用现金。购卡人不得使用信用卡购买预付卡。采用银行转账等非现金结算方式购买预付卡的，付款人银行账户名称和购卡人名称应当一致。发卡机构应当核对账户信息和身份信息的一致性，在预付卡核心业务处理系统中记载付款人银行账户名称和账号、收款人银行账户名称和账号、转账金额等信息。

发卡机构应当按照实收人民币资金等值发行预付卡，严格按照《中华人民共和国发票管理办法》等有关规定开具发票。

（7）发卡机构的信息保护义务。发卡机构应当采取有效措施加强对购卡人和持卡人信息的保护，确保信息安全，防止信息泄露和滥用。未经购卡人和持卡人同意，不得用于与购卡人和持卡人的预付卡业务无关的目的，法律法规另有规定的除外。

（8）预付卡销售方式。发卡机构应当通过实体网点发行销售预付卡。除单张资金限额 200 元以下的预付卡外，不得采取代理销售方式。发卡机构委托销售合作机构代理销售的，应当建立代销风险控制机制。销售资金应当直接存入发卡机构备付金银行账户。发卡机构应当要求销售合作机构在购卡人达到实名购卡要求时，参照相关规定销售预付卡。发卡机构作为预付卡发行主体的所有责任和义务不因代理销售而转移。

（9）核心业务处理系统。发卡机构应当在中华人民共和国境内拥有并自主运行独立、安全的预付卡核心业务处理系统，建立突发事件应急处置机制，确保预付卡业务处理的及时性、准确性和安全性。预付卡核心业务处理系统包含但不限于发卡系统、账务主机系统、卡片管理系统及客户信息管理系统。预付卡核心业务处理系统不得外包或变相外包。

3. 预付卡的受理。

(1) 发卡机构自管特约商户的比例。发卡机构应当为其发行的预付卡提供受理服务，其自行拓展、签约和管理的特约商户数不低于受理该预付卡全部特约商户数的70%。

(2) 对受理机构的要求。受理机构只能受理发卡机构按规定发行的预付卡，受理范围不得超过发卡机构获准办理"预付卡发行与受理"的业务覆盖范围；受理机构应当获得发卡机构的委托，与发卡机构、特约商户签订三方合作协议；受理机构不得将发卡机构委托其开展的预付卡受理业务外包；预付卡只能在发卡机构参与签署合作协议的特约商户使用，卡面上不得使用发卡机构委托的受理机构的品牌标识。受理机构不得以任何形式存储与受理业务无关的预付卡信息。

(3) 特约商户。发卡机构、受理机构不得发展非法设立、非法经营或无实体经营场所的特约商户。发卡机构、受理机构拓展特约商户时应当严格审核特约商户营业执照、税务登记证、法定代表人或负责人的有效身份证件，留存相关证件的复印件或影印件，并对商户的经营场所进行现场核实、拍照留存。发卡机构应当与特约商户签订预付卡受理协议，受理协议应当包括规定的内容。发卡机构对特约商户应承担的资金结算与风险管理责任不因受理机构参与预付卡受理而转移。发卡机构、受理机构应当分别建立特约商户信息管理系统及业务风险防控系统，应当加强对特约商户的巡检和监控，要求特约商户在营业场所显著位置标明受理的预付卡名称和种类，按照预付卡受理协议的要求受理预付卡，履行相关义务。

特约商户不得以任何形式存储与商户结算、对账无关的预付卡信息；不得协助持卡人进行任何形式的预付卡套现。特约商户出现损害当事人合法权益及其他严重违规违约操作的，发卡机构、受理机构应当立即终止其预付卡受理服务。

(4) 资金划转路线。发卡机构应当通过其客户备付金存管银行直接向特约商户划转结算资金，受理机构不得参与资金结算。特约商户只能指定其一个单位银行结算账户进行收款；发卡机构应当核验特约商户指定的单位银行结算账户开户许可证或其开户银行出具的开户证明，留存加盖公章的复印件。

特约商户向持卡人办理退货，只能通过发卡机构将资金退回至原预付卡。无法退回的，发卡机构应当将资金退回至持卡人提供的同一发卡机构的同类预付卡。预付卡接受退货后的卡内资金余额不得超过规定限额。

(5) 预付卡受理终端和受理系统。预付卡可与银行卡共用受理终端，但应当使用与银行卡不同的应用程序和受理网络，并采取安全隔离措施，与银行卡交易分别处理和管理。发卡机构、受理机构应当在中华人民共和国境内拥有并自主运行独立、安全的预付卡受理系统，建立突发事件应急处置机制，确保预付卡业务处理的及时性、准确性和安全性。

4. 预付卡的使用、充值、挂失和赎回。

（1）预付卡的禁止用途。预付卡不得用于或变相用于提取现金；不得用于购买、交换非本发卡机构发行的预付卡、单一行业卡及其他商业预付卡或向其充值；卡内资金不得向银行账户或向非本发卡机构开立的网络支付账户转移。预付卡不得用于网络支付渠道，但下列情形除外：①缴纳公共事业费；②在本发卡机构合法拓展的实体特约商户的网络商店中使用；③同时获准办理"互联网支付"业务的发卡机构，其发行的预付卡可向在本发卡机构开立的实名网络支付账户充值，但同一客户的所有网络支付账户的年累计充值金额合计不超过 5000 元。以上情形下的预付卡交易，均应当由发卡机构自主受理，不得由受理机构受理。

（2）发卡机构对持卡人的信息服务义务。发卡机构应当免费向持卡人提供特约商户名录、卡内资金余额及一年以内的交易明细查询服务，并提供至少一种 24 小时免费查询渠道。

（3）预付卡的充值。发卡机构办理记名预付卡或一次性金额 1 万元以上不记名预付卡充值业务的，应当参照有关实名购卡和购卡付款方式的规定办理。预付卡只能通过现金、银行转账方式进行充值。同时获准办理"互联网支付"业务的发卡机构，还可通过持卡人在本发卡机构开立的实名网络支付账户进行充值。不得使用信用卡为预付卡充值。办理一次性金额 5000 元以上预付卡充值业务的，不得使用现金。单张预付卡充值后的资金余额不得超过规定限额。预付卡现金充值应当通过发卡机构网点进行，但单张预付卡同日累计现金充值 200 元以下的，可通过自助充值终端、销售合作机构代理等方式充值，收取的现金应当直接存入发卡机构备付金银行账户。

（4）预付卡的挂失。发卡机构应当向记名预付卡持卡人提供紧急挂失服务，并提供至少一种 24 小时免费紧急挂失渠道。正式挂失和补卡应当在约定时间内通过网点以书面形式办理。以书面形式挂失的，发卡机构应当要求持卡人出示有效身份证件，并按协议约定办理挂失手续。

（5）预付卡的赎回。发卡机构办理赎回业务的网点数应当不低于办理发行销售业务网点数的 70%。预付卡赎回业务营业时间应当不短于发行销售业务的营业时间。记名预付卡可在购卡 3 个月后办理赎回；赎回时，持卡人应当出示预付卡及持卡人和购卡人的有效身份证件；由他人代理赎回的，应当同时出示代理人和被代理人的有效身份证件；单位购买的记名预付卡，只能由单位办理赎回。发卡机构应当参照有关实名购卡的规定，识别、核对赎回人及代理人的身份信息，确保与购卡时登记的持卡人和购卡人身份信息一致，并保存赎回记录。发行可在公共交通领域使用的预付卡发卡机构，其在公共交通领域实现的当年累计预付卡交易总额不得低于同期发卡总金额的 70%；其发行的不记名预付卡，单张卡片余额在 100 元以下的，可按约定赎回。赎回不记名预付卡的，发卡机构应当核实和登记持卡人的身份信息，采用密码验证方式的预付卡还应当核验密码，并保存赎回记录。发卡机构按照规定终止预付卡业务的，应当向持卡人免费赎回所发行的全部记名、不记名预付卡。

预付卡赎回应当使用银行转账方式，由发卡机构将赎回资金退至原购卡银行账户。用现金购买或原购卡银行账户已撤销的，赎回资金应当退至持卡人提供的与购卡人同名的单位或个人银行账户。单张预付卡赎回金额在 100 元以下的，可使用现金。

5. 监督管理。

（1）监管主体与监管方式。中国人民银行及其分支机构依法对支付机构的预付卡业务活动、内部控制及风险状况等进行非现场监管及现场检查。

（2）支付机构的报告义务。支付机构应当按照中国人民银行及其分支机构的相关规定履行报告义务。

（3）加入行业协会要求。支付机构应当加入中国支付清算协会。中国支付清算协会应当组织制定预付卡行业自律规范，并按照中国人民银行有关要求，对支付机构执行中国人民银行规定和行业自律规范的情况进行检查。

（4）预付卡内资金的查、冻、扣。支付机构不得为任何单位或个人查询、冻结、扣划预付卡内资金，国家法律法规另有规定或得到持卡人授权的除外。

（5）相关信息的保存年限。支付机构办理预付卡发行业务活动获得和产生的相关信息，应当保存至该预付卡实收人民币资金全部结算后 5 年以上；办理预付卡受理、使用、充值和赎回等业务活动获得和产生的相关信息，应当保存至该业务活动终止后 5 年以上。

（6）支付机构及其分支机构的违法责任。支付机构及其分支机构违反《支付机构预付卡业务管理办法》的，中国人民银行可依据《非金融机构支付服务管理办法》等法律法规规章的规定，给予警告、限期改正、罚款、暂停部分或全部业务等处罚；情节严重的，依法注销其《支付业务许可证》；涉嫌犯罪的，依法移送公安机关处理。

（7）特约商户的违法责任。特约商户有下列情形之一的，中国人民银行及其分支机构责令支付机构取消其特约商户资格，其他支付机构不得再将其发展为特约商户；涉嫌犯罪的，依法移送公安机关处理：①为持卡人进行洗钱、赌博等犯罪活动提供协助的；②使用虚假材料申请受理终端后进行欺诈活动，或转卖、提供机具给他人使用的；③违规存储、泄露、转卖预付卡信息或交易信息的；④以虚构交易、虚开价格、现金退货等方式为持卡人提供预付卡套现的；⑤在持卡人不知情的情况下，编造虚假交易或重复刷卡盗取资金的；⑥具有其他危害持卡人权益、市场秩序或社会稳定行为的。

（四）关于民间加密货币

近些年，随着以区块链为代表的分布式记账技术迅猛发展，国际上出现了以其为底层技术的加密资产，其中具有支付功能的部分，如比特币、以太币等，则被称为"加密货币"或"虚拟货币"、"民间数字货币"。由于加密货币缺乏可靠的价值基础，存在规模上限，投机炒作严重，价格波动剧烈，故其作为一般等价物的地位迄今尚未得到世界绝大多数国家的认可。中国人民银行、工业和信息化部、中国银监会、中国证监会、中国保监会 2013 年 12 月 3 日下发的《关于防范比特币风险的通知》，表明了对比特币属性的官方立场：比特币具有没有集中发行方、总量有限、使用不受地域限制和匿名性等四个主要特点；虽然比特币被称为"货币"，但由于其不是由货币当局发行，不具有法偿性与强制性等货币属性，并不是真正意义的货币；从性质上看，比特币应当是一种特定的虚拟商品，不具有与货币等同的法律地位，不能且不应作为货币在市场上流通使用。

至于通过发行代币形式包括首次代币发行（Initial Coin Offering，ICO）进行融资，即融资主体通过代币的发售、流通，向投资者筹集比特币、以太币等所谓"虚拟货币"，中国人民银行等七部委 2017 年 9 月 4 日发布的《关于防范代币发行融资风险的公告》明确指出：代币发行融资本质上是一种未经批准非法公开融资的行为，涉嫌非法发售代币票券、非法发行证券以及非法集资、金融诈骗、传销等违法犯罪活动。

四、电子支付

根据中国人民银行 2005 年 10 月发布的《电子支付指引（第一号）》，电子支付是指单位、个人直接或授权他人通过电子终端发出支付指令，实现货币支付与资金转移的行为。电子支付的类型按电子支付指令发起方式分为网上支付、电话支付、移动支付、销售点终端交易、自动柜员机交易和其他电子支付。可见，电子支付是一个非常宽泛的概念；随着电子通讯技术的发展，电子支付的方式亦会越来越丰富。目前在我国，银行和非金融机构支付服务组织（支付机构）均可以依法提供电子支付服务。

（一）《电子商务法》关于电子支付的原则性规定

十三届全国人大常委会第五次会议 2018 年 8 月 31 日通过的《电子商务法》，明确规定电子商务当事人可以约定采用电子支付方式支付价款，并从以下几个方面对电子商务使用电子支付方式进行了原则性规范：

1. 电子支付服务提供者的义务。电子支付服务提供者为电子商务提供电子支付服务，应当：①遵守国家规定，告知用户电子支付服务的功能、使用方法、注意事项、相关风险和收费标准等事项；②不附加不合理交易条件；③确保电子支付指令的完整性、一致性、可跟踪稽核和不可篡改；④支付指令发生错误的，及时查找原因，并采取相关措施予以纠正；⑤向用户免费提供对账服务以及最近三年的交易记录；⑥完成电子支付后，及时准确地向用户提供符合约定方式的确认支付的信息。

2. 电子支付服务提供者的赔偿责任。①提供电子支付服务不符合国家有关支付安全管理要求，造成用户损失的，电子支付服务提供者应当承担赔偿责任；②支付指令发生错误，造成用户损失的，应当承担赔偿责任，但能够证明支付错误非自身原因造成的除外；③未经授权的支付造成的损失，由电子支付服务提供者承担；电子支付服务提供者能够证明未经授权的支付是因用户的过错造成的，不承担责任。④电子支付服务提供者发现支付指令未经授权，或者收到用户支付指令未经授权的通知时，未及时采取措施导致损失扩大的，应当对损失扩大部分承担责任。

3. 用户的义务。①在发出支付指令前，核对支付指令所包含的金额、收款人等完整信息；②妥善保管交易密码、电子签名数据等安全工具；③发现安全工具遗失、被盗用或者未经授权的支付的，及时通知电子支付服务提供者。

（二）《电子支付指引（第一号）》

中国人民银行 2005 年 10 月 26 日发布的《电子支付指引（第一号）》（以下简称《指引》），适用于境内银行业金融机构（以下简称银行）开展电子支付业务。

客户办理电子支付业务，应在银行开立或在其已开立的银行结算账户中指定办理电子支付业务的账户；客户未指定的银行结算账户不得办理电子支付业务。客户应按照其与发起行（接受客户委托发出电子支付指令的银行）的协议规定，发起电子支付指令。电子支付指令的发起行应采取有效措施，保证交易安全，保存交易记录，正确执行客户的电子支付指令。发起行执行通过安全程序的电子支付指令后，客户不得要求变更或撤销电子支付指令。发起行、接收行（电子支付指令接收人的开户银行；接收人未在银行开立账户的，指电子支付指令确定的资金汇入银行）应确保电子支付指令传递的可跟踪稽核和不可篡改。电子支付指令与纸质支付凭证可以相互转换，二者具有同等效力。

办理电子支付业务的银行应当公开披露规定的信息；应当根据审慎性原则，确定办理电子支付业务客户的条件，以书面或电子方式与客户签订协议；应当按会计档案的管理要求和保存期限妥善保存客户的申请资料；银行要求客户提供有关资料信息时，应当告知客户所提供信息的使用目的和范围、安全保护措施，以及客户未提供或未真实提供相关资料信息的后果；应当根据客户性质、电子支付类型、支付金额等，与客户约定适当的认证方式，如密码、密钥、数字证书、电子签名等；开展电子支付业务采用的信息安全标准、技术标准、业务标准等应当符合有关规定；应当针对与电子支付业务活动相关的风险，建立有效的管理制度；应当根据审慎性原则并针对不同客户在电子支付类型、单笔支付金额和每日累计支付金额等方面做出合理限制；其电子支付业务处理系统应保证对电子支付交易信息进行完整的记录和按有关法律法规进行披露；使用客户资料、交易记录等，不得超出法律法规许可和客户授权的范围；应当依法对客户的资料信息、交易记录、交易数据等保密，应当及时或定期向客户提供交易记录、资金余额和账户状态等信息；应当确保对电子支付业务处理系统的操作人员、管理人员以及系统服务商有合理的授权控制，应当采取有效措施保证电子支付业务处理系统中的职责分离，建立电子支付业务运作重大事项报告制度。

银行与其他机构合作开展电子支付业务的，其合作机构的资质要求应符合有关法规的规定；银行应当与合作机构签订书面协议并建立对合作机构的监督机制。银行可以根据有关规定将其部分电子支付业务外包给合法的专业化服务机构，但银行对客户的义务及相应责任不因外包关系的确立而转移。

电子支付业务的差错处理应遵守据实、准确和及时的原则。银行应指定相应部门和业务人员负责电子支付业务的差错处理工作，应妥善保管电子支付业务的交易记录。由于银行保管、使用不当，导致客户资料信息被泄露或篡改的，银行应采取有效措施防止因此造成客户损失，并及时通知和协助客户补救。因银行自身系统、内控制度或为其提供服务的第三方服务机构的原因，造成电子支付指令无法按约定时间传递、传递不完整或被篡改，并造成客户损失的，银行应按约定予以赔偿。因第三方服务机构的原因造成客户损失的，银行应予赔偿，再根据与第三方服务机构的协议进行追偿。接收行由于自身系统或内控制度等原因对电子支付指令未执行、未适当执行或迟延执行致使客户款项未准确入账的，应及时纠正。

客户应妥善保管、使用电子支付交易存取工具。有关电子支付业务资料、存取工具被盗或遗失，应按约定方式和程序及时通知银行。非资金所有人盗取他人存取工具发出电子支付指令，并且其身份认证和交易授权通过发起行的安全程序的，发起行应积极配合客户查找原因，尽量减少客户损失。客户发现自身未按规定操作，或由于自身其他原因造成电子支付指令未执行、未适当执行、延迟执行的，应在协议约定的时间内，按照约定程序和方式通知银行，银行应积极调查并告知客户调查结果。银行发现因客户原因造成电子支付指令未执行、未适当执行、延迟执行的，应主动通知客户改正或配合客户采取补救措施。因不可抗力造成电子支付指令未执行、未适当执行、延迟执行的，银行应当采取积极措施防止损失扩大。

（三）《非银行支付机构网络支付业务管理办法》

中国人民银行 2015 年 12 月 28 日发布的《非银行支付机构网络支付业务管理办法》（以下简称《管理办法》），适用于支付机构的网络支付业务，即收款人或付款人通过计算机、移动终端等电子设备，依托公共网络信息系统远程发起支付指令，且付款人电子设备不与收款人特定专属设备交互，由支付机构为收付款人提供货币资金转移服务的活动。

支付机构从事网络支付业务，应当遵循主要服务电子商务发展和为社会提供小额、快捷、便民小微支付服务的宗旨，不得经营或者变相经营证券、保险、信贷、融资、理财、担保、信托、货币兑换、现金存取等业务。

支付机构可以基于客户的银行账户提供网络支付服务，如银行网关支付、银行卡快捷支付等，也可以按照《管理办法》的规定为客户开立支付账户提供网络支付服务。

支付账户是指获得互联网支付业务许可的支付机构，根据客户的真实意愿为其开立的，用于记录预付交易资金余额、客户凭以发起支付指令、反映交易明细信息的电子簿记。获得互联网支付业务许可的支付机构，经客户主动提出申请，可为其开立支付账户；仅获得移动电话支付、固定电话支付、数字电视支付业务许可的支付机构，不得为客户开立支付账户。支付机构不得为金融机构以及从事信贷、融资、理财、担保、信托、货币兑换等金融业务的其他机构开立支付账户。支付机构为客户开立支付账户的，应在服务协议中以显著方式告知客户账户余额的性质。支付机构应根据客户身份对同一客户在本机构开立的所有支付账户进行关联管理，并根据身份验证方式的不同对个人支付账户进行分类管理。

《管理办法》对网络支付交易流程、客户身份识别、交易指令认证方式、支付账户交易限额、资金流动方向、交易记录及其保存、支付机构对客户的信息披露和信息服务以及信息保护责任、支付机构网络支付业务处理系统、交易安全和风险控制措施、差错处理等，作了详细规定。

支付机构开展网络支付业务，接受中国人民银行及其分支机构的监督管理，接受中国支付清算协会的行业自律管理。

第四节　跨境人民币结算

跨境人民币结算是指在跨境交易中使用人民币作为标价货币进行计价结算。自 2009 年 7 月我国启动跨境贸易人民币结算试点以来，跨境人民币结算发展迅速：从跨境贸易人民币结算扩展到跨境投资人民币结算；使用跨境人民币结算的境外地域由港澳、东盟国家扩展到所有国家和地区，境内区域由最初的 5 个城市扩大至全国；跨境人民币结算的规模不断扩大。

实现跨境人民币结算，是我国经济和对外贸易良性运行、人民币国际化程度不断提高且汇率稳定的必然结果，有利于国内外企业和投资者规避汇率风险，提高支付效率，降低支付成本，有利于上海国际金融中心的建设，也有利于国际货币体系的多极化发展。不过，由于跨境人民币结算会形成相应规模的境外人民币市场，可能对我国的货币供应、外资利用、外汇管理、税收政策等形成冲击，政府必须予以有效应对。

为促进跨境人民币结算试点工作的顺利进行，规范参与各方的行为，防范相关业务风险，中国人民银行及相关政府部门先后发布了一系列部门规章或规范性文件。主要有：《跨境贸易人民币结算试点管理办法》（中国人民银行、财政部、商务部、海关总署、国家税务总局、中国银监会 2009 年 7 月发布）；《跨境贸易人民币结算试点管理办法实施细则》（中国人民银行 2009 年 7 月发布）；《境外机构人民币银行结算账户管理办法》（中国人民银行 2010 年 8 月发布）；《境外直接投资人民币结算试点管理办法》（中国人民银行 2011 年 1 月发布）。以下仅介绍《跨境贸易人民币结算试点管理办法》的主要内容：

1. 国家允许指定的、有条件的企业在自愿的基础上以人民币进行跨境贸易的结算。试点地区的省级人民政府负责协调当地有关部门推荐跨境贸易人民币结算的试点企业，由中国人民银行会同财政部、商务部、海关总署、税务总局、银监会等有关部门进行审核，最终确定试点企业名单。在推荐试点企业时，要核实试点企业及其法定代表人的真实身份，确保试点企业登记注册实名制，并遵守跨境贸易人民币结算的各项规定。试点企业违反国家有关规定的，依法处罚，取消其试点资格。

2. 人民币跨境结算可选择两种模式，即清算行模式和代理行模式。在清算行模式下，经中国人民银行和香港金融管理局、澳门金融管理局认可，已加入中国人民银行大额支付系统并进行港澳人民币清算业务的商业银行，可以作为港澳人民币清算行，提供跨境贸易人民币结算和清算服务。目前，香港地区的人民币清算行为中国银行（香港）有限责任公司，澳门地区为中国银行澳门分行。清算行模式的基本做法是：①港澳清算行在中国人民银行开立清算账户，以直接参与者身份接入我国大额支付系统，具备与我国内地银行机构办理人民币资金汇划业务能力。②港澳人民币清算行与境外商业银行（即境外参加银行）签订清算及结算协议，为境外参加银行开立人民币同业往来账户，为其提供人民币服务。③进口贸易下，境内企业首先将资金汇入境内结算银行，由境内结算银行通过人民银行大额支付系统将资金划至港澳清算行，港澳清算行贷记境外参加银行的同业往来账户并发出入账通知，最终由境外参加银行将资金（人民币或兑付为其他货币）解付给境外企业。港澳清算行也可同时从事境外参加银行的业务，直接将资金解付给境外企业。④出口贸易下，人民币资金汇划按上述流程反向处理。⑤人民币跨境流动信息由境内结算银行报送人民币跨境收付信息管理系统。

在代理行模式下，试点地区内具备国际结算业务能力的商业银行（即境内代理银行）与境外参加银行签订人民币代理结算协议，为其开立人民币同业往来账户，代理境外参加银行进行跨境贸易人民币支付。代理行模式的基本做法是：①试点地区内具备国际结算业务能力的商业银行与境外参加银行签订人民币代理结算协议，为其开立人民币同业往来账户。境内代理银行可以同时作为境内结算银行，为境内企业开立结算账户。②进口贸易下，境内企业首先将资金汇入境内代理银行，境内代理银行将支付指令通过 SWIFT 系统发送至境外参加银行，然后由境外参加银行将资金（人民币或兑换为其他货币）解付给境外企业。③出口贸易下，人民币资金汇划按上述流程反向处理。④人民币跨境流动信息由境内代理银行或境内结算银行报送人民币跨境收付信息管理系统。

3. 代理行模式下的境内代理银行，可以对境外参加银行开立的账户设定铺底资金要求，并可以为境外参加银行提供铺底资金兑换服务；可以依境外参加银行的要求在限额内购售人民币，购售限额由中国人民银行确定；可以为在其开有人民币同业往来账户的境外参加银行提供人民币账户融资，用于满足账户头寸临时性需求，融资额度与期限由中国人民银行确定。清算行模式下的港澳人民币清算行，可以按照中国人民银行的有关规定从境内银行间外汇市场、银行间同业拆借市场兑换人民币和拆借资金，兑换人民币和拆借限额、期限等由中国人民银行确定。境内结算银行可以按照有关规定逐步提供人民币贸易融资服务。

4. 人民币跨境收支应当具有真实、合法的交易基础。试点企业应当确保跨境贸易人民币结算的贸易真实性，应当建立跨境贸易人民币结算台账，准确记录进出口报关信息和人民币资金收付信息。境内结算银行应当按照中国人民银行的规定，对交易单证的真实性及其与人民币收支的一致性进行合理审查。

5. 境内结算银行和境内代理银行应当按照反洗钱和反恐融资的有关规定，采取有效措施，了解客户及其交易目的和交易性质，了解实际控制客户的自然人和交易的实际受益人，妥善保存客户身份资料和交易记录，确保能足以重现每项交易的具体情况。

6. 使用人民币结算的出口贸易，按照有关规定享受出口货物退（免）税政策。试点企业的跨境贸易人民币结算不纳入外汇核销管理，办理报关和出口货物退（免）税时不需要提供外汇核销单。境内结算银行和境内代理银行应当按照税务部门的要求，依法向税务部门提供试点企业有关跨境贸易人民币结算的数据、资料。

7. 对于跨境贸易人民币结算项下涉及的国际收支交易，试点企业和境内结算银行应当按照有关规定办理国际收支统计申报。境内代理银行办理购售人民币业务，应当按照规定进行购售人民币统计。跨境贸易项下涉及的居民对非居民的人民币负债，暂按外债统计监测的有关规定办理登记。中国人民银行建立人民币跨境收付信息管理系统，逐笔收集并长期保存试点企业与人民币跨境贸易结算有关的各类信息，按日总量匹配核对，对人民币跨境收付情况进行统计、分析、监测。境内结算银行和境内代理银行应当按中国人民银行的相关要求接入人民币跨境收付信息管理系统并报送人民币跨境收付信息。至货物出口后 210 天时，试点企业仍未将人民币货款收回境内的，应当在 5 个工作日内通过其境内结算银行向人民币跨境收付信息管理系统报送该笔货物的未收回货款的金额及对应的出口报关单号，并向其境内结算银行提供相关资料。试点企业拟将出口人民币收入存放境外的，应通过其境内结算银行向中国人民银行当地分支机构备案，并向人民币跨境收付信息管理系统报送存放境外的人民币资金金额、开户银行、账号、用途及对应的出口报关单号等信息。试点企业应当选择一家境内结算银行作为其跨境贸易人民币结算的主报告银行。试点企业的主报告银行负责提示该试点企业履行上述信息报送和备案义务。

8. 中国人民银行可根据宏观调控、防范系统性风险的需要，对跨境贸易人民币结算试点进行总量调控。中国人民银行对境内结算银行、境内代理银行、试点企业开展跨境贸易人民币结算业务的情况进行检查监督。发现其违反有关规定的，依法进行处罚。中国人民银行与财政部、商务部、海关总署、税务总局、银监会、外汇局等相关部门建立必要的信息共享和管理机制，加大事后检查力度，以形成对跨境贸易人民币结算试点工作的有效监管。试点企业有关跨境贸易人民币结算的违法违规信息，应当准确、完整、及时地录入中国人民银行企业信用信息基础数据库，并与海关、税务等部门共享。

9. 中国人民银行与港澳人民币清算行协商修改《关于人民币业务的清算协议》，明确港澳人民币清算行提供跨境贸易人民币结算和清算服务的有关内容。中国人民银行可以与香港金融管理局、澳门金融管理局签订合作备忘录，在各自职责范围内对港澳人民币清算行办理跨境贸易人民币结算和清算业务进行监管。

■ 思考题

1. 简述支付、支付体系的概念以及支付体系的要素。
2. 简述单位银行结算账户的分类及相关管理规定。
3. 什么是票据？票据有哪些种类？
4. 简要分析票据的要式性、无因性和独立性。
5. 何为银行卡？对银行卡如何分类？
6. 谈谈你对电子货币的理解。

■ 推荐书目

1. 王小能编著：《票据法教程》，北京大学出版社 2001 年版。
2. 李洪心编著：《网上支付与结算》，北京师范大学出版社 2018 年版。
3. 帅青红、李忠俊主编：《电子支付与结算》，东北财经大学出版社 2018 年版。
4. 陈波：《第三方支付民商事法律制度研究》，法律出版社 2018 年版。

第十三章　涉外金融法律制度

■ 学习目的和要求

　　了解跨国金融机构的概念和组织形式，区分营业性外资金融机构和非营业性外资金融机构；了解我国《外资银行管理条例》的主要内容，掌握外资银行营业性机构的监管规定；识记外汇的概念，熟悉我国外汇管理的现状，区分经常项目外汇管理和资本项目外汇管理的异同；了解涉外融资的基本形式以及我国的相关规定；了解国际金融监管合作的概貌和基本原则。

　　改革开放以来，我国金融体系的国际化程度日益提高，境内外互设金融机构越来越多，金融性资本输出入的形式得到拓展，规模不断扩大。为了规范涉外金融交往，维护本国的国际信誉和金融安全，促进中外金融机构之间的公平竞争，保护金融交易当事人的合法权益，我国先后颁行了一批重要的涉外金融立法。

第一节　我国金融对外开放的历程

　　改革开放以后，作为改革开放战略的重要内容，我国即开启了金融对外开放的历程。我国的金融对外开放是一个渐进的过程。仅就银行业而言，在开放地域上，先沿海后内地，先发达地区后落后地区；在开放范围上，先外币业务后人民币业务，先部分人民币业务后全面人民币业务；在客户对象上，先外商投资企业后中国企业，先外国居民后中国居民。综观四十余年我国金融业的对外开放，大体经历了三个阶段：

一、改革开放至入世前的金融自主开放

　　在计划经济时期，我国金融体系对外几乎是绝对封闭的。改革开放以后，我国开始允许外国金融机构在中国设立常驻代表机构，并有条件地允许外国银行在中国境内设立分行，设立外商独资银行、中外合资银行、外资独资财务公司、中外合资财务公司。其间，国务院和中国人民银行发布了一系列行政法规和部门规章，予之以规范。

二、WTO 框架下的金融对外开放

2001 年 12 月 11 日，我国正式加入世界贸易组织。其时，我国在《服务贸易总协定》（General Agreement on Trade in Services，GATS）项下，分别就银行业、证券业、保险业等金融领域的对外开放作了承诺。

（一）银行业对外开放的承诺

根据 GATS，我国将逐步取消对外资银行外币业务、人民币业务、营业许可等方面的限制，履行以下承诺：

1. 对外资银行营业许可方面的承诺：

（1）扩大外资银行外汇业务范围。加入时，取消外资银行办理外汇业务在客户对象方面的限制，外资银行可以立即向中资企业和中国居民全面提供外汇服务，且不需要进行个案审批。加入时，立即允许外资银行在现有业务范围基础上增加外币兑换、同业拆借、外汇信用卡的发行、代理国外信用卡的发行等业务。

（2）逐步扩大外资银行人民币业务范围。①允许外资银行在现有业务范围基础上增加票据贴现、代理收付款项、提供保管箱业务。②逐步取消外资银行经营人民币业务的地域限制。加入时，开放深圳、上海、天津、大连；加入后 1 年内，开放广州、珠海、青岛、南京、武汉；加入后 2 年内，开放济南、福州、成都、重庆；加入后 3 年内，开放昆明、北京、厦门；加入后 4 年内，开放汕头、宁波、沈阳、西安；加入后 5 年内，取消所有地域限制。③放宽对异地业务的限制。允许在一个城市获准经营人民币业务的外资银行向其他开放人民币业务城市的客户提供服务。④逐步取消人民币业务客户对象限制。加入后 2 年内，允许外资银行向中国企业办理人民币业务；加入后 5 年内，允许外资银行向所有中国客户提供服务。这意味着加入后 5 年内外资银行将享受国民待遇。

（3）同城营业网点的审批。允许外资银行设立同城营业网点，审批条件与中资银行相同。

（4）坚持审慎原则发放营业许可。中国金融监管部门发放经营许可证坚持审慎原则，即在营业许可上没有经济需求测试或者数量限制。加入后 5 年内，取消所有现存的对外资银行所有权、经营和设立形式，包括对分支机构和许可证发放进行限制的非审慎性措施。

2. 关于开放汽车消费信贷服务。加入时，即允许外资非银行金融机构进入我国汽车消费信贷市场开展业务，而且在市场准入和国民待遇方面没有限制。这意味着在我国加入 WTO 后，外资非银行金融机构在汽车消费信贷领域可以立即经营对居民的人民币业务。同时，外资银行在获准经营中国居民人民币业务后，也可开展汽车消费信贷业务。

3. 关于开放金融租赁业务。加入时，经审批，即允许外资金融租赁公司按

照与中资金融租赁公司相同的条件，提供金融租赁服务。

（二）证券业对外开放的承诺

根据 GATS，我国证券业的开放包括以下四项内容：①外国证券机构可以不通过中方中介，直接从事 B 股交易。②外国证券机构驻华代表处，可以成为中国所有证券交易所的特别会员。③允许设立中外合资的基金管理公司，从事国内证券投资基金管理业务，外资比例在加入时不超过 33%，加入后 3 年内不超过49%。④加入后 3 年内，允许设立中外合资证券公司，从事 A 股承销、B 股和 H 股以及政府和公司债券的承销和交易，外资比例不超过 1/3。

（三）保险业对外开放的承诺

根据 GATS，我国正式加入 WTO 后，对外资保险公司开放的承诺包括以下方面：①企业形式。加入时，允许外国非寿险公司在华设立分公司或合资公司，合资公司外资比例不超过 51%；加入后 2 年内，允许外国非寿险公司设立独资子公司，即没有企业设立形式限制。加入时，允许外国寿险公司在华设立合资公司，外资比例不超过 50%，外方可以自由选择合资伙伴。允许所有保险公司按地域限制放开的时间表，设立国内分支机构。②开放地域。加入时，允许外国寿险公司和非寿险公司在上海、广州、大连、深圳、佛山提供服务；加入后 2 年内，允许外国寿险和非寿险公司在北京、成都、重庆、福州、苏州、厦门、宁波、沈阳、武汉和天津提供服务；加入后 3 年内，取消地域限制。③业务范围。加入时，允许外国非寿险公司向在华外商投资企业提供财产险以及与之相关的责任险和信用险服务；加入后 2 年内，允许外国非寿险公司向外国和中国客户提供所有商业和个人非寿险服务。加入时，允许外国保险公司向外国公民和中国公民提供个人（非团体）寿险服务；加入后 3 年内，允许外国保险公司向外国公民和中国公民提供健康险、团体险和养老金/年金险服务。

入世 5 年过渡期于 2006 年 12 月 11 日届满时，我国政府已全面兑现了金融业对外开放的所有承诺。其间，国务院于 2001 年 12 月发布了《外资保险公司管理条例》（2013 年 5 月、2016 年 2 月、2019 年 9 月修订）和经重订的《外资金融机构管理条例》（已废止），于 2006 年 11 月发布了《外资银行管理条例》（2014 年 7 月、2014 年 11 月、2019 年 9 月修订）；中国人民银行也先后于 2002 年 1 月、6 月发布了经重订的《外资金融机构管理条例实施细则》（已废止）、《外资金融机构驻华代表机构管理办法》；中国银监会于 2004 年 3 月发布了新的《外资银行并表监管管理办法》（已废止），于 2004 年 5 月发布了《外资银行管理条例实施细则》（已废止），于 2004 年 7 月发布了新的《外资金融机构管理条例实施细则》（已废止），于 2005 年 4 月发布了《外资银行法人机构公司治理指引》（已废止），于 2005 年 11 月发布了《外资银行衍生产品业务风险监管指引

（试行）》（已废止）；国家发改委、中国人民银行、中国银监会于 2004 年 5 月发布了《境内外资银行外债管理办法》；中国保监会于 2004 年 5 月发布了《外资保险公司管理条例实施细则》（2010 年 12 月、2018 年 2 月、2019 年 11 月修订）。特别重要的是，2003 年 12 月全国人大常委会修订《商业银行法》时，将原第 12 条第 2 款关于经济需求测试的规定改为了"设立商业银行，还应当符合其他审慎性条件。"

应当注意的是，此阶段我国的金融对外开放，虽然是兑现入世时的承诺，但同时也是基于经济、金融发展的内在需求，并未丧失对外开放的自主性。

三、新时期的金融自主开放

入世过渡期结束后我国金融的对外开放，特别是近几年的金融对外开放，是高水平和全方位的对外开放。

之所以说这一阶段的金融对外开放是高水平开放，一方面，外资已达到或接近准入前国民待遇并接受负面清单管理。另一方面，金融的对外开放在几个方面实现了重大转变：一是从引进资金转向引进技术和管理经验；二是从限制性措施为主转向审慎性考量为主；三是从传统业务的开放转向新型业务的开放；四是从保护性竞争转向公平竞争；五是从业务合作转向股权合作和战略合作。

之所以说这一阶段的金融对外开放是全方位开放，是因为：其一，开放领域进一步拓展。允许外资设立或参股企业集团财务公司、信托公司、金融资产管理公司、消费金融公司、理财公司、货币经纪公司等其他银行业金融机构以及养老金管理公司；放开银行卡清算机构和非银行支付机构的市场准入限制；放宽外资金融服务公司开展信用评级服务的限制；允许符合条件的外国投资者来华经营保险代理业务和保险公估业务；鼓励和支持境外金融机构与境内民营资本控股的银行业保险业机构开展股权、业务和技术等各类合作；允许外资金融机构获得银行间债券市场 A 类主承销牌照。其二，对外资金融机构的各种限制进一步放松。比如，降低了外资银行经营人民币业务营运资金的要求，对外国银行向中国境内分行拨付的营运资金实行合并计算；提高并逐步取消中外合资金融机构中的外资股权比例限制以及境外金融机构投资入股中资金融机构的股权比例限制；取消外国银行来华设立外资法人银行和分行的总资产要求；取消中外合资银行中方唯一或主要股东必须是金融机构以及中外合资证券公司境内股东至少有一家是证券公司的要求；取消外资保险公司 30 年经营年限的准入条件；允许外资银行从事保险代理业务；取消外资银行开办人民币业务的审批要求，允许外资银行开业时即可经营人民币业务；取消外国保险经纪公司在华经营保险经纪业务需满足 30 年经营年限、总资产不少于 2 亿美元的要求。其三，外资金融机构的经营范围不断拓宽。如允许外商独资银行、中外合资银行、外国银行分行依法开展代理发行、代理兑付、承销政府债券业务和代理收付款、代理保险业务；允许外国银行管理行直接授权其在中国境内的多家分行开办人民币业务和衍生产品交易业务。

为了适应此阶段金融的对外开放，国务院继 2013 年 5 月修订《外资保险公司管理条例》后，又于 2019 年 9 月对《外资保险公司管理条例》《外资银行管理条例》再次作了修订。

第二节　涉外金融机构监管制度

20 世纪 60 年代特别是 80 年代以来，伴随着国际贸易和投资的急剧增长，以信息技术特别是计算机技术的突飞猛进和广泛运用为基础，以各国广泛兴起的金融自由化浪潮为契机，全球金融市场日益走向一体化。《服务贸易总协定》在 1994 年的签订和实施，更是加深了金融全球化的程度。无疑，在全球化的金融市场上，主角必定是跨国金融机构。我们所谓之涉外金融机构，包括外资金融机构、外国金融机构在华分支机构和境外中资金融机构，实际上就是跨国金融机构。因此，中国作为东道国或母国对涉外金融机构的监管，即是从特殊角度对跨国金融机构实施的监管。

一、跨国金融机构的概念与组织形式

跨国金融机构是在两个以上国家或地区设有机构、由母国总公司（总行）与其海外营业性机构共同构成、以营利为目的从事国际金融业务的金融企业。

跨国金融机构具有以下特点：①跨国金融机构具有企业性质，是以营利为目的的商业性组织。世界银行、国际清算银行等国际金融机构，不具有营利目的，因而不是这里所说的跨国金融机构。②跨国金融机构在两个以上国家或地区拥有机构。即跨国金融机构的总公司（总行），在母国以外拥有分公司（分行）、全资子公司、控股子公司等营业性分支机构。只在一国之内拥有分支机构的金融机构，以及在海外仅设有代表处的金融机构，都不是跨国金融机构。③跨国金融机构主要从事跨货币、跨国境的金融业务。经营多种货币，跨国境融通资金和提供金融服务，是跨国金融机构在业务上的突出特点。跨国金融机构可能只经营银行、保险、证券中的一类业务，但绝大多数大型的跨国金融机构，都属于多元化金融企业集团。所谓多元化金融企业集团（Financial Conglomerate），是指"任何由共同控制下的若干公司组成、其唯一或主要业务是在至少两个不同的金融部门（银行、证券、保险）提供重要服务的集团"。因此，多元化金融企业集团最显著的特征，是含有异质的金融机构，至少涉足两个不同的金融部门。④跨国金融机构可以是一个独立法人，但通常是由若干法人实体组成的集团。如果跨国金融机构的所有分支机构均为分公司（分行），那么它仅为单一法人，分公司（分

行）不过是其内部组成部分。但在通常情况下，跨国金融机构是以企业集团的形式出现的，在总公司（总行）之下，还有其他独立的法人实体。

金融机构从事跨国经营，根据自身的发展战略和东道国的法律，可选择不同的组织形式。各种组织形式既有长处，也有不足。

（一）代表处

代表处是金融机构派驻海外的办事机构，不具有东道国法人资格，通常只有少数工作人员。代表处不得从事任何直接营利的经营活动，主要任务是代表派出机构与东道国政界、金融界、商界建立和保持联系，宣传和解释母国的金融和经济政策，扩大派出机构在东道国的影响，为派出机构招揽生意，对派出机构的授信对象进行信用调查和评估，搜集东道国的经济和金融信息，为派出机构提供决策依据。

代表处一般不被作为一类独立的分支机构形态对待。关于外国金融机构在本国设立代表处，少数国家规定在主管当局备案即可，但大多数国家要求必须事先获得批准。代表处是东道国的非居民，可以使用派出机构的名称，其活动情况应由派出机构定期或不定期向东道国主管当局报告。有些国家还将外国金融机构在本国设有代表处或设立代表处一定期间以上，作为批准其进一步设立营业性分支机构的先决条件。

代表处的功能尽管十分有限，但由于设立成本较低，东道国管制相对宽松，常被金融机构作为开拓海外市场的先锋。在东道国禁止或限制外国金融机构设立营业性分支机构的情况下，代表处的作用显得尤其重要。

（二）分公司（分行）

分公司（分行）是外国金融机构在东道国设立的一种营业性分支机构，它是总公司（总行）的内在组成部分，在东道国以总公司（总行）的名义开展业务。分公司（分行）不具有独立的法人资格，不发行自己的股份，不拥有独立的资本。一般认为，总公司（总行）的资本为其所有分公司（分行）提供了资本基础。即便如此，许多国家仍然要求外国金融机构的分公司（分行）带入规定金额以上的营运资金。如根据我国《外资银行管理条例》第 8 条第 3、4 款的规定，外国银行分行应当由其总行无偿拨给不少于 2 亿元人民币或者等值的自由兑换货币的营运资金，国务院银行业监督管理机构根据外资银行营业性机构的业务范围和审慎监管的需要，可以提高注册资本或者营运资金的最低限额，并规定其中的人民币份额。应当说明的是，尽管分公司（分行）有自己独立的会计账簿，但在法律上，分公司（分行）的资产即为总公司（总行）的资产，分公司（分行）的负债亦即总公司（总行）的负债。

分公司（分行）是金融机构开拓国际市场极为有效的机构形态。在不同程度上开放国内金融市场的各国，一般都允许外国金融机构设立分公司（分行），而且可以经营东道国同类机构的所有或者大部分业务，业务功能相对齐全。此外，总公司（总行）能够对其海外分公司（分行）实施全面控制，能够比较方便地进行人事和资金调度，以形成合力优势，增强竞争实力。这种机构形态的最主要不足，是总公司（总行）必须对分公司（分行）的债务承担无限责任，风险相对较大。

（三）子公司

子公司是由母公司根据东道国法律设立或收购的公司，包括全资子公司、绝对控股子公司、相对控股子公司。母公司持有其全部股份的，为全资子公司；母公司持有其股份51%以上的，为绝对控股子公司；母公司所持股份虽然不足51%，但为其最大股东且拥有实际控制权的，为相对控股子公司。

子公司拥有自己的独立资本，是东道国的独立法人，因此金融机构常常借助这种形式，争取在东道国享受比分公司（分行）更高的待遇。由于母公司作为股东对子公司仅承担有限责任，因而这种机构形态能够较好地隔离风险。其主要缺点是，当母公司不拥有子公司全部股权时，如果东道国公司法强调对少数股东权益的保护，则其控制权容易受到少数股东的影响。

上述各种组织形式，只是构成跨国金融机构的"细胞"或者"元素"。以它们为基础，跨国金融机构可以形成极其复杂的集团结构。一家金融机构可以在国内外拥有分公司（分行）、子公司，各子公司又可以在国内外拥有自己的分公司（分行）、子公司。更有甚者，在法律允许的范围内，母公司与子公司之间以及子公司相互之间还可以相互持股。实践中，有的跨国金融集团故意采用复杂的、不透明的组织结构，意图逃避监管。因此在监管上，应当要求跨国金融集团保持适于监管的组织结构。

二、外国金融机构驻华代表机构的监管

外国金融机构驻华代表机构，即外国金融机构在中国境内设立并从事咨询、联络、市场调查等非经营性活动的代表处。代表处的主要负责人称首席代表。原则上，对外资金融机构驻华代表机构，比照外国金融机构驻华代表机构进行管理。其中，外国金融机构指在中国境外注册成立的金融机构，外资金融机构指在中国注册成立、含有外国资本的金融机构。

目前在我国，管理外国银行驻华代表机构，具体适用国务院2006年11月发布，2014年11月、2019年9月修订的《外资银行管理条例》、中国银监会（中国银保监会）2015年7月发布、2019年12月修订的《外资银行管理条例实施细则》；管理外国证券类机构的驻华代表机构，具体适用中国证监会1999年4月发布的《外国证券类机构驻华代表机构管理办法》；管理外国保险机构驻华代表机构，具体适用中国银保监会 2019 年 11 月发布的《外资保险公司管理条例实施细则》和 2006 年 7 月发布、2018 年 2 月修订的《外国保险机构驻华代表机构管理办法》。

以下仅介绍《外资银行管理条例》有关外国银行代表处管理的相关内容。

（一）外国银行代表处的设立、变更和终止

拟设代表处的外国银行应当具备以下条件：①具有持续盈利能力，信誉良好，无重大违法违规记录；②具有从事国际金融活动的经验；③具有有效的反洗钱制度；④受到所在国家或者地区金融监管当局的有效监管，并且其申请经所在国家或者地区金融监管当局同意；⑤国务院相关金融监督管理机构规定的其他审慎性条件。此外，其所在国家或者地区应当具有完善的金融监督管理制度，并且其金融监管当局已经与国务院相关金融监督管理机构建立良好的监督管理合作机制。

设立外国银行代表处，应当向拟设代表处所在地的银行业监督管理机构报送规定的申请资料。拟设代表处所在地的银行业监督管理机构应当将申请资料连同审核意见，及时报送国务院银行业监督管理机构。国务院银行业监督管理机构应当自收到设立外国银行代表处完整的申请资料之日起 6 个月内作出批准或者不批准设立的决定，并书面通知申请人。决定不批准的，应当说明理由。经批准设立的外国银行代表处，应当凭批准文件向市场监督管理部门办理登记，领取外国企业常驻代表机构登记证。

外国银行在中华人民共和国境内设立营业性机构的，除已设立的代表处外，不得增设代表处，但符合国家区域经济发展战略及相关政策的地区除外。

外国银行代表处变更办公场所，应当经国务院银行业监督管理机构批准，并按照规定提交申请资料，依法向市场监督管理部门办理变更登记。其更换首席代表，应当报经国务院银行业监督管理机构核准其任职资格。外国银行代表处自行终止活动的，应当经国务院银行业监督管理机构批准予以关闭，并在法定期限内向原登记机关办理注销登记；经批准改制为营业性机构的，应当依法办理原代表处的注销登记手续。

（二）外国银行代表处的监督管理

具体内容包括：①外国银行代表处可以从事与其代表的外国银行业务相关的联络、市场调查、咨询等非经营性活动；其行为所产生的民事责任，由其所代表的外国银行承担。外国银行代表处及其工作人员，不得从事任何形式的经营性活动。②外国银行代表处首席代表的任职资格，应当符合国务院银行业监督管理机构规定的条件，并经国务院银行业监督管理机构核准。③外国银行代表处应当按照规定向银行业监督管理机构报送资料。④外国银行代表处应当接受银行业监督管理机构依法进行的监督检查，不得拒绝、阻碍。

对于未经国务院银行业监督管理机构审查批准擅自设立外国银行代表处、违反规定从事经营性活动、拒绝或者阻碍银行业监督管理机构依法进行的监督检查、未经任职资格核准任命首席代表、未经批准变更办公场所、未按照规定向国务院银行业监督管理机构报送资料以及其他违反规定的行为，《外资银行管理条例》规定了相应的法律责任，由国务院银行业监督管理机构依法采取监管措施和给予行政处罚，构成犯罪的，依法追究刑事责任。

三、营业性外资金融机构的监管

（一）我国营业性外资金融机构监管立法概况

营业性外资金融机构包括外商独资金融机构、中外合资金融机构和外国金融机构在华分支机构。根据我国的入世承诺，我国金融领域的对外开放，全方位地涉及银行业、证券业和保险业。对营业性外资金融机构的法律适用，我国是采用普通法与特别法相结合、特别法优先适用的原则。我国《商业银行法》第92规定："外资商业银行、中外合资商业银行、外国商业银行分行适用本法规定，法律、行政法规另有规定的，依照其规定。"《银行业监督管理法》第51条规定："对在中华人民共和国境内设立的外资银行业金融机构、中外合资银行业金融机构、外国银行业金融机构的分支机构的监督管理，法律、行政法规另有规定的，依照其规定。"《保险法》第183条规定："中外合资保险公司、外资独资保险公司、外国保险公司分公司适用本法规定；法律、行政法规另有规定的，适用其规定。"

我国管理各类营业性外资金融机构的现行行政法规和部门规章，可分为以下两类：

一类是专门性规定。主要包括：由国务院制定的《外资保险公司管理条例》（2001年12月发布，2013年5月、2016年2月、2019年9月修订）、《外资银行管理条例》（2006年11月发布，2014年7月、11月以及2019年9月修订）；由中国银监会（中国银保监会）制定的《外资银行行政许可事项实施办法》（2015年6月发布，2018年2月修订、2019年12月重订）、《外资银行管理条例实施细则》（2006年11月发布，2015年7月、2019年12月修订）；由中国证监会制定的《外商投资证券公司管理办法》（2018年4月发布，2020年3月修订）；由中国保监会（中国银保监会）制定的《外资保险公司管理条例实施细则》（2004年5月发布，2010年12月、2018年2月、2019年11月修订）。

另一类属于普适性规定，但对营业性外资金融机构适用。主要包括：由国务院制定的《证券公司监督管理条例》（2008年4月发布，2014年7月修订）；由中国银监会制定的《企业集团财务公司管理办法》（2004年7月发布、2006年

12 月修订)、《货币经纪公司试点管理办法》（2005 年 8 月发布）、《金融租赁公司管理办法》（2014 年 3 月发布）、《汽车金融公司管理办法》（2008 年 1 月发布）、《消费金融公司试点管理办法》（2013 年 11 月发布）；由中国证监会制定的《证券投资基金管理公司管理办法》（2012 年 9 月发布，2020 年 3 月修订）；由中国保监会（中国银保监会）制定的《保险公司管理规定》（2009 年 9 月发布，2015 年 10 月修订）、《保险代理人监管规定》（2020 年 11 月发布）。这些行政法规或部门规章，或对相应类型的营业性外资金融机构一体适用，或作出特别规定，表明我国大部分类型的金融机构已对外资开放，并已有了基本的管理准则。

（二）《外资银行管理条例》关于外资银行营业性机构的监管规定

外资银行营业性机构是下列机构的统称：①1 家外国银行单独出资或者 1 家外国银行与其他外国金融机构共同出资设立的外商独资银行；②外国金融机构与中国的公司、企业共同出资设立的中外合资银行；③外国银行分行。《外资银行管理条例》关于外资银行营业性机构的规定，具有审慎监管、国民待遇、法人导向等突出特点。

1. 外资银行营业性机构的设立条件和程序。《外资银行管理条例》从三个方面规定了设立外资银行营业性机构的条件：一是对拟设外商独资银行、中外合资银行的注册资本要求和对拟设外国银行分行的营运资金要求；二是拟设外商独资银行、中外合资银行的股东或者拟设分行的外国银行应当具备的条件，其中包括均须具备的基本条件和分类附加条件；三是母国金融监管条件。分述如下：

（1）对拟设外商独资银行、中外合资银行的注册资本要求和对拟设外国银行分行的营运资金要求。外商独资银行、中外合资银行的注册资本最低限额为 10 亿元人民币或者等值的自由兑换货币。注册资本应当是实缴资本。外商独资银行、中外合资银行在中华人民共和国境内设立的分行，应当由其总行无偿拨给人民币或者自由兑换货币的营运资金。外商独资银行、中外合资银行拨给各分支机构营运资金的总和，不得超过总行资本金总额的 60%。外国银行分行应当由其总行无偿拨给不少于 2 亿元人民币或者等值的自由兑换货币的营运资金。国务院银行业监督管理机构根据外资银行营业性机构的业务范围和审慎监管的需要，可以提高注册资本或者营运资金的最低限额，并规定其中的人民币份额。

（2）拟设外商独资银行、中外合资银行的股东或者拟设分行的外国银行应当具备的条件。其中基本条件为：①具有持续盈利能力，信誉良好，无重大违法违规记录；②拟设外商独资银行的股东、中外合资银行的外方股东或者拟设分行的外国银行具有从事国际金融活动的经验；③具有有效的反洗钱制度；④拟设外商独资银行的股东、中外合资银行的外方股东或者拟设分行的外国银行受到所在国家或者地区金融监管当局的有效监管，并且其申请经所在国家或者地区金融监管当局同意；⑤国务院银行业监督管理机构规定的其他审慎性条件。

拟设外商独资银行的股东应当为金融机构，除应当具备上述基本条件外，其中唯一或者控股股东还应当具备下列条件：①为商业银行；②资本充足率符合所在国家或者地区金融监管当局以及国务院银行业监督管理机构的规定。拟设中外合资银行的股东除应当具备上述基本条件外，其中外方股东应当为金融机构，且外方唯一或者主要股东还应当具备下列条件：①为商业银行；②资本充足率符合所在国家或者地区金融监管当局以及国务院银行业监督管理机构的规定。拟设分行的外国银行除应当具备上述基本条件外，其资本充足率还应当符合所在国家或者地区金融监管当局以及国务院银行业监督管理机构的规定。

（3）母国金融监管条件。拟设外商独资银行的股东、中外合资银行的外方股东或者拟设分行的外国银行所在国家或者地区应当具有完善的金融监督管理制度，并且其金融监管当局已经与国务院银行业监督管理机构建立良好的监督管理合作机制。

设立外资银行营业性机构分筹建和开业两个阶段，其中筹建申请和开业申请均须提供规定的资料，报银行业监督管理机构审查批准。经批准开业的外资银行营业性机构，由国务院银行业监督管理机构颁发金融许可证，并凭金融许可证向市场监督管理部门办理登记，领取营业执照。国务院银行业监督管理机构对筹建申请和开业申请做出不批准决定的，应当向申请人说明理由。

外国银行可以在中华人民共和国境内同时设立外商独资银行和外国银行分行，或者同时设立中外合资银行和外国银行分行。经国务院银行业监督管理机构批准，外国银行可以将其在中华人民共和国境内设立的分行改制为由其单独出资的外商独资银行，并且该外国银行可以在规定的期限内保留1家从事外汇批发业务（对除个人以外客户的外汇业务）的分行。

2. 外资银行营业性机构的业务范围。外商独资银行、中外合资银行按照国务院银行业监督管理机构批准的业务范围，可以经营下列部分或者全部外汇业务和人民币业务：吸收公众存款；发放短期、中期和长期贷款；办理票据承兑与贴现；代理发行、代理兑付、承销政府债券；买卖政府债券、金融债券，买卖股票以外的其他外币有价证券；提供信用证服务及担保；办理国内外结算；买卖、代理买卖外汇；代理收付款项及代理保险业务；从事同业拆借；从事银行卡业务；提供保管箱服务；提供资信调查和咨询服务；从事结汇、售汇业务（须经中国人民银行批准）；经国务院银行业监督管理机构批准的其他业务。

比较而言，外国银行分行的业务范围则在上述基础上受到明显限制：①不得从事银行卡业务；②吸收中国境内公民的定期存款每笔不得少于50万元人民币。

外资银行营业性机构经营业务范围内的人民币业务的，应当符合国务院银行业监督管理机构规定的审慎性要求。

3. 外资银行营业性机构的监督管理。

(1) 治理结构和内控制度。外资银行营业性机构应当按照有关规定，制定本行的业务规则，建立、健全风险管理和内部控制制度，并遵照执行；外商独资银行、中外合资银行应当遵守国务院银行业监督管理机构有关公司治理的规定，应当设置独立的内部控制系统、风险管理系统、财务会计系统、计算机信息管理系统。

(2) 董事、高管任职资格管理。外资银行营业性机构董事、高级管理人员的任职资格应当符合国务院银行业监督管理机构规定的条件，并经国务院银行业监督管理机构核准；外国银行在中华人民共和国境内设立的外商独资银行、中外合资银行的董事长、高级管理人员和外国银行分行的高级管理人员不得相互兼职。

(3) 信息的编制、审查和披露。外资银行营业性机构应当遵守国家统一的会计制度和国务院银行业监督管理机构有关信息披露的规定；应当聘请在中华人民共和国境内依法设立的会计师事务所对其财务会计报告进行审计，并向银行业监督管理机构报送财务会计报告、报表和有关资料。此外，外资银行营业性机构还应当按照国务院银行业监督管理机构的有关规定，向其所在地的银行业监督管理机构报告跨境大额资金流动和资产转移情况。

(4) 经营规则。外资银行营业性机构举借外债，应当按照国家有关规定执行；应当按照有关规定确定存款、贷款利率及各种手续费率；经营存款业务，应当按照中国人民银行的规定交存存款准备金；应当按照规定计提呆账准备金。

(5) 资产负债比例管理。外商独资银行、中外合资银行应当遵守《商业银行法》关于资产负债比例管理的规定。国务院银行业监督管理机构可以要求风险较高、风险管理能力较弱的外商独资银行、中外合资银行提高资本充足率。

外国银行分行则应当遵守下列要求：按照国务院银行业监督管理机构的规定，持有一定比例的生息资产；营运资金加准备金等项之和中的人民币份额与其人民币风险资产的比例不得低于8%（国务院银行业监督管理机构可以要求风险较高、风险管理能力较弱的外国银行分行提高该比例）；流动性资产余额与流动性负债余额的比例不得低于25%；境内本外币资产余额不得低于境内本外币负债余额。

(6) 外国银行分行管理体制。国务院银行业监督管理机构对外国银行在中华人民共和国境内设立的分行实行合并监管。在中华人民共和国境内设立2家及2家以上分行的外国银行，应当授权其中1家分行对其他分行实施统一管理。

(7) 关联交易管理。外商独资银行、中外合资银行应当遵守国务院银行业监督管理机构有关关联交易的规定。外国银行在中华人民共和国境内设立的外商独资银行、中外合资银行与外国银行分行之间进行的交易必须符合商业原则，交易条件不得优于与非关联方进行交易的条件；外国银行对其在中华人民共和国境内设立的外商独资银行与外国银行分行之间的资金交易，应当提供全额担保。

（8）变更管理。外资银行营业性机构有下列情形之一的，应当经国务院银行业监督管理机构批准，并按照规定提交申请资料，依法向市场监督管理部门办理有关登记：①变更注册资本或者营运资金；②变更机构名称、营业场所或者办公场所；③调整业务范围；④变更股东或者调整股东持股比例；⑤修改章程；⑥国务院银行业监督管理机构规定的其他情形。

（9）问题处置和退出市场。国务院银行业监督管理机构根据外资银行营业性机构的风险状况，可以依法采取责令暂停部分业务、责令撤换高级管理人员等特别监管措施。外资银行营业性机构无力清偿到期债务的，国务院银行业监督管理机构可以责令其停业，限期清理。在清理期限内，已恢复偿付能力、需要复业的，应当向国务院银行业监督管理机构提出复业申请；超过清理期限，仍未恢复偿付能力的，应当进行清算。

外资银行营业性机构因解散、关闭、依法被撤销或者被宣告破产而终止，其清算的具体事宜，依照中华人民共和国有关法律、法规的规定办理。其中，外资银行营业性机构解散或关闭，应当在终止业务活动30日前以书面形式报请国务院银行业监督管理机构审查批准。外资银行营业性机构清算终结，应当在法定期限内向原登记机关办理注销登记。

四、境外中资金融机构的监管

境外中资金融机构（以下简称境外金融机构）是指境内金融机构和非金融机构、境外中资金融机构和非金融机构在境外设立或收购的从事存款、贷款、票据贴现、结算、信托投资、金融租赁、担保、保险、证券经营等金融业务的机构。境外金融机构可以是中资独资或中外合资的东道国法人，也可以是境内金融机构在境外设立的不具有法人资格的分公司（分行）和代表机构。根据我国现行的金融监管体制，银行类境外金融机构、保险类境外金融机构由中国银保监会负责监管，证券类境外金融机构由中国证监会负责监管。

改革开放以前，我国仅有中国银行和中国人民保险公司在海外设有分支机构。其后，随着改革开放政策的推进和经济、金融事业的发展，我国金融机构走出国门、从事国际经营和参与国际竞争的步伐不断加快。为此，中国人民银行曾先后于1990年4月、2001年8月发布《境外金融机构管理办法》（已废止）《商业银行境外机构监管指引》（已废止）。目前，境外中资银行业金融机构的管理，主要适用《中资商业银行行政许可事项实施办法》（中国银监会2015年6月发布、2017 年 7 月修订，中国银保监会 2018 年 8 月修订）；境外中资证券类金融机构的管理，主要适用《证券法》第 129 条第 2 款、《证券公司监督管理条例》第 13 条以及《证券公司和证券投资基金管理公司境外设立、收购、参股经营机构管理办法》（中国证监会 2018 年 9 月发布）；境外中资保险类机构的管理，主要适用中国保监会制定的《保险公司设立境外保险类机构管理办法》（2006 年 7 月发布，2015 年 10 月修订）。以下仅介绍中国银保监会 2018 年 8 月修订的《中资商业银行行政许可事项实施办法》（以下简称《实施办法》）有关境外中资商业银行管理的内容：

（一）投资设立、参股、收购境外机构的条件和程序

"境外机构"是指中资商业银行境外一级分行、全资附属或控股金融机构、代表机构，以及境外一级分行、全资子公司跨国（境）设立的机构。中资商业银行申请投资设立、参股、收购境外机构，应当符合以下条件：①具有良好的公司治理结构，内部控制健全有效，业务条线管理和风险管控能力与境外业务发展相适应；②具有清晰的海外发展战略；③具有良好的并表管理能力；④主要审慎监管指标符合监管要求；⑤权益性投资余额原则上不超过其净资产的 50%（合并会计报表口径）；⑥最近 3 个会计年度连续盈利；⑦申请前 1 年年末资产余额达到 1000 亿元人民币以上；⑧具备与境外经营环境相适应的专业人才队伍；⑨银保监会规章规定的其他审慎性条件。

国有商业银行、邮政储蓄银行、股份制商业银行申请投资设立、参股、收购境外机构由银保监会受理、审查并决定；银保监会自受理之日起 6 个月内作出批准或不批准的书面决定。城市商业银行申请投资设立、参股、收购境外机构由所在地省级派出机构受理、审查并决定；所在地省级派出机构自受理之日起 6 个月内作出批准或不批准的书面决定。

（二）境外机构的变更程序

《实施办法》第 54 条规定，中资商业银行境外机构升格，变更营运资金或注册资本、名称、股权，分立、合并，重大投资事项以及银保监会规定的其他事项，须经银行业监督管理机构许可。其中，重大投资事项是指中资商业银行境外机构拟从事的投资额为 1 亿元人民币以上或者投资额占其注册资本或营运资金 5% 以上的股权投资事项。

国有商业银行、邮政储蓄银行、股份制商业银行境外机构变更事项应当向银保监会申请，由银保监会受理、审查并决定；银保监会自受理之日起 3 个月内作出批准或不批准的书面决定。城市商业银行境外机构变更事项应当由城市商业银行总行向总行所在地省级派出机构申请，由省级派出机构受理、审查并决定；省级派出机构自受理之日起 3 个月内作出批准或不批准的书面决定。

（三）境外机构的终止程序

除被依法撤销外，中资商业银行境外机构终止营业的，应当提出终止营业申请。

国有商业银行、邮政储蓄银行、股份制商业银行境外机构的终止营业申请，由银保监会受理、审查并决定；银保监会自受理之日起 3 个月内作出批准或不批准的书面决定。城市商业银行境外机构的终止营业申请，由城市商业银行总行所在地省级派出机构受理、审查并决定。省级派出机构自受理之日起 3 个月内作出批准或不批准的书面决定。

（四）境外机构董事和高级管理人员的任职资格许可

中资商业银行从境内聘请的中资商业银行境外机构董事长、副董事长、行长（总经理）、副行长（副总经理）、首席代表，须经任职资格许可。虽未担任上述职务、但实际履行董事和高级管理人员职责的其他人员，总行及分支机构管理层中对该机构经营管理、风险控制有决策权或重要影响力的人员，须经任职资格许可。

拟任中资商业银行境外机构董事长、副董事长的，除符合《实施办法》第 79 条、第 82 条规定的条件外，拟任中资商业银行境外机构行长（总经理）、副行长（副总经理）、代表处首席代表的，除符合《实施办法》第 79 条、第 85 条规定的条件外，应当具备本科以上学历，从事金融工作 6 年以上，或从事相关经济工作 10 年以上（其中从事金融工作 3 年以上），且能较熟练地运用 1 门与所任职务相适应的外语。

国有商业银行、邮政储蓄银行、股份制商业银行从境内聘请的中资商业银行境外机构董事长、副董事长、行长（总经理）、副行长（副总经理）的任职资格申请，由法人机构向银保监会提交，银保监会受理、审查并决定；银保监会自受理之日起 30 日内作出核准或不予核准的书面决定。城市商业银行从境内聘请的中资商业银行境外机构董事长、副董事长、行长（总经理）、副行长（副总经理）的任职资格申请，由法人机构向其所在地省级派出机构提交，省级派出机构受理、审查并决定；所在地省级派出机构自受理之日起 30 日内作出核准或不予核准的书面决定。

中资商业银行董事长、行长、分行行长、分行级专营机构总经理、管理型支行行长、专营机构分支机构负责人，中资商业银行从境内聘请的中资商业银行境外机构董事长、行长（总经理）、代表处首席代表的任职资格未获核准前，中资商业银行应当指定符合相应任职资格条件的人员代为履职，并自指定之日起 3 日内向负责任职资格审核的机关报告。代为履职的人员不符合任职资格条件的，监管机构可以责令中资商业银行限期调整代为履职的人员。代为履职的时间不得超过 6 个月。中资商业银行应当在 6 个月内选聘具有任职资格的人员正式任职。

中资商业银行从境外聘请的中资商业银行境外机构董事长、副董事长及其他高级管理人员不纳入《实施办法》管理，中资商业银行依照属地监管国家（地区）有关法律法规做好相关工作，人员任职后应当在 5 日内向银保监会报告。

我国作为母国对境外金融机构实施有效监管，不仅事关境外金融机构本身的安全，而且事关其境内投资者的稳健，事关国内金融市场的稳定。然而在总体上，我国的境外金融机构监管立法依然比较薄弱：①至今未出台层次相对较高的、统一的境外金融机构监管立法；②对于不少类型的境外金融机构，监管上仍无法可依；③现有的部门规章中，有的已过于陈旧，与现实严重脱节。这种局面，既与我国金融机构积极拓展国际市场、监管需求日益迫切的客观实际不相吻合，也与跨国金融机构监管责任重心由东道国向母国转移的国际趋势不相适应，亟待改观。

五、国际金融监管合作

在金融全球化时代，任何国家都不再具有单独对金融机构实施有效监管的能力；但时至今日，金融监管依然以各国主权为基础。在这种背景下，推动金融监管领域的国际合作，主要有四个方面的积极意义：①能够在一定程度上减少不必要的监管重叠，以免加重跨国金融机构的经营负担，妨碍国际金融服务贸易的发展；②能够在一定程度上弥补可能存在的监管真空和监管漏洞，减少跨国金融机构出现重大风险事故的可能性，防止风险跨国传播；③能够形成国家之间的金融监管质量制约机制，敦促和约束世界各国提升金融立法水平，改善金融监管质量；④通过在某些方面制定统一的金融监管最低国际标准，能够在一定程度上减轻因各国制度差异导致的竞争扭曲，增进国际金融市场的竞争公平性。

20 世纪 70 年代以来，面对一些重大的金融事件，基于对共同利益的关注，各国开始对国际金融监管合作的重要性有了深刻认识，不同领域、不同层面的国际金融监管合作渐次展开。其中，既有双边合作，又有多边合作；既有区域性合作，也有全球性合作；既有分领域合作，也有交叉合作；既有正式国际组织层面上的合作，也有非正式国际组织层面上的合作。目前看来，在银行、证券、保险三个领域的国际监管合作中占有核心地位的，分别是以下三个机构：巴塞尔银行监管委员会（Basel Committee on Banking Supervision，BCBS）；国际证监会组织（International Organization of Securities Commissions，IOSCO）；国际保险监管官协会（International Association of Insurance Supervisors，IAIS）。该三机构连同"支付与市场基础设施委员会"（Committee on Payments and Market Infrastructures，CP-MI）、"国际存款保险协会"（International Association of Deposit Insurers，IADI）、"反洗钱特别工作组"（Financial Action Task Force，FATF）等，被统称为金融监管领域的"全球标准制定机构"（Global Standard-Setting Bodies）。

尽管银行、证券、保险监管国际合作的内容和重心各有不同，但我们仍然可以从各个领域的合作实践中，提炼出一些对各类跨国金融机构普遍适用的基本监管原则。其中主要有：①合作与分工监管原则。对跨国金融机构的充分监管，不仅需要在母国和东道国当局之间合理分配监管责任，而且需要它们的接触与合作，包括监管信息的交流和分享。②母国并表监管原则。所谓并表监管，是指母国当局应以金融机构及其海内外分支机构的合并账表为基础，对整个金融企业集团的资本充足性、风险敞口、财务状况进行全面、综合的监测和管理。③监管质量相互约束原则。如果东道国的监管是不充分的，则母国当局应在可行的程度上，扩展其监管的范围，或者考虑禁止本国金融机构继续经营有关的海外机构；反之，如果东道国认为在本国开展活动的外资金融机构的母机构未得到其母国的充分监管，或者此种监管根本就不存在，它应当禁止该等机构在其境内继续经营，或者对其业务附加特定的条件。

2007 年国际金融危机爆发以后，全方位、多层次的国际合作在应对危机上发挥了关键作用，而如何预防危机的再度发生，更是成为各金融监管国际合作层面的首要工作。其中，几个方面的变化尤其值得关注：第一，由于中国、印度、巴西、俄罗斯等新兴经济体经济实力不断增强，国际地位不断提升，在这一次的危机应对中，由少数发达国家主导的格局已被打破，"二十国集团"首脑峰会成为了磋商和解决国际金融问题的核心平台。第二，"金融稳定理事会"（Financial Stability Board，FSB）自 2009 年 4 月成立以来（其前身为"七国集团"1999 年设立的"金融稳定论坛"），作为全球综合性金融监管合作机构，在金融宏观审慎监管、系统重要性金融机构的监管、影子银行的监管、问题金融机构处置框架的构建等方面发布了若干重要文件，对提高全球金融体系的稳健性发挥了重要作用。第三，各全球标准制定机构分别制定或更新了核心文件。如巴塞尔银行监管委员会在 2009 年 7 月以后，围绕银行资本充足管理先后发布了一系列文件（统称"巴塞尔资本协议Ⅲ"），意图通过提高资本充足率标准和资本质量要求以及抑制资本充足管理的顺周期效应，来改善个别银行乃至整个银行体系的抗风险能力和抗危机能力。

改革开放以来，我国政府极其重视在双边和多边基础上与其他国家以及国际组织开展金融监管合作。《银行业监督管理法》第 32 条明确规定："国务院银行业监督管理机构可以开展与银行业监督管理有关的国际交流、合作活动。"双边合作方面，我国金融监管机构已与多国金融监管当局签署"双边监管谅解备忘录"或类似文件，建立了密切的双边合作关系。多边合作方面，继恢复在国际货币基金组织和世界银行的合法席位后，我国又相继加入了非洲开发银行、亚洲开发银行、东新澳银行监管者组织、国际清算银行及加勒比开发银行暨亚太中央银行行长会议，并积极参与其对经济、货币、金融等重大问题的研究和讨论。目前，中国人民银行、中国银保监会、中国证监会已分别是金融稳定理事会及各主要全球标准制定机构的正式成员。

第三节　我国的外汇管理制度与人民币国际化

一、外汇概述

外汇（foreign exchange）是国际汇兑的简称，有静态和动态两方面的含义。外汇的动态含义是指把一国的货币兑换成另一国货币的行为。其静态含义则是指外国货币和以外国货币表示的可用于国际清偿的各种支付手段和资产。我国《外汇管理条例》是从静态角度定义外汇的，即外汇是指下列以外币表示的可以用作国际清偿的支付手段和资产：①外币现钞，包括纸币、铸币；②外币支付凭证或者支付工具，包括票据、银行存款凭证、银行卡等；③外币有价证券，包括债券、股票等；④特别提款权；⑤其他外汇资产。

按在国际收支中的性质，外汇分为经常项目外汇和资本项目外汇。经常项目外汇收支是指国际间经常性交易发生的、不以资本转移为目的的外汇收支，包括：①贸易收支，即进出口商品引起的外汇收支；②劳务收支，即对外提供或接受劳务引起的外汇收支；③单方面转移，即一国对外单方面的无偿支出，如侨民汇款、民间捐赠和政府援助等。资本项目外汇收支是指因国际资本输入或输出所产生的外汇收支，主要包括直接投资、各类贷款和证券投资等。此外，按是否可以自由兑换，外汇可以分为自由外汇和记账外汇；按持有人的身份，可分为居民外汇和非居民外汇。

外汇既然是一种资产，就可以像其他商品一样进行买卖。商品买卖是以货币交换商品，而外汇买卖则是以一种货币交换另一种货币。以一国货币表示的另一国货币的价格，称为汇率或汇价。汇率有两种表示方法，即直接标价法和间接标价法，前者以一定单位的外币折算成若干单位的本币来表示，后者以一定单位的本币折算成若干单位的外币来表示。在我国，人民币汇率采用直接标价法。

各国的汇率制度，大致可分为两类，即固定汇率制和浮动汇率制。前者是将本国货币对其他货币的汇率基本固定，波动幅度限制在一定范围之内；后者是指汇率不由货币当局规定，而由外汇市场的供求关系决定。根据货币当局是否对外汇市场进行干预，浮动汇率制又可分为自由浮动与管理浮动两种。目前看来，有管理的浮动是汇率制度的主流，而采行自由浮动汇率制的国家，也并非绝对地不对外汇市场施加任何干预。

二、我国《外汇管理条例》的主要内容

（一）概述

外汇管理，亦称外汇管制，是指对外汇的收支、买卖、借贷、转移以及国际间结算、外汇汇率所实施的一种限制性的政策措施。我国的外汇管理机关是国务院外汇管理部门（即国家外汇管理局）及其分支机构。我国目前的外汇管理，属于部分外汇管制，即对经常项目实行可兑换，对资本项目实行一定限制。创造条件，实现人民币资本项目下的可兑换，从而实现人民币的完全可兑换，是我国外汇体制改革的努力目标。

我国外汇管理的主要法律依据是《外汇管理条例》。该条例自国务院1996年1月发布后，历经了1997年1月和2008年8月两次修订，适用于境内机构、境内个人的外汇收支或者外汇经营活动，以及境外机构、境外个人在境内的外汇收支或者外汇经营活动。

《外汇管理条例》经2008年修订以后，出现了几个值得关注的重大变化：①首次引入了国际收支应急保障机制，即当国际收支出现或者可能出现严重失衡，以及国民经济出现或者可能出现严重危机时，国家可以对国际收支采取必要的保障、控制等措施；②新增了对经常项目外汇收支进行交易真实性审查的要求；③取消了外汇收入强制调回境内的要求，境内机构、境内个人可以根据国家外汇管理部门规定的条件和期限，将其外汇收入调回境内或者存放境外；④取消了经常项目外汇收入强制结汇的要求，经常项目外汇收入既可以卖给经营结汇、售汇业务的金融机构，也可以按照国家有关规定自行保留；⑤完善了资本项目外汇的管理，特别是强化了对资本项目外汇和结汇资金的用途管理，强调资本项目外汇及结汇资金应当按照有关主管部门及外汇管理机关批准的用途使用；⑥放松了对银行业金融机构向境外提供商业贷款的限制，允许它们在经批准的经营范围内直接向境外提供商业贷款；⑦新增了"监督管理"一章，强化了外汇管理机关的监管职责，明确了其可以使用的监管手段。

（二）经常项目外汇管理

改革开放以前，我国实行高度集中、统收统支的外汇管理制度。1994年实行外汇体制改革，取消了经常项目下大部分交易种类的购汇和支付限制。1996年，我国进一步实行改革，将外商投资企业买卖外汇纳入银行结售汇体系，外商投资企业经常项目下汇兑和国内企业一样，不受限制，并取消了所有尚存的经常项目汇兑限制。1996年11月27日，中国人民银行行长戴相龙致函国际货币基金组织总裁康德苏，表示中国从1996年12月1日起接受《国际货币基金协定》第8条的义务，实行人民币经常项目可兑换。1997年1月14日，国务院修改《外汇管理条例》，增加了"国家对经常性国际支付和转移不予限制"的规定。

实行人民币经常项目可兑换，不等于国家对经常项目外汇不加管理。2008年修订后的《外汇管理条例》就经常项目外汇管理作了以下规定：①经常项目外汇收支应当具有真实、合法的交易基础；经营结汇、售汇业务的金融机构应当按照国务院外汇管理部门的规定，对交易单证的真实性及其与外汇收支的一致性进行合理审查，外汇管理机关有权对此进行监督检查。②经常项目外汇收入，可以按照国家有关规定保留或者卖给经营结汇、售汇业务的金融机构；经常项目外汇支出，应当按照国务院外汇管理部门关于付汇与购汇的管理规定，凭有效单证以自有外汇支付或者向经营结汇、售汇业务的金融机构购汇支付。③携带、申报外币现钞出入境的限额，由国务院外汇管理部门规定。

（三）资本项目外汇管理

为了防止经常项目的外汇管理放松后，资本项目混入经常项目下结售汇，形成资本的大量流出、流入，冲击国内金融市场，影响宏观经济的平衡发展，我国目前对资本项目外汇仍实行相对严格的管理，但较之 1997 年的规定已有一定放松：①境外机构、境外个人在境内直接投资，经有关主管部门批准后，应当到外汇管理机关办理登记；其在境内从事有价证券或者衍生产品发行、交易，应当遵守国家关于市场准入的规定，并按照国务院外汇管理部门的规定办理登记。②境内机构、境内个人向境外直接投资或者从事境外有价证券、衍生产品发行、交易，应当按照国务院外汇管理部门的规定办理登记；国家规定需要事先经有关主管部门批准或者备案的，应当在外汇登记前办理批准或者备案手续。③国家对外债实行规模管理；借用外债应当按照国家有关规定办理，并到外汇管理机关办理外债登记。除经国务院批准为使用外国政府或者国际金融组织贷款进行转贷提供对外担保的以外，提供对外担保，应当向外汇管理机关提出申请，由外汇管理机关根据申请人的资产负债等情况作出批准或者不批准的决定；国家规定其经营范围需经有关主管部门批准的，应当在向外汇管理机关提出申请前办理批准手续；申请人签订对外担保合同后，应当到外汇管理机关办理对外担保登记。④银行业金融机构在经批准的经营范围内可以直接向境外提供商业贷款。其他境内机构向境外提供商业贷款，应当向外汇管理机关提出申请，外汇管理机关根据申请人的资产负债等情况作出批准或者不批准的决定；国家规定其经营范围需经有关主管部门批准的，应当在向外汇管理机关提出申请前办理批准手续。向境外提供商业贷款，应当按照国务院外汇管理部门的规定办理登记。⑤资本项目外汇收入保留或者卖给经营结汇、售汇业务的金融机构，应当经外汇管理机关批准，但国家规定无需批准的除外。资本项目外汇支出，应当按照国务院外汇管理部门关于付汇与购汇的管理规定，凭有效单证以自有外汇支付或者向经营结汇、售汇业务的金融机构购汇支付。国家规定应当经外汇管理机关批准的，应当在外汇支付前办理批准手续。依法终止的外商投资企业，按照国家有关规定进行清算、纳税后，属于外方投资者所有的人民币，可以向经营结汇、售汇业务的金融机构购汇汇出。⑥资本项目外汇及结汇资金，应当按照有关主管部门及外汇管理机关批准的用途使用。外汇管理机关有权对资本项目外汇及结汇资金使用和账户变动情况进行监督检查。

事实上，我国对资本项目外汇的管理，在风险可控和严格规范的前提下，近些年已经有了许多新的尝试和突破。例如，在 2002 年实行合格境外机构投资者制度之后，我国又于 2006 年实行了合格境内机构投资者制度，于 2013 年实行了人民币合格境外机构投资者制度。

（四）金融机构外汇业务管理

金融机构经营或者终止经营结汇、售汇业务，应当经外汇管理机关批准；经营或者终止经营其他外汇业务，应当按照职责分工经外汇管理机关或者金融业监督管理机构批准。外汇管理机关对金融机构外汇业务实行综合头寸管理，具体办法由国务院外汇管理部门制定。金融机构的资本金、利润以及因本外币资产不匹配需要进行人民币与外币间转换的，应当经外汇管理机关批准。经营外汇业务的金融机构应当按照国务院外汇管理部门的规定为客户开立外汇账户，并通过外汇账户办理外汇业务；应当依法向外汇管理机关报送客户的外汇收支及账户变动情况；发现客户有外汇违法行为的，应当及时向外汇管理机关报告。

（五）人民币汇率和外汇市场管理

人民币汇率实行以市场供求为基础的、有管理的浮动汇率制度。关于外汇市场管理，《外汇管理条例》规定：①经营结汇、售汇业务的金融机构和符合国务院外汇管理部门规定条件的其他机构，可以按照国务院外汇管理部门的规定在银行间外汇市场进行外汇交易；②外汇交易应当遵循公平、公开、公正和诚实信用的原则；③外汇市场交易的币种和形式由国务院外汇管理部门规定；④国务院外汇管理部门依法监督管理全国的外汇市场；⑤国务院外汇管理部门可以根据外汇市场的变化和货币政策的要求，依法对外汇市场进行调节。

（六）法律责任

为了保证外汇管理的有效性，《外汇管理条例》对各种违反规定的行为，根据行为的性质和情节轻重，规定了相应的行政责任甚至刑事责任。其中，行政责任规定比较具体，主要包括警告、罚款、没收违法所得、责令改正、责令停业整顿或吊销经营外汇业务许可证、责令停止经营相关业务等。对于构成犯罪的，《外汇管理条例》只作了原则性规定，具体依照《刑法》追究刑事责任。

三、人民币的自由兑换及其国际化

（一）人民币的自由兑换

货币的自由兑换，是指在外汇市场上，能自由地用本国货币购买（兑换）某种外国货币，或用某种外国货币购买（兑换）本国货币。

货币自由兑换分为经常账户下的自由兑换和资本账户下的自由兑换。中国1996年即实现了人民币经常账户下的自由兑换。为了促进经常项目下人民币的跨境流动和使用，近些年我国政府对跨境贸易人民币结算采取了积极推动和大力支持的政策。2009年7月，我国开始在上海市和广东省四城市（广州、深圳、珠海、东莞）实施跨境贸易人民币结算试点；2010年6月和2011年8月又先后两次扩大试点，将跨境贸易人民币结算的境内地域范围扩大至全国，业务范围涵盖货物贸易、服务贸易和其他经常项目，境外地域范围没有限制。

资本账户下的自由兑换，是指一国货币当局对居民和非居民资本交易的支付和转移不予限制。即：允许本国居民为了资本项目下的投资或交易，将本国货币兑换成国际通用货币转移至境外，将合法取得和持有的外汇资金调回境内并兑换成本国货币；允许非居民将所持外汇资金为了资本交易目的兑换为本国货币，将合法取得和持有的本国货币兑换为外国货币并转移至境外。1996年实现人民币经常项目可自由兑换以后，根据国内经济、金融发展的形势和需要，特别是吸取东南亚金融危机受打击国家的教训，在推动资本项目可兑换方面我国政府一直持积极、审慎的态度。不过，逐步实现人民币资本项目的可兑换，是我国外汇管理体制改革的既定目标。

截至目前，人民币在资本项目可兑换方面的进步，主要体现为以下三个方面：①直接投资人民币结算。根据中国人民银行2011年1月发布的《境外直接投资人民币结算试点管理办法》，境内机构可以使用人民币进行对外直接投资，即通过设立、并购、参股等方式在境外设立或取得企业或项目全部或部分所有权、控制权或经营管理权等权益。根据中国人民银行、商务部同年10月分别发布的《外商直接投资人民币结算业务管理办法》（2015年5月修改）、《关于跨境人民币直接投资有关问题的通知》，境外投资者可通过跨境贸易人民币结算、境外发行人民币债券及汇出境外的人民币利润、转股、减资、清算等渠道获得人民币，开展直接投资活动，但不得直接或间接用于在中国境内的有价证券、金融衍生品投资以及委托贷款。②人民币境外信贷业务。2011年10月，中国人民银行发布《关于境内银行业金融机构境外项目人民币贷款的指导意见》，允许具备国际结算业务能力、具有对外贷款经验的银行，在接入人民币跨境收付信息管理系统后，开展境外项目人民币贷款业务。③跨境证券投资。除在上海证券交易所与香港联合交易所之间、深圳证券交易所与香港联合交易所之间、上海证券交易所与伦敦证券交易所之间建立互联互通机制外，我国还实行了合格境外机构投资者制度、人民币合格境外机构投资者制度以及合格境内机构投资者制度，以拓宽跨境双向证券投资的渠道。

（二）人民币的国际化

1. 人民币国际化的涵义与条件。人民币国际化是指人民币能够跨越国界在境外流通，成为国际上普遍认可的计价、结算及储备货币的过程。

货币国际化除需具备可自由兑换性外，还需具备价值的相对稳定性和普遍接受性。根据国际货币基金组织的研究，货币国际化需要满足以下具体条件：①保持持续和较高的经济增长率；②保持货币币值的长期基本稳定；③保持适度充足的国际储备，实现货币的完全可自由兑换；④对外贸易在国际贸易中占有重要比重；⑤对外直接投资在国际投资中占有重要地位；⑥建立了健全的金融制度和高度发达的金融市场；⑦运用强有力的国际政治地位加以推动。不难看出，人民币国际化已基本具备上述条件。

推进人民币国际化是我国政府的一项战略决策，其措施包括但不限于：修改外汇管理相关法律；QFII/RQFII 扩容；完善资本市场互联互通制度；试点大陆居民 QDII2 制度；减少对跨境融资等方面的限制；升级和推广自贸区的开放试验；减少对外汇市场的干预及扩大汇率浮动区间等。截至目前，人民币国际化的发展主要体现为以下方面：

第一，作为人民币国际化的重要里程碑，2016 年 10 月 1 日，人民币被正式纳入国际货币基金组织特别提款权（SDR）货币篮子。

第二，到 2016 年，人民币已连续六年成为中国第二大跨境收付货币。

第三，人民币的国际使用稳步发展。人民币越来越多地成为中国与周边国家和地区贸易中的支付手段和记账单位，并大量地在周边国家和地区内部流通和使用。据不完全统计，截至 2019 年年末，共有 60 多个国家和地区将人民币纳入外汇储备。

第四，人民币资本项目可兑换稳步推进。

第五，人民币国际合作成效显著。

第六，人民币跨境使用基础设施进一步完善。

需要注意的是，人民币国际化是一个自然发展和不断成熟的过程，其间存在许多不确定因素，也面临着资本恣意流动引起的金融风险，特别是货币政策独立性与汇率稳定的矛盾以及人民币跨国流动带来的金融风险。因此，在人民币国际化的进程中，我国应当高度关注资本流动带来的安全问题，强化央行在维护系统性安全、宏观审慎管理中的作用。

2. 自由贸易试验区建设与人民币的国际化。从 2013 年 9 月上海自由贸易试验区（以下简称自贸试验区）挂牌，至 2020 年 9 月 21 日，全国自贸试验区增至 21 个，全面开放新格局正在加速形成。作为国家对外开放的重要平台和制度创新的基地，自贸试验区可以通过制度创新，在推动人民币国际化方面发挥重要作用。从目前的相关实践看，这种作用突出表现在两个方面：其一，涉外账户管理。国务院在上海、天津、福建、广东自贸试验区的管理办法中，都提出要完善人民币涉外账户管理模式，简化人民币涉外账户分类，促进跨境贸易、投融资结算便利化。上海自贸试验区的自由贸易账户模式和天津、福建、广东自贸试验区的投融资账户模式，都是就此进行的积极探索。其二，扩大人民币的跨境使用和管理。如中国人民银行上海总部 2014 年 2 月发布《关于支持中国（上海）自由贸易试验区扩大人民币跨境使用的通知》，允许跨国企业集团根据自身经营和管理需要，在境内外非金融成员企业之间开展跨境人民币资金余缺调剂和归集业务。据此，跨境双向资金池可以为集团成员疏通境外人民币资金合规入境渠道，降低集团综合融资成本。

3. "一带一路"战略与人民币的国际化。货币的区域化是货币国际化的阶段性标志。目前，随着"一带一路"战略的推动，我国与周边国家和地区的经贸联系日益紧密，为人民币的国际化奠定了坚实基础。中国人民银行已陆续与多个国家和地区的中央银行或货币当局签订了双边边贸本币结算协定，允许在我国与周边国家的边境贸易结算中使用双方本币或人民币。此外，中国在"一带一路"区域国家也发起了一系列重大倡议及行动，包括亚投行、丝路基金、应急储备安排等，显著增进了国际社会对人民币的认同和使用。从长期来看，"一带一路"战略的实施，还能够拓宽国际投资者所持人民币资产的投资渠道，凸显人民币在国际范围内的价值贮藏功能。总之，"一带一路"战略将显著提高中国在国际货币体系改革中的话语权和影响力，进而增进广大新兴市场经济体在新国际货币体系中的利益。

4. 银行跨境人民币业务展业原则初步形成。全国外汇市场自律机制 2016 年 6 月成立以来，组织各家银行共同签署了《跨境人民币业务自律公约》。为进一步规范跨境人民币业务办理、促进市场健康发展，全国外汇市场自律机制第四次工作会议于 2018 年 8 月 6 日讨论制定了《银行跨境人民币业务展业原则》，共包括 8 个子规范，分别是《货物贸易展业规范》《服务贸易及其他经常项目展业规范》《外商直接投资展业规范》《境内企业境外放款展业规范》《跨境双向人民币资金池展业规范》《境外直接投资展业规范》《金融市场及其他业务展业规范》《跨境融资展业规范》，基本涵盖目前所能开展的全部跨境人民币业务。

第四节 涉外融资管理制度

涉外融资是资本项目外汇收入或支出的重要渠道。因此,涉外融资管理,实质上属于资本项目外汇管理的范畴。本节拟在前节有关内容的基础上,介绍我国的涉外融资(包括国际贷款融资、境外债券融资、境外股本融资等)管理制度。

一、国际金融组织融资和外国政府贷款

(一)国际金融组织贷款

国际金融组织贷款是国际货币基金组织、世界银行、国际农业发展基金会、亚洲开发银行等国际性或区域性金融组织提供的贷款。国际金融组织贷款的对象,一般限于成员方政府,其贷款条件比较优惠,期限长、金额大、利率低。

1. 国际货币基金组织贷款。国际货币基金组织成立于1945年12月27日,1947年成为联合国专门机构之一,我国于1980年恢复在国际货币基金组织的合法席位。国际货币基金组织对成员方政府的贷款,主要用于帮助成员方进行国际收支和经济结构调整。

2. 世界银行(集团)贷款。世界银行集团由国际复兴开发银行、国际开发协会、国际金融公司、多边投资担保机构和解决投资纠纷国际中心组成。国际复兴开发银行又称世界银行,正式成立于1945年12月,1946年6月开始营业,1947年成为联合国专门机构之一。世界银行的宗旨是向发展中国家提供长期生产性资金,以促进其经济的发展和生产率的提高,其贷款对象为低收入成员方的政府或由政府担保的公私企业。国际开发协会成立于1960年9月,专门向符合条件的低收入国家提供比世界银行更为优惠的长期贷款。国际金融公司成立于1956年7月,其宗旨是向发展中国家的私人和公私合营企业提供贷款和投资,以促进成员方的经济发展。我国主要利用世界银行的贷款。世界银行贷款原则上用于批准的项目,主要是能源、交通、农业、文教卫生、工业、环保等方面,其贷款通常只占项目总投资的30%~40%;贷款分为软贷款和硬贷款,软贷款条件优惠,期限长、无息、只收手续费,硬贷款期限一般为15年~20年,有3年~5年的宽限期,利率相对较高。

3. 国际农业发展基金会贷款。国际农业发展基金会是1977年12月成立的联合国专门机构,其宗旨是筹集资金,以优惠条件用于扶持发展中成员方的粮食(包括畜牧业、渔业)发展。贷款利率2%~4%,期限较长,多在15年以上,最长的可达50年。我国自1980年1月加入国际农业发展基金会以来,曾借入少量资金。

4. 亚洲开发银行贷款。亚洲开发银行创立于1966年,属区域性政府间金融

开发机构，其宗旨是通过筹集本地区内外的资金为本地区发展中国家的开发项目提供贷款和技术援助。亚洲开发银行的贷款对象为成员方的政府和公私企业。贷款分为普通贷款和特别基金贷款。普通贷款期限为 10 年~30 年，利率随国际市场利率变化；特别基金贷款期限为 25 年~30 年，甚至可达 40 年，利率为 1%~3%。我国于 1986 年 3 月恢复在亚洲开发银行的合法席位。

（二）新兴国际金融组织及其投融资活动

1. 亚洲基础设施投资银行。2015 年 6 月 29 日，《亚洲基础设施投资银行协定》（以下简称《亚投行协定》）在北京正式签署。亚洲基础设施投资银行（Asian Infrastructure Investment Bank，AIIB，以下简称亚投行）是由中国发起设立的兼具区域性与开放性、投资性与援助性的政府间国际金融组织，具有以下特点：①亚投行是政府间国际组织，成员资格向国际复兴开发银行和亚洲开发银行成员开放；但《亚投行协定》也允许不享有主权的成员加入，故其为包容非主权政府的政府间国际组织。②亚投行兼具援助与投资性质，首先考虑满足亚洲地区基础设施的投资建设需求，同时也追求一定的投资收益。③亚投行是开放性的区域性国际金融组织，以亚洲国家和地区为其主要服务对象，但也向区域外成员开放，不排除成为全球性国际金融组织的可能。

根据《亚投行协定》，亚投行设立理事会、董事会、管理层三层管理结构。理事会是其最高决策机构，每个成员在亚投行有正副理事各一名。现有 12 名董事，其中域内 9 名，域外 3 名。管理层由行长和 5 位副行长组成，行长由理事会产生。

亚投行的主要功能是：通过在基础设施及其他生产性领域的投资，为亚洲地区长期存在的巨额基础设施建设资金缺口提供资金支持，以改善亚太地区基础设施的薄弱和滞后状态，加强各国互联互通，推动亚洲乃至全球经济发展。

2. 丝路基金。丝路基金是由中国外汇储备、中国投资有限责任公司、中国进出口银行、国家开发银行共同出资，依照《公司法》，按照市场化、国际化、专业化原则设立的中长期开发投资基金，其宗旨是在"一带一路"发展进程中寻找投资机会并提供相应的投融资服务。2014 年 12 月 29 日，丝路基金有限责任公司在北京注册成立。

丝路基金是以股权投资为主，配合使用债权、基金等多种投融资手段的中长期开发投资基金，具有以下特点：①资金募集的非公开性。丝路基金具有明显的私募性质，首期设立资金源于中国外汇储备、中国投资有限责任公司、中国进出口银行、国家开发银行四家出资者，占比分别为 65%、15%、15% 和 5%。②基金运作的政策导向性。丝路基金具有稳定的资金来源，旨在谋求"一带一路"沿线国家的共同发展。③投资形式较为灵活。它以股权为主要投融资手段，同时融合债权、基金等投融资形式，能够满足企业和项目的融资多样化需求。④基金发展的动态开放性。丝路基金是以中国外汇储备为启动资金的开放性合作基金，并非固态资金池，而是采取开放性筹资策略，吸引各种资金共同参与。

丝路基金的治理，以《公司法》《私募投资基金监管暂行办法》《私募投资基金管理登记和基金备案办法》等为法律依据，遵循公司型基金运作模式。投资者作为丝路基金有限责任公司的股东享受权利、承担义务和责任；由董事会、管理层、监事会分享基金的决策权、经营权和监督权。

3. 金砖国家新开发银行。金砖国家新开发银行（New Development Bank，NDB，以下简称新开发银行）是金砖五国金融合作的产物。2014年7月14日，金砖国家领导人第六次峰会发布《福塔莱萨宣言》并于次日签署《关于建立金砖新开发银行的协定》，标志着新开发银行正式成立。

设立新开发银行的目的，是为金砖国家及其他新兴经济体和发展中国家的基础设施建设、可持续发展项目筹措资金。其特点主要有：①它是主权国家的政府间国际组织，巴西、俄罗斯、印度、中国和南非等金砖五国为其创始成员国。②它不是纯粹的商业银行，而是政策性国际金融组织，宗旨是"为金砖国家及其他新兴经济体和发展中国家的基础设施建设和可持续发展项目动员资源，作为现有多边和区域金融机构的补充，促进全球增长和发展"。③它是开放的跨区域性银行，业务上没有严格的地域中心，成员资格对联合国成员开放。

新开发银行的最高决策机构是理事会，由每个成员按其自行决定的方式任命的1名理事和1名副理事组成。董事会由每个创始成员任命1名董事和1名副董事组成，负责新开发银行的业务经营；理事会以特别多数的方式制定新增董事和副董事的选举方法，但董事总人数不超过10人。行长由创始成员国轮流选举产生，在董事会的指导下开展银行的日常业务，但不得兼任理事、董事或副理事、副董事。

（三）外国政府贷款

政府贷款是政府间提供的、具有双边经济援助性质的长期低息优惠贷款。政府贷款分为政府间借贷和政府混合贷款。

政府间借贷是一国政府利用国库资金向另一国政府提供的优惠贷款。政府间借贷可以是低息的，也可以无息，偿还期一般在10年～30年左右，并含有5年～10年的宽限期，其赠与成分一般在25%以上。所谓"赠与成分"是根据贷款的利率、偿还期限、每年偿还次数、宽限期和综合贴现率等数据计算出来、用以衡量贷款优惠程度的综合性指标。

政府混合贷款是外国政府提供的低息优惠贷款或赠款与出口信贷结合使用的贷款形式。其出口信贷一般占60%左右，综合利率低于国际商业贷款利率，一般要求借款国购买贷款国或其指定国家的物资设备。

（四）我国关于借用国际金融组织和外国政府贷款的管理规定

一直以来，我国对于借用国际金融组织贷款和外国政府贷款，在管理体制上是比较分散的。比如，世界银行贷款和外国政府贷款由财政部归口管理，国际货币基金组织贷款和亚洲开发银行贷款由中国人民银行归口管理，国际农业发展基金会贷款由农业部归口管理。这种体制不利于政府外债规模的控制，也不利于贷款使用效益的提高。2006 年 7 月 3 日，财政部经国务院批准，发布《国际金融组织和外国政府贷款赠款管理办法》，强化和规范了财政部对政府外债的统一管理。2016 年 10 月 11 日，财政部对《管理办法》进行了修订，修订后的《管理办法》自 2017 年 1 月 1 日起实施，其主要内容如下：

1. 定义。"贷款"是指财政部经国务院批准代表国家统一筹借并形成政府外债的贷款，以及与上述贷款搭配使用的联合融资，包括国际金融组织贷款和外国政府贷款。按照政府是否承担还款责任，贷款分为政府负有偿还责任的贷款和政府负有担保责任的贷款。政府负有偿还责任的贷款，应当纳入本级政府的预算管理和债务限额管理，其收入、支出、还本付息纳入一般公共预算管理。政府负有担保责任的贷款，不纳入政府债务限额管理；政府依法承担并实际履行担保责任时，应当从本级政府预算安排还贷资金，纳入一般公共预算管理。

2. 基本原则。贷款的使用应当坚持创新、协调、绿色、开放、共享的发展理念，符合国民经济和社会发展战略，遵循中期财政规划，体现公共财政职能，促进可持续发展。贷款的使用包括项目投融资、能力建设、政策咨询等多种形式。贷款的管理应当遵循统一筹措、规模适度、分类管理、责权明晰、讲求绩效、风险可控的原则。

3. 管理体制。

（1）财政部作为政府外债的统一管理部门，负责全国贷款、赠款的统一管理工作，履行下列职责：①统一对外筹借贷款、接受赠款；②制定贷款、赠款的管理制度；③与国务院有关部门研究编制贷款规划；④指导、协调、监督贷款和赠款的立项申报、前期准备、贷款划拨或转贷、赠款分配、资金使用、项目采购、统计监测、债务偿还、绩效管理、成果总结和推广等；⑤统筹开展贷款、赠款的对外工作，协调推进项目准备，对外磋商谈判，签署相关法律文件，办理生效手续；⑥将政府负有偿还责任的贷款纳入预算管理和债务限额管理，加强对政府负有担保责任的贷款的监控，建立债务风险预警和应急处置机制，防范和化解债务风险；⑦财政部应当履行的其他职责。

（2）地方财政部门作为地方政府性债务归口管理部门，负责本地区贷款、赠款的管理工作，履行下列职责：①制定本地区利用贷款、赠款的管理制度；

②组织、征集、评审本地区贷款、赠款申请，向上级财政部门申报备选项目；③组织和协调本地区贷款、赠款对外工作，参与项目准备和磋商谈判，协助办理法律文件签署和生效手续；④监督项目实施单位和有关机构按照贷款、赠款法律文件的规定履行相应职责，及时采取有效措施处理项目出现的问题，并报告上级财政部门；⑤办理贷款、赠款资金的支付和提取，监督项目实施单位和有关机构贷款资金使用、项目采购等情况，保障资金使用的安全、规范、有效；⑥确定转贷或担保机制，落实还款责任，督促并确保贷款按时足额偿还；⑦将本地区政府负有偿还责任的贷款纳入本级预算管理和债务限额管理，加强对本地区政府负有担保责任的贷款的监控，建立风险应急处置机制和防控措施，防范和化解债务风险；⑧组织和实施本地区贷款赠款项目的绩效管理工作，总结和推广本地区贷款赠款项目的成果经验；⑨地方财政部门应当履行的其他职责。

（3）项目实施单位履行下列职责：①按照贷款方或赠款方及国内相关制度要求，开展贷款和赠款项目的准备工作，办理相关审核、审批手续，并按照财政部门要求提供担保或反担保；②按照贷款、赠款法律文件和国内相关规定，落实项目配套资金，组织项目采购，开展项目活动，推进项目进度，监测项目绩效等；③制定并落实贷款、赠款项目的各项管理规定，安全、规范、有效地使用资金；④及时编制和提交项目进度报告、财务报告和完工报告等，全面、客观、真实地反映项目进展情况；⑤制定贷款偿还计划，筹措和落实还贷资金，按时足额偿还贷款；⑥建立项目风险应急处置机制和防控措施，防范和化解债务风险；⑦配合和协助贷款方或赠款方以及国内相关部门开展项目检查、绩效管理和审计等工作；⑧项目实施单位应当履行的其他职责。

（4）跨省、自治区、直辖市、计划单列市的联合执行项目应当由国务院行业主管部门协商财政部等管理部门确定项目协调机构；省内跨地区、跨行业的联合执行项目应当由省级政府确定项目协调机构。项目协调机构主要履行下列职责：①参与项目立项研究论证，就项目内容、规模、技术、市场等为同级财政部门提供立项咨询意见；②按照贷款方或赠款方及国内相关制度要求，统一组织项目实施单位进行项目准备，协调解决有关问题，开展政策指导和专项业务培训；③按照贷款方或赠款方及国内相关制度要求，协调推进项目执行，定期向同级财政部门汇总报送项目进度报告、财务报告和完工报告；④组织开展项目绩效评价，总结推广项目先进技术、创新模式和管理经验；⑤配合协助贷款方或赠款方及国内相关部门开展项目检查、绩效管理等工作；⑥项目协调机构应当履行的其他职责。贷款项目协调机构项目管理经费预算应当报同级财政部门审批并纳入同级预算管理。

4. 贷款管理。

(1) 贷款筹借。贷款筹借包括贷款申请、前期准备、对外磋商与谈判、法律文件签署与生效、执行或转贷及担保协议签署等。

(2) 贷款使用。贷款使用包括年度计划及预算编制、项目采购、资金支付、财务管理、项目调整、绩效监测及其相关的管理工作等。

(3) 债务偿还。债务偿还包括还款计划制定、还款安排、欠款回收、还贷准备金管理、影响贷款偿还事项的处理等。

5. 法律责任。

各级财政部门应当对贷款、赠款项目执行情况实施监督。发现问题的，应当责令项目实施单位采取有效措施，限期加以解决和纠正。地方财政部门未按《管理办法》履行相应职责的，财政部可以予以通报批评，在有关问题得到妥善处理前暂停新的贷款赠款安排。项目实施单位未按《管理办法》履行相应职责的，财政部门可以采取暂停贷款赠款资金支付、加速未到期贷款债务的偿还、追回已支付资金及其形成的资产、收取贷款违约金等措施。财政部门可以通过企业信用信息公示系统等平台公示项目实施单位、采购代理机构或者金融机构在贷款赠款使用过程中的失信、违约等行为。项目实施单位、项目协调机构及财政部门和个人存在以虚报、冒领等手段骗取贷款赠款资金，或者滞留、截留、挪用等违反规定使用贷款赠款资金，或者从中非法获益等行为的，依照相关法律法规的规定处理。各级财政部门、项目实施单位和项目协调机构的工作人员在贷款、赠款的管理、资金使用和偿还过程中，贪污受贿、滥用职权、玩忽职守、徇私舞弊的，依照相关法律法规的规定处理。

二、国际商业贷款

随着改革开放的深入和我国国民经济建设的发展，借用国际商业贷款已成为境内机构对外筹资的重要渠道。其现行管理法规，是经中国人民银行批准、由国家外汇管理局于 1997 年 9 月公布的《境内机构借用国际商业贷款管理办法》。

1. 国际商业贷款的概念和范围。国际商业贷款是指境内机构向境外的金融机构、企业、个人或者其他经济组织以及在中国境内的外资金融机构筹借的、以外国货币承担契约性偿还义务的款项。其要点有三：①借款人是境内机构。②贷款人为境外金融机构、企业、个人或其他经济组织，以及境内外资金融机构。因此，境内借款单位向境内外资金融机构借款，也作为借用国际商业贷款管理。③借款人根据贷款合同承担以外国货币偿还的义务，即以实物和本币偿还的借款，不构成国际商业贷款。

出口信贷、国际融资租赁、以外汇方式偿还的补偿贸易、境外机构和个人外汇存款（不包括在经批准经营离岸业务银行中的外汇存款）、项目融资、90 天以上的贸易项下融资以及其他形式的外汇贷款，视同国际商业贷款进行管理。

2. 国际商业贷款的一般性管理规定。①中国人民银行是国际商业贷款的审批机关，中国人民银行授权国家外汇管理局及其分局具体负责对境内机构借用国际商业贷款的审批、监督和管理。②能够对外借用国际商业贷款的境内机构，限于经国家外汇管理局批准经营外汇借款业务的中资金融机构和经国务院授权部门批准的非金融企业法人。其中，金融机构借用国际商业贷款应当符合中国人民银行关于金融机构外汇资产负债比例管理的规定；对外直接借用国际商业贷款的非金融企业法人应当具备规定的条件。③境内机构应当凭自身信用对外借用国际商业贷款，并自行对外承担偿还责任。④境内机构借用国际商业贷款应当经国家外汇管理部门批准。未经批准擅自对外签订的国际商业贷款协议无效，国家外汇管理部门不予办理外债登记，银行不得为其开立外债专用账户，借款本息不准擅自汇出。⑤借用国际商业贷款的境内机构应当按照国家外汇管理局的规定，于每季初 10 日内报送上季度对外借款情况报表和国际商业贷款使用情况报告。国家外汇管理局及其分局有权检查境内机构筹借、使用和偿还国际商业贷款的情况。借款机构应当予以配合，提交有关文件和资料。⑥未经国家外汇管理局批准，境内机构不得将借用的国际商业贷款存放境外、在境外直接支付或者转换成人民币使用。⑦境内机构签订国际商业贷款协议后，应当根据外债统计监测规定向国家外汇管理部门办理外债登记，并按照有关规定办理还款手续。

3. 中长期国际商业贷款的管理。境内机构借用中长期（1 年期以上，不含 1 年）国际商业贷款，包括 1 年期以上的远期信用证，须列入国家利用外资计划；须提交法定的资料报请国家外汇管理局逐笔审批；在京的全国性机构对外借用国际商业贷款，直接报送国家外汇管理局审批；非在京的全国性机构和地方性机构对外借款，由所在地国家外汇管理局分局审核后，报国家外汇管理局审批；全国性、地方性金融机构的分支机构对外借款，须经总行（总公司）授权，并按程序报批。

4. 短期国际商业贷款的管理。国家对境内机构借用短期（1 年期以内，含 1 年）国际商业贷款，包括同业外汇拆借、出口押汇、打包放款，主要实行余额管理。境内机构的短期国际商业贷款余额控制指标（以下简称短贷指标）由国家外汇管理部门按年度进行核定。其中，全国性金融机构和非金融企业法人的短贷指标，由国家外汇管理局核定下达；地方性金融机构和非金融企业法人的短贷指标，由所在地国家外汇管理局分局在国家外汇管理局核定下达的短贷指标内进行审批。不实行短贷指标余额管理的非金融企业法人借用短期国际商业贷款，应当逐笔报批，并占用所在地的短贷指标。短期国际商业贷款不得用于长期项目投资、固定资产贷款和其他不正当用途。

5. 项目融资的管理。项目融资是以境内建设项目的名义在境外筹措外汇资金，并仅以项目自身预期收入和资产对外承担债务偿还责任的融资方式。项目融资不需要境内机构以建设项目以外的资产、权益和收入进行抵押、质押，也不需要提供任何形式的其他融资担保，债权人对于建设项目以外的资产和收入没有追索权。

项目融资的对外融资规模纳入国家借用国际商业贷款指导性计划。项目融资条件应当具有竞争性，并应当经国家外汇管理局审批或者审核，其中地方上报的项目融资的融资条件由所在地外汇管理局分局初审后，报国家外汇管理局审批或者审核。

6. 境内机构海外分支机构国际商业贷款管理。境内中资金融机构应当根据其海外分行的营运资金、资产负债比例及当年业务量等项指标，确定每个海外分行的境外融资量，并于每年2月底之前报国家外汇管理局备案。海外分行一次性筹借等值5000万美元以上（含5000万美元）的国际商业贷款，应当事先由其总行（总公司）报国家外汇管理局批准。海外分行在境外融资应当纳入其总行（总公司）资产负债管理，所筹资金只能用于海外业务发展，未经国家外汇管理局批准不得调入境内使用。

中资企业在境外设立的分公司及其他经营机构，经总（母）公司授权，以总（母）公司名义对外借款，视为总（母）公司的对外借款，应由总（母）公司按规定在境内办理有关的报批手续。中资企业在境外设立的非经营性质的办事处或代表处等机构不得在境外融资。

三、境外债券融资

国家机关、金融机构、境内其他企事业单位、外商投资企业（统称境内机构）在境外（包括香港特别行政区、澳门特别行政区）金融市场发行以外币表示的、构成债权债务关系的有价证券，是我国利用外资的重要形式。根据发行主体和偿债责任的不同，境外债券分为主权债券和非主权债券。前者是由国务院授权机构代表国家发行、以国家信用保证对外偿还的债券；后者是主权债券以外的其他债券。

改革开放以来，我国政府就规范境内机构境外发债行为先后出台了许多规定，目的是提高发债所筹资金的使用效益，防范国家外债风险。目前，境内机构进行境外债券融资，除遵守《外汇管理条例》（国务院1996年1月发布、1997年1月和2008年8月修订）和《外债管理暂行办法》（国家发展计划委员会、财政部、国家外汇管理局2003年1月发布）的原则规定外，具体适用国家发展计划委员会、中国人民银行经国务院批准于2000年3月发布的《关于进一步加强对外发债管理的意见》。以下扼要介绍后者的内容，叙述中将根据国务院机构设置的变化和职责分工的现状，将其中的"国家计委"（即国家发展计划委员会）替换为"发改委"（即国家发展和改革委员会）。

1. 规范对象为境内机构发行境外外币债券的行为。境内机构发行境外外币可转换债券、大额可转让存单、商业票据，视同对外发债进行管理。其中，可转换债券是指根据债权人的要求，按照发行时所定条件，可转换为公司股票或其他债券的有价证券；大额可转让存单是指银行发行的具有一定期限、可以在金融市场转让流通的存款凭证；商业票据是指境内机构为满足流动资金需求，发行期限为 2 天至 270 天、可流通转让的债务凭证。

2. 对外发债实行资格审核批准制。境内机构（财政部除外）的对外发债资格，由发改委会同中国人民银行和有关主管部门，借鉴国际惯例进行评审后报国务院批准。发债资格每两年评审一次。地方政府不得对外举债。

3. 境内机构（财政部除外）对外发债，经发改委审核并会签国家外汇管理局后报国务院审批；国务院批准后，市场选择、入市时机等由国家外汇管理局审批。境内机构发行商业票据由国家外汇管理局审批，并占用国家外汇管理局核定该机构的短期对外借款余额指标；发行前设定滚动连续发行的，由国家外汇管理局会签发改委后审批。境内机构为其海外分支机构境外发债进行融资担保，发债所筹资金不调入境内使用的，由国家外汇管理局按现行有关规定审批；若发债资金调入境内使用，按境内机构对外发债的审批程序办理。已上市外资股公司对外发行可转换债券，不实行资格审核批准制；发改委会同中国证监会根据外资股公司境外融资需求及市场条件，确定境外可转换债券年度发行规模，并纳入当年利用外资计划；在年度规模内，按境内机构对外发债的审批程序办理，发债说明书报中国证监会备案。

境内机构申请对外发债应向主管机关报送以下资料：①最近 3 年的经营业绩、财务状况及相关财务报表；②发债所筹资金的投向、用途；③国家有关部门批复的项目可行性研究报告或利用外资方案，以及纳入国家利用外资计划的证明文件；④主管机关要求的其他文件。

4. 为了把握境外筹资的有利时机，对外发债经国家批准后，境内机构在一定期限内自主确定承销商和发行成本等。有关发行条件和境外评级状况，由对外发债机构报发改委及国家外汇管理局备案。

5. 境内机构对外发债后，要按照国家外汇管理局的规定办理外债登记。

6. 对外发债机构要严格自律，发债资金要按照国家批准的用途专款专用，其中商业票据只能用于贸易性周转，不得短贷长用。同时，要落实偿债措施，防范外债风险，保证按期对外支付，维护对外信誉。

需要注意的是，我国境内机构的境外债券融资，以前限于发行外币债券，但从 2007 年开始，国家允许境内金融机构经批准赴香港发行人民币债券。为此，中国人民银行、国家发展和改革委员会 2007 年 6 月联合发布了《境内金融机构赴香港特别行政区发行人民币债券管理暂行办法》。

四、境外股本融资

境外股本融资是指股份有限公司通过发行境内上市外资股和境外上市外资股向境外投资者募集股份，筹集资本。

(一) 境内上市外资股

境内上市外资股（又称 B 股），是指在中国境内注册的股份有限公司向境外投资者发行、募集外币资金并在中国境内证券交易所上市交易的股票。B 股采取记名股票形式，以人民币标明面值，以外币认购、买卖和结算。1992 年，上海和深圳证券交易所开始进行 B 股的发行与交易，在上海证券交易所挂牌的 B 股以美元认购和买卖，在深圳证券交易所挂牌的 B 股以港币认购和买卖。国务院根据《公司法》于 1995 年 12 月 25 日发布的《关于股份有限公司境内上市外资股的规定》，是目前我国规范境内上市外资股（B 股）发行与交易的主要行政法规。它将境内上市外资股的投资人限定于：①外国的自然人、法人和其他组织；②中国香港、澳门、台湾地区的自然人、法人和其他组织；③定居在国外的中国公民；④国务院证券委员会规定的境内上市外资股其他投资人。而中国证监会、国家外汇管理局 2001 年 2 月 21 日发布的《关于境内居民个人投资境内上市外资股若干问题的通知》，则已允许境内居民个人投资 B 股。

(二) 境外上市外资股

境外上市外资股是指在中国境内注册的股份有限公司向境外投资者发行、募集外币资金并在中国境外公开的证券交易场所流通转让的股份。境外上市外资股采取记名股票形式，以人民币标明面值，以外币认购。境外上市外资股与境内上市外资股的主要区别在于上市地点不同，前者在境外证券市场上市交易，后者在我国境内证券市场上市交易。其中，在我国香港发行和上市的，称为"H 股"；在美国纽约发行和上市的，称为"N 股"；在新加坡发行和上市的，称为"S 股"。1993 年 7 月 15 日，青岛啤酒股份有限公司在香港联合交易所上市，成为中国首家境外上市企业。截至 2018 年 6 月，共有 275 家境内公司到境外上市，筹资总额 3428.27 亿美元。为了协调我国与境外有关国家或地区在证券法律制度上的差异，充分保护境外投资者的利益，1994 年 8 月 4 日国务院发布了《关于股份有限公司境外募集股份及上市的特别规定》，它在《公司法》的基础上，就境外上市外资股及其相关方面，作了具体或变通规定。我国《证券法》第 224 条规定："境内企业直接或者间接到境外发行证券或者将其证券在境外上市交易，应当符合国务院的有关规定。"

2012 年 12 月 20 日，中国证监会发布《关于股份有限公司境外发行股票和上市申报文件及审核程序的监管指引》，进一步放宽了境内企业境外发行股票和上市的条件，简化了审核程序。据此，依照《公司法》设立的股份有限公司在符合境外上市地上市条件的基础上，可自主向中国证监会提出境外发行股票和上市的申请。

五、境内资金境外投资

随着我国经济快速发展和对外开放水平不断提高，境内资金日益富裕，一些境内机构和个人选择以境外直接或间接投资的方式来优化资产配置、分散投资风险、提高资金收益。

目前，我国相关部门规章只对企业的境外直接投资进行了规范。根据商务部 2014 年 9 月发布的《境外投资管理办法》，境外直接投资是指在中华人民共和国境内依法设立的企业通过新设、并购及其他方式在境外拥有非金融企业或取得既有非金融企业所有权、控制权、经营管理权及其他权益的行为。根据国家发改委 2017 年 12 月发布的《企业境外投资管理办法》，境外直接投资是指中华人民共和国境内企业直接或通过其控制的境外企业，以投入资产、权益或提供融资、担保等方式，获得境外所有权、控制权、经营管理权及其他相关权益的投资活动，包括但不限于下列情形：①获得境外土地所有权、使用权等权益；②获得境外自然资源勘探、开发特许权等权益；③获得境外基础设施所有权、经营管理权等权益；④获得境外企业或资产所有权、经营管理权等权益；⑤新建或改扩建境外固定资产；⑥新建境外企业或向既有境外企业增加投资；⑦新设或参股境外股权投资基金；⑧通过协议、信托等方式控制境外企业或资产。显然，对境外直接投资的后一界定，较前者更加全面、具体和精准。

境外间接投资是指投资者不参与企业经营管理，也不享有企业控制权或支配权，而仅以其持有的能提供收益的股票或证券进行的投资，包括在境外证券市场上购买上市公司股票或公司债券，向境外企业提供贷款等。在我国现有的法律制度框架内，境内投资者目前主要通过商业银行、证券类经营机构、信托公司等发行的 QDII 产品对外进行间接投资。

为了规范境内资金境外投资的外汇管理，国家外汇管理局根据我国境外投资产业指引和国际收支状况，出台了一系列部门规章。其总的政策取向是简化境外投资外汇管理审核手续，下放审核权限，取消购汇额度限制，以更好地促进境内企业"走出去"。如国家外汇管理局 2009 年 7 月发布的《境内机构境外直接投资外汇管理规定》，扩大了境外直接投资外汇资金的来源，适当放松了对境外直接投资外汇资金的审查。据其规定，境内机构可以使用自有外汇资金（包括经常项目外汇账户、外商投资企业资本金账户等账户内的外汇资金）、符合规定的国内外汇贷款、人民币购汇或实物、无形资产及经外汇管理局核准的其他外汇资产来源等进行境外直接投资；为防范因国际收支形势变化带来的风险，根据我国国际收支形势和境外直接投资情况，国家外汇管理局可以对境内机构境外直接投资外汇资金来源范围、管理方式及其境外直接投资所得利润留存境外的相关政策进行调整。

六、我国的合格境外机构投资者制度和合格境内机构投资者制度

（一）合格境外机构投资者制度

合格境外机构投资者制度是一国在货币没有实现完全可自由兑换、资本项目尚未充分开放的情况下，有限度地引进外资、开放资本市场的一项过渡性安排。根据此项安排，境外机构投资者若要进入该国证券市场，必须符合一定的条件，经该国有关部门审批后汇入一定额度的外汇资金，并转换为当地货币，通过严格监管的专门账户投资当地证券市场。我国于 2002 年启动合格境外机构投资者制度。根据 2006 年 8 月中国证监会、中国人民银行、国家外汇管理局联合发布的《合格境外机构投资者境内证券投资管理办法》，合格境外机构投资者（Qualified Foreign Institutional Investor，QFII）是指符合该办法的规定，经中国证监会批准投资于中国证券市场，并取得国家外汇管理局额度批准的中国境外基金管理机构、保险公司、证券公司以及其他资产管理机构。

1. 资格条件。申请 QFII 资格，申请人应当具备下列条件：①财务稳健，资信良好，达到中国证监会规定的资产规模；②从业人员符合所在国家或者地区有关从业资格的要求；③有健全的治理结构和完善的内控制度，经营行为规范，近 3 年未受到监管机构的重大处罚；④所在国家或者地区有完善的法律和监管制度，其证券监管机构已与中国证监会签订监管合作谅解备忘录，并保持有效的监管合作关系；⑤中国证监会根据审慎监管原则规定的其他条件。

申请 QFII 资格和投资额度，申请人可以通过托管人分别向中国证监会和国家外汇管理局报送文件。托管人应当具备下列条件：①设有专门的资产托管部；②实收资本不少于 80 亿元人民币；③有足够的熟悉托管业务的专职人员；④具备安全保管合格投资者资产的条件；⑤具备安全、高效的清算、交割能力；⑥具备外汇指定银行资格和经营人民币业务资格；⑦最近 3 年没有重大违反外汇管理规定的纪录。外资商业银行境内分行在境内持续经营 3 年以上的，可申请成为托管人，其实收资本数额条件按其境外总行的计算。取得托管人资格，必须经中国证监会和国家外汇管理局审批。中国证监会收到完整的申请文件后，于 30 个工作日内会签国家外汇管理局作出托管资格许可。

2. 监督管理。中国证监会、国家外汇管理局依法可以要求合格投资者、托管人、证券公司等机构提供合格投资者的有关资料，并进行必要的询问、检查。

合格投资者有下列情形之一的，应当在其发生后 5 个工作日内报中国证监会、国家外汇管理局备案：①变更托管人；②变更法定代表人；③其控股股东变更；④调整注册资本；⑤涉及重大诉讼及其他重大事件；⑥在境外受到重大处罚；⑦中国证监会和国家外汇管理局规定的其他情形。合格投资者有下列情形之一的，应当重新申领证券投资业务许可证：①变更机构名称；②被其他机构吸收合并；③中国证监会和国家外汇管理局规定的其他情形。重新申领证券投资业务许可证期间，合格投资者可以继续进行证券交易，但中国证监会根据审慎监管原则认为需要暂停的除外。合格投资者有下列情形之一的，应当将证券投资业务许可证和外汇登记证分别交还中国证监会和国家外汇管理局：①申请人取得证券投资业务许可证后 1 年内未向国家外汇管理局提出投资额度申请的；②机构解散、进入破产程序或者由接管人接管的；③合格投资者重新申领许可证的；④合格投资者有重大违法行为及中国证监会和国家外汇管理局认定的其他情形。合格投资者、托管人、证券公司等违反《合格境外机构投资者境内证券投资管理办法》的，由中国证监会、国家外汇管理局依法进行相应的行政处罚。合格投资者所管理的证券账户发生重大违法、违规行为的，中国证监会可以依法采取限制相关证券账户的交易行为等措施，国家外汇管理局可以依法采取限制其资金汇出入等措施。托管人违法、违规行为严重的，中国证监会、国家外汇管理局将依法联合作出取消其托管人资格的决定。

（二）人民币合格境外机构投资者制度

2013 年 3 月 1 日，中国证监会、中国人民银行、国家外汇管理局共同发布《人民币合格境外机构投资者境内证券投资试点办法》，规定经中国证监会批准，并取得国家外汇管理局批准的投资额度的境外法人可以运用来自境外的人民币资金进行境内证券投资。关于人民币合格境外机构投资者（RMB Qualified Foreign Institutional Investors，RQFII），由中国证监会依法对其境内证券投资实施监督管理，由中国人民银行依法对其在境内开立人民币银行账户进行管理，由国家外汇管理局依法对其投资额度实施管理，由中国人民银行会同国家外汇管理局依法对其资金汇出入进行监测和管理。

（三）合格境内机构投资者制度

合格境内机构投资者制度是在一国货币没有实现完全可自由兑换、资本项目尚未充分开放的情况下，有限度地允许境内机构投资者投资境外证券市场的一项过渡性安排。我国于 2006 年启动合格境内机构投资者制度。根据中国证监会 2007 年 6 月发布的《合格境内机构投资者境外证券投资管理试行办法》，合格境内机构投资者（Qualified Domestic Institutional Investor，QDII）是指符合该办法规定的条件，经中国证监会批准在中华人民共和国境内募集资金，运用所募集的部分或者全部资金以资产组合方式进行境外证券投资管理的境内基金管理公司和证券公司等证券经营机构。

1. 资格条件。申请 QDII 资格，申请人应当具备下列条件：①财务稳健，资信良好，资产管理规模、经营年限等符合中国证监会的规定；②拥有符合规定的具有境外投资管理相关经验的人员；③具有健全的治理结构和完善的内控制度，经营行为规范；④最近 3 年没有受到监管机构的重大处罚，没有重大事项正在接受司法部门、监管机构的立案调查；⑤中国证监会根据审慎监管原则规定的其他条件。对于基金管理公司申请 QDII 资格，要求：净资产不少于 2 亿元人民币；经营证券投资基金管理业务达 2 年以上；在最近 1 个季度末资产管理规模不少于 200 亿元人民币或等值外汇资产。对于证券公司申请 QDII 资格，要求：各项风险控制指标符合规定标准；净资本不低于 8 亿元人民币；净资本与净资产比例不低于 70%；经营集合资产管理计划业务达 1 年以上；在最近 1 个季度末资产管理规模不少于 20 亿元人民币或等值外汇资产。

QDII 可通过合同委托境外投资顾问为其提供证券买卖建议或投资组合管理等服务。QDII 的投资顾问应符合下述条件：①在境外设立，经所在国家或地区监管机构批准从事投资管理业务；②所在国家或地区证券监管机构已与中国证监会签订双边监管合作谅解备忘录，并保持有效的监管合作关系；③经营投资管理业务达 5 年以上，最近 1 个会计年度管理的证券资产不少于 100 亿美元或等值货币；④有健全的治理结构和完善的内控制度，经营行为规范，最近 5 年没有受到所在国家或地区监管机构的重大处罚，没有重大事项正在接受司法部门、监管机构的立案调查。

QDII 开展境外证券投资业务，应当由具有证券投资基金托管资格的境内商业银行负责资产托管业务。托管人可以委托符合下列条件的境外资产托管人负责境外资产托管业务：①在中国大陆以外的国家或地区设立，受当地政府、金融或证券监管机构的监管；②最近 1 个会计年度实收资本不少于 10 亿美元或等值货币或托管资产规模不少于 1000 亿美元或等值货币；③有足够的熟悉境外托管业务的专职人员；④具备安全保管资产的条件；⑤具备安全、高效的清算、交割能力；⑥最近 3 年没有受到监管机构的重大处罚，没有重大事项正在接受司法部门、监管机构的立案调查。

2. 监督管理。中国证监会和国家外汇管理局可以要求 QDII、托管人提供境内机构投资者境外投资活动的有关资料；必要时，可以进行现场检查。QDII 有下列情形之一的，应当在其发生后 5 个工作日内报中国证监会备案并公告：①变更托管人或境外托管人；②变更投资顾问；③境外涉及诉讼及其他重大事件；④中国证监会规定的其他情形。托管人或境外托管人发生变更的，境内机构投资者应当同时报国家外汇管理局备案。QDII 有下列情形之一的，应当在其发生后 60 个工作日内重新申请境外证券投资业务资格，并向国家外汇管理局重新办理经营外汇业务资格申请、投资额度备案手续：①变更机构名称；②被其他机构吸收合并；③中国证监会、国家外汇管理局规定的其他情形。

QDII、托管人等违反规定的，由中国证监会、国家外汇管理局依法进行相应的行政处罚。QDII 运用基金、集合计划财产进行证券投资，发生重大违法、违规行为的，中国证监会可以依法采取限制交易行为等措施，国家外汇管理局可以依法采取限制其资金汇出入等措施。托管人违法、违规严重的，中国证监会可以依法作出限制其托管业务的决定。

■思考题

1. 什么是跨国金融机构？分公司（分行）与子公司在法律地位上有何不同？
2. 外国金融机构驻华代表机构能够从事经营性活动吗？
3. 简述国际金融监管合作的现状和基本原则。
4. 什么是外汇？我国已经实现人民币的完全可兑换了吗？
5. 试述我国外汇管理制度的主要内容。
6. 什么是国际商业贷款？

■推荐书目

1. 韩龙：《WTO 金融服务贸易的法律问题研究》，湖南人民出版社 2004 年版。
2. 蔡奕：《跨国银行监管的主要法律问题研究》，厦门大学出版社 2004 年版。
3. 唐应茂：《国际金融法：跨境融资和法律规制》，北京大学出版社 2015 年版。
4. 邓瑞平主编：《涉外金融法律实务》，厦门大学出版社 2017 年版。
5. 陈欣：《人民币国际化与金融安全法律问题研究》，北京大学出版社 2018 年版。

主要参考文献

1. 彭兴韵：《金融学原理》，格致出版社、上海三联书店、上海人民出版社 2019 年版。

2. 朱大旗：《金融法》，中国人民大学出版社 2015 年版。

3. 刘少军编：《金融法学》，清华大学出版社 2014 年版。

4. 强力主编：《金融法通论》，高等教育出版社 2010 年版。

5. 陈晓：《中央银行法律制度研究》，法律出版社 1997 年版。

6. 吴志攀：《中央银行法制》，中国金融出版社 2005 年版。

7. 张忠军：《金融监管法论——以银行法为中心的研究》，法律出版社 1998 年版。

8. 史纪良主编：《银行监管比较研究》，中国金融出版社 2005 年版。

9. 吴志攀：《商业银行法务》，中国金融出版社 2005 年版。

10. 吴晓灵主编：《银行法的实践与发展》，中国经济出版社 2005 年版。

11. 段京东：《中国政策性银行法律制度研究》，中国人民大学出版社 2005 年版。

12. 刘孝红：《我国政策性银行转型研究》，湖南人民出版社 2010 年版。

13. 周小明：《信托制度的比较法研究》，法律出版社 1996 年版。

14. 赖源河、王志诚：《现代信托法论》，中国政法大学出版社 2002 年版。

15. 王淑敏、齐佩金主编：《金融信托与租赁》，中国金融出版社 2006 年版。

16. 高凌云：《被误读的信托——信托法原论》，复旦大学出版社 2010 年版。

17. 周正庆主编：《证券知识读本》，中国金融出版社 2006 年版。

18. 朱锦清：《证券法学》，北京大学出版社 2019 年版。

19. 叶林主编：《证券法教程》，法律出版社 2010 年版。

20. 邢会强主编：《证券法学》，中国人民大学出版社 2019 年版。

21. 中国证券投资基金业协会组编：《证券投资基金》，高等教育出版社 2017 年版。

22. 江朝国：《保险法基础理论》，中国政法大学出版社 2002 年版。

23. 黎建飞、王卫国：《保险法教程》，北京大学出版社 2009 年版。

24. 陈欣：《保险法》，北京大学出版社 2010 年版。

25. 马宁主编：《保险法理论与实务》，中国政法大学出版社 2010 年版。

26. 陈晓华、唐岫立主编：《互联网金融法律与实务》，中国金融出版社 2017

年版。

27. 邢会强主编：《互联网金融的法律与政策》，中国人民大学出版社 2017 年版。

28. 宁敏：《国际金融衍生交易法律问题研究》，中国政法大学出版社 2002 年版。

29. 陈晗：《金融衍生品：演进路径与监管措施》，中国金融出版社 2008 年版。

30. 郭燕、闫洪升：《金融衍生交易法律规制及法律风险管理》，中国人民公安大学出版社 2010 年版。

31. 王小能编：《票据法教程》，北京大学出版社 2001 年版。

32. 王蜀黔：《电子支付法律问题研究》，武汉大学出版社 2005 年版。

33. 冯菊平等：《支付体系与国际金融中心》，上海人民出版社 2009 年版。

34. 钟志勇：《网上支付中的法律问题研究》，北京大学出版社 2009 年版。

35. 韩龙：《WTO 金融服务贸易的法律问题研究》，湖南人民出版社 2004 年版。

36. 蔡奕：《跨国银行监管的主要法律问题研究》，厦门大学出版社 2004 年版。

37. 刘丰名：《国际金融法》，中国政法大学出版社 2007 年版。

38. 李仁真主编：《后危机时代的国际金融法》，武汉大学出版社 2010 年版。